U0794694

2022年北京高校“优质本科教材”

21世纪普通高等教育
法学系列教材

国际法（第六版）

主　编　朱利江
副主编　李居迁

撰稿人（以撰写章节先后为序）
朱利江　马呈元　白桂梅
高健军　李居迁　郭红岩

中国人民大学出版社
·北京·

作者简介

朱利江：中国政法大学国际法学院教授、博士研究生导师，副院长。兼任外交部国际法咨询委员会委员，国家移民管理局政策与法律咨询委员会委员，中国国际法学会常务理事、秘书处副秘书长，《中国国际法年刊》副主编，*Chinese Journal of International Law*（SSCI）、*International Review of Red Cross*（SSCI）编委。本教材主编，负责拟定编写要旨和提纲，审定和统改书稿，同时撰写第一章、第二章和第十三章。

李居迁：法学博士，中国政法大学国际法学院教授，国际合作与交流处处长，国际教育学院院长。兼任中国空间法学会常务理事、中国国际法学会理事。获"北京市高校教学名师"称号。本教材副主编，同时撰写第七章和第十二章。

马呈元：法学博士，中国政法大学国际法学院教授、博士研究生导师，国家领土主权与海洋权益协同创新中心中国政法大学分中心主任。撰写第三章、第五章和第十章。

白桂梅：法学博士，北京大学法学院教授、博士研究生导师。撰写第四章和第八章。

高健军：法学博士，中国政法大学国际法学院教授、博士研究生导师。撰写第六章。

郭红岩：法学博士，中国政法大学国际法学院教授、博士研究生导师。曾任中国政法大学国际法学院国际公法研究所所长。撰写第九章和第十一章。

第六版修订说明

2022年10月16日，习近平总书记在中国共产党第二十次全国代表大会上的报告中指出，“坚定维护以联合国为核心的国际体系、以国际法为基础的国际秩序、以联合国宪章宗旨和原则为基础的国际关系基本准则，反对一切形式的单边主义，反对搞针对特定国家的阵营化和排他性小圈子”。2023年11月27日，习近平总书记在中央政治局就加强涉外法制建设进行的第十次集体学习时指出：“要坚定维护以国际法为基础的国际秩序，主动参与国际规则制定，推进国际关系法治化。积极参与全球治理体系改革和建设，推动全球治理朝着更加公正合理的方向发展，以国际良法促进全球善治，助力构建人类命运共同体。”国际法正在成为我国构建人类命运共同体的重要法律依托，其重要性在我国的政治生活中日益显现。这就需要我国早日培养出一批政治立场坚定、专业素质过硬、通晓国际规则、精通涉外法律实务的涉外法治人才。

由中国政法大学国际法学院马呈元教授主编的《国际法》是中国政法大学法学专业本科学生使用的国际法教材之一，也是中国政法大学国际法学院国际公法研究所多位教师的集体智慧的结晶。自2003年第一版出版以来，已经过去了20余年。在这20余年的时间里，马呈元教授主编的《国际法》塑造了一代又一代中国政法大学法学专业本科生的国际法思维。到2019年该教材已经出版了第五版，曾获2022年北京高校“优质本科教材”。近来，由于马呈元教授退休，其主编的《国际法》第五版需要进行再次修订。受马呈元教授的委托，我接任《国际法》第六版的主编。这既是一种荣誉，也是一种责任。本次修订出版后，这本《国际法》教材就是第六版了。一本中文国际法教材能够出版到第六版，几乎可以说它是中文国际法教材中修订版次最高的国际法教材之一了。在英文的国际法教材中，目前已知的修订版次最高的国际法教材当数《奥本海国际法》第九版和《马尔科姆肖国际法》第九版。我们希望，这本国际法教材也能够历经更多的修订版次，能够延续这本国际法教材的旺盛生命力，在修订版本方面能够接近，甚至超过上述英文国际法教材。

本次对第五版的修订除了变更主编，还变更了参编教师。北京大学法学院白桂梅教授欣然成为第六版的参编教师，并负责第四章“国际法上的个人”和第八章“国际人权法”的修订。白桂梅教授是我国最早研究国际人权法的学者之一，长期从事国际人权法的教学研究。此外，本次对第五版的修订在分工方面也有所变化。第一章“导论”原来由马呈元教授负责修订，此次由我负责修订。第四章“国际法上的个人”原来也是由马呈元教授负责修订，此次改由白桂梅教授负责修订。第八章“国际人权法”原来由我负责修订，此次改由白桂梅教授负责修订。

在内容方面，本次修订主要体现在以下方面：第一，整体上融入了新时代中国特色社会主义思想，特别是习近平法治思想和外交思想，包括我国就国际关系中的法治的最新立场，贯彻、体现了我国最新的国际关系原则、规则观。例如，在第一章第七节的“国际法基本原则”中，融入了我国关于人类命运共同体构建的立场。第二，自2019年第五版出版以来，国际法有不少新的发展，包括新的条约和文件的签订或制定，本次修订对一些新的条约、文件进行了介绍，例如，在第六章“海洋法”中，对2023年联合国主持制定的《〈联合国海洋法公约〉下国家管辖范围以外区域海洋生物多样性的养护和可持续利用协定》（“BBNJ协定”）进行了介绍。此外，随着我国涉外法治建设的加快，在过去五年，我国制定了不少新的涉及国际法的法律、法规，本次修订时在相应的章节中作了介绍，特别是介绍了2023年的《对外关系法》、

2023年的《外国国家豁免法》、2023年的《领事保护与协助条例》、2022年的《缔结条约管理办法》、2021年的《陆地国界法》等。第三，对一些内容进行了较大改动，特别是对我自己负责的第一章“导论”中的“国际法的主体”“国际法的渊源”等内容，主要结合最新的国际法实践，特别是国际法委员会对相关议题的审议，进行了最新化和逻辑化处理。同样，在该章的第六节“国际法与国内法的关系”中，也进行了较大的改动。第四，对一些章节的顺序进行了调整。例如，对第二章中的各节顺序进行了调整，将原来第二节的“国家的基本权利义务与国家豁免”变成了第四节，我认为这样的顺序更加符合逻辑。第五，对里面的数据、人物、文献等包括条约的缔约国数字、外国人物的英文姓名及生卒年份、重要英文文献的英文表述等，进行了精确化。当然，最后，每位参编教师对其中许多地方的表述进行了必要的增加或删除，总体上看，表述更加精确。

本次修订分工如下（以撰写章节先后为序）：

朱利江教授（中国政法大学国际法学院）：第一、二、十三章；

马呈元教授（中国政法大学国际法学院）：第三、五、十章；

白桂梅教授（北京大学法学院）：第四、八章；

高健军教授（中国政法大学国际法学院）：第六章；

李居迁教授（中国政法大学国际法学院）：第七、十二章；

郭红岩教授（中国政法大学国际法学院）：第九、十一章。

对于本教材的不足之处，请各位读者不吝赐教。

朱利江

2024年6月

序 言

国际法是以国家之间的关系为主要调整对象的法律。17 世纪以来，历经数百年的发展，国际法逐渐形成了完整的体系。在现代国际社会中，国际法在规范国家的行为和调整国际关系方面发挥着十分重要的作用。加强对国际法的学习与研究，对于维护国际法的基本准则，推动国际法的进一步发展与完善，以及建立和平、安全、公正和合理的国际政治经济秩序无疑具有重要的意义。

国际法是教育部确定的法学高等教育 14 门专业核心课程之一。本教材严格遵循教育部《全国高等学校法学专业核心课程基本要求》和本系列教材的具体写作要求，以国内同类教材为参照，在全面、系统地介绍国际法的基本原理、法律规范和相关教学案例的基础上，结合国际法的最新发展动态和国际法领域的最新理论研究成果，力求做到理论联系实际，使学习者能够融会贯通，形成系统的国际法知识体系。

本书由导论、国家、国家领土、海洋法、空间法、国际法上的居民、国际人权法、国际组织法、外交和领事关系法、条约法、和平解决国际争端、战争法等十二章组成，每章包括提要、重点问题、正文论述、法律应用和课后复习等几个部分。

提要和重点问题：提要和重点问题对本章的基本内容作了全面的概括，并根据教学大纲的要求提出本章中需要重点掌握的主要问题、基本概念、基本原理和知识要点。作为各章学习的入门指导，教师应按照教学规律和教学大纲的要求，围绕重点问题开展课堂教学，引导学生掌握各章的要点，形成系统、科学的知识体系。

正文论述：正文论述是对提要和重点问题所包含的内容的全面阐述，主要包括对各章所涉基本概念、基本原理的说明；对有关问题国内外学术界的通识及争论的介绍与评价；对国际公约有关规定的解释和对国际司法机关及仲裁庭有关判例的分析。同时，对我国现行法律就有关问题的规定亦尽可能详细地进行对比研究。在对正文部分的讲授中，首先，教师应按照教学大纲的要求，全面、准确地介绍各章的基本要点，使学生对各章的内容有完整、明晰的了解和掌握。其次，教师在讲解有关问题时，一方面，应介绍中外学者的通说研究观点；另一方面，须说明在这些问题上存在的不同见解，引导学生独立思考，提高他们的理论研究能力。再次，在课堂教学中，教师应注重对相关国际司法机关和仲裁庭判例的分析和运用，引导学生将国际法原理和国际条约及国际习惯法规则与国际法问题，特别是当前影响较大的国际法问题联系起来学习，达到理论联系实际和运用所学国际法知识认识与研究现实国际问题的目的。最后，应该看到，国际法是一个充满活力、不断发展的法律体系，特别是在第二次世界大战以后，国际法的发展变化已是有目共睹的事实，因此，教师在教学过程中，应对涉及国际法发展的新领域和新问题作出重点说明，使学生能够了解国际法的发展动态，把握国际法的发展趋势。此外，本教材在全面、准确地介绍国际法系统知识的同时，力求做到简明扼要、深入浅出和理论联系实际，这就为学生的自学或预习提供了便利。学生通过认真学习本教材，阅读推荐的参考书及注释中指出的著作或资料，同样可以比较好地掌握国际法的基础知识。

课后复习：课后复习是对各章所讲述的部分内容所出的练习题，目的是使学生通过思考，对这些问题作出正确的解答，以巩固在课堂上学到的知识，并进一步激发对理论问题进行研究的兴趣。教师应引导学生运用国际法的基本知识和科学方法，通过分析或讨论，解答课后复习中提出的问题，并进而提高其解决国际法理论与实践问题的能力。不过，由于课后复习中的练习题只涵盖了各章所学的部分内容，不能满足对国际法进行全面复习的要求，因此，教师应视需要另行增补练习题，或指定学生使用其他习题集。

本书是由中国政法大学和中南财经政法大学部分长期从事国际法教学、研究和实务的教师在以往国际法教材的基础上，结合个人在国际法领域的研究成果共同撰写完成的。希望本书能够满足法学本科国际法教学的要求，并为我国的国际法教学与研究尽绵薄之力。

本书写作分工如下（以撰写章节先后为序）：

马呈元博士：第一、二、三、十二章，第十一章第一、二、三节；

高健军博士：第四、五章；

杨泽伟博士：第六、七、八章；

李居迁博士：第九、十章，第十一章第四节。

在本书的写作过程中，我们参考和借鉴了近年来国际法领域理论研究的成果和部分国际法专著、教科书和教学辅导资料，在此谨向各位作者和研究者表示诚挚的谢意。同时，由于篇幅所限，对于现代国际法的一些新分支，如国际经济法、国际环境法、国际刑法等，虽然其部分内容在书中有所体现，但未能单独成章。对此缺憾，我们深表歉意，并敬请各位读者不吝赐教。

马呈元

2003 年 6 月

目　录

第一章 导 论

提 要

国际法是主要调整国家之间关系的有法律拘束力的原则、规则和制度的总体。与国内法相比，国际法在主体、调整对象、制定方式和强制实施方式等方面均具有其特点。基于对国际法效力根据的不同解释，形成了自然法学派、实在法学派、格劳秀斯学派等不同的学术流派。国际法的发展经历了古代、近代和现代三个历史时期。现代国际法的主体主要是国家和国际组织。国际法的渊源有国际条约、国际习惯和一般法律原则，其中前两者是国际法的主要渊源；司法判例、公法学家学说和国际组织的决议构成确定国际法的辅助资料。国际法的编纂是指国际法的法典化。联合国国际法委员会在现代国际法的编纂中具有重要的作用。对于国际法与国内法的关系，学者们观点各异，各国政府的实践也不尽相同。国际法的基本原则是指那些得到各国公认、具有普遍意义并适用于国际法一切效力范围和构成国际法基础的国际法原则。国家主权平等原则、不侵犯原则、不干涉内政原则、和平解决国际争端原则、善意履行国际义务原则等属于现代国际法的基本原则。

重点问题

1. 国际法的法律性质及特征
2. 国际法的效力根据
3. 国际法的主体
4. 国际法的渊源
5. 国际法与国内法关系的理论和实践
6. 国际法基本原则和国际强行法
7. 国际法基本原则的内容

第一节 概 述

一、国际法的名称和定义

（一）国际法的名称

国际法作为主要调整国家之间关系的规范体系，最初在西方文献中是以拉丁文 jus gentium 的名称出现的。在罗马法中，jus gentium（万民法）与 jus civile（市民法）相对，是指调整罗马人和外国人之间以及外国人相互间关系的法律。但无论是 jus gentium 还是 jus civile，它们都属于古罗马的国内法。到 16 世纪、17 世纪时，欧洲的哲学家和法学家开始用 jus gentium 来表示调整国家之间关系的法律。特别是近代著名国际法学家胡果・格劳秀斯（Hugo Grotius）在其 1625 年出版的经典著作《战争与和平法》（De Jure Belli ac Pacis）中使用这一名词来称呼规范国际关系的意志法。于是，在通用的法律术语中，jus gentius 不复其原来的意义，由国内法的名称转而成为用于特指国家之间的法律。[①] 后来，jus gentium 在英语中转为 law of nations（汉译为“万国公法”），并与欧洲其他语言中相应的名词一起得以流行。不过，由于 law of nations 仍然不能确切地表达作为其内容的国家之间法律的意义，因此，英国哲学家、法学家边沁（Jeremy Bentham，1748—1832）在 1789 年出版的《道德与立法原理》一书中建议将 law of nations 改为 international law，并得到了广泛的赞同。

至于汉语中用来表达调整国家之间关系的法律的名词，早先在中国对外交涉的文件和私人著作中经常使用的是“万国公法”或“公法”。“清朝末年，日本政法名词传入中国，日本通用的国际法（或国际公法）这一名称乃被中国法学界普遍采用，而代替了旧日通称的万国公法或公法。”[②] 可见，“国际法”在汉语中是一个外来词。不过，由于中文“国际”一词与英文中作为合成词的“international”的含义非常契合，因此，可以说，“国际法”一词准确反映了 international law 的本质特征。

（二）国际法的定义

虽然国际法作为一个独立的法律体系已经经历了很长的发展过程，但到目前为止，还没有一个得到普遍接受的国际法的定义，这是因为“要把国际法的内容包括在一个完整而简明的定义里，是不易做到的”[③]。因为各国研究国际法的学者对国际法的一些基本问题，如主体、调整对象、效力根据等存在不同见解，所以，他们给国际法所下的定义亦不尽相同。中国著名国际法学家周鲠生教授指出：“国际法是在国际交往过程中形成出来的、各国公认的、表现这些国家统治阶级的意志、在国际关系上对国家具有法律的约束力的行为规范，包括原则、规则和制度的总体。”[④] 英国学者詹宁斯（Robert Yewdall Jennings，1913—2004）和瓦茨（Arthur Watts，1931—2007）在其修订的《奥本海国际法》（第 9 版）中指出：“国际法是对国家在它们彼此往来中有法律拘束力的规则的总体。这些规则主要是支配国家关系，但是，国家不是国际法的唯一主体。国际组织，以及在某种范围内的个人，可以是国际法所给予权利和设定义务的主体。”[⑤] 根据《布莱克法律辞典》（第 10 版）中的定义，“国际法是调整国家之间关系的法律，按照更现代的说法，是调整国际关系的法律。它的调整对象不仅包括国家之间的关系，也包括诸如国际组织和个人这样的国际关系参加者之间的关系”[⑥]。

以上关于国际法的定义明显地反映了学者们对于国际法的主体和调整对象等问题的不同观点。在近代国际法时期，国家是国际法的唯一主体，国际法是调整国家关系的法律。但是，对于现代国际法的主体和调整对象是否发生了变化或者发生了哪些变化的问题，国际法学者的见解并不统一。不过，即使承认国际组织甚至自然人或法人也具有国际法主体资格，现代国际法

① 周鲠生. 国际法：上册. 北京：商务印书馆，1981：1.

② 周鲠生. 国际法：上册. 北京：商务印书馆，1981：2.

③ 王铁崖. 国际法. 北京：法律出版社，1995：2.

④ 周鲠生. 国际法：上册. 北京：商务印书馆，1981：3.

⑤ 詹宁斯，瓦茨. 奥本海国际法：第 9 版：第 1 卷，第 1 分册. 王铁崖，等译. 北京：中国大百科全书出版社，1995：3.

⑥ Black's Law Dictionary. tenth edition. West Publishing Co.，2014：941.

仍然是以国家之间的关系为主要调整对象的。因此，中国著名国际法学家王铁崖教授指出，国际法主要是国家之间的法律，是“主要调整国家之间的关系的有法律拘束力的原则、规则和制度的总体”①。

总之，国际法是国际法主体在相互交往过程中形成的，以国际法主体之间的关系为调整对象的，有法律拘束力的原则、规则和制度的总体。因为国际法主体主要是国家，所以，国际法是以国家之间的关系为主要调整对象的。

国际法调整的对象主要是国家之间的关系，即以国家为主体而发生的“公”的关系。正是在这个意义上，“国际法”亦称为“国际公法”②。不过，如果为了与国际私法相区别而把国际法称为国际公法，则是不必要的，因为国际公法和国际私法并不是国际法的两个分支。③ 国际私法的调整对象是具有涉外因素的民事法律关系，它主要解决不同国家对于私人关系的不同法律规定所发生的冲突，包括管辖权的冲突，因此，在有些国家，特别是英国和美国，国际私法往往被称为“冲突法”（conflict of laws）。但是，如果各国对于解决某些法律冲突问题形成共同的原则和规则，成为国际习惯法的一部分，或者各国通过签订公约把这些共同的原则和规则确定下来，国家即依据国际习惯或国际公约承受权利和义务。在这个范围内，国际私法涉及国家之间的关系。通常，也就是在这种意义上，国际法被认为包括国际公法和国际私法。④

根据适用范围的不同，国际法有普遍国际法与区域国际法之分，前者适用于普遍性的国际关系，后者只适用于区域性的国际关系。⑤ 在区域国际法中，经常提及的是所谓“美洲国际法”或者“拉丁美洲国际法”。不过，虽然在特定区域中由于该区域国家间关系的特殊性，可能会产生某些特殊的规则，但区域国际法实际上并没有形成一种本质上有别于普遍国际法的独特的体系，那些特殊的规则只能在该区域内适用，约束该区域国家之间的关系。区域国际法与普遍国际法的关系比较复杂。基于性质和依据的不同，有的区域国际法优于普遍国际法得到适用，有的因效力低于普遍国际法而不能得到优先适用。

二、国际法的性质与特征

（一）国际法的性质

关于国际法性质的问题，实际上是指那些构成国际法内容的、以国家之间关系为主要调整对象的规则是否属于真正意义上的法律的问题。早期的法学家曾经有人否认国际法是真正的法律，甚至现在仍然有少数人对国际法的法律性质表示怀疑。英国19世纪著名法学家奥斯汀（J. Austin，1790—1859）提出“法律强制理论”，认为法律是由具有主权的政治权威所制定，并由强制力保证实施的行为规范。⑥ 由于在国家之上没有一个制定和执行约束国家行为的规则的政治权威，因而国际法不是真正的法律，而是类似于约束社会团体的规则那样的“实在的国际道德”（positive international morality）。

事实上，探讨国际法是不是真正的法律，关键的问题是法律的定义是什么。奥斯汀对法律所下的定义显然符合国内法的实际，但将其适用于国际法未必恰当。王铁崖教授十分正确地指

---

① 王铁崖．国际法．北京：法律出版社，1995：2.

② 端木正．国际法．2版．北京：北京大学出版社，1997：2.

③ 王铁崖．国际法．北京：法律出版社，1995：4.

④ 王铁崖．国际法．北京：法律出版社，1995：4－5.

⑤ 端木正．国际法．2版．北京：北京大学出版社，1997：2.

⑥ J. Austin. The Province of Jurisprudence Determined (1832). H. L. A. Hart. Weidenfeld and Nicholson (eds.), 1954.

出：如果把法律等同于国内法，国际法就不是法律，也不可能是法律，因为国际法在许多方面与国内法是不同的。法律是对社会成员的行为有强制力量的规则的总体，而国际社会虽然没有像国家之内那样的立法机关来制定法律，但它通过条约等其他方式创造作为国际社会成员的国家的行为规则。虽然国际社会没有像国家之内那样的行政机关和司法机关来执行法律，但在一定程度上仍然有某种机制使国家遵守国际法的原则、规则和制度。因此，国际法是法律，或者说是法律的一个部门。[①]

国际法是不是一种真正的法律规范体系，重要的是看它是否得到了国家的普遍遵守，以及在国际关系中是否真正发挥了规范国家行为的作用。国际实践证明，世界各国政府都承认国际法是对国家有拘束力的法律，没有任何国家的政府公开宣布否认国际法的存在。即使有违反国际义务的情事发生，有关国家也总是从法律的角度为自己的行为辩护，而不是否认国际法的效力。总的来说，国际法的原则、规则和制度得到了国家的普遍遵守。美国著名国际法学家穆尔（John Bassett Moore，1860—1947）和英国著名国际法学家布赖尔利（James Leslie Brierly，1881—1955）曾经指出，国际法，特别是平时国际法，“大体上像国内法那样得到了遵守”[②]。当然，在少数例外的情况下，可能会发生严重违反国际法的事件，而且对行为国的制裁并不是强有力和令人满意的。这种情况只是说明现行国际法的制度还不够完善，各国政府和学者要进一步探讨如何更好地防止违法行为的发生和如何更有效地对违法行为实施制裁，但“国际法并不因为严重违反行为的发生而失去它作为法律的性质”[③]。

国际法的法律性不但得到了世界各国的公认，而且通常也为各国所遵守[④]，因此，可以说它在调整国家行为方面发挥了法律规范的作用。周忠海教授指出：“国际法的作用主要是以法律手段维护国际交往的正常秩序，维护国际和平与正义，促进各国和平合作的发展。”[⑤] 具体来说，国际法是国际社会的行为准则，是国家在国际交往中自我约束和相互约束的行为规范。同时，国际法也是确定国际法主体权利和义务的依据，是区分合法与非法和解决国际争端的法律标准。鉴于国际法在调整现代国际关系方面的重要作用，我国著名国际法学家、曾任联合国国际法院院长的史久镛法官指出：“国际法是调整国与国关系的重要依据。超越日常生活的视野，就会发现国际法在现实生活中是不可或缺的。在国与国之间的日常交往中，各国都要遵守国际法，如果没有国际法，人类仍然生活在中世纪。”[⑥]

承认国际法是国际社会中的法律，并不是说国际社会中的所有交往规范都是法律。国际社会中的有些交往规范并不是法律，它们也就不是国际法，而是国际道德（international moral）或国际礼让（international comity）。国际法院在2012年德国诉意大利的“国家豁免案”的判决中注意到，德国和意大利都认为，国家豁免是一个受到国际法调整的问题，而不是一个国际礼让的问题。[⑦] 如何区分国际社会中的某个交往规范属于国际法还是国际道德或国际礼让，取决于该交往规范是否以国际法规范的面貌呈现。

（二）国际法的特征

虽然国际法的法律性质毋庸置疑，但是，因为国际法是一个特殊的法律体系，所以与国内

① 王铁崖. 国际法. 北京：法律出版社，1995：6-7.

② 赵理海. 当代国际法问题. 北京：中国法制出版社，1993：4.

③ 王铁崖. 国际法. 北京：法律出版社，1995：7.

④ 杨泽伟. 国际法. 北京：高等教育出版社，2007：7.

⑤ 周忠海，等. 国际法学述评. 北京：法律出版社，2001：10.

⑥ 陈初越. 专访联合国国际法院新任院长史久镛. 南风窗，2003（2）（下）.

⑦ ICJ. Jurisdictional Immunities of the State（Germany v. Italy：Greece intervening）. Judgment of 3 February 2012：para. 53.

法相比，国际法具有如下特征。

（1）国际法的主体主要是国家。尽管政府间国际组织也是现代国际法的主体，而且争取独立的民族的主体地位亦得到承认，甚至在国际法的某些领域，个人的主体地位日益受到重视，但国际法的主体依然主要是国家。

（2）国际法调整的对象是国际法主体之间的关系，主要是国家之间的关系。

（3）国际法主要是国家以协议的方式制定的。在国际关系中，国家是独立和平等的，在国家之上没有一个独立的政治权威或者世界政府制定国家必须遵守的法律，因此，国际法主要是国家在相互交往过程中以协议的方式制定的。这种协议表现为国际条约和国际习惯两种形式。国家通过国际条约和国际习惯规定或修改它们之间的权利和义务关系，制定它们在国际关系中共同遵守的行为规范。

（4）国际法主要依靠国家本身予以强制实施。国际社会没有一个国家之上的立法机关制定国家必须遵守的法律，也不存在类似国内的法庭、警察、军队那样的强制机关来执行国际法。联合国国际法院以自愿管辖为原则，缺乏对国家的强制管辖权。正如邵津教授所言："国际法的外在强制主要靠国家自己，按照国际法，采取个别或集体的行动，包括要求违背国际义务，违反国际法的国家承担国家责任，实行报复，进行自卫。当然，国际法的实施也并不单纯依靠外在的强制。一般和总体而言，国家按照国际法行事，对自身也是有利的。"①

三、国际法的效力根据

国际法的效力根据是国际法的基本理论问题之一。如前所述，国际法是以国家之间关系为主要调整对象的有法律拘束力的原则、规则和制度的总体。但是，国际法为什么会对国家有拘束力？这种拘束力的来源或根据是什么？或者说，国家为什么要遵守国际法？对这些问题的不同回答，形成了不同的国际法学派。直到20世纪初，西方的主要学派有自然法学派、实在法学派和格劳秀斯派。② 第一次世界大战以后，又出现了社会连带学派、规范法学派、政策定向学说和权力政治学说等新的学派和观点。

（一）自然法学派（Naturalists）

自然法的学说在欧洲产生得很早，盛行于18世纪，其影响遍及整个法律领域，而不仅限于国际法。自然法学派的主要论点是：法律本身就是自然法，或者说在制定法、习惯法的上面或后面是自然法，实在法的效力来自自然法。自然法学派的学者认为，自然法是普遍的、绝对公正的和恒久不变的；自然法高于实在法；自然法可以由理性所发现，而不需要国家的同意。对于什么是自然，这一学派的学者认为，自然就是人或事物的本性，或者是理性和正义，而法律正是从这些本性中产生或推论出来的。③

在早期的国际法中，自然法学派曾占有优势地位。自然法学派否认任何以条约和习惯为基础的实在国际法，主张国际法是自然法的一部分。④ 其早期的代表人物有西班牙的维多利亚（Francisco de Vitoria，1486—1546），后来有德国的萨默尔·普芬道夫（Samuel von Pufendorf，1632—1694）。普芬道夫完全排斥实在法的概念，主张支配国家之间关系的只有自然法；条约的合法性和拘束力来自自然法；国际法是自然法的一部分，除此之外，没有什么基于普遍同意

---

① 邵津. 国际法. 北京：北京大学出版社，2000：2.

② 周鲠生. 国际法：上册. 北京：商务印书馆，1981：21.

③ 邵津. 国际法. 北京：北京大学出版社，2000：19.

④ 王铁崖. 中华法学大辞典：国际法卷. 北京：中国检察出版社，1996：184.

的实在国际法。[①]

（二）实在法学派（Positivists）

实在法学派是在国际法效力根据的问题上与自然法学派相对立的一个学术派别。实在法学派强调人定法，而不是自然法，并将国际法主要建立在习惯和条约的基础上。实在法学派的理论在17世纪和18世纪不断发展，到19世纪取代自然法学派而占据优势地位。[②] 这种趋势与随着自然科学的发展要求把国际法建立在事实和实践基础上的思想，以及由于国际交往的发展，各种内容的条约数量剧增以及条约日益受到重视的事实有很大关系。实在法学派认为，国际条约和国际习惯是国际法的主要表现形式。条约被认为是基于国家的明示同意，习惯则是基于国家的默示同意。条约和习惯都是实在的（positive），由它们构成的国际法是人定的和国家同意的，因此，国际法效力的根据是体现在习惯或条约中的国家的共同同意。[③] “在国际社会的存在中了解国际法的根据是符合现实的。国际社会各成员的共同同意认为应该有一组法律规则——国际法——以支配它们作为该社会成员的行为。在这个意义上，‘共同同意’可以说是国际法作为法律体系的根据。”[④]

实在法学派早期的代表人物有宾刻舒克（Cornelis van Bynkershoek，1673—1743）。由于到19世纪末实在法学派的学说已经取得了压倒性的优势，因此，在第一次世界大战前，西方著名的国际法学家大都属于这一学派，其代表人物有英国的奥本海（Lassa Francis Lawrence Oppenheim，1858—1919）和霍尔（William Edward Hall，1836—1894）、德国的李斯特（Franz Ritter von Liszt，1851—1919）和瑞士的里维尔（Alphonse Rivier，1835—1898）等。[⑤]

（三）格劳秀斯学派（Grotians）

格劳秀斯学派亦称“折中法学派”，是指根据格劳秀斯关于国际法效力根据的思想形成的学术派别。格劳秀斯一直被誉为欧洲近代国际法的奠基人，在他于1625年出版的国际法名著《战争与和平法》中，格劳秀斯把国际法分为万国法和关于国家之间关系的自然法两种类型。万国法即习惯国际法，它属于意志法，“万国法的义务效力来源于所有国家或者许多国家的意志……万国法的证据和国内不成文法的证据一样，我们可以从连续不断的习惯和在这一领域具有深厚造诣的学者的论述中发现它们”[⑥]。关于国家之间关系的自然法被格劳秀斯称为自然国际法，它来源于人类的理性。尽管有的国际法学者认为格劳秀斯是自然法学派的，但从他的思想总体来看，由于他认为有些国际法的效力根据来自各个国家的意志，还有些国际法的效力依据则来自人类理性，因此可以谓之“折中法学派”。也有的国际法学者是这样认为的。

除格劳秀斯以外，这一学派的代表人物还有德国的沃尔夫（Christian Wolff，1679—1754）和瑞士的瓦特尔（Emmerich de Vattel，1714—1767）等。

（四）社会连带学派（Doctrine of Social Solidarities）

社会连带学派是20世纪出现的一个新的学术流派，其创始人为法国学者狄骥（Léon Duguit，1859—1928）。狄骥认为，生活在一个社会中的人们必然会产生连带关系，人们必须通过这种连带关系相互合作，以满足共同的需求。法律并非国家创造的，而是基于社会连带的事实

① 李家善. 国际法学史新论. 北京：法律出版社，1987：117.

② 王铁崖. 国际法. 北京：法律出版社，1995：8.

③ 邵津. 国际法. 北京：北京大学出版社，2000：20.

④ 詹宁斯，瓦茨. 奥本海国际法：第9版：第1卷，第1分册. 王铁崖，等译. 北京：中国大百科全书出版社，1995：8.

⑤ 周鲠生. 国际法：上册. 北京：商务印书馆，1981：23-24.

⑥ 格劳秀斯. 战争与和平法：第1卷. 弗朗西斯·W. 凯尔西，等英译. 马呈元，译. 北京：中国政法大学出版社，2015：44.

产生的。这种社会连带关系不仅是国内法效力的根据，同时也是国际法效力的根据。

狄骥的社会连带思想得到了当时的希腊国际法学家波利蒂斯（Nikolaos Sokrates Politis，1872—1942）的支持。波利蒂斯指出，法律既不是来自什么命令，也不是什么意志的表现，它纯属一种社会的产物，只是有的社会的统治者把它制定成法律或条约的形式。在这个意义上，国际法只有单一的根源，那就是"各民族的法律良知"，它给予各民族由其连带关系所产生的经济的、道德的规则约束性。习惯和条约已不像人们一直相信的那样是国际法的根源，而只是确认国际法的两种方式，而且它们也不是仅有的方式：除了习惯和条约，国际法的存在还可以以其他方式加以证明。①

（五）规范法学派（Normative School）

规范法学派是以20世纪著名法学家汉斯·凯尔森（Hans Kelsen，1881—1973）和菲德罗斯（Alfred Verdross，1890—1980）为代表的一个法学派别。与社会连带学派一样，规范法学派反对国家主权思想，否认国家意志创造法律的观点，主张一切法律规则的效力都出自上一级法律。规范法学派认为，所有的法律，不论国内法还是国际法，都属于一个体系。在这个体系中，法律规范分为不同的等级，每一级规范都由上级规范所创造，其效力根据亦源于上级规范；而在整个法律体系中，最上级的是国际法规范。国际法的效力源于一个"最高规范"或称"原始规范"（grundnorm），那就是"条约必须遵守"。至于这个"最高规范"或"原始规范"的效力根据是什么，规范法学派的学者认为，它本身既是法律规范，又是伦理规范，其效力根据是人类的"正义感"或"法律良知"。由于这种学说完全抽掉了法律的社会内容，把法律变成一种与社会现实无关的"纯粹法律规范"，因而，它不可能找到国际法效力的真正根据。②

（六）政策定向学说（Policy-oriented Theory）

政策定向学说的代表人物是现代美国学者麦克杜格尔（Myres S. McDougal，1906—1998）。根据政策定向学派的观点，法律不是一种单纯的法律体系，而是一个权威的政策抉择的过程。这个过程包括参与者、要求或期望、场合、权力基础、策略、结果、后果等七个因素或步骤。国际法的参与者包括国家、国际组织、个人、非政府组织、教会、党派等。国际法的要求或期望就是摒弃一切特殊利益，维护人类共同利益。人类共同利益包括维护最低限度的秩序和维护最高限度的秩序两种：最低限度的秩序是把非经授权的暴力和胁迫减到最少；最高限度的秩序是使生产得到最大的发展并最广泛地分享所有人希望的共同价值。这两种利益之间存在密切的、相辅相成的关系。国际法的场合包括外交场合、国际会议、国际组织、国际司法机构、国际行政机构等。国家要对自己的行为承担后果，这就是国际法上的国家责任问题。③ 国际法的决策过程是国家对外政策的体现。国际法的效力最终取决于制定国家对外政策的机构及个人的心态和决定。④ 这种学说把国际法与国家的对外政策混为一谈，把国际法效力的根据归结于制定国家对外政策的机构及人员的心态和决定，因此是不符合实际的。

（七）权力政治学说（Theory of Power Politics）

与政策定向学说一样，权力政治学说也是第二次世界大战后在美国兴起的与研究国际法效力根据有关的一种学术主张，其代表人物是美国著名国际法学家施瓦曾伯格（Georg Schwarzen-

① 周鲠生. 国际法：上册. 北京：商务印书馆，1981：24-25.

② 王献枢. 国际法. 修订2版. 北京：中国政法大学出版社，2002：7.

③ 王铁崖. 国际法引论. 北京：北京大学出版社，1998：33-34；白桂梅. 国际法. 北京：北京大学出版社，2006：24-26；申建明. 关于国际法的效力根据的理论问题//周忠海. 和平、正义与法. 北京：中国国际广播出版社，1993：246-249.

④ 邵津. 国际法. 北京：北京大学出版社，2000：21-22.

berger，1908—1991）。权力政治学说认为，国际法是由国际政治所支配的，而国际政治的核心是国家权力，应该从国际政治中寻找国际法效力的根据。总的来说，国际政治中的势力均衡，即国家权力的均衡，是国际法存在的基础以及其效力的根据。这种学说的本质是使国际法依附于国际政治和国家权力，从而可能使国际法成为强权政治的工具。

（八）中国学者的观点

对于国际法效力根据的问题，中国学者也进行了深入的研究。其中，周鲠生教授和王铁崖教授的观点最具有代表性，其他学者的有关论述尽管可能措辞不同，但看法基本相同。

周鲠生教授认为，国际法是国家之间公认的国际关系上的行为规范，体现了各国统治阶级的意志。但这种各国统治阶级的意志不可能是所谓各国的共同意志，而只能是各国统治阶级协调的意志。因此，可以说，各国统治阶级的协调意志就是国际法的效力的根据。而在公认国际法规范上表现各国的协调意志的不外乎两种方式：一是惯例，二是条约。[①]

王铁崖教授则指出："关于国际法效力的根据，虽然有各种各样的理论，然而，最重要的一点是：国际法主要是国家之间的法律，国家受国际法的拘束，同时又是国际法的制订者。因此，国际法效力的根据应在于国家本身，即在于国家的意志。当然，国际法效力的根据在于所谓国家的意志，并不是指个别国家的意志，也不能说各国之间有'共同意志'，而是指各国的意志之间的协议。条约之所以对国家有拘束的效力，是因为条约是国家之间的协议；国际习惯的拘束效力在于它既是各国的重复类似的行为，而且是被各国所认为具有法律拘束力；即使是作为国际法渊源的一般法律原则也是'文明各国所承认者'（《国际法院规约》第38条第1项）。事实证明，即使是不同社会经济制度的国家之间，也是可以达成协议而受拘束的。由此可见，各国之间的协议，或者说各国意志之间的协议，构成了国际法效力的根据。""在法律上，国际法效力的根据是国家意志的协议，而在法律之外，国家意志的协议是受国家之间来往关系的需要所支配的。"[②]

第二节　国际法的发展历史

国际法的发展历史大致可以分为古代国际法、近代国际法和现代国际法三个时期。王绳祖教授指出："世界近代史以17世纪英国资产阶级革命为开端，而近代国际关系史则以'结束三十年战争'的《威斯特伐利亚和约》为开端。"[③] 按照这种观点，以17世纪作为古代国际法和近代国际法的界限是恰当的。同时，以20世纪初的第一次世界大战作为世界现代史和现代国际法的开端也得到了许多学者的赞同。

一、古代国际法

从欧洲历史来看，古代国际法时期主要指1648年《威斯特伐利亚和约》（Peace of Westphalia）之前的时期，特别是中世纪（公元476年西罗马帝国灭亡～公元1453年东罗马帝国灭亡）及其以前的时期。[④] 不过，对于古代，尤其是中世纪之前，是否存在国际法的问题，人们

---

① 周鲠生．国际法：上册．北京：商务印书馆，1981：10-11．

② 王铁崖．国际法．北京：法律出版社，1995：9．

③ 王绳祖．国际关系史：第1卷．北京：世界知识出版社，1995：7．

④ 王铁崖教授将其分为古代国际法和中古国际法两个阶段，中古国际法是指欧洲中世纪的国际法。王铁崖．国际法．北京：法律出版社，1995：第一章第五节．

存在不同的见解。王铁崖教授认为，虽然古代国家不是近代意义上的主权国家，它们之间往来的关系不同，而且经常处于战争状态，因而难以产生完整的国际法体系，但是，在古代世界，毕竟有类似国家的政治实体，只要它们相互往来，它们之间就会产生一些类似近代国际法的原则、规则和制度。①

在古埃及，很早就有关于缔结条约的记载。公元前 1283 年，埃及法老拉美西斯二世与赫梯国王签订的同盟条约就是一个典型的事例。② 在古代印度，有文献记载，当时流行着有关国际交往的一些原则和规则，涉及外交使节制度、条约的缔结和原始的战争法规。③

古希腊存在许多独立的城邦国家，它们互相往来，使国际法的产生和发展具备了基本的条件。古希腊城邦国家之间经常互相派遣使节，并在此基础上形成了初步的使节制度。使节在接受国享有各种尊荣和不可侵犯权，对使节的侵犯属于严重的敌对行为，派遣国甚至可以以此作为宣战的理由；如果使节在接受国受到攻击或污辱，派遣国有权要求引渡肇事者。在战争法方面，国家在开战之前应该宣战，宣战要举行特定的仪式；战争被认为是敌对城邦全体居民之间的争斗，没有战斗员和非战斗员之分；占领敌方的城市后，可以屠杀平民，包括妇女和儿童，也可以将他们作为奴隶；战争中使用的武器和作战方法要受一定的限制，宗教场所不得成为攻击的对象，在盛大的体育竞赛期间不得进行战争；战俘可以被处死，可以掠夺或损毁敌国及其人民的财产。此外，在缔结条约、建立同盟、从事贸易和解决纷争方面也形成了一些规则和制度。

古罗马时期，其逐渐吞并了几乎全部其当时所知的文明世界，在古罗马疆界之外，他们差不多不知道有任何独立的文明国家，因此，在古罗马存在期间，既没有国际法存在的余地，也没有国际法存在的需要。④ 尽管如此，古罗马对国际法的形成和发展有进一步的贡献。由于来到罗马的外国人日益增多，于是产生了规范外国人与罗马人关系的一整套法律体系，这就是有别于“市民法”（jus civile）的所谓“万民法”（jus gentium）。古罗马还委任了一些被称为“外事法官”的官吏负责执行这种法律。⑤ 由于万民法的范围逐渐扩大，包括领土、海上航行、战争等问题，因而它被认为是国际法的前身。⑥

到了中世纪，欧洲社会被基督教统治和影响，基督教深刻影响欧洲社会的方方面面。除了基督教事务，教会还控制了世俗事务，包括政治、教育、艺术、文化等，成为维护欧洲封建秩序的支柱。特别是，作为基督教首领的教皇，不仅是欧洲基督教的最高领袖，而且还拥有巨大的政治权力，包括确认和否定世俗社会皇帝的合法性、指挥十字军、发布宗教敕令等。中世纪的欧洲社会呈现世俗与宗教的二元结构，而且宗教的权力凌驾于世俗之上。基督教会的权力被视为“世界主权”。因此，这一时期很难说有现代意义上的主权国家，也就不会有构建在主权国家基础之上的国际法。尽管如此，在不承认基督教会的国家和仍然拥有有限自治权力的封建领地和城市中，存在彼此的交往规则。它们之间时而宣战，时而媾和；时而结盟，时而转移领土。而且，缔结条约的数量逐渐增多，常驻使馆制度和领事制度逐渐出现，教皇仲裁频繁使

---

① 王铁崖. 国际法. 北京：法律出版社，1995：33-34.

② 关于该约的缔结时间有不同的表述。按照中国大百科全书出版社出版的《简明不列颠百科全书》第 5 卷第 34 页，“拉美西斯二世”词条所述，该约订于公元前 1283 年。

③ 王铁崖. 国际法. 北京：法律出版社，1995：10-11.

④ 劳特派特. 奥本海国际法：第 8 版：上卷，第 1 分册. 王铁崖，陈体强，译. 北京：商务印书馆，1981：53.

⑤ 劳特派特. 奥本海国际法：第 8 版：上卷，第 1 分册. 王铁崖，陈体强，译. 北京：商务印书馆，1981：52.

⑥ 王铁崖. 国际法. 北京：法律出版社，1995：35.

用，骑士法得到充分发展，这些都为后来相应的国际法分支的发展提供了历史实践。①

总之，在古代国际法时期，由于没有发展出现代意义上的主权观念，古代国际法调整的国家之间的关系往往基于君主之间的某种属人或身份关系，现代意义上的领土观念并不存在。由于生产力水平低下和科学技术落后，各个大陆和地区总体上处于闭塞和孤立的状态，相互之间缺乏密切的交往和联系，因而国际法是分散的和地区性的，不可能形成近代意义上超出地区界限的国际法。同时，虽然国际法在诸如战争、缔约、使节、外国人地位等方面产生了一些规则，但国际法还没有形成一个相对完整的法律体系。此外，国际法与国内法以及国际法与宗教法规之间缺乏明确的界限也是古代国际法的一个特点。

二、近代国际法

近代国际法是17世纪从欧洲发展起来的，其开始形成的一个重要标志是为结束“三十年战争”所签订的《威斯特伐利亚和约》。“三十年战争”是1618年至1648年以神圣罗马帝国皇帝、西班牙及天主教诸侯为一方与以法国、瑞典、荷兰及新教诸侯为另一方发生的战争。为结束战争，双方经过历时5年的谈判，于1648年10月24日在威斯特伐利亚地区签订了两项和平条约，合称《威斯特伐利亚和约》。和约承认德意志各诸侯国享有独立的主权，确认荷兰和瑞士的独立国家地位；承认新教与天主教享有同等权利。和约的签订打破了罗马教皇神权政治体制下的世界主权论，并初步确立了领土主权和主权平等的原则。“威斯特伐利亚和会及其签订的和约是国际关系史的一个划时代的事件，对近代国际法学的建立和发展起了重要的促进作用。”②

在“三十年战争”进行期间，荷兰学者格劳秀斯于1625年发表了著名的《战争与和平法》。该书以战争法为重点，系统论述了国际法的主要内容，为近代国际法的建立奠定了理论基础。格劳秀斯的著作和在此前其他一些法学家或神学家发表的关于某些国际法问题的著作，对于威斯特伐利亚和会的召开及和约的拟定产生了重要影响，促进了国际法和国际法学的发展。“由于国际法现在已成为一种必要，由于这样一种法律的许多原则已经多少取得了承认并且又出现在格劳秀斯的学说之中，由于格劳秀斯的体系对于当时被认为缺乏法律根据的国际关系的大部分提供了法律根据，因此，格劳秀斯的这部书就获得了如此普遍于全世界的影响，以至于他被正确地称为‘国际法之父’。”③

在近代国际法时期，1776年美国的《独立宣言》和1823年美国总统的《门罗宣言》以及18世纪末的法国资产阶级革命，对国际法的发展产生了重要的影响。法国资产阶级革命中提出了国家的基本权利与义务的概念。1793年的《法兰西宪法》宣布，法国不干涉其他国家的内政，其他国家也不得干涉法国的内政；法国赋予为了自由事业而被本国驱逐的外国人以庇护权，但不为封建暴君提供庇护；法国反对外国侵占法国领土，不与任何占领法国领土的国家媾和。总之，法国革命时期提出的一系列原则反映了新兴资产阶级的主张，具有进步的时代意义。法国资产阶级革命中提出的不干涉内政原则逐渐为国际社会所接受，并以国际法的形式固定下来，在今天的国际关系中仍然发挥着重要作用。④

到19世纪后期，资本主义的发展逐渐进入帝国主义阶段，国际关系中的不平等、压迫和

---

① 杨泽伟. 国际法. 北京：高等教育出版社，2007：18.

② 王绳祖. 国际关系史：第1卷. 北京：世界知识出版社，1995：61.

③ 劳特派特. 奥本海国际法：第8版：上卷，第1分册. 王铁崖，陈体强，译. 北京：商务印书馆，1981：58.

④ 王绳祖. 国际关系史：第1卷. 北京：世界知识出版社，1995：309.

使用武力的现象日益严重。与此相适应，在进步的国际法原则和概念之外，出现了一些反动的原则、规则和制度，如殖民地制度、保护关系、势力范围、干涉、和平封锁、租界、租借地以及领事裁判权制度等，它们阻碍了国际法向和平与正义的正确方向发展。[①] 但尽管如此，由于资本主义的生产关系极大地促进了生产力的提高和世界市场的形成，国家之间的相互联系和交往日益增加，因而国际法在此基础上仍然取得了长足的进步。

总的说来，在近代国际法时期，国家是国际法的唯一主体，国际法被认为是调整国家之间关系的法律，国际法的适用范围从欧洲国家扩大到美洲国家和亚洲与非洲的部分国家。国际法承认国家的战争权，认为战争是解决国际争端的合法方式，但开始强调战争的人道化。国际法各部门的内容都有了新的发展和变化，涉及领土的取得和变更、引渡和庇护制度、海洋法、外交关系法、条约法、战争法、永久中立制度等许多方面。国际会议制度日益完善，并出现了常设性的国际行政组织。此外，仲裁作为解决国际争端的方法被国家广泛采用，国际法的编纂也取得很大成就，1899 年和 1907 年两次海牙和平会议签订的一系列有关战争法的国际公约就是一个明显的例证。

三、现代国际法

现代国际法是第一次世界大战后现代国际关系的产物。第一次世界大战一方面给各国人民带来深重的灾难，使国际法受到严重的破坏；另一方面，它也使国际社会认识到重建和加强国际法律秩序的重要性，从而为国际法的发展提供了一个新的契机。

第一次世界大战后期发生的俄国十月革命使世界上出现了第一个社会主义国家，国际法开始调整社会制度不同的国家之间的关系。苏维埃俄国提出了“不兼并和不赔款”的结束战争的主张，宣布侵略战争是反人类的罪行，主张废除秘密外交和不平等条约，强调民族自决原则。这些新的主张和原则逐步被其他国家所接受，对现代国际法的发展产生了积极的影响。

第一次世界大战后建立的国际联盟是世界历史上第一个普遍性的国际政治组织。根据《国际联盟盟约》，国际联盟的基本宗旨是解决国际争端，维护世界和平。《国际联盟盟约》第 10 条规定：“联盟会员国尊重并保持所有联盟各会员国之领土完整和现有之政治独立，以防御外来的侵犯。如遇此种侵犯或有此种侵犯之任何威胁或危险之虞时，行政院应筹履行此项义务之办法。”虽然国际联盟有诸多不足，甚至失败的教训，但它倡导了一些重要的国际法原则，在解决国际争端、裁军和国际法的编纂等方面做了大量的工作，因此，其积极作用是不容忽视的。此外，作为国际联盟机构之一的常设国际法院是人类历史上第一个国际司法机构。在其存续期间，常设国际法院对部分重要案件作出了判决，并发表了有重大影响的咨询意见。常设国际法院的实践丰富了国际法的内容，对和平解决国际争端作出了有益的贡献。

1928 年，美国、法国、英国等国家在巴黎签订了《关于废弃战争作为国家政策工具的一般条约》（又称《巴黎非战公约》）。这是第一次世界大战后另外一项重要的国际法律文件。《巴黎非战公约》第 1 条规定：“缔约各方以它们各国人民的名义郑重声明，它们斥责用战争来解决国际纠纷，并在它们的相互关系上废弃战争作为实行国家政策的工具。”第 2 条规定：“缔约各方同意它们之间可能发生的一切争端或冲突；不论其性质或起因如何，只能用和平方法加以处理或解决。”《巴黎非战公约》首次在法律上明确废弃了以战争方式解决国际争端的合法性。虽然其后的实践表明，《巴黎非战公约》的签订未能阻止第二次世界大战的爆发，但它显然对现代国际法中不侵犯原则的形成起到了开创性的作用。

---

① 王铁崖. 国际法. 北京：法律出版社，1995：37.

第二次世界大战后，国际法有了更大的发展。《联合国宪章》的产生和联合国的建立标志着国际法进入了另一个新的阶段，传统的、以欧洲为中心的国际法逐渐转变为现代的、以普遍性为特色的国际法。国际法的领域，不论是其适用的对象还是其所包含的内容，都增加和扩大了。① 虽然在第二次世界大战后美国和苏联长期处于冷战状态，但国际法仍然在维持国际和平、解决国际争端和促进国际合作方面发挥了重要的作用。“冷战”结束后，随着国际环境的改善和国际交流与合作的进一步加强，国际法出现了更加广阔的发展前景。正如中国著名国际法学家史久镛先生指出的那样：国际法是随着第二次世界大战后国际形势的发展而走向成熟的。应该说，半个多世纪以来，国际社会一直在发展、进步。过去的国际法只限在狭窄的政治和国家关系领域，现在则越拓越广，经济、社会、人文……方方面面都涵盖了。现在应该说是有史以来国际法发展的最好时机，我们可以说是“躬逢其盛”②。

概括地讲，现代国际法的发展主要体现在以下几个方面。

（1）国际法主体的类型和数量日益增加。在近代国际法时期，国家是国际法的唯一主体；第二次世界大战后，政府间国际组织也普遍被认为具有国际法主体地位。同时，随着第二次世界大战后非殖民化运动的广泛开展，许多原殖民地民族获得独立，国家的数量大为增加，改变了原来只有所谓“文明国家”才是国际社会成员的局面。

（2）国际法的调整对象和范围不断扩大。由于政府间国际组织取得了国际法主体地位，现代国际法不仅调整国家之间的关系，而且调整国家与国际组织以及国际组织相互之间的关系。同时，现代国际关系已不再限于国际法主体之间的政治关系，而是扩大到经济、社会、文化、教育、科学等各个领域，因此，国际法的调整范围也必然要扩大到国际关系的这些新的领域。例如，传统上，国际法并不涉及国家之间的经济关系，但在第二次世界大战结束前后，国际社会签订了《国际货币基金协定》《国际复兴与开发银行协定》《关税与贸易总协定》，它们构成了调整现代国际经济关系的基本法律框架。1995 年世界贸易组织成立后，按照《建立世界贸易组织的协定》和其他一系列协定的规定，国际货物贸易、服务贸易、与贸易有关的知识产权保护、与贸易有关的投资措施等均被置于国际法的规范之下。世界贸易组织还建立了贸易政策评审制度和争端解决制度，以保证成员方履行其根据有关协议承担的国际义务。可以说，国际法越来越多地调整国家之间的经济关系已经成为现代国际法的一个显著特征。

（3）确立了一系列指导现代国际关系的国际法基本原则。第二次世界大战后，通过《联合国宪章》《国际法原则宣言》等许多国际法律文件的规定和长期一致的国际实践，包括国家主权平等原则、不侵犯原则、不干涉内政原则在内的一系列国际法基本原则得到了充分的确立。这些原则构成现代国际法的基础与核心，是指导现代国际关系的基本准则。

（4）国际法的内容发生了新的变化。由于现代科学技术的发展、国际社会的进步和人权思想的深入人心，国际法的内容发生了新的变化。首先，传统国际法中一些不合理和不符合现代国际法基本原则的制度和做法被废弃，如殖民地制度、租界、势力范围、领事裁判权制度等。其次，国际法一些领域中原有的内容得到了丰富和发展。例如，在传统海洋法中，海洋被分为领海和公海两个部分，但 1982 年的《联合国海洋法公约》增加了专属经济区、群岛水域、国际海底区域等多种海域，并且对各种海域的法律地位和制度作了详细、明确的规定。最后，现代国际法中出现了一些新的分支和内容，如空间法、国际经济法、国际环境法、国际人权法、国际刑法等。这些分支的出现表明国际法具有广阔的发展前景，同时也说明国际法在调整现代

---

① 王铁崖．国际法．北京：法律出版社，1995：39.

② 陈初越．专访联合国国际法院新任院长史久镛．南风窗，2003（2）（下）.

国际关系中的作用更为重要。

(5) 国际争端解决制度得到长足发展。首先，1928 年《巴黎非战公约》在法律上明确废弃了以战争方式解决国际争端的合法性，改变了近代国际法时期战争是解决国际争端的合法手段的状态。其次，根据《联合国宪章》《国际法原则宣言》等重要的国际文件，和平解决国际争端作为一项国际法基本原则得到了牢固的确立。再次，第一次世界大战后常设国际法院和第二次世界大战后国际法院的成立标志着国际争端司法解决制度的形成和发展，司法方式已成为解决国家间争端的重要方式之一。最后，联合国及其他普遍性和区域性国际组织在解决国际争端中的作用日益显著。

(6) 国际法的编纂成效显著。国际法的编纂是指国际法的法典化。在现代国际法时期，国际联盟和联合国在国际法的编纂方面做了大量的工作，并取得显著的效果，其中，作为联合国负责国际法编纂的主要机关，联合国国际法委员会的工作尤其值得肯定。通过国际法的编纂，国际法的许多领域已经形成了系统、明确的条约规范，有力地促进了国际法的实施和发展。

四、中国与国际法关系的发展历史

与世界其他地区一样，中国古代也有国际法的萌芽。秦始皇统一中国之前，在今天中国的范围内曾经存在不同的国家，它们在交往过程中产生了一些调整彼此关系的规则和制度，形成了中国古代国际法的部分内容。例如，在战国时期，各国互相往来，合纵连横并进行战争，在此过程中产生了使节、结盟、缔约、国际会议等方面的一些制度。这些制度和世界其他地区古代国际法的内容十分相似。

在秦始皇统一中国后漫长的封建历史时期内，中国虽然也与外国有一些交往，如汉代张骞出使西域和明代郑和下西洋，但这种交往缺乏系统性，难以形成一致的国际法制度。这是因为中国历代封建统治者一贯认为世界秩序应该以中国为核心，周围的国家应该以一种特殊的关系从属于中国。[①] 这种观念明显不符合威斯特伐利亚体系中的国际法和国际关系中的国家平等原则，国际法也很难在此基础上得到形成和发展。另外，中国历代封建统治者坚持奉行闭关锁国的政策，客观上限制了与其他国家进行交往的机会。中国封建社会长期实行自给自足的自然经济，重农抑商，遏制了民间进行对外贸易的积极性，在缺乏利益驱动的情况下，民间的国际交流很少，因而也难以反过来促进国家之间交流的发展。

近代国际法是在 19 世纪中叶正式介绍到中国来的。1839 年，林则徐为了处理与“夷邦”的关系，曾命人把瓦特尔 1758 年出版的《万国法》(Le Droit des gens) 中的一些片段译成中文，作为与外国人进行交涉的依据。不过，将近代国际法正式、系统地介绍到中国来的是美国传教士丁韪良 (W. A. P. Martin，1827—1916)。1864 年，丁韪良经美国驻中国公使蒲安臣 (Anson Burlingame，1820—1870) 鼓励，把美国国际法学者惠顿 (Henry Wheaton，1785—1848) 于 1836 年出版的《国际法原理》(Elements of International Law) 一书译为中文并以《万国公法》的名称出版。这是介绍到中国来的第一部外国国际法著作。它对中国的对外关系产生了一定的影响，而且在当时似乎起了一些作用。在 1864 年普鲁士与丹麦进行战争期间，普鲁士军舰在中国渤海湾拿捕了一艘丹麦船只。清政府根据《万国公法》中关于领海的规则向普鲁士政府提出抗议，并使该船得到释放。[②] 这个事件使清政府的一些官员看到了国际法的作用，因此，他们在后来办理洋务时曾多次参考国际法著作。此后，又有一些西方的国际法著作

① 王铁崖. 国际法. 北京：法律出版社，1995：42.

② 王铁崖. 国际法. 北京：法律出版社，1995：16－17.

被译成中文，传入中国。[①]

不过，近代国际法被介绍到中国以后，中国并没有像一些人所设想的那样充分享有国际法上的权利并取得与其他国家平等的地位。这是因为当时的国际法主要适用于所谓的西方“文明国家”之间的关系，而“在第一次世界大战以前，波斯、暹罗、中国、阿比西尼亚等国家的地位是有些疑问的。当时，它们的文明还没有达到使它们的政府和人民能在一切方面了解和履行国际法规则所必要的程度”[②]。1840年鸦片战争后，在帝国主义国家的武力和武力威胁之下，中国政府被迫签订了一系列不平等条约，外国在中国攫取了各种特权和利益。因为当时中国与西方国家的关系基本上是以不平等条约为基础的，所以，它们不可能根据国际法平等地对待中国，中国也不可能有效地利用国际法保护自己的利益。

第一次世界大战以后，情况发生了变化。中国作为战胜国之一参加了国际联盟和《巴黎非战公约》，先后取消了外国在中国的租界和领事裁判权，并收回了除香港、澳门以外的租借地。在第二次世界大战中，中国作为对日作战的主要国家，与日本侵略者进行了艰苦卓绝的斗争，为世界反法西斯战争的伟大胜利作出了巨大贡献，并因此取得同盟国四大国之一的地位。中国参与了《联合国宪章》的制定，并成为联合国安全理事会的常任理事国，在国际事务中发挥了应有的作用。

1949年中华人民共和国成立以后，中国的对外关系进入一个新的阶段。中国政府坚持独立自主的外交政策，主张废除一切不平等条约，取消外国根据这些条约在中国攫取的特权和利益，在平等的基础上与其他国家发展友好关系。中国和印度、缅甸首先倡导的和平共处五项原则得到了许多国家的赞同。但客观地讲，在1949年以后相当长的时间内，中国未能充分、有效地参与国际关系，对现代国际法的发展没有起到应有的作用。造成这种状况的原因有三：首先，一些资本主义国家长期执行敌视中国的政策，中国与一些主要资本主义国家未能建立正常的国家关系，更谈不上全面交往。其次，台湾当局长期占据中国在联合国和联合国专门机构中的席位，中华人民共和国政府不能有效参加联合国及其专门机构的活动，也不能充分参与联合国召开的国际会议和制定国际条约的过程。最后，受长期以来极左思潮和“法律虚无主义”思想的影响，中国对国际法没有给予应有的重视。

1978年改革开放以来，中国与国际法的关系发生了很大的变化。中国全面参加现代国际关系，采取各种措施认真履行根据国际法承担的义务。例如，在加入世界贸易组织前后，中国根据世界贸易组织有关协定的规则和“入世”承诺，对原有法律规章作了大量的清理和修订。同时，在中国参加的国际条约与现行法律发生冲突的情况下，中国承诺执行国际条约的规定，但中国保留的条款除外。这一点在1978年以后制定的不少单行法规中都有体现。另外，中国积极参加联合国的各项活动和维持和平行动，为维持国际和平和促进国际合作发挥了重要的作用。随着中国实力的增强和在国际关系中地位的提高，中国努力参与国际规则的制定和修改，继续为国际法的发展作出自己的贡献。

特别是，2018年，中国《宪法》序言中开展对外关系的表述首次得到了修改，在《宪法》序言规定的“中国坚持独立自主的对外政策，坚持互相尊重主权和领土完整、互不侵犯、互不干涉内政、平等互利、和平共处的五项原则”后面增加规定“坚持和平发展道路，坚持互利共赢开放战略”，在“发展同各国的外交关系和经济、文化交流”后面增加规定“推动构建人类

---

① 端木正. 国际法. 2版. 北京：北京大学出版社，1997：18.

② 劳特派特. 奥本海国际法：第8版：上卷，第1分册. 王铁崖，陈体强，译. 北京：商务印书馆，1981：33－34.

命运共同体”。为了维护中国的国家主权、安全、发展利益，保护中国公民、组织的合法权益，2021年6月10日，全国人大常委会通过了《中华人民共和国反外国制裁法》，宣布外国国家违反国际法和国际关系基本准则，以各种借口或者依据其本国法律对我国进行遏制、打压，对我国公民、组织采取歧视性限制措施，干涉我国内政的，我国有权采取相应反制措施。2023年6月28日，全国人大常委会通过了《中华人民共和国对外关系法》，这是中国首部专门关于中国开展对外关系的法律，标志着中国开展对外关系步入法治化的轨道。2023年9月1日，全国人大常委会通过了《中华人民共和国外国国家豁免法》，一改中国长期奉行的绝对豁免立场，转而对外国国家豁免采取有限豁免立场。

第三节 国际法的主体

一、国际法主体的定义

国际法主体（Subject of International Law）即国际法律人格者（International Legal Person），是指享有国际法上的权利并且（或者）承担国际法上的义务的主体，是国际法律关系的参加者，也是参与国际法律关系的一种资格和权利能力。

国际法主体不同于国内法主体，某个主体是国际法上的主体不一定就是某个国家国内法上的主体，反之亦然，某个主体是某个国家或许多国家国内法上的主体也并不一定表明其就是国际法上的主体。国际法主体是指该主体参与国际法律关系的一种权利能力，即其只要有权参与国际法律关系即可。某个主体具有参与国际法律关系的权利能力，并不一定表明其具有参与国际法律关系的全部行为能力，在这里，需要区分权利能力和行为能力。不同的国际法主体都具有参与国际法律关系的权利能力，但并不意味着它们参与国际法律关系的行为能力完全等同。有些国际法主体具有参与国际法律关系全部的行为能力，有些则不是。

二、国际法主体的范围

（一）国家（States）

国家是现代国际法的基本主体。而且，长期以来，自从威斯特伐利亚体系确立以来，国家甚至还被认为是近代国际法中的唯一主体。国家不仅具有参与国际法律关系的权利能力，而且这种权利能力是天然的、固有的，正是国家，才创造了国际法，国家是创造国际法的主要主体。而且，国家还具有参与国际法律关系的全部的行为能力。除非受到国际法的限制，国家有权从事各种国际法律行为，缔结各个领域中的条约，承担违反国际法的责任。

国家之所以是国际法的主要主体，是由以下三个方面的原因所决定的。

(1) 国际法的特征决定了国家的基本主体地位。国际法是国家及其他国际法主体进行交往的行为规范，国际法的调整对象主要是国家之间的关系。因为在国家之上不存在一个世界性的立法机构，所以，国际法主要是国家以国际协议的方式制定的。此外，国际法的强制实施也需要国家采取单独或者集体的措施予以保证。

(2) 国家在国际关系中的特殊重要性决定了国家的基本主体地位。国际法是在国际关系中产生和发展起来的，同时也是以国际关系作为主要调整对象的。现代国际关系包括国家之间的关系、国家与其他国际法主体之间的关系以及其他国际法主体相互之间的关系，但国家之间的关系无疑是国际关系中最主要的部分。事实上，其他的国际法主体，例如政府间国际组织，之所以能够产生，也是因为国家创造它们的结果。如果没有国家的创造，也就不可能存在政府间国际组织。从这个意义来说，国家在国际关系中的这种特殊重要性决定了它的国际法基本主体的地位。

（3）国家的根本属性决定了国家的基本主体地位。主权是国家的根本属性，它是国家固有的、独立自主地处理对内、对外事务的权利。因为国家拥有主权，所以，它在国际法上具有完全的权利能力和行为能力。国家能够直接享受国际法权利和承担国际法义务。国家在国际法上的这种完全的权利能力和行为能力是其他国际法主体所不具备的。

（二）非国家行为者（Non-State Actors）

非国家行为者，是指除国家以外的其他国际法主体。与国家相比，非国家行为者虽然也是国际法的主体，但其国际法中的行为能力受限，只能局限于特定的国际法领域。因此，它们也可以被称为国际法中的有限主体。具体说来，非国家行为者包括政府间国际组织、争取独立的民族、叛乱团体和交战团体、非政府组织、工商业法人、个人等。

1. 政府间国际组织

政府间国际组织（inter-governmental organizations），有时又被称为“公共性质的国际组织”（public international organizations），是指国家和（或）其他实体根据条约或受国际法制约的其他文书建立的、拥有至少一个能够表达有别于其成员的意愿的机关的实体。① 政府间国际组织的国际法主体地位问题，是随着国际组织的产生和发展而出现的。第一次世界大战之前，由于这样的国际组织数量甚少，其法律地位并未引起人们的广泛关注。第一次世界大战后，国际联盟（League of Nations）作为世界上第一个普遍性的政治组织宣告成立。第二次世界大战后，新的政府间国际组织不断成立，国际组织的数量日益增加，特别是联合国及其专门机构在政治、经济、文化、教育、科技和社会等各个方面发挥着越来越重要的作用，国际社会和学界在政府间国际组织具有国际法主体地位这一点上普遍达成了共识。

明确认定像联合国那样的政府间国际组织是国际法主体，来自国际法院在 1949 年“关于执行联合国职务时遭受伤害的赔偿问题案”所作的咨询意见。在该案件中，虽然《联合国宪章》中没有明确条款规定联合国是国际法主体，但国际法院通过对《联合国宪章》中关于联合国的宗旨和使命的条款的解释认为，鉴于联合国预期行使和享有且事实上正在行使和享有的职能和权利只能在它具有大部分国际人格和国际行为能力的基础上得到解释，因而联合国是一个国际人格者。不仅如此，国际法院还宣布，联合国具有国际法律人格是客观的，还可以对抗联合国的非成员国，亦即，联合国的非会员国也有义务承认联合国的国际法主体资格。② 此后，受到这个咨询意见的影响，许多政府间国际组织都在创设它们的国际法律文件中明确规定其具有国际法律人格。例如，1965 年的《解决国家与他国国民之间投资争议公约》第 18 条规定，“解决投资争端国际中心具有完全的国际法律人格。”1998 年的《国际刑事法院罗马规约》第 4 条第 1 款规定，“本法院具有国际法律人格，并享有为行使其职能和实现其宗旨所必需的法律行为能力。”2002 年的《上海合作组织宪章》第 15 条也明确规定，“本组织作为国际法主体，享有国际人格。在各成员国境内，拥有为实现其宗旨和任务所必需的法律行为能力。”1986 年签订的《关于国家和国际组织间或国际组织相互间的维也纳条约法公约》实际上承认了国际组织的国际法主体地位。

① 联合国国际法委员会关于国际组织作为争端当事方的议题特别报告员第一份报告 . A/CN. 4/756. 2023：35.

② ICJ. Reparation for Injuries Suffered in the Service of the United Nations. Advisory Opinion of 11 April 1949. ICJ Reports，1949：185.

虽然国际组织的国际法主体地位是客观存在的，但正如国际法院在1949年对“关于执行联合国职务时遭受伤害的赔偿问题”所作的咨询意见中指出的那样，承认联合国那样的国际组织的国际法主体地位并不等于说它们是国家，它们的权利和义务具有一定的范围和局限性，因为国际组织是根据组织成员之间的协议为了一定的目的而建立的。[①] 由于国际组织的行为能力是由其成员国通过签订作为国际组织章程的国际协定而赋予的，因而国际组织只能在其组织章程规定的范围内活动，它们的行为能力是有限的，不能像国家那样全面地参与国际关系、享受国际法上的全部权利并承担国际法上的全部义务。

2. 争取独立的民族

争取独立的民族，有时又被称为“民族解放运动”（national liberation movements），是指为了行使国际法上的民族自决权（right to self-determination of peoples）而在国际关系中代表该民族的政治组织。民族自决权是争取独立的民族取得国际法主体资格的法律基础。第二次世界大战后，《联合国宪章》《公民权利和政治权利国际公约》《经济、社会和文化权利国际公约》以及联合国大会通过的《关于人民与民族的自决权的决议》《给予殖民地国家和人民独立宣言》《国际法原则宣言》《各国经济权利和义务宪章》等重要的国际文件都规定了民族自决权。根据民族自决权，处于殖民统治、外国奴役或种族压迫下的民族有权自决，自由决定自己的政治地位，发展经济、社会和文化事业。自决的结果可以是独立、与已经独立的国家自由结合、或与已经独立的国家合并。自决的方式可能是联合国监督下的全民公决的和平方式，也有可能是通过武装斗争的暴力方式。例如，1960年，为了反抗南非对“西南非洲”（1968年改名“纳米比亚”）的吞并行为，“西南非洲人民组织”（SWAPO）成立，开始进行争取民族独立的斗争。1989年，在联合国的监督下，“西南非洲人民组织”在纳米比亚制宪议会和总统选举中获胜，1990年纳米比亚宣布独立，成为联合国第160个会员国。争取独立的民族在摆脱殖民统治、外国奴役或种族压迫的斗争中建立了能够有效地代表该民族的政治实体之后，即使尚未有效控制国家的大部分领土和实行有效统治，也已经在一定范围内具有了独立参加国际关系和直接承受国际法上的权利和义务的能力。它们可以与其他国际法主体进行谈判、缔结国际协定、出席国际会议、参加国际组织以及进行其他活动。在争取民族独立的斗争中，争取独立的民族享有战争法上的权利，并有权请求和接受国家和国际组织的援助。不过，由于争取独立的民族尚未取得独立国家的地位，因而它们参加国际关系的范围及其行为能力是有限的，不能像国家那样与其他国际法主体进行全面的交往。

3. 叛乱团体和交战团体

叛乱团体（insurgents）是指一国内部出现的为了实现特定政治目的而诉诸武装暴力的团体。这种团体由于违反有关国家的法律而成为这些国家的非法组织。然而，当这种团体组织性较强并且与有关国家的武装力量之间发生长期冲突时，该国境内就会存在非国际性武装冲突。出于人道因素的考虑，在非国际性武装冲突中，就存在适用于非国际性武装冲突的国际人道法。例如，1949年的四个《日内瓦公约》共同第3条均规定了非国际性武装冲突中的“冲突各方”需要遵守的最低限度的人道规则。1977年的《日内瓦公约第二附加议定书》规定了缔约国武装部队和“有组织的武装团体”必须遵守的人道规则。由此可见，叛乱团体需要直接遵守有关国际人道法，其直接享有国际人道法上的权力，履行国际人道法上的义务。从这个意义上说，叛乱团体也是国际法的主体，只是其行为能力有限，其不能像国家那样从事任何国际法

① ICJ. Reparation for Injuries Suffered in the Service of the United Nations. Advisory Opinion of 11 April 1949. ICJ Reports，1949：180.

行为。

当叛乱团体发展到一定程度、导致有关国家与叛乱团体的武装冲突变成类似于国家之间发生的武装冲突时，有时，出于各种原因，有关国家当局会作出交战承认的声明，甚至第三国也会作出交战承认声明，承认该叛乱团体具有交战资格，从而在该非国际性武装冲突中适用国际性武装冲突的交战规则，尽管不承认该叛乱团体的独立。此时，叛乱团体就会变成交战团体（belligerents）。由于叛乱团体本身就是国际法主体，成为交战团体后，其自然也是国际法主体，而且其参加国际关系的行为能力得到进一步增强，其将拥有比叛乱团体更多的国际法权利和义务，因为适用于国际性武装冲突的国际法规范要比适用于非国际性武装冲突的国际法规范多得多。

4. 非政府组织

非政府组织（NGOs）是指依据一国的法律设立的非以营利为目的的社会团体。它们通常都是该国法律中的主体。不同国家中的非政府组织有可能拥有相同或相似的目标，它们就有可能组成国际的非政府组织（international NGOs），例如“红十字会与红新月会国际联合会”。有的国家的非政府组织有可能会依据另一国家的法律规定，在另一国家设立非政府组织在另一国家的代表处，逐渐形成一个庞大的国际系统，例如“绿色和平组织”。

根据联合国经济及社会理事会第1996/31号决议的规定，取得联合国经济及社会理事会咨商地位的非政府组织有权参加联合国的工作，具有参加联合国工作的权利，包括获取联合国通行证、进入联合国场所，在联合国有关会议上提供书面意见或发言，或者以观察员身份出席会议等。因此，无论是国内的还是国际的非政府组织，它们也是国际法的主体，在相关的领域可以参与国际法律关系，拥有国际法上的权利，履行国际法义务，只是与其他非国家行为者一样，它们在国际法中的行为能力受限。

5. 工商业法人

工商业法人是指依据一国法律设立的以营利为目的的企业、商业法人。其中，影响很大的是跨国公司（transnational corporations）。根据关于跨国公司的国际文件，对于跨国公司存在多种不同的定义。一般认为，它们是指由两个或两个以上国家的实体组成的企业，而不论这些实体的法律形式和活动领域如何，这些实体在一个决策制度下运作，这种制度允许通过一个或多个决策中心实行连贯一致的政策和共同战略，这些实体在决策中心内通过所有权或其他方式相互联系，其中一个或多个实体可能对其他实体的活动施加重大影响，特别是与其他实体分享知识、资源和责任。① 目前，实力强大的跨国公司“富可敌国”，甚至有实力影响一些弱小国家的政策，已经成为国际关系中非常活跃的行为者。

目前，关于跨国公司权利和义务的国际文件大多都是以行为准则、守则、指南等没有国际法约束力的所谓“软法”文件的面貌呈现，例如联合国经济及社会理事会1988年的《跨国公司行为守则》、联合国人权委员会下属的增进和保护人权小组委员会2003年的《跨国公司和其他工商企业在人权方面的责任准则》等，它们虽然直接规定了跨国公司在人权和环境方面的许多义务和责任，但这些文件都不是国际法文件。有些国际公约，例如《联合国反腐败公约》《联合国打击跨国有组织犯罪公约》等虽然规定了法人责任，但这些公约将确立法人责任的义务规定给了缔约国，因此这些公约并没有直接为包括跨国公司在内的法人设置权利和义务。换言之，目前尚未存在直接给跨国公司设置权利和义务的条约。然而，虽然没有这样的条约，但有些条约直接给工商业法人设置了权利和义务。换言之，工商业法人也是国际法的主体。这些

① 1988年联合国《跨国公司行为守则》. E/1988/39/Add. 1：第1段。

工商业企业也有可能包括跨国公司。例如，《联合国海洋法公约》第 137 条第 1 款规定，任何国家或自然人或法人，不应将国际海底区域或其资源的任何部分据为己有；第 3 款规定，任何国家或自然人或法人，除按照本部分外，不应对国际海底区域的矿物主张、取得或行使权利。《解决国家与他国国民之间投资争议公约》第 25 条第 1 款规定，解决投资争端国际中心的管辖适用于缔约国和另一缔约国国民之间直接因投资而产生并经双方书面同意提交给中心的任何法律争端，而依据第 25 条第 2 款第 2 项的规定，该款中的“国民”包括具有作为争端一方的国家以外的某一缔约国国籍的任何法人。美国与伊朗设立的“美伊求偿庭”有权裁决两国公民和法人提起的赔偿请求案件。联合国安理会 1991 年第 687 号决议要求伊拉克赔偿因非法入侵和占领科威特而对外国政府、国民和公司造成的任何直接损失、损害和伤害。

6. 个人

个人（individuals）是指国内法中的自然人。个人也是国际法的主体，只是其行为能力局限在某些国际法领域。个人可以直接依据国际法获得权利、承担义务。前面提到的《联合国海洋法公约》第 137 条第 1 款规定，任何国家或自然人或法人，不应将国际海底区域或其资源的任何部分据为己有；第 3 款规定，任何国家或自然人或法人，除按照本部分外，不应对国际海底区域的矿物主张、取得或行使权利。《解决国家与他国国民之间投资争议公约》第 25 条第 1 款规定，解决投资争端国际中心的管辖适用于缔约国和另一缔约国国民之间直接因投资而产生并经双方书面同意提交给中心的任何法律争端，而依据第 25 条第 2 款第 1 项的规定，该款中的“国民”包括具有作为争端一方的国家以外的某一缔约国国籍的任何自然人。此外，许多国际人权条约直接规定了个人在国际法上的权利。例如，《公民权利和政治权利国际公约》第 9 条第 1 款规定，“人人有权享有身体自由及人身安全。任何人不得无理予以逮捕或拘禁。非依法定理由及程序，不得剥夺任何人之自由。”还有许多人权条约规定了个人在区域人权法院和国际人权条约机构的起诉权和一系列诉讼权利。还有许多条约或其他国际法文件直接规定了个人在国际法上的义务和责任。例如，《国际刑事法院罗马规约》第 25 条第 1 款规定，国际刑事法院依据该规约的规定对自然人具有管辖。其第 2 款规定，实施该规约管辖范围内的犯罪的人，应依照该规约的规定承担个人责任，并受到处罚。该规约还规定了被告在国际刑事法院具有的各种诉讼权利。

第四节　国际法的渊源

一、定义

法律渊源（sources of law）在法理学中有多种含义。第一种含义把法律渊源理解为法律规范产生的原因，即产生法律规范的经济、政治、历史、文化等因素。从这个意义上说，无论是国内法还是国际法，自然都会有此类产生因素。第二种含义把法律渊源理解为法律规范的来源，即法律规范来自哪里或由谁制定。从这个意义上说，国内法和国际法存在根本区别，因为国内法通常是由一国的立法机关、司法机关或执法机关制定出来的，而国际法不可能由国际的立法机关、司法机关或执法机关制定出来，因为国际社会不存在统一的立法机关、司法机关或执法机关。第三种含义把国际法渊源理解为法律的表现形式，即不管法律规范的内容为何，只要法律规范有存在的形式即可。从这个意义上说，无论是国内法还是国际法，都有自己的表现形式。国内法的表现形式可能是宪法、法律、法规、规章、司法解释等，抑或是制定法、判例法、衡平法等，国际法的表现形式则是条约、国际习惯、一般法律原则等。在国际法中，当谈到国际法渊源时，通常指的是第三种含义。可以举一个例子。我们以外国船舶在领海内的无害通过权这一国际法规范为例，它的渊源就是条约规范，因为它规定在《联合国海洋法公约》这一条约的第 17 条。当然，这一国际法规范的渊源也是国际习惯，因为第 17 条已成为国际习惯。[①]

最关心国际法渊源的是各种国际法庭，因为它们裁判案件需要适用国际法，需要找到国际法的表现形式。所以，各种国际法庭规约中规定的可适用的国际法往往就是国际法渊源。其中，最重要的莫过于《国际法院规约》第 38 条第 1 款了。该条规定：

"一、法院对于陈诉各项争端，应依国际法裁判之，裁判时应适用：

（子）不论普通或特别国际协约，确立诉讼当事国明白承认之规条者。

（丑）国际习惯，作为通例之证明而经接受为法律者。

（寅）一般法律原则为文明各国所承认者。

（卯）在第五十九条规定之下[②]，司法判例及各国权威最高之公法学家学说，作为确定法律原则之补助资料者。"

可见，《国际法院规约》第 38 条第 1 款规定了三种渊源：条约、国际习惯、一般法律原则，同时还规定了确定国际法的两种补助资料：司法判例和公法学家学说。

二、《国际法院规约》第 38 条第 1 款规定的国际法渊源

（一）《国际法院规约》第 38 条第 1 款规定的国际法渊源的类型

1. 条约

《国际法院规约》第 38 条第 1 款第 1 项规定，不论普通或特别国际协约，只要是确立诉讼当事国明白承认之规条者，皆为国际法院裁判案件应适用的国际法。这里的"国际协约"，在国际法上有一个更加一般的术语，即"条约"。条约（treaty）是指两个或两个以上国际法主体缔结的具有创设国际法权利和义务的协定。《国际法院规约》第 38 条把条约列于首位，说明了它在国际法院裁判案件中的重要意义。在存在相关条约的情况下，国际法院在裁判当事国之间的争端时都是首先适用条约的。

按照不同的标准，条约可以分为不同的类型：根据条约缔约国的数量，可以分为双边条约和多边条约。根据条约的性质和内容，可以分为契约性条约（contractual treaties）和造法性条约（law-making treaties），前者多为双边条约，类似于国内法中的契约，规定缔约国之间的权利和义务关系；后者则多为多边条约，类似于国内法中的立法，提出一般适用的法律规则。[③]作为国际法的渊源，多边的造法性条约，特别是世界上多数国家参加的造法性条约，其重要性显然比其他条约的要大得多。例如，《维也纳外交关系公约》《维也纳领事关系公约》《联合国海洋法公约》等都在各自领域规定了一般适用的法律规则，因而具有重要的意义。不过，有时契约性条约和造法性条约的区别并不很明显。如果许多双边契约性条约对同一事项作出相同的规定，这样的规则就可能由于获得普遍接受而产生与造法性条约的规则一样的效果；相反，在多边造法性条约的规定中，如果有些规定为较多国家所反对或保留，它们也难以产生普遍的拘

① ICJ. Maritime Delimitation and Territorial Questions between Qatar and Bahrain (Qatar v. Bahrain). Merits.. ICJ, 2001: para. 223.

② 《国际法院规约》第 59 条规定：法院之裁判除对于当事国及本案外，无拘束力。

③ 王铁崖. 国际法. 北京：法律出版社，1995：13.

束力。无论如何，《国际法院规约》第 38 条第 1 款第 1 项规定，不论“普通”（general）或“特别”（particular）国际协约，都应当适用。这说明，契约性条约和造法性条约都是国际法的渊源。

由于相对于国际习惯的形成，条约的起草、通过比较迅速，而且条约作为成文法，规定明确，不容易发生争端，因而在现代国际实践中，国家日益倾向于以缔结条约的方式调整它们之间的关系。在现代国际法中，条约的数量大量增加，其内容涉及国际法的各个领域。作为国际法的一种主要渊源，条约在调整国际关系中发挥着越来越重要的作用。

2. 国际习惯

国际习惯（international custom）是国际法主体确信是国际法的一般实践、惯例或做法，是一种不成文的国际法。《国际法院规约》第 38 条第 1 款第 2 项规定，国际习惯是指“作为通例之证明而经接受为法律者”。

据此规定，国际习惯的形成需要有两个要素：第一个要素是所谓的“物质要素”，即存在“通例”（general practice）。这也是国际习惯存在的客观要件。国际法委员会在 2018 年二读通过的《习惯国际法的识别结论草案》结论 4 中提出，这里的“通例”主要指的是国家的通例。结论 6 提出，“通例”既包括实际作为，也包括发言，甚至在有些情况下还包括不作为，而且具体的形式可以是：外交行为和信函；与国际组织通过的或在政府间会议上通过的决议有关的行为；与条约有关的行为；执行行为，包括“实地”作业行为；立法和行政行为；各国法院的判决等。结论 8 指出，“通例”要求有关实践必须具备一般性，即必须足够普及（uniform）和有代表性（representative），还必须是一贯的（consistent），而且不要求特定存续时间。实践的“代表性”说明，有关实践需要考虑“利益受到特别影响的国家”的实践。“不要求特定存续时间”说明，在相对较短的时间，国际习惯是可以形成的，尽管不是“即刻的”。有人反对“即刻习惯”（instant custom）的说法，认为“即刻”和“习惯”这两个词是不能放在一起的，但“即刻习惯”的含义如果不是指一瞬间形成的习惯，而是指相对较短的一段期间，例如五年、十年，其实也是可以的。

国际习惯的形成需要的第二个要素是所谓的“心理要素”，即有关惯例的采用必须带有一种法律权利或义务感，即所谓的“法律确信”（opinio juris）。它也是国际习惯形成的主观要件。没有“法律确信”的国际通例、惯例、实践并非国际法。为了证明此种“法律确信”的存在，需要查找能够证明的证据。国际法委员会《习惯国际法的识别结论草案》结论 10 指出，这种证据包括但不限于：以国家名义发表的公开声明；官方出版物；政府的法律意见；外交信函；国内法院的判决；条约规定；与国际组织通过的或在政府间会议上通过的决议有关的行为。例如，国际法院在 2012 年德国诉意大利的“国家豁免案”判决中，为了证明《联合国国家及其财产管辖豁免公约》第 12 条规定的“领土侵权例外原则”尚未成为国际习惯，提到了中国代表 1990 年对第 12 条的评论，认为该条并没有对国家的主权行为和管理行为作出区分。[①] 在这里，中国代表的评论本身构成证明国际习惯的惯例的证据，但评论的内容则构成证明国际习惯的法律确信。因此，如果将国际习惯比作一个人，那么该人的躯体就相当于是该国际习惯的“通例”，而该人的灵魂则相当于该国际习惯的“法律确信”，两者缺一不可。

国际习惯一旦证成，就对所有的国际法主体都有拘束力，除非该国际法主体构成“一贯反对者”（persistent objector）。国际法委员会在《习惯国际法的识别结论草案》的结论 15 中指

① ICJ. Jurisdictional Immunities of the State (Germany v. Italy: Greece intervening). Judgment of 3 February 2012: para. 64.

出，如果一国在一项习惯国际法规则的形成过程中对其表示反对，只要该国坚持其反对立场，则该规则不可施用于该国。当然，反对立场必须明确表示，向其他国家公开，并始终坚持。而且，反对不能对抗国际强行法。当然，那些“特别习惯”（special custom），不论是区域的、地方的还是其他层面的，都是仅在数量有限的国家之间适用的习惯国际法规则，都只能约束有限数量的国家。

3. 一般法律原则

《国际法院规约》第 38 条第 1 款第 3 项将“文明各国所承认的一般法律原则”（the general principles of law recognized by civilized nations）作为国际法院裁判案件的一项依据。可见，一般法律原则也是国际法渊源。当然，一般法律原则作为国际法院裁判案件的依据，是要次于条约和国际习惯的。换言之，只有在不存在可适用的条约和国际习惯时，国际法院才会适用一般法律原则判案。《国际法院规约》第 38 条第 1 款第 3 项规定一般法律原则，是为了防止出现国际法院判案时无法可依的情况。

由于二战后国际法不再基于文明对国家进行区分，因此一般法律原则得到“各国”承认即可，而不是“文明各国”承认。至于一般法律原则的来源，依照国际法委员会 2023 年一读通过的《一般法律原则结论草案》结论 3 的规定，一般法律原则包括：(a) 源自国家法律体系的原则；(b) 可在国际法律体系内形成的原则。换言之，国际法中的一般法律原则既有可能来自国家法律体系，也有可能来自国际法。关于源自国家法律体系中的原则，需要查明该原则是否存在于世界各个法系，同时还需要查明其是否已被“移植”到国际法中。关于是否已被“移植”到国际法中，根据结论 6 的规定，需要考察在世界各个法系中共有的该项原则是否与国际法相兼容。关于来自国际法的一般法律原则，需要查明各国是否已承认该原则是国际法中固有的一项原则。

至于一般法律原则的内容，有国际条约优于国内法原则、用尽国内救济原则、善意原则、违约导致赔偿义务原则、时效原则、禁止反言原则等。[①] 不过，直接适用一般法律原则判案的国际司法或仲裁实践较少，而且，即便存在一些这样的实践，国际判决或裁决中也往往较少明确指出其是一般法律原则，而是用一些“国际法一般原则”“一般国际法”之类的称谓。

（二）《国际法院规约》第 38 条第 1 款规定的确定国际法的补助资料

《国际法院规约》第 38 条第 1 款规定了“确定国际法的两种补助资料（subsidiary means）。所谓‘补助资料’，其含义是指辅助性的、次要的方法。这些方法的作用只是确定某项原则或规则是否存在，其本身并不是法律渊源。”[②] 换言之，司法判例和公法学家学说本身并不是国际法，它们只是用来确定国际法的材料而已。无论是条约、国际习惯还是一般法律原则，关于有关原则或规则是否存在，如已有司法判例和公法学家学说作出说明，当然是非常好的。

1. 司法判例（judicial decisions）

为了增加确定国际法规范是否存在及其内容的可能性，应对《国际法院规约》第 38 条第 1 款第 4 项所指的司法判例作广义理解：其不仅应包括国际法院自己的司法判例，还应包括其他各种国际法庭，甚至是各国国内法庭作出的司法判例；不仅应包括司法判决，还应包括咨询意见；不仅应包括司法机关作出的判例，还应包括国际和国内的仲裁机构作出的裁决。当然，不同类型、不同级别的司法判例的权威性还是存在差别的。一般说来，国际法庭的司法判例权威性要大于国内法庭的，司法判决的权威性要大于咨询意见的。

---

① 周忠海，等. 国际法学评述. 北京：法律出版社，2001：70，77－78.

② 端木正. 国际法. 2 版. 北京：北京大学出版社，1997：25.

依据《国际法院规约》第59条规定："法院之裁判（decisions）除对于当事国及本案外，无拘束力。"不过，国际法院的裁判中可能作出对条约的解释或对习惯国际法的识别。由于这种解释或识别具有一般性，因此国际法院的裁判有助于澄清和发展国际法。从这个意义上说，国际法院的裁判就具有重要的国际法意义，通常引起各国的关注。

2. 公法学家学说

《国际法院规约》第38条第1款第4项规定，"各国权威最高之公法学家学说"（teachings of the most highly qualified publicists of the various nations）也是确定国际法的补助方法。历史上，各国权威公法学家的学说对于国际法原则、规则和制度的形成与发展发挥了重要的影响。例如，格劳秀斯的著作《战争与和平法》和《海洋自由论》就对近代国际法理论的形成产生了重大作用。以前，各国的外交文件、国际文件及司法判决常常引用国际法学家的著作来证明国际法原则、规则和制度的存在或者说明它们的含义，但现在，这种情况有所减少，国际法学家的著作在这一方面的作用减小了。[①]

三、其他国际法渊源

由于《国际法院规约》的前身是1920年的《常设国际法院规约》，因此上述国际法的渊源体现的是20世纪20年代的国际法渊源。随着国际实践的发展，出现了一些新的实践形式，它们是否是国际法的渊源或者说它们在国际法渊源中具有何种地位，需要具体问题具体分析。

（一）国家单方面声明

国家经常需要在国际关系中发表各种单方面声明。绝大多数的单方面声明都是不具有国际法约束力的单方面声明，不过，它们有可能构成证明习惯国际法的惯例或法律确信的证据。从这个意义上说，国家单方面声明也是一种确定国际法的补助方法。

然而，有一类国家单方面声明有可能成为国家承担的国际法义务的来源，即"能够创设法律义务的国家单方面声明"（unilateral declarations of States capable of creating legal obligations）。国际法庭在多个案件的判决中承认了这一点。[②] 可以说，能够创设法律义务的那类国家单方面声明也是国际法的渊源。当然，如何查明国家的哪些单方面声明具有创设法律义务的效果，不是一件容易的事情。2006年，国际法委员会起草的《适用于能够创设法律义务的国家单方面声明的指导原则》对此作出了说明。该文件的原则3指出，"为了判断此种声明的法律效力，有必要考虑其内容、作出此种声明的所有事实情形以及其所引发的反应。"原则7进一步指出："只有当单方面声明以清楚而具体的内容作出时才对作出国具有拘束力。当因声明而引起的义务的范围发生疑问时，应当以严格的方式进行解释。在解释此种义务的内容时，首先应当考察的是声明的内容，以及作出的背景和情形。"

（二）国际组织有法律拘束力的决议

国际组织的决议（resolutions of international organizations）是指各种政府间国际组织的不同机关依据其自身的表决程序作出的各种决定。第二次世界大战结束后，随着政府间国际组织大量增加，产生了大量决议。国际组织的决议是否是国际法的渊源，需要具体问题具体分析。

国际组织的决议是否是国际法渊源，首先需要看创立该国际组织的基本法律文件中是否有明确规定。如果基本法律文件明确规定某种类型的决议具有法律拘束力，需要所有会员国遵

---

① 王铁崖. 国际法. 北京：法律出版社，1995：18.

② ICJ. Nuclear Tests (Australia v. France; New Zealand v. France). Judgments. ICJ Reports，1974：253 and 457，para. 43 and para. 46；PCIJ. Legal Status of Eastern Greenland. Judgment. PCIJ. Series A/B，No. 53：22，73.

守，那么这种决议就具有国际法拘束力，就是国际法的渊源。例如，《联合国宪章》第 25 条规定，“联合国会员国同意依宪章之规定接受并履行安全理事会之决议”。这说明，对于联合国安理会依据《联合国宪章》通过的具有拘束力的决议，联合国所有会员国都需要遵守并履行。联合国大会通过的有关会员国的接纳、会员国权利的停止及恢复、会员国的除名、联合国的财政预算及在会员国的分摊、经济及社会理事会会员国的选举、人权理事会会员国的选举、国际法院法官的选举、联合国秘书长的选举等涉及国际组织内部问题的决议，也对联合国所有会员国有拘束力。当然，也可以说，这种决议之所以对联合国的所有会员国有法律拘束力，其效力来源并不是这些决议本身，而是来自《联合国宪章》相关条款的规定，而《联合国宪章》本身就是一个条约，因此国际法的渊源实际上是条约。

如果基本法律文件没有对国际组织决议的效力作出规定，一般认为这些决议就没有国际法拘束力，而仅仅是一种政治决议，仅具有建议性质。例如，《联合国宪章》第 33 条第 2 款规定，安全理事会认为必要时，应“促请”各当事国用谈判、调查、调停、和解、公断、司法解决、区域机关或区域办法等方法解决其争端。第 13 条第 1 款第 2 项规定，联合国大会应发动研究，并作成“建议”，以促进经济、社会、文化、教育及卫生各部门之国际合作，且不分种族、性别、语言或宗教，助成全体人类之人权及基本自由之实现。可见，无论是联合国安理会还是大会，在许多问题上都具有建议权。基于这些条款通过的决议就仅仅是建议，显然不是国际法。然而，需要注意的是，这种决议有可能是确定国际法规范存在及内容的补助资料，特别是对于国际习惯的识别。在 2019 年“英国将查戈斯群岛从毛里求斯分离的法律后果案”咨询意见中，国际法院就认为，联合国大会 1960 年通过的《给予殖民地国家和人民独立宣言》虽然是一项决议，但由于该文件通过时没有国家投反对票，而且即便是弃权的国家在发言时也只是说实现殖民地人民的自决权需要时间，认为该决议在 1965 年英国将查戈斯群岛从毛里求斯分离时就已经是国际习惯了。[①] 国际法院在 1996 年的“威胁及使用核武器的合法性案”咨询意见中就指出，联合国大会的决议是否构成国际习惯，需要考察该决议的内容、通过的方式、法律确信的存在等具体性。[②] 从这个意义上说，这样的国际组织的决议与司法判例和公法学家学说一样，是确定国际法存在及内容的辅助方法。这同样适用于一些国际会议通过的决议，例如宣言、原则、行动纲领等，它们有时被统称为“国际软法”（international soft law）。

第五节　国际法的编纂

一、国际法编纂的概念与意义

根据《国际法委员会章程》第 15 条的规定，国际法的编纂（codification of international law）是指在已经存在广泛的各国实践、先例和学说的领域内对国际法规则进行更精确的制定和系统化；而与之相对应的一个概念——“国际法的逐步发展”（progressive development of international law）则是指对于尚未为国际法所调整的或在各国实践中法律尚未充分发展的问题拟定公约草案。可见，国际法的编纂和国际法的逐步发展是两个性质不同的问题。然而，在实

① ICJ. Legal Consequences of the Separation of the Chagos Archipelago from Mauritius in 1965. Advisory Opinion of 25 February 2019：para. 152.

② ICJ. Legality of the Threat or Use of Nuclear Weapons. Advisory Opinion of 8 July 1996：para. 70.

践中，想要严格区分国际法的编纂和国际法的逐步发展是非常困难的，特别是国际习惯的形成和消亡时间很难像条约一样有一个精确的时间。① 因此，很多时候往往把国际法的编纂和国际法的逐步发展放在一起对待，即“国际法的编纂和逐步发展”。有时为了简便起见，就直接用“国际法的编纂”统称“国际法的编纂和逐步发展”，形成所谓的广义的“国际法的编纂”。

从编纂的主体来看，国际法的编纂分为非官方的编纂（民间的编纂）和官方的编纂（政府间的编纂）。非官方的编纂是由个人或民间学术团体进行的。例如，早在1873年，在比利时根特成立的国际法研究院（Institut de Droit International）和同年在布鲁塞尔成立的国际法协会（International Law Association）就开始进行这一方面的工作；美国哈佛大学国际法研究所也提出过一些有关国际法的条款草案。不过，这种非官方的国际法编纂没有法律拘束力，只能与公法学家的学说一起作为确定法律原则的辅助资料。

在国际法的编纂中，重要的是由各国政府参加和进行的官方编纂。一般认为，它才是真正意义上的国际法的编纂。最早提出应对国际法进行官方编撰的学者是英国法学家边沁，他在1789年出版的《道德与立法原理》一书中提出，为了实现世界的永久和平，应当对所有国际法进行编纂，制定一部统一的国际法法典。国家之间通过外交会议的方式对国际法进行编纂的实践历史可以追溯至1814年至1815年的维也纳会议。维也纳会议的《最后议定书》对三个一般国际法问题作了明确的规定：禁止贩卖黑人奴隶；国际河流实行自由航行制度；外交使节包括大使、公使和代办三个等级。1899年和1907年的两次海牙和平会议是近代国际法时期对国际法进行编纂的最重要的外交会议，这两次会议通过的各项公约，除1907年的《建立国际捕获法庭公约》之外，至今依然有效。另外，1920年成立的国际联盟则开创了由国际组织编纂国际法的先例。从1920年至1939年，国际联盟共主持制定了120项规定国家之间一般关系的公约，它在编纂国际法方面所作的努力及其积极意义值得肯定。②

国际法的编纂对国际法的形成和发展具有重要意义。首先，国际习惯的形成往往要经过较长，甚至很长的时间，国际法的编纂可以缩短或者直接完成这一过程，形成可适用于国家之间关系的原则和规则。例如，海洋法中的领海宽度问题长期悬而未决，各国的实践也不统一，但第三次联合国海洋法会议通过对海洋法的编纂比较好地解决了这个问题。其次，国际习惯是不成文法，内容不够明确，因此，需要通过编纂使其规定更为明确和具体。最后，国际习惯往往难以证明，因而不便适用，将其编纂为系统、明确的法律规范显然有利于国际法的实施。

二、联合国对国际法的编纂

第二次世界大战后，国际法的编纂主要是在联合国的主持下进行的。《联合国宪章》第13条第1款规定：“大会应发动研究，并作成建议：（子）以……提倡国际法之逐渐发展与编纂。”由此可见，促进国际法的编纂是联合国大会的一项职责。

为了履行这项职责，1947年联合国大会通过了《国际法委员会章程》，决定设立国际法委员会，作为大会之下专门负责国际法编纂的机构。这是国际社会第一个专门负责国际法编纂的机构。1948年，国际法委员会经联合国大会选举产生，1949年4月举行第一次会议。按照《国际法委员会章程》的要求，委员会应能代表世界各大文化体系和各主要法系；委员应是“在国际法上公认合格的人士”。委员经各国政府提名后由联合国大会选出。委员会最初有委员

① ICJ. North Sea Continental Shelf (Federal Republic of Germany/Netherlands). Judgment of 20 February 1969: Dissenting opinion of Judge Sorensen.

② 端木正. 国际法. 2版. 北京：北京大学出版社，1997：31.

15 人，1956 年和 1961 年分别增至 21 人和 25 人，1981 年增至 34 人后保持至今。

国际法委员会在编纂国际法时，首先应确定编纂的专题，并将专题内容列出问题清单，提请各国政府发表意见。收到意见反馈后，国际法委员会要进行研究，然后提出部分或全部条款草案，再送各国政府征求意见，经过反复修改，形成条款草案。最后，条款草案经联合国大会认可，召开外交会议讨论通过并形成国际公约。

国际法委员会成立以来，在国际法编纂方面做了大量的工作，涉及海洋法、外交关系法、领事关系法、特别使团、条约法、防止和惩处侵害应受国际保护人员罪、危害国际和平与安全罪、国家继承、国籍、国家对国际不法行为的责任、国际法不加禁止行为引起损害后果的国际责任、国际组织责任、国家豁免、外交保护、武装冲突对条约的影响、引渡或审判的义务等等。

除国际法委员会以外，联合国其他委员会也进行与其工作领域有关的国际法的编纂。例如，联合国人权委员会于 1966 年编纂《经济、社会及文化权利国际公约》和《公民权利和政治权利国际公约》；和平利用外层空间委员会于 1971 年编纂《空间物体造成损害的国际责任公约》；联合国国际贸易法委员会于 1974 年和 1978 年分别编纂《国际销售货物时效期限公约》和《联合国国际货物销售合同公约》；等等。

另外，联合国专门机构和其他国际组织，如国际民航组织、国际红十字会等，也在其职能范围内起草和制定了一些重要的国际条约。它们与联合国一起为促进现代国际法的编纂和发展作出了重要贡献。

第六节　国际法与国内法的关系

国内法（domestic law）是指某一个国家的法律。国际法与国内法的关系涉及两个问题：一是，站在国际法的角度，如何看待国内法；二是，站在国内法的角度，如何看待国际法。

一、国际法中的国内法

对于国际法来说，国内法具有重要地位或作用。国际法中的许多制度都受到了国内法的启发，例如条约法的很多制度受到了合同法的启发，领土主权取得的制度受到了物权法的启发。当然，就国际法的确定、解释和适用而言，有时也离不开国内法。首先，国内法有助于确定国际法的存在和内容。国内法可以作为国际习惯或一般法律原则存在的客观证据。其次，国内法有助于解释条约。《维也纳条约法公约》第 31 条第 3 款第 2 项规定，在解释条约时，应与上下文一并考虑的还有“嗣后在条约适用方面确定各当事国对条约解释之协定之任何惯例”。条约当事国在条约适用方面制定的国内法，就属于第 31 条第 3 款第 2 条意义上的“惯例”①。最后，国内法有可能直接成为某些国际法庭裁判的依据。例如，在国际仲裁协议中，当事国有可能约定适用某个国家的国内法，解决案件的实体问题。在 1929 年的“塞尔维亚贷款案”中，常设国际法院实际上是通过解释塞尔维亚的 1902 年的法律解决争端的。②

① ILC. Draft Conclusions on Subsequent Agreements and Subsequent Practice in relation to the Interpretation of Treaties. with Commentaries A/73/10：32，para. 18.

② PCIJ. Serbian Loans Case (France v. Serb-Croat-Slovene State)，1929. P. C. I. J.. Ser. A. No. 20.

二、国内法中的国际法

站在国内法的角度如何看待国际法，具体说来可以分为四个问题：一是，国内法如何接受国际法；二是，接受后的国际法是否是该国法律的组成部分；三是，接受后的国际法如成为该国法律组成部分，其在该国国内法中具有何种法律地位；四是，接受后的国际法能否在该国行政机关执行和司法机关适用。由于国际法渊源包括条约、国际习惯、一般法律原则，因此，国内法中的国际法情况变得十分复杂。此外，国内法中的国际法本质上是国内法上的问题。由于各国情况不同，其国内法对于国际法的态度也不同。这就使得国内法中的国际法问题变得更加复杂。尽管如此，还是可以从中找出一些一般的做法或者进行类型化分析。下面按照上述四个问题进行展开。

（一）国内法对国际法的接受

国际法的接受，是指国际法如何进入一国国内法体系。由于国际习惯和一般法律原则是不成文的国际法，因此并不存在一个接受的程序问题。所以，国际法的接受实际上指的是对条约的接受。国际社会出现条约后，国家没有义务一定要予以接受。条约只有经国家接受后才会进入一国国内法中。世界各国由于国内法的不同，对于条约的接受，存在不同的做法。有些国家要求条约必须经过议会批准、国家元首签署才表示接受。例如，根据1789年《美国宪法》第2条第2款的规定，“总统有权缔订条约，但须争取参议院的意见和同意，并须出席的参议员中三分之二的人赞成”。有些国际条约只需要国家元首批准就行，不需要议会批准。例如，在英国，依据2010年的《宪法改革和治理法》的规定，内阁想要批准某个条约需要提交议会讨论，但是否批准最终仍然由国王决定。有些国家甚至要求接受条约经过司法机关合宪审查或诉诸全民公决。例如，2020年《阿尔及利亚宪法》第198条规定，“除了本宪法规定的其他职权外，宪法法院应有权就条约、法律、法令和规章的合宪性发布有拘束力的意见。宪法法院可以在条约批准或通过之前就条约的合宪性提供咨询意见。”2019年《埃及宪法》第151条规定，“关于任何和平和结盟的条约、关于主权权利的条约，必须诉诸全民公决，在全民公决赞成之前不得批准”。还有的国家允许条约在未经议会批准的情况下可以由其他机构接受。例如，美国总统有时会在未经国会同意的情况下与外国政府缔结“行政协定”（executive agreements）。虽然1789年《美国宪法》没有对总统与外国直接签订“行政协定”的情形作出明确规定，但美国最高法院在判例中指出，这种“行政协议”由于不属于《美国宪法》第2条第2款意义上的“条约”，因此就不需要得到参议院的同意，认为签订“行政协定”是总统固有的权力。[①]

（二）国际法成为国内法组成部分的方式

由于国际习惯和一般法律原则并不存在一个经国内法接受的问题，因此它们通常自动成为国内法的组成部分。无论是英美法系国家还是大陆法系国家，均是如此。在英国，国际习惯和一般法律原则是普通法的一部分。许多大陆法系国家的宪法对此还有明确规定。例如，1949年《德国基本法》第25条规定，“国际法一般规则是联邦法律的组成部分”。1993年的《俄罗斯宪法》第15条第4款规定，“普遍承认的国际法规范”是俄罗斯法律的组成部分。就经接受的条约而言，许多国家都承认，它们是该国法律的组成部分。例如，1991年的《罗马尼亚宪法》第11条第2款规定，“议会依据法律批准的条约是罗马尼亚国内法的组成部分”。对于这些承认国际习惯、一般法律原则和经接受的条约是该国法律组成部分的国家来说，条约一经接

① US v. Belmont. 301 U. S. 324. 3 May 1937.

受就被纳入它们国家的法律体系中，条约经纳入（transformation）而成为该国法律的组成部分，这种国家就是采“一元论”的国家。所谓“一元论”（monism），就是指这些国家认为国际法和国内法是同一个法律体系，都是该国需要遵守的法律。在采取“一元论”认知的情况下，就存在国际法与国内法谁优先的问题需要解决。

然而，有些国家并不认为经接受的条约也是该国法律体系的组成部分。例如，经英国国王接受的条约绝大多数并非英国法律体系的组成部分，英国的法院也不会适用那种仅经过国王接受的条约。英国国王接受的条约想要得到英国法院适用，必须由议会对那些国王接受的条约进行立法“转化”（transformation）。“转化”是指议会专门就某个国王接受的条约进行立法，可以发生在国王接受条约前，也可以发生在接受条约后。转化的方式可以有逐条转化，也可以将该条约作为附件附在法律后面。英国之所以要求议会进行立法转化，是因为英国实行议会立法主权原则，法律文件只能由议会制定。如果允许国王通过接受条约的方式为英国立法，等于是绕过了议会立法主权原则。英国这样的国家被称为采“二元论”（dualism）的国家，即认为国际法并非该国法律的组成部分，因为国际法在许多方面与国内法存在差异。在采取“二元论”认知的情况下，它们认为，国际法与国内法不可能发生冲突，因此不存在谁应当优先的问题。

（三）国际法在国内法中的位阶

在采取“一元论”的国家，当国际习惯、一般法律原则、经接受的条约成为该国法律的组成部分后，就会存在这些国际法与本国法律之间的效力等级或位阶的问题。就国际习惯和一般法律原则而言，虽然它们通常自动成为一国法律的组成部分，但它们在国内法中的位阶往往较低。在英美法系国家，由于国际习惯和一般法律原则往往是普通法的组成部分，因此效力要低于议会的制定法。在大陆法系国家，大多没有明确国际习惯和一般法律原则与本国法律的位阶，只有极少数国家有明确规定，不过效力等级在不同的国家有不同规定。例如，1949 年《德国基本法》第 25 条规定，它们“高于法律，并为联邦居民直接创造权利和义务”。1987 年的《韩国宪法》第 6 条第 1 款则规定，“得到一般承认的国际法规则具有与韩国国内法相同的效力”。

就经接受的条约而言，有的国家的宪法规定，经接受的条约效力高于法律、低于宪法。例如，2014 年《突尼斯宪法》第 20 条规定，经议会批准的国际条约高于法律、低于本国宪法。有的国家的宪法规定，经接受的条约效力高于本国法律，但以条约缔约对方也给予条约这种地位为条件。例如，1958 年的《法国宪法》第 55 条规定，“依法批准或者认可的条约或者协定，自公布后即具有高于各种法律的权威，但就每一个协定者或者条约而言以对方予以适用为限”。有的国家的宪法规定，经接受的条约的效力高于本国宪法。例如，1992 年的《沙特阿拉伯政府基本法》第 81 条规定，“实施本法不得违反沙特阿拉伯王国与其他国家或国际组织签订的条约和协定”。有的国家的宪法只是规定，经接受的条约的效力高于法律，但是对于其与本国宪法的关系没有作出明确规定。例如，1993 年《俄罗斯宪法》第 15 条第 4 款规定，俄罗斯缔结的国际条约是俄罗斯法律的组成部分，当国际条约的规定与法律的规定不同时，国际条约的规定优先。有的国家的宪法明确规定，经接受的条约的效力与本国法律等同。例如，1987 年的《韩国宪法》第 6 条第 1 款规定，“依据本宪法缔结和公布的条约具有与韩国国内法相同的效力”。有的国家没有明确规定经接受的条约的效力与本国法律、宪法的位阶，但其司法判例确认，经接受的条约的效力等同于法律，低于宪法。例如，1789 年的《美国宪法》第 6 条第 2 款规定，“本宪法及依照本宪法所制定之合众国法律以及根据合众国权力所缔结或将缔结的一切条约，均为全国的最高法律；即使与任何一州的宪法或法律相抵触，各州的法官仍应遵守”。该条并没有明确规定经接受的条约与法律和宪法的关系，但美国法院的司法判例确认，美国缔结的条约的效力等同于联邦国会制定的法律，而且，只要有可能，法院应使缔结的条约和联邦国会制定的法律都有效，尽量不使其发生冲突。[①] 总之，关于经接受的条约在各国法律中的位阶，国家之间的规定往往存在差别。

对于那些将经接受的条约、国际习惯和一般法律原则置于优于国内法甚至是本国宪法的国家来说，它们就是“一元论”中的“国际法优先说”的国家。有不少学者对“国际法优先说”进行学理解释。例如，凯尔森试图从法律形式主义出发论证国际法优于国内法。他认为，国际法是国家之间都平等遵守的一套法律规范，如果没有国际法，国家之间就不能保障平等关系，因此国际法比国内法更加基本。从这个意义说，国际法要高于国内法。[②] 英国学者劳特派特（Hersch Lauterpacht，1897—1960）则试图从自然法的角度出发论证国际法优于国内法。他认为，所有的法律都是为了个人的福祉，国际法也是如此，而且采取国际法优于国内法的学说能更好实现这种目的。[③] 无论如何，一国一旦接受了条约，就有义务善意履行条约义务。至于国际习惯和一般法律原则，由于它们也是国际法，因此也需要各国善意履行。《维也纳条约法公约》第 27 条也规定，原则上，一当事国不得援引其国内法规定为理由而不履行条约。国际裁判机构在许多场合宣布，国际法中存在一项一般的法则，即一国不能以国内法为由为自己不履行国际法义务辩解。在 1932 年“在但泽的波兰国民案”咨询意见中，常设国际法院宣布，“一国不得为了逃避其依据国际法或有效的条约而承担的义务而援引自己的宪法来对抗另一缔约国”[④]。在 1988 年的“仲裁义务的可适用性案”咨询意见中，国际法院宣布，“国际法优于国内法是一项基本原则”[⑤]。可见，无论一国国内法如何规定，在国际法中，经接受的条约、国际习惯和一般法律原则的效力要高于国内法。如果国家不想承担条约的义务，则只能不去接受条约，而不能在接受条约后以国内法为由不履行条约。

曾经也有学者试图论证在“一元论”的情况下国内法优于国际法，特别是 19 世纪末、二战前的德国学派，例如耶利内克（Georg Jellinek，1851—1911）。他提出了自限理论，认为国际法是国家意志自我限制的结果，而不是说国际法有自己的威慑效果。[⑥] 从这个意义上说，国内法要优于国际法。应当说，耶利内克的这种思想狭义理解了国际法，忽视了国际习惯和一般法律原则等。而且，如果允许一国可以国内法为由随意不履行自己缔结的条约，显然是不符合公理的。一国如果不想履行条约义务，则可以不缔结条约或退出条约。因此，“一元论”中的国内法优于国际法学说现在已经不是主流学说了。

（四）国际法在国内执法和司法机关的运用

国际习惯、一般法律原则和经接受的条约能否在一国执法和司法机关得到运用以及如何运用，在不同的国家有不同的做法。这里重点介绍国际法在一国司法机关的适用。关于国际习惯和一般法律原则，由于其自动成为一国法律的组成部分，因此通常都可以在一国司法机关得到适用。一国司法机关需要确定这样的国际法规范是否存在以及内容为何。同时，如果需要优先

---

① Trans World Airlines. Inc. v. Franklin Mint Corp.. 466 U. S. 243，252，104 S. Ct. 1776，1783，80 L. Ed. 2d 273，1984.

② H. Kelsen. Principles of International Law. 2nd ed.. London，1966：557 - 559.

③ H. Lauterpacht. International Law and Human Rights. London，1950.

④ PCIJ. Treatment of Polish Nationals and Other Persons of Polish Origin or Speech in the Danzig Territory. Advisory Opinion of 4 February 1932. Series A/B. No. 44，1932：21，24.

⑤ ICJ. Applicability of the Obligation to Arbitrate under Section 21 of the United Nations Headquarters Agreement of 26 June 1947. Advisory Opinion of 26 April 1988：para. 57.

⑥ Jochen von Bernstorff. Georg Jellinek and the Origins of Liberal Constitutionalism in International Law. Goettingen Journal of International Law. 2012，Vol. 4，No. 3：659 - 675.

适用制定法而不是普通法，为了避免出现一国制定法与作为普通法一部分的这类国际法规范发生冲突，一国司法机关通常都会努力解释制定法或此类国际法规范，将它们解释成不存在冲突。

关于经接受的条约，其能否在一国司法机关得到适用以及如何适用，不同的国家有不同的做法。例如，1995 年的《哈萨克斯坦宪法》第 76 条第 1 款规定，司法权应确保哈萨克斯坦缔结的条约得到遵守；第 2 款规定，司法权适用于所有基于本宪法、法律、其他规范性法律文件和哈萨克斯坦缔结的条约引起的任何案件和争议。在美国，1789 年的《美国宪法》第 3 条（司法机关的权力）第 2 款规定，“司法权适用的范围如下：一切基于本宪法、合众国法律以及根据合众国权力所缔结的及将缔结的条约而产生的普通法的及衡平法的案件”。因此，美国接受的条约可在美国法院适用。但是，在实践中，由于美国接受的条约非常复杂，各种类型的条约都有，因此美国法院在适用条约时，将条约分为“自执行条约”（self-executing treaties）和“非自执行条约”（non-self-executing treaties）两类，前者可在美国法院得到直接适用，后者不可直接适用，需要国会以立法的形式进行转化。需要国会以立法的形式予以转化的原因有：条约本身规定缔约国有立法义务的，如《防止及惩治灭绝种族罪公约》第 5 条规定的缔约国承允各依照其本国宪法制定必要的法律；条约的实施需要预算等予以配套的；条约的用语不符合美国法律的通常用语的或者含义不清的。关于如何区分自执行条约与非自执行条约，需要考虑各种因素，包括条约内容的政治性、目的、可替代的执行措施的存在性、后果等。[①] 如果条约内容可以在私人之间执行，如同国会制定的其他法律一样，属于自执行条约[②]，但是领土的取得或丧失的条约、财政安排方面的条约等属于非自执行条约。

三、中国的情形

（一）国际法的接受

就条约的接受而言，中国现行的《宪法》中有关于缔结条约的条款。《宪法》第 67 条规定，全国人民代表大会常务委员会行使下列职权：……决定同外国缔结的条约和重要协定的批准和废除……这在 2023 年《对外关系法》第 10 条得到了重申。《宪法》第 81 条规定，中华人民共和国主席代表中华人民共和国，进行国事活动……根据全国人民代表大会常务委员会的决定……批准和废除同外国缔结的条约和重要协定。《宪法》第 89 条规定，国务院行使下列职权：……管理对外事务，同外国缔结条约和协定……这在 2023 年的《对外关系法》第 12 条得到了重申。1990 年的《缔结条约程序法》对我国接受条约的程序作出了更加详细的规定。该法第 7 条规定，由全国人民代表大会常务委员会批准的“条约和重要协定”是指：（1）友好合作条约、和平条约等政治性条约；（2）有关领土和划定边界的条约、协定；（3）有关司法协助、引渡的条约、协定；（4）同中华人民共和国法律有不同规定的条约、协定；（5）缔约各方议定须经批准的条约、协定；（6）其他须经批准的条约、协定。根据《缔结条约程序法》第 8 条的规定，第 7 条所列的“条约和重要协定”以外的国务院规定须经核准或者缔约各方议定须经核准的协定和其他具有条约性质的文件签署后，由外交部或者国务院有关部门会同外交部，报请国务院核准。《缔结条约程序法》第 9 条规定，无须全国人民代表大会常务委员会决定批准或者国务院核准的协定签署后，除以中华人民共和国政府部门名义缔结的协定由本部门送外交部登记外，其他协定由国务院有关部门报国务院备案。根据 2022 年国务院公布的《缔结条

① US v. Postal. 589 F. 2d 862，877. 5th Cir.，1979.

② Edye v. Robertson. 112 US 580，1884.

约管理办法》第4条规定，除中华人民共和国宪法、法律和国务院另有授权外，地方各级政府无权缔结条约。该办法第8条规定，条约内容涉及政治、外交、经济、社会、安全等领域重大国家利益的，应当将条约草案及条约草案涉及的重大问题按照有关规定报告党中央。该办法第13条规定，条约签署前，国务院有关部门法制机构应当从法律角度对条约进行审查。

（二）国际法作为中国法律的组成部分

中国《宪法》中并没有条款明确规定国际习惯、一般法律原则和中国接受的条约是否是中国法律的组成部分。不过，从中国许多涉及国际习惯、一般法律原则和中国接受的条约的立法来看，可以说，它们是中国法律的组成部分。就国际习惯和一般法律原则而言，例如，2023年的《外国国家豁免法》第20条规定，本法规定不影响外国国家元首、政府首脑、外交部长及其他具有同等身份的官员根据中华人民共和国的法律、中华人民共和国缔结或者参加的国际条约以及国际习惯享有的特权与豁免。由于该条规定了"国际习惯"，因此可以说该法承认国际习惯是我国法律的组成部分。就经接受的条约而言，同样是2023年的《外国国家豁免法》，该法第22条规定，中华人民共和国缔结或者参加的国际条约同本法有不同规定的，适用该国际条约的规定，但中华人民共和国声明保留的条款除外。由此可见，"中华人民共和国缔结或者参加的国际条约"是中国的适用对象。这可以反推中国接受的条约是中国法律的组成部分，否则如果不是中国法律的组成部分，也无法得到适用。当然，能否从这些个例中进行一般化推论，也可能产生争论。此外，鉴于中国缔结条约的主体主要就是全国人大常委会和国务院，与中国的法律和行政法规的制定主体相同，而且也没有任何规定要求中国缔结的条约必须进行立法转化，似乎也可以推论，经中国缔结的条约是中国法律的组成部分。

（三）国际法在中国法律中的位阶

如果国际法是中国法律的组成部分，接下来就是，当国际习惯、一般法律原则和经接受的条约与宪法、法律、行政法规等发生冲突时谁优先的问题。就经接受的条约与宪法的关系而言，2023年的《对外关系法》第30条规定，国家缔结或者参加的条约和协定不得同宪法相抵触。这说明，经接受的条约的效力低于中国宪法。不过，如果出现经接受的条约的规定与宪法的规定不同，但又不能适用条约的规定的情况，就会出现条约规定无法得到履行的问题。就经接受的条约与法律、行政法规等关系而言，中国的有关法律、行政法规等的规定很不一致。一种规定是，"中华人民共和国缔结或者参加的国际条约同本法有不同规定的，适用该国际条约的规定，但中华人民共和国声明保留的条款除外"，如同前述2023年《外国国家豁免法》第22条一样。再比如，2023年修正的《海洋环境保护法》第123条规定，中华人民共和国缔结或者参加的与海洋环境保护有关的国际条约与本法有不同规定的，适用国际条约的规定；但是，中华人民共和国声明保留的条款除外。还有一种规定是，中国遵守与外国或国际组织缔结的条约。例如，2020年修订的《国防法》第70条规定，中华人民共和国在对外军事关系中遵守同外国、国际组织缔结或者参加的有关条约和协定。再比如，2013年修正的《渔业法》第8条规定，外国人、外国渔业船舶进入中华人民共和国管辖水域，从事渔业生产或者渔业资源调查活动，必须经国务院有关主管部门批准，并遵守本法和中华人民共和国其他有关法律、法规的规定；同中华人民共和国订有条约、协定的，按照条约、协定办理。2017年修订的《红十字会法》第11条规定，红十字会履行下列职责："……（八）依照日内瓦公约及其附加议定书的有关规定开展工作……"还有的法律法规规定了条约的补充地位。例如，1996年国务院和中央军委通过的《红十字标志使用办法》第23条规定，本办法有关红十字标志保护性使用的规定未尽事宜，依照《日内瓦公约》及其附加议定书的有关规定执行。总之，关于经中国接受的条约与中国法律、法规等的关系问题，中国现在的法律、法规等存在多种规定。

就国际习惯和一般法律原则而言，中国现在的宪法、法律、法规等均没有对其在中国法律中的位阶作出规定。

（四）国际法在中国的适用

就经接受的条约而言，它们在中国的法院中可以得到适用，尽管中国宪法没有明确规定。2023年《对外关系法》第31条规定，国家采取适当措施实施和适用条约和协定。最高人民法院2023年通过的《关于审理涉外民商事案件适用国际条约和国际惯例若干问题的解释》第1条规定，“人民法院审理《中华人民共和国海商法》、《中华人民共和国票据法》、《中华人民共和国民用航空法》、《中华人民共和国海上交通安全法》调整的涉外民商事案件，涉及适用国际条约的，分别按照《中华人民共和国海商法》第二百六十八条、《中华人民共和国票据法》第九十五条、《中华人民共和国民用航空法》第一百八十四条、《中华人民共和国海上交通安全法》第一百二十一条的规定予以适用。人民法院审理上述法律调整范围之外的其他涉外民商事案件，涉及适用国际条约的，参照上述法律的规定。国际条约与中华人民共和国法律有不同规定的，适用国际条约的规定，但中华人民共和国声明保留的条款除外。”关于国际习惯和一般法律原则，目前没有法律文件就它们的适用作出明确规定。最高人民法院2023年通过的《关于审理涉外民商事案件适用国际条约和国际惯例若干问题的解释》第5条规定，涉外民商事合同当事人明示选择适用国际惯例，当事人主张根据国际惯例确定合同当事人之间的权利义务的，人民法院应予支持。第6条规定，中华人民共和国法律和中华人民共和国缔结或者参加的国际条约没有规定的，人民法院可以适用国际惯例。当事人仅以未明示选择为由主张排除适用国际惯例的，人民法院不予支持。然而，这里的“国际惯例”是否包括国际习惯和一般法律原则，并不清楚，有待澄清。

第七节　国际法基本原则

一、国际法基本原则的概念

国际法基本原则是指那些各国公认的、具有普遍意义的、适用于国际法一切效力范围的、构成国际法的基础的法律原则。[①] 国际法基本原则具有以下特征。

（1）各国公认。一项原则要成为国际法基本原则，必须得到各国的公开承认。这种公开承认可能反复体现在各国缔结的双边或多边国际条约中，也可能作为国际习惯为各国所接受。各国公认是国际法基本原则产生普遍拘束力的法律基础。

（2）具有普遍意义。国际法基本原则不是国际法个别领域的原则，而是具有普遍意义的原则，对国际法的各个领域都具有指导作用。例如，公海自由原则是海洋法中的一项重要原则，然而，它只涉及公海的法律地位和制度，因而不具有普遍意义。国家主权原则则可以适用于国际法的一切领域，具有普遍拘束力，因此构成国际法的基本原则。[②]

（3）构成国际法的基础。所谓构成国际法的基础，指的是国际法基本原则与国际法其他原则、规则和制度的关系。首先，国际法基本原则是国际法其他原则、规则和制度据以产生和确立的法律基础。这些原则、规则和制度，有的是为了实施基本原则而确立的，有的则是从基本

① 王铁崖．国际法．北京：法律出版社，1995：46.

② 王铁崖．国际法．北京：法律出版社，1995：46.

原则派生或引申出来的。其次，国际法基本原则是判断其他原则、规则和制度是否符合国际法的标准，同时对它们具有规范和制约的作用。最后，由于国际法基本原则是国际法其他原则、规则和制度产生的基础，因此，它们是国家在国际关系中必须遵守和不得违反的。如果这些原则遭到破坏，就会动摇国际法的基础，国际法就无法存在了。[①]

二、国际法基本原则的发展

国际法基本原则是在国际法的发展过程中为适应国际关系的需要逐步产生和发展起来的。1776年的美国《独立宣言》和18世纪末的法国资产阶级革命以及1823年美国总统门罗的所谓《门罗宣言》，提出了国家主权原则和不干涉原则。《独立宣言》庄严宣告，要成立“自由独立的合众国”；“享有全权去宣战、媾和、缔结同盟、建立商务关系，或采取一切其他凡为独立国家所理应采取的行动和事宜”。1793年，法国资产阶级宪法明确宣布，主权属于人民，主权是统一而不可分的，也是不可动摇和不可转让的；法国人民不干涉其他国家政府的事务，也不允许其他国家干涉法国的事务。针对俄、奥、普三国“神圣同盟”干涉美洲事务的企图，1823年，美国总统门罗在其向国会发表的国情咨文中指出：美国奉行不干涉政策。美国不干涉欧洲的事务，也不允许欧洲国家干涉美洲各国的事务。

1899年和1907年，各国在海牙召开了两次和平会议，签订了两项关于和平解决国际争端的公约，提出了和平解决国际争端的原则和方法。第一次世界大战后签订的《国际联盟盟约》要求会员国尽量用和平方法解决国际争端，并对会员国的战争权加以限制。1928年的《巴黎非战公约》郑重声明：缔约各国谴责以战争方式解决争端，并在相互关系上废弃以战争作为实行国家政策的工具；缔约各国之间若发生争端和冲突，不论性质如何，只能用和平方法加以处理或解决。这些法律文件对于不侵犯原则和和平解决国际争端原则的产生发挥了重要的作用。

第二次世界大战后，鉴于战争给全人类带来的深重灾难，维持国际和平与安全和发展国际合作成为国际社会的基本潮流，国际法基本原则也进入了一个新的发展阶段。1945年的《联合国宪章》在总结国际法原则的基础上，提出了联合国组织及其会员国应该遵守的七项原则：会员国主权平等；善意履行宪章义务；和平解决国际争端；禁止以武力相威胁或使用武力；集体协助；在维持和平与安全的范围内确保非会员国遵行宪章原则；联合国组织不干涉会员国内政。《联合国宪章》所规定的原则是国际法基本原则在国际法律文件中的首次具体体现。[②] 宪章中的这些原则构成现代国际法基本原则的核心。由于它们是迄今为止拥有会员国最多的世界性政治组织的章程所确立的，因而最具有权威性和普遍性。[③]

联合国成立后，联合国大会通过了一系列涉及国际法基本原则的宣言和决议，对国际法基本原则的产生和确立产生了积极的影响。这些宣言和决议主要有：1960年12月14日《给予殖民地国家和人民独立的宣言》，1962年12月14日《关于自然资源之永久主权的决议》，1965年12月21日《关于各国内政不容干涉及其独立与主权之保护宣言》，1970年10月24日《关于各国依联合国宪章建立友好关系及合作之国际法原则宣言》（简称《国际法原则宣言》），1974年5月1日《建立新的国际经济秩序宣言》和1974年12月12日《各国经济权利和义务宪章》等。这些文件有的重申和强调了《联合国宪章》的原则，有的则提出新的原则或者对原有原则重新作出解释或补充，使现代国际法基本原则体系得到了进一步的发展与完善。

---

① 端木正. 国际法. 2版. 北京：北京大学出版社，1997：43-44.

② 王铁崖. 国际法. 北京：法律出版社，1995：51.

③ 端木正. 国际法. 2版. 北京：北京大学出版社，1997：48.

三、国际法基本原则的内容

对于国际法基本原则的内容，学者的见解并不统一。根据《联合国宪章》《国际法原则宣言》和其他国际文件的规定，国际法基本原则主要包括国家主权平等原则、不侵犯原则、和平解决国际争端原则、不干涉内政原则、善意履行国际义务原则等各项原则。

（一）国家主权平等原则

主权是国家最重要的属性，是国家固有的在国内的最高权和在国际上的独立权。周鲠生教授指出："主权是国家具有的独立自主地处理自己的对内和对外事务的最高权力。分析起来，国家主权具有两方面的特性，即在国内是最高的，对国外是独立的。这两个特性是相互关联而不可分的，因为如果对外不是独立的，国家便要服从外来的干涉而失去其独立地处理其对内对外事务的自由，因而就不是主权的。因此，在对外关系的文件上，特别强调独立，往往独立和主权同时并提，如说尊重主权和独立等；并且有时独立和主权两个名词用于同一意义，如说独立国家，也就是指主权国家，这是可以理解的。"①

根据 1970 年《国际法原则宣言》，国家主权平等原则是指各国一律享有平等主权。各国不论经济、社会、政治或其他性质有何不同，"均有平等权利与责任"，并同为国际社会的平等成员。主权平等尤其应包括下列要素：（1）各国法律地位平等；（2）每一国家均享有充分主权之固有权利；（3）每一国家均有义务尊重其他国家之人格；（4）国家之领土完整及政治独立不得侵犯；（5）每一国家均有权利自由选择并发展其政治、社会、经济及文化制度；（6）每一国家均有责任充分并一秉诚意履行其国际义务，并与其他国家和平相处。

国家主权平等原则强调国家权利和义务的统一，每个国家在享有充分主权的同时，负有尊重和不侵犯他国主权的义务；国家主权只能在国际法的范围内行使，任何国家都不得采取不符合国际法的单边主义的做法；片面强调国家的"绝对主权"违反国家主权平等原则，故应予坚决反对。

国家主权平等原则是最重要的国际法基本原则，它构成了整个国际法体系的基础，是国际关系赖以存在的基本前提。② 国际法的其他原则都是从这一原则派生出来或者是以其为基础的。③《联合国宪章》第 2 条第 1 款明确规定："本组织系基于会员国主权平等之原则。"与此同时，宪章在其序言中申明了"大小国家平等"之信念。王铁崖教授指出，国家主权平等原则既包括主权，也包括平等，它是最重要的国际法基本原则，可以说是整个国际法所依据的基础。④ 需要注意的是，国家主权平等并不是指各国在国际法中的权利和义务必须等同，即所谓的实质平等，而是指各国在国际法面前平等，各国皆有参加国际法律关系的能力或资格。

（二）不侵犯原则

不侵犯原则是国际法中一项产生比较晚的基本原则。在近代国际法时期，国家有战争权，战争是解决国际争端的合法手段，因而不可能产生不侵犯原则。1919 年《国际联盟盟约》虽然对战争作了限制性规定，如规定了延缓战争的措施，但它并没有否定战争作为最后的争端解决办法的合法性。1928 年《巴黎非战公约》首次在国际法律文件中废弃以战争作为实行国家政策的工具，但实践证明，公约的规定并没有得到有效的遵守。第二次世界大战后，考虑到战

---

① 周鲠生．国际法：上册．北京：商务印书馆，1981：75.

② Antonio Cassese. International Law. Oxford University Press，2001：88.

③ 周忠海．国际法．3 版．北京：中国政法大学出版社，2017：43.

④ 王铁崖．国际法．北京：法律出版社，1995：51.

争给人类造成的巨大灾难，《联合国宪章》第2条第4款明确规定："各会员国在其国际关系上不得使用威胁或武力，或以与联合国宗旨不符之任何其他方法，侵害任何会员国或国家之领土完整或政治独立。"1970年《国际法原则宣言》重申了不侵犯原则，并对其内容作出了详细的规定。

(1) 每一国家均有义务在国际关系上避免为侵害别国的领土完整或政治独立的目的，或以与《联合国宪章》宗旨不符的任何其他方式使用威胁或武力，而且不得把威胁或武力作为解决国际争端的方法。

(2) 国家不得发动或参与侵略战争。侵略战争构成危害和平罪，在国际法上须负责任。

(3) 各国有义务不从事侵略战争的宣传。

(4) 不使用威胁或武力以侵犯他国现有的国际疆界或其他国际界限。

(5) 避免涉及使用武力的报复行为。

(6) 不得采取剥夺受殖民主义统治或被外国奴役的民族的自决、自由及独立权利的任何强制行动。

(7) 不得组织非正规军或武装团队，包括雇佣兵在内，侵入他国领土。

(8) 不得使用威胁或武力在他国发动、煽动、协助或参加内战或恐怖活动，或默许在其本国境内从事以此等行为为目的的有组织活动，但本项所称之行为以涉及使用威胁或武力为限。

(9) 不得将他国领土作为违反《联合国宪章》使用武力实行军事占领的对象，或作为以使用威胁或武力而取得的对象，也不得承认使用威胁或武力取得的领土为合法。①

不侵犯原则既是国家主权平等原则的引申，也是对国家主权平等原则的保障。根据这一原则，国家不仅不得对别国进行侵略，而且不得以与联合国宗旨不符的任何其他方式使用武力或威胁，破坏其他国家的独立、主权和领土完整。不过，不侵犯原则并不禁止国家在遭到外来侵犯时合法地行使自卫权，或者按照《联合国宪章》的规定采取集体强制措施，以恢复国际和平与安全。

(三) 和平解决国际争端原则

和平解决国际争端原则是与不侵犯原则密切相关的一项原则，也是不侵犯原则的合乎逻辑的结果。由于现代国际法禁止国家使用威胁或武力侵害任何其他国家的独立、主权和领土完整，因而国家之间发生争端只能用和平的方法解决。和平解决国际争端原则要求国家对于在国际交往中产生的任何争端，不论其起因或性质如何，只能用政治或法律的方法或者在国际组织协助下求得解决，不得诉诸武力或武力威胁。

和平解决国际争端原则的渊源可以追溯到1899年和1907年签订的两项《海牙和平解决国际争端公约》，这两项公约提出了和平解决争端的条款和几种和平解决争端的方法。② 第一次世界大战后签订的《国际联盟盟约》一方面对会员国的战争权加以限制，另一方面要求会员国尽力以和平方法解决国际争端。同时，作为国际联盟机构之一的常设国际法院的建立，开创了国际法历史上以司法方式解决国际争端的先例。1928年的《巴黎非战公约》在废弃战争作为实行国家政策的工具的同时，把和平解决国际争端作为缔约国应该遵守的一项义务。《巴黎非战公约》第2条规定："缔约各方同意，它们之间可能发生的一切争端或冲突，不论其性质或起因如何，只能用和平方法加以处理或解决。"1945年《联合国宪章》第2条第3款规定："各会员国应以和平方法解决其国际争端，俾免危及国际和平、安全及正义。"《联合国宪章》第六

① 王铁崖，田如萱. 国际法资料选编. 北京：法律出版社，1982：3-4.

② 端木正. 国际法. 2版. 北京：北京大学出版社，1997：56.

章还专门对和平解决争端作了具体规定。至此，和平解决国际争端原则正式被确立为国际法的一项基本原则。

1970年《国际法原则宣言》重申了这一原则，它要求每个国家都应当以和平方法解决与其他国家之间的争端，以免危及国际和平、安全及正义。为达此目的，应做到以下四点。

（1）各国应以谈判、调查、调停、和解、公断、司法解决、区域机关或办法的利用或其选择的其他和平方法寻求国际争端的早日及公正解决。

（2）争端各方如果未能以上述任一和平方法达成解决办法的，有义务继续以其商定的其他和平方法寻求争端的解决。

（3）国际争端的当事国及其他国家应避免从事使情势恶化的任何行动。

（4）国际争端应根据国家主权平等的基础并依照自由选择方法的原则加以解决。

和平解决国际争端既是国家主权平等原则和不侵犯原则的应有之义，也是维护国际和平与安全及国际法律秩序的必然要求。今天，国际法上的各种和平解决争端制度日臻完善，联合国和其他普遍性或区域性国际组织在解决国际争端方面的作用日益增强，仲裁和司法解决方法的运用也更加普遍。然而，在现代国际关系中，诉诸非和平方法解决国际争端的现象仍时有发生，如何保证和平解决国际争端原则完全得到遵守依然是现代国际法需要切实解决的问题之一。

（四）不干涉内政原则

不干涉内政原则是较早出现的一项国际法原则，早在1793年法国宪法中就提出了这一原则，后来逐渐在国际法中得到确立。1945年《联合国宪章》第2条第7款规定，“本宪章不得认为授权联合国干涉在本质上属于任何国家国内管辖之事件，且并不要求会员国将该项事件依本宪章提请解决；但此项原则不妨碍第七章内执行办法之适用。”显然，该款原则上禁止联合国对会员国内政的干涉。这种干涉被称为纵向干涉。虽然《联合国宪章》中没有条款明确禁止会员国之间相互干涉内政的行为或横向干涉行为，但从《联合国宪章》第2条第1款规定的国家主权平等原则中可以引申出该项义务。由于各国都是具有平等主权的独立国家，因而一国不得以任何借口干涉本质上属于另一国国内管辖的事项，否则，国家主权平等原则必然会受到破坏。

《奥本海国际法》中指出：“干涉是指一个国家对另一个国家的事务的强制或专横的干预，旨在对该另一个国家强加某种行为或后果。”① 干涉的具体形式包括外交干涉、军事干涉、经济干涉、策动军事政变、支持他国的反政府武装或派别等。不干涉内政中的“干涉”是指除了军事干涉以外的一国不尊重另一国意志，胁迫另一国改变其国家政策或制度的任何行为。当然，这并不是说军事干涉是符合国际法的。军事干涉受到不侵犯原则的禁止。在国际法上，内政是指不违反国家承担的国际义务的、国家主权管辖范围内的事项，如决定国家的政治、经济和社会制度，采取立法、司法或行政措施管理国家，利用和管理本国的自然资源，决定本国的外交政策等。需要强调的是，内政不是一个地域概念，并非一国境内发生的所有事项都属于该国的内政；判断某一行为是否属于一国内政主要看它是否符合该国承担的国际义务。例如，一国将外国外交代表或领事官员扣作人质，在国内实施种族歧视、种族隔离制度等就不属于该国的内政。

1965年12月21日，联合国大会通过《关于各国内政不容干涉及其独立与主权之保护宣

① 詹宁斯，瓦茨．奥本海国际法：第9版：第1卷，第1分册．王铁崖，等译．北京：中国大百科全书出版社，1995：314.

言》。该宣言强调，任何国家，不论为何理由，均不得直接或间接干涉其他国家的内政、外交，因此，武装干涉或其他任何形式的干涉均在被谴责之列。1970 年《国际法原则宣言》重申了不干涉内政的原则。根据这两个宣言，不干涉内政原则的具体内容包括以下六点。

（1）任何国家或国家集团均无权以任何理由直接或间接干涉任何其他国家的内政或外交事务。武装干涉以及对国家人格或其政治、经济及文化要素的一切其他形式的干预或试图威胁，均违反国际法。

（2）任何国家均不得使用或鼓励使用经济、政治或其他任何措施强迫另一国家，以使该国在行使主权权利方面屈从于自己，或自该国获取任何种类的利益。

（3）任何国家均不得组织、协助、煽动、资助、鼓励或容许旨在以暴力推翻一国政权的颠覆、恐怖或武装活动，或干预另一国的内争。

（4）使用武力剥夺各民族特性构成侵犯其不可转让的权利及违反不干涉原则的行为。

（5）每个国家均有选择其政治、经济、社会及文化制度的不可转让的权利，不受他国任何形式的干涉。

（6）所有国家均应尊重各民族及国家的自决与独立的权利，并使这种权利能在不受外国压力和绝对尊重人权及基本自由的情形下自由行使。因此，所有国家均应致力于彻底消除各种形式和表现的种族歧视与殖民主义。

不干涉内政原则并不排斥联合国行使维持国际和平与安全的职能。联合国根据其宪章规定对危及国际和平与安全的情势采取行动是行使宪章赋予的权利，不属于干涉的范畴。[①] 在一国出现针对某一民族或群体的大规模和有计划的拘禁、迫害、酷刑、驱逐，甚至屠杀等严重人道主义灾难，或者在国际或国内武装冲突中出现严重违反国际人道法的情势时，对此等情势的干预亦应在联合国的体制下进行。

（五）善意履行国际义务原则

善意履行国际义务原则是由“条约必须遵守”这一古老的国际习惯演变和发展而来的，现在已经为众多国际条约和国际文件所确认。这一原则成为国际法的基本原则完全是由国际法本身的特点决定的。国际法是具有平等主权的国家通过协议制定的，国际合作也是在国家自愿承担义务的条件下进行的，因此，国际法的有效性和国际法律秩序的稳定性在很大程度上取决于各国认真遵守国际法的规定，善意履行其承担的国际义务。如果各国可以随意撕毁在平等基础上达成的协议，不履行按照公认的国际法产生的义务，正常的国际关系将不复存在，国际法本身也将陷于崩溃。[②] 可见，善意履行国际义务原则构成了国际法律制度产生和存在的基础。

《联合国宪章》在序言中指出：各国应创造适当环境，俾克维持正义，尊重由条约与国际法其他渊源而起之义务，久而弗懈。《联合国宪章》第 2 条第 2 款规定：“各会员国应一秉善意，履行其依本宪章所担负之义务，以保证全体会员国由加入本组织而发生之权益。”根据 1970 年《国际法原则宣言》，善意履行国际义务原则的主要内容包括：（1）每个国家均有责任一秉诚意履行其依《联合国宪章》所负的义务；（2）每个国家均有责任一秉诚意履行其依公认的国际法原则和规则所负的义务；（3）每个国家均有责任一秉诚意履行其依公认的国际法原则和规则属于有效的国际协定下所负的义务；（4）如果依国际协定产生的义务与《联合国宪章》所规定的联合国会员国的义务发生抵触时，宪章之义务应居优先。按照上述规定，“善意履行

① 端木正．国际法．2 版．北京：北京大学出版社，1997：61.

② 端木正．国际法．2 版．北京：北京大学出版社，1997：65－66.

国际义务原则是指：一个国家应善意履行《联合国宪章》规定的、由公认的国际法原则和规则产生的、其作为缔约国参加的国际条约所承担的各项义务”①。

善意履行国际义务原则要求国家认真履行其源于国际条约和国际习惯的义务，但就条约义务而言，按照《国际法原则宣言》的规定，国家有责任诚实履行根据公认的国际法原则和规则属于有效的国际条约规定的义务。《维也纳条约法公约》第26条也规定，凡有效之条约对其各当事国有拘束力，必须由各该国善意履行。

四、国际法基本原则与国际强行法

国际强行法（jus cogens）又称“一般国际法强制规范”，是现代国际法中一个比较新的概念。

强行法的概念起源于国内法。在国内法中，强行法的概念可以追溯到罗马法。现在，几乎在所有国家的国内法中，都可以找到强行法规则。② 在国际法理论中，作为衡量条约是否有效的强行法的概念很早以前就存在了。格劳秀斯、真蒂利、维多利亚、阿亚拉、瓦特尔等早期的国际法学家都强调自然法规范的强行性，并将其置于实在法之上。不过，虽然自然法学派的学者一直坚持自然法规范的强行性质，但是，“jus cogens”一词直到20世纪30年代才出现在国际法的著述之中。

现在，无论在东方或西方，国际法学家们实际上都一致地接受了国际强行法的概念，但是，要给它下一个确切的定义却是极其困难的。③ 到目前为止，对国际强行法最权威的表述出现在1969年《维也纳条约法公约》第53条之中，该条规定：“条约在缔结时与一般国际法强制规律（jus cogens）抵触者无效。就适用本公约而言，一般国际法强制规律指国家之国际社会全体接受并公认为不许损抑且仅有以后具有同等性质之一般国际法规律始得更改之规律。”《维也纳条约法公约》第64条规定：“遇有新的一般国际法强制规律产生时，任何现有条约与该项规律抵触者即成为无效而终止。”根据国际法委员会2022年二读通过的《一般国际法强制性规范（强行法）的识别和法律后果的结论草案》结论2的规定，一般国际法强制性规范（强行法）反映并保护国际社会的基本价值观。这些规范普遍适用，其位阶高于国际法其他规则。根据结论4的规定，要识别一项规范为一般国际法强制性规范（强行法），必须确定该规范符合以下标准：(a) 它是一般国际法规范；并且 (b) 被国家组成之国际社会整体接受和承认为不许损抑的规范，此类规范只能由嗣后具有相同性质的一般国际法规范加以变更。结论5指出，国际习惯是一般国际法强制性规范（强行法）最常见的基础。同时，条约和一般法律原则也可作为一般国际法强制性规范（强行法）的基础。结论7指出，在识别一般国际法强制性规范（强行法）时，具有相关意义的是国家组成之国际社会整体的接受和承认。而且，识别一项规范为一般国际法强制性规范（强行法）需要具有代表性的绝大多数国家接受和承认；不要求所有国家都接受和承认。结论8指出，证明国际强行法的证据形式可以非常多样，包括但不限于：以国家名义发表的公开声明；官方出版物；政府的法律意见；外交信函；宪法规定；立法和行政行为；各国法院的判决；条约规定；国际组织通过的或在政府间会议上通过的决议；其他国家行为。可见，某一项国际法规范要成为国际强行法，是有严格标准的。并不是说，国际法中的所有禁止性规范都是国际强行法。该结论草案后面附的构成国际强行法的国际法规范的

① 王献枢. 国际法. 修订2版. 北京：中国政法大学出版社，2002：51.
② 李浩培. 强行法与国际法//中国国际法学会. 中国国际法年刊. 北京：中国对外翻译出版公司，1982：37.
③ 王铁崖. 国际法. 北京：法律出版社，1995：47-48.

例子包括：禁止侵略、禁止灭绝种族、禁止危害人类罪、国际人道法的基本规则、禁止种族歧视和种族隔离、禁止奴役、禁止酷刑、自决权。这些例子中除了禁止侵略，其他例子都是国际人权法和国际人道法上的规范。

国际强行法的概念进入国际法领域并得到充分肯定是现代国际法发展合乎逻辑的结果，它标志着国际法体系的进一步成熟与完善。波兰著名国际法学家、国际法院前院长拉克斯（Manfred Lachs，1914—1993）指出，国际强行法最清楚地反映了国家的行动自由与法律对这种自由的限制之间的关系。随着国际交流领域的扩大和国家相互交往的增加，国家之间相互承担的义务也大量增加，结果也就减少了它们缔结新的国际协议的自由，因为新的协议不能与现行的义务相抵触。同时，国际强行法说明，并非所有的法律原则都处于不断的变化、修改或修正之中。虽然说法律必须适应社会生活的需要而发生改变，但有些规则是相对稳定的，不能违背或轻易变动。[①] 中国著名国际法学家李浩培教授（1906—1997）也明确指出："任何法律秩序，不能只含有任意法规则，可以由法律主体任意排除适用。认为主权国家有权将一切国际法规则以条约排除适用的理论，倾向于否定国际法的法律性，这是与国际社会的客观实际和客观需要相违反的。违反强行法规则的条约无效的原则，是文明各国承认的一般法律原则，是久已存在的一个重要的法律原则。这项重要的法律原则在《维也纳条约法公约》中才第一次得到明白的确认，这不能不认为是国际法历史上的一件大事。由于该公约的明文规定，国际法与国内法一样，也清楚地确立了强行规则与任意规则的区别：前者处于上位，后者处于下位；前者为整个国际社会的利益而存在，所以是绝对的规则，不得以条约背离，后者为满足个别国家的需要而存在，所以是相对的规则，可以用条约排除其适用。"[②]

国际强行法和国际法基本原则有相同之处，有些学者甚至把两者等同起来。例如，苏联国际法学家童金（Grigory Ivanovich Tunkin，1906—1993）认为，所有公认的国际法基本原则都成为国际强行法的一部分。[③] 应该说，国际法基本原则和国际强行法是既有联系又有区别的两个概念。一方面，国际法基本原则具有国际强行法的性质：首先，国际法基本原则完全符合国际强行法的特征，它们都是各国公认且不得损抑的一般国际法原则，而且只有同等性质的原则才能对其进行修改。其次，它们的法律拘束力优于国际法的其他原则、规则和制度。最后，对它们的违反会产生相同的法律后果，如导致有关条约或其他国际行为无效。但另一方面，国际法基本原则与国际强行法又有区别。它们两个定义不同。国际强行法并不以适用于国际法一切领域、具有普遍意义为条件，因此，只适用于某一国际法特定领域的原则可能属于国际强行法，但并非国际法基本原则。在内容上，虽然联合国国际法委员会和各国学者对于哪些规范具有国际强行法的性质的看法并不完全统一，但是，从他们的列举来看，禁止奴役、禁止种族歧视、禁止灭绝种族等显然属于国际强行法的范围。[④] 然而，它们并不是国际法基本原则。可见，国际强行法的内容较国际法基本原则更广泛，数量也比后者的更多。

---

① Manfred Lachs. The Development and General Trends of International Law. Collected Course of the Hague Academy of International Law. 169，1980：201.

② 李浩培. 强行法与国际法//中国国际法学会. 中国国际法年刊. 北京：中国对外翻译出版公司，1982：62.

③ 王铁崖. 国际法. 北京：法律出版社，1995：49.

④ 王铁崖. 国际法. 北京：法律出版社，1995：48-49；詹宁斯，瓦茨. 奥本海国际法：第9版：第1卷，第1分册. 王铁崖，等译. 北京：中国大百科全书出版社，1995：5.

五、国际法基本原则与和平共处五项原则

（一）和平共处五项原则的提出与发展

互相尊重主权和领土完整、互不侵犯、互不干涉内政、平等互利和和平共处简称为“和平共处五项原则”。和平共处五项原则是中国、印度和缅甸三国共同提出的，最早见于1954年4月29日中国和印度两国政府签订的《关于中国西藏地方和印度之间的通商和交通协定》的序言之中。同年6月28、29日，中国和印度两国总理以及中国和缅甸两国总理分别发表的《联合声明》重申了这五项原则，认为它们“不仅适用于两国之间，而且适用于一切国际关系之中，它们将形成和平和安全的坚固基础”。在中国、印度和缅甸共同提出之后，和平共处五项原则得到了其他国家的支持。1955年4月在印度新德里举行的亚洲国家会议通过的决议指出，完全支持中、印两国总理宣布并得到其他许多国家支持的五项原则；完全相信这五项原则构成了各国相互了解和和平共处的坚实基础。1955年4月，29个亚洲和非洲国家在印度尼西亚万隆举行亚非国家会议。《亚非会议最后公报》的第七部分“关于促进世界和平和合作的宣言”中提出了包括和平共处五项原则在内的十项原则。亚非会议后，周恩来总理指出：亚非会议宣言的十项原则是和平共处五项原则的引申与发展。这十项原则又一次替愿意和平相处的国家指出了努力的方向。①

此后，中国与许多国家发表的联合声明、建交公报和签订的和平友好条约及其他条约中都规定或体现了和平共处五项原则。1982年《宪法》序言规定，中国坚持独立自主的对外政策，坚持互相尊重主权和领土完整、互不侵犯、互不干涉内政、平等互利、和平共处的五项原则，发展同各国的外交关系和经济、文化的交流。和平共处五项原则作为中国政府处理国际关系的基本准则，不仅适用于社会制度不同的国家之间的关系，也适用于社会制度相同的国家之间的关系；不仅适用于与发展中国家之间的关系，也适用于与发达国家之间的关系。例如，1972年2月28日美国总统尼克松访问中国时发表的《中美联合公报》明确宣布：“中美两国的社会制度和对外政策有着本质的区别。但是，双方同意，各国不论社会制度如何，都应根据尊重各国主权和领土完整、不侵犯别国、不干涉别国内政、平等互利、和平共处的原则来处理国与国之间的关系。国际争端应在此基础上予以解决，而不诉诸武力和武力威胁。美国和中华人民共和国准备在他们的相互关系中实行这些原则。”② 2017年1月18日，习近平主席在联合国日内瓦总部发表的《共同构建人类命运共同体》的演讲中指出：“从360多年前《威斯特伐利亚和约》确立的平等和主权原则，到150多年前日内瓦公约确立的国际人道主义精神；从70多年前联合国宪章明确的四大宗旨和七项原则，到60多年前万隆会议倡导的和平共处五项原则，国际关系演变积累了一系列公认的原则。这些原则应该成为构建人类命运共同体的基本遵循。”③

（二）和平共处五项原则在现代国际法上的意义

和平共处五项原则在现代国际法上的意义体现在以下几个方面：

（1）和平共处五项原则是由中国、印度、缅甸三个发展中国家首先提出的，反映了它们对现代国际法的要求和希望，是发展中国家对国际法作出的贡献。

（2）和平共处五项原则与《联合国宪章》的宗旨与原则的精神高度一致，这种一致性使和

---

① 中华人民共和国对外关系文件集：第3集．北京：世界知识出版社，1958：269.

② 中华人民共和国条约集：第19集．北京：人民出版社，1972：22.

③ 习近平．共同构建人类命运共同体．求是，2021（1）.

平共处五项原则与宪章的宗旨和原则一样具有强大的生命力。“和平共处五项原则生动反映了联合国宪章宗旨和原则，并赋予这些宗旨和原则以可见、可行、可依循的内涵”①。

（3）和平共处五项原则是对国际法基本原则的继承和发展。从内容上看，和平共处五项原则多数并非新的国际法基本原则，但中国和印度、缅甸首次将其作为一个原则体系提了出来，使其成为一个相互联系相互补充的整体。此外，和平共处五项原则中提到了“互利”，这是《联合国宪章》第2条中没有提到的。因此，它既是对国际法基本原则的继承，也是对国际法基本原则的发展。

（4）和平共处五项原则强调了“相互”和“共同”的概念，准确地体现了国际关系的基本特征和国际法上国家权利和义务相统一的特点。“和平共处五项原则中包含4个‘互’字、1个‘共’字，既代表了亚洲国家对国际关系的新期待，也体现了各国权利、义务、责任相统一的国际法治精神。”②

国际法案例

尼加拉瓜境内及针对尼加拉瓜的军事与准军事行动案
（尼加拉瓜诉美国，国际法院）

20世纪80年代以后，美国出于反对尼加拉瓜奥尔特加政府的目的，不断对尼加拉瓜内政进行干涉，在尼加拉瓜港口设置水雷，出动飞机袭击尼加拉瓜港口和石油设施，并且向尼加拉瓜反政府武装提供训练、武器装备和财政援助，支持他们进行反对尼加拉瓜政府的军事行动。1984年4月9日，尼加拉瓜对在尼加拉瓜境内及针对尼加拉瓜的军事和准军事行动中美国应承担责任的问题在国际法院对美国提起诉讼。

尼加拉瓜指出，按照相关国际法律文书和国际习惯法的规定，美国已经违反并且仍在违反它对尼加拉瓜的义务，美国有义务立即停止和避免对尼加拉瓜使用武力，停止和避免所有侵犯尼加拉瓜主权、领土完整和政治独立的行动，以及对在尼加拉瓜和针对尼加拉瓜从事军事和准军事行动的任何人的一切支持以及限制进出尼加拉瓜港口的所有尝试；美国有义务对由上述行动给尼加拉瓜造成的损害提供赔偿。美国则提出，在尼加拉瓜向国际法院提起诉讼的3日之前，即1984年4月6日，美国政府已通知联合国秘书长，美国发表的接受国际法院强制管辖的声明在今后两年内不适用于“美国与任何中美洲国家之间的争端，或由中美洲发生的事件引起的或与中美洲发生的事件有关的争端”。美国认为，国际法院对本案没有管辖权，并请求国际法院停止诉讼程序。

国际法院在1984年11月26日对案件作出初步裁决，肯定了国际法院的管辖权。国际法院指出，虽然美国于1984年4月6日发出了暂停接受国际法院对有关中美洲案件的管辖权的通知并说明该通知立即生效，但根据美国1946年发表的接受国际法院强制管辖的声明，该声明应于终止声明的通知发出之日6个月期满后失效，即美国政府接受国际法院管辖权的声明应在1984年10月6日后失效，因此，国际法院对本案具有管辖权。

在国际法院作出初步裁决后，美国于1985年1月18日宣布退出本案的诉讼程序。在这种

① 习近平. 弘扬和平共处五项原则，建设合作共赢美好世界：在和平共处五项原则发表60周年纪念大会上的讲话. 人民日报，2014-06-29（2）.

② 习近平. 弘扬和平共处五项原则，建设合作共赢美好世界：在和平共处五项原则发表60周年纪念大会上的讲话. 人民日报，2014-06-29（2）.

情况下，国际法院决定根据《国际法院规约》第53条当事国一方不出席法庭的程序，继续对本案进行审理。1986年6月27日，国际法院就本案的实质问题作出有利于尼加拉瓜的判决。

国际法院在判决中指出，美国对尼加拉瓜使用武力和以武力相威胁是非法的，美国支持尼加拉瓜反政府武装构成对尼加拉瓜内政的干涉。国际法院认为，对另一国内部事务的干涉并不产生采取包括使用武力在内的集体对抗措施的权利，因此，即使尼加拉瓜被指控的行为已经得到证实并且可以归因于该国，这些行为也不能证明作为第三国的美国采取的对抗措施具有正当性，尤其不能证明使用武力进行干涉具有正当性，“集体对抗措施”的辩解不能为美国的干涉行动提供合法根据。国际法院确认，美国对尼加拉瓜反政府武装的援助，对尼加拉瓜港口、石油设施等的直接攻击和在尼加拉瓜港口布雷的行动以及判决中提到的已构成违反不使用武力原则的武力干涉行动，同样违反了尊重国家领土主权的原则。这一原则也因美国未经授权飞越尼加拉瓜的领土而受到破坏。这些行动不能由归因于尼加拉瓜在萨尔瓦多境内的活动来证明其正当性；即使尼加拉瓜的活动的确存在，它也不能赋予美国任何权利，美国对尼加拉瓜的行动违反了国家主权平等原则。由于美国没有通告而在尼加拉瓜港口布雷，造成第三国船舶、人员及财产损害的行为违反了建立在1907年海牙第八公约基础上的人道主义法原则，因此，国际法院确认美国违反了在武装冲突中应当遵循的人道主义法原则。

本案是国际法院历史上首次依据现代国际法原则对一个超级大国使用武力侵犯他国主权、干涉他国内政的行为作出了近乎全面否定的判决，也是国际法院首次对现代国际法的基本原则，尤其是国家主权平等原则、不侵犯原则和不干涉内政原则，所做的全面阐述，因而在国际法上具有重要意义。

简答题

简要回答下列问题：

1. 国际法的特征有哪些？
2. 近代国际法时期国际法的学派有哪些？其主要观点是什么？
3. 现代国际法的发展主要体现在哪些方面？
4. 如何理解国际组织的国际法主体地位？
5. 国际习惯的“物质要素”和“心理要素”是什么？
6. 确定法律原则的辅助方法有哪些？
7. 国际法与国内法关系的理论学说有哪些？
8. 什么是国际强行法？
9. 国际法基本原则与国际强行法的关系是什么？
10. 和平共处五项原则在现代国际法上有何意义？

第二章
国　家

提　要

国家是由居住在特定领土上并在一定的政府管理下的常住人口组成的具有主权的社会。按照其结构形式，国家分为单一国和复合国两种类型。国家的基本权利包括独立权、平等权、自卫权和管辖权。国家主权豁免是一项重要的习惯国际法原则，它是指原则上，非经一国同意，外国法院不得审理被告是一国的民事案件，其财产也不得被扣押或强制执行。在国际社会产生新国家和一国内部由于政府变更产生新政府时，应当分别适用国际法上对新国家与新政府的承认和继承制度。外国对中华人民共和国的承认属于对中国新政府的承认，中华人民共和国对“中华民国”的继承属于国际法上的政府继承。国际法上的国家责任是指国家对其国际不法行为应负的法律责任。国际不法行为的构成要素有两个：一是某一行为按照国际法的规定可以归因于特定国家，二是有关行为违反了国家承担的有效国际义务。根据国际法，国际不法行为导致国家责任，国家责任的内容包括行为国停止且不重复不法行为的义务和赔偿的义务等。

重点问题

1. 单一国、复合国和永久中立国
2. 国家的基本权利和义务
3. 国家主权豁免原则
4. 国家承认和政府承认的条件及法律效果
5. 国家继承和政府继承
6. 国家责任制度

第一节　概　述

一、国家的概念和要素

国家是国际法的基本主体。国际法意义上的国家是指由居住在特定的领土上并在一定的政府管理下的常住人口组成的具有主权的社会。根据这一概念，国家须具备以下四个要素①：

① 参见1933年《蒙得维的亚国家权利和义务公约》(Montevideo Convention on the Rights and Duties of States)第1条。

（一）常住的人口

人口是国家的基本要素。只有具有一定数量的常住人口，才能形成社会并在此基础上产生国家。“常住人口”（permanent population ）一般是指一国的人口必须在身份、文化、习俗等方面能与居住在该国领土上的其他人口（例如外国人）进行区分，也就是要求存在国籍方面常住的核心人口。“常住”并不一定要是定居的人口，游牧人口或部落也是常住人口。[①] 至于“人口”数量的多少以及他们是否属于同一民族，对居民作为国家的基本要素并不具有决定意义。[②]

（二）确定的领土

领土是国家赖以存在的物质基础，是国家常住人口生存和活动以及国家行使权力的空间。“领土”必须是地球表面的自然部分，人工岛屿或结构设施虽然也是地球表面的一部分，但并不能构成“领土”[③]。“确定的”领土（defined territory）是指一块可以被合理识别的领土。国际法并不要求一国的边界完全划定。许多国家成立时，它们与邻国的边界并没有划定。[④] 至于领土面积的大小以及国家领土在地理上是否完全连接在一起，并不影响国家的存在和地位。

（三）政府

政府是代表国家对内实行统治、对外进行交往的政权组织。一个国家必须有自己的政府，但政府的性质及组织形式对于国家的形成和存在并不具有重要意义。[⑤] 即使一国内部经常发生军事政变或革命从而产生政府更迭，也不影响国家的身份。[⑥] 另外，政府也不一定要在自己的领土内存在，有时即使政府流亡在外，只要得到承认，也不会影响国家的身份。例如，1990年科威特政府因伊拉克入侵而流亡到沙特阿拉伯，但科威特作为一个国家在国际法中仍然存在。不过，国际法要求政府必须符合“有效控制”标准，即该政权组织必须实际上控制了一国领土，拥有大部分常住人口的惯常服从，并且存在一个能够长久统治的合理期待。[⑦]

（四）主权

主权是国家固有的、独立自主地处理其对内、对外事务的最高权力。主权是国家的根本属性，也是国家区别于其他社会实体的主要标志。主权在国际关系中意味着独立，即一个国家的政府可以对确定的领土上的常住人口行使排他性的统治权。[⑧] 正是因为有了与其他国家开展关系的能力，该政府才可以派遣和接受使节、缔结条约、参加国际组织、提起国际诉讼和承担国家责任等。

---

① ICJ. Case concerning Western Sahara. Advisory Opinion of 16 October 1975：para. 152.

② 联合国非殖民化特别委员会（“二十四国委员会”）在审议美属萨摩亚安圭拉、百慕大、英属维尔京群岛、开曼群岛、关岛、蒙特塞拉特、皮特凯恩、圣赫勒拿、特克斯和凯科斯群岛、美属维尔京群岛这些非自治领土的自决时指出，领土大小、地理位置、人口规模或自然资源并不重要。United Nations General Assembly，A/RES/62/118 A-B 2007.

③ The German Bundesverwaltungsgericht（Federal Administrative Court）. Re Duchy of Sealand（1978）80 ILR 683.

④ PCIJ. Monastery of Saint-Naoum. Advisory Opinion of 4 September 1924. PCIJ Series B，No. 9：10. ICJ. The North Sea Continental Shelf Cases（Federal Republic of Germany v. Denmark. Federal Republic of Germany v. Netherlands）. Judgment of 20 February 1969：para. 46.

⑤ ICJ. Case concerning Western Sahara. Advisory Opinion of 16 October 1975：para. 94.

⑥ The Sambaggio（Italy v. Venezuela）. 10 Reports of International Arbitral Awards，1903：523－524.

⑦ The International Criminal Court. The Determination of the Office of the Prosecutor on the Communication Received in relation to Egypt. 8 May 2014. ICC-OTP-20140508-PR1003：para. 4.

⑧ The Island of Palmas Arbitration（Netherlands/United States of America）. 2 Reports of International Arbitral Awards，1928：829.

需要指出的是：第一，要判断某个政治实体是否符合上述四个要素，首先需要判断该政治实体自己是否主张是一个不同于母国的新国家，如是否发表了独立宣言。[①] 第二，即使上述四个要素并不能完全满足，例如，该政治实体的政府并未能完全有效地控制其所主张的领土上的大多数人口，但如果该政治实体有权依据国际法行使民族自决权，也不影响其国家身份。第三，有时即使有的政治实体表面上看上去符合上述四个要素，但由于它是以违反国际法的手段造成的，如一国对另一国非法使用武力而创造的傀儡国家，因而也不能成为国家。第四，在许多国家，由于这个问题具有高度政治性，因此通常都把判断新国家是否存在的问题交给行政机关决定，特别是外交部门，而且国内司法机关通常都会尊重外交部门的认定。例如，根据中国2023年的《外国国家豁免法》第19条第1款的规定，外交部就案件中的相关国家是否构成外国主权国家出具的证明文件，中华人民共和国的法院应当采信。

二、国家的类型

根据国家的结构形式，国家可以分为单一国和复合国两种类型。

（一）单一国

单一国（unitary State）是由若干行政区域组成的统一主权的国家。单一国拥有单一的宪法，其国民拥有统一的国籍，中央政府由最高行政、立法和司法机关组成，统一处理国家的对内、对外事务，地方政府只能在中央政府的领导下行使职权。在对外关系方面，单一国本身是国家，以国家名义参加国际关系，单一国的地方政府想要参加国际关系需要征得单一国中央政府的同意或授权。

中国是一个单一制的国家。按照《宪法》及其他有关法律的规定，在中央政府统一行使对内、对外职权的原则下，像特别行政区这样的地方行政单位，可以享有不同程度的自治权，包括某些处理地方性对外事务的权力。根据《香港特别行政区基本法》的规定，1997年7月1日中国恢复对香港行使主权后，设立中国香港特别行政区。香港特别行政区享有高度的自治权，在中央人民政府负责管理与特别行政区有关的外交事务的原则下，香港特别行政区政府的代表可以作为中国政府代表团的成员，参加中央人民政府进行的与香港特别行政区直接有关的外交谈判；可以以“中国香港”的名义，在经济、贸易、金融、航运、通讯、旅游、文化、体育等领域单独地与世界各国、各地区和有关国际组织保持和发展关系，并签订和履行有关协定；对以国家为单位参加的、与香港特别行政区有关的国际组织和国际会议，特别行政区政府的代表可以作为中国代表团的成员参加，并以“中国香港”的名义发表意见；对不以国家为单位参加的国际组织和国际会议，香港特别行政区可以以“中国香港”的名义参加。1993年3月31日，第八届全国人民代表大会第一次全体会议通过《澳门特别行政区基本法》。根据《澳门特别行政区基本法》的规定，1999年12月20日中国恢复对澳门行使主权以后，成立澳门特别行政区，它在对外事务方面享有与香港特别行政区基本相同的权利。香港和澳门回归以来的实践证明，香港特别行政区政府和澳门特别行政区政府充分行使了两个基本法赋予的对内和对外方面的职权，保持了香港和澳门的繁荣和发展。此外，台湾是中国领土不可分割的组成部分，中国政府坚决反对任何在国际上制造“两个中国”或者“一中一台”的做法。

---

① ICJ. Accordance with international law of the unilateral declaration of independence in respect of Kosovo. Advisory Opinion of 20 July 2010：para. 56（国际法院指出：“确实，对于某个特定的行为，例如单方面宣布独立，只要不是国际法不允许的权利，就完全有可能是不违反国际法的。”）

（二）复合国

复合国（composite State）是指由两个或两个以上的成员单位组成的国家或国家联合体。复合国的形式有联邦和邦联两种。

（1）联邦（federation）。联邦是指由两个或两个以上的成员单位（州、省、邦、共和国等）根据联邦宪法组成的国家。联邦成员单位本来是国家，但后来决定联合，于是这些国家之间制定宪法，对联邦成员单位和联合后产生的联邦政府之间的权限进行划分，将一部分权力转移给联邦政府，形成联邦国家。联邦是复合国中最主要的形式，世界上许多国家，如俄罗斯、美国、加拿大、德国、印度等，都属于联邦国家。联邦国家有自己的宪法，并设立联邦立法、司法和行政机关，对联邦成员及其人民直接行使权力；根据联邦宪法划分联邦与其成员之间的权限，联邦成员各有自己相对独立的立法、司法和行政机关，在管理内部事务方面有较大的自主权；联邦所有成员的公民具有联邦的统一国籍；联邦本身是国家，外交权一般由联邦政府统一行使，联邦成员不是国家。例如，根据美国宪法的规定，联邦政府行使全部外交权，各州政府没有对外交往的权力。不过，有的联邦国家允许联邦成员就某些地方性事务与外国进行交往。例如，加拿大的魁北克省有权在法国及其他法语国家设立办事处，并与它们签订有关文化教育合作方面的国际协定。

（2）邦联（confederation）。邦联是由两个或者两个以上国家为了特定目的根据条约组成的国家联合体。邦联一般拥有一个由各成员国代表组成的邦联会议，负责协调邦联成员国在某些问题上的立场。但邦联没有统一的中央立法、司法和行政机关，也没有统一的军队和财政预算，邦联成员是独立的主权国家，它们各有其最高立法、司法和行政机关，有自己的军队和财政预算；邦联成员国公民各有本国国籍，没有邦联的统一国籍。因此，邦联本身实际上并不是国家，无权代表邦联成员国行使外交权，邦联成员国仍然是国家。历史上的邦联有1776年至1789年间的美利坚合众国、1815年至1866年的德意志邦联、1815年至1848年的瑞士邦联等。现代国际关系中也有邦联。例如，1999年，俄罗斯和白俄罗斯签订了一个关于建立联盟国家的条约，即“俄白联盟”，就两国的经济和外交等协调立场。不过，该条约规定，俄罗斯和白俄罗斯仍然是独立国家。

（三）永久中立国

永久中立国（States of permanent neutrality）是指根据国际条约或其他国际法，不论是平时还是战时，在对外关系中承担永久中立义务的国家。永久中立国的存在必须具备两个要件：第一，自愿中立化的国家自己要明白地宣布永远奉行中立，保证平时不参加任何集团，战时不参与战争，也不从事任何使其卷入战争的行为。第二，中立国的中立化得到国际法的保证。一般都是由若干国家通过缔结条约保证某国的中立不受侵犯。[1]可见，永久中立国与战时中立国不同。战时中立国只是在发生国际性武装冲突的情况下宣布中立的国家，而永久中立国还包括在和平时期承担中立义务的国家。

自从1815年瑞士的永久中立国地位确立以来，国际法上已经形成了公认的永久中立制度。在国际关系中，永久中立国承担以下永久中立义务：（1）除在遭到外来侵犯时行使自卫权以外，不得对别国进行战争，也不得参加其他国家之间的战争；（2）不得缔结与中立地位不相符的条约或协定，如军事同盟条约、共同防御条约、安全保障条约等，也不得参加任何具有军事性质的组织或集团；（3）不得采取任何可能使本国卷入战争的行动或者承担任何这一方面的义务。例如，不得允许交战国军队入境或过境，不得允许外国在本国境内建立军事基地或为军事

① 王铁崖. 国际法. 北京：法律出版社，1981：70.

目的利用本国领土等。同时，其他国家有义务尊重永久中立国的中立地位，不得侵犯其独立、主权和领土完整。除了承受的国际法义务外，永久中立国与非永久中立的国家一样，拥有自己的主权。

第二节　对新国家与新政府的承认

一、对新国家的承认

（一）对新国家承认的概念

对新国家的承认亦称国家承认（recognition of state），它是既存国家承认国际社会中的某一政治实体为新国家的单方面行为。当国际社会中出现某一政治实体宣称自己是新国家时，既存国家就面临着是否需要对其予以承认的问题。对新国家的承认是一个十分重要的问题，因为承认与否表明了既存国家是否愿意与新国家进行交往的决定，将产生一系列国际法上和既存国家国内法上的法律后果。由此看见，虽然对新国家的承认是一个既存国家单方面作出的政治行为，但它同时也是一种能产生法律后果的法律行为。在以下情况中，一般都有可能产生需要既存国家承认的新国家。

（1）殖民地独立（independence），特指包括非自治领土、托管领土在内的殖民地实现独立，建立新的国家。第二次世界大战以后，随着非殖民化运动的发展，大量原殖民地领土独立成为新的国家。殖民地独立是第二次世界大战后新国家产生的最主要形式。

（2）合并（merger），指两个或者两个以上的独立国家合并成为一个新的国家。例如，1964年4月26日，坦噶尼喀共和国和桑给巴尔共和国组成联合共和国，同年10月29日改国名为坦桑尼亚联合共和国。

（3）分离（separation），指一个既存国家的一部分或者几部分从其母国分离出去，成为新的国家。例如，1965年，新加坡从马来西亚分离；2011年，南苏丹从苏丹分离成立南苏丹。

（4）分裂（disintegration），指一个既存国家解体并分裂为两个或者两个以上的新国家，原母国不复存在。例如，1993年1月1日，捷克斯洛伐克联邦共和国分裂为捷克共和国和斯洛伐克共和国。

（二）对新国家承认的条件

虽然在某一政治实体宣布自己是一个新国家以后，既存国家有权决定是否或者何时对其予以承认，但是，既存国家并没有任意承认新国家的自由。根据现代国际法，承认新国家的法律条件有两项：一是新国家必须具备“国际法意义上的国家”的要素，即必须有常住的人口、确定的领土、政府和主权；二是“新国家”的建立必须符合公认的国际法原则。如果新国家的产生是以严重违反国际法的方式实现的，尤其是以非法的威胁或使用武力的方式实现的，则既存国家负有不承认其为新国家的义务，即“不承认义务”。

“不承认义务”本来是个别国家的一项外交政策，后来经过各国的实践和法律确信的确认，逐渐成为一项习惯国际法上的义务。1932年1月7日，在日本军队侵占中国锦州之后，美国国务卿史汀生（Stimson）照会中、日两国政府，声明美国不承认以违反《国际联盟盟约》和《巴黎非战公约》的方式造成的任何情势、条约或协定。照会中所表明的立场，后来被称为“史汀生不承认主义”。这项原则得到国际联盟的支持。在伪满洲国成立后，国际联盟大会于1933年2月24日以42票对1票（只有日本一票反对）的表决结果通过决议，宣布伪满洲国是日本的一个傀儡国家，维持并承认伪满洲国的现行制度不符合现行国际义务的基本原则。这就肯定地表明，别国对这个违反国际法义务产生的傀儡国家给予承认是不合法的。[①]

第二次世界大战以后，根据《联合国宪章》《国际法原则宣言》《关于侵略定义的决议》《国家权利和义务宣言草案》等文件的规定或其体现的精神，对于非法使用武力或武力威胁或以其他非法方式建立的新国家，既存国家负有不得承认的义务。例如，1974 年，土耳其单方面入侵塞浦路斯，在塞浦路斯北部扶植一个政权。1983 年，该政权宣布建立“北塞浦路斯土耳其共和国”，联合国安理会同年通过的第 541 号决议要求该政权撤销该独立宣言，认为其违反国际法，是无效的，同时呼吁所有国家不承认该共和国。国际法院在 2010 年的“科索沃案”咨询意见中提到，“北塞浦路斯土耳其共和国”单方面宣布独立是违反国际法的，因为它们与非法使用武力和其他严重违反国际法，特别是国际强行法的情形有关。[②]

（三）对新国家承认的性质与作用

在国际法中，当某一政治实体宣称自己是一个新国家时，决定是否对它予以承认原则上是既存国家的一项权利。既存国家需要在考虑该政治实体是否符合对新国家承认的条件、本国与其母国的关系以及其他政治和法律因素的基础上，最终作出是否承认的决定。如果既存国家决定对该政治实体予以承认，其结果是承认它是一个新国家；如果决定不予承认，其结果是不认为它是一个新国家。

至于既存国家对新国家的承认具有什么作用的问题，国际法学者之间长期存在所谓“构成说”（constitutive doctrine）和“宣告说”（declaratory doctrine）两种不同的主张。“构成说”认为，新国家只有经过既存国家的承认，才能成为国际法主体，既存国家的承认对新国家的存在以及其国际人格具有构成或创设的作用。例如，劳特派特等人认为，承认是一国作为国际大家庭的成员、成为国际人格者的条件。[③] 一些国家的司法实践也支持“构成说”[④]。19 世纪后期以来，“构成说”在欧洲国际法学界一度十分盛行。不过，这种学说主要反映了近代西方国家的立场和实践，使能否得到既存国家的承认成为新国家能否成为国际法主体的必要条件，显然不符合新独立国家的利益，因此，在现代国际实践中未能得到有效的支持。[⑤]

“宣告说”主张新国家的国际法主体资格取决于其成为国家的事实，不依赖于既存国家的承认，既存国家的承认只是确认新国家的存在并表示愿意视其为国际法主体进行交往的宣告性行为。在 17 世纪时，“宣告说”就得到了一些古典国际法学家的支持；而在近代和现代，它得到了国际法学者的广泛支持。[⑥] 鉴于这种学说符合新独立国家的利益，基本上也为现代国际实践所肯定。

现代国际法理论和实践表明，某一政治实体只要实际具备了国际法上对新国家承认的条件，它就自然作为国际法意义上的国家而存在，承受国家的基本权利和义务，并具有与别国进行正常交往的权利能力。某一新国家的存在以及由于其存在而产生的法律效果并不因一国或数

---

① 周鲠生. 国际法：上册. 北京：商务印书馆，1981：110－111.

② ICJ，Accordance with international law of the unilateral declaration of independence in respect of Kosovo，Advisory Opinion of 22 July 2010，para. 81.

③ Hersch Lauterpacht. Recognition in International Law. New York：AMS Press，1978：55.

④ The Supreme Court of Germany. International Registration of Trademark (Germany) Case. 28 International Law Reports，1959：82.

⑤ 周鲠生. 国际法：上册. 北京：商务印书馆，1981：121－123.

⑥ Pufendorf. De Jure Naturae et Gentium. Book VII (1688). Ch. 3，§ 9，para. 689. cited in James Crawford. The Creation of States in International Law. 2nd edition. Oxford University Press，2006：13.

国拒绝承认而受到影响。不过，现代国际社会的组织化程度还比较低，双边关系仍然是国家进行国际交往的主要方面，因此，新国家取得既存国家的承认是其有效和广泛地进行国际交往以及与其他国家建立正常关系的前提。

（四）对新国家承认的方式

关于对国家承认的方式，国际法没有统一和明确的要求。按照不同标准进行划分，国家承认的方式具有多样性。

（1）过早承认（premature recognition）与过迟承认（overdue recognition）。根据承认的时间不同，可以将承认分为过早承认与过迟承认。前者是指既存国家在该政治实体尚未完全符合国家的要素时，即匆忙予以承认；后者则是指在该政治实体已经完全符合国家的要素后，既存国家仍然过了很长时期才予以承认。一般说来，既存国家的过早承认可能产生国际法上的问题，它可能加速母国的分裂或新国家的分离，因而可能遭到母国的反对，被认为是干涉母国的内政。

（2）明示承认（explicit recognition）与默示承认（implicit recognition）。根据承认的态度不同，可以将承认分为明示承认与默示承认。明示承认是指既存国家以明确的语言文字表达承认意思的承认。在国际实践中，既存国家一般通过单方面发表宣言或声明，向新国家致送外交照会或函电，或者与新国家共同发表联合公报、声明或缔结条约等方式明确表示对新国家的承认。例如，2011 年 7 月 9 日，南苏丹共和国成立，中国外交部发言人洪磊在 7 月 9 日宣布，“中华人民共和国政府宣布承认南苏丹共和国，并自即日起与其建立大使级外交关系。中方愿在和平共处五项原则基础上，发展同南苏丹各领域友好合作关系。”默示承认是指既存国家以某种能够说明其承认意向的实际行动向新国家间接表示的承认。既存国家同意与新国家建立外交关系、缔结政治性的双边条约、正式接受新国家派驻本国的领事或者投票赞成新国家加入政府间国际组织等行为一般被认为构成对新国家的默示承认。但是，既存国家与新国家共同参加某一国际条约或国际会议，同为某一国际组织的成员国或者就某些具体事务进行临时性的外交接触，如果没有明确表示承认的意思，其事实本身不构成对新国家的默示承认。[①]

（3）法律承认（de jure recognition）与事实承认（de facto recognition）。法律承认又称正式承认，是指既存国家给予新国家的完全的、永久的和不可撤销的正式承认。这种承认一般适用于既存国家认为新国家完全具备国家承认的法律条件，并且愿意与其进行全面交往的情形。法律承认具有永久和不可撤销的性质，即使以后两国断绝外交关系，也不意味着承认的撤销。事实承认是指既存国家给予新国家的不完全的、有限的、临时的和可以撤销的非正式承认。如果既存国家认为新国家虽然具备了国家承认的条件，但出于政治上的考虑不愿意立即给予法律承认，只希望在经济、贸易、文化、科学和居民往来等有限的范围内与其进行往来，则可以给予事实的承认。事实承认是临时的和可以撤销的，一般由既存国家以声明或照会等文件表示。在条件成熟后，事实承认往往可以过渡到法律承认。例如，英国在 1921 年先给予苏维埃俄国事实上的承认，1924 年给予苏联法律上的承认。

（4）无条件的承认（unconditional recognition）和附条件的承认（conditional recognition）。根据承认是否附加条件，可以将承认分为无条件的承认和附条件的承认。1991 年，欧共体成员国通过了关于承认东欧和苏联中的新国家的指导纲领，列出了欧共体承认这些新国家的条件，包括尊重《联合国宪章》和《赫尔辛基会议最后文件》，尤其是法治、民主和人权；保护境内的少数民族的权益；尊重边界的不受侵犯性；接受相关的裁军和核不扩散的义务；以及承

① 王铁崖．国际法．北京：法律出版社，1981：107.

诺通过和平手段解决继承引起的所有问题。这就是典型的附条件承认。一般说来，只要这些条件本身不违反国际法，既存国家可以开列这样的承认条件。

（五）对新国家承认的效果

对新国家承认的效果是指这种承认对于承认国来说会产生什么后果。一般认为，承认一经作出，即意味着承认国接受新国家作为国际社会成员存在的事实，承认它作为一个国家所具有的法律权利能力和行为能力。

对新国家的承认会产生以下一系列法律效果。

(1) 为两国建立外交和领事关系奠定基础。承认的作出意味着承认国愿意与被承认国进行国际交往，双方可在此基础上经过谈判建立外交和领事关系。

(2) 双方可以缔结政治、经济、军事等各方面的条约或协定。

(3) 承认国承认被承认国法律、法令的效力及其司法和行政管辖权的有效性。

(4) 承认国承认被承认国的国家行为和财产在本国享有管辖豁免权；承认被承认国有权以原告身份在本国法院提起诉讼。

根据国际实践，一般认为承认具有溯及的效果，因此，被承认国自成立之日到获得承认时所实施的行为和取得的财产从获得承认之日起在承认国享有管辖豁免；被承认国在此期间所颁布的法律、法令和实施的符合国际法的国家内部行为的效力也应为承认国有关机关所承认。①

二、对新政府的承认

（一）对新政府的承认的概念

对新政府的承认亦称政府承认（recognition of government），它是指一国承认他国的新政府具有代表其本国的正式资格，并表示愿意与其建立或继续保持正常关系的行为。对新政府的承认和对新国家的承认都是受国际法制约并可以产生一定效果的单方面行为，但因为对新政府的承认与对新国家的承认的对象不同，所以，承认的条件、方式和效果有着一定的区别。

对新政府承认的前提是一国发生政府更迭，而政府的更迭包括两种情况，即符合宪法程序的政府更迭和不符合宪法程序的政府更迭。在根据宪法程序发生政府更迭时，旧政府向新政府和平地移交权力，一般不发生承认问题。与此相反，在社会革命、政变或内战等违反宪法程序的方式导致政府更迭的情况下，由于新政府与旧政府的性质、立场以及对外政策可能有本质的差别，因此，其他国家有必要根据本国的利益作出判断，决定是否以及何时对新政府给予承认。②

（二）对新政府承认的条件

关于对新政府承认的条件，国际法理论和各国的实践并不统一，大致有两种立场：一是所谓“正统主义”原则（legitimacy doctrine）。19 世纪初，欧洲“神圣同盟”的参加国提出了“正统主义”，主张以不符合王朝法统的方式建立的新政府不能得到承认。此后，厄瓜多尔外交部长托巴（Carlos R. Tobar，1853—1920）和美国总统威尔逊（Thomas Woodrow Wilson，1856—1924）分别于 1907 年和 1913 年提出了拒绝承认“违反本国宪法取得权力的政府”的主张，通称为“托巴主义”（Tobar Doctrine）和“威尔逊主义”（Wilson Doctrine），其实质与“正统主义”相同。虽然“正统主义”有助于促进被承认的政府所在国的局势稳定，但承认国

① 王铁崖. 国际法. 北京：法律出版社，1981：107 - 108.

② 王铁崖. 国际法. 北京：法律出版社，1995：83.

很可能会卷入有关国家的内部纷争，涉嫌干涉他国内政，因此，大多数国家并未采取这种立场。二是“有效控制”原则（Effective control doctrine）。18世纪中期，瑞士著名国际法学家瓦特尔主张，只要新政府在本国建立了有效和自主的权力，就可以得到其他国家的承认。按照“有效控制”标准，只要新政府实际上控制了一国领土，拥有大部分常住人口的惯常服从，并且存在一个能够长久统治的合理期待，承认国就可以承认它是该国的合法政府。[①]

总之，根据现代国际法的理论和实践，政府承认的条件有两项：一是新政府必须有效控制了本国的全部或者大部分领土，并且得到本国全部或者大部分常住人口的惯常服从；二是新政府的建立必须符合公认的国际法原则。如果新政府的建立是外国侵略或干涉的结果，即使其符合“有效控制”的条件，其他国家也不应当予以承认。

（三）对新政府承认的方式和效果

对新政府承认的方式与对新国家承认的方式基本相同。由于因非宪法程序导致的政府变更比新国家的产生更加频繁，而且政府承认比国家承认更加复杂和敏感，因而实践中国家在承认新政府时更多地采用默示承认和事实承认的方式。1930年9月27日，墨西哥外交部长艾斯特拉达（Genaro Estrada，1887—1937）在一项声明中宣布：鉴于承认的给予是一项侮辱性的实践，意味着对外国内政的判断，墨西哥今后只限于继续保持或不保持与外国政府的关系，而不宣布对这些政府合法与否的判断。这就是所谓的“艾斯特拉达主义”（Estrada Doctrine），它代表了政府承认中默示承认的立场，并在后来为许多国家所接受。继续保持与外国新政府的外交关系成为今天对新政府承认中一种常见的默示承认的方法。

虽然政府的更迭一般不会影响该国的国际人格及其根据国际法承受的权利义务，但政府承认仍会产生重大效果。一般认为，政府承认的法律效果与国家承认基本类似。另外，如果一国境内存在两个或多个宣称自己是该国唯一合法政府的政府，其他国家只能承认其中的一个政府为该国的合法政府。如果一国境内的新、旧两个政府并存，其他国家对新政府的承认即意味着撤销对被其取代的旧政府的承认，旧政府不再具有代表该国的合法资格，承认国也不得继续与其发展官方关系。

三、中国与国际法上的承认

（一）对中华人民共和国的承认

1949年中华人民共和国成立后，相继得到了世界上大多数国家的承认。这些国家在作出承认决定时，有的宣布承认“中华人民共和国中央人民政府”；有的宣布承认“中华人民共和国”。从国际法的角度来看，对中华人民共和国的承认是对中国新政府的承认，而不是对新国家的承认，所以，应该适用政府承认的规则。

鉴于中国目前尚未完全统一以及一些国家企图与中华人民共和国和中国台湾地区同时保持官方往来的情况，中华人民共和国中央人民政府坚持外国政府在作出承认决定时，必须承认“中华人民共和国中央人民政府是全中国的唯一合法政府”，必须与中国台湾地区断绝一切官方往来，坚决反对任何制造“两个中国”或者支持“台独”的活动。例如，2024年1月24日，中国与瑙鲁复交联合公报指出，“瑙鲁共和国政府承认世界上只有一个中国，中华人民共和国政府是代表全中国的唯一合法政府，台湾是中国领土不可分割的一部分。瑙鲁共和国政府承诺

---

① The Tinoco Arbitration (Great Britain v. Costa Rica). 1 Reports of International Arbitral Awards，1923：369；The International Criminal Court. The Determination of the Office of the Prosecutor on the Communication Received in relation to Egypt. 8 May 2014. ICC-OTP-20140508-PR1003：para. 4.

不再同台湾发生任何官方关系，不进行任何官方往来。中华人民共和国政府对瑙鲁共和国政府的上述立场表示赞赏”。

（二）中国对新国家和新政府的承认

中国一贯坚持在符合国家和政府承认的条件的前提下，对新国家和新政府适时给予承认。例如，2023 年 3 月 26 日，中国与洪都拉斯关于建立外交关系的联合公报中指出，“决定自公报签署之日起相互承认并建立大使级外交关系”。实践中，中国对于以独立、自愿合并、和平分离或解体的方式产生的新国家和基于有关国家人民的意志产生的新政府均及时给予无条件的正式承认；对于以非和平方式分离或解体产生的新国家，则采取慎重态度。对于公然违反国际法原则建立的“新国家”或“新政府”，则拒绝给予承认，以维护国际正义和国际法律秩序。

第三节　国家继承和政府继承

一、国家继承

（一）国家继承的概念

国家继承（succession of state）是指由于领土变更的事实引起的一国在国际法上的权利和义务被另一国取代而发生的法律关系。在国家继承中，其权利和义务被取代的国家为被继承国；取代前者权利和义务的国家为继承国。

由上述概念可知，国家继承与国家领土变更有密切的联系，国家领土的变更是发生国家继承的前提。从国际实践来看，国家领土的变更大致有以下五种情形：（1）部分领土转移，即一国的部分领土转移给他国，具体形式包括买卖、割让、交换等；（2）合并，即两个或两个以上国家合并为一个新国家；（3）分离，即一国的一部分或几部分领土分离出去成为新国家；（4）分裂，即一国分裂为两个或两个以上新国家，原来的国家不复存在；（5）独立，是指包括非自治领土或托管领土在内的殖民地独立成为新国家。在部分领土转移、分离和独立等部分领土变更的情况下，被继承国继续存在，只是其对原属本国的部分领土的权利和义务由继承国所取代，因而只发生国家的部分继承；在国家合并和分裂等全部领土变更的情况下，被继承国不复存在，其对原先全部领土的权利和义务完全由继承国所取代，因而发生国家的全部继承。

到目前为止，国际法上尚不存在普遍适用于国家继承的各种不同情况和不同继承对象的统一的国际条约。1978 年 8 月 23 日和 1983 年 4 月 8 日，各国代表在维也纳分别通过了《关于国家在条约方面的继承的维也纳公约》和《关于国家在财产、档案和债务方面的继承的维也纳公约》，前一公约已于 1996 年 11 月 6 日生效，而后一公约迄今尚未生效。这两个公约是联合国国际法委员会在总结各国实践的基础上起草的，它们对条约、国家财产、债务和档案方面的继承分别作出了明确的规定，因而具有重要的指导意义。

（二）条约方面的继承

在国际法上，条约的继承实际上是指在国家领土发生变更时，被继承国参加的国际条约是否对继承国继续有效的问题，亦即继承国是否承受根据被继承国参加的国际条约所产生的权利义务的问题。因为国家继承发生的情况以及条约的性质不同，所以，条约的继承比较复杂。一般说来，与被继承国人格无关的“非人身性质的条约”（non-personal treaties），如边界条约和其他关于领土的条约，继承国应当继承。1978 年《关于国家在条约方面的继承的维也纳公约》规定：“国家继承本身不影响：（a）条约规定的边界；（b）条约规定的同边界制度有关的义务和权利。”① 国家继承本身不影响条约为了外国任何领土的利益而订定的有关任何领土的使用或限制使用，并被视为附属于有关领土的各种义务，以及条约为了任何领土的利益而订定的有关外国任何领土的使用或限制使用，并被视为附属于有关领土的各种权利。国家继承也不影响条约为了几个国家或所有国家的利益而订定的有关任何领土的使用或限制使用，并被视为附属于该领土的各种义务和权利。不过，这些规定不适用于被继承国在国家继承所涉领土上容许设立外国军事基地的条约义务。② 与此相反，与被继承国人格有关的“人身性质的条约”(personal treaties)，如和平友好条约、同盟国互助条约、共同防御条约及仲裁条约等，继承国无须继承。

根据 1978 年《关于国家在条约方面的继承的维也纳公约》的规定，按照领土变更的不同情况，条约继承分别适用以下规则。

(1) 部分领土转移。当被继承国的部分领土转移给继承国成为继承国领土的一部分时，被继承国参加的条约自继承发生之日起对所涉领土停止生效，继承国参加的条约同时对该领土生效，除非有关条约对该领土的适用不符合条约的目的和宗旨，或者将根本改变实施条约的条件。这一规定又被称为“边界移动规则”。

(2) 合并。国家合并时，在继承发生之日对任一被继承国有效的条约继续对继承国有效，但原则上只适用于该条约在继承发生之日对之有效的那一部分继承国领土。

(3) 分离或分裂。在国家发生分离或分裂时，无论被继承国是否继续存在，原来对被继承国全部领土有效的条约，继续对其所有的继承国有效；在继承发生之日只对成为某一继承国的那一部分被继承国领土有效的条约，原则上仍只对该继承国有效，除非继承国与其他当事国另有协议，或者有关条约对继承国的适用不符合条约的目的和宗旨或者将根本改变实施条约的条件。例如，为监督《公民权利和政治权利国际公约》(ICCPR) 的实施而成立的人权事务委员会 (Human Rights Committee) 在 1997 年发表的第 26 号一般性评论中指出：“《公约》所载的各项权利属于在缔约国领土内生活的人民。人权事务委员会的长期做法表明，它一贯认为一旦人民在《公约》下获得人权保障，则此一保障即随领土转移并持续归他们所有，而不论缔约国政府是否更迭，包括解体成一个以上国家或国家继承或缔约国后来为剥夺《公约》所保障的权利而从事的任何行为。”③

(4) 独立。当殖民地及其他附属领土独立时，适用所谓的“白板原则”(clean slate principle)，即对于被继承国参加的、在继承发生之日对继承所涉领土有效的任何条约，新独立国家(继承国) 没有义务维持其效力或成为其当事国，但有权选择成为其当事国。对于一般多边条约，新独立国家可以发出继承通知，确立其作为该条约当事国的地位；对于需经全体当事国同意方可参加的多边条约，新独立国家只有获得此种同意后才能成为其当事国。至于双边条约，只有经另一当事国与新独立国家明示或默示同意，条约才能在两国之间发生效力。国际法院法官罗宾逊女士 (Robinson) 在 2021 年索马里诉肯尼亚的“印度洋划界案”判决的个别意见中指出，这样的规定有利于保护新独立的国家的主权，因为它没有要求它们继续遵守被继承国的条约，而是由这些新独立的国家自己决定是否遵守被继承国的条约。④

---

① 《关于国家在条约方面的继承的维也纳公约》第 11 条。

② 《关于国家在条约方面的继承的维也纳公约》第 12 条。

③ Human Rights Committee. General Comment No. 26. CCPR/C/21/Rev. 1/Add. 8/Rev. 1. 8 December 1997: para. 4.

④ ICJ. Maritime Delimitation in the Indian Ocean (Somalia v. Kenya). Judgment of 12 October 2021. Individual Opinion of Judge Robinson: para. 40.

在国际实践中，被继承国和新独立国家经常签订“移交协定”（devolution agreement），规定被继承国将根据继承发生之日对继承所涉领土有效的条约所承受的权利和义务移交给新独立国家，也有一些新独立国家采取单方声明的方式，指出此类条约对其领土继续有效。不论这些协定或声明是否基于继承国的自愿，它们对有关条约的其他当事国并无拘束力，新独立国家原则上不能因此而自然成为有关条约的当事国。

（三）国家财产方面的继承

国家继承中的国家财产是指在继承发生时，根据被继承国的国内法为该国所拥有的财产、权利和利益。国家财产分为动产（movable property）和不动产（immovable property）。国家继承一般导致被继承国的财产无偿转移给继承国，从而引起被继承国对有关财产权利的消灭和继承国对有关财产权利的产生。根据1983年《关于国家在财产、档案和债务方面的继承的维也纳公约》的规定，国家财产继承的具体规则如下。

（1）部分领土转移。在被继承国的部分领土转移给继承国时，财产的转属问题应由双方协议解决；如无协议，则位于继承所涉领土内的被继承国的不动产应转属继承国（即不动产随领土转移原则），与被继承国对继承所涉领土的活动有关的被继承国的动产也应转属继承国（即领土实际生存原则）。

（2）合并。国家合并时，被继承国的动产和不动产全部转属继承国。

（3）分离或分裂。在国家分离或分裂的情况下，国家财产的继承应由继承国和被继承国或各继承国协议解决；如无协议，则应适用不动产随领土转移原则和领土实际生存原则。此外，与继承所涉领土的活动无关的被继承国领土以外的被继承国的不动产应转属其中的一个继承国，但该国须对其他继承国作出公平的补偿。

（4）独立。殖民地或者其他附属领土独立时，位于继承所涉领土上的被继承国的动产、不动产应全部转属新独立国家。此外，为体现公平原则，原来属于继承所涉领土所有但在领土附属期间成为被继承国财产的国家动产应转属新国家；附属领土曾为其创造作出过贡献的被继承国的其他动产也应按贡献的比例转属新独立国家。如果被继承国和继承国订有协议，此种协议不得违反“各国人民对其财富和自然资源享有永久主权”的原则。

（四）国家债务方面的继承

国家继承中的国家债务（State debt）是指被继承国对另一国家或国际组织所负的财政义务。国家债务的继承意味着被继承国不再承担继承所涉及的财政义务，继承国则开始承担这种义务。实践中，国家债务包括以国家名义承担并用于整个国家的债务，即“国债”，以及虽然以国家名义承担但仅用于该国某一部分领土的债务，即“地方化债务”。一国地方政府以其自身名义承担的债务，即“地方债务”，不属于国家债务的范围，原则上不受国家继承的影响。此外，被继承国为战争目的承担的债务（战争债务）以及被继承国为实现与继承国的根本利益相违背的目的所承担的“恶债”，原则上不应转属继承国。

根据1983年《关于国家在财产、档案和债务方面的继承的维也纳公约》中关于国家债务继承的规定。在部分领土转移、分离或分裂的情况下，债务继承的问题应根据继承国和被继承国之间或全体继承国之间的协议解决；如无协议，则应在考虑有关债务与继承所涉领土的关系以及与继承国继承的国家财产之间的联系等情况，将有关国家债务按公平比例转属继承国。在国家合并的情况下，被继承国的债务应与其财产一并转移给继承国。在殖民地及其他附属领土独立的情况下，被继承国的国家债务原则上不应转属继承国；如双方订立债务转移协议，则此等协议不应违反各国人民对其财富和自然资源享有永久主权的原则，其执行不应危害继承国的经济平衡和发展，而且协议涉及的债务原则上须与被继承国在继承所涉领土内的活动有关，并与继承国继承的国家财产有联系。

（五）国家档案方面的继承

国家继承中的国家档案（State archives）是指属于被继承国所有并由其收藏的记载本国各方面情况的一切文件材料。国家档案继承需要解决的是被继承国的档案如何转属继承国的问题。按照1983年《关于国家在财产、档案和债务方面的继承的维也纳公约》的规定和有关国家的实践，在国家合并的情况下，被继承国的国家档案全部转属继承国。在部分领土转移、分离或分裂的情况下，国家档案的继承在被继承国与继承国之间或者全体继承国之间协议解决；如无协议，则与继承所涉领土的行政管理及其他方面有关的国家档案应转属继承国。殖民地及其他附属领土独立时，与该领土的行政管理有关的以及其他与该领土有主要关系的国家档案应转属新独立国家；在领土附属期间成为被继承国国家档案的附属领土的文件材料应归还新独立国家。此外，被继承国与新独立国家签订的有关国家档案继承的协定不应损害新独立国家人民取得历史资料和文化遗产的权利。

二、政府继承

政府继承（succession of government）是指由政府更迭引起的一国旧政府在国际法上的权利和义务转移给新政府所发生的法律关系。政府继承的实质是新政府是否或者在何种程度上继承旧政府在国际法上的权利和义务的问题。政府继承的前提是既存国家内部发生政府变更。但并非所有政府变更都发生这种权利和义务的转移，只有在新政府依非宪法程序取得政权并选择了与原政府完全不同的社会制度时，才发生政府继承问题。①

关于政府继承，国际法尚没有形成明确、统一的规则，有关理论和实践也不一致。一些学者认为，一国内部发生的政府更迭并不影响该国在国际法上的地位，为保持国家在国际法上权利、义务的连续性和国际法律秩序的稳定性，新政府应该继续受旧政府所承受的权利和义务的拘束。这种主张有一定的道理，在国际实践中，根据宪法程序产生的新政府以及多数依非宪法程序成立的新政府也确实是这样做的。但是，如果依非宪法程序产生的新政府的性质与旧政府有根本的区别，新政府应有权按照旧政府承受的权利和义务的性质以及新政府的利益和政策，决定对有关权利和义务的态度。1917年俄国十月革命后建立的苏维埃政府和1949年建立的中华人民共和国政府均明确地采取了这一立场。它们的实践对于研究政府继承具有重要的参考价值。

三、中国与国际法上的继承

1949年中华人民共和国中央人民政府宣告成立后，正式取代了原"中华民国"政府代表中国的资格，实现了政府继承。对于"中华民国"政府承受的有关权利和义务，中华人民共和国政府视其性质和内容予以区别对待。

（一）关于条约继承的立场和实践

1949年《中国人民政治协商会议共同纲领》第55条规定："对于国民党政府与外国政府所订立的各项条约和协定，中华人民共和国中央人民政府应加以审查，按其内容，分别予以承认，或废除，或修改，或重订。"这一原则立场同样适用于国民党政府承认的以前历届中国政府订立的条约。按照上述规定，对于任何旧条约，作为缔约一方的外国政府在未经中华人民共

① 王铁崖. 国际法. 北京：法律出版社，1995：95.

和国政府承认其继续有效的情况下，不得据此向中国政府提出任何权利或主张。实践中，对于国民党政府缔结或承认的条约，中华人民共和国政府采取了不同的处理办法：对于一些专门性、技术性或人道主义性质的国际公约，予以正式承认；对于联合国及其某些专门机构的组织约章，一般以要求取代国民党政府代表权的方式予以默示承认；对于在平等基础上签订的条约，原则上予以承认和尊重；对于一切不平等条约，特别是有关领土和边界的条约，一般通过与有关国家谈判并另订新约的方式予以废除或取代。

（二）关于财产继承的立场与实践

中华人民共和国政府主张，自中华人民共和国政府成立之日起，原属国民党政府所有的一切财产，无论是动产还是不动产，也无论其是否位于中国境内，以及财产所在地国政府是否承认了中华人民共和国政府，一律自动转属中华人民共和国政府。1949 年 12 月中华人民共和国政府关于“中国航空公司”和“中央航空公司”在香港资产问题的声明、1950 年中国交通部关于中国在香港和新加坡的商船产权的声明，以及 1950 年 10 月中国人民银行关于中国在国际复兴开发银行的财产及权益问题向该行致送的函电均表明了上述立场。此外，中华人民共和国政府在 20 世纪 70 年代至 80 年代的“光华寮案”中，为维护自己在财产继承问题上的立场与有关国家进行了严正的交涉。

（三）关于债务继承的立场和实践

中华人民共和国政府对于国民党政府及此前历届政府所负担的战争债务和为了镇压国内革命运动向外国请求援助而承担的“恶债”一律不予以承认，中国政府的这一立场在 1979 年“湖广铁路债券案”的声明中得到充分体现。[①] 对旧政府在平等基础上负担的合法债务，中华人民共和国政府通过与有关国家友好协商进行清理，以得到公平、合理的解决。例如，1987 年 6 月 5 日，中国政府与英国政府签订《关于解决历史遗留的相互资产要求的协定》。在协定中，英国政府承诺不支持任何对 1949 年 10 月 1 日以前中国历届旧政府所举借的包括它们所发行或担保的债券在内的旧外债的索偿要求，以及其他历史遗留的资产要求；中国政府同意为解决债务问题向英国政府支付一定数额的款项，从而圆满地解决了两国之间长期悬而未决的债务问题。

（四）关于国际组织代表权继承的立场和实践

中国政府一贯主张，中华人民共和国中央人民政府是中国的唯一合法政府，中国在国际组织中的代表权必须由中央人民政府行使，国民党政府不再具有代表中国的合法资格。中华人民共和国政府曾先后致电联合国、联合国各专门机构和其他国际组织，说明了上述原则立场，同时宣布国民党政府退出有关专门性国际组织的决定为“非法”和“无效”。1971 年 10 月 25 日，第二十六届联合国大会通过著名的第 2758 号决议，决定恢复中华人民共和国的一切权利，承认她的政府的代表为中国在联合国组织的唯一合法代表并立即把蒋介石的代表从它在联合国组织及其所属一切机构中所非法占据的席位上驱逐出去。从此以后，中华人民共和国政府正式恢复了在联合国及其专门机构中的代表中国的权利。2023 年 9 月 5 日，外交部发言人毛宁在例行记者会上指出，联大第 2758 号决议不仅从政治上、法律上和程序上彻底解决了包括台湾在内全中国在联合国的代表权问题，而且明确了中国在联合国的席位只有一个，不存在“两个中国”“一中一台”的问题。联大第 2758 号决议通过以来，联合国及其专门机构以及其他的国际和地区组织均恪守这一决议规定。世界上 182 个国家在一中原则的基础上与中国建立了外交关系，一个中国原则早已成为公认的国际关系准则和国际社会普遍共识。任何关于台湾地区参与

---

① 中国国际法学会. 中国国际法年刊. 北京：中国对外翻译出版公司，1984：482－483.

国际组织活动的问题，都必须在一个中国原则下解决。台湾没有任何根据、理由或权利参加联合国及其他只有主权国家才能参加的国际组织。两岸同属一中，台湾是中国领土的一部分，两岸虽长期政治对立，但中国的国家主权和领土完整从未分割，这就是台湾问题的真正现状。

第四节　国家的基本权利义务与国家豁免

一、国家的基本权利与义务

国际法上一般把国家的权利分为基本权利和派生权利两种类型。周鲠生教授指出："一般地说，基本权利是国家固有的、当然享有的权利，例如独立和平等；派生的权利是或者从基本权利推演出来，或者根据条约取得的。"①

虽然国际法学界一般承认国家享有基本权利并承担基本义务，但是，对于国家基本权利的根据及其内容一直存在不同的看法。自然法学说认为，国家作为国际社会的成员，其存在必然要享有一定的基本权利，如同个人的生存必然要享有某些天赋人权一样。实在法学派的学者认为，国家的基本权利来源于国家作为国际社会成员的资格，或者是基于实在国际法（特别是一般国际习惯法）的承认。《奥本海国际法》指出："一般认为，国际社会的成员资格必然使国家享有所谓国家的基本权利，这些基本权利被认为是主权国家组成国际社会的必然结果。"② 20世纪以来，虽然社会连带法学派和规范法学派的代表人物否认存在"固有的、绝对的和不可变更的"国家基本权利，但是，国家基本权利的概念还是逐渐得到了国际社会的普遍确认。美洲国家于1933年12月通过《蒙得维的亚国家权利和义务公约》，1948年4月又通过包括"国家权利和义务"一章的《波哥大宪章》。《波哥大宪章》第7条规定："每一个美洲国家都有按照国际法尊重其他国家权利的义务。"第8条规定："各国的基本权利不得以任何方式加以侵害。"联合国成立后通过的《国家权利和义务宣言草案》《国际法原则宣言》《各国经济权利和义务宪章》等国际文件，以及区域性国际组织和国际会议通过的许多宣言和决议都直接或间接地确认了国家基本权利的存在。③

国家在享有基本权利的同时，必然负有尊重他国基本权利的义务。一国享有的基本权利，正是他国承担的相应义务；反之亦然。在现代国际关系中，根据国家主权平等原则，国家不可能只享受权利而不承担义务，也不可能只承担义务而不享受权利。

对于国家基本权利的内容，即国家的基本权利究竟有哪几项的问题，国际法学界长期以来存在各种不同的主张。联合国大会于1949年12月6日通过的《国家权利和义务宣言草案》中规定了国家的4项基本权利，即独立权、平等权、自卫权和管辖权。尽管《国家权利和义务宣言草案》对国家没有法律拘束力，但它反映了国际法学者对国家基本权利的内容的研究成果，因而具有重要的指导意义。根据《国家权利和义务宣言草案》和其他有关国际文件的规定，国际法学者一般认为，国家主要享有独立权、平等权、自卫权和管辖权4项基本权利。

（一）独立权

独立权（Right of Independence）是指国家根据自己的意志处理本国对内、对外事务而不

① 周鲠生. 国际法：上册. 北京：商务印书馆，1981：167.

② 周鲠生. 国际法：上册. 北京：商务印书馆，1981：167.

③ 詹宁斯，瓦茨. 奥本海国际法：第9版：第1卷，第1分册. 王铁崖，等译. 北京：中国大百科全书出版社，1995：271.

受任何外来控制和干涉的权利。独立权是国家主权的集中体现。在对内方面，国家在不违反其承担的有效国际义务的情况下，可以自由选择其政治、经济、社会和文化制度，制定政策和采取立法、司法及行政措施管理国家，促进经济、社会及文化事业的发展。在对外方面，国家有权根据国家利益独立制定外交政策，自由决定与其他国家建交、缔约、结盟、宣战、媾和以及进行其他往来，不受任何其他国家或国际组织的干涉和控制。1931 年，在“奥德关税同盟案”咨询意见中，常设国际法院认为，奥地利与德国建立的关税同盟违反了 1919 年《凡尔赛和约》中关于保持奥地利独立的规定。意大利籍法官安齐洛蒂（Anzilotti）指出，条约或国际习惯对一国自由的限制不影响该国的独立，只要这种限制没有将该国置于另一国的法律权威（legal authority）之下，该国仍然是一个独立的国家。[①]

国家的独立权包括政治独立和经济独立，而且这两个方面是紧密联系在一起的。政治独立是经济独立的前提，经济独立则是政治独立的基础。对于许多发展中国家来说，由于历史的原因和现行国际经济体制的不利影响，它们在争取经济独立方面仍然存在许多困难。特别是在经济全球化的今天，发展中国家如何在保持经济独立的前提下有效地参与国际经济活动是一个需要被认真考虑和对待的问题。

（二）平等权

平等权（Right of Equality）是指国家以平等的资格和身份参与国际关系，平等地享受国际法权利和承担国际法义务的权利。平等权是国家主权的直接体现。由于国家都是具有平等主权的国际法主体，因而国家不论大小、强弱，不论社会、政治、经济制度以及发展水平如何，均享有平等的法律地位，均有权平等地参加国际关系，享受国际法上的权利和承担国际法上的义务。根据传统国际法的理论和实践，国家的平等权主要体现在以下五个方面：（1）国家在国际组织和国际会议中享有平等的代表权。（2）国家享有平等的缔约权，原则上国家不受其未同意的条约的拘束；缔约时，各国有权使用本国文字，除另有约定外，各国文字具有同等效力。（3）国家相互之间不得行使管辖权，一国不得对他国主张立法、司法或行政管辖权，特别是未经他国同意，不得对他国的行为和财产进行审判、扣押或强制执行。（4）国家享有平等的尊荣权，国家元首、政府首脑、国旗、国徽等不受侮辱。（5）国家享有平等的位次权，国家在签署条约时实行“轮署制”，或者依商定文字的国名字母顺序签署；各国在国际会议上的位次按照会议所用文字的国名字母顺序排列。

虽然在近代历史上，这些传统国际法所确认的国家平等权的内容由于国家实力的不平等经常遭到破坏，同时现代包括联合国在内的一些国际组织采取的特殊表决形式也成为传统的平等投票权的例外，但是，上述国家平等权的内容在现代国际交往中不仅基本上得到了遵守，而且有一定的发展。国家的平等权包括形式上的平等和事实上的平等两个方面。需要指出的是，国家的平等权是指国家在参与国际法的能力方面的平等，国家的平等权并不是说各国在国际法上的权利和义务完全相同。与小国相比，大国因其国力强大，必然会更多地参与国际关系并缔结更多的条约，所以，它们在国际法中的权利和义务必然会多于小国。

（三）自卫权

自卫权（Right of Self-defence）是指国家在遭到武装攻击时，单独或者与其他国家一起使用武力保卫自己的权利。《联合国宪章》第 51 条规定：“联合国任何会员国受武力攻击时，在安全理事会采取必要办法，以维持国际和平及安全以前，本宪章不得认为禁止行使单独或集体

① PCIJ. Customs Regime between Germany and Austria. Advisory Opinion of 5 September 1931. Series A/B. No. 41, 1931：77, individual opinion of Judge Anzilotti.

自卫之自然权利。”

不过，虽然自卫权是国家的一项自然权利，但它的行使需要遵守一系列条件。第一，自卫权的行使针对的是“武力攻击”的情形。“武力攻击”是指最严重的使用武力的情形[①]，而且多个未达到“武力攻击”程度的使用武力的情形可以累积成为“武力攻击”的情形。[②] 第二，自卫权只有在遭到“武力攻击”时才可以行使，所谓先发制人的打击、预防性自卫等一般是违反《联合国宪章》第51条的。第三，自卫权行使的对象一般只能是发动武力攻击的国家。国际法学界关于国家能否因盘踞在别国领土上的非国家行为者发动的武力攻击对该非国家行为者行使自卫权存在分歧。[③] 有些学者认为，如果发动武力攻击的非国家行为者所在的国家没有能力和意愿对非国家行为者进行打击，则受到此种武力攻击的国家可以对这样的国家行使自卫权。但是，这种“不愿或不能”标准是否已经成为国际习惯，是存在争议的。而且，“不愿或不能”标准有可能被单方面滥用。第四，在行使集体自卫权的情况下，只有当同盟条约的缔约国在受到第三国的武力攻击而且请求其他缔约国行使自卫权时，其他缔约国才可以对第三国行使自卫权。[④] 第五，即使可以正当地行使自卫权，也必须遵守必要性原则和比例性原则。[⑤] 所谓必要性原则，是指即便可以行使自卫权，如果在不行使自卫权的情况下可以利用外交方法等非武力方法终止武力攻击，则仍然不得行使自卫权。所谓比例性原则是指行使自卫权时采取的手段、措施和幅度应当与遭受的武力攻击的手段、措施和幅度等大致相称。上述必要性原则和比例性原则又被称为“卡罗琳号原则”，这是英美两国在19世纪的外交照会中相互认同并得到国际法学界和实践确认的一般国际法的要求。最后，根据《联合国宪章》第51条的规定：“会员国因行使此项自卫权而采取之办法，应立向安全理事会报告，此项办法于任何方面不得影响该会按照本宪章随时采取其所认为必要行动之权责，以维持或恢复国际和平及安全。”

可见，尽管自卫权是国家的基本权利，但是它的行使仍然受到很大的限制。国际法之所以作出如此严格的规定，是为了尽可能防止出现滥用自卫权的情形，以免违反《联合国宪章》第2条第4款规定的禁止威胁或使用武力原则的精神。

（四）管辖权

管辖权（Right of Jurisdiction）是指国家根据其主权对特定的人、物和事件进行管理和处置的权利。国家的管辖权依据性质的不同，可以分为立法（legislative）、司法（adjudicative）和执法（executive）管辖权；依据事项的不同，可以分为民事管辖权（civil jurisdiction）、刑事管辖权（criminal jurisdiction）和行政管辖权（administrative jurisdiction）；依据是否限于本国

---

① ICJ. Military and Paramilitary Activities in and against Nicaragua (Nicaragua v. United States of America). Judgment of 27 June 1986：para. 247.

② ICJ. Oil Platforms (Islamic Republic of Iran v. United States of America). Judgment of 6 November 2003：para. 64（暗示多次不符合“武力攻击”的使用武力有可能累积构成“武力攻击”）。

③ ICJ. Legal Consequences of the Construction of a Wall in the Occupied Palestinian Territory. Advisory Opinion of 9 July 2004：para. 139（似乎暗示可以对包庇和支持恐怖主义的国家行使自卫权）。ICJ. Armed Activities on the Territory of the Congo (Democratic Republic of the Congo v. Uganda). Judgment of 19 December 2005：para. 147（没有证据显示刚果民主共和国向那些对乌干达发动武力攻击的有组织的武装团体提供了各种支持，因此，没有对这个问题作出裁判）。

④ ICJ. Military and Paramilitary Activities in and against Nicaragua (Nicaragua v. United States of America). Judgment of 27 June 1986：para. 232.

⑤ ICJ. Military and Paramilitary Activities in and against Nicaragua (Nicaragua v. United States of America). Judgment of 27 June 1986：para. 194；ICJ. Oil Platforms (Islamic Republic of Iran v. United States of America). Judgment of 6 November 2003：para. 51.

领土范围内，可以分为属地管辖权（territorial jurisdiction）和域外管辖权（extraterritorial jurisdiction）。一般说来，尽管国家的立法管辖权可以延伸到本国领土范围以外，但是司法管辖权和执法管辖权只能限于本国领土。未经一国允许，他国不得在该国领土内进行执法和司法行动。需要指出的是，当多个国家对同一犯罪都具有管辖权且竞相行使管辖权时，需要依据有关条约或一般国际法加以解决。依据管辖的对象，国家的管辖权大致可以分为以下四种类型。

（1）领土管辖权（Territorial Jurisdiction）。领土管辖权亦称属地管辖权。它是指国家对其领土范围之内的一切不享有特权和豁免的人、物和事件进行管辖的权利。依据这一原则，国家获得管辖权的依据是领土。对于那些行为和后果发生在不同国家领土的犯罪，国际法允许行为地国家和结果发生地国家均行使管辖权，前者一般被称为主观领土管辖原则（subjective territorial jurisdiction），后者一般被称为客观领土管辖原则（objective territorial jurisdiction）。[①] 有些国家还依据所谓的“效果原则”（effect doctrine）对发生在境外的由外国人实施的行为主张管辖权，尤其是在反垄断等经济行政法领域。中国《刑法》第 6 条规定：“凡在中华人民共和国领域内犯罪的，除法律有特别规定的以外，都适用本法。凡在中华人民共和国船舶或者航空器内犯罪的，也适用本法。犯罪的行为或者结果有一项发生在中华人民共和国领域内的，就认为是在中华人民共和国领域内犯罪。”

（2）国籍管辖权（National Jurisdiction）。它是指国家对在其领土范围之内和领土范围之外的具有本国国籍的人进行管辖的权利。从刑事管辖权的角度来看，国家之所以具有这种域外管辖权，是因为存在犯罪嫌疑人或被害人与管辖国之间的国籍联系。如果犯罪嫌疑人是本国公民，即使其在域外实施了犯罪，该国同样有管辖权，这种原则有时也被称为“积极的国籍管辖权”（active personality jurisdiction）[②]。如果犯罪的被害人是本国公民，即使犯罪是由外国人在域外实施的，该国也具有管辖权，这种原则有时也被称为“消极的国籍管辖权”（passive personality jurisdiction）。美国等一些英美法系国家早期反对“消极的国籍管辖权”[③]，但后来的一些立法和司法实践改变了这一立场，将恐怖主义罪等本国公民容易成为受害者的犯罪明确列为行使“消极的国籍管辖权”的对象。[④] 中国《刑法》第 7 条规定：“中华人民共和国公民在中华人民共和国领域外犯本法规定之罪的，适用本法，但是按本法规定的最高刑为三年以下有期徒刑的，可以不予追究。”同时，其第 8 条规定，外国人在中华人民共和国领域外对中华人民共和国公民犯罪，而按本法规定的最低刑为 3 年以上有期徒刑的，可以适用本法，但是按照犯罪地的法律不受处罚的除外。

（3）保护性管辖权（Protective Jurisdiction）。它是指国家对在该国领土范围以外犯有侵害该国国家重大利益的罪行的外国人进行管辖的权利。管辖国之所以具有管辖权，是因为外国人在境外实施的犯罪侵犯了管辖国的重大国家利益。当然，对于什么是“重大的国家利益”，各国往往存在分歧。从实践来看，有些国家的立法和司法实践把间谍罪、伪造货币罪等纳入保护性管辖权的对象。[⑤] 中国《刑法》第 8 条规定，外国人在中华人民共和国领域外对中华人民共和国国家犯罪，而按本法规定的最低刑为 3 年以上有期徒刑的，可以适用本法，但是按照犯罪

① 《国际刑事法院罗马规约》第 12 条第 2 款第 1 项。The Permanent Court of International Justice. Lotus（France v. Turkey）. Judgment of 7 September 1927：23.

② 《国际刑事法院罗马规约》第 12 条第 2 款第 2 项。

③ United States v. Cutting. 70 US 441. 3 Wall 441（1866）.

④ 例如，美国国会 1986 年通过了《综合外交安全与反恐法》（Omnibus Diplomatic Security and Antiterrorism Act）。该法赋予美国法院对发生在美国境外的由外国人针对美国公民实施的恐怖主义行为行使管辖权。

⑤ 关于对间谍罪行使保护性管辖权的判例，参见 United States v. Zehe. 601 F Supp. 196（D. Mass.，1985）。

地的法律不受处罚的除外。

（4）普遍管辖权（Universal Jurisdiction）。它是指根据国际法，对于普遍危害国际和平与安全以及全人类利益的某些特定的国际犯罪行为，各国均有权进行管辖，不论犯罪行为发生在何地以及罪犯具有何国国籍。有些国际公约甚至要求缔约国必须对某些特定的国际犯罪的嫌疑人行使普遍管辖权。在传统国际法中，海盗行为是各国可以行使普遍管辖权的对象。第二次世界大战结束后，许多国际公约和许多国家的法律将灭绝种族罪、国际性武装冲突中的战争罪、酷刑、贩卖奴隶、危害国际民用航空安全罪、恐怖主义爆炸罪、劫持人质罪等均规定为普遍管辖的对象。① 需要指出的是，大多数国际公约和国家的法律要求行使普遍管辖权的前提条件是犯罪嫌疑人出现在了管辖国的领土上，即“在席的普遍管辖权”（universal jurisdiction *in presentia*），但也有一些国际公约和国家的法律规定，即使犯罪嫌疑人尚未出现在管辖国的领土上，也可以行使普遍管辖权，即“缺席的普遍管辖权”（universal jurisdiction *in absentia*）。然而，无论是在席的普遍管辖权还是缺席的普遍管辖权的行使，均不得侵犯别国的领土主权。同时，即使一国依据国际法有权行使普遍管辖，但与行使其他类型的管辖权一样，这种管辖权的行使不能侵犯犯罪嫌疑人依据国际法享有的刑事管辖豁免权。② 中国《刑法》第 9 条规定，对于中华人民共和国缔结或者参加的国际条约所规定的罪行，中华人民共和国在所承担条约义务的范围内行使刑事管辖权的，适用本法。可见，中国的普遍管辖权针对的是中国缔结的条约中规定的犯罪，而且其确立和行使也需限制在中国承担的条约义务范围内。这说明，中国的普遍管辖权是一种比较有限的普遍管辖权。

二、国家豁免

（一）国家豁免的概念

国家豁免（State Immunity）又称国家管辖豁免，广义的豁免是指国家的行为和财产不受（或免受）他国立法、司法及行政的管辖；狭义的豁免仅指不受他国的司法管辖，即非经一国同意，该国的国家行为及其财产不得在外国法院被诉，该国在外国的财产也不得被扣押或强制执行。在这种意义上，国家豁免也经常被称为国家的司法豁免权。从性质上看，国家豁免是一项程序法上的原则，它并不等于实体法上责任的免除（impunity），因此，即使有关国家责任是违反国际强行法引起的，也不能剥夺一国依据国际法享有的管辖豁免。③ 同时，国家豁免是指国家的管辖豁免，与管辖权是不同的问题。换言之，即便依据一国法律，该国司法机关对外国具有管辖权，但该管辖权也因为管辖豁免权的存在而不得对外国行使。外国国家豁免是一国行使管辖权的一项国际法上的障碍。

国家豁免是一项确立已久并得到普遍承认的国际习惯法原则。国家豁免是从“平等者之间无管辖权”（*par in parem non habet imperium*）这一重要的罗马法原则引申出来的，是国家平等的必然结果，也完全符合“国家主权平等原则”这一现代国际法的基本原则。为了对国家豁免的主体、范围和内容等问题作出统一规定，早在 1972 年，欧洲理事会就通过了《欧洲国家

---

① 例如，State of Israel v. Adolf Eichmann. Criminal Case 40/61（1960）. Israel Supreme Court（The Trial of Adolf Eichmann）. reported in 36 International Law Reports，1968：340.

② ICJ. Arrest Warrant of 11 April 2000（Democratic Republic of the Congo v. Belgium）. Judgment of 14 February 2002：para. 78.

③ ICJ. Jurisdictional Immunities of the State（Germany v. Italy：Greece intervening）. Judgment of 3 February 2012：para. 93.

豁免公约》，但该公约仅为区域国际公约。联合国国际法委员会于1991年二读通过了《国家及其财产的管辖豁免条款草案》。2004年，联合国举行的特别会议通过了《国家及其财产管辖豁免公约》。这是目前世界范围内的关于国家豁免的国际公约。不过，该公约尚未生效。2023年，中国全国人大常委会通过了《外国国家豁免法》，该法自2024年1月1日生效。这是中国第一部专门关于外国国家豁免的综合法律。

（二）绝对豁免主义与限制豁免主义

虽然国家豁免作为一项一般国际法原则得到了世界各国的普遍承认，但是，对于国家豁免的范围和内容却长期存在着绝对豁免主义和限制豁免主义两种对立的理论和实践。绝对豁免主义（doctrine of absolute immunity）从国家主权平等原则出发，强调国家的主权平等和尊严不可侵犯，主张国家的行为和财产不论性质如何，除非国家同意放弃豁免，否则，应一律给予豁免。绝对豁免主义的立场在19世纪初即已为英国、美国等国家的司法判例所确定，在19世纪末以前一直得到当时几乎所有西方国家的司法实践和学者的支持，第一次世界大战和第二次世界大战后又相继得到了苏联和东欧国家以及一些发展中国家在理论和实践方面的肯定。

限制豁免主义（doctrine of restrictive immunity）亦称有限豁免主义或相对豁免主义。它强调维护个人和法人的利益，主张把国家行为根据其性质或目的划分为主权（统治权、公法、非商业）行为（*jure imperii* acts/public law acts）和非主权（管理权、私法、商业）行为（*jure gestionis* acts/private law acts），把国家财产根据其用途划分为用于政府事务的财产和用于商业目的的财产，对前者给予豁免，对后者行使管辖。限制豁免的立场首先在19世纪末由比利时和意大利等国家的司法判例所确认，在20世纪相继被原先采取绝对豁免主义的几乎所有西方国家和一些发展中国家的立法和司法实践所接受，同时也得到了这些国家国际法学者的普遍支持。美国曾长期坚持绝对豁免主义的立场，但是，在1952年的所谓“泰特信函”中，美国国务院宣布，作为国务院的未来政策，国务院不再赞成外国政府在其商业交易方面享受豁免的要求。这标志着美国立场的转变。1976年，美国国会通过《美国外国国家豁免法》（The Foreign State Immunity Act of the United States）。根据该法第1605节第1条第2款的规定，在任何情况下，如果诉讼是以外国在美国进行商业活动为依据的，或者是以与外国在其他地方的商业活动有关的在美国所作的行为为依据的，或者以与外国在其他地方的商业活动有关的在美国以外的行为为依据且该行为在美国引起直接效果的，则该外国不享有美国法院管辖的豁免。《美国外国国家豁免法》的实施标志着美国正式转向了限制豁免主义的立场。中华人民共和国自成立以来也曾经在国家豁免问题上长期坚持绝对豁免主义。不过，2023年通过的中国《外国国家豁免法》则首次宣示，在国家豁免问题上，中国自2024年1月1日起转而采取限制豁免主义立场。中国《外国国家豁免法》第3条规定，“外国国家及其财产在中华人民共和国的法院享有管辖豁免，本法另有规定的除外。”该法从第7条至第12条规定了6项外国国家及其财产在中国法院不得享有管辖豁免的情形。

限制豁免主义的产生和发展不是孤立的现象，而是具有其深刻的社会历史原因的。19世纪末以前，国家基本上不参加国际商业活动，国家的行为几乎都是主权行为，位于外国的财产也几乎都是用于政府事务的财产，因此，绝对豁免主义的主张能够被各国政府广泛接受。然而，从19世纪末开始，国家日益频繁地参与国际商业活动，特别是第二次世界大战以后，国家参与国际贸易、国际投资、国际金融等方面活动的情况更加普遍。在这种情况下，如果发生纠纷，作为当事人一方的国家若享有管辖豁免，则与其进行商业交易活动的个人或法人就会处于十分不利的地位，这既违反商业交易中的主体平等原则和公平原则，也不利于国际经济关系的正常发展。正如《奥本海国际法》一书中指出的那样：“采取国家豁免的限制性态度是下述情况所促成的，即：现代国家在经济方面的活动剧增使国家作为贸易者处于比私人贸易者有利的地位的规则成为行不通的规则。”①

不过，虽然限制豁免主义随着国际经济关系的发展已基本形成一种趋势，多数国家也已不再坚持“所有的国家行为和财产都享有豁免”这种意义上的绝对豁免主义，但是，在如何看待不得援引国家豁免的问题上，仍然存在两种不同的观点：一种观点认为，不得援引国家豁免的情况是对国家豁免权的限制，因此，应该把限制豁免作为一项国际法规则来看待；另一种观点则认为国家管辖豁免是国际法的规则，不得援引国家豁免的情况只是这一规则的例外，而且这种例外只有得到国家的明示同意方为有效。为了避免分歧和争论，联合国大会通过的《国家及其财产管辖豁免公约》避开了不得援引国家豁免究竟是国家管辖的“限制”还是“例外”的问题，而只是列举了8种情况，称其为“不得援引国家豁免的诉讼”。这8种诉讼是：（1）国家与外国自然人或法人进行商业交易引起的诉讼，而按国际私法应由另一国法院管辖的。“商业交易”是指：1）为销售货物或为提供服务而订立的任何商业合同或交易；2）任何贷款或其他金融性质之交易的合同，包括涉及任何此类贷款或交易的任何担保义务或补偿义务；3）商业、工业、贸易或专业性质的任何其他合同或交易，但不包括雇用人员的合同。而且，在确定一项合同或交易是否为“商业交易”时，应主要参考该合同或交易的性质，但如果合同或交易的当事方已达成一致，或者根据法院地国的实践，合同或交易的目的与确定其非商业性质有关，则其目的也应予以考虑。（2）国家与个人关于雇佣合同的诉讼，而工作是在另一国进行的。（3）国家对由于其作为或不作为引起的人身伤害或财产损害的诉讼。（4）国家对财产的所有权、占有和使用的诉讼。（5）关于知识产权和工业产权的诉讼。（6）关于国家参加公司或其他集体机构的诉讼。（7）关于国家拥有或经营的船舶引起的诉讼。（8）关于国家与外国自然人或法人订立的仲裁协定的效力的诉讼。

依据2023年中国《外国国家豁免法》第7～12条的规定，外国国家及其财产在中国法院不得享有管辖豁免的情形是：（1）商业活动例外，即：在中国领域内发生，或虽不是在中国领域内发生但在中国领域内产生直接影响的外国国家与包括中国在内的其他国家的组织或者个人进行的商业活动；（2）雇佣合同例外，即：外国国家为获得个人提供的劳动或者劳务而签订的合同全部或者部分在中国领域内履行的，对于因该合同引起的诉讼；（3）侵权活动例外，即：对于外国国家在中国领域内的相关行为造成人身伤害、死亡或者造成动产、不动产损失引起的赔偿诉讼；（4）财产活动例外，即：外国国家对位于中国领域内的不动产的任何权益或者义务、对动产、不动产的赠与、遗赠、继承或者因无人继承而产生的任何权益或者义务、在管理信托财产、破产财产或者进行法人、非法人组织清算时涉及该外国国家的权益或者义务引起的诉讼；（5）知识产权例外：确定外国国家受中国法律保护的知识产权归属及相关权益、外国国家在中国领域内侵害受中国法律保护的知识产权及相关权益引起的诉讼；（6）仲裁例外，即：外国国家与包括中国在内的其他国家的组织或者个人之间的商业活动产生的争议，根据书面协议被提交仲裁的，或者外国国家通过国际投资条约等书面形式同意将其与包括中国在内的其他国家的组织或者个人产生的投资争端提交仲裁的，对于需要法院审查仲裁协议的效力、仲裁裁决的承认和执行、仲裁裁决的撤销等引起的诉讼。

此外，《国家及其财产管辖豁免公约》还规定，“国家”是指：（1）国家及其政府的各种机关；（2）有权行使主权权力并以该身份行事的联邦国家的组成单位或国家政治区分单位；（3）国

① 詹宁斯，瓦茨. 奥本海国际法：第9版：第1卷，第1分册. 王铁崖，等译. 北京：中国大百科全书出版社，1995：281.

家机构、部门或其他实体，但须它们有权行使并且实际在行使国家的主权权力；（4）以国家代表身份行事的国家代表。[①] 另外，根据该公约规定，不得在另一国法院的诉讼中针对一国财产采取判决前的强制措施，如查封和扣押措施，除非该国以下列方式明示同意采取此类措施：（1）国际协定；（2）仲裁协议或书面合同；（3）在法院发表的声明或在当事方发生争端后提出的书面函件，或者该国已经拨出或专门指定该财产用于清偿该诉讼标的的请求。[②] 中国的《外国国家豁免法》第 13 条也规定，外国国家的财产在中国的法院享有司法强制措施豁免，外国国家接受中国的法院管辖，不视为放弃司法强制措施豁免。同时，第 14 条规定，有下列情形之一的，外国国家的财产在中国的法院不享有司法强制措施豁免：（1）外国国家以国际条约、书面协议或者向中国的法院提交书面文件等方式明示放弃司法强制措施豁免；（2）外国国家已经拨出或者专门指定财产用于司法强制措施执行；（3）为执行中国的法院的生效判决、裁定，对外国国家位于中国领域内、用于商业活动且与诉讼有联系的财产采取司法强制措施。

第五节　国家责任

一、国家责任的概念

国家责任（state responsibility）是指国家对其国际不法行为（internationally wrongful act）所应承担的国际法律责任。国家责任制度的实施对于纠正有关国家的不法行为，维护正常的国际法律秩序，树立正确的国家行为规范和使受害国的利益得到合理补偿都起着十分重要的作用。

任何国家均应对其国际不法行为承担责任是久已确立的一项习惯国际法规则，然而，对于国家责任的构成条件、内容、形式及执行等问题，国际法上长期未能形成统一和明确的规则，有关理论和实践也不尽相同。1947 年联合国国际法委员会成立后，即把国家责任问题列入其编纂的议题。1953 年联合国大会通过决议，要求国际法委员会尽快开始对国家责任的国际法原则的编纂。经过长期的工作，国际法委员会在 2001 年通过了起草委员会二读通过的《国家对国际不法行为责任条款草案》（以下简称《条款草案》）。虽然该《条款草案》并非国际条约，但由于它是国际法委员会起草的，因而具有很高的权威性，其规定对于了解和研究国家责任制度具有重要的指导意义。

二、国际不法行为的构成要件

《条款草案》第 1 条规定："一国的每一国际不法行为引起该国的国际责任。"由此可见，只要一国实施了国际不法行为，该国就需要承担国家责任。[③] 根据《条款草案》第 2 条的规定，一国国际不法行为在下列情况下发生：

（1）由作为或不作为构成的行为依国际法归于该国；

（2）该行为构成对该国国际义务的违背。

---

① 《国家及其财产管辖豁免公约》第 2 条第 1 款第 2 项。

② 《国家及其财产管辖豁免公约》第 18 条。

③ PCIJ. The Phosphate in Morocco Case (Italy v. France). Preliminary Objections. Series A/B, No. 74, 1923: 28; The Spanish Zone of Morocco Claims (Great Britain v. Spain). 2 Reports of International Arbitral Awards, 1925: 641; PCIJ. The Chorzow Factory Case (Germany v. Poland). Jurisdiction. Series A. No. 9, 1927: 21.

从第2条的规定可以看出，国际不法行为的构成要件有两个：一是行为必须可归于一国，二是该行为必须具有国际不法性。[①]

（一）行为必须可归于一国

国际不法行为在大多数情况下都是由一国以“作为”的形式实施的，如侵略行为、侵犯外交特权与豁免的行为等；但是，在有些情况下，国际不法行为也可以由一国以“不作为”的形式实施，如没有将本国领海内敷设的水雷通知在领海内无害通过的外国军舰。[②] 无论是作为还是不作为，要使某一行为构成国际不法行为，必须是该行为可归因于特定国家，即必须是该国实施的行为。换言之，国家没有必要为在本国发生的所有行为承担责任。根据《条款草案》的规定，可以归因于国家的行为包括以下七种类型。

（1）任何国家机关的行为。任何国家机关行使其国内法赋予的职权的行为均应被视为该国国家的行为，而不论其属于立法、司法或行政机关，不论其执行国内或国际职务，也不论其处于上级或下级地位。此外，此类机关包括依该国国内法具有国家机关地位的个人和实体。[③]

（2）行使政府权力要素的个人或实体的行为。虽非上述国家机关，但经该国法律授权行使政府权力要素的个人或实体的行为，应被视为国际法所指的国家行为。[④]

（3）受国家指挥或控制的行为。如果一个人或者一群人实际上是在按照国家的指示或在其指挥或控制下行事，其行为应被视为该国的行为。[⑤]

（4）正式当局不存在或缺席时实施的行为。如果一个人或一群人在正式当局不存在或缺席而需要行使政府权力要素的情况下，实际上正在行使这种权力，则其行为应被视为该国的行为。[⑥]

（5）一国交由另一国支配的机关的行为。由一国交由另一国支配的机关，若为行使支配国的国家权力而行事，则其行为依国际法应被视为支配国的行为。[⑦]

（6）成为一国新政府或者组成一个新国家的叛乱运动的机关的行为。[⑧]

（7）经一国确认并作为其自身行为的其他行为。[⑨]

此外，国家机关或经授权行使政府权力要素的个人或实体，若以此种资格行事，即使逾越权限或违背指示，其行为仍应视为国际法所指的国家行为。[⑩]

（二）该行为必须具有国际不法性

要使可以归因于一国的行为成为国际不法行为，该行为必须是违反了该国承担的国际义务。第一，该行为必须是违反了该国承担的国际义务的行为，至于该行为是否符合其国内法，则在所不问。[⑪] 第二，违反该国承担的国际义务是指一国的行为不符合国际义务，不论该义务

---

① The Dickson Car Wheel Company Case（United States v. Mexico）. 1 Reports of International Arbitral Awards, 1931：678.

② ICJ. The Corfu Channel Case（United Kingdom v. Albania）. Merits. Judgment of 9 April 1949：23.

③《条款草案》第4条。

④《条款草案》第5条。

⑤《条款草案》第8条。

⑥《条款草案》第9条。

⑦《条款草案》第6条。

⑧《条款草案》第10条。

⑨《条款草案》第11条。

⑩《条款草案》第7条。

⑪《条款草案》第3条。

的起源或特性为何。[①] 换言之，所违反的国际义务不仅包括有效的条约义务，还包括国际习惯法等其他国际义务。[②] 第三，违反该国承担的国际义务是指违反行为发生时对该国有约束力的国际义务。[③] 第四，没有持续性的一国行为违背国际义务时，该行为发生的时刻即为违背义务行为发生的时刻，即使其影响继续存在；有持续性的一国行为违背国际义务时，该行为延续的时间为该行为持续并且一直不遵守该国际义务的整个期间；一国违背要求它防止某一特定事件的国际义务的行为开始于该事件发生的时刻，该行为延续的时间为该事件持续并且一直不遵守该义务的整个期间。[④] 第五，关于同时具有作为或不作为的复合行为，一国通过被一并定义为不法行为的一系列作为和不作为违背国际义务的情事，发生于一作为和不作为发生的时刻，该作为和不作为连同其他的作为和不作为看待，足以构成不法行为；在上述情况下，该违背义务行为持续的时间为一系列作为和不作为中的第一个开始发生到此类行为再次发生并且一直不遵守该国国际义务的整个期间。[⑤]

三、一国对另一国行为的责任

一国对另一国行为的责任存在以下几种情形。

（1）援助或协助实施一国际不法行为。援助或协助另一国实施其国际不法行为的国家应该对此种行为负国际责任，如果该国在知道该国际不法行为的情况下这样做，而且该行为若由该国实施将构成国际不法行为。[⑥]

（2）指挥或控制一国际不法行为的实施。指挥或控制另一国实施其国际不法行为的国家应该对该行为负国际责任，如果该国在知道该国际不法行为的情况下这样做；而且该行为若由该国实施将构成国际不法行为。[⑦]

（3）胁迫另一国。胁迫另一国实施一行为的国家应该对该行为负国际责任，如果：在没有胁迫的情况下，该行为仍会是被胁迫国的国际不法行为；而且胁迫国在知道该胁迫行为的情况下这样做。[⑧]

四、解除行为不法性的情形

有时，虽然国家从事了违反国际法的行为，但由于存在解除行为不法性的情形，因而其不需要承担责任。根据《条款草案》的规定，解除行为不法性的情形有以下 6 种。不过，需要指出的是，违反国际强行法所产生的义务的国家不得以以下 6 种情形中的任何一种作为解除其行为之不法性的理由。[⑨]

（一）同意（consent）

一国以有效方式表示同意另一国实施某项特定行为时，该特定行为的不法性在与该国家的

---

① 《条款草案》第 12 条。

② ICJ. United States Diplomatic and Consular Staff in Tehran (United States of America v. Iran). Judgment of 24 May 1980: para. 56.

③ 《条款草案》第 13 条。

④ 《条款草案》第 14 条。

⑤ 《条款草案》第 15 条。

⑥ 《条款草案》第 16 条。

⑦ 《条款草案》第 17 条。

⑧ 《条款草案》第 18 条。

⑨ 《条款草案》第 26 条。

关系上即告解除。但以该行为不逾越该项同意的范围为限。[1] 例如，一国通过缔结条约同意他国在本国领土上部署军队、建立军事基地，即可解除该行为的不法性，不过，如果条约的有效期已过外国军队仍然不撤离或者部署的军队、建立的军事基地超出条约允许的范围，那就逾越了该项同意的范围。

（二）反措施（countermeasures）

如果一国不遵守其对另一国国际义务的行为是一种反措施，亦可解除该反措施行为的不法性。[2] 但是，《条款草案》对一国采取反措施规定了十分严格的条件。首先，受害国采取反措施的目的只能是促使国际不法行为的责任国履行其义务，它限于暂不履行对责任国所负的国际义务，且应尽可能恢复履行有关义务。[3] 其次，反措施不得影响《联合国宪章》中规定的不得以武力相威胁或使用武力的义务、保护基本人权的义务、禁止报复的人道主义性质的义务以及依国际强行法承担的其他义务。采取反措施的国家仍应诉诸它与责任国之间任何可适用的现行解决争端程序，并尊重外交或领事人员、馆舍、档案和文件之不可侵犯性。[4] 再次，反措施必须和所遭受的损害相称，并应考虑国际不法行为的严重程度和有关权利。[5] 最后，如果国际不法行为已经停止且已将争端提交有权作出对当事国具有拘束力之决定的法院或法庭，则不得采取反措施；如已采取，务必不无理拖延地停止。[6]

（三）不可抗力（force majeure）

如果一国不遵守其对另一国国际义务的行为起因于不可抗力，则该行为的不法性即告解除。《条款草案》对一国援引不可抗力设置了严格限制。第一，“不可抗力”是指有不可抗拒的力量或该国无力控制、无法预料的事件发生，以致该国实际上不可能履行义务。第二，如果不可抗力的情形是由援引这一理由的国家的行为单独导致或与其他因素一并导致的，或者该国已经承担了发生这种情况的风险，则不能援引不可抗力。[7]

（四）危难（distress）

如果一国不遵守该国承担的国际义务是因为有关行为人在遭遇危难的情况下为了挽救其生命或受其监护的其他人的生命只能如此行为且无其他合理方法，则该行为的不法性可以解除。例如，外国航空器或船只因遭遇极端天气为了避免灾难发生而未经允许进入一国领空。但是，如果危难情形是由援引危难为理由的国家的行为单独导致或与其他因素一并导致的，或者有关行为可能造成类似或更大的灾难，则不能援引这一理由。[8]

（五）紧急情况（state of necessity）

一国不得援引紧急情况为理由解除未履行该国某项国际义务的行为的不法性，除非：(1) 该行为是该国保护基本利益、对抗某项严重紧迫危险的唯一办法；(2) 该行为并未严重损害作为所负义务对象的一国或数国或整个国际社会的基本利益。另外，遇下列情形，一国不得援引紧急情况作为解除其行为不法性的理由：(1) 有关国际义务排除援引紧急情况的可能性，

① 《条款草案》第20条。
② 《条款草案》第22条。
③ 《条款草案》第49条。
④ 《条款草案》第50条。
⑤ 《条款草案》第51条。
⑥ 《条款草案》第52条。
⑦ 《条款草案》第23条。
⑧ 《条款草案》第24条。

（2）该国促成了该紧急情况。[①]

（六）自卫（self-defence）

一国的行为如构成按照《联合国宪章》采取的自卫措施，该行为的不法性即告解除。[②]《联合国宪章》第 51 条规定了会员国的自卫权。至于行使自卫权的条件，参见本章第四节“国家的基本权利义务与国家豁免”中对自卫权的阐述。

五、国家责任的内容

国际不法行为导致国家责任，在行为国和受害国之间引起法律后果，并形成一种新的法律关系。国家责任的内容主要包括以下两点。

（一）停止和不重复（cessation and non-repetition）

国际不法行为的责任国有义务在实施一项持续性的不法行为时停止该行为，并在必要情况下提供不重复该行为的适当承诺和保证。[③]

（二）赔偿（reparation）

国际不法行为的责任国有义务对其国际不法行为造成的损害提供充分赔偿。这里的损害包括国际不法行为造成的任何损害，无论是物质损害还是精神损害。[④] 赔偿的具体方式有恢复原状、补偿和抵偿三种。它们可以单独或合并采取。[⑤]

（1）恢复原状（restitution）。如果恢复到实施不法行为以前所存在的状况并非实际上办不到，并且从恢复原状而不要求补偿所得到的利益不致与所引起的负担完全不成比例，则国际不法行为的责任国有义务恢复原状。[⑥]

（2）补偿（compensation）。如果国际不法行为造成的损害没有以恢复原状的方式得到赔偿，则责任国有义务补偿该行为造成的任何损害。这种补偿应该弥补在经济上可以评估的任何损害，包括可以确定的利润损失。[⑦]

（3）抵偿（satisfaction）。如果国际不法行为的受害国遭受的损害不能以恢复原状或补偿的方式得到赔偿，则责任国有义务抵偿该不法行为造成的损害。抵偿可采取承认不法行为、表示遗憾、正式道歉或其他合适的方式。抵偿不应与损害不成比例，且不得采取羞辱责任国的方式。[⑧]

六、各国针对一国严重违反国际强行法的行为所负的义务

根据《条款草案》第 40 条，严重违反国际强行法的行为是指责任国严重或系统地违反国际强行法的行为。《条款草案》第 41 条规定，当一国从事了严重违反国际强行法的行为时，各国应进行合作，通过合法手段制止该严重违反国际强行法的行为。任何国家均不得承认严重违反国际强行法的行为所造成的情况为合法，也不得协助或援助保持该状况。

---

① 《条款草案》第 25 条。

② 《条款草案》第 21 条。

③ 《条款草案》第 30 条。

④ 《条款草案》第 31 条。

⑤ 《条款草案》第 34 条。

⑥ 《条款草案》第 35 条。

⑦ 《条款草案》第 36 条。

⑧ 《条款草案》第 37 条。

国际法案例

国家管辖豁免案
（德国诉意大利，希腊参加，国际法院）

第二次世界大战将要结束的时候，德国占领了意大利，并在意大利杀害平民和把被俘的意大利士兵送到德国强迫劳动，而且德国不承认他们的战俘地位。第二次世界大战结束后，通过一些和平条约和协定，基本解决了因这些行为要求德国赔偿的问题。不过，有些意大利士兵没有得到实际赔偿，他们在德国法院的诉讼也以失败告终。德国法院认为，意大利士兵的赔偿问题已经在有关的和平条约和协定中得到了解决。于是，这些意大利人在意大利法院对德国提起诉讼，要求德国进行赔偿。德国在意大利法院主张享有国家管辖豁免权，但遭到了意大利法院的驳回。意大利法院认为，在外国政府实施了国际犯罪的情况下，即不再享有管辖豁免权。因此，德国在国际法院对意大利提出起诉，认为意大利没有尊重德国在国际法上应当享有的管辖豁免权。意大利则认为，德国无权享有意大利法院的管辖豁免，因为在法院地国领土上实施的造成人员死亡、伤害或财产损坏的侵权行为不适用主权行为豁免原则，这已经成为一项习惯国际法上的规则；当涉嫌的行为严重违反国际强行法且被害人无处寻求救济时，可以剥夺外国的国家豁免权；国际强行法在国际法中具有更高的效力，任何与之抵触的条约或习惯国际法无效，而国家管辖豁免只是一项一般的国际法原则，当它与国际强行法相抵触时，可以不尊重外国的国家管辖豁免权。

2012 年 2 月 3 日，国际法院对本案作出判决。法院在对各国有关实践和法律确信的考察后发现，在现阶段的习惯国际法中，并不存在一项当外国涉嫌实施了严重违反国际人权法和国际人道法的行为时即可剥夺该国国家豁免权的规则。关于国家管辖豁免与国际强行法抵触问题，国际法院认为，国家管辖豁免与国际强行法之间并不存在抵触，因为这是两套完全不同的规则，它们处理的也是完全不同的事项。有关国家豁免的规则在性质上是程序法规则，它需要决定的是一国法院是否可以对外国行使管辖权，并不涉及诉讼所涉的有关行为在国际法上是否合法。国际强行法是那些不得有任何损抑的国际法规范，但关于外国是否有管辖豁免权的规则并没有损抑任何具有强行法性质的实体法规范；同时，国际强行法优于国家豁免的观点遭到了英国、加拿大、波兰、斯洛文尼亚、新西兰等许多国家法院的否定。因此，国际法院指出，即使在意大利法院的诉讼涉及违反国际强行法的问题，这也不能影响习惯国际法中国家管辖豁免原则的适用。针对意大利提出的被害人在德国法院接连败诉，意大利法院必须否定德国的管辖豁免权，否则被害人将无处得到救济的观点，国际法院认为，从现有的国家实践来看，习惯国际法中并不存在一项一国是否赋予外国管辖豁免权取决于是否存在其他有效救济手段的规则。因此，国际法院判决意大利违反了尊重德国依据国际法享有的管辖豁免权的义务，并要求意大利采取一切必要的立法或其他自由选择的措施确保意大利各级法院和其他司法当局的裁决尊重德国在国际法中享有的管辖豁免权。

简答题

简要回答下列问题：

1. 什么是永久中立国？
2. 国家行使自卫权的条件是什么？

3. 什么是国家的普遍管辖权?
4. 什么是绝对豁免主义?
5. 什么是限制豁免主义?
6. 什么是国家的不承认义务?
7. 在国家分离或分裂的情况下，条约继承的规则是什么?
8. 哪些行为可以归因于一国而成为该国的行为?
9. 在哪些情况下可以解除国际不法行为的不法性?
10. 国家责任的内容有哪些?

第三章 国家领土

提 要

领土是指处于国家主权管辖和支配下的地球的特定部分，由领陆、领水、领空和底土四个部分组成；其中，领水包括内水和领海两个部分。领土是构成国家的基本要素之一，是国家行使主权的对象和范围。传统国际法上的领土取得方式有先占、时效、添附、割让和征服，全民公决和恢复领土主权则是现代国际法时期领土变更的新方式。国家的领土主权应受一般限制和特别限制，特别限制的形式主要是共管、租借和国际地役。边界是确定国家领土范围的界限，划分边界的方法通常有几何学划界法、天文学划界法和自然划界法。边境是边界线两侧一定宽度的区域，维护界标、利用界水和边境土地、便利边境居民往来和处理边境争端等构成边境制度的基本内容。南极地区的法律地位和制度主要由1961年生效的《南极条约》规定。北极地区除有关国家的领陆以外，适用海洋法制度。

重点问题

1. 领土的法律地位
2. 各种河流的法律地位
3. 传统国际法上的领土取得方式
4. 对国家领土主权的限制
5. 边界与边境制度
6. 南极地区的法律地位

第一节 概 述

一、国家领土的概念和组成部分

国家领土是指国家主权管辖和支配下的地球的特定部分。确定的领土是国际法上的国家必须具备的四个要素之一。虽然由于历史上各国领土形成的方式和过程不同，造成了各国领土大小不一的状况，但世界上不存在没有领土的国家。一个流浪的部落，虽然有一个政府或在其他方面是有组织的，但在它自己的领土上定居以前，不是一个国家。①

---

① 詹宁斯，瓦茨．奥本海国际法：第9版：第1卷，第2分册．王铁崖，等译．北京：中国大百科全书出版社，1998：3.

国家领土由领陆、领水、领陆和领水的底土以及领空共四个部分组成。

（一）领陆

领陆（territorial land）是指国家疆界以内的全部陆地，包括大陆和岛屿。就某一个国家而言，其领陆可能单纯由大陆部分组成，也可能全部由岛屿组成，还可能由大陆和岛屿共同组成。领陆是国家领土中最基本的组成部分，领土的其他部分都是附着于领陆而存在的，世界上不存在没有领陆的国家。

（二）领水

领水（territorial waters）是指国家陆地疆界以内的水域和与陆地疆界邻接的一定宽度的水域。根据其法律地位的不同，领水分为内水（internal waters）和领海（territorial sea）两个部分。内水包括一国境内的河流、湖泊、河口、港口、内海湾、内海峡，以及领海基线以内的其他水域。内水的法律地位与领陆的完全相同，未经允许，外国船舶不得在一国内水中航行。领海是指邻接国家陆地领土及内水的一定宽度的海域，其法律地位与内水有所区别，外国船舶在一国领海享有无害通过权。内陆国家的领土中没有领海这一部分。

（三）领陆和领水的底土

领陆和领水的底土（territorial subsoil）是指国家领陆和领水之下的部分。它们与陆地和水域不可分割，属于国家领土的组成部分。底土包括地下水和其他一切自然资源，受国家主权的完全和排他的管辖，非经允许，他国不得进行勘探、开发和利用。①

（四）领空

领空（territorial airspace）是指国家领陆和领水以上一定高度的空气空间。领空对于保卫国家安全、发展航空运输事业和进行科学研究都具有十分重要的意义，因此，领空也是国家领土的重要组成部分。

领陆、领水、领陆和领水的底土、领空这四个部分构成国家领土的整体。在地理分布上，有些国家的领土连成一片，有些国家的领土则并非如此。不过，无论国家领土的地理分布情况如何，其都属于国家领土主权支配的范围。

二、领土的法律地位

作为构成国家的基本要素之一，领土对国家具有重要意义。这种意义包括社会和政治两个方面。就其社会意义来看，领土是国家的物质基础，领土为民族的生存和发展提供了必要的自然条件；就其政治意义来看，领土是国家权力自由活动的空间，国家在自己的领土内可以充分独立而无阻碍地行使其权力，排除一切外来的竞争和干涉。②

国家对本国领土享有完全和排他的主权。这种主权在国际法上称为国家的领土主权（territorial sovereignty）。领土主权是指国家对其领土本身以及领土范围内的人和物所具有的最高权力，其内容包括所有权和管辖权两个方面。国家对领土的所有权意味着国家对其领土范围内的一切土地和资源享有占有、使用和支配的权力。③ 基于这种权力，国家可以割让、出卖、出租部分领土，或者与别国交换部分领土，甚至将本国领土与别国合并。国家对领土的管辖权即为国家的属地管辖权，它是指国家对本国领土范围内的人、物（包括领土本身）和发生的事件行使管辖的权利。这一点在第二章第五节“国家的基本权利义务与国家豁免”中已作了明确的阐述。

---

① 白桂梅．国际法．3版．北京：北京大学出版社，2015：334．

② 周鲠生．国际法：上册．北京：商务印书馆，1981：325．

③ 邵津．国际法．北京：北京大学出版社，高等教育出版社，2000：93．

领土对国家及其人民的生存具有极其重要的意义，因此，互相尊重主权和领土完整已成为现代国际法基本原则的重要内容。《联合国宪章》第2条第4款规定："各会员国在其国际关系上不得使用威胁或武力，或以与联合国宗旨不符之任何其他方法，侵害任何会员国或国家之领土完整或政治独立。"中国和印度、缅甸共同倡导的和平共处五项原则将"互相尊重主权和领土完整"列为其中的第一项原则，予以高度重视。自2022年1月1日起施行的《中华人民共和国陆地国界法》(以下简称《中国陆地国界法》)第4条规定："中华人民共和国的主权和领土完整神圣不可侵犯。国家采取有效措施，坚决维护领土主权和陆地国界安全，防范和打击任何损害领土主权和破坏陆地国界的行为。"

国家的领土主权必须在国际法的范围内行使。国家在行使本国领土主权的同时，负有尊重其他国家领土主权的义务，不得以任何方式侵犯别国的领土主权，破坏别国的领土完整。根据国际习惯法和国际条约，国家的领土主权要受到一定的限制，国家应该在所受限制的范围内，自觉约束自己行使领土主权的行为。

第二节　河流与湖泊

如前所述，领水是国家领土的组成部分，领水分为内水和领海。本节只探讨内水中的河流和湖泊，至于领海和内水的其他一些部分，如内海湾和领海基线以内的其他水域，将在"海洋法"一章中进行阐述。

一、河流

世界各国河流众多，根据其地理特征和法律地位的不同，河流可分为国内河流、界河、多国河流、国际河流和运河五种类型。

(一) 国内河流

国内河流(internal river)简称"内河"，是指从其发源地到河口完全位于一国境内的河流。内河完全处于所在国的主权管辖之下。国家对内河的航行、捕鱼、水资源利用和管理等享有充分的自主权；非经一国同意，外国船舶无权在该国内河中航行。中华人民共和国成立之前，一些国家曾根据不平等条约取得了在中国长江和其他一些内河上航行的权利，不仅外国商船可以在其中航行，从事沿岸贸易，而且外国军舰也经常溯流而上，深入中国内地，严重地侵害了中国的领土主权。中华人民共和国成立后，外国船舶不再享有在中国内河航行的权利。

1984年以来，为适应改革开放的需要，促进对外经济贸易的发展，中国政府陆续开放了长江沿岸的一些港口，外国商船可以航行到这些港口从事商业贸易活动。这是中国政府自愿同意的结果，也是行使国家主权的表现。

(二) 界河

界河(boundary river)是指流经两国之间并分隔两国疆界的河流，如黑龙江和乌苏里江是中国和俄罗斯两国的界河，鸭绿江和图们江是中国和朝鲜两国的界河。

界河一般以河流的中心线或主航道的中心线作为沿岸国的边界线，沿岸国对边界线本国一侧的水域享有主权。由于河水以及其中的生物资源具有流动的特点，因此，关于界河的航行、捕鱼、河水的利用以及河道的管理和维护等问题由沿岸国通过协议加以解决。界河一般不对非沿岸国开放。例如，1858年中俄《瑷珲条约》第1条规定："黑龙江、松花江、乌苏里江，此后只准中国、俄国行船，各别外国船只不准由此江河行走。”

（三）多国河流

多国河流（multi-national river）是指流经两个或两个以上国家领土的河流，如尼罗河流经坦桑尼亚、布隆迪、卢旺达、乌干达、苏丹、埃及等多个国家；中国境内的澜沧江在云南省南腊河口出境后改称湄公河，流经缅甸、老挝、泰国、柬埔寨、越南等五个国家。

多国河流流经各沿岸国的河段分别属于各国的领土，各流经国对管理和利用流经本国的河段享有主权和管辖权。不过，由于多国河流涉及所有流经国的利益，因此，各沿岸国在利用本国境内的河水时，必须顾及其他流经国的利益，不得滥用权利，损害他国利益。例如，上游国家不得故意使河水改道、污染河水或者采取可能使下游河水泛滥或枯竭的措施。在航行问题上，多国河流一般对所有沿岸国开放，而禁止非沿岸国船舶航行。①

（四）国际河流

国际河流（international river）是指流经数国并通向海洋，根据国际条约向所有国家商船开放的河流。国际河流在地理特征上类似于多国河流，但其法律地位与多国河流的不同。

国际河流制度在 19 世纪开始出现于欧洲。1815 年维也纳会议的最后议定书宣布，不仅沿岸国，而且所有国家的商船都可以在欧洲的国际河流上航行。1856 年《巴黎和约》第 15 条规定了多瑙河及其河口的自由航行制度；1868 年《曼海姆条约》规定，莱茵河对各国开放。其后，易北河、奥德河、涅曼河、舍尔德河等也相继开放。后来，国际河流制度推行到欧洲以外的地区。1885 年《柏林公约》规定，非洲的刚果河和尼日尔河实行自由航行制度；接着，美洲的圣劳伦斯河、亚马孙河等也相继成为外国商船可以航行的国际河流。

为明确规定国际河流的法律地位和制度，国际联盟于 1921 年在巴塞罗那召开了有 40 多个国家参加的国际会议，会议通过的《国际性可航水道制度公约及其规范》是确定国际河流法律制度的一项重要文件。根据该公约和其他有关国际河流的条约的规定，国际河流的法律地位和制度的主要内容有：（1）国际河流流经各沿岸国的河段属于各沿岸国的领内水，沿岸国对流经本国的河段享有主权；（2）国际河流对沿岸国的商船和军舰以及非沿岸国的商船开放；（3）船舶在国际河流上航行时，各国的国民、财产及旗帜在一切方面享有平等待遇；（4）沿岸国对流经本国的河段行使管辖权，特别是有关警察、卫生、关税等事项；（5）沿岸国负责管理和维护流经本国的河段，并得为维持或和改善河流的航行条件征收公平的捐税；（6）沿岸国保留“沿岸航行权”，外国船舶不得从事同一沿岸国各港口之间的客、货运输活动；（7）国际河流应设立国际委员会，制定必要的管理规章，以保障河流的航行自由。

国际河流的航行制度是 19 世纪为适应资本主义通商自由的需要而建立和发展起来的。它客观上有利于促进各国间的经济和文化交流，因此，其积极作用应予肯定。

（五）运河

运河（canal）是指人工开凿的水道。大多数运河的法律地位和国内河流的相同：它们处于所在国主权的管辖之下，外国船舶不享有在其中航行的权利。中国的大运河即属此类。

在国际法上具有重要意义的是构成国际航行要道的所谓“通洋运河”，如埃及的苏伊士运河、巴拿马的巴拿马运河和德国的基尔运河。通洋运河一般根据国际条约和所在国国内法的规定，向各国船舶开放。

1. 苏伊士运河

苏伊士运河位于埃及境内，它沟通地中海和红海，是欧洲和亚洲之间最短的航道，具有十

① 《国际公法学》编写组. 国际公法学. 3 版. 北京：高等教育出版社，2022：249.

分重要的战略和航行价值。

1854年，埃及政府与法国人斐迪南·勒塞普签订关于修筑和使用苏伊士运河及其附属建筑的租让合同。埃及政府准许勒塞普组织“国际苏伊士运河公司”，给予该公司开凿和经营运河的特权。

苏伊士运河的开凿始于1859年，历时10年完成。1875年，英国利用埃及政府的财政困难，购买了其持有的运河公司44%的股票。1882年，英国趁埃及内乱之机派兵入侵埃及，控制了埃及和苏伊士运河。第一次世界大战爆发后，英国宣布埃及为被保护国，英国在运河区驻扎军队，并控制了运河的经营管理大权。1956年，埃及总统纳赛尔宣布将苏伊士运河收归国有。

1888年10月29日，英国、法国、德国、奥匈帝国、俄国、意大利、荷兰、西班牙、土耳其等国家签订的《君士坦丁堡公约》规定了苏伊士运河的法律地位和航行制度。根据公约的规定，苏伊士运河实行中立化，交战国不得在运河或距运河港口3海里以内从事敌对行动，交战国军舰通过运河时不得停留，不得在运河及其港口装卸军队、军火及其他军用物资，运河内不得设立永久性防御工事；运河实行自由航行制度，无论平时或战时对所有国家的船舶开放，不得限制对运河的使用，而且永远不得封锁运河。埃及政府在将运河收归国有后，于1957年4月24日发表声明，重申尊重《君士坦丁堡公约》规定的运河自由航行制度，保证运河向所有国家的船只开放，并设立埃及的运河管理局管理运河的航行事宜。

现在，苏伊士运河是由埃及保证自由航行的通洋运河，它属于埃及的内水，埃及政府对运河行使主权和管辖权。

2. 巴拿马运河

位于巴拿马共和国境内的巴拿马运河全长81.3千米，它沟通大西洋和太平洋，具有十分重要的经济和战略价值。

1850年，美国和英国曾签订条约，规定两国共同开凿一条横贯巴拿马地峡的运河。1901年，美国利用英国在南非与布尔人进行战争的困境，与英国签订《海—庞斯富特条约》，取得了单独开凿巴拿马运河的权利，并允诺在巴拿马运河适用1888年《君士坦丁堡公约》确定的苏伊士运河的航行自由和中立化原则。由于巴拿马当时是哥伦比亚的一个省，因此，1903年1月，美国与哥伦比亚政府签订条约，哥伦比亚将巴拿马地峡租给美国100年。因为哥伦比亚参议院拒绝批准该条约，所以美国策动巴拿马于1903年11月宣布独立，此后，美国正式承认巴拿马共和国。1903年11月18日，美国和巴拿马签订了《关于开凿通洋运河的条约》。根据该条约，巴拿马将处于运河两端的科伦市和巴拿马市之间建造运河所需的地段以及运河两岸各5英里宽的土地永远由美国使用、占有和控制，以便修建、管理和保护运河。条约规定，运河及其入口处应按照《君士坦丁堡公约》的规定保持永久中立，但同时规定美国有权在任何时候使用其警察、陆军、海军，或在运河区建立要塞。1914年，巴拿马运河由美国建成并开放使用。美国颁布了关于运河管理和航行的规则，对巴拿马运河区行使完全的管辖权。

巴拿马人民为收回巴拿马运河的主权进行了长期的斗争。1977年，美国被迫同意结束它对巴拿马运河的管辖。1977年9月7日，巴拿马和美国签订了新的《巴拿马运河条约》和《关于巴拿马运河永久中立和运河营运条约》，两条约于1979年10月生效。根据新条约的规定，美国承认巴拿马共和国对运河区的领土主权；巴拿马共和国以运河主人资格授予美国在条约生效期间经营管理和保卫运河的必要权力；巴拿马应越来越多地参与运河的管理和保护；运河区升巴拿马国旗；运河区内的司法、移民、海关、邮局等将交由巴拿马管理；运河的防务由美国和巴拿马共同负责。条约还规定，巴拿马运河实行中立化和自由航行制度，无论平时或战时，平等地向各国和平通过的船只开放。1999年12月31日，《巴拿马运河条约》有效期届满；

2000 年 1 月 1 日，巴拿马收回了巴拿马运河的管理权，运河的防务也由巴拿马单独负责。

3. 基尔运河

位于德国境内的基尔运河连接北海与波罗的海。基尔运河是德国的内水。第一次世界大战前，运河对外国船舶开放，但德国有权随时关闭运河或者实行通航限制。第一次世界大战结束后，1919 年的《凡尔赛和约》将基尔运河定为国际通航运河，实行与苏伊士运河和巴拿马运河大致相同的中立化和自由航行制度，对所有与德国保持和平关系的国家的商船和军舰开放。希特勒上台后，单方面撕毁《凡尔赛和约》，恢复了德国对运河的完全控制，限制外国军舰通过运河。第二次世界大战后，有关基尔运河的航行制度遵循德国制定的《基尔运河航行规则》以及德国与其他国家签订的协定。根据《基尔运河航行规则》，外国商船在通过运河前须提出申请，获得批准后方可通行；外国军舰通过运河应通过外交途径事先通知德国政府，并需要得到批准；外国船舶通过运河应缴纳通行费。

二、湖泊

湖泊是被陆地环绕的水域。如果湖泊完全为一国陆地所包围，则其属于该国领土的一部分，所在国对湖泊享有完全的主权，且不对外国船舶开放。如果湖泊被两个或者两个以上国家的陆地所包围，则其属于全体沿岸国，湖泊的划分、管理和利用等问题由有关沿岸国协议解决，各沿岸国对划归本国的部分水域行使主权。法国和瑞士之间的日内瓦湖、中国和俄罗斯之间的兴凯湖、美国和加拿大之间的安大略湖等即属此类。当然，此类湖泊的全体沿岸国也可以通过国际条约对其法律地位作出特别规定。2018 年 8 月 12 日，里海的五个沿岸国俄罗斯、哈萨克斯坦、阿塞拜疆、土库曼斯坦和伊朗的总统在哈萨克斯坦西部城市阿克套签署了《里海法律地位公约》。根据公约规定，里海沿岸国海岸线向外延伸 15 海里的水域为沿岸国领海；领海再向外延伸 10 海里的水域为沿岸国的专属捕鱼区；其他水域和其中的渔业资源由五国共同拥有。另外，公约规定，非里海沿岸国不得在里海驻扎军队，其舰船不得进入里海；沿岸国不得提供本国领土给第三国从事危害其他沿岸国的军事行动。

第三节　领土的取得与变更

在长期的历史发展过程中，每个国家都形成了自己的领土。但是，由于各种原因，国家领土可能增加或减少，从而导致领土面积发生变化，这种现象被称为领土的取得与变更。在传统国际法和现代国际法时期，领土取得与变更的方式不尽相同。

一、传统国际法上的领土取得与变更方式

传统国际法上关于国家领土取得与变更的方式采用了罗马法关于财产取得和丧失的概念。这是因为在近代国际法形成时期，领土被视为君主的个人财产，领土与财产之间的类似成为领土变更方式的理论根据。[①] 当时的领土变更方式有先占、时效、添附、割让和征服。随着历史的发展，这些方式有的已经失去其存在的合法性，有的仍为现代国际法所承认。

（一）先占

先占（occupation）亦称占领，它是指国家通过对无主土地的占有而取得对该土地的主权。

① 王铁崖. 国际法. 北京：法律出版社，1981：144.

先占的主体是国家，客体是不属于任何国家的土地，即无主地（terranullius）。在传统国际法上，无主地是不属于任何国家的荒芜土地，或者虽有土著人居住，但尚未形成国家的土地。然而，现代国际实践已不再认可这种主张。1975 年，国际法院在关于西撒哈拉问题的咨询意见中指出："根据国家实践，凡有部落或人民居住并有一定的社会和政治组织的地方，就不能被认为是无主地。"①

国家通过先占取得无主土地的领土主权必须满足两个条件：一是国家正式表示占有该无主土地的意思，这种意思表示可以在国家的公开声明中作出，也可以见诸国家的外交文件；二是国家在该地区适当行使或表现其主权，通过立法、司法或行政措施对该地区实行有效的占领或控制。只有同时具备了以上两个条件，方能构成对无主土地的有效占领，而单纯地发现或者经过某一无主土地并不能构成对它的有效占领。1928 年，常设仲裁法院法官麦克斯·胡伯在"帕尔马斯岛案"的仲裁裁决中指出：国家发现某一无主土地而取得的只是一种"不完全的权利"，这种权利会由于后来未对该地区实行有效统治而丧失。② 至于先占的范围，一般来说，应该与占领国的实际控制范围相一致。

先占作为传统国际法上国家领土取得与变更的方式之一，在西方国家对外进行殖民扩张时期曾具有十分重要的意义。但现在，除南极洲以外，地球上已很难发现不属于任何国家领土的无主土地，而且根据现代国际法，尚未形成国家但有土著人居住的地区已不能成为先占的对象，因此，尽管对真正的无主地的先占仍然是合法的，但它作为一种领土取得与变更方式已不再具有重要的现实意义。不过，在解决国家之间的领土争端时，经常需要考虑先占作为领土取得方式所具有的效果。

（二）时效

时效（prescription）是指国家占有他国的部分领土，经过长期和平地行使管辖权而取得对该领土的主权。时效与先占的区别在于先占的对象是无主土地，而依时效取得的是别国领土。

国际法中的领土取得时效不同于国内法中的物权时效：首先，国内法中的物权取得时效限于原来的善意占有，国际法中的领土取得时效并不以善意占有为前提，即使原来的占有是非法的，只要经过相当长的时间，即可消除占有的非法性，使国家取得对有关领土的主权。其次，国内法中的物权取得时效有确定的期限，国际法中的领土取得时效并没有确定的期限。只要被占土地的原主国没有提出抗议或主张，占有国经过长期行使管辖权即可取得对该土地的主权，但原主国的抗议或主张构成依时效取得领土的障碍。

时效作为一种取得领土的方式，由于不考虑最初占有的善意与否以及取得领土主权没有确定的期限，因而其效力在国际法上历来存在争议。1959 年 6 月，国际法院在"荷兰和比利时边境某些土地案"的判决中否定了荷兰以时效为理由对两块土地提出的主权要求。在现代国际实践中，几乎没有任何国家情愿将本国的部分领土置于别国管辖之下，也没有任何国家在本国部分领土被别国占有之后不提出抗议或不主张自己的权利。同时，依时效取得他国领土无疑违反互相尊重主权和领土完整的国际法基本原则。因此，在现代国际法中，时效作为一种领土取得与变更的方式已不再具有现实意义和法律依据。

（三）添附

添附（accretion）是指国家领土由于新的形成而增加，从而使国家取得对新增领土的主

① 陈致中. 国际法案例. 北京：法律出版社，1998：8.

② 马呈元，张力. 国际法案例研习. 北京：中国政法大学出版社，2014：46－52.

权。[①] 添附分自然添附和人工添附两种情形：自然添附是指由于自然的作用使国家的领土扩大，如因河流泥沙的冲积在河口形成三角洲或使原有三角洲的面积增加，或者因火山喷发在领海内形成新的岛屿；人工添附是指由于人为的作用使国家的领土扩大，常见的是在海岸以外围海造地。

在以河流为界的情况下，一般来说，一沿岸国未经另一沿岸国同意，不应在本国一侧筑堤或者围滩造地，因为这样做势必会使河水冲刷对方的堤岸，使界河中原来的分界线发生变化。但是，如果由于自然力的作用使河流发生偏移或者河岸出现涨滩，导致一国领土逐渐增加和另一国领土相应减少，则属于合法的领土变更。

无论是自然添附还是人工添附，现代国际法均予以认可。对于因添附增加的领土，国家无须采取宣告或者其他法律行为，也无须其他国家予以承认。

（四）割让

割让（cession）是指一国根据条约将本国的部分领土转移给他国，从而使他国取得对该领土的主权。割让可以分为强制性割让和非强制性割让两种情形。强制性割让是指国家被迫签订条约，将本国部分领土无代价地转移给他国，从而使他国取得对该领土的主权。强制性割让往往是战争的结果，表现为战胜国强迫战败国签订和约，将战败国的部分领土据为己有。例如，1895 年，日本强迫清政府签订《马关条约》，中国被迫将台湾和澎湖列岛等领土割让给日本；日俄战争后，1905 年两国签订《朴次茅斯和约》，俄国被迫将库页岛南部割让给日本。

非强制性的割让是指国家在平等的基础上签订条约，将本国的部分领土和平地转移给他国，从而使他国取得对该领土的主权。实践中，非强制性割让的具体形式包括买卖、交换或赠送等。例如，1803 年，美国从法国购买了今天的路易斯安那州；1867 年，美国以 720 万美元从沙皇俄国购得阿拉斯加地区；1916 年，美国又以 2 500 万美元从丹麦购得西印度群岛的全部岛屿。

在近代国际法时期，由于传统国际法不禁止国家以战争的方式解决国际争端，因此，强制性割让领土的情况时有发生，而且它被承认为国家领土取得与变更的合法方式之一。但是，在现代国际法时期，1928 年《巴黎非战公约》规定，缔约国应当在其相互关系上放弃以战争作为实行国家政策的工具。1945 年《联合国宪章》要求会员国“以和平方式解决国际争端”，并规定各会员国“在其国际关系上不得使用威胁或武力，或以与联合国宗旨不符之任何其他方法，侵害任何会员国或国家之领土完整或政治独立”。因此，强制性割让作为一种领土取得与变更的方式，在现代国际法上已失去其合法性。至于国家在平等自愿的基础上非强制性地割让领土，因其符合国家主权平等原则，所以，依然是合法和有效的。

（五）征服

征服（conquest）是指国家以武力对他国领土的全部或一部分进行兼并，从而取得对该领土的主权。征服是以武力兼并他国领土的行为，它不需要签订条约，仅由战胜国在战后单方面将其占领的他国领土的全部或者一部予以兼并即可。

按照传统国际法，有效的征服需要满足一定的条件：征服国正式表示兼并战败国领土的意思；如果兼并的是战败国的部分领土，战败国须放弃收复失地的意思；如果兼并的是战败国的全部领土，征服国须对该国的全部领土实行有效的控制，同时，战败国及其盟国须放弃一切抵抗。[②]

---

① 王铁崖. 国际法. 北京：法律出版社，1981：146.

② 王铁崖. 国际法. 北京：法律出版社，1981：148.

征服作为领土取得和变更的方式之一，其合法性是以战争的合法性为前提的。由于现代国际法严格禁止侵略战争，因此，通过侵略战争取得的包括领土在内的权利或利益均属非法。国际社会不仅不得承认征服国兼并别国领土的合法性，而且应该采取行动帮助被征服国恢复其领土主权。1990 年 8 月 2 日，伊拉克出兵侵占科威特，随后宣布科威特为伊拉克的第 19 个省，对其实行兼并。伊拉克的侵略行为遭到国际社会的一致谴责，在联合国的制裁和多国部队的军事打击下，伊拉克被迫放弃了对科威特的吞并，科威特的领土主权得以恢复。

二、现代国际法上领土取得与变更的新方式

现代国际法除承认先占、添附、自愿割让等传统国际法上的领土取得与变更方式的合法性之外，还承认民族自决是领土变更的新方式。

（一）民族自决

民族自决（self-determination）是指被外国奴役和殖民统治下的被压迫民族有自由决定自己的命运，摆脱殖民统治，建立民族独立国家的权利。[①] 第二次世界大战后，民族自决被规定在《联合国宪章》《关于人民与民族的自决权》《给予殖民地国家和人民独立宣言》《国际法原则宣言》等重要的国际文件中。在联合国非殖民化运动的推动下，许多殖民地民族通过武装斗争或和平方式摆脱殖民统治，建立了独立国家。民族自决是现代国际法上最常见的领土取得和变更的方式。

（二）全民投票

全民投票（referendum）亦称全民公决，它是指某一地区的居民通过自由投票决定该地区的政治地位和领土归属的方式。全民投票是否合法取决于参加投票的居民的意志是否能够得到充分自由的表达。在某一地区已经被外国军队占领的情况下，该外国出于为兼并领土寻找合法依据的目的举行的全民投票是非法的；某一地区在外国干涉下举行的全民投票也是非法的，因为这种投票的结果不可能是当地居民自由意志的反映，国际社会不应当承认由此产生的领土变更的合法性。

现代国际实践中不乏以全民投票的方式决定领土归属的情形。例如，1999 年，原属印度尼西亚的东帝汶在联合国主持下进行全民投票，结果大多数居民赞成东帝汶脱离印度尼西亚独立。再如，2011 年 1 月 9 日，原属苏丹共和国的南苏丹进行全民投票，超过 98%的南苏丹投票人赞成南苏丹脱离苏丹独立；2011 年 7 月 9 日，南苏丹正式宣告独立，并于同年成为联合国的第 193 个会员国。

第四节　领土主权的限制

国家虽然对本国领土具有主权，但国家的领土主权并不是绝对的，它应当受到国际条约和国际习惯的限制。本节着重介绍基于国际条约对国家领土主权的特别限制的情形。

一、共管

共管（condominium）是指两个或两个以上国家对某一特定领土共同行使主权。这一概念

---

① 王铁崖. 国际法. 北京：法律出版社，1981：61.

最先出现在神圣罗马帝国末期。当时的意思是两个或两个以上的君主对特定的城镇或土地行使共同的所有权，后来，它逐渐成为国际法上的一个概念。①

历史上曾发生过若干共管的事实。例如，1906 年至 1980 年，新赫布里底群岛曾被置于英国和法国的共管之下。共管也可以适用于河流或其他水域。例如，1973 年，巴西与巴拉圭就巴拉那河的使用问题签订条约，巴拉那河的水资源以共管形式为两国拥有。此外，共管还可以成为有关国家对尚未明确划定边界的特定领土的一种临时安排。例如，1922 年，沙特阿拉伯与科威特签订条约，在两国之间建立一个中立区，在达成确定边界的协议之前，双方对该中立区享有平等的权利；1970 年，两国缔结一项新的条约，结束了这种临时安排，将中立区分别划归两国所有。②

如果对特定领土实行共管的协议是有关国家在平等自愿的基础上签订的，且协议的内容不损害该地区人民的利益，则这种做法并不违反国际法。但历史上，共管往往是殖民国家在争夺殖民地的过程中暂时妥协的结果，成为它们兼并有关领土的前奏。

二、租借

租借（lease）是指一国根据条约把本国的部分领土出租给另一国，在租借期内，承租国将租借地用于条约规定的目的并行使全部或部分管辖权，出租国仍保留对租借地的主权，租借期满后予以收回。

国家间在平等自愿的基础上通过签订条约进行领土租借是符合国际法的。然而，在近代历史上，许多租借是根据不平等条约产生的，是帝国主义国家对弱小国家领土主权的非法限制，严重违反国家主权平等原则，因而不具有合法性。例如，1898 年，中国清政府在列强的联合压力下，被迫签订了一系列不平等条约，先后将胶州湾租借给德国（租期 99 年），将旅顺、大连租借给俄国（租期 25 年），将威海卫租借给英国（租期 25 年）。这些国家实际上把租借地作为其殖民地进行统治，严重损害了中国的领土主权。

三、国际地役

国际地役（international servitude）是指国家根据条约承担的对其领土主权的特殊限制，其目的是满足别国的需要或者为别国的利益服务。国际地役的主体是国家，客体是国家的领土，不构成国家领土组成部分的专属经济区、大陆架不能作为国际地役的客体。

国际地役可以分为积极的地役和消极的地役。积极的地役是指国家承担义务，允许别国在自己的领土上从事某种活动。例如，允许内陆国家利用本国的道路或港口运输或进出口货物；允许他国在本国领土上修建石油或天然气管道；允许他国飞机通过本国领空往返于其两部分领土之间。消极的地役是指国家承担义务，在本国特定领土上不从事某种活动，为他国的利益服务。例如，根据 1919 年《凡尔赛和约》的规定，莱茵河两岸为非军事区，德国承担不在非军事区内设防的义务，以保证法国和比利时的安全。再如，1947 年战胜国与意大利签订和约，规定意大利不得在毗邻法国的边界地区修建可以向法国射击的工事。

国际地役的概念在国际法理论上存在一定争议。有的学者认为，现代国际法不需要采取国际地役的概念，因为罗马法上的地役概念适用于国家领土原本是为了适应神圣罗马帝国时期欧

---

① 王铁崖. 国际法. 北京：法律出版社，1995：240.

② 詹宁斯，瓦茨. 奥本海国际法：第 9 版：第 1 卷，第 2 分册. 王铁崖，等译. 北京：中国大百科全书出版社，1998：4.

洲封建领主的土地错综复杂分布的特殊状态，而这种状态在现代已不存在。另外，国际地役与私法上的地役性质不同，共同使用同一名词是错误的。[①] 但事实上，国际地役这一概念所包含的内容在现代国际实践中依然大量存在，如内陆国家需要利用其他国家的交通线路或港口运输旅客或货物进出海洋，一些国家需要通过别国领土上的管道输送石油或天然气。1932 年常设国际法院对“上萨瓦自由区和节克斯区案”的判决和 1960 年国际法院对“印度领土通行权案”的判决都肯定了国际地役的存在。[②] 对于国际实践中的这种客观事实，国际法不可能不作反映。至于是否仍然使用“国际地役”的名词，则无关宏旨。对国家领土主权的限制只要是国家根据条约自愿承担的，无论其名称如何，都是现代国际法所允许的。

第五节　边界与边境

一、边界的概念与形成

国家边界是确定国家领土范围的界限。与领土的四个组成部分相适应，国家边界分为陆地边界、水域边界、空中边界和地下层边界。

按照边界形成的方式，国家边界可以分为历史边界、条约边界和继承边界。

1. 历史边界

历史边界是指在长期的历史过程中，根据相邻国家的行政管辖范围确定的边界。这种边界是通过相邻国家之间的相互默示承认形成的。中国在与尼泊尔、巴基斯坦等国家缔结边界条约之前，一直遵循着这种历史边界。

2. 条约边界

条约边界是指根据国际条约划分的边界。世界上多数国家的边界都属于条约边界。国家通过条约划分边界主要有两种情形：一种是签订专门的边界条约，对国家之间的未定边界予以划分或者对原有边界作出调整；另一种是通过缔结和约变更原国家的领土或者确定新国家的领土，划定新的边界。条约边界准确明了，不易发生争议，即使发生争议也有条约规定作为解决的根据，因此，国家通常愿意通过条约来划定边界。事实上，条约边界往往是在历史边界的基础上划定的，两者具有一定的联系。

3. 继承边界

继承边界主要是新国家的边界，它是指从原殖民地或附属领土的界限或者原国家国内行政管辖范围继承而来的边界。在殖民地人民独立、国家分离、分裂或合并时，新国家的边界基本上属于继承边界。1991 年苏联解体后，其各加盟共和国相继成为独立国家，它们的边界都是按照各加盟共和国原来的行政管辖范围确定的。

二、边界的划分

（一）划界方法

国家之间划分边界线一般采取三种方法，即几何学划界法、天文学划界法和自然划界法。

---

① 王铁崖. 国际法. 北京：法律出版社，1981：153－154.

② 梁淑英. 国际法教学案例. 北京：中国政法大学出版社，1999：178－179.

1. 几何学划界法

几何学划界法是指采用几何学原理划分国家边界线的方法，如采用两点之间的直线或交圆法、正切线法等。这种划界法一般适用于海上或者地形复杂、不易实地勘察的地区。例如，1881 年中俄《改订条约》（又称《伊犁条约》）第 8 条中规定："至分界办法，应自奎峒山过黑伊尔特什河至萨乌尔岭划一直线，由分界大臣就此直线与旧界之间，酌定新界。"非洲许多国家的边界就是采用几何学方法划定的。

2. 天文学划界法

天文学划界法是指以天文学的经纬度划分国家边界线的方法。这种划界方法比较简单，一般适用于人口稀少的地区且界线较长的情形。例如，美国和加拿大从温哥华到伍兹湖西岸之间是以北纬 49 度线作为两国边界线的。

3. 自然划界法

自然划界法是根据边界地区的自然状态或自然屏障划分国家边界线的方法，如以山脉、河流、湖泊等作为国家的边界。以自然屏障为界时，一般适用如下规则。

（1）以山脉为界。若国家间缔结的条约中规定以山脉为界，但未具体规定边界线位于山脉的何处时，根据国际习惯，边界线应定于山脉的分水岭，这就是国际法上的所谓"分水岭原则"。当然，若条约另有规定或者依据实际情况，边界线也可以定在山脉的其他位置。

（2）以河流为界。若两国以河流为界，边界线的位置应视具体情况而定。如果是可以航行的河流，两国的边界线应为主航道的中心线；如果是不可以航行的河流，则应为河流的中心线。例如，1960 年《中华人民共和国和缅甸联邦政府边界条约》第 8 条规定，凡是以河流为界的地段，不能通航的河流以河道中心线为界，能够通航的河流以主要航道（水流最深处）的中心线为界。

界河的水流在自然力的作用下可能出现偏移。按照一般规则，若界河水流由于自然原因逐渐向一方河岸移动，其主航道中心线或者河道中心线亦随之移动；若界河因自然原因急剧改道，除非沿岸国另有协议，边界线维持不变。例如，1960 年《中华人民共和国和缅甸联邦政府边界条约》第 8 条规定，如果界河改道，除双方另有协议外，两国的边界线维持不变。

（3）以湖泊为界。遇有湖泊分隔两个或两个以上国家领土的情形，除另有协议规定外，边界线应通过湖的中心。

（二）划界程序

现代国家之间通过签订边界条约划分边界已经成为一种普遍的实践。根据边界条约划界一般要经过两个阶段，即定界和标界。

定界是指相邻国家经过谈判签订边界条约，将商定的两国边界的主要位置和基本走向写入条约中。边界条约是确定相邻国家边界的基本法律文件。

边界条约正式签订后，即进入实际标界阶段。首先，双方要组成由各自任命的代表参加的划界委员会，委员会根据边界条约规定的边界进行实地勘察，划定边界线的位置，树立界碑作为标志。其次，双方要制定勘界条约并绘制边界地图，详细载明全部边界的具体走向和界标的精确位置。勘界条约和地图经双方代表签字或经双方政府批准后生效。勘界条约和边界地图是确定边界的重要法律文件。

划界过程中产生的边界条约、勘界条约、边界地图以及界标应该保持一致，但由于各种原因，有时可能会出现不一致的现象。如遇此种情形，通常按下列原则解决：（1）界标位置与勘界条约和地图不符时，以勘界条约和地图为准；（2）地图与勘界条约和边界条约不符时，以勘界条约和边界条约为准；（3）勘界条约与边界条约不符时，以条约为准，但有特别约定者除外。

《中国陆地国界法》第二章“陆地国界的划定和勘定”规定了中国与陆地邻国的划界程序：(1) 双方缔结划界条约，规定国界的走向和位置，划界条约须经全国人大常委会批准。(2) 双方实地勘定国界并缔结勘界条约，勘界条约须经国务院核准。(3) 为开展国界联合检查，双方缔结联合检查条约。(4) 在实地设置界标，标示陆地国界。

三、边界和边境制度

边境（frontier）亦称边境地区，它是指边界线两侧一定宽度的区域。《中国陆地国界法》第 3 条第 2 款规定：“中华人民共和国陆地国界内侧一定范围内的区域为边境。”边界和边境制度的目的是保障边界和边境地区的安全，并对有关活动作出规定。这一制度的渊源一是相邻国家分别制定的国内法，如有关边界巡逻、海关和卫生检查、人员和货物出入境等方面的法律规章；二是相邻国家之间签订的双边条约，涉及维护界标、利用界水、过境往来、保护自然环境和资源、维护边境秩序等。[①]《中国陆地国界法》第 31 条规定：“国家可以与有关陆地邻国缔结条约，就陆地国界及边境管理制度作出规定。条约对陆地国界及边境管理制度另有规定的，按照条约的规定执行。”

边界和边境制度的内容主要包括以下五个方面。

(一) 维护边界标志

在以界标标明的边界线上，相邻国家对界标的维护负有共同责任，以使界标的位置、形状、型号和颜色符合边界文件中规定的要求。两国可以协议确定对全部界标的分配形式，以明确各自的维护责任。双方应采取必要措施防止界标的移动、损坏或灭失；若一方发现界标出现移动、损坏或灭失的情况，应尽快通知另一方，并于双方代表在场的情况下予以修复或重建。国家有责任惩处移动、损毁界标的行为。根据《中国陆地国界法》第 57 条，擅自移动、损毁界标和边防基础设施的组织或个人，由公安机关依照《治安管理处罚法》和《军事设施保护法》的有关规定处罚；损毁界标、边防基础设施的，责令行为人赔偿损失。

此外，陆地上的界标和边界线应当保持易于辨认的状态。中国和尼泊尔于 1963 年签订的《关于两国边界的议定书》第 29 条规定：“为了使边界线易于辨认和防止出现骑线村庄，在陆地边界线两侧各 10 米的地带内不得建造新的房屋或其他永久性的建筑物。”

(二) 利用和保护界水

国家之间若以河流或湖泊为界，则会产生利用和保护界水的问题。

相邻国家对边界水资源有共同的使用权，但一国在使用界水时，不得损害邻国的利益，如不得采取可能使河流枯竭或泛滥的措施，更不得故意使河流改道；同时，相邻国家在界水上享有平等的航行权，船舶在界河上航行一般不受主航道中心线的限制；船舶航行时应该带有明显的国籍标志。除遇难或有其他特殊情况外，一方船舶不得到对方沿岸停泊。

沿岸国渔民在界水中捕鱼一般不得越过界水上的边界线。对捕鱼的管理以及界水中鱼类的保护和繁殖等问题，由沿岸国协议规定。若国家需要在界水上建造桥梁、堤坝及其他水利工程，应取得另一方的同意。例如，中国和尼泊尔《关于两国边界的议定书》第 28 条中规定：“任何一方在界河上兴建水利工程和灌溉工程时，如需越出河道中心线，应在事先取得另一方的同意。”国家在利用界水时，必须注意对界水的保护。边境的其他水资源若涉及两国边境居

① 王铁崖. 国际法. 北京：法律出版社，1995：247.

民共同利用的问题，也应采取共同的保护措施。国家应对边界本国一侧的各种污染源进行有效控制和治理，以免使界水受到污染。

1997年中国和缅甸《关于中缅边境管理与合作的协定》第10条规定：(1) 就界河河水的使用，双方应在平等互利、相互尊重双方利益的原则基础上另行协商。(2) 一方在界河中进行任何可能影响界河走向的工程，需通过外交途径同另一方协商。(3) 双方应采取措施保持界河清洁，不受污染。

（三）利用边境土地

国家在对本国边境地区的土地进行利用时，应该遵守不损害对方国家利益的原则。国家不得在边境地区建立可能污染对方国家空气或水源的工厂或从事任何可能造成此类污染的活动；不得在靠近边界的地区设立靶场或进行任何类型的武器试验，以免危及对方居民的生命或财产安全；边境地区发生森林火灾时，国家应尽力将其扑灭，不要使火灾蔓延到对方界内。1997年中国和缅甸《关于中缅边境管理与合作的协定》第11条规定：双方应采取措施保护边境地区生态环境，禁止在边界附近地区存放和散布有毒污染物质，以免造成地上、地层和大气污染。《中国陆地国界法》第45条规定："国务院有关部门和边境省、自治区的各级人民政府应当采取措施保护边境生态环境，防止生态破坏，防治大气、水、土壤和其他污染。"1997年中国和缅甸《关于中缅边境管理与合作的协定》第16条规定：(1) 除非以维护各自安全的目的，双方禁止在边界线两侧纵深各2000米的地带内进行军事学习。(2) 双方禁止向境外射击。一方如果需要在边界线附近地区引爆炸药，应至少提前24小时通知对方。(3) 除非为共同维护治安而经另一方事先同意，一方官员不得携带武器、弹药或爆炸物品进入该另一方领土。

（四）便利边境居民往来

由于历史的原因，相邻国家边境地区的居民在民族、宗教、风俗习惯、家庭或者经济活动方面往往有着较为密切的联系。为尊重历史习惯，照顾边境居民的生产和生活需要，相邻国家一般会在边境居民的出入境证件、交通工具和货物的出入境手续、税收等方面给予一些特殊的便利，以利于边境居民相互往来，从事探亲访友、朝圣、就医或经济贸易等活动。1956年《中华人民共和国和尼泊尔王国保持友好关系以及关于中国西藏地方和尼泊尔之间的通商和交通的协定》中规定，为保证边境居民通商，中、尼双方各指定同等数目的贸易市场，而且凡按习惯专门从事中、尼边境贸易的双方商人，可以仍在传统的贸易地点进行贸易活动；双方香客可以按照宗教习惯继续往来朝圣，双方对香客所携带的自用行李和朝圣用品不予以征税。中国政府还与一些邻国政府达成双边协议，消除两国边境居民越界耕地、放牧等现象。例如，1997年中国和缅甸签订的《关于中缅边境管理与合作的协定》第13条规定：任何一方的边民均不准越界放牧，不应使牲畜进入另一方境内。如果牲畜偶然进入另一方境内，另一方应采取措施，尽快就地或易地赶回。第14条规定：双方地方当局和主管部门应禁止边民越界砍伐、耕种、狩猎。双方将采取必要措施保护珍贵野生动物，并禁止使用任何方法使野生动物从一方领土迁至另一方领土。

（五）处理边境事件

相邻国家应根据条约建立由双方代表共同组成的边界委员会及其他机制，以处理与边界和边境地区管理有关的事件，并促进两国间的友好关系和国际合作。边界委员会或其他机制未能有效解决的严重事件，由两国政府通过政治或外交途径解决。《中国陆地国界法》第49～52条对中国与陆地邻国建立边界联合委员会机制、边防合作机制、边界（边防）代表机制以及公安、海关、移民等部门与邻国相关部门建立执法合作机制等分别作出了明确规定。

四、中国的领土和边界

(一) 概说

中国位于欧亚大陆东部。中国的陆地领土包括大陆及其沿海岛屿、台湾及其包括钓鱼岛在内的附属各岛、澎湖列岛、东沙群岛、西沙群岛、中沙群岛、南沙群岛，以及其他属于中国的岛屿。中国领水包括陆地疆界以内的河流、湖泊，领海基线以内的水域，邻接海岸与内水的领海。中国领空是中国领陆和领水之上一定高度的空气空间。

中国陆地边界长度约 2.2 万千米，与朝鲜、俄罗斯、蒙古国、哈萨克斯坦、吉尔吉斯斯坦、塔吉克斯坦、阿富汗、巴基斯坦、印度、尼泊尔、不丹、缅甸、老挝和越南共 14 个国家接壤。中国的大陆海岸线长度约 1.8 万千米。中国东和东南隔黄海、东海、南海与韩国、日本、菲律宾、印度尼西亚、马来西亚及文莱等国相望。

中国领土是在长期的历史发展过程中形成的。几千年来，中国各族人民在这块土地上休养生息，创造了光辉灿烂的中华文明。但 19 世纪以来，由于帝国主义国家的侵略，中国政府被迫签订了一系列不平等条约，把大片领土割让给外国。与此同时，帝国主义国家在中国攫取了各种特权，严重损害了中国的主权和领土完整。

1949 年中华人民共和国成立后，中国政府坚决维护国家的领土主权，取消了外国在中国领土上享有的特权。中国政府在中国领土内充分、有效地行使国家权力，对领土内的人、物和发生的事件拥有排他的管辖权。中国一贯尊重别国的主权和领土完整，从不侵犯别国领土；同时，中国不允许其他国家以任何方式侵犯中国领土，对侵犯中国领土的行为予以坚决还击。

中国与邻国有着漫长的边界线，也存在边界划分的问题。中国政府一贯主张与邻国本着友好协商的精神进行直接谈判，以签订条约的方式解决边界问题。截止到 2023 年年底，除印度和不丹以外，中国已经和其他 12 个陆地邻国签订了边界条约，解决了与它们的陆地边界问题：缅甸（1960 年）、尼泊尔（1961 年）、朝鲜（1962 年）、蒙古国（1962 年）、阿富汗（1963 年）、巴基斯坦（1963 年）、老挝（1991 年）、俄罗斯（东段 1991 年，西段 1994 年）、哈萨克斯坦（1994 年）、吉尔吉斯斯坦（1996 年）、塔吉克斯坦（1999 年）和越南（1999 年）。

2021 年 10 月 23 日，第十三届全国人大常委会第三十一次会议通过《中国陆地国界法》（该法自 2022 年 1 月 1 日起施行）。《中国陆地国界法》共 62 条，分为 7 章：总则（15 条）、陆地国界的划定和勘定（6 条）、陆地国界及边境的防卫（4 条）、陆地国界及边境的管理（22 条）、陆地国界事务的国际合作（9 条）、法律责任（4 条）和附则（2 条）。《中国陆地国界法》是一部规范陆地国界事务的基本法。它在中国管理陆地国界事务实践经验的基础上，结合与陆地邻国签订的双边条约和协定，明确了中国陆地国界工作的领导体制、政府各部门和地方人民政府的职责、军队的任务以及与邻国的相互协调机制，强调了中国领土神圣不可侵犯以及国家坚决维护领土主权和陆地国界安全的原则立场。该法的颁布实施，为有效管理中国陆地国界事务，加强国际合作和维护陆地国界的和平及长治久安奠定了良好的法律基础。

(二) 中国与有关国家的领土和边界问题

1. 中国与印度的领土和边界问题

中国与印度的边界全长约 2 000 千米，分东段、中段和西段。东段沿着喜马拉雅山南麓，中段沿着喜马拉雅山脉，西段沿着喀喇昆仑山脉。中印边界虽然从未正式划定，但是，根据两国历史上的行政管辖范围，早已形成了一条传统习惯线。

中印边界纠纷是历史遗留问题。1913 年～1914 年，在英国的策划下，中国、英国及中国西藏地方当局的代表为“解决西藏问题”在印度北部的西姆拉举行了一次会议。英国政府采用诈欺手段使中国代表草签了一项西姆拉专约，但中国政府从未正式签署和批准该专约，因此，该专约是无效的。随后，英国代表背着中国中央政府的代表，诱使本无缔约权的西藏地方当局的代表与其单独草签了经过更改的《西姆拉条约》；后又以秘密换文的方式，非法划定了一条所谓的“麦克马洪线”。根据这一条约，中印边界被划在喜马拉雅山的分水岭上，使这条界线与传统习惯线之间历来属于中国的9万多平方千米的土地被划归英属印度。历届中国中央政府从未承认“麦克马洪线”，甚至英国政府在与西藏地方当局秘密换文后的相当长时期内，也未敢把所谓的“麦克马洪线”画在地图上，而且长期未敢越过传统习惯线。直到第二次世界大战后期，英国才越界侵占了属于中国西藏的小块地区。

1947年印度独立后，印度政府不仅继承了英国殖民者侵占的中国领土，而且继续向北扩张。到1954年，印度政府终于控制了非法的“麦克马洪线”以南的全部地区。1959年，印度政府向中国提出全面的领土要求，总面积为12.5万平方千米。此后，印度军队不断越过实际控制线，在中国领土上设立据点，进行武装挑衅，多次制造流血事件。1962年10月，印度军队向中国发动大规模进攻，中国边防部队被迫进行自卫还击，给予来犯者应有的惩罚。

2020年4月以来，印度边防部队单方面在加勒万河谷地区持续抵边修建道路、桥梁等设施，中方多次就此提出交涉和抗议。2020年6月15日晚，印度军队再次跨越实际控制线非法活动，蓄意暴力攻击中方前往现地交涉的官兵，造成人员伤亡。6月17日，中国外交部部长王毅在与印度外交部长通电话时指出，印军的这一冒险行径严重违背两国有关边境问题达成的协议，严重违反国际关系基本准则，中方再次向印方表示强烈抗议。王毅告诫印方，不要低估中国维护领土主权的坚定意志，要求印方立即停止一切挑衅性举动，确保此类事件不再发生。

2. 西沙群岛和南沙群岛

西沙群岛位于南海西北部，由20多个小岛组成。南沙群岛位于南海南部，由岛屿和许多珊瑚礁组成。西沙群岛和南沙群岛都是中国领土不可分割的组成部分。

早在公元前2世纪的汉武帝时代，中国人民就开始在南海航行。中国人民通过长期的航海实践，先后发现了西沙群岛和南沙群岛。东汉的《异物志》、宋代的《梦粱录》、元代的《岛夷志略》、明代的《东西洋考》和《顺风相送》、清代的《海国闻见录》等历代史书都有关于两群岛的记载。中国政府最早对西沙群岛和南沙群岛行使主权和管辖权，唐代时南沙群岛即被划归琼州督府管辖；北宋朝廷也曾派战船到西沙群岛巡逻，明确将其置于自己的管辖范围内。其后的历代中国政府都对两群岛持续地行使管辖权。1911年以来，西沙群岛和南沙群岛一直归海南岛管辖。第二次世界大战时日本侵占了这些岛屿，战后又将其归还中国。1946年，当时的中华民国政府派舰接收了西沙群岛和南沙群岛并将其划归广东省管辖。1992年2月颁布的《中华人民共和国领海及毗连区法》第2条明确规定，中国领土包括东沙群岛、西沙群岛、中沙群岛、南沙群岛以及其他一切属于中国的岛屿。

西沙群岛和南沙群岛是中国领土的事实得到了各国的公认，许多国家出版的百科全书和地图均承认两群岛属于中国领土。但是，越南对西沙群岛和南沙群岛主张主权，并于1974年和1988年两次与中国发生武装冲突。

2013年1月22日，菲律宾通知中国，菲律宾将根据《联合国海洋法公约》附件七，就双方关于南海的海洋权利和权利来源、南海海洋地物的法律地位、中国在南海从事有关活动的合法性与中国在黄岩岛的行动以及在南海7个礁石进行大规模人工岛屿建设和陆域吹填加剧和扩大双方之间的争端等事项提交常设国际仲裁法院进行仲裁。中国拒绝参加仲裁并于2014年12月7日发表了《中华人民共和国政府关于菲律宾共和国所提南海仲裁案管辖权问题的立场文件》，指出仲裁庭对菲律宾所提问题没有管辖权。2015 年 10 月 29 日，仲裁庭对案件的管辖权和可受理性作出裁决，裁定仲裁庭对菲律宾提出的 15 项诉求中的 7 项有管辖权，另外 7 项诉求的管辖权与实体问题一并考虑，同时要求菲律宾对最后一项诉求予以澄清。2016 年 7 月 12 日，仲裁庭对案件作出最终裁决并公布裁决书，全面支持了菲律宾的各项主张。中国政府对南海仲裁案的仲裁程序和仲裁裁决的原则立场是不参与、不接受、不承认。2018 年 5 月 14 日，外文出版社出版了由中国国际法学会组织撰写的《南海仲裁案裁决之批判》（中、英文版）。

3. 钓鱼岛及其附属岛屿

钓鱼岛及其附属岛屿位于中国台湾岛的东北部，由钓鱼岛、黄尾屿、赤尾屿、南小岛、北小岛等组成，其中钓鱼岛面积最大。钓鱼岛等岛屿自古以来就是中国领土的一部分，早在明代它们就被作为台湾的附属岛屿纳入中国的海防区域。1895 年，日本非法占据了这些岛屿。第二次世界大战以后，又将其交由美国托管。1971 年 6 月 17 日，美国与日本签订《关于冲绳群岛及大东群岛协定》，将钓鱼岛等岛屿划入归还范围。日本政府以此为依据，声称对这些岛屿拥有主权，并且把日本航空自卫队的防空识别区扩大到这一地区。

1971 年 12 月 30 日，中国外交部发表声明指出，中国与日本琉球群岛在这一地区的分界线位于赤尾屿和久米岛之间，美国和日本拿中国的钓鱼岛等岛屿私相授受是侵犯中国主权的行为。1972 年 3 月，中国代表在联合国国际海底委员会会议上声明：钓鱼岛等岛屿是中国台湾岛的附属岛屿，不属于琉球，这些岛屿周围的海域和邻近中国的海域的海底资源都属于中国所有，任何其他国家不得染指。

1972 年，中、日两国实现邦交正常化。1978 年，两国缔结和平友好条约。从中日友好的大局出发，两国政府同意将钓鱼岛问题留待将来解决。1992 年 2 月颁布的《中华人民共和国领海及毗连区法》第 2 条规定："中华人民共和国的陆地领土包括中华人民共和国大陆及其沿海岛屿、台湾及其包括钓鱼岛在内的附属各岛……以及其他一切属于中华人民共和国的岛屿。"

2003 年 1 月，日本政府以每年约 2 200 万日元的租金向日本"岛民"租借钓鱼岛等三个岛屿，以加强对这些岛屿的管理。为此，中国外交部副部长召见日本驻华大使，向日方提出严正交涉。2012 年 9 月 10 日，日本政府决定以 20.5 亿日元的价格从土地权所有者栗原家族手中"购买"钓鱼岛、北小岛和南小岛，对钓鱼岛实行"国有化"。日本政府的这一行为严重侵犯了中国的主权和领土完整，加剧了中日两国在钓鱼岛问题上的争端，使两国关系出现了严重的倒退。

第六节　南极和北极地区

一、南极地区

（一）南极地区概况

南极地区不同于南极洲。南极洲是指地球南极圈以内的大陆及其附近的岛屿，总面积 1 400 多万平方千米，是地球上的六大洲之一；而根据《南极条约》第 6 条的规定，南极地区是指地球南纬 60 度以南的地区，包括一切冰架。

南极地区蕴藏着丰富的生物资源和矿物资源。南极绝大部分陆地和海洋终年被冰雪所覆盖，拥有世界上巨大的淡水资源，是世界上最冷的地区之一。由于特殊的地理和气候条件，南极地区成为各国科学家从事气象、冰川、地质、海洋生物、地球物理、地球化学、宇宙科学及通信技术等科学研究项目的理想场所。此外，南极是联系南美洲、大洋洲与非洲的最短的海上和空中通道，具有十分重要的战略意义。

近代以来，人类逐渐开始了对南极的探险和考察活动。到 19 世纪 20 年代，一些探险家终于登上了南极大陆。此后，南极地区巨大的经济和科学研究价值以及对南极资源进行开发的广阔前景，引起了众多科学家和许多国家政府的注意，各国对南极的科学考察活动越来越频繁，为此进行的国际合作也越来越广泛。

中国从 1980 年起数次派遣科技人员参加其他国家的考察队去南极考察。1981 年 5 月，中国正式成立了国家南极考察委员会，负责对南极考察工作的统一领导。1984 年 11 月，中国派出两艘考察船和近 600 人组成的考察团前往南极，开始了独立的南极考察活动。迄今为止，中国已经在南极地区设立了“长城站”“中山站”“昆仑站”“泰山站”“秦岭站”五个考察站。

（二）南极的法律地位

随着南极地区探险和考察活动的开展，一些国家先后对南极地区提出主权要求。1908 年，英国首先根据“扇形原则”宣布南极的一部分为英国领土。其后，法国、澳大利亚、新西兰、挪威、阿根廷、智利、南非等国家也相继对南极提出领土要求，其中，有些国家所主张的领土范围互相重叠，争议很大。美国和苏联两个大国虽然没有正式提出对南极的领土要求，但它们分别声明不承认其他国家的领土要求，并且保留基于本国国民在南极的活动所产生的一切权利，包括领土要求在内。

为协调各国对南极的权利主张和促进在南极地区进行科学考察的国际合作，1955 年，美国、苏联、英国、法国、日本等 12 国在巴黎举行了首次南极会议。会议同意暂时搁置各国对南极的领土要求，并强调加强在南极进行考察的国际合作。在 1957 年至 1958 年国际地球物理年期间，经美国倡议，美国、苏联、法国、英国、澳大利亚、新西兰、挪威、比利时、日本、阿根廷、智利、南非共 12 个国家在华盛顿召开南极会议。1959 年 12 月 1 日，上述 12 国签订了《南极条约》。1961 年 6 月 23 日，《南极条约》正式生效。截至 2023 年 11 月，《南极条约》共有 56 个缔约方。

《南极条约》对南极地区的法律地位作出如下规定。

（1）和平利用南极。为了全人类的利益，缔约各国承认“南极应永远专为和平目的而使用，不应成为国际纷争的场所和对象”。禁止在南极地区采取一切具有军事性质的措施，如不得建立军事基地、建筑要塞，进行军事演习或试验任何类型的武器；禁止在南极进行任何核爆炸或处置放射性尘埃。

（2）南极科学考察自由与国际合作。任何国家都有在南极进行科学考察的自由并为此目的开展国际合作。缔约国同意在一切实际可行的范围内交换南极科学规划的情报，在南极的各考察队和各考察站之间交换科学人员，交换并可自由得到有关南极科学考察的成果和报告。

（3）冻结各国对南极的领土和权利要求。《南极条约》第 4 条规定，条约的任何规定均不得被解释为缔约任何一方放弃在南极原来所主张的领土主权的权利或要求，或者全部或部分放弃由于它或其国民在南极的活动或其他原因而构成的对南极领土主权要求的任何根据；在条约有效期间发生的一切行为或活动均不得构成各国主张、支持或否定对南极的领土主权要求的基础，也不得创立在南极的任何主权权利；在条约有效期内，缔约国不得对南极提出新的领土主权要求或者扩大现有的要求。

（4）维持南极地区的公海制度。《南极条约》第 6 条规定：“本条约中的任何规定不得妨碍或以任何方式影响任何国家根据国际法对该地区内公海的权利或权利的行使。”

（5）建立南极视察制度。根据《南极条约》第 7 条，为促进条约的目标并保证条约条款得到遵守，缔约国有权指派观察员，在任何时间自由进入南极的任何地区进行视察。

（6）建立缔约国协商会议制度。《南极条约》第 9 条规定建立条约缔约国的协商会议制度，以交流情报，就共同关心的事项进行协商，并制定、审议和向本国政府建议促进条约的原则和目标的措施。协商会议间隔适当时间在适当地点召开。2017 年 5 月，第 40 届《南极条约》协商会议在北京举行。

根据《南极条约》第 12 条的规定，自《南极条约》生效之日起满 30 年后，经任何协商会议成员国提出请求，应尽早举行缔约国全体会议，以审查条约的实施情况；审查会议经大多数条约缔约国（包括大多数协商会议成员国）同意的对条约的任何修改或修正，经缔约各国政府批准后生效。不过，尽管到 1991 年 6 月 23 日《南极条约》生效已满 30 年，但迄今为止，《南极条约》审查会议一直没有召开。

《南极条约》协商会议制度建立以来，截至 2023 年年底已举行了 44 届会议，并制定了《保护南极动植物议定措施》（1964 年）、《南极海豹保护公约》（1972 年）和《南极海洋生物资源保护公约》（1980 年）。1988 年，《南极条约》协商会议通过《南极矿物资源活动管理公约》。然而，由于一些国家政府对开发南极矿物资源可能引起的环境风险表示高度担忧，致使该公约未能生效，并最终被 1991 年的《南极条约环境保护议定书》所取代。

1991 年《南极条约环境保护议定书》第 2 条规定："各缔约国承诺全面保护南极环境及依附于它的和与其相关的生态系统，特兹将南极指定为自然保护区，仅用于和平与科学。"根据该议定书，任何在南极地区进行的活动都不得对南极的环境和生态系统造成破坏；在该地区实施任何活动前都必须履行环境影响评价程序。同时，议定书还对南极动植物保护、防止海洋污染、管理在南极处置废弃物和建立南极特殊保护地等作出了明确规定。该议定书第 7 条特别指出："任何有关矿产资源的活动都应予以禁止，但与科学研究有关的活动不在此限。"此外，《南极条约环境保护议定书》还有六个附件，其中，附件六《环境紧急情况引起的责任》是在 2005 年举行的第 28 届《南极条约》协商会议上通过的。

基于《南极条约环境保护议定书》的规定，21 世纪以来，在南极地区建立海洋保护区成为一个引起国际社会高度关注的问题。2004 年，南极海洋生物资源养护委员会成员国就开始讨论建立南极海洋保护区的问题。2009 年 11 月，第 28 届南极海洋生物资源养护委员会大会通过决议，建立南奥克尼群岛南大陆架海洋保护区；2010 年 5 月，该保护区正式建立。南奥克尼群岛南大陆架海洋保护区是在南极地区建立的首个海洋保护区，面积约 94 000 平方千米。2016 年 10 月，南极海洋生物资源养护委员会成员国和欧盟在澳大利亚签订了在南极地区建立罗斯海海洋保护区的协定。罗斯海海洋保护区面积约 155 万平方千米，是目前世界上最大的海洋保护区。

1983 年 5 月 9 日，中国第五届全国人大常委会第二十七次会议作出加入《南极条约》的决定。1983 年 6 月，中国正式成为《南极条约》的缔约国。1985 年 10 月，中国成为《南极条约》协商国。1985 年，中国在南极建立了第一个常年考察站——"长城站"。此后，中国相继建立了"中山站"（1989 年）、"昆仑站"（2009 年）、"泰山站"（2014 年）和秦岭站（2024 年）。中国积极参加南极地区的科学考察和《南极条约》协商会议的工作，在南极的科学研究和国际法制度建设方面作出了重要贡献。

二、北极地区

北极地区是指北极圈以内的区域，除美国、加拿大、俄罗斯、瑞典、挪威、芬兰、丹麦和冰岛的部分陆地领土以外，北极地区的主要部分是北冰洋。北冰洋面积 1 475 万平方千米，70％的洋面终年结冰，冬季冰冻面积达 90％。根据现代国际法，北极地区除有关国家的陆地领土和领海之外，其余部分应为沿海国的专属经济区和公海。按照《联合国海洋法公约》的规定，各国在专属经济区和公海享有航行、飞越、铺设海底电缆管道等自由。1926 年 4 月 15 日，苏联最高苏维埃主席团曾通过决议，宣布苏联对北冰洋的大片海域拥有领土主权。该项决议规定，在以苏联沿北冰洋的海岸为底边、以北极点到苏联陆地领土东西两端所划直线为腰的扇形区域内，无论陆地或浮动的冰群，都属于苏联的领土。苏联这种以“扇形原则”为依据的主张遭到了美国、挪威等其他北冰洋沿岸国的反对，苏联单方面的国内立法在国际法上不具有改变北极地区法律地位的效力。

截止到 2023 年年底，国际社会尚未缔结专门适用于北极地区的普遍性国际公约。1989 年 9 月，根据芬兰政府的建议，美国、加拿大、苏联、瑞典、挪威、芬兰、丹麦和冰岛八个北极地区国家的代表召开了第一届“北极环境保护协商会议”，探讨通过国际合作保护北极环境的问题。1991 年 6 月，上述八个国家在芬兰罗瓦涅米签署《北极环境保护宣言》，提出了“北极环境保护战略”。1996 年 9 月 16 日，这些国家在加拿大渥太华举行会议，宣布成立北极理事会(Arctic Council)，并将“北极环境保护战略”的工作纳入其中。北极理事会的宗旨是保护北极地区的环境，促进该地区在经济、社会和福利方面的持续发展；理事会主席任期两年，由八个成员国轮流担任；理事会秘书处设在挪威的特罗姆瑟。北极理事会建立了观察员制度，观察员分为永久观察员和正式观察员。目前，英国、法国、德国、西班牙、荷兰和波兰六个非北极国家是北极理事会的永久观察员；2013 年 5 月 15 日，中国、印度、意大利、日本、韩国和新加坡成为北极理事会的正式观察员。

北极地区蕴藏着丰富的石油、天然气和各种自然资源，近年来，这些资源的归属问题引起了激烈的争论。同时，由于全球气候变暖，北极冰川融化和航海季节变长，开辟连接西欧和东南亚的最短航线——“西北航道”成为可能，因此，“西北航道”的法律地位和航行制度亦成为北极地区国家和其他国家争论的一个焦点问题。另外，有的国家在北极地区还存在领土主权的争端。这些问题应当在包括《联合国海洋法公约》在内的现行国际法制度框架下加以解决。

1999 年以来，中国多次派遣考察队赴北极进行科学考察活动。2004 年 7 月 28 日，中国第一个北极科学考察站——“黄河站”在挪威斯匹次卑尔根群岛的新奥尔松建成并投入使用。2018 年 10 月 18 日，由中国和冰岛在冰岛北部凯尔赫共同筹建的中—冰北极科学考察站正式开始运行。2018 年 1 月 26 日，中国国务院新闻办公室发表了《中国的北极政策》白皮书。这是中国发表的第一份北极政策文件，它全面阐释了中国参与北极事务的主要目标、基本原则和政策主张。

国际法案例

帕尔马斯岛仲裁案（美国与荷兰）

帕尔马斯岛是一个适宜居住的小岛，位于印度尼西亚的外岛，靠近印度尼西亚和菲律宾的交界处，面积 3.15 平方千米。西班牙探险者于 16 世纪最先发现帕尔马斯岛，并于 1666 年明示主张对它的主权。不过，由于当时该岛缺乏经济价值，西班牙并没有对其实行有效统治。荷兰的东印度公司从 17 世纪开始与该岛的居民往来，岛上的土著居民根据建立宗主权的协议与荷兰东印度公司实现联合。从 1700 年起，荷兰将该岛变为其殖民地，并一直对它实行有效控制。西班牙对荷兰在该岛的统治从未表示反对或采取任何行动。1898 年美国和西班牙的战争结束后，两国于 1898 年 12 月 10 日签订《巴黎和约》。西班牙将其殖民地菲律宾群岛及附近岛屿割让给美国，并笼统地把帕尔马斯岛划在割让范围之内。

1906年，美国驻棉兰老岛司令官在视察帕尔马斯岛时发现岛上悬挂着荷兰国旗。美国随后向荷兰提出交涉，由此引发美、荷两国关于帕尔马斯岛主权的争端。1925年1月23日，两国签订特别协定，同意将争端提交常设仲裁法院解决，并一致同意由常设仲裁法院院长、瑞士法学家马克斯·胡伯为独任仲裁员。美国主张，西班牙因发现而取得了帕尔马斯岛的主权。根据国际法，主权一旦取得即不会丧失，它并不取决于是否实际行使了主权。帕尔玛斯岛包括在西班牙割让的菲律宾群岛之内，其主权已通过割让转移给美国。[①] 荷兰则主张，西班牙发现该岛的事实缺乏足够的证据，也没有任何取得主权的形式。即使西班牙曾经在某个时期对帕尔玛斯岛拥有权利，这种权利也早已丧失。17世纪以来，荷兰一直对该岛行使主权，《巴黎和约》签订时它已经成为荷属东印度群岛的一部分。

1928年4月4日，仲裁员胡伯对本案作出裁决，裁决结论如下：

(1) 西班牙在16世纪发现帕尔马斯岛所取得的“初步权利”没有因后来行使实际权力而完成，而且这种初步权利已因1677年的默认而丧失，或已为1714年的《乌特勒支条约》所代替。西班牙即使在1898年时仍然保持着这种权利，它也不能优于荷兰长期以来在该岛所建立的有效占领。

(2) 西班牙并没有取得帕尔马斯岛的主权，因此，西班牙不能将其没有的权利转让给美国，美国也无权根据《巴黎和约》的割让而取得该岛的主权。荷兰对《巴黎和约》没有及时作出反应不构成对这种割让的默认。

(3)“有效占领”应表现为“持续和平稳地行使国家权力”。荷兰从1677年到1906年一直在帕尔马斯岛行使国家权力，其间虽有间断，但不影响其持续性。在荷兰对该岛行使国家主权的整个过程中，西班牙或其他国家均未对此提出反对，荷兰权力的行使应该被认为是平稳的。因此，在《巴黎和约》签订和生效时，或者本争端发生时，帕尔马斯岛一直是荷兰的领土。

根据上述结论，仲裁员胡伯裁定帕尔马斯岛是荷兰领土的一部分。

简答题

简要回答下列问题：

1. 国际河流的法律地位是什么？
2. 先占取得领土的条件是什么？
3. 强制性割让和征服有何区别？
4. 国际地役有哪两种类型？
5. 边境制度的内容是什么？
6. 《南极条约》的主要内容是什么？

① Award of the Tribunal the Island of Palmas Case：7，para. 2.

第四章
国际法上的个人

提　要

国际法上的个人是指居住在一国境内的所有自然人，包括本国人、外国人和无国籍人。常住人口是构成国家的四个基本要素之一。国籍是区分本国人和外国人的依据。国籍法属于各国的国内法，但为了解决国籍冲突，国际社会制定了一些国际条约。外国人受双重管辖，同时也受双重保护。外国人待遇的一般原则有国民待遇、最惠国待遇、互惠待遇和差别待遇。外交保护是指国家通过外交途径对在外国的本国公民和法人提供的保护，国家行使外交保护权需要满足三个条件。难民受《关于难民地位的公约》和《关于难民地位的议定书》的特别保护。引渡是指一国应外国的请求，把处于本国领土内而受到该外国通缉或判刑的人，移交给该外国审判或处罚的行为。庇护分为领土庇护和域外庇护两种类型。

重点问题

1. 国籍的取得与丧失
2. 双重国籍与无国籍问题的解决
3. 外国人待遇的一般原则
4. 外交保护的概念和条件
5. 难民的概念与难民身份的确定
6. 难民的法律地位
7. 引渡的条件
8. 领土庇护与域外庇护

第一节　国　籍

一、国籍与国籍法

居住在一个国家领土内的人通常包括本国人、外国人和无国籍人，但一般以本国人为主。区别本国人、外国人和无国籍人的依据是个人的国籍。由于国籍在确定不同的个人与所在国的不同法律关系和不同法律地位方面具有重要意义，因而要讨论国际法上的个人问题，特别是外国人的法律地位问题，必须首先了解国籍及国籍法的有关知识。

国籍（nationality）是指一个人"作为某一国家的国民的资格"[①]。从国际法的角度来看，国籍对个人和国家都有重要的意义。

首先，国籍是国家区分本国人和外国人、确定国家属人管辖权的依据。国家根据国籍来确定谁是本国人、谁是外国人。国家只对具有本国国籍的人行使属人管辖权。国家对个人行使外交保护权时，该个人通常也必须具有本国国籍。

其次，国籍是确定个人法律地位的根据。具有本国国籍的人处于本国公民[②]的地位，享有和承担本国法律所规定的公民的全部权利和义务。国家还有义务接纳本国人回国。不具有本国国籍的人则处于外国人的地位，外国人享有的权利与承担的义务和本国人是有区别的。外国人没有选举权和被选举权，外国人也无须承担服兵役的义务。

最后，在战时，国籍是国家决定某人是否为敌国国民的根据。

按照现行国际法，国籍问题原则上属于每个国家主权管辖范围内的事项。这一原则不仅得到了1930年《关于国籍法冲突的若干问题的公约》的肯定，而且也为1923年常设国际法院关于"突尼斯—摩洛哥国籍命令案"的咨询意见和1955年国际法院关于"诺特包姆案"的判决所证实。例如，《关于国籍法冲突的若干问题的公约》第1章第1条规定："每一个国家依照其本国法律断定谁是它的国民。此项法律如符合于国际公约、国际惯例以及一般承认关于国籍的法律原则，其他国家应予承认。"常设国际法院在关于"突尼斯—摩洛哥国籍命令案"的咨询意见中表示，在国际法的现在状态下，按照本院的意见，国籍问题原则上属于这个保留范围之内的事项。国际法院关于"诺特包姆案"的判决也指出，国籍属于国家的国内管辖事项。

国籍法是各国规定其国籍的取得、丧失或变更等问题的法律规范。国籍法虽然属于国内法，但由于各国在国籍立法原则上的差异、内容上的不同，加之国际交往愈益频繁，因而容易产生国籍的冲突问题。

为了解决国籍冲突问题，国际社会制定了诸多国际公约，主要有：1930年《关于国籍法冲突的若干问题的公约》以及该公约下的两项议定书，即《关于双重国籍某种情况下兵役义务的议定书》《关于某种无国籍情况的议定书》。[③] 美洲国家还通过了1933年《美洲国家间国籍公

---

① 詹宁斯，瓦茨．奥本海国际法：第9版：第1卷，第2分册．王铁崖，等译．北京：中国大百科全书出版社，1998：294.

② 一般而言，"公民"与"国民"并无严格区别。但在某些国家，公民与国民的含义及在国内法上的地位是有差别的。例如，美国法律规定，凡是出生在美国本土并受美国管辖的人是美国的公民；而凡是出生在美国海外属地的人是美国的国民。前者享有完全的政治权利，后者只享有部分政治权利。法国国内法也有类似的规定。不过，这种区别在国际法上并无实际意义。

③ 该公约及其两个议定书均于1930年4月12日在海牙会议上通过，并于1937年7月1日生效，但参加国都比较少。《关于国籍法抵触的若干问题的公约》（Convention on Certain Questions relating to the Conflict of Nationality Laws）当时只有比利时、巴西、英国、加拿大（1996年5月15日退出了该条约）、澳大利亚、印度、中国、摩纳哥、荷兰、挪威、波兰和瑞典12个缔约国。第二次世界大战结束以后，又有10个国家成为该条约的缔约国，即：塞浦路斯、斐济、基里巴斯、莱索托（条约继承）、利比里亚、马耳他（条约继承）、毛里求斯（条约继承）、巴基斯坦、斯威士兰和津巴布韦。《关于无国籍的特别议定书》（Special Protocol concerning Statelessness）当时只有比利时、巴西、英国、澳大利亚、南非、印度、中国和萨尔瓦多8个缔约国。第二次世界大战结束后，又有3个国家成为该条约缔约国，即：斐济、巴基斯坦和津巴布韦。中华民国政府在1934年12月18日批准了上述公约及议定书，中华人民共和国政府不承认上述公约及议定书。《关于双重国籍某种情况下兵役义务的议定书》（Protocol relating to Military Obligations in Certain Cases of Double Nationality）当时只有美国、比利时、巴西、英国、澳大利亚、南非、印度、哥伦比亚、古巴、荷兰、萨尔瓦多和瑞典12个缔约国。第二次世界大战结束后，又有14个国家成为该条约的缔约国，它们是：奥地利、塞浦路斯、斐济、基里巴斯、莱索托、利比里亚、马拉维、马耳他、毛里塔尼亚、毛里求斯、尼日尔、尼日利亚、斯威士兰和津巴布韦。

约》和《美洲国家间关于妇女国籍的公约》。第二次世界大战后，国际社会又缔结了一些条约，包括1954年《关于无国籍人地位的公约》、1957年《已婚妇女国籍公约》、1961年《减少无国籍状态公约》。[①] 此外，欧洲理事会于1997年通过了《欧洲国籍公约》等。与此同时，一些普遍性的国际人权公约，如1966年《公民权利和政治权利国际公约》、1973年《禁止并惩治种族隔离罪行国际公约》，也包含有关于国籍问题的规定。

二、国籍的取得与丧失

（一）国籍的取得

国际法并没有以任何方式规定应该如何取得国籍，但根据各国的国籍立法和实践，国籍的取得主要有两种方式：一种是因出生而取得一国国籍，另一种是因加入而取得一国国籍。

1. 因出生而取得一国国籍

因出生而取得的一国国籍称为原始国籍（original nationality）或生来国籍（nationality by birth）。世界上绝大多数人是由于出生而取得国籍的，因此，出生是取得国籍的最主要的方式。在实践中，各国赋予原始国籍的标准不同，主要有以下三种情形。

第一，血统主义（jus sanguinis）。这是指根据父母的国籍来确定一个人的国籍。按照这一标准，凡是本国人所生的子女，当然为本国国民，不论其出生在国内还是在国外。

血统主义又分为双系血统主义和单系血统主义。双系血统主义是指父母双方任一方的国籍均可决定其子女的国籍。例如，1957年匈牙利《国籍法》第1条第1款规定："父母一方属于匈牙利国籍者，子女是匈牙利人。"单系血统主义通常是指父亲的国籍决定其子女的国籍，因而又称父系血统主义。例如，1924年伊拉克《国籍法》第8条第1款规定："任何人出生时，其父为伊拉克人者，不论在何地出生，都应认为是伊拉克国民。"

第二，出生地主义（jus soli）。这是指根据一个人出生地来决定他（她）的国籍。按照这一标准，在一国境内出生的人，不论其父母有何国籍或有无国籍，一律取得出生地国家的国籍。

第三，混合主义。这是指兼采血统主义和出生地主义的标准。不过，有些国家以血统主义为主，以出生地主义为辅；有些国家以出生地主义为主，以血统主义为辅；有些国家则平衡地兼采血统主义与出生地主义。

从现代各国国籍立法来看，很少有国家完全采用一种方式来规定原始国籍的取得方式，而多半是以血统主义或出生地主义为主要方式，再辅之以另外一种方式。李浩培先生对99个国家国籍法的研究表明，纯粹采取血统主义的国家有5个，以血统主义为主、出生地主义为辅的国家有45个，以出生地主义为主、血统主义为辅的国家有28个，平衡地兼采血统主义和出生地主义的国家有21个，没有一个国家纯粹采用出生地主义。[②]

---

① 《关于无国籍人地位的公约》(Convention relating to the Status of Stateless Persons) 于1954年9月28日在美国纽约通过，截至2024年5月16日，共有98个国家成为缔约国，另有23个国家成为签署国。中国没有签署该公约。1997年6月10日，联合国秘书长收到中国政府和英国政府就香港地位的信件，信件中称：一旦中国恢复对香港行使主权，该公约适用于香港。另外，中国政府还声明，对于该公约第25条，不承认其中的第1款和第2款对香港特别行政区的效力，只在香港特别行政区法律允许的情况下承认其中的第3款的效力。《已婚妇女国籍公约》(Convention on the Nationality of Married Women) 于1957年2月20日在美国纽约通过，截至2024年5月17日，共有75个国家成为缔约国，另有29个国家成为签字国。《减少无国籍状态公约》(Convention on the Reduction of Statelessness) 于1961年8月30日在纽约通过，截至2024年5月17日，共有80个国家成为缔约国，另有5个国家成为签署国。中国没有签署该公约。

② 李浩培. 国籍问题比较研究. 北京：商务印书馆，1979：49－50.

2. 因加入而取得一国国籍

因加入而取得的一国国籍称为继有国籍（acquired nationality）。继有国籍可以分为两类：一类是根据当事人的志愿而取得的继有国籍，如自愿申请入籍等；另一类是基于某种事实而根据有关国内法的规定取得的继有国籍，如由于婚姻、收养等原因取得某国国籍。

（1）自愿申请入籍。自愿申请入籍旧称归化。每一个国家都可以根据其法律规定的条件，允许外国人申请获得其国籍。当然，任何人都没有权利主张一个国家必须接受其入籍；相反，每个国家都可以按照本国的法律规定，批准或者拒绝当事人要求入籍的申请。

根据国家主权原则，入籍的条件和程序由各个国家自行决定。不过，大多数国家只准许那些已经在本国居住相当长的时期或者与本国有某种联系的人，如与当地国人民有婚姻或亲属关系的人，加入本国国籍。①

至于取得继有国籍的人在法律地位上是否与具有原始国籍的人完全相同的问题，各国立法的规定也不完全一致。有些国家对继有国籍人的法律权利有所限制。例如，根据美国宪法第2条的规定，入籍的美国国民不能当选为美国总统。

（2）因婚姻、收养而取得的继有国籍。由于婚姻而变更国籍主要涉及妇女的国籍问题，即妇女是否因与外国人结婚而取得丈夫的国籍，甚至是否因此而丧失原有的国籍。对于这个问题，各个国家的立法并不统一。不过，目前大多数国家的国籍立法倾向于确立男女平等的原则和妇女国籍独立的原则，规定婚姻不影响妇女国籍，而且这一点也得到了一些国际公约的肯定。例如，1957年联合国大会通过的《已婚妇女国籍公约》第1条规定，一个国家的国民和外国人结婚或解除婚姻，以及夫于婚姻期间变更国籍，均不应当然影响妻的国籍。1979年《消除对妇女一切形式歧视公约》第9条第1款要求各缔约国给予妇女与男子平等的取得、变更或保持其国籍的权利，尤其要保证与外国人结婚或者夫于婚姻期间变更国籍均不应当然变更妻的国籍，使她成为无国籍人或者以夫的国籍强加于她。

因收养入籍是指无国籍或具有一国国籍的儿童被另一国国民收养而取得收养人所属国的国籍。对于收养是否使被收养者的国籍发生变更，各国的立法也不一致。有些国家，如罗马尼亚、奥地利和墨西哥等国的法律规定，收养对国籍没有影响；有些国家，如日本、美国等国的法律规定，养子女可以在免除法律规定的某些条件下申请入籍；还有一类国家，如英国、比利时和爱尔兰等国的法律规定，养子女由于收养而当然取得收养人的国籍。②

因加入而取得一国国籍，除了上述自愿申请入籍、因婚姻或收养而入籍以外，还有因领土发生变更而导致所涉领土的居民国籍变更的情形等。③

（二）国籍的丧失

国籍的丧失是指一个人丧失某一特定国家的国民身份。各国的法律一般都规定了丧失国籍

① 例如，美国《移民和国籍法》第316条规定：归化为美国公民的其中一个条件是，“在申请归化日期之前已经从合法获准永久居留之日起在美国境内连续居住至少满五年”。俄罗斯2002年4月19日《国籍法》规定，获得俄罗斯国籍的首要条件是在俄罗斯境内居住5年以上，其中每年出境时间不得超过3个月。法国《国籍法》规定，外国人申请取得法国国籍必须符合的条件之一是在法国连续居住5年以上。德国《外国人法》规定，外国人取得德国国籍的条件之一是必须在德国境内合法居留满8年。

② 李浩培. 国籍问题比较研究. 北京：商务印书馆，1979：128－129.

③ 例如，1919年的《凡尔赛和约》第37条规定：“根据本条约将分配给比利时的领土主权确定转移之后两年内，居住在该领土上的18周岁以上的德国国民有权选择德国国籍。丈夫所选择的国籍对他的妻子有效，父母所选择的国籍对他们不到18周岁的子女有效。行使了上述选择权的人必须在接下来的十二个月期限内将他们的居住地迁移至德国。他们有权重新取得他们在被比利时占领的领土上的不动产。他们可以随身携带任何属于他们的动产。不得对他们征收与此种财产移动有关的出口或进口税费。”

的各种情况和条件。概言之，国籍的丧失分为两种：自愿丧失和非自愿丧失。

自愿丧失国籍是基于当事人的意愿而失去国籍，当事人既可以采取声明放弃国籍的办法，也可以采取申请解除国籍的方法。许多国家都允许其国民解除或放弃其国籍。非自愿丧失国籍主要是由于入籍、婚姻、收养、剥夺等原因而使当事人丧失原有国籍。它不是基于当事人的意志，而是法律规定的当然结果，或者是主管机关根据法律规定剥夺当事人国籍的结果。[①]《世界人权宣言》第 15 条第 1 款规定："人人有权享有国籍。"第 2 款规定："任何人之国籍不容无理掳夺，其更改国籍之权利不容否认。"任意剥夺个人国籍的行为是违反国际法的。

三、国籍的冲突

在通常情况下，一个人应当有而且只能有一个国籍。然而，由于国际法没有关于国籍的公认统一的规则，各国均可自行制定本国的国籍法，而各国国内法关于国籍取得和丧失的规定又不尽相同，因此，常常出现一些不正常的情况：一个人可能有两个或两个以上的国籍，也可能没有任何国籍。这就产生了国籍的冲突问题。国籍的冲突有两种情形：积极的国籍冲突和消极的国籍冲突。其中，前者是指一个人具有两个或两个以上国籍的情形；后者是指一个人不具有任何国籍的情形。

（一）双重国籍的产生及解决

双重国籍（double nationality）在各种不同情况下都可能产生。可以说，每一种取得国籍的方式，如出生、婚姻、收养、入籍等，都可能使一个人具有双重国籍。

双重国籍无论是对个人还是对国家或国际关系都是不利的。双重国籍会使个人遇到困难，因为两个不同的国家都认为他是本国国民，所以都有权要求他履行义务。在对第三国的关系上，双重国籍也会给第三国对外国人的管理带来困难。双重国籍问题还有可能引起国家之间的纠纷。[②] 由于双重国籍的不利后果，因而许多国家在国内立法和国际条约方面采取种种措施防止和消除双重国籍现象。

解决双重国籍问题的国际条约主要有：1930 年《关于国籍法冲突的若干问题的公约》、1957 年《已婚妇女国籍公约》、1963 年《关于取得国籍之任择议定书》、1963 年欧洲国家签订的《关于减少多重国籍及在多重国籍时兵役义务的公约》和 1997 年欧洲理事会主持制定的《欧洲国籍公约》等。除上述条约以外，1999 年，国际法委员会第五十一届会议通过了《国家继承涉及的自然人国籍的条款草案》，详细规定了因国家继承引起的自然人国籍的变更应当遵循的原则。例如，该草案第 11 条第 1 款规定："当有关人员有资格获得两个或两个以上的国家的国籍时，有关国家应当考虑这些人员的意愿。"

（二）无国籍的产生及解决

无国籍（statelessness）问题也可能在各种不同情况下产生。它通常是由于各国国籍法的冲突、领土的移转或国籍被剥夺等原因造成的。

---

① 例如，波兰 1962 年《国籍法》规定，居住在国外的波兰国民作出任何诸如对波兰国家不忠、损害波兰人民重大利益、于 1945 年以后非法离开波兰国境、拒绝有关当局召唤回国、逃避兵役等行为者，将被剥夺波兰国籍。又如，苏联 1978 年《国籍法》规定，对于有败坏苏联公民的崇高称号和危害苏联威望或国家安全的行为者，根据苏联最高苏维埃主席团的决定，剥夺其苏联国籍。

② 例如，1870 年以前的英国普通法坚持在英国出生的臣民不能丧失其国籍的原则，即所谓"永远效忠原则"。根据这项原则，英国不承认英国臣民在外国的归化。1812 年英国根据这项原则强迫已经在美国入籍的英国臣民服兵役，结果成为英美两国之间发生战争的导火索之一。在 19 世纪的美国和普鲁士之间以及 20 世纪初的美国与法国之间也发生了由此引起的多起与双重国籍人服兵役相关的争端。

对个人来讲，无国籍显然是一种很不利的情形。因为没有国籍的人在国际法上得不到任何国家的外交保护，当他们受到一个国家的侵害时，也没有任何国家代表他们提出国际求偿。

长期以来，各国通过国内立法和签订国际公约的方法来减少无国籍状态和保障无国籍人的权利。减少无国籍状态的国际公约主要有：1930 年《关于某种无国籍情况的议定书》、1954 年《关于无国籍人地位的公约》和 1961 年《减少无国籍状态公约》等。此外，1948 年《世界人权宣言》将国籍列为基本人权之一，宣言第 15 条规定，人人有权享有国籍且任何人之国籍不容无理褫夺。1999 年，国际法委员会第五十一届会议通过的《国家继承涉及的自然人国籍的条款草案》第 4 条规定："有关国家应当采取一切恰当措施防止在国家继承之日具有被继承国国籍的人因为此种继承而成为无国籍人。"第 5 条进一步规定："除了本条款草案有关规定外，在受到国家继承影响的领土上具有惯常居所的有关人员应当推定在此种继承之日获得了继承国的国籍。"

四、中国的国籍法

中国最早的国籍法是 1909 年清政府颁布的《大清国籍条例》。1912 年，民国政府颁布了《中华民国国籍法》，该法在 1914 年和 1929 年经两次修改，直到 1949 年中华人民共和国政府成立后被废除。这些法律在中国国籍的原始取得方面采取了以血统主义为主、出生地主义为辅的原则，而且在血统主义方面主要采取父系血统主义原则。

中华人民共和国政府成立后，在 1980 年《中华人民共和国国籍法》颁布之前一直没有制定国籍法，当时处理国籍问题主要是依据政府的有关政策。另外，为了解决东南亚等地区存在的大量华侨的国籍问题，1955 年 4 月 22 日，中华人民共和国政府与印度尼西亚在印度尼西亚万隆签订了《关于双重国籍问题的条约》（1960 年两国又签订了该条约的实施办法）。根据该条约第 1 条的规定，凡属同时具有中华人民共和国国籍和印度尼西亚共和国国籍的人，都应根据本人自愿的原则，在中华人民共和国国籍和印度尼西亚共和国国籍中选择一种国籍。具有上述两种国籍的已经结婚的妇女，也应根据本人自愿的原则，在两种国籍中选择一种国籍。根据该条约第 4 条的规定，凡属具有第 1 条所述两种国籍的人，按照本条约的规定选择了中华人民共和国国籍，即当然丧失印度尼西亚共和国国籍；凡属具有第 1 条所述两种国籍的人，按照本条约的规定选择了印度尼西亚共和国国籍，即当然丧失中华人民共和国国籍。此后，中国又与尼泊尔（1956 年）、马来西亚（1974 年）、菲律宾（1975 年）和泰国（1975 年）签订了解决双重国籍问题的条约。①

1980 年 9 月 10 日，中华人民共和国第五届全国人民代表大会第三次会议审议并通过了《中华人民共和国国籍法》（以下简称《国籍法》）。这是中华人民共和国政府成立以后颁布的第一部国籍法，也是现行的国籍法。《国籍法》共 18 条，规定了中国国籍的取得、丧失和恢复的基本原则以及一些程序。在最高人民法院的一些批复、公安部和外交部的一些通知中均涉及对《国籍法》有关条款的解释。为了解决香港和澳门回归中国后居民的国籍问题，1996 年和 1998 年，全国人大常委会分别通过了《关于〈中华人民共和国国籍法〉在香港特别行政区实施的几个问题的解释》和《关于〈中华人民共和国国籍法〉在澳门特别行政区实施的几个问题的解释》，规定了香港和澳门这两个特别行政区居民取得中国国籍的条件。

（一）《国籍法》的基本原则

（1）平等原则。平等原则体现在民族平等的统一国籍、男女国籍平等等方面。例如，《国

① 刘华. 华侨国籍问题与中国国籍立法. 广州：广东人民出版社，2004：79.

籍法》第 2 条规定："中华人民共和国是统一的多民族的国家，各民族的人都具有中国国籍。"《国籍法》第 4 条和第 5 条规定，父母双方的国籍对子女取得中国国籍具有同等效力。

(2) 血统主义与出生地主义相结合、以血统主义为主的原则。这一原则具体体现在《国籍法》第 4 条、第 5 条和第 6 条。我国在采取这一原则时，是以血统主义为主、出生地主义为辅的。它符合现代各国国籍立法的总趋势。

(3) 不承认双重国籍原则。《国籍法》第 3 条规定："中华人民共和国不承认中国公民具有双重国籍。"这是中国第一部宣告不承认中国公民具有双重国籍的立法。这一原则不仅表现于不承认中国公民所具有的外国国籍，而且表现于各项规定都坚持一人一籍。这项原则体现了中国政府在解决华侨双重国籍问题上的一贯立场，有利于消除或减少中国与华侨众多的有关国家的矛盾。

(二) 中国国籍的取得和恢复

关于中国国籍的取得，《国籍法》作出了如下规定，"父母双方或一方为中国公民，本人出生在中国，具有中国国籍"；"父母双方或一方为中国公民，本人出生在外国，具有中国国籍；但父母双方或一方为中国公民并定居在外国，本人出生时即具有外国国籍的，不具有中国国籍"；"父母无国籍或国籍不明，定居在中国，本人出生在中国，具有中国国籍"。

《国籍法》规定了通过入籍取得中国国籍的程序和必须满足的条件，外国人或无国籍人，愿意遵守中国宪法和法律，并具有下列条件之一的，可以经申请批准加入中国国籍：(1) 中国人的近亲属。(2) 定居在中国的。(3) 有其他正当理由。

此外，《国籍法》还就中国国籍的恢复作出了规定："曾有过中国国籍的外国人，具有正当理由，可以申请恢复中国国籍；被批准恢复中国国籍的，不得再保留外国国籍。"

(三) 中国国籍的丧失

根据《国籍法》的规定，中国国籍的丧失有两种不同的方式：

(1) 自动丧失。《国籍法》第 9 条规定："定居外国的中国公民，自愿加入或取得外国国籍的，即自动丧失中国国籍。"

(2) 申请退籍。《国籍法》第 10 条规定，中国公民具有下列条件之一的，可以经申请批准退出中国国籍：1) 外国人的近亲属；2) 定居在外国的；3) 有其他正当理由。不过，《国籍法》第 12 条也对申请退籍规定了限制条件：国家工作人员和现役军人不得退出中国国籍。

此外，《国籍法》还规定，中国国籍的取得、丧失和恢复，除自动丧失中国国籍的情况外，必须办理申请手续。

第二节　外国人的法律地位

一、概说

外国人是指在一国境内不具有所在国国籍而具有其他国籍的人。广义的外国人还包括外国法人。无国籍人一般也被纳入外国人的范畴。如果一个人既具有所在国的国籍，同时又具有其他国家的国籍，对所在国而言，一般把他视为本国人，而不是外国人。

外国人的法律地位主要涉及外国人与所在国之间的权利与义务关系，包括外国人应当服从所在国的管辖，外国人应当享有的待遇，外国人入境、出境和居留应当遵守的规定等。

关于外国人的法律地位的规定属于所在国主权范围内的事项，一般由所在国国内法加以规定，其他国家无权进行干涉。不过，国家在规定外国人的法律地位时，必须参照国际法的一般原则和有关的国际习惯规则，同时，还要顾及本国所承担的国际法义务。

外国人要受双重管辖。一方面，他们处于所在国的属地管辖权之下；另一方面，他们也处于国籍国的属人管辖权之下。因此，国家在对境内的外国人行使属地管辖权时，要顾及外国人的本国所具有的属人管辖权。例如，外国人负有对本国效忠的义务，若本国召唤其回国服兵役，所在国不得加以阻止。

在受双重管辖的同时，外国人也受双重保护。一方面，他们的合法权益应受到所在国的法律保护；另一方面，如果他们的合法权益因所在国的国际不法行为而受到损害，其国籍国有权为他们提供外交保护。

二、外国人的入境、居留和出境

（一）入境

根据国际法，任何国家都不得主张其国民有进入外国领土的权利。是否接受外国人入境以及在什么条件下允许外国人入境，是一个国家自由决定的事项。换言之，国家没有准许外国人入境的义务，外国人也没有要求必须入境的权利。

不过，在实践中，由于世界各国在经济、文化等各方面交往的需要，国家通常都会在互惠的基础上允许外国人为合法的目的进入本国。但外国人入境一般需要具备两个条件：一是持有本国签发的有效护照，二是有拟进入的国家颁发的签证。2012 年《中华人民共和国出境入境管理法》第 15 条规定：外国人入境，应当向驻外签证机关申请办理签证，但是本法另有规定的除外。另外，某几类人，如难民或国际组织的官员，根据国际协定也可以使用特别的旅行证件来代替护照。同时，有些国家由于彼此之间存在密切的经济、文化联系或者基于互惠原则，可以互相免办签证手续。2012 年《中华人民共和国出境入境管理法》第 22 条规定：外国人有下列情形之一的，可以免办签证：（1）根据中国政府与其他国家政府签订的互免签证协议，属于免办签证人员的；（2）持有效的外国人居留证件的；（3）持联程客票搭乘国际航行的航空器、船舶、列车从中国过境前往第三国或者地区，在中国境内停留不超过 24 小时且不离开口岸，或者在国务院批准的特定区域内停留不超过规定时限的；（4）国务院规定的可以免办签证的其他情形。

国家出于本国安全、公共秩序和公共利益的考虑，有权特别拒绝下列几类外国人入境：精神病患者、传染病患者、刑事罪犯等。2012 年《中华人民共和国出境入境管理法》第 21 条规定：外国人有下列情形之一的，不予签发签证：（1）被处驱逐出境或者被决定遣送出境，未满不准入境规定年限的；（2）患有严重精神障碍、传染性肺结核病或者有可能对公共卫生造成重大危害的其他传染病的；（3）可能危害中国国家安全和利益、破坏社会公共秩序或者从事其他违法犯罪活动的；（4）在申请签证过程中弄虚作假或者不能保障在中国境内期间所需费用的；（5）不能提交签证机关要求提交的相关材料的；（6）签证机关认为不宜签发签证的其他情形。对不予签发签证的，签证机关可以不说明理由。

（二）居留

合法进入一国境内的外国人，无论是在该国短期、长期或永久居住，都必须遵守居留国的法律、法令，并办理相关的居留登记手续。例如，根据 2004 年中国外交部发布实施的《外国人在中国永久居留审批管理办法》第 24 条的规定，具有下列情形之一的，公安部可以取消其在中国永久居留资格，收缴其永久居留证或宣布作废：第一，可能对国家安全和利益造成危害的；第二，被人民法院判处驱除出境的；第三，通过提供虚假材料等非法手段骗取在中国永久居留资格的；第四，未经批准每年在中国累计居留未满 3 个月或者 5 年内在中国累计居留未满 1 年的。外国人在居留国所享有的权利和承担的义务由居留国的法律规定。外国人在居留期间的合法权利（包括人身权、财产权、著作权、发明权、劳动权、受教育权、婚姻家庭权、继承权和诉讼权等）应受到保护。不过，外国人一般不享有本国人所享有的政治权利，也没有为居留国服兵役的义务。

（三）出境

在国际法上，因为国家对于本国境内的外国人只有属地管辖权而没有属人管辖权，所以，只要外国人满足了法定的离境条件，国家一般不能阻止外国人离开其领土。1948 年《世界人权宣言》第 13 条第 2 款中规定：“人人有权离开任何国家。”1966 年《公民权利和政治权利国际公约》第 12 条第 2 款规定：“人人有自由离开任何国家，包括其本国在内。”此外，根据该公约第 12 条第 3 款的规定，“上述权利，除法律所规定并为保护国家安全、公共秩序、公共卫生或道德、或他人的权利和自由所必需且与本公约所承认的其他权利不抵触的限制外，应不受任何其他限制”。各国法律都规定有限制外国人出境的条件，一般是必须已经履行了当地的义务，如缴纳捐税或罚款、清偿私人债务、了结司法案件并办理出境手续等。对于合法离境的外国人，居留国应当允许其按照本国法律规定带走个人合法财产。居留国不得对他的离境征税，也不得对他所带走的财产额外征税。

《中华人民共和国出境入境管理法》第 27 条规定，外国人出境，应当向出入境边防检查机关交验本人的护照或者其他国际旅行证件等出境入境证件，履行规定的手续，经查验准许，方可出境。第 28 条规定，外国人有下列情形之一的，不准出境：（1）被判处刑罚尚未执行完毕或者属于刑事案件被告人、犯罪嫌疑人的，但是按照中国与外国签订的有关协议，移管被判刑人的除外；（2）有未了结的民事案件，人民法院决定不准出境的；（3）拖欠劳动者的劳动报酬，经国务院有关部门或者省、自治区、直辖市人民政府决定不准出境的；（4）法律、行政法规规定不准出境的其他情形。

根据国际法，一国在特定情况下有权限令外国人离境或将其驱逐出境。不过，国家不得滥用这项权利。一些国际公约对国家驱逐外国人的权利予以限制。例如，1966 年《公民权利和政治权利国际公约》第 13 条规定，在一个国家境内合法居留的外国人，非经依法判定，不得驱逐出境，而且除事关国家安全必须急速处分者外，必须准许该外国人提出不服驱逐的理由，并申请主管当局复核。2014 年，国际法委员会第六十六届会议二读通过了《驱逐外国人条款草案》及其评述并建议联合国大会在该草案基础上通过一项关于驱逐外国人的公约。该条款草案禁止国家为了驱逐某人而剥夺该人的国籍，禁止集体驱逐外国人，禁止为了没收外国人财产而驱逐外国人，禁止为了规避引渡的程序而驱逐外国人等。同时，该条款草案还要求国家在驱逐外国人的过程中人道地对待他们，尊重其人格，保障其人权，尤其是禁止歧视。儿童、老人、残疾人、孕妇和其他弱势群体在被驱逐的过程中应当得到特殊考虑等。

三、外国人的待遇

（一）外国人待遇的一般原则

关于外国人的待遇问题，国际法上没有统一的规定，可以由各个国家在国际法的制约下自行作出决定。在长期的国际实践中，国际社会逐渐形成了一些有关外国人待遇的一般原则，常见的有以下四种。

（1）国民待遇（national treatment）。国民待遇是指一个国家在某些事项上给予外国人与本国国民相同的待遇。国民待遇通常是各国政府在互惠的基础上给予的。1933 年《关于国家权利和义务的蒙得维的亚公约》第 9 条规定："国家的管辖权在领土范围内适用于所有居民。本国人和外国人受到该国法律和国家当局的平等保护，外国人不得主张本国人所享有的权利以外的其他的或更广的权利。"从国际实践来看，一国给予外国人国民待遇主要是在民事权利方面；外国人一般不享有政治权利，如外国人不享有选举权和被选举权，不得担任政府公职等。

（2）最惠国待遇（most-favored-nation treatment）。最惠国待遇是指一国（施惠国）给予另一国（受惠国）的国民（或法人）的待遇不低于现在或将来给予任何第三国国民（或法人）在该国所享受的待遇。联合国国际法委员会起草的《关于最惠国条款的条文（草案）》第 5 条指出："最惠国待遇是指授予国给予受惠国或与之有确定关系的人或事的待遇不低于授予国给予第三国或与之有同于上述关系的人或事的待遇。"

最惠国待遇主要适用于经济、贸易和投资等方面，一般是国家在互惠基础上通过条约中的最惠国条款给予的。1994 年的《关税与贸易总协定》第一部分第 1 条第 1 款规定了最惠国待遇原则："每一成员对来自或运往其他国家的产品所给予的利益、优待、特权或豁免，应当立即无条件地给予来自或运往其他成员的相同产品。"同时，这一原则被扩大适用于服务贸易和与贸易有关的知识产权。但是，在世界贸易组织体制中，最惠国待遇原则存在例外，在下列情况下，不适用最惠国待遇原则：1）给予邻国的利益和特惠，如邻国之间互免签证或边境贸易方面的特殊待遇；2）关税同盟内的优惠；3）自由贸易区和优惠贸易区内部的优惠；4）经济共同体内的优惠。

（3）互惠待遇（reciprocal treatment）。互惠待遇是指各国基于平等互利的原则，互相给予对方国民某种权利、利益或优惠，如相互税收优惠、互免入境签证、免收签证费等。互惠待遇的目的是避免外国人在本国获得某些片面的权益或优惠。

（4）差别待遇（differential treatment）。差别待遇包括两种情况：一种是外国公民或法人的民事权利在某些方面不同于本国公民或法人，如外国人不得经营某种企业，外国人不能从事某种职业等[①]；另一种是对不同国籍的外国公民或法人给予不同的待遇，如欧盟的成员国对其他成员国国民或法人的待遇不同于对非成员国国民或法人的待遇。不过，采取差别待遇不能有任何歧视，基于种族、性别等原因而采取歧视待遇是违反国际法的。

（二）最低国际标准

19 世纪末 20 世纪初，欧美国家提出了外国人待遇的"最低国际标准"，但发展中国家一直表示反对。这些国家认为，这种国际标准或最低标准只是欧美国家的标准，而不是国际法统一的标准，而且这种标准可能成为外国人向所在国谋求特权的借口。

如果只是从理论上分析，似乎可以说存在一定的最低国际标准。第一，按照一般国际法，外国人在所在国享有某些最低限度的权利，如对于外国人所取得的私权利，原则上应当予以尊重；应当保护外国人在生命、自由、财产和荣誉上免受犯罪的攻击等。[②] 第二，人作为社会的

① 例如，2001 年 12 月 19 日由国务院通过的《外国律师事务所驻华代表机构管理条例》第 15 条对外国律师事务所在中国的代表机构及其代表在中国内地的业务范围作出了明确规定，代表机构及其代表只能从事不包括中国法律事务的下列活动：（1）向当事人提供该外国律师事务所律师已获准从事律师执业业务的国家法律的咨询，以及有关国际条约、国际惯例的咨询；（2）接受当事人或者中国律师事务所的委托，办理在该外国律师事务所律师已获准从事律师执业业务的国家的法律事务；（3）代表外国当事人，委托中国律师事务所办理中国法律事务；（4）通过订立合同与中国律师事务所保持长期的委托关系办理法律事务；（5）提供有关中国法律环境影响的信息。

② 菲德罗斯，等. 国际法：下册. 李浩培，译. 北京：商务印书馆，1981：434－435.

动物，其基本需求是一致的，无论生活在哪个国家，都要生存和发展。正如菲德罗斯所说："由于人类共同的天性和从此发生的基本生活需要的共同性，最低限度的共同价值标准是存在的。"[①] 以一般国际法为基础的外国人的权利来源于这样的理念：各国相互之间有义务在外国人的人身方面尊重人的尊严，有义务给予外国人能够保持尊严的生活所必不可少的那些权利。第三，某些最低国际标准的存在也是国际交往的客观要求。第二次世界大战以后，随着科学技术的飞速发展，国际政治、经济交往愈益频繁，人员的跨国流动日益增多。这种愈益密切的国际交往需要有一些国际社会公认的国际规范的存在，而某些最低国际标准正是这种需要的产物。

（三）最低国际标准与国民待遇原则的融合趋势

今天，最低国际标准与国民待遇原则已呈现出一种融合的趋势。

首先，从最低国际标准的产生来看，它源于对国民待遇原则的担心，两者是可以协调的。因为"适用国民待遇标准，将既可能给予外国人太多同时又可能给予太少。将该项标准推到逻辑的极端，它将意味着不能排除外国人享有选举权，从事某些职业，或享受福利——这些是国家并无义务给予外国人的权利。反过来，它也将意味着国家有权把外国人折磨至死，只要它也把自己国民折磨至死——这是常识和正义所不能接受的结论"[②]。因此，一个国家无论是对待自己的国民还是外国人，都应符合某些最低国际标准。就像某些学者所说的："如果说最低限度国际标准似乎给予外国人特权地位，回答应该是这些国家应该更好地对待它们自己的国民，而不是要更坏地对待外国人。"[③]

其次，就人权的国际保护来说，最低国际标准与国民待遇原则也应当是一致的。国家对其国民的权力受到了国际法不同程度的约束，在保护人权方面，已经形成了一些带有强行法性质的国际法规范。如果一个国家违反了这些规范，其他国家就有权采取相应的措施要求该国作出某些改变。正如有的学者指出的那样："一般都同意，一个国家由于它的属人和属地权威可以自由决定它的本国国民的待遇。但是，很大部分的意见和实践支持这样的见解：自由决定是有限度的，而且如果一个国家对它的国民施行虐待或加以迫害到了否定他们的基本人权和使人类良知震惊的程度，就不是单独与该国家有关的事项，而甚至为了人类利益的干涉也是法律上所允许的。"[④] 因此，"整个人权运动可以被看作是把最低限度国际标准从外国人扩及本国人的一种尝试"[⑤]。

四、外交保护

（一）外交保护的概念

根据2006年联合国国际法委员会一读通过的《关于外交保护的条款草案》第1条，"外交保护是指一国针对其国民因另一国的国际不法行为而受到损害，以国家名义为该国民采取的外交行动或其他和平解决手段"。"外交行动"包括一国为了向另一国传递其意见和关心所采取的所有合法程序，如抗议和为了解决争端而要求进行调查和谈判等。"其他和平解决手段"包括

① 李浩培. 国际法的概念与渊源. 贵阳：贵州人民出版社，1994：111.
② 阿库斯特. 现代国际法概论. 汪暄，等译. 北京：中国社会科学出版社，1981：104-105.
③ 阿库斯特. 现代国际法概论. 汪暄，等译. 北京：中国社会科学出版社，1981：104-105.
④ 詹宁斯，瓦茨. 奥本海国际法：第9版：第1卷，第1分册. 王铁崖，等译. 北京：中国大百科全书出版社，1995：319.
⑤ 阿库斯特. 现代国际法概论. 汪暄，等译. 北京：中国社会科学出版社，1981：105.

各种形式的和平解决争端的手段，如调停、和解、仲裁和诉讼等。尽管在历史上存在使用武力作为行使外交保护的实践，但由于《联合国宪章》第2条第4款已经原则性禁止在国际关系中威胁或使用武力，因此，威胁或使用武力不能作为行使外交保护权的一种手段。

外交保护是主权国家的权利，是国家属人管辖权的重要内容之一。在实践中，各国都会通过本国的外交机关对在国外的本国国民提供各种保护。例如，在本国国民的合法权益有可能在所在国遭到损害的情况下，由本国驻该国的外交代表与该国有关机关进行非正式的交涉，或者对有关个人提供必要的协助；在本国国民的合法权益在所在国受到实际损害的情况下，可以对所在国政府正式提出抗议，或者要求其对造成的损害提供赔偿。这种赔偿要求可以直接向所在国政府提出，也可以在两国同意的情况下提交国际仲裁或司法机关解决。①

外交保护的问题在18世纪时即已出现，当时主要表现为大国对本国侨民和海外投资遭受的损害进行的干涉。19世纪以来，由于拉丁美洲国家实施的国有化措施往往对外国公司和外国人的利益造成损害，因而外国政府经常出面为其公司和国民提供外交保护。在此过程中，拉丁美洲国家有针对性地提出了一些理论，如卡尔沃条款、德拉果主义、用尽当地救济原则等。② 联合国成立后，联合国国际法委员会在编纂国家责任问题的过程中实际上是把外交保护作为国家责任的一个问题加以处理的。20世纪90年代后期，国际法委员会决定把外交保护问题从国家责任中分离出来进行单独审议。③ 2006年，国际法委员会第五十八届会议二读通过了《关于外交保护的条款草案》并建议联合国大会在该草案基础上通过一项外交保护公约。

（二）外交保护的条件

外国人处于国籍国的属人管辖权和所在国的属地管辖权双重管辖之下，且当这两种管辖权发生冲突时，后者居优先的地位，因此，外国人的国籍国行使外交保护权时，须尊重所在国的属地管辖权。④ 根据国际法，国家行使外交保护权应该符合下列条件。

（1）本国人（包括自然人和法人）的合法权益在所在国受到不法侵害，且该侵害行为可以归因于所在国国家。本国人的合法权益因所在国的国际不法行为而受到损害是国家行使外交保护权的基本前提。例如，在外国的本国国民被外国当局逮捕或拘禁；受到“拒绝司法”，即刑事和民事审判的不当对待，包括拒绝让其诉诸法院，不充分的程序和不公正的裁决；因所在国防范措施缺乏而受到暴力侵害；被无故驱逐；等等。倘若本国人的利益只是受到所在国私人行为的侵害，或者因所在国行使属地管辖权而受到合理的限制或损抑，原则上其本国不能因此而向所在国提出抗议或求偿。

（2）受害人须持续具有保护国国籍。由于国籍体现了个人与国家之间固定的法律联系，一般情况下，国家只能对具有本国国籍的人行使外交保护权，而且受害人必须自受害之日到抗议或求偿结束之日持续地具有保护国的国籍。《关于外交保护的条款草案》第1条第1款规定：一国有权对受到损害之时为其国民并在正式提出求偿之日为其国民的人，实行外交保护。

在具有双重或多重国籍的情况下，按照传统的观点，双重或多重国籍人的一个国籍国不可以对另一个或任何其他国籍国主张外交保护，因为双重或多重国籍人对于其中的任何一个国家都不是外国人，所以不存在针对外国提出外交保护的问题。1930年《关于国籍冲突的若干问题的公约》第4条规定：“国家对于兼有另一国国籍的本国国民不得违反该另一国而施以外交

① 梁淑英. 国际公法. 北京：中国政法大学出版社，1993：226-227.

② 周忠海. 国际法. 北京：中国政法大学出版社，2007：218-219.

③ 周忠海. 国际法. 北京：中国政法大学出版社，2007：219.

④ 白桂梅. 国际法. 北京：北京大学出版社，2006：270.

保护。”但是，目前的一些国际司法实践使人们对这种传统的观点提出质疑，认为个人与之具有较密切联系的国籍国可以针对另一个国籍国行使外交保护权。

（3）受害人须用尽所在国当地救济且未获合理补偿。原则上，一国只有在本国受害人用尽所在国国内一切司法或行政救济措施，但仍未得到合理补偿的情况下，才能对所在国政府提出抗议或求偿。设立这项条件“是为了允许一个国家首先在国内层面对其错误进行补救，以避免这类错误转化为国际层面的争端，从而有可能不必要地扰乱国家间的关系”①。设立这项条件对于减少国际争端和减轻国际司法机关的负担是非常必要的。用尽当地救济是一项国际习惯法规则，但在某些情况下，不必用尽当地救济。联合国国际法委员会提出的条款草案列举了几种例外②：1）当地救济不具有实现有效救济的合理性；2）救济过程受到不适当的拖延，而且拖延是由据称应对损害负责的国家造成的；3）受害人与据称应对损害负责的国家之间没有相关联系，或者依据案情，用尽当地补救办法实为不合理；4）据称应对损害负责的国家放弃了用尽当地补救办法的要求。“用尽当地救济原则”已经成为一项国际习惯法规则，对于不符合这一原则的赔偿要求，有关国际仲裁机构或司法机关有权拒绝受理。

五、外国人在中国的法律地位

《中华人民共和国宪法》第 32 条第 1 款规定：“中华人民共和国保护在中国境内的外国人的合法权利和利益，在中国境内的外国人必须遵守中华人民共和国的法律。”2012 年，全国人大常委会通过了《中华人民共和国出境入境管理法》，该法不仅规定了中国公民的出境入境，还规定了外国人的入境出境和外国人在中国境内停留居留的管理，以及交通运输工具出境入境的边防检查等，是中国处理外国人入境、停留居留和出境的基本法律。

根据该法的规定，外国人入境中国，应当向中国驻外签证机关申请办理签证，但外国人有下列情形之一的，可以免办签证：（1）根据中国政府与其他国家政府签订的互免签证协议，属于免办签证人员的；（2）持有效的外国人居留证件的；（3）持联程客票搭乘国际航行的航空器、船舶、列车从中国过境前往第三国或者地区，在中国境内停留不超过 24 小时且不离开口岸，或者在国务院批准的特定区域内停留不超过规定时限的；（4）国务院规定的可以免办签证的其他情形。据此，国务院批准北京、上海从 2013 年 1 月 1 日起，对美国、英国、加拿大、法国、澳大利亚等 45 个国家和地区持有第三国签证和机票的旅客在北京、上海口岸实施 72 个小时过境免签政策。此后，广州等十多个城市也获得国务院批准，成为外国人 72 小时过境免签政策的城市。但是，由于免签是国家之间对等采取的政策和措施，因而可能根据对方国家情况的变化而暂停或恢复此类政策或措施。例如，2023 年 2 月 15 日国家移民局在其网站公布：由于韩国已恢复审发中国公民赴韩短期签证，国家移民管理机构自 2 月 18 日起，对韩国公民恢复签发口岸签证，恢复实行 72/144 小时过境免签政策。③

外国人入境中国的签证分为外交签证、礼遇签证、公务签证、普通签证 4 类。外交签证和公务签证颁发给因外交、公务事由入境中国的外国人。礼遇签证颁发给因身份特殊需要给予礼遇的外国人。普通签证颁发给因工作、学习、探亲、旅游、商务活动、人才引进等非外交、公务事由入境中国的外国人。外国人有下列情形之一的，不予签发签证：（1）被处驱逐出境或者

① 伯根索尔，墨菲．国际公法．3 版．黎作恒，译．北京：法律出版社，2005：111．

② 联合国国际法委员会第五十五届会议通过的条款草案案文及其评注．联合国大会正式记录．第五十八届会议．补编第 10 号（A/58/10）：48．

③ 中国国家移民管理局官网．[2023－11－17]．https://www.nia.gov.cn/n741440/n741547/c1562894/content.html.

被决定遣送出境，未满不准入境规定年限的；（2）患有严重精神障碍、传染性肺结核病或者有可能对公共卫生造成重大危害的其他传染病的；（3）可能危害中国国家安全和利益、破坏社会公共秩序或者从事其他违法犯罪活动的；（4）在申请签证过程中弄虚作假或者不能保障在中国境内期间所需费用的；（5）不能提交签证机关要求提交的相关材料的；（6）签证机关认为不宜签发签证的其他情形。对于不予签发签证的，签证机关可以不说明理由。

根据《中华人民共和国出境入境管理法》的规定，合法入境的外国人在中国境内分为两类：一类是停留的外国人，一类是居留的外国人。前者所持签证注明的停留期限不超过180日，可凭签证并按照签证注明的停留期限在中国境内停留；后者需要专门申请外国人居留证件。外国人有下列情形之一的，不予签发居留证件：（1）所持签证类别属于不应办理外国人居留证件的；（2）在申请过程中弄虚作假的；（3）不能按照规定提供相关证明材料的；（4）违反中国有关法律、行政法规，不适合在中国境内居留的；（5）签发机关认为不宜签发外国人居留证件的其他情形。外国人居留证件分为两类：工作类居留证件的有效期最短为90日，最长为5年；非工作类居留证件的有效期最短为180日，最长为5年。外国人在中国境内工作的，应当按照规定取得工作许可和工作类居留证件。外国人有下列行为之一的，属于非法就业：（1）未按照规定取得工作许可和工作类居留证件在中国境内工作的；（2）超出工作许可限定范围在中国境内工作的；（3）外国留学生违反勤工助学管理规定，超出规定的岗位范围或者时限在中国境内工作的。对于对中国经济社会发展作出突出贡献或者符合其他在中国境内永久居留条件的外国人，经本人申请和公安部批准，可以取得永久居留资格。这就是所谓的"中国绿卡"。外国人可凭永久居留证件在中国境内居留和工作，凭本人的护照和永久居留证件出境入境。

根据《中华人民共和国出境入境管理法》的规定，外国人出境，应当向中国出入境边防检查机关交验本人的护照或者其他国际旅行证件等出境入境证件，履行规定的手续，经查验准许，方可出境。有下列情形之一的，不准出境：（1）被判处刑罚尚未执行完毕或者属于刑事案件被告人、犯罪嫌疑人的，但按照中国与外国签订的有关协议，移管被判刑人的除外；（2）有未了结的民事案件，人民法院决定不准出境的；（3）拖欠劳动者的劳动报酬，经国务院有关部门或者省、自治区、直辖市人民政府决定不准出境的；（4）法律、行政法规规定不准出境的其他情形。外国人有下列情形之一的，还可以被遣送出境：（1）被处限期出境，未在规定期限内离境的；（2）有不准入境情形的；（3）非法居留、非法就业的；（4）违反本法或者其他法律、行政法规需要遣送出境的。被遣送出境的人员，自被遣送出境之日起1年至5年内不准入境。

第三节 难民的法律地位

一、有关难民问题的国际条约

第一次世界大战以后，国际社会出现了许多难民，难民问题开始进入国际法领域。在国际机构方面，1921年，国际联盟设立了难民事务高级专员，专门负责保护和救援第一次世界大战结束后滞留在各国的难民，挪威人南森（Nansen）担任该高级专员；1931年1月，国际联盟又建立了南森国际难民办公室（Nansen International Office for Refugees）。1938年7月，各国在埃维昂举行会议，决定成立政府间难民委员会；1943年，成立了联合国家救济与重建管理处，负责对被解放地区人民的协助及战争期间被遣送到德国做苦力的民族团体返乡的事宜。

1946 年，联合国大会通过《国际难民组织约章》，成立了国际难民组织，其目的是将为数约 160 万的难民或流离失所的人遣送回国，给予法律保护和使其重新定居。

1950 年，联合国在有关决议的基础上成立了联合国难民事务高级专员办事处，其任务是在联合国的支持下，对难民给予国际保护，促进难民自愿回国或在新国家入籍，以求一劳永逸地解决难民问题。

在国际条约方面，国际社会制定了一系列有关难民问题的国际公约，如 1926 年《发给俄国与亚美尼亚难民证明文件的协定》、1928 年《俄国与亚美尼亚难民法律地位办法》、1933 年《关于难民地位公约》、1938 年《关于来自德国难民地位公约》和 1946 年《政府间关于发给难民旅行证件协定》等。

1951 年 7 月 28 日，联合国主持召开外交会议并通过了《关于难民地位的公约》。① 该公约对难民的法律地位作出了详细的规定。但是，最初这一公约仅适用于因 1951 年 1 月 1 日以前发生的事情而造成的难民，且缔约国可以在签字、批准或加入时附加保留将该公约只适用于在欧洲地区发生的事情。1967 年 1 月 31 日在纽约订立的《关于难民地位议定书》排除了上述限制。对于批准和加入该议定书的国家，上述公约的规定对一切难民，不论在何时、何地，都予以适用。这两个公约是难民制度的主要国际法依据。此外，世界上有些地区还有保护难民的区域条约，如 1974 年当时的非洲统一组织通过的《关于非洲难民地位的公约》。

二、难民的定义

根据 1951 年《关于难民地位的公约》和 1967 年《关于难民地位议定书》的规定，难民是指因种族、宗教、国籍、属于特殊社会团体成员或具有某种政治见解的原因，而有恐惧被迫害的充分理由，置身在原籍国领域外不愿或不能返回原籍国或者不愿或者不能受原籍国保护的人。由此可见，作为难民，必须同时具备以下两个条件。

（1）主观条件。所谓主观条件，是指当事人畏惧迫害，即当事人有正当理由畏惧因种族、宗教、国籍、属于某一社会团体或具有某种政治见解等原因而受到迫害。这里所说的迫害，不要求对当事人的迫害已经达到相当程度或者已经发生。

（2）客观条件。所谓客观条件，是指当事人留在其本国之外或经常居住地国之外，且不能或不愿受其本国保护或返回其经常居住地国。如果当事人仍留在其本国国内，他就不应当获得难民身份，但有可能成为国内流离失所者。

此外，1951 年《关于难民地位的公约》还明确规定，难民地位不适用于下列任何情形的人：已经获得联合国其他机构的保护和援助；被其居住地国家认为具有附着于该国国籍的权利和义务；违反国际文件中已作出规定的破坏和平罪、战争罪或危害人类罪；在以难民身份进入避难国之前曾在避难国以外犯有严重的非政治罪行；曾有违反联合国宗旨和原则的行为并被认为有罪。

---

① 该公约于 1954 年 4 月 22 日生效。截至 2024 年 5 月 17 日，有 19 个签字国和 146 个批准国。中国于 1982 年 9 月 24 日加入该公约并在加入时对该公约第 14 条后半段和第 16 条第 3 款提出保留。其第 14 条后半段规定，“他在任何其他缔约国领土内，应给以他经常居住国家的国民所享有的同样保护”。第 16 条第 3 款规定，“难民在其经常居住的国家以外的其他国家内，就第（二）款所述事项，应给以他经常居住国家的国民所享有的待遇。”此外，该条第 2 款规定，“难民在其经常居住的缔约国内，应向法院申诉的事项，包括诉讼救助和免予提供诉讼担保在内，应享有于本国国民相同的待遇。”

三、难民的法律地位

根据1951年《关于难民地位的公约》和1967年《关于难民地位议定书》的规定，难民的法律地位主要体现在以下四个方面。

（1）不推回原则。不推回原则（principle of non-refoulement）是指国家不得以任何方式将难民驱逐或送回至其生命或自由因为其种族、宗教、国籍、参加某一个社会团体或具有某种政治见解而受威胁的领土边界。但如有正当理由认为难民足以危害所在国的安全，或者难民已被确定的判决认为曾犯有特别严重的罪行，从而构成对该国社会的危险，则该难民不能享受不被驱逐或送回的权利。难民不推回原则是1951年《关于难民地位的公约》的基本条款，依据该公约的规定不得提出保留。此原则现已成为一般国际法的原则。

1968年联合国在德黑兰召开的有关国际人权会议通过决议，呼吁各国政府积极加入1951年《关于难民地位的公约》和1967年《关于难民地位议定书》，并且强调了遵守不推回原则的重要性。此外，1966年12月联合国通过的《公民权利和政治权利国际公约》第13条也规定了一项与1951年《关于难民地位的公约》相类似的驱逐出境限制条款。

（2）国民待遇原则。国民待遇原则是指难民在宗教自由权、所有权、诉讼权、受教育权，以及在公共救助、劳工立法、社会安全与财政负担等方面，应享有与所在国国民相同的待遇。

（3）不低于一般外国人待遇原则。不低于一般外国人待遇原则是指难民在动产与不动产所有权、职业自由、住宅、接受中等与高等教育、交通往来等方面，应享有不低于一般外国人在同样情况下所享有的待遇。

（4）最惠国待遇原则。最惠国待遇原则是指难民在以从事工作获取工资权利方面，享有与外国国民在同样情况下享有的最惠国待遇；如果有对外国人施加的限制措施，不得适用于已在该国居住3年的难民或其配偶已有居住国国籍，或其子女一人或数人具有居住国国籍者。

此外，对于直接来自其生命或自由受到威胁的领土且未经许可而进入或逗留在一国领土内的难民，不得因该难民的非法入境或逗留而处以刑罚，但以该难民毫不迟延地自行投向当局说明其非法入境或逗留的正当原因者为限。

四、中国关于难民问题的立法与实践

长期以来，中国一直重视对难民的保护。1982年，中国分别加入了1951年《关于难民地位的公约》和1967年《关于难民地位的议定书》，并且分别声明对《关于难民地位的公约》第14条后半部分和第16条第3款提出保留，对《关于难民地位议定书》第4条提出保留。上述公约和议定书分别在1982年12月23日和1982年9月24日开始对中国生效，它们是目前中国保护难民的主要国际法依据。

1978年～1982年，有大约26万越南人（大多是华裔）、2 500名老挝人和为数不多的柬埔寨人因越南政府的迫害逃到中国。1979年8月4日，国务院决定成立接待安置印支难民领导小组，领导小组办公室设在民政部。1980年2月，为了应对中越冲突爆发后越南难民的大规模流入，联合国难民事务高级专员署在中国北京建立了驻华任务代表处。中国把这些难民集中安置到广西、广东和云南等地，除了已返回来源国的一部分人外，如今这些难民基本都已拿到中国户口和身份证，融入了中国社会。1995年12月1日，中国代表和联合国难民事务高级专员署的代表在日内瓦签订了《中华人民共和国政府与联合国难民事务高级专员署关于将难民署驻华任务代表处升格为代表处的协定》，决定把联合国难民事务高级专员署驻华任务代表处升格为代表处，以便继续向在中国的难民提供国际保护和人道主义援助，并继续完成原任务代表处的职责，即协助中国政府做好在华印支难民的安置工作，并在可能的情况下，协助、促成难民自愿遣返。根据该协定的规定，联合国难民事务高级专员署代表处在难民项目的筹备和审查方面与中国政府保持磋商和合作。由于中国目前尚无专门的难民立法，没有关于难民身份识别的法律，因而有关在中国的难民身份识别工作目前由联合国难民事务高级专员署驻华代表处进行。根据 2012 年通过的《中华人民共和国出境入境管理法》第 46 条的规定，申请难民地位的外国人，在难民地位甄别期间可以凭公安机关签发的临时身份证明在中国境内停留；被认定为难民的外国人，可以凭公安机关签发的难民身份证件在中国境内停留居留。在中国的难民需要遵守中国的法律。目前，在中国的非印支难民的数量逐渐增多，中国的难民立法工作也在进行之中。

第四节　引渡和庇护制度

一、引渡

（一）引渡的概念与依据

引渡（extradition）是指一国应另一国的请求，把处于本国领土内而被该另一国通缉或判刑的人，移交给该国进行审判或执行刑罚的行为。

在国际法上，一国并没有向另一国引渡犯罪嫌疑人或罪犯的一般义务，除非它根据条约承担了这种义务。不过，有些国家对与本国没有签订引渡条约的国家，也准许根据互惠原则引渡。引渡条约大部分为双边条约。例如，美国与 100 多个国家签订了引渡条约；法国也与 50 多个国家签订了引渡条约。关于引渡的专门性多边条约不多，主要是欧洲和美洲有一些区域性多边条约，如 1933 年《美洲国家间引渡公约》和 1957 年《欧洲引渡罪犯公约》。此外，许多旨在打击国际犯罪的国际公约中包含有引渡条款。例如，1948 年《防止及惩治灭绝种族罪公约》第 7 条规定，缔约国应依据本国法律和现行条约将犯有灭绝种族罪者予以引渡。

早在 1833 年，比利时就制定了世界上第一部引渡法，此后，越来越多的国家制定了本国的引渡法，对引渡的条件和程序作出具体规定。如果一个国家既没有制定引渡法，宪法中也没有对引渡问题作出规定，则由其政府根据自己的立场决定是否对有关个人进行引渡。

（二）引渡规则

1. 请求引渡的主体

请求引渡的主体是指有权请求引渡的国家。有权请求引渡的国家主要有以下几类：（1）被请求引渡人的国籍国；（2）犯罪行为发生地国家；（3）犯罪行为的受害国，即犯罪结果发生地国。

当不同国家为同一罪行或不同罪行请求引渡同一人时，原则上被请求国有权决定将其引渡给哪个国家。不过，为了解决这种引渡请求的冲突，1933 年《美洲国家间引渡公约》第 7 条规定：如果不同国家为同一罪行请求引渡时，犯罪行为发生地国有优先权；如果被请求引渡人犯有几项罪行而被请求引渡时，则根据被请求国法律罪行最重的犯罪行为地国有优先权；如果根据被请求国法律各项罪行同样严重时，优先权根据提出请求的先后顺序决定。

2. 可引渡的犯罪

在现代引渡制度中，可引渡的犯罪包括普通刑事犯罪和国际犯罪两种类型。至于具体哪些犯罪属于可引渡的犯罪，一些国家的引渡法和有关引渡条约采取了列举的方式，例如，早在1868年美国与意大利签订的《引渡条约》第2条就列举了谋杀、企图谋杀、强奸、抢劫等几十项罪名作为两国间可引渡的犯罪；另外一些国家的引渡法和有关引渡条约则采取了概括的方式，例如，2008年7月11日签订的《中华人民共和国和墨西哥合众国引渡条约》第2条“可引渡的犯罪”规定：“一、只有在引渡请求所针对的作为或者不作为根据双方法律均构成犯罪，并且符合下列条件之一时，才能同意引渡：（一）为进行刑事诉讼而请求引渡的，根据双方法律，对于该犯罪均可判处1年以上有期徒刑或者其他更重的刑罚……”

3. 引渡的条件

虽然各国的引渡法和有关引渡条约的规定不完全一致，但是，作为引渡的条件，各国在长期的实践中形成了以下几项原则。

（1）本国国民不引渡原则。本国国民不引渡原则是指如果请求国请求引渡的被请求引渡人具有被请求国国籍，则被请求国有权拒绝引渡。尽管本国国民和外国国民都可能成为被请求引渡人，但许多国家不同意引渡本国国民，而是由本国法院对其进行审判和惩罚。不过，实践中也有一些国家，如英国、美国等，并不拒绝引渡在外国犯罪后逃回本国的本国国民。

（2）政治犯不引渡原则。政治犯不引渡原则是指如果被请求国认为请求国指控被请求引渡人实施的行为属于政治犯罪，则被请求国有权拒绝引渡。政治犯不引渡原则是法国大革命以后逐渐确立起来的一项原则。1793年《法国宪法》第120条规定，法国为向往自由而逃亡到法国的外国政治犯提供避难场所。

不过，尽管各国政府和研究国际法的学者都承认政治犯不引渡是引渡制度中的一项基本原则，但由于政治犯的概念和范围缺乏明确性，对其的解释也不尽相同，因而政治犯不引渡原则在实践中经常引发争议。一般认为，决定哪种罪行属于政治犯罪，需要考虑以下五个因素：1）犯罪是否具有政治动机；2）犯罪时的情况是否具有政治背景或因素；3）是否实施了诸如叛乱或企图叛乱这样的行为；4）罪行是否针对一个特定的政治组织或引渡的请求国；5）犯罪的行为是否是在敌对两派争夺一国政权的情况下发生的（无政府主义者或恐怖分子不包括在内）。①

为了避免曲解政治犯的含义和滥用政治犯不引渡原则，各国的引渡法和有关引渡条约对政治犯的范围作了如下限制：1）行刺条款。如果被请求引渡人所犯罪行是刺杀国家元首、政府首脑或高级官员，则不得被视为政治犯罪。2）国际罪行。如果被请求引渡人所犯罪行是国际刑法规定的国际罪行，则不得被视为政治犯罪。3）恐怖主义罪行。如果被请求引渡人所犯罪行属于恐怖主义犯罪，则不得被视为政治犯罪。

除政治犯以外，有些国家规定军事犯、宗教犯也属于不可以引渡的对象。

（3）双重犯罪原则。双重犯罪原则是指请求国指控被请求引渡人实施的犯罪行为必须根据被请求国的法律同样构成犯罪，被请求国方可对其进行引渡；否则，被请求国有权拒绝引渡。双重犯罪原则是引渡和国际刑事合作中一项公认的原则。

（4）死刑犯不引渡原则。死刑犯不引渡原则亦称“死刑不引渡原则”，它是指如果被请求国认为，根据请求国的法律，被请求引渡人可能因其被指控的犯罪而被判处死刑，则被请求国有权拒绝引渡，除非请求国作出不判处死刑或者判处死刑但不执行的足够保证。

死刑犯不引渡原则是引渡制度中一项新的原则，它是随着国际社会对生命权的日益尊重和越来越多的国家在国内法中废除死刑的趋势逐渐产生和发展起来的。今天，世界上大多数国家

① I. A. Shearer. Starke's International Law. 11th ed.. Butterworth & Co.，1994：320.

已经在法律上或事实上废除了死刑，因此，死刑不引渡原则最终得到了确立。例如，2007 年 3 月 20 日签订的《中华人民共和国和法兰西共和国引渡条约》第 3 条“应当拒绝引渡的理由”规定：“有下列情形之一的，应当拒绝引渡：……（七）引渡请求所针对的犯罪依照请求方的法律应当判处死刑，除非请求方作出被请求方认为足够的保证不判处死刑，或者在判处死刑的情况下不予执行。”

4. 引渡的程序

引渡一般通过请求国与被请求国之间的外交途径进行。请求国首先根据其国内法和有关引渡条约向被请求国提出引渡请求，并将引渡请求通过外交途径送达被请求国。被请求国收到引渡请求后，由其国内法规定的主管机关对引渡依据、引渡条件等进行审查，作出是否引渡的决定，并将其决定通过外交途径通知请求国。例如，1933 年《美洲国家间引渡公约》第 5 条规定：“引渡请求书由各自外交代表制作，如果无外交代表时，则由领事代表转达，或者由各国政府直接通知。请求引渡罪犯的国家，还须附送关于罪犯个人犯罪的证明材料。”如果被请求国决定同意引渡，请求国应当在被请求国通知移交被请求引渡人的时间和地点派员前来接收。被请求引渡人移交给请求国人员后，引渡程序即告结束。

5. 罪行特定原则和对再引渡的限制

罪行特定原则（principle of specialty）亦称“引渡与追诉一致原则”，它是指在被请求引渡人移交给请求国以后，请求国只能依据其请求引渡时指控的罪名对他进行审判和处罚，而不能附加其他罪名，加重对他的处罚，除非得到被请求国的同意。罪行特定原则旨在保护被请求引渡人的人权，许多国家的引渡法和有关引渡条约中规定了这一项原则。

关于请求国在接收引渡对象后是否可以将其再引渡给第三国的问题，理论上存在三种不同看法：一是认为可以将其再引渡给第三国；二是认为根据罪行特定原则，不能将其再引渡给第三国；三是认为在被请求国同意的条件下，可以将其再引渡给第三国。在实践中，许多国家要求再引渡需经被请求国同意。例如，2007 年 9 月 6 日签订的《中华人民共和国和澳大利亚引渡条约》第 17 条“引渡给第三国”中规定：“一、如果被请求方已将某人引渡至请求方，请求方不应当就该人在引渡前所实施的犯罪将其引渡给第三国，但下列情况除外：（一）被请求方同意引渡……”

二、庇护

一般来说，庇护是国际法上与引渡相反的一种制度。根据给予庇护场所的不同，庇护可以分为领土庇护和域外庇护两种类型。

（一）领土庇护

1. 领土庇护的概念和依据

领土庇护（territorial asylum）是指国家对于被外国政府通缉或者因受迫害而前来本国领土避难的外国人，准许其入境、居留并给予保护的行为。领土庇护的依据是国家主权和国家的属地优越权。至于领土庇护的性质，1948 年《世界人权宣言》第 14 条规定：“（一）人人有权在其他国家寻求和享受庇护以避免迫害。（二）在真正由于非政治性的罪行或违背联合国的宗旨和原则的行为而被起诉的情况下，不得援用此种权利。”不过，1966 年《公民权利和政治权利国际公约》并没有规定受庇护权是一种个人权利。与此同时，一些国家的政府和学者认为，给予庇护是国家的一项权利，个人得到庇护是国家行使庇护权的结果；虽然个人可以申请庇护，但是否给予庇护应当由被申请国决定；国家有权给外国人以庇护，但没有法律义务一定要给外国人以庇护。

迄今为止，国际社会还没有制定一项关于庇护的普遍性国际公约，只存在少数有关庇护的区域性公约，如 1928 年《美洲国家间关于庇护的公约》和 1933 年《美洲国家间关于政治庇护权的公约》。

2. 领土庇护的对象

领土庇护的对象主要是政治犯以及因政治原因遭受迫害的政治避难者。第二次世界大战后，领土庇护对象的范围有了新的发展：一方面，庇护对象除政治犯以外，还包括因从事科学和创作活动而遭受迫害的人；另一方面，一些国际条约明确把某些人排除在庇护范围之外。例如，犯有违反和平罪（侵略罪）、战争罪、危害人类罪、灭绝种族罪等罪行之人不能享受庇护。

3. 受庇护人的地位

受庇护人的地位原则上与在庇护国的一般外国人相同。受庇护人在所在国享有合法的居留权，同时，他们处于所在国的属地管辖权之下，应当遵守所在国的法律规章。此外，给予庇护的国家可以对受庇护人的活动加以必要的限制，以免其在本国境内从事危害他国安全及其他违反国际法的活动。

4. 领土庇护的一般规则

1967 年 12 月 14 日，联合国大会一致通过《领土庇护宣言》，要求各国在领土庇护问题上遵循宣言中的规则。它们可以被视为领土庇护的一般规则。

（1）一国行使主权，对有权援用《世界人权宣言》第 14 条之人，包括反抗殖民主义之人给予庇护时，其他各国应予以尊重；凡有重大理由可以认为犯有国际文书设有专条加以规定之违反和平罪、战争罪或危害人类罪之人，不得援用请求及享受庇护之权利；庇护之给予有无理由，应由给予庇护之国酌定之。

（2）在不妨碍国家主权及联合国宗旨与原则的范围内，有权援用《世界人权宣言》第 14 条之人，包括反抗殖民主义之人的境遇为国际社会共同关怀之事。

（3）凡有权援用《世界人权宣言》第 14 条之人，包括反抗殖民主义之人，不得使之受诸如下列之处置：在边界予以拒斥，或于其已进入请求庇护之领土后予以驱逐或强迫遣返至其可能受迫害之任何国家；唯有因国家之重大理由或为保护人民时，如遇有多人大批涌入之情形，始得对上述原则例外办理。倘一国于任何案件中决定有理由对本条第 1 项所宣告之原则例外办理，该国应考虑能否于其所认为适当之条件下，以暂行庇护或其他方法给予关系人前往另一国之机会。

（4）给予庇护之国家不得准许享受庇护之人从事违反联合国宗旨与原则之活动。[①]

（二）域外庇护

域外庇护（extraterritorial asylum）在大多数情况下亦称外交庇护（diplomatic asylum），它是指一国在本国驻外国的大使馆、领事馆以及位于外国领土上的军舰、军用飞机、军事基地等处对前来要求避难的外国人给予保护的行为。长期以来，拉丁美洲国家之间形成了外国使馆对驻在国国民给予外交庇护的习惯，1928 年《美洲国家间关于庇护的公约》和 1933 年《美洲国家间关于政治庇护权的公约》确认了这种习惯，因此，域外庇护得到了拉美国家的普遍承认。不过，根据 1950 年国际法院对“庇护案”的判决，这种外交庇护仅限于在“紧急情况”下保护避难者的人身安全，而不能用来对抗正常的司法程序。

总的来说，域外庇护只是拉美地区区域国际法的实践，不具有一般国际法的意义。现代国际法不承认一国大使馆或领事馆有庇护接受国国民或任何第三国国民的一般性权利，联合国通

---

① 王铁崖，田如萱. 国际法资料选编. 北京：法律出版社，1982：265－266.

过的《世界人权宣言》和 1961 年《维也纳外交关系公约》以及 1963 年《维也纳领事关系公约》中都没有关于域外庇护的规定。

三、中国关于引渡和庇护的法律制度

（一）中国关于引渡的法律制度

截至 2023 年 8 月，中国与 60 个国家签订了双边引渡条约。[①] 另外，中国参加了许多包含引渡条款的国际公约。2000 年 12 月 28 日，第九届全国人大常委会第十九次会议通过《中华人民共和国引渡法》（以下简称《引渡法》），以专门立法的方式建立了中国有关引渡的法律制度，为中国有关机关处理中外之间的引渡问题提供了重要的国内法依据。

《引渡法》包括 4 章，共有 55 条。其主要内容有以下几点。

1. 引渡的条件

按照《引渡法》第 7 条的规定，外国向中国提出的引渡请求必须同时符合下列条件，才能准予引渡：

（1）双重犯罪。《引渡法》第 7 条第 1 款第 1 项规定："引渡请求所指的行为，依照中华人民共和国法律和请求国法律均构成犯罪"。

（2）双重可罚性。《引渡法》第 7 条第 1 款第 2 项明确地指出："为了提起刑事诉讼而请求引渡的，根据中华人民共和国法律和请求国法律，对于引渡请求所指的犯罪均可判处一年以上有期徒刑或者其他更重的刑罚；为了执行刑罚而请求引渡的，在提出引渡请求时，被请求引渡人尚未服完的刑期至少为六个月。"该条第 2 款还指出："对于引渡请求中符合前款第一项规定的多种犯罪，只要其中有一种犯罪符合前款第二项的规定，就可以对上述各种犯罪准予引渡。"

2. 引渡的依据

《引渡法》第 15 条规定："在没有引渡条约的情况下，请求国应当作出互惠的承诺。"可见，中国应外国的引渡请求而予以引渡的依据有：（1）与请求国的引渡条约；（2）与请求国的互惠关系。

3. 本国国民不引渡原则和政治犯不引渡原则

《引渡法》第 8 条明确规定适用本国国民不引渡原则和政治犯不引渡原则。根据《引渡法》第 8 条第 1 项的规定，如果被请求引渡人依照中华人民共和国法律具有中华人民共和国国籍的，则应当拒绝引渡；按照《引渡法》第 8 条第 3 项、第 4 项的规定，被请求引渡人如果因政治原因而请求引渡的，或者中国已经给予被请求引渡人受庇护权利的，或者被请求引渡人可能因其种族、宗教、国籍、性别、政治见解或者身份等方面的原因而被提起刑事诉讼或者执行刑罚，或者被请求引渡人在司法程序中可能由于上述原因受到不公正待遇的，则应当拒绝引渡。

4. 引渡请求的提出

根据《引渡法》第 10 条的规定，请求国的引渡请求，应当向中国外交部提出。

5. 对引渡请求的审查

外交部收到请求国提出的引渡请求后，应当对于引渡请求书及其所附文件、材料是否符合《引渡法》和引渡条约的有关规定进行审查。最高人民法院指定的高级人民法院，对于请求国提出的引渡请求是否符合《引渡法》和引渡条约关于引渡条件等规定进行审查并作出裁定。最

---

① http://sc.people.com.cn/n2/2023/0828/c345460-40547104.html.

高人民法院对高级人民法院作出的裁定进行复核。外交部接到最高人民法院符合引渡条件的裁定后，应当报送国务院决定是否引渡。

6. 引渡的执行

引渡由公安机关执行。对于国务院决定准予引渡的，外交部应当及时通知公安部，并通知请求国与公安部约定移交被请求引渡人的时间、地点、方式以及执行引渡有关的其他事宜。

7. 向外国请求引渡

请求外国准予引渡或者引渡过境的，应当由负责办理有关案件的省、自治区或者直辖市的审判、检察、公安、国家安全或者监狱管理机关分别向最高人民法院、最高人民检察院、公安部、国家安全部、司法部提出意见书，并附有关文件和材料及其经证明无误的译文。最高人民法院、最高人民检察院、公安部、国家安全部、司法部分别同外交部审核同意后，通过外交部向外国提出请求。

（二）中国关于庇护的法律制度

根据国际法，中国对于因政治原因而遭到外国追诉或迫害的外国人给予保护，对于犯有破坏和平罪、战争罪、危害人类罪等国际条约规定的国际罪行者拒绝给予保护。《宪法》第 32 条第 2 款规定："中华人民共和国对于因为政治原因要求避难的外国人，可以给予受庇护的权利。" 2012 年《中华人民共和国出境入境管理法》第 20 条规定：出于人道原因需要紧急入境等具有紧急入境需要并持有中国有关主管部门同意在口岸申办签证的证明材料的外国人，可以在国务院批准办理口岸签证业务的口岸，向公安部委托的口岸签证机关申请办理口岸签证。第 23 条第 1 款第 3 项规定：外国人因不可抗力或者其他紧急原因需要临时入境的，应当向出入境边防检查机关申请办理临时入境手续。第 31 条第 2 款规定：出于人道等原因确需由停留变更为居留的外国人，经设区的市级以上地方人民政府公安机关出入境管理机构批准可以办理外国人居留证件。

此外，中国不实行域外庇护，也反对别国在中国境内进行域外庇护。

国际法案例

庇护案（哥伦比亚诉秘鲁，国际法院）

1948 年 10 月 3 日，秘鲁发生了一起未遂军事叛乱。次日，秘鲁当局发布命令，指控美洲人民革命同盟组织并指挥了这起叛乱，并宣布由国内法院对该同盟领导人托雷和其他同盟成员进行追诉。1949 年 1 月 3 日，托雷前往哥伦比亚驻秘鲁使馆寻求庇护；1 月 4 日，哥伦比亚大使通知秘鲁政府，使馆已对托雷给予庇护，同时要求秘鲁政府向托雷颁发通行许可证，以便他离开秘鲁。1 月 14 日，哥伦比亚大使宣布托雷已被确定为政治避难者。秘鲁对哥伦比亚的决定表示异议，并拒绝向托雷颁发通行许可证。1949 年 8 月 31 日，两国签订《利马协定》，将争端提交国际法院解决。

哥伦比亚政府请求国际法院判决并宣布：(1) 根据 1911 年 7 月 18 日《玻利维亚引渡协定》、1928 年 2 月 20 日《哈瓦那庇护公约》和美洲一般国际法，哥伦比亚有权为庇护的目的决定避难者被指控的罪行的性质；(2) 秘鲁有义务向该避难者颁发通行许可证。秘鲁政府请求法院驳回哥伦比亚政府的上述诉讼请求，判决并宣布哥伦比亚准予庇护托雷和维持该项庇护的行为违反了 1928 年《哈瓦那庇护公约》第 1 条第 1 款（不得庇护普通罪犯）、第 2 条第 2 款（庇护只能在紧急情况下进行）及其他有关条款的规定。

1950 年 11 月 20 日，国际法院对本案作出判决。法院在判决中指出，与领土庇护不同，在外交庇护的情况下，避难者置身于罪行发生地国境内。决定对避难者给予外交庇护有损领土国的主权，它使犯罪者逃脱领土国的管辖，并构成对纯属该国管辖事项的干涉。如果庇护国有权单方面决定避难者所犯罪行的性质，将对领土国的主权造成更大的损害。因此，不能承认这种有损领土主权的外交庇护，除非在特定情况下，它的法律依据能得到确认。如果没有相反的规则，必须承认庇护国和领土国平等地享有决定避难者所犯罪行性质的权利。

国际法院认为，1911 年《玻利维亚引渡协定》没有规定庇护国有权单方面决定避难者所犯罪行的性质。1928 年《哈瓦那庇护公约》也没有赋予庇护国这种单方面作出决定的权利。此外，哥伦比亚政府未能证明存在一项承认庇护国“有权单方面决定避难者所犯罪行性质”的专门适用于拉美国家之间的区域性习惯。法院指出，哥伦比亚政府为证明存在这一区域性习惯所引证的条约或者与本案的问题无关，或者对“单方确定权”未做规定；同时，哥伦比亚所提及的庇护实践的情况也是前后不一和彼此矛盾的，而且它们在很大程度上受到政治上权宜考虑的影响，不能作为存在一项区域性习惯的证据。

对于哥伦比亚政府提出的第二项诉讼请求，国际法院认为，只有在庇护国合法地给予并维持庇护且领土国要求避难者离开本国的情况下，庇护国才能要求领土国为避难者颁发离开该国的通行许可证。但在本案中，秘鲁并未对托雷提出离境要求，因而它没有义务为托雷颁发通行许可证。

随后，国际法院审查了秘鲁的反诉请求。法院认为，秘鲁未能证明托雷参与军事叛乱本身构成 1928 年《哈瓦那庇护公约》第 1 条第 1 款所称的“普通罪行”。同时，哥伦比亚也未能证明其驻利马大使馆对托雷给予庇护时存在《哈瓦那庇护公约》第 2 条第 2 款所要求的“紧迫危险”（紧急情况），因为托雷请求避难时距叛乱发生之日已有 3 个月之久。此外，该款所称的“紧急情况”并不包括遭受正常的法律追诉的危险。法院指出，除非法治被专横行为所取代，原则上，庇护（即使是对政治犯的庇护）不能用来对抗司法。庇护可以保证避难者的安全，但不能因此而认为它可以对抗法律的正常适用和依法设立的法庭的管辖，否则，外交代表将违反其所负的尊重接受国法律的义务，也将违反礼让、睦邻、不干涉等拉美国家所奉行的古老的传统。

简答题

简要回答下列问题：

1. 解决双重国籍或无国籍问题的方法有哪些？
2. 什么是国民待遇原则？
3. 什么是最惠国待遇原则？
4. 国家行使外交保护权需要满足哪些条件？
5. 难民和一般外国人有什么区别？
6. 什么是不推回原则？
7. 引渡的依据和条件分别有哪些？
8. 什么是域外庇护？

第五章
条约法

提 要

条约是国际法的主要渊源之一，它对确定国家或国际组织间的权利义务具有非常重要的意义。虽然在长期的国际实践中形成了关于条约的系统的习惯法规则，但在某些方面仍然缺乏确定性的规定，1969 年《维也纳条约法公约》和 1986 年《关于国家和国际组织或国际组织相互间条约法公约》是对条约问题的国际法编纂，这两个公约分别适用于国家之间和国家与国际组织之间及国际组织相互间缔结条约的情形。它们对有关条约的缔结、生效、遵守、适用、解释、修正与修改、失效、终止和暂停施行等问题作出了系统明确的规定。

重点问题

1. 缔约能力与缔约权
2. 条约的保留
3. 条约的效力
4. 条约的解释机关和解释规则
5. 条约的无效
6. 条约的终止和暂停施行

第一节　概　述

一、条约的概念与特征

条约是两个或两个以上国际法主体（主要是国家）之间根据国际法缔结的确定相互权利和义务关系的协议。

条约具有以下特征。

1. 条约主要是国家之间缔结的协议

国家是基本的国际法主体，同时也是条约关系中的基本主体，因此，条约主要是国家之间缔结的协议。与此同时，国家与国际组织间和国际组织相互间缔结的协议也是条约。作为不常见的现象，其他国际法主体，如事实上独立的殖民地、罗马教廷、交战团体和叛乱团体等，在相应的范围内也有缔约权，可以缔结条约。[①]

国际法主体与个人之间签订的协议不得被视为条约。即使在某些情况下，个人可能会依据此类协议取得国家在某一方面的权利，但它们仍然不属于条约。例如，有的国家可能与个人或者法人签订特许协议，允许后者在一定时期内拥有开发该国某一地区的自然资源的权利，但就其性质而言，这种协议仍然是国内法上的合同。1952 年，国际法院在“英伊石油公司案”中明确指出，伊朗政府与英伊石油公司签订的特许协议只是一个政府与一个外国公司之间的协议，其唯一目的是规定伊朗政府与英伊石油公司有关特许协议的关系；它并不调整英国和伊朗两国政府之间的关系，不产生国际法上的权利和义务。

2. 条约是以国际法为准的协议

条约是根据国际法缔结的协议，受国际法的调整。条约所规定的权利和义务必须符合国际法，缔结时违反国际强行法的条约自始无效。1969 年《维也纳条约法公约》和 1986 年《关于国家和国际组织或国际组织相互间条约法公约》均规定：“条约在缔结时与一般国际法强制规律抵触者无效。”此外，条约的缔结、生效、解释、适用、争端解决等事项也必须以国际法为准。

3. 条约的目的是确定缔约方之间的权利义务关系

条约的目的是确定缔约方之间的权利和义务关系，而其内容则是有关缔约方权利和义务的规定。对缔约方来说，确定相互间国际法上的权利和义务的协议方可构成条约；反之，则不构成条约。“两国或更多国家发表的共同宣言，仅仅对国际问题或彼此有关事项表示共同的态度或政策，而彼此不是就具体事项承担任何国际义务，则不算是条约，尽管这类文件在国际关系上可能具有重大的政治意义。”[②]

4. 条约通常是书面形式的协议

一般来说，条约应当具有书面形式，1969 年《维也纳条约法公约》和 1986 年《关于国家和国际组织或国际组织相互间条约法公约》只适用于书面形式的条约。不过，这并不意味着条约只能是书面形式的协议。实际上，1969 年《维也纳条约法公约》并没有否认非书面形式的条约的效力。其第 3 条规定：“本公约不适用于国家与其他国际法主体间所缔结之国际协定或此种其他国际法主体间之国际协定或非书面国际协定，此一事实并不影响：（甲）此类协定之法律效力；（乙）本公约所载任何规则之依照国际法而无须基于本公约原应适用于此类协定者，对于此类协定之适用；（丙）本公约之适用于国家间以亦有其他国际法主体为其当事者之国际协定为根据之彼此关系。”1986 年《关于国家和国际组织或国际组织相互间条约法公约》第 3 条亦作了类似的规定。

条约本质上是国际法主体之间意思表示一致的协议，并据此确定相互之间的权利和义务。任何符合这一要求的协议均可被视为条约。常设国际法院在 1933 年“格陵兰案”的判决中肯定了口头形式的协议的效力。法院指出，没有任何国际法规则要求这类协定必须以书面形式缔结才能有效。“条约的实质是缔约各方意思表示的一致，而绝不是文书。”[③]

二、条约的种类与名称

（一）条约的种类

根据不同标准，条约可以被分为不同的种类。

---

① 李浩培. 条约法概论. 北京：法律出版社，1987：8－9.

② 周鲠生. 国际法：下册. 北京：商务印书馆，1981：592.

③ 李浩培. 条约法概论. 北京：法律出版社，1987：18.

1. 根据条约的性质，可以将条约分为造法性条约和契约性条约。前者的目的是为缔约各方创设其应当遵守的法律规则，如确定条约缔结规则的《维也纳条约法公约》；后者的目的则是为缔约各方规定具体的权利和义务，如确定国家边界的条约。

2. 根据缔约方的数目，条约可以分为双边条约、有限制多边条约（plurilateral treaty）和一般多边条约（general multilateral treaty）。[①] 双边条约的缔约方只限于两个缔约方，但每一方可以有多个国际法主体。有限制多边条约是数目有限的缔约方参加的、旨在对与这些缔约方有权利义务关系的事项作出规定的条约。一般多边条约通常是指由国际社会多数国家参加且向所有国家开放的条约，它通常规定一般国际法规则或者处理对条约各当事方或者其他国家有共同利害关系的事项。[②]

3. 根据缔约程序，条约可以分为复杂程序的条约和简单程序的条约。前者是指经过全部缔约程序缔结的条约；后者则是指仅经过签署或者以换文形式缔结的条约。无论条约的缔结程序复杂还是简单，它并不影响条约的法律效力。从国际实践来看，以简单程序缔结条约有逐渐流行的趋势。[③]

除以上主要分类以外，条约还可以根据其内容分为政治条约、军事条约、经济条约、文化条约等；根据其缔约方所处的地理区域，条约也可以分为区域性条约和普遍性条约。

（二）条约的名称

实践中，条约的名称不尽相同，主要有以下一些具体的名称。

1. 宪章（charter）、盟约（covenant）、规约（statute）

它们一般指具有重要意义的条约，通常用作国际组织章程的名称，如 1945 年《联合国宪章》、1919 年《国际联盟盟约》、1998 年《国际刑事法院罗马规约》等。

2. 公约（convention）

公约一般是在国际组织主持下以及在国际会议上通过的制订某一方面规则的多边条约的名称，如 1982 年《联合国海洋法公约》、1961 年《维也纳外交关系公约》、2003 年《联合国反腐败公约》等。

3. 条约（treaty）

条约有广义和狭义之分。广义的条约是指规定缔约方权利和义务的任何国际协议，它们可能有不同的具体名称；狭义的条约则是指有关政治、经济、法律等重要问题的、以“条约”为名称的国际协议，如 1978 年《中日和平友好条约》、1980 年《中美领事条约》、2007 年《中法引渡条约》等。

4. 协定（agreement）

协定通常是指缔约国之间为解决某一方面的具体问题而缔结的国际协议，如 1979 年《中华人民共和国和美利坚合众国贸易关系协定》、1984 年《中华人民共和国政府和法兰西共和国政府关于对所得避免双重征税和防止偷漏税的协定》等。

5. 议定书（protocol）

议定书通常是有关具体问题的补充性国际协议，主要用于解释、补充、说明或变更主要条约的规定，常用“附加议定书”“最后议定书”等名称。例如，1969 年《油污损害民事责任国

---

① 李浩培. 条约法概论. 北京：法律出版社，1987：35. 关于“plurilateral treaty”中的“plurilateral”一词，中国国内还有“诸边”“复边”等不同译法。实际上，它是指缔约国数量有限的多边条约。

② 李浩培. 条约法概论. 北京：法律出版社，1987：35.

③ 李浩培. 条约法概论. 北京：法律出版社，1987：36.

际公约》的1976年议定书，该议定书对1969年公约的某些规定作了修改。不过，有时议定书也可以作为独立的国际协议的名称，如1966年《公民权利和政治权利国际公约》的议定书。

6. 宣言（declaration）、声明（statement）

以宣言或声明为名称的国际文件是否属于条约，应视具体情况而定。如果它规定了缔约国的权利和义务并由缔约国分别按照本国法律的规定，以批准等表示同意接受条约拘束的方式使其发生法律效力，则构成条约；反之，则不构成条约。例如，1970年联合国大会通过的《国际法原则宣言》不是条约；但1984年中英《关于香港问题的联合声明》则是重要的双边条约。

7. 联合公报（joint communique）

联合公报通常不是条约，但某些确立双方权利和义务关系的联合公报也可能构成条约，如1978年中美《关于建立外交关系的联合公报》。

8. 换文（exchange of notes）

换文是指当事国双方通过互换内容相同或相似的照会的方式，就特定事项达成一致的协议。例如，1975年日本驻中国大使代表日本与中国之间关于互设领馆问题的换文即构成两国间的双边条约。换文的程序简单，一般无须批准即可生效，因而在条约中占有较大比例。

9. 谅解备忘录（memorandum of understanding）

谅解备忘录一般被用作处理次要问题的国际协议的名称，如1994年10月22日中印《关于简化签证手续谅解备忘录》。

此外，条约还可以使用最后文件、总文件、专约等名称。

三、条约法的编纂

条约法是国际法古老的内容之一，经过各国的长期实践，国际社会在有关条约的问题上形成了系统的习惯法规则。1949年，联合国国际法委员会在第一届会议上就将条约法的编纂列入优先考虑的事项之中。在国际法委员会起草的公约草案的基础上，维也纳外交会议分别于1969年5月23日和1986年3月21日年通过了《维也纳条约法公约》（以下简称《条约法公约》）和《关于国家和国际组织或国际组织相互间条约法公约》。这两项公约是对关于条约问题的习惯法规则的系统编纂。它们对条约的缔结、生效、遵守、适用、解释、修正与修改、失效、终止和暂停施行等问题作出了系统明确的规定，并分别适用于国家之间与国家和国际组织之间及国际组织相互间缔结条约的情形，与此同时，《条约法公约》的“序言”中指出：“确认凡未经本公约各条规定之问题，将仍以国际习惯法规则为准。”

不过，截至2023年年底，《关于国家和国际组织或国际组织相互间条约法公约》仍然未能满足生效条件。为了促使公约早日生效，1999年1月20日，联合国第五十三届大会在关于“国际法十年”（1990年至1999年）的决议中指出：“回顾《关于国家和国际组织或国际组织相互间条约法公约》是在联合国主持下通过的编纂条约法的公约之一，并回顾该公约对国家和国际组织之间或国际组织相互间缔结的条约的实施的影响”；“授权秘书长按照《关于国家和国际组织或国际组织相互间条约法公约》第83条的规定，代表联合国交存对该公约的正式确认书”；“鼓励各国考虑批准或加入，鼓励已签署此公约的国际组织交存对公约的正式确认书和鼓励有资格加入的其他国际组织早日加入公约”。

由于《关于国家和国际组织或国际组织相互间条约法公约》尚未生效，且除主体以外，其内容与《条约法公约》基本相同，因此，本章主要围绕《条约法公约》的规定，阐述适用于国家之间的条约法内容。

第二节 条约的缔结

一、缔约能力和缔约权

缔约能力（capacity to conclude treaties）和缔约权（competence to conclude treaties）是两个不同的概念。缔约能力是指“独立参加条约法律关系，并且直接承担条约义务和享受条约权利的能力，简言之即合法缔结国际条约的能力”[①]。缔约权则是指具有缔约能力的国际法主体的有关机关拥有的代表该主体缔结条约的权限。[②] 前者由国际法决定，后者由国际法主体的内部法律或规则决定。[③]

根据国家主权原则，每个国家都有与其他国家缔结条约的能力。缔约能力是国家固有的、完全的能力，也是国家主权的属性，国家在其主权范围内可以依据国际法缔结任何条约。[④]《条约法公约》第6条规定：“每一国家皆有缔结条约之能力。”至于一个国家内部由哪个或哪些机关代表国家行使缔约权，国家通常在其宪法和专门立法中予以规定。例如，1982年《中华人民共和国宪法》和1990年《中华人民共和国缔结条约程序法》（以下简称《中国缔结条约程序法》）规定，全国人民代表大会常务委员会决定同外国缔结的条约和重要协定的批准和废除；国家主席根据全国人大常委会的决定，批准和废除同外国缔结的条约和重要协定；国务院管理对外事务，同外国缔结条约和协定。自2023年7月1日起施行的《中华人民共和国对外关系法》（以下简称《中国对外关系法》）第12条规定：“国务院管理对外事务，同外国缔结条约和协定，行使宪法和法律规定的对外关系职权。”2023年1月1日起施行的国务院《缔结条约管理办法》第4条规定：“除中华人民共和国宪法、法律和国务院另有授权外，地方各级政府无权缔结条约。”

实践中，国家元首和政府首脑很少直接行使缔约权，而是通过其代表行使这种权力。行使缔约权的代表应当持有和出示全权证书，以表明其缔约权限。

除国家以外，在现代，国际组织的缔约能力业已得到国际社会的普遍承认。1986年《关于国家和国际组织或国际组织相互间条约法公约》第6条明确规定：“国际组织的缔约能力依照该组织的规则。”该公约第2条指出：“组织的规则特别指该组织的组成文书、按照这些文书通过的决定和决议以及确定的惯例。”不过，与国家不同，国际组织没有主权，其缔约能力来自成员国通过组织章程给它的授权，因此，国际组织的缔约能力是有限的，不得超出组织章程规定的“执行其职务和实现其宗旨所必需”的范围。至于国际组织内部由哪个机构代表其行使缔约权，通常由国际组织章程予以规定。

二、条约的缔结程序

条约的缔结程序是指缔结条约时一般遵循的步骤和过程。根据《条约法公约》的规定，缔约程序包括议定约文、认证约文和表示同意受条约拘束。现分述如下：

---

① 万鄂湘，等. 国际条约法. 武汉：武汉大学出版社，1998：20.
② 梁淑英. 国际法. 北京：中央广播电视大学出版社，2002：292.
③ 杨泽伟. 国际法. 北京：高等教育出版社，2007：319.
④ 杨泽伟. 国际法. 北京：高等教育出版社，2007：319.

（一）议定约文

议定约文（adoption of the text）是指拟缔结条约的各方进行谈判，起草载明条约规定的约文，并就其内容达成一致的过程。

议定约文首先要进行谈判，参加谈判的代表需出示其“全权证书”（Full Powers）。“全权证书”是由一国主管机关所颁发的，指派一人或数人代表该国进行谈判、议定或认证条约约文、表示该国同意受条约拘束或完成有关条约之任何其他行为的文件。《中国缔结条约程序法》第 6 条规定：谈判和签署条约、协定的代表按照下列程序委派：(1) 以中华人民共和国名义或者中华人民共和国政府名义缔结条约、协定，由外交部或者国务院有关部门报请国务院委派代表。代表的全权证书由国务院总理签署，也可以由外交部长签署。(2) 以中华人民共和国政府部门名义缔结协定，由部门首长委派代表。代表的授权证书由部门首长签署。部门首长签署以本部门名义缔结的协定，各方约定出具全权证书的，全权证书由国务院总理签署，也可以由外交部长签署。

根据《条约法公约》第 7 条第 2 款的规定，下列人员由于其所任职务，视为代表其国家，无须出具全权证书：(1) 国家元首、政府首脑及外交部长，为实施关于缔结条约之一切行为；(2) 使馆馆长，为议定派遣国与驻在国之间之条约约文；(3) 国家派往国际会议或派驻国际组织或该国际组织一机关之代表，为议定在该会议、组织或机关内议定之条约约文。按照《中国缔结条约程序法》第 6 条的规定，下列人员谈判、签署条约、协定，无须出具全权证书：(1) 国务院总理、外交部长；(2) 谈判、签署与驻在国缔结条约、协定的中华人民共和国驻该国使馆馆长，但是各方另有约定的除外；(3) 谈判、签署以本部门名义缔结协定的中华人民共和国政府部门首长，但是各方另有约定的除外；(4) 中华人民共和国派往国际会议或者派驻国际组织，并在该会议或者该组织内参加条约、协定谈判的代表，但是该会议另有约定或者该组织章程另有规定的除外。

作为谈判基础的条约草案，双边条约可以由一方起草，另一方表示同意或者建议修改，也可以由双方共同起草；多边条约一般在国际会议上由各方代表共同起草，或者由国际组织或专门委员会起草。条约约文的议定通常应经过拟缔结条约的所有国家同意。但是，如果谈判国数量众多，约文的议定要得到所有国家同意显然不太现实，因此，《条约法公约》第 9 条规定了多数表决的方式：“国际会议议定条约之约文应以出席及参加表决国家 2/3 多数之表决为之，但此等国家以同样多数决定适用另一规则者不在此限。”实践中，议定约文还可以采取协商一致的方式，1982 年《联合国海洋法公约》的约文就是以协商一致方式议定的。

（二）认证约文

认证约文（authentication of the text）是指谈判代表通过草签、待核准的签署、签署等方式认可条约约文的内容，确定条约作准文本的行为。

《条约法公约》第 10 条规定，认证约文应依约文所载或经参加起草约文的国家协议的程序进行，或者采取以下方式：“（甲）依约文所载或经参加草拟约文国家协议之程序；或（乙）倘无此项程序，由此等国家代表在条约约文上，或在载有约文之会议最后文件上签署，作待核准之签署或草签。”

1. 草签

草签（initialling）是在条约正式签署前认证条约约文的行为。草签时，谈判代表只需要签本人姓氏的首字母（中国代表签本人的姓）。草签表示谈判代表确认约文内容无误，将不再要求对约文作实质性修改。经草签的条约日后需要正式签署。

2. 待核准的签署

待核准的签署（signature ad referendum）又称“暂签”，它是指谈判代表在约文上签署本人姓名，待本国政府确认后即具有正式签署效力的一种非正式的签署行为。[1] 待核准的签署一旦经本国政府确认，即产生签署的效力，不需要另行签署。

3. 签署

签署（signature）是指谈判代表正式代表本国政府在约文上签署本人姓名，表示认证约文的行为。国务院《缔结条约管理办法》第 13 条规定："条约签署前，国务院有关部门法制机构应当从法律角度对条约进行审查。以中华人民共和国名义或者中华人民共和国政府名义签署，且根据缔约程序法或者有关规定应当报请国务院审核并建议提请全国人民代表大会常务委员会决定批准或者加入，或者报请国务院核准、决定加入或者接受的条约，内容与中华人民共和国法律、行政法规或者与中华人民共和国依据其他条约承担的国际义务不一致的，国务院有关部门应当在条约签署前不少于 30 个工作日征求司法部的意见。"

根据主权平等原则，双边条约签署时采取轮换制，每个国家在自己保存的条约文本的首位签字，在对方保留的条约文本的次位签字；多边条约签署时，根据各签字国同意的文字确定各国国名的字母顺序，按该顺序进行签署。

（三）表示同意受条约拘束

表示同意受条约拘束（expression of consent to be bound by a treaty）是指国家通过签署、交换构成条约之文书、批准、接受、赞同、加入或其他任何行为或方式表示同意接受条约拘束并使其对本国生效的行为。

1. 签署

签署除表示对约文的认证外，也可以表示国家同意受条约的拘束。根据《条约法公约》第 12 条第 1 款，一国谈判代表以签署表示同意受条约拘束有以下三种情形：第一，条约规定签署具有此效力。第二，谈判国另行协议一致同意签署具有此效力。第三，谈判国在谈判代表的全权证书上载明或在谈判中表明签署具有此效力。

2. 交换构成条约之文书

交换构成条约之文书（exchange of instruments constituting a treaty）也是国家表示同意受条约拘束的方式之一。根据《条约法公约》第 13 条，以这种方式表示同意受条约拘束有以下两种情形：第一，该文书中规定文书之交换具有此效力。第二，有关国家另行协议规定文书之交换具有此效力。

3. 批准

批准（ratification）是国家最高立法机关对谈判代表所签署的条约表示认可，并同意受条约拘束的法律行为。在国际实践中，一些重要的条约需要得到国家权力机关批准后，才能对国家产生拘束力。根据《条约法公约》第 14 条第 1 款，以批准表示同意受条约拘束有以下四种情况：第一，条约规定应当以批准方式表示同意受条约拘束。第二，谈判国另行协议确定需要以批准的方式表示同意受条约拘束。第三，谈判国代表对条约作了须经批准的签署。第四，谈判国将须经批准的意思表现于谈判代表的全权证书上，或在谈判中表明条约须经批准。

在批准条约的过程中，国家要全面审查提交批准的条约对本国的影响，必要时还需要制定或修改国内法；但有时，批准只是单纯履行国内法规定的立法机关的同意程序。在国际法上，国家不负有必须批准经本国代表议定和认证的条约的义务。如果国家拒绝批准，则有关条约对该国不产生拘束力。不过，在作出不批准条约的正式决定之前，国家有义务不采取任何足以妨碍条约目的及宗旨的行动。《条约法公约》第 18 条明确规定：如该国已签署条约或已交换构成

---

① 《国际公法学》编写组. 国际公法学. 3 版. 北京：高等教育出版社，2022：365.

条约之文书而须经批准、接受或赞同，但尚未明白表示不欲成为条约当事国之意思，则该国负有义务不得采取任何足以妨碍条约目的及宗旨的行动。

根据《中国缔结条约程序法》第 7 条的规定，条约和重要协定的批准由全国人大常委会决定。条约和重要协定是指：（1）友好合作条约、和平条约等政治性条约；（2）有关领土和划定边界的条约、协定；（3）有关司法协助、引渡的条约、协定；（4）同中华人民共和国法律有不同规定的条约、协定；（5）缔约各方议定须经批准的条约、协定；（6）其他须经批准的条约、协定。

在《中国缔结条约程序法》第 7 条的基础上，国务院《缔结条约管理办法》第 16 条对需经全国人大常委会批准的条约进一步作了明确规定。下列条约，应当由外交部或者国务院有关部门会同外交部自签署之日起 180 日内报请国务院审核，并建议提请全国人民代表大会常务委员会决定批准：（1）友好合作条约、和平条约等政治性条约；（2）有关领土和划定边界的条约，包括划定陆地边界和海域边界的条约；（3）有关司法合作的条约，包括司法协助、引渡、被判刑人移管、承认与执行外国法院判决或者仲裁裁决的条约；（4）与中华人民共和国法律有不同规定或者履行条约需要新制定法律的条约；（5）涉及中央预算调整的条约；（6）内容涉及《立法法》第 8 条规定的只能制定法律的条约；（7）有关参加政治、经济、安全等领域重要国际组织的条约；（8）对外交、经济、安全等领域国家利益有重大影响的条约；（9）条约规定或者缔约各方议定须经批准的条约；（10）外交部或者国务院有关部门商外交部建议须经批准的条约。

4. 核准

核准（approval）亦称“赞同”，它是国家最高行政机关对谈判代表所签署的条约表示认可，并同意受条约拘束的法律行为。“核准是代替批准的一种简易方式。由于无须立法机关的参与，避免了由此带来的拖延，现已成为普遍的国家实践。”[①] 根据《中国缔结条约程序法》第 8 条，对于需经全国人大常委会批准的条约和重要协定以外的、国务院规定须经核准或者缔约各方议定须经核准的协定和其他具有条约性质的文件，在签署后报请国务院核准。国务院《缔结条约管理办法》第 17 条规定：下列条约，应当由外交部或者国务院有关部门会同外交部自签署之日起 180 日内报请国务院核准：（1）有关边界管理和边防事务的条约；（2）有关管制物资贸易或者技术合作的条约；（3）有关军工贸易和军控的条约；（4）与中华人民共和国行政法规有不同规定或者履行条约需要新制定行政法规的条约；（5）影响中央预算执行但不涉及预算调整的条约；（6）涉及中华人民共和国行政法规规定的税收制度的条约；（7）涉及扩大重要和关键行业外资准入的条约；（8）对外交、经济、安全等领域国家利益有较大影响的条约；（9）条约规定或者缔约各方议定须经核准的条约；（10）外交部或者国务院有关部门商外交部建议须经核准的条约。

5. 加入

加入（accession）是未签署条约的国家同意受已签署或已生效的条约拘束的法律行为。“‘加入’的方法适用于某国未能在条约所规定的开放签字时间内签署条约，但又愿意接受条约约束这一情况。在条约生效前或者是生效后均可能发生‘加入’该条约的行为。”[②] 根据《条约法公约》第 15 条，以加入表示同意受条约拘束有以下三种情形：第一，条约本身规定允许该国加入。第二，谈判国另有协议确定允许该国加入。第三，全体当事国嗣后协议同意该国

① 白桂梅. 国际法. 3 版. 北京：北京大学出版社，2015：79.

② 贾冰冰. 国际公法：和平时期的解释与适用. 2 版. 北京：清华大学出版社，2015：72.

加入。

加入适用于开放性的多边条约，特别是一些造法性的国际公约，双边条约不存在加入问题。一项多边条约是否允许其他国家加入或者允许哪些国家加入，一般会在条约中予以规定。例如，1959 年《南极条约》第 13 条第 1 款规定："对于联合国任何会员国，或经其代表有权参加本条约第 9 条规定的会议的所有缔约国同意而邀请加入本条约的任何其他国家，本条约应予开放，任其加入。"

传统上，国家只能加入已经生效的条约。但现代国际法理论与实践均认为，加入和生效是两个性质不同的问题，甚至条约的生效还部分地有赖于加入书的交存。因此，国家不仅可以加入尚未生效的条约，而且加入对条约生效有着重要的作用。①

根据《中国缔结条约程序法》第 11 条的规定，加入多边条约和协定的决定，分别由全国人大常委会或者国务院作出：（1）加入属于应当由全国人大常委会批准的多边条约和重要协定，由外交部或者国务院有关部门会同外交部审查后，提出建议，报请国务院审核；由国务院提请全国人民代表大会常务委员会作出加入的决定。（2）加入不属于应当由全国人大常委会批准的多边条约、协定，由外交部或者国务院有关部门会同外交部审查后，提出建议，报请国务院作出加入的决定。国务院《缔结条约管理办法》第 18 条规定："加入本办法第十六条所列范围的多边条约，应当由外交部或者国务院有关部门会同外交部报请国务院审核，并建议提请全国人民代表大会常务委员会决定。"可见，全国人大常委会和国务院对分别属于各自批准和核准范围内的未签署的多边公约，有权作出加入的决定。

6. 接受

接受（acceptance）是国家最高行政机关作出的同意受多边条约拘束的法律行为。《中国缔结条约程序法》第 12 条中规定："接受多边条约和协定，由国务院决定。经中国代表签署的或者无须签署的载有接受条款的多边条约、协定，由外交部或者国务院有关部门会同外交部审查后，提出建议，报请国务院作出接受的决定。"

国家机关作出批准书、核准书、加入书、接受书后，双边条约一般采取互换文书的方式；多边条约通常将文书送交条约的保管者。条约的保管者由国际条约规定，可以是一国或者数国，也可以是国际组织或者国际组织的主要负责人。例如，《联合国宪章》第 110 条第 2 款规定："批准书应交存美利坚合众国政府。该国政府应于每一批准书交存时通知各签字国，如本组织秘书长业经委派时，并应通知秘书长。"

如果一国只同意受条约一部分的约束，则只有在条约许可或其他缔约国同意的条件下方为有效。如果一项条约允许缔约国在不同条款之间进行选择，则只有缔约国明确表示同意受其拘束的那些条款才会对该国发生拘束的效力。

三、条约的保留

（一）保留的定义

根据《条约法公约》第 2 条的规定，保留（reservation）是指一国在签署、批准、核准、接受或加入条约时所作的单方面声明，不论措辞或名称如何，其目的在于摒除或更改条约中若干规定对该国适用时的法律效果。从公约的定义可见，保留具有排除保留国承担条约特定义务或者更改条约中特定条款内容的效果。例如，中国在批准 2003 年《联合国反腐败公约》时声

① 杨泽伟. 国际法. 北京：高等教育出版社，2007：322.

明：中国不受《联合国反腐败公约》第 66 条[①]第 2 款的约束。这就是一种排除承担条约特定义务的保留。

保留是一国的主权行为，其根据是国家主权平等原则和缔约自由原则。实践中，双边条约不存在保留问题。如果双方对条约中的某些条款无法达成一致，就不可能签订条约。保留只适用于多边条约，即使多边条约本身未作规定，也不意味着不得提出保留。1951 年，国际法院在对《关于防止和惩治灭绝种族罪公约》的保留问题发表的咨询意见中指出：不能从一个多边公约未就保留问题作出明文规定即推导出缔约国不得作出保留的结论。一个多边公约的性质及其目的、条款、准备和议定等是在该公约对于保留问题未作明文规定的情况下必须考虑的因素，借以决定是否可以作出保留以及保留的效力和后果。[②]

实践中，有时国家在表示同意接受条约拘束时可能发表单方面的“解释性声明”，尤其是在条约不允许保留的情况下。根据联合国国际法委员会通过的《条约保留的实践指南》，这种解释性声明的法律效果在于发表者说明或者澄清其认为的条约或条约某些条款具有的含义或范围。它与保留的根本区别在于保留具有排除或更改条约中某些规定对提出保留的国家适用时的法律效果，而单方面的解释性声明则没有这种效果。[③]

（二）保留的范围

根据国家主权平等原则和缔约自由原则，国家在缔结条约时有权提出保留，但是，国家保留的范围要受到一定的限制。《条约法公约》第 19 条对国家保留的范围作了如下限制。

（1）国家不得对明文禁止保留的条约提出保留。例如，2017 年《禁止核武器条约》第 16 条规定：“本条约各项条款不接受保留。”

（2）国家不得对条约中明文禁止保留的条款提出保留。例如，1982 年《联合国海洋法公约》第 309 条规定：“除非本公约其他条款明示许可，对本公约不得作出保留或例外。”

（3）国家不得提出违反条约目的和宗旨的保留。例如，2006 年《残疾人权利公约》第 46 条规定：“保留不得与本条约的目的和宗旨不符。”

（三）保留的接受与反对

传统上，国际法学说和国际实践对于多边条约的保留问题都采取了肯定条约完整的原则的态度，要求一个缔约国的保留必须得到所有其他缔约国明示或者默示同意方能成立。[④] 现在，这种情况有所变化。对于一个缔约国提出的保留，其他缔约国可能作出接受或反对的表示。如果保留国的保留被接受，保留即可成立；反之，则可能不成立。《条约法公约》第 20 条对保留的接受与反对作了如下规定。

（1）凡为条约明示准许的保留，无须其他缔约国事后予以接受。缔约国一旦提出，即可成立。但条约规定须其他缔约国事后予以同意者，则应取得同意方能成立。

（2）如果谈判国的数目有限，且从有限的数目和条约的目的和宗旨来看，在全体当事国之

---

① 2003 年《联合国反腐败公约》第 66 条规定了争端的解决：“一、缔约国应当努力通过谈判解决与本公约的解释或者适用有关的争端。二、两个或者两个以上缔约国对于本公约的解释或者适用发生任何争端，在合理时间内不能通过谈判解决的，应当按其中一方请求交付仲裁。如果自请求交付仲裁之日起六个月内这些缔约国不能就仲裁安排达成协议，则其中任何一方均可以依照《国际法院规约》请求将争端提交国际法院。三、各缔约国在签署、批准、接受、核准或者加入本公约时，均可以声明不受本条第二款的约束。对于作出此种保留的任何缔约国，其他缔约国也不受本条第二款的约束。四、凡根据本条第三款作出保留的缔约国，均可以随时通知联合国秘书长撤销该项保留。”

② 李浩培．条约法概论．北京：法律出版社，1987：173.

③ 《国际公法学》编写组．国际公法学．3 版．北京：高等教育出版社，2022：369.

④ 李浩培．条约法概论．北京：法律出版社，1987：151.

间适用全部条约为每一当事国同意受条约拘束的必要条件，则保留须经全体当事国接受。

(3) 如果条约为国际组织的组织约章，除条约另有规定外，保留须经该组织主管机关接受。

(4) 不属以上情况者，除非条约另有规定，在下列情况下保留可以成立：第一，保留经另一缔约国接受，就该另一缔约国而言，保留国即成为条约当事国，但须以条约对各该国均已生效为限。第二，保留经另一缔约国反对，条约在反对国与保留国之间并不因此而不发生效力，但反对国确切表示相反意思者不在此限。第三，表示一国同意承受条约拘束而附以保留的行为，一俟至少有另一缔约国接受保留，即发生效力。

另外，就适用上述第 2 项与第 4 项而言，除条约另有规定外，如果一国在接到保留通知后 12 个月期间届满时或至其表示同意承受条约拘束之日为止（两者中以较后之日期为准），没有对保留提出反对，则该项保留即视为业经该国接受。

（四）保留与反对保留的法律效果

保留一经成立，在保留国与接受保留的另一当事国之间修改保留所涉及的有关条款。对保留国与该另一当事国而言，它们相互间的关系依照保留的范围修改保留所涉及的条约规定。但保留不影响其他当事国之间的权利义务关系，此项保留在条约其他当事国相互间不修改条约的规定。

如果反对保留的国家并未反对条约在本国与保留国之间生效，则此项保留所涉及的规定在保留的范围内，对于该两国间不适用。

（五）保留的撤回和撤销

除条约另有规定外，保留得随时撤回，无须经业已接受保留的国家的同意；同样，对保留的反对亦得随时撤回。除非条约另有规定或另外有协议，保留的撤回，在对另一缔约国的关系上，自该国收到撤回保留的通知时起开始发生效力；对保留的反对的撤回，自提出保留的国家收到撤回反对的通知时起开始发生效力。

（六）保留的程序

根据《条约法公约》第 23 条，保留应遵循以下程序：

(1) 保留、明示接受保留及反对保留，均必须以书面形式提出并致送缔约国及有权成为条约当事国的其他国家。

(2) 倘若保留是在签署须经批准、接受或赞同的条约时提出的，必须由保留国在表示同意承受条约拘束时正式确认；遇此情形，该项保留应视为在其确认之日提出。

(3) 倘若明示接受保留或反对保留是在确认保留前提出的，其本身无须经过确认。

(4) 撤回保留或撤回对保留的反对必须采取书面形式。

四、条约的登记和公布

条约的登记和公布是从国际联盟时期开始出现的一种制度，其目的是避免秘密条约的存在。《国际联盟盟约》第 18 条规定：“嗣后联盟任何会员国所订条约或国际协议应当送秘书处登记并由秘书处从速发表。此项条约或国际协议未经登记以前不发生效力。”不过，该条关于未经登记的条约效力的规定不符合逻辑，因为条约是否发生效力取决于缔约国的意志，而不是登记的程序。

联合国的条约登记和公布制度对国际联盟的制度作了修改。《联合国宪章》第 102 条规定：“一、本宪章发生效力后，联合国任何会员国所缔结之一切条约及国际协定应尽速在秘书处登记，并由秘书处公布之。二、当事国对于未经依本条第一项规定登记之条约或国际协定，不得向联合国任何机关援引之。”《联合国宪章》第102条没有涉及未经登记的条约的效力问题，而是规定未经登记的条约或协定不得在联合国任何机关援引，以此促使各会员国将其缔结的条约或国际协定在联合国秘书处进行登记。

《条约法公约》第80条第1款作了与《联合国宪章》第102条一致的规定：“条约应于生效后送请联合国秘书处登记或存案及记录，并公布之。”

此外，《条约法公约》第76条规定了条约的保管机关，保管机关的主要职责之一是向联合国秘书处登记条约。除此之外，保管机关的职责还包括：保管条约约文正本及任何送交保管机关的全权证书；备就约文正本的正式副本及条约规定的条约其他语言文本，并将其分送当事国及有权成为条约当事国的国家；接受条约的签署及接受并保管有关条约的文书、通知及公文；审查条约的签署及有关条约的任何文书、通知或公文是否妥善，如有必要，应将此事提请关系国家注意；将有关条约的行为，通知及公文转告条约当事国及有权成为条约当事国的国家；在条约生效所需数目的签署或批准书、接受书、核准书或加入书已收到或交存时，转告有权成为条约当事国的国家等。

五、中国有关缔结条约的法律规定

中国一贯坚持维护以国际法为基础的国际秩序，遵守善意履行国际义务的国际法基本原则。1997年5月9日，中国交存了《条约法公约》的加入书。1997年10月3日，该公约对中国生效。在加入《条约法公约》时，中国对该公约第66条“司法解决、公断及和解之程序”提出保留，并宣布中国台湾当局1970年4月27日对公约的签署是非法和无效的。

在国内立法方面，我国《宪法》规定，全国人民代表大会常务委员会决定同外国缔结的条约和重要协定的批准和废除；中华人民共和国主席根据全国人民代表大会常务委员会的决定，批准和废除同外国缔结的条约和重要协定；国务院管理对外事务，同外国缔结条约和协定。

1990年12月28日，全国人大常委会通过《中国缔结条约程序法》，并于当日公布实施。该法是关于缔结条约程序的专门立法，适用于中国与外国缔结的双边和多边条约、协定及其他具有条约、协定性质的文件。为规范缔结条约工作程序，加强对缔结条约事务的管理，2022年10月16日，国务院总理李克强签发中华人民共和国国务院令，公布了国务院《缔结条约管理办法》，自2023年1月1日起施行。

《中国缔结条约程序法》和国务院《缔结条约管理办法》对缔结条约的程序作出全面规定，主要内容如下（本节已述及的内容不再重复）：

（一）缔约名义

中国以中华人民共和国、中华人民共和国政府、中华人民共和国政府部门的名义与外国缔结条约和协定。

1. 以中华人民共和国名义缔结的条约，包括：（1）友好合作条约、和平条约等政治性条约；（2）有关领土和划定边界的条约，包括划定陆地边界和海域边界的条约；（3）有关司法合作的条约，包括司法协助、引渡、被判刑人移管、承认与执行外国法院判决或者仲裁裁决的条约；（4）其他涉及重大国家利益的条约。特殊情况下，经国务院审核决定，上述条约可以中华人民共和国政府名义缔结。

2. 当以中华人民共和国政府名义缔结的条约，包括：（1）涉及国务院职权范围的条约；（2）涉及两个以上国务院有关部门职权范围的条约；（3）其他需要以中华人民共和国政府名义缔结的条约。特殊情况下，经国务院审核决定，前述所列条约可以中华人民共和国政府部门名义缔结。

3. 以中华人民共和国政府部门名义缔结的条约，包括：国务院各部、委员会、中国人民银行、审计署、具有行政管理职能的直属机构、根据法律规定或者国务院授权承担行政管理职能的国务院其他机构，可以就本部门职权范围内的事项，以中华人民共和国政府部门名义缔结条约。

（二）缔结条约和协定的启动及草案的起草

以不同名义缔结的条约和协定，适用不同的程序。

1. 以中华人民共和国的名义谈判和签署条约、协定，由外交部或国务院有关部门会同外交部提出建议并拟订条约、协定的中方草案，报请国务院审核决定。

2. 以中华人民共和国政府的名义谈判和签署条约、协定，由外交部提出建议并拟订条约、协定的中方草案，或者由国务院有关部门提出建议并拟订条约、协定的中方草案，同外交部会商后，报请国务院审核决定。

3. 以中华人民共和国政府部门的名义谈判和签署属于本部门职权范围内事项的协定，由本部门决定或本部门同外交部会商后决定；涉及重大问题或者涉及国务院其他有关部门职权范围的，由本部门或者本部门同国务院其他有关部门会商后，报请国务院决定。协定的中方草案由本部门审核决定，必要时同外交部会商。

经国务院审核决定的条约、协定的中方草案，经谈判需要作重要改动的，需重新报请国务院审核决定。

（三）与香港、澳门特别行政区有关的程序

1. 缔结多边条约时，国务院有关部门应当在报请国务院审核并建议提请全国人大常委会决定批准或者加入前，或者报请国务院核准、决定加入或者接受前，通过外交部分别征询香港、澳门特别行政区政府的意见。若多边条约规定缔约方不限于主权国家，且根据《香港特别行政区基本法》和《澳门特别行政区基本法》，香港、澳门特别行政区有权单独签订，可以不征询香港、澳门特别行政区政府的意见。缔结双边条约，需要征询香港、澳门特别行政区政府意见的，由国务院有关部门会同外交部和国务院港澳事务机构参照前述规定办理。

2. 外交部征询香港、澳门特别行政区政府意见的事项包括：（1）条约是否适用于香港、澳门特别行政区；（2）拟对条约作出的有关声明或者保留是否适用于香港、澳门特别行政区；（3）香港、澳门特别行政区是否需要作出其他声明或者保留；（4）条约已经适用于香港、澳门特别行政区，且为香港、澳门特别行政区作出声明或者保留的，原声明或者保留是否继续有效。

3. 涉及外交、国防事务的条约，或者根据条约性质、规定应当适用于中国全部领土的条约，国务院有关部门应当在报请国务院审核并建议提请全国人大常委会决定批准或者加入前，或者报请国务院核准、决定加入或者接受前，通过外交部通知香港、澳门特别行政区政府，条约将适用于香港、澳门特别行政区。

4. 适用于香港、澳门特别行政区的条约，国务院有关部门应当自条约对中国生效的手续办理完毕之日起20个工作日内，将条约适用于香港、澳门特别行政区的情况，通过外交部通知香港、澳门特别行政区政府。

5. 条约扩展适用于香港、澳门特别行政区的，国务院有关部门应当通过外交部分别征询香港、澳门特别行政区政府意见，并会同外交部提出建议，报请国务院决定。

（四）条约的保存、公布和登记

外交部保存以中华人民共和国或者中华人民共和国政府的名义缔结的双边条约、协定；各部门保存以中华人民共和国政府部门的名义缔结的双边协定。全国人大常委会负责公布经全国人民代表大会常务委员会决定批准或者加入的条约和重要协定；国务院负责规定其他条约、协定的公布办法。外交部负责按照《联合国宪章》的有关规定向联合国秘书处登记中国缔结的条约和协定。外交部负责将缔结的条约和协定编入《中华人民共和国条约集》，并建设和维护数字化的条约数据库。

第三节　条约的生效和效力

一、条约的生效

（一）条约的生效方式

条约的生效是指条约在法律上成立，并对缔约各方产生拘束力。国际法对此没有统一的规定。因为条约是各缔约方意思表示一致的协议，所以，其生效方式和日期应当由缔约方自行决定并在条约中作出明确规定。《条约法公约》第24条确认了这一点："条约生效之方式及日期，依条约之规定或依谈判国之协议。"

1. 双边条约的生效方式

在国际实践中，双边条约的生效方式主要有：(1) 自签署之日生效；(2) 自批准之日生效；(3) 自交换批准书之日或之后生效。另外，还有在签署后经过一定期间生效，在签署后与缔约国一方的某一部国内法同时生效，签署后双方另以换文或换函确定生效日期，签署后经缔约国一方通知另一方批准时生效，签署后经缔约双方相互通知已完成各自使条约生效的法律程序后生效，签署后经总统公告后生效等。[①]

2. 多边条约的生效方式

多边条约的生效主要有以下三种方式：(1) 自全体缔约国批准或各缔约国明确表示承受拘束之日起生效。例如，1959年《南极条约》第13条第1款规定，条约须经各签字国批准方能生效。(2) 自一定数目的国家交存批准书或加入书之日或之后某日生效。例如，1982年《联合国海洋法公约》第308条第1款规定，公约自第60份批准书或加入书交存后12个月生效。(3) 自一定数目的国家包括某些特定国家交存批准书后生效。例如，《联合国宪章》第110条第3款规定，宪章在包括中国、美国、苏联、英国和法国以及其他签字国过半数交存批准书之日生效。

（二）条约的暂时适用

根据《条约法公约》第25条的规定，条约或条约的一部分于条约生效前在下列情形下暂时适用：第一，条约本身如此规定。第二，谈判国以其他方式协议如此办理。在条约或条约的一部分对某一国家暂时适用的情况下，除非另有协议或另有规定，当该国将其不愿意成为条约当事国的意思通知其他各国后，该条约或该部分条约的效力即对该国终止。

（三）条约的有效期

在条约有效期的问题上，条约可以分为无限期的条约和有限期的条约两种类型。

对于无限期的条约，除非其被缔约方另订的条约所取代，否则将一直有效。造法性条约通常属于无限期的条约。对于有限期的条约，其有效期会在条约中明文规定。至于有效期的长

---

① 李浩培. 条约法概论. 北京：法律出版社，1987：208-210.

短，由缔约方协议确定。有些有限期的条约还规定了有效期届满后的自动延长程序。例如，1979年中美《贸易关系协定》第10条规定："(1）本协定自缔约双方相互通知各自业已完成协定生效的必要法律手续之日起生效，有效期为三年。(2）缔约任何一方如未在有效期满前至少三十天将终止本协定的意愿通知对方，则本协定有效期延长三年，此后仍可依此方法延长。"

二、条约的效力

（一）条约的适用

1. 条约适用的时间范围

条约通常自生效之日起开始适用；除另有规定外，条约没有溯及力。《条约法公约》第28条规定："除条约表示不同意思，或另经确定外，关于条约对一当事国生效之日以前所发生之任何行为或事实或已不存在之任何情势，条约之规定不对该当事国发生拘束力。"

2. 条约适用的空间范围

除条约另有规定或经缔约方另行确定条约仅适用于特定领土以外，原则上，条约应当适用于缔约国的全部领土。

有时，缔约国希望条约只适用于特定的领土范围。从传统的国际法实践中发展而来的一种做法就是在条约中补充一项特别条款，称为领土适用条款。尽管其形式多种多样，但效力都是使缔约国能够限制条约适用的领土范围。例如，这种条款可以使本国领土成为条约的适用范围，而不涉及本国负责其国际关系的任何或所有领土。①

3. 条约的冲突

条约的冲突是指缔约方就同一事项缔结了两个或两个以上内容不同的条约，从而造成不同条约适用于同一事项而产生矛盾的情形。解决国家间缔结的条约的冲突有以下几种方法。

第一，《联合国宪章》优先。《联合国宪章》第103条规定，倘若联合国会员国根据《联合国宪章》承担的义务与其他条约项下的义务发生冲突，宪章义务应居优先地位。《条约法公约》第30条第1款再次确认了这一点：公约关于解决条约冲突的规则"以不违反《联合国宪章》第103条为限"。

第二，依照条约规定的规则。倘若缔约国就同一个事项订立了不同的条约，条约中明确规定先订条约不得违反后订条约或者不得视为与后订条约不符时，后订条约的义务居优先地位；倘若条约中明确规定后订条约不得违反先订条约或者不得视为与先订条约不符时，先订条约的义务居优先地位。

第三，适用后法优于先法原则。倘若就同一事项先后缔结的两个不同的条约的缔约国完全一致，一般后订条约规定的义务居优先地位。倘若先订条约并没有因为后订条约而终止或停止施行，则先订条约只在与后订条约不冲突的范围内继续有效。

第四，适用在当事国之间有效的条约。根据《条约法公约》第30条第4款的规定，倘若就同一事项先后缔结了两个条约，而后订条约的当事国不包括先订条约的全体当事国时，则在同时是先订和后订两个条约的当事国之间，适用后法优于先法的原则，即后订条约规定的义务居优先地位；只是其中一个条约的当事国与同时是先订和后订两个条约的当事国之间，适用它们同为当事国的先订条约或后订条约。

---

① 詹宁斯，瓦茨．奥本海国际法：第9版：第1卷，第2分册．王铁崖，等译．北京：中国大百科全书出版社，1998：653.《奥本海国际法》解释这种条约之所以不多见的原因时指出，鉴于领土适用条款与殖民地利益相冲突，甚至会妨碍殖民主义的结束，很多国家拒绝在国际公约中包含这一条款。

（二）条约必须遵守原则

在现代国际法时期，国家的国际义务主要来源于国际条约，因此，条约必须遵守原则与作为国际法的基本原则之一的“善意履行国际义务原则”是密切相关的。条约必须遵守原则是指对于合法缔结的条约，在其有效期间，缔约国应当诚实遵守条约的规定，善意履行根据条约产生的义务。

条约必须遵守是一项古老的习惯法原则。古代国家在缔结国际条约时，为了促使各方遵守条约，常常要举行各种庄严的仪式，甚至利用宗教仪式来强调其应当遵守的特性。杨泽伟教授指出：“‘条约必须遵守’是一项古老的原则，它源于古罗马法，后来发展成传统国际法上的一项原则，并一直沿用到现在。”① 在现代国际法律文件中，条约必须遵守原则一再得到确认。《联合国宪章》郑重宣布：“尊重由条约与国际法其他渊源而起之义务，久而弗懈。”《条约法公约》的序言明确指出：“自由同意与善意之原则以及条约必须遵守规则乃举世所承认。”《条约法公约》第 26 条规定：“凡有效之条约对其各当事国有拘束力，必须由各该国善意履行。”另外，《条约法公约》第 27 条指出：“一当事国不得援引其国内法规定为理由而不履行条约。”

现代国际秩序主要是建立在国际条约基础上的。如果国家不履行根据其自愿签订的条约产生的国际义务，国际秩序必然会受到破坏，乃至全面瓦解。因此，对于违反有效的条约义务的国家，必须根据国际法追究其国家责任。不过，条约必须遵守原则中的“条约”是指根据国际法缔结的合法、有效的条约，违反国际强行法或通过强迫获致缔结的条约自始无效，不属于必须遵守的条约之列。

中国一贯坚持条约必须遵守原则。《中国对外关系法》第 19 条第 1 款规定：“中华人民共和国维护以联合国为核心的国际体系，维护以国际法为基础的国际秩序，维护以联合国宪章宗旨和原则为基础的国际关系基本准则。”该法第 30 条第 1 款规定：“国家依照宪法和法律缔结或者参加条约和协定，善意履行有关条约和协定规定的义务。”第 31 条第 1 款规定：“国家采取适当措施实施和适用条约和协定。”

（三）条约对第三方的效力

第三方是指条约当事方以外的其他国际法主体。根据条约相对效力原则，条约对作为非缔约方的第三方没有拘束力，即条约对第三方既无损亦无益。《条约法公约》第 34 条规定：“条约非经第三国同意，不为该国创设义务或权利。”不过，在第三方同意的情况下，条约也可以为第三方创设权利和义务。

1. 条约为第三方创设义务

《条约法公约》第 35 条规定：“如条约当事国有意以条约之一项规定作为确立一项义务的方法，且该项义务一经第三国以书面明示接受，则该第三国即因此项规定而负有义务。”按照这一规定，条约为第三国创设义务需要符合两个条件：第一，条约缔约国有在条约中为第三国创设义务的意思表示；第二，第三国以书面形式明示接受此项义务。

但是，如果条约规定的义务属于一项习惯国际法义务，即使在没有得到第三方的明示同意的情况下，第三方也应该遵守。“这并不是条约对第三国产生了权利和义务，而是习惯国际法附着于条约而产生的。”② 正是因为条约的规定反映了国际习惯法规则，所以可以拘束那些并非条约当事国的国家。《条约法公约》第 38 条规定：“第三十四条至第三十七条之规定不妨碍条约所载规则成为对第三国有拘束力之公认国际法习惯规则。”

① 杨泽伟. 国际法. 北京：高等教育出版社，2007：328.

② 李浩培. 条约法概论. 2 版. 北京：法律出版社，2003：125.

另外，《条约法公约》第37条第1款规定："依照第三十五条使第三国担负义务时，该项义务必须经条约各当事国与该第三国之同意，方得取消或变更，但经确定其另有协议者不在此限。"

2. 条约为第三国创设权利

《条约法公约》第36条第1款规定："如条约当事国有意以条约之一项规定对一第三国，或者其所属一组国家或所有国家给予一项权利，而该第三国对此表示同意，则该第三国即因此项规定而享有该项权利。该第三国倘无相反之表示，应推定其表示同意，但条约另有规定者不在此限。"按照这一规定，条约为第三国创设权利也需要符合两个条件：第一，条约缔约国有在条约中为第三国创设权利的意思表示；第二，第三国同意接受此项权利。不过，第三国的同意不要求以书面形式明确表示，只要第三国没有表示相反意思，即可推定其同意。

另外，《条约法公约》第37条第2款规定："依照第三十六条使第三国享有权利时，倘经确定原意为非经该第三国同意不得取消或变更该项权利，当事国不得取消或变更之。"

第四节　条约的解释

一、条约解释的概念

条约的解释（interpretation of treaties）是指有权解释条约的主体依照一定规则对于条约的具体规定的真实含义所作的阐释。虽然在缔结条约时，缔结各方已经对条约文本达成一致，但在条约履行过程中，它们仍然可能由于对条约某些条款的理解不同而发生争议。这时，就需要对条约的规定作出合理的解释。条约的解释对于正确理解条约规定的含义，促使缔约方善意履行条约义务具有至关重要的意义。

按照解释主体的不同，条约的解释可以分为学理解释和官方解释。学理解释是国际法学者在其论著中所论述的关于条约解释的理论和原则；官方解释是条约当事方或其授权的国际机关所作的解释。学理解释可以分为三个学派：主观学派、客观学派和目的学派。主观学派认为条约解释应当探求缔约方在缔约时的共同意思；客观学派认为条约解释应当依照用语本身而不是探究缔约方的真实意思；目的学派则认为条约解释应当符合该条约的目的。①

按照解释效力的不同，条约的解释还可以分为有权解释和非有权解释。在理论上，只有条约全体当事方同意的解释才是有权解释。因此，不但学理解释是非有权解释，而且条约当事一方单独作出的官方解释也是非有权解释。②

二、条约解释的主体

条约官方解释的主体包括当事方、国际仲裁或司法机关和国际组织。

1. 当事方的解释

条约是由当事方共同缔结的，按照罗马法"谁有权立法，谁就有权解释法律"的格言，当事方有权对条约作出解释，因为只有它们最了解当时缔结条约的意图和各项条款的真实含义。但是，由于条约是当事方意思表示一致的协议，因此，条约的有权解释必须是缔约各方共同同意的解释。这种解释通常表现为缔约各方意思表示一致的"解释性声明"或"解释性议定书或

① 李浩培．条约法概论．2版．北京：法律出版社，2003：412-420.

② 李浩培．条约法概论．北京：法律出版社，1987：405.

换文”。另外，如果缔约一方的解释得到缔约对方或者其他所有缔约方的认可，也可以成为有权解释。但是，如果缔约各方各执一词，从对自己有利的角度对条约作出不同解释，且相互无法说服对方，则这种因非有权解释产生的争端应当诉诸其他官方解释主体加以解决。

2. 国际仲裁或司法机关的解释

条约当事方对条约进行解释时，往往会因为各自利益的不同难以达成一致，缔约方较多的多边条约尤为如此。为了解决当事方因条约解释而产生的争端，许多国际条约中规定了争端解决程序和办法，通常要求当事方将此类争端提交国际仲裁或司法机关解决。这样一来，国际仲裁或司法机关就成为条约解释的主体，它们对条约作出的解释属于有权解释，对当事方有拘束力。

《国际法院规约》第36条规定，对于条约解释等四项法律性质的争端，规约各当事国得随时声明，承认法院之管辖为当然而具有强制性，不须另订特别协定。如果争端当事国都接受了国际法院的强制管辖权，一旦产生关于条约解释的争端，国际法院即可应当事国一方的请求而行使管辖权，并对条约作出有权解释。《联合国海洋法公约》第280条、第286条、第287条规定，任何缔约国都有权在任何时候协议用自行选择的任何和平方法解决它们之间关于公约解释或适用的争端；如未能以自行选择的和平方法解决争端，经争议任何一方请求，应将争端提交国际海洋法法庭、国际法院、仲裁法庭、特别仲裁法庭予以解决。

3. 国际组织的解释

原则上，国际组织只有权对建立该组织的宪章、盟约、规约等国际条约作出解释，而且这种解释仅在该组织的范围内有效。

三、条约解释的规则

《条约法公约》第31条、第32条和第33条分别对条约解释的一般规则（general rule of interpretation）、条约解释的补充资料和以两种或两种以上文字认证的条约的解释作出了规定。

1. 条约解释的一般规则

《条约法公约》第31条第1款规定了条约解释的一般规则：“条约应依其用语按其上下文并参照条约之目的及宗旨所具有之通常含义，善意解释之。”按照这项一般规则的要求，条约的解释应当遵循三项原则：（1）善意解释的原则；（2）按照用语的通常含义解释的原则，即条约应按其用语的通常含义进行解释，除非经确定该用语在订立条约时缔约方曾赋予其特殊含义；（3）按照上下文并参照条约目的宗旨确定用语通常含义的原则。李浩培教授指出：对于用语的通常含义不能抽象地予以决定，而应当按其上下文并参照条约的目的和宗旨来确定，这是常识和善意的要求。[①]

根据《条约法公约》第31条第2款，就解释条约而言，上下文应包括：（1）条约的序言及附件在内的全部约文；（2）全体当事国之间因缔结条约所订立的与条约有关的任何协定；（3）一个以上当事国因缔结条约所订立并经其他当事国接受为条约有关文书的任何文书。除此之外，应当与上下文一并考虑的还有：（1）当事国嗣后所订关于条约解释或其规定的适用的任何协定；（2）嗣后在条约适用方面确定各当事国对条约解释的协定的任何惯例；（3）适用于当事国之间关系的任何有关国际法规则。

2. 条约解释的补充资料

《条约法公约》第32条规定，如果在按照第31条条约解释的一般规则对条约作出解释后，

① 李浩培. 条约法概论. 北京：法律出版社，1987：426.

其意义仍然不明确或者难以理解，或者解释所获结果明显荒谬或不合理时，为了确定有关用语的意义，可以使用解释的补充资料，包括条约的准备资料以及条约缔结时的情况，如谈判记录、历次条约草案、条约讨论时的会议记录等。解释的补充资料只能在用尽《条约法公约》第31条所列各种协定、惯例、规则后，仍不能对条约作出满意的解释时方可适用，而且补充资料不具有权威性，仅起补充说明的作用。①

3. 对以两种或两种以上文字认证的条约的解释

在国际实践中，条约在多数情况下有两种或两种以上的作准文字。对于此类条约的解释，适用以下规则：(1) 对以两种或两种以上文字认证作准的条约进行解释时，每种文字的约文统一作准，除非条约规定或当事国协议如遇分歧时以某种约文为准；(2) 作准文字以外的其他文字的条约译本不得视为作准约文，除非条约有此规定或当事国有此协议；(3) 在各种作准约文中，条约用语应推定为具有相同的意义；(4) 除规定应以某一约文为准外，当比较不同的作准约文发现意义存在分歧，且不能适用条约解释的一般规则或补充资料消除分歧时，应在顾及条约目的和宗旨的前提下，采用最能调和各种约文的意义。

第五节　条约的修订、无效与终止

一、条约的修订

条约缔结以后，可能由于形势的变化需要对其部分规定进行更改，以适应新的情况，这就涉及条约的修订问题。“条约的修订是指条约当事国在缔结条约后于该条约有效期间内改变其规定的行为。修订既可以删除原条约的某些条款，也可以增加某些条款，还可以变更某些条款的内容。”② 条约的修订适用于多边条约。至于双边条约，虽然也可以由当事国以协议的方式进行修订，但这种协议通常需要适用双边条约缔结和生效的规则，实际上与缔结一项新的条约并无二致。

对于条约的修订，《条约法公约》规定了修正和修改两种程序。

(一) 条约的修正

条约的修正 (amendment of treaties) 是指条约的全体缔约国以协议的形式对条约的部分规定进行的更改。《条约法公约》第39条规定：“条约得以当事国之协议修正之。”按照该公约第40条的要求，修正多边条约的任何提议必须通知全体缔约国，各缔约国均有权参加对修正条约的提议采取行动的决定，并参加修正条约的任何协定的谈判及缔结。任何有权成为条约当事国的国家应有权成为修正后的条约的当事国。原条约的当事国如果没有参加修正条约的协定，则该协定对其不发生效力。在修正条约的协定生效后参加条约的国家，如果没有不同的意思表示，应视其为修正后的条约的当事国。不过，在该国与不受修正条约的协定拘束的条约当事国的关系上，应视其为未经修正的条约的当事国。

《条约法公约》第40条明确指出，上述规则只在多边条约对条约的修正未作另外规定的情况下予以适用。也就是说，条约修正的问题首先应当由各缔约国在条约中作出规定。在现代缔约实践中，多边条约一般都包含有修正条款，具体规定修正的程序、修正协议生效的条件及协

① 王铁崖. 国际法. 北京：法律出版社，1995：432.

② 李浩培. 条约法概论. 北京：法律出版社，1987：445.

议的效力。对于修正条约的建议，多数条约要求由一定数量的缔约国提出。例如，《联合国宪章》第 109 条规定，经联合国大会会员国 2/3 多数和安全理事会任何 9 个理事国表决同意，可以确定举行全体会议，对宪章进行检讨。虽然根据《条约法公约》，未参加条约修正协议的国家不受该协议的拘束，但是，一些国际公约规定，经多数当事国同意的对公约的任何修正，对条约的全体当事国发生效力。例如，《联合国宪章》第 108 条规定："本宪章之修正案经大会会员国 2/3 表决并由联合国会员国 2/3，包括安全理事会全体常任理事国，各依其宪法程序批准后，对于联合国所有会员国发生效力。"另外，有的多边条约规定，在一定期限内未批准条约修正案的国家即不再被视为条约的当事国，或其有权因此而退出条约。

（二）条约的修改

条约的修改（modification of treaties）是指条约的部分缔约国以协议的形式对条约的部分规定进行的更改。实践中，一项多边条约的部分当事国在它们之间对条约进行修改的情况并不多见。《条约法公约》第 41 条规定，对条约进行修改必须是条约有这样的规定，或者这样的修改不为条约所禁止，而且修改不得影响其他当事国的权利和义务；与此同时，修改不得涉及对有效实现条约的目的和宗旨至关重要的规定。除条约另有规定外，有关当事国应将缔结修改协议的意思和对条约规定所作的修改通知其他条约当事国。从公约的上述规定可见，多边条约的部分当事国对条约进行修改要受到更多的限制。

二、条约的无效

符合缔约程序是一个条约有效的形式要件。除此之外，看一个条约是不是有效条约，更重要的是要考察它的实质有效要件。[①] 条约的无效（invalidity of treaties）是指条约因不符合国际法规定的条约成立的实质有效要件而不产生法律效力。

（一）条约无效的原因

根据《条约法公约》第 46 条至第 53 条的规定，导致条约无效的原因有以下几种。

1. 违反国内法关于缔约权限的规定

《条约法公约》第 46 条和第 47 条规定了违反国内法关于缔约权限的两种情形。

（1）国家同意受条约拘束的表示违反国内法关于缔约权限的规定。

《条约法公约》第 46 条第 1 款规定："一国不得援引其同意承受条约拘束之表示为违反该国国内法关于缔约权限之一项规定之事实以撤销其同意，但违反之情事显明且涉及其具有基本重要性之国内法之一项规则者，不在此限。"根据这一条款，尽管国家同意受条约拘束的表示违反该国国内法关于缔约权限的规定可以作为其主张条约无效的理由，但必须同时满足两个条件：第一，违反行为必须是"显明"的；第二，违反行为涉及一项具有基本重要性的国内法规则。例如，根据《中国缔结条约程序法》和国务院《缔结条约管理办法》的规定，友好合作条约、和平条约等政治性条约和重要协定的批准由全国人大常委会决定；须经核准的协定和其他具有条约性质的文件由国务院核准。对于应当由全国人大常委会批准的条约，倘若国务院以核准的方式表示同意受条约拘束，则属于"显明"违反具有基本重要性的国内法规则的情形。

（2）缔约代表违反对其表示同意受条约拘束的权力的限制。

根据《条约法公约》第 47 条，如果一国对其谈判代表表示同意受条约拘束的权力附有特定限制，则除非该代表在表示同意之前已将此项限制通知了其他谈判国，否则，该国不得以该

① 李浩培．条约法概论．北京：法律出版社，1987：237．

代表逾越其权限为理由主张条约无效。

2. 错误

条约中的错误（error）有两种情形：一是条约的文字存在错误，二是国家在缔约时假定存在并构成其同意受条约拘束的必要根据的事实或情势存在错误。《条约法公约》第 48 条规定，仅与条约文字有关的错误不影响条约的效力，缔约国可根据《条约法公约》第 79 条的规定，对约文作适当的更正。只有当缔约国缔结条约时假定存在的事实或情势存在错误，而且此种事实或情势构成缔约国同意受条约拘束的必要根据时，该国才可以援引错误为理由主张条约无效。此外，如果错误是由缔约国本身的行为造成的，或者当时的情况足以使缔约国知悉存在错误的可能，则该缔约国不得援引错误为理由主张条约无效。

3. 诈欺

诈欺（fraud）是指如果一国同意缔结条约是因为另一谈判国故意使用虚假陈述或者捏造事实进行欺骗的结果，则该国得以诈欺为理由主张条约无效。

4. 贿赂

贿赂（corruption）是指如果一国同意承受条约拘束的表示是因为另一谈判国直接或间接贿赂其代表而作出的，则该国得援引贿赂为理由撤销其承受条约拘束的同意。

5. 强迫

因强迫（coercion）而获致缔结的条约没有法律效力是现代条约法上一项公认的原则。《条约法公约》第 51 条和第 52 条规定了两种形式的强迫：

（1）以行为或威胁对国家代表实施强迫。

根据《条约法公约》第 51 条，如果一国同意承受条约拘束的表示是因为对方以行为或威胁对其代表施加强迫而取得的，则这种同意承受条约拘束的表示没有法律效力。

（2）以威胁或使用武力对国家实施强迫。

根据《条约法公约》第 52 条，违反《联合国宪章》所载国际法原则，以武力威胁或使用武力而获致缔结的条约没有法律效力。

在国际关系的历史上，以强迫的方式迫使对方同意缔结条约的情况屡见不鲜，有的是对对方国家代表施加强迫，有的是对对方国家施加强迫，还有的则兼而有之。例如，在 1895 年《马关条约》的缔结过程中，日本在对中国进行武力强迫的同时，又对中国谈判代表实施了人身威胁。再如，1938 年 9 月 30 日，纳粹德国强迫捷克斯洛伐克签订《慕尼黑协定》，割让了捷克斯洛伐克的苏台德地区。1939 年 3 月 14 日，希特勒召见捷克斯洛伐克总统和外交部长，强迫他们签署《德捷保护协定》并同意使波希米亚和摩拉维亚受德国保护。此外，1968 年苏联武装入侵捷克斯洛伐克后，将捷克斯洛伐克领导人杜布切克等带到莫斯科，强迫他们签署了《关于苏军暂时留驻捷克斯洛伐克境内的条约》，企图以此使苏联的入侵合法化。

6. 违反国际强行法

违反国际强行法（violation of jus cogens）也是导致条约无效的原因之一。《条约法公约》第 53 条规定，在缔结时与一般国际强行法规则抵触的条约无效。按照该条的定义，国际强行法是指国家之国际社会全体接受并公认为不许损抑，且仅有以后具有同等性质的一般国际法规则方可更改的规则。

（二）条约的相对无效和绝对无效

条约的无效有相对无效和绝对无效之分。在上述条约无效的原因中，违反国内法关于缔约权限的规定、错误、诈欺和贿赂导致条约相对无效；强迫和违反国际强行法则导致条约绝对无效，即自始无效。

条约相对无效和绝对无效的主要区别有以下两点。

1. 主张条约无效的主体不同

在条约相对无效的情况下，只有受害的缔约国可以以条约违反其国内法关于缔约权限的规定或同意受条约拘束并非其在自愿平等的基础上作出的真正意思表示为理由，主张该条约无效；而在条约绝对无效的情况下，不仅受害的缔约国，任何有关的第三国都有权援引强迫和违反国际强行法为理由主张条约无效；任何国际法庭或国际机构亦应依其职权，宣告此类条约无效。

2. 法律后果不同

虽然《条约法公约》第 69 条规定，无效的条约没有法律效力，但是，对于相对无效的条约，如果受害的缔约国不主张有关条约无效或者嗣后明示或默示同意其有效，则该条约可以成为有效条约；而对于绝对无效的条约，不存在通过受害国的嗣后明示或默示同意其有效而使其成为有效条约的可能。① 之所以出现这样的区别，根本理由在于造成条约相对无效的原因和相对无效的条约本身只与受害的缔约国存在利害关系；而造成条约绝对无效的原因和绝对无效的条约本身却与整个国际社会存在利害关系。②

值得注意的是，对于违反国际强行法的条约，只有"在缔结时"违反国际强行法的条约才是绝对无效的。"这个时际法的规定意味着一般国际法强制规则是没有追溯力的。"③ 也就是说，"条约在缔结之后，并不会使该条约自始无效。"④ 根据《条约法公约》第 64 条的规定，任何现有条约与新产生的强行法规则相抵触者应当终止。

三、条约的终止和暂停施行

（一）条约的终止

条约的终止（termination of treaties）是指"条约由于某种法律事实和原因的发生而造成条约失去效力的法律情况"⑤。根据《条约法公约》的规定和国家间缔结条约的实践，以下原因可能导致条约的终止。

1. 条约有效期届满

有的条约对有效期作出了明确规定，一旦有效期届满，条约即行终止。例如，1978 年《中日和平友好条约》第 5 条规定："（1）本条约须经批准，自在东京交换批准书之日起生效。本条约有效期为十年。十年以后，在根据本条第二款的规定宣布终止以前，将继续有效。（2）缔约任何一方在最初十年期满时或在其后的任何时候，可以在一年以前，以书面预先通知缔约另一方，终止本条约。"

2. 条约解除条件成立

有的条约规定了其解除条件，一旦解除条件成立，条约终止。例如，1957 年《已婚妇女国籍公约》规定："本公约在缔约国减至不足 6 国之退约生效之日起失效。"不过，条约通常不会因为缔约国数量减至条约生效的缔约国数量以下而终止，除非条约本身有此规定。

3. 条约履行完毕

条约规定的事项，如转移领土、移交人员或财产、支付赔偿等履行完毕后，条约终止。李

---

① 白桂梅. 国际法. 3 版. 北京：北京大学出版社，2015：100.

② 李浩培. 条约法概论. 北京：法律出版社，1987：238.

③ 李浩培. 条约法概论. 北京：法律出版社，1987：301.

④ 白桂梅. 国际法. 3 版. 北京：北京大学出版社，2015：102.

⑤ 梁西. 国际法. 武汉：武汉大学出版社，2000：435.

浩培教授指出："条约的作用是规定当事国之间的法律。条约既已履行完毕，这个作用就丧失，因而条约也就终止……不能因条约终止前由于履行条约所产生的权利、义务或法律情况的继续维持，而否定法律的终止。"①

4. 条约履行不可能

如果为履行条约所必不可少的标的物永久消失或毁坏导致条约履行不可能，则缔约国一方有权援引履行不可能为理由终止或退出条约。但是，如果履行不可能具有暂时性质，则缔约国一方只能援引其为停止施行条约的理由。另外，如果履行不可能是缔约国一方违反条约义务或者违反对条约任何其他缔约国所负任何其他国际义务的结果，则该缔约国无权援引履行不可能为理由终止或停止施行条约。

5. 依条约规定或当事国共同同意终止条约

根据《条约法公约》第 54 条的规定，条约可以依照其本身的规定或者经全体缔约国同意而终止。条约是各当事自由同意的结果，是经全体当事方同意缔结和生效的，因此，它当然可以由全体当事方共同同意而终止。例如，1946 年 4 月，国际联盟 46 个成员国中的 35 个在日内瓦开会，正式批准解散国际联盟。

6. 废止或退出条约

如果条约规定缔约国可以退出条约，则缔约国有权依照条约规定的程序退出条约。例如，1971 年《关于制止危害民用航空安全非法行为的公约》第 16 条规定："任何缔约国可以书面通知保存国政府退出本公约；退出应于保存国政府接到通知之日起 6 个月后生效。"在条约没有规定缔约国可以废止或退出条约的情况下，按照《条约法公约》第 56 条的规定，只有经确定缔约国原意有允许废止或退出条约的可能，或者根据条约的性质可以认为缔约国有废止或退出的权利，缔约国方可废止或退出条约，但其应在至迟 12 个月之前将废止或退出条约的意思通知其他缔约国。

如果一缔约国退出一项多边条约，则该条约在对该退出国的关系上终止，但在其他缔约国之间依然有效；如果一缔约国的退出导致条约解除条件成立，则条约在所有缔约国之间终止。

7. 条约被代替

根据《条约法公约》第 59 条，如果全体缔约国嗣后就同一事项另订条约，则在以下两种情况下，先订条约被视为默示终止或停止施行：(1) 从后订条约中可见或另经确定当事国的意思是此一事项应以后订条约为准；(2) 后订条约与先订条约的规定不符合的程度使两者不可能同时适用。例如，1944 年《国际民用航空公约》第 80 条规定："缔约各国承允，如该国是 1919 年 10 月 13 日在巴黎签订的《空中航行管理公约》或 1928 年 2 月 20 日在哈瓦那签订的《商业航空公约》的缔约国，则在本公约生效时，立即声明退出上述公约。在各缔约国间，本公约即代替上述巴黎公约和哈瓦那公约。"

8. 重大违约

如果缔约国一方的违约行为构成重大违约，根据"对不履行者不必履行"的原则，其他缔约国有权终止该条约，或者全部或局部停止条约的施行。一般违约通常并不导致条约的终止，但违约国一方应承担相应的责任。根据《条约法公约》第 60 条第 3 款的规定，重大违约是指：(1) 废弃条约，而此种废弃非《条约法公约》所准许者；(2) 违反条约规定，而此项规定为达成条约目的或宗旨所必要者。

双边条约的缔约国一方有重大违约时，对方有权全部或部分终止该条约；多边条约的缔约

① 李浩培. 条约法概论. 北京：法律出版社，1987：527.

国一方有重大违约时，其他缔约国可一致同意在它们与违约国的关系上全部或部分终止该条约，或者在全体缔约国之间全部或部分终止该条约。

9. 情势变迁

情势变迁（fundamental change of circumstances）是指“当事国在缔结条约并同意受其约束时存在一个前提，即缔约时的情况保持不变，一旦上述情况发生了根本性变化，当事国可援引该理由要求终止、暂停实施或修改该条约”①。

杨泽伟教授指出，情势变迁是一项古老的原则，其最初的萌芽可以追溯到古巴比伦时期《汉穆拉比法典》的有关规定。在国际实践中，情势变迁原则经常被引用。例如，在20世纪20年代下半期，中国政府以“情势变迁”为理由，分别照会有关缔约国，要求修改或终止载有领事裁判权条款的条约。②

不过，虽然情势变迁是当事国终止条约的原因之一，但由于这种原因可能被滥用，从而成为缔约方不履行条约义务的借口，因此，《条约法公约》第62条对缔约国援引情势变迁为理由终止条约规定了严格的限制条件：(1) 此等情势必须是缔约当时存在的；(2) 此等情势的存在构成当时各缔约国同意承受条约拘束的必要根据；(3) 此等情势必须发生了基本的改变；(4) 此等情势的改变必须是缔约国在缔约时无法预见的；(5) 此等情势变迁的影响将根本变动依该条约尚待履行的义务的范围；(6) 此等情势变迁并非援引此项理由的缔约国本身违反条约义务或违反对条约任何其他缔约国所负之任何其他国际义务造成的；(7) 援引此项理由要求终止的条约不是国家之间的边界条约。

10. 新的国际强行法规则产生

根据《条约法公约》第64条的规定，遇有新的一般国际强行法规则产生，任何现行条约与该规则抵触者即应终止。

11. 断绝外交或领事关系

《条约法公约》第63条规定：“条约当事国间断绝外交或领事关系不影响彼此间由条约确定之法律关系，但外交或领事关系之存在为适用条约所必不可少者不在此限。”根据这一规定，以外交或领事关系的存在为适用的必要条件的条约将因这种关系的不复存在而终止。

12. 发生战争

如果缔约国之间发生战争，则在它们之间的关系上，包括政治条约在内的大多数条约即应终止，但关于战争法规方面的条约将继续有效。

13. 发生国家继承

在发生国家继承的情况下，无论被继承国是否存在，原来对被继承国有效的条约都可能因继承国不予继承而终止。（详见本书第二章中“国家继承和政府继承”的内容）

14. 发生政府继承

在一国因非宪法程序发生政府变更的情况下，原来对旧政府有效的条约可能因新政府不予继承而终止。例如，1949年《中国人民政治协商会议共同纲领》第55条规定：“对于国民党政府与外国政府所订立的各项条约和协定，中华人民共和国中央人民政府应加以审查，按其内容，分别予以承认，或废除，或修改，或重订。”（详见本书第二章中“国家继承和政府继承”的内容）

（二）条约的停止施行

条约的停止施行（suspension of the operation of treaties）是指条约生效后，由于某种原

① 万鄂湘，等. 国际条约法. 武汉：武汉大学出版社，1998：353.

② 杨泽伟. 国际法. 北京：高等教育出版社，2007：338-339.

因，一个或数个缔约方在一定时期内暂停施行条约的一部或全部，但条约本身并未终止，嗣后必要时仍可依一定程序恢复施行。根据《条约法公约》的规定，条约停止施行的原因包括：条约本身有此规定；全体缔约国嗣后同意；先订条约因后订条约而暂停施行；缔约一方违约；情势变迁等。

（三）条约终止和停止施行的后果

如果条约中规定了终止和停止施行条约的后果，则缔约方应当遵守条约的规定。如果条约中没有规定终止和停止施行条约的后果，缔约国也没有通过其他协议约定，则在条约终止的情况下，各缔约方解除继续履行条约的义务，但一般不影响各缔约方在条约终止前由于实施条约所产生的任何权利、义务或法律状况；在条约停止施行的情况下，停止施行的各缔约方在停止施行期间相互解除履行条约的义务，其他缔约方之间的关系不受停止施行的影响。另外，在条约停止施行期间，各当事方应避免采取足以阻挠条约恢复施行的行为。

国际法案例

《灭绝种族罪公约》保留问题的咨询意见（国际法院）

1948年12月9日，联合国大会通过了《防止及惩治灭绝种族罪公约》（以下简称《灭绝种族罪公约》）。截至1950年10月12日，在向联合国秘书长交存的关于《灭绝种族罪公约》的19份批准书和加入书中，菲律宾和保加利亚的加入书附有保留，而这些保留遭到其他一些国家的反对，理由是该公约并没有关于保留的条款。按照保留须经全体一致接受方可成立的惯例，联合国秘书长通知提出保留的国家，它们不能成为公约的缔约国，由此引起了对多边条约保留问题的争议。1950年11月16日，联合国大会通过决议，请求国际法院就以下问题发表咨询意见：

"就《灭绝种族罪公约》而言，如某一国批准或加入该公约，并在批准、加入或签署并继而批准该公约时附有保留：

"1. 如果该公约一个或多个缔约国反对该项保留，但其他缔约国不反对时，该国是否可以被认为是该公约的缔约国？

"2. 如果对上一问题的回答是肯定的，那么，保留在保留国与反对保留的国家和接受保留的国家之间的效力如何？

"3. 如果一个未批准公约的签署国或一个有权签署或加入但尚未签署或加入公约的国家对保留提出反对意见，这种反对意见有何效力？"

1951年5月28日，国际法院这一问题发表了咨询意见。

对于第一个问题，国际法院指出，在条约关系中，一国不受未经其同意的条约拘束是一项确定的原则。只有经一国同意，一项保留才对它发生效力。另外，多边公约是各缔约国对其全部条款达成同意的结果，任何缔约国均无权以单边决定或特别协定的方式破坏或损害公约的宗旨和目的，这也是一项公认的原则。与此项原则密切相关的是条约完整性的观念。这种观念主张，非经所有缔约国接受，保留不发生效力。这种观念得到了契约思想的支持；作为一项原则，具有无可争议的价值。但是，就《灭绝种族罪公约》而言，应当更灵活地适用这一原则。首先，考虑到主导公约缔结的联合国的普遍性和该公约第11条对各国广泛参加的期待，为了使各国广泛参加这一类公约，实践中需要有更大的灵活性。其次，考虑到各国更普遍地采取保留的方式和更广泛地默许保留，以及实践中即使一项保留为其他缔约国所反对，但接受保留国仍然承认保留国是缔约一方的情形，多边公约的缔结应当表现出更大的灵活性。最后，尽管

《灭绝种族罪公约》是联合国一致通过的，但它是一系列多数表决的结果，这可能使某些国家有必要提出保留；同时，在该公约的准备阶段，各国达成了允许提出保留的谅解。鉴于这种情况，不能从公约中没有规定保留条款推断出公约禁止保留的结论。公约的性质和目的、公约的规定、公约的议定和通过方式等，是在确定保留的可能性及保留的效力时应予考虑的因素。

国际法院认为，现在要考虑的是国家可以提出什么保留以及对于这样的保留可以提出什么反对意见。这个问题的答案要从《灭绝种族罪公约》的性质，尤其是其目的和宗旨中寻找。国际法院指出，《灭绝种族罪公约》的根本原则对文明国家，甚至没有任何公约义务的国家都具有拘束力。公约的目的纯粹是要实现人道主义和文明的要求。公约的目的和宗旨暗示着联合国大会和通过它的国家的意图是使尽可能多的国家加入公约。如果对一项并不重要的保留的反对使许多国家被排除在公约之外，公约的目的就会受到损害。但缔约国也不可能为了使公约得到尽可能多的国家接受而牺牲公约的目的和宗旨。对于国际法院不接受保留须得到所有缔约国明示或默示同意才具有效力的主张，国际法院认为，国际实践没有表明，公约必须绝对完整已经发展成为一项国际法规则。首先，反对保留的例子太少，不能形成此规则；其次，在美洲国家之间存在允许保留国成为缔约一方，而不论保留和反对保留的性质如何的实践；最后，在联合国大会第六委员会讨论多边公约的保留时，出现了严重的意见分歧。因此，保留与公约目的和宗旨的一致性是一国在决定提出一项保留和反对一项保留时的标准。

对于第二个问题，国际法院指出，任何国家都不受它没有同意的保留的约束。各国根据自己对其他国家提出的保留是否与公约的目的和宗旨相一致的评价来确定保留国是否是公约的当事国。一般来说，此种决定仅仅影响提出保留和反对保留的国家之间的关系。但是，如果一个国家认为某项保留不违反条约的目的和宗旨，但仍然反对这项保留，则在该国和保留国之间存在这样一项默契，即公约除保留条款外，可以在两国之间发生效力。国际法院建议，针对各国这种对保留的不同意见造成的缺陷，可以通过设置一项保留条款予以补救。

对于第三个问题，国际法院的意见是，难以想象一个不享有公约下任何权利的国家可以排除另一个国家参加该公约。但是，已签字而尚未批准的国家则有所不同，因为它已经采取了行使当事国权利所必需的若干步骤，这种临时身份赋予它提出反对意见作为预防性措施的权利。如果它在签署后随之作出批准，则其反对意见即具有确定性。因此，这种对保留的反对不能立即产生法律效力，它仅仅表示和宣布一个签字国在成为缔约国以后将采取的立场。

基于以上理由，国际法院对联合国大会提交的问题作出如下答复。

(1) 当一项保留为公约的一个或多个缔约国反对而未受到其他缔约国反对时，如果该项保留符合公约的目的和宗旨，则提出保留的国家可以被认为是缔约一方；否则，不能被认为是缔约一方。

(2) 如果公约的一个当事国反对一项保留，认为它不符合公约的目的和宗旨，则它可以在事实上认为提出该项保留的国家不是缔约一方；另外，如果公约的一个当事国接受该项保留，认为它符合公约的目的和宗旨，则它可以在事实上认为提出该项保留的国家是缔约一方。

(3) 尚未批准公约的签字国对一项保留提出反对，只有在它批准公约后才能产生在对问题一的回答中所指出的法律效力；在此之前，对提出保留的国家而言，该项反对只能作为该签字国可能采取的立场的通知。有权签署或加入公约但实际上并未签署或加入公约的国家对一项保留的反对不具有任何法律效力。

简答题

简要回答下列问题：

1. 条约的特征有哪些？
2. 什么是缔约能力？什么是缔约权？
3. 什么是条约的加入？
4. 对条约保留的范围有哪些限制？
5. 条约必须遵守原则的内容是什么？
6. 条约对第三国有何效力？
7. 条约解释的规则有哪些？
8. 什么是条约的修正？什么是条约的修改？
9. 导致条约无效的原因有哪些？
10. 援引情势变迁为理由终止条约需要满足哪些条件？

第六章

海洋法

提　要

国际海洋法是规定各个海域的法律地位和法律制度并调整各国在其中从事活动的规则的总体。整个海洋被划分为具有不同法律地位的 9 类海域。内水、领海和群岛水域处于沿海国或群岛国的主权控制下，但沿海国在领海的主权受无害通过权、群岛国在群岛水域的主权受无害通过权和群岛海道通过权的限制。沿海国在毗连区内享有对特定事项的管制权，在专属经济区和大陆架上享有与资源开发和管理有关的主权权利和管辖权。某些用于国际航行的海峡适用过境通行制。公海不属于国家管辖海域，各国依国际法享有公海自由。国际海底区域及其资源是人类的共同继承财产。各国有义务保护海洋环境。国际海洋法法庭是 1982 年《海洋法公约》创设的一个常设性国际司法机构。

重点问题

1. 领海基线
2. 领海主权及无害通过制度
3. 群岛水域的法律地位及航行制度
4. 专属经济区的概念及法律制度
5. 大陆架的范围和法律制度
6. 用于国际航行的海峡的过境通行制
7. 公海自由的含义及公海上的管辖权
8. 国际海底区域的法律地位
9. 国际海洋法法庭的管辖权

第一节　概　述

一、海洋法的概念和历史发展

海洋是海和洋的总称，约占地球表面总面积的 71%；海洋的中心部分为洋，约占海洋总面积的 89%，有独立的风、潮汐和洋流系统；大洋四周的边缘部分称为海，其潮汐和海流受大洋的支配。[①]

---

① 魏敏. 海洋法. 北京：法律出版社，1987：1-2.

海洋中所蕴含的丰富生物资源自古以来就为人类提供了重要的食物来源。随着航海技术的发展，海洋广阔的水域又成为人类重要的航运通道。近年来，超级油轮的建造和集装箱船的兴起，极大地提高了海洋运输能力。第二次世界大战后深海钻探技术的发展使开发海底矿产资源成为人类利用海洋的重要组成部分。同时，海洋在军事领域也具有重要价值。另外，随着人类对海洋开发利用活动的不断拓展和深入，从水体到海床和底土，从捕鱼和航行到铺设海底电缆和管道、建造人工岛屿、从事海洋科学研究以及进行海底采矿，海洋环境受到了越来越严重的影响甚至破坏，有关的保护问题日益受到国际社会普遍关注。而捕鱼手段与技术的提高又导致海洋渔业资源的迅速衰退，从而产生了如何合理开发和养护生物资源的问题。

国际海洋法（international law of the sea）是规定各个海域的法律地位和法律制度并调整各国在其中从事各种活动的原则、规则和制度的总体。[①] 应当指出的是，海洋法不仅包括平时各国利用海洋的规范，而且包括战时的海上作战规则，但因后者属于战争法的范畴，故现代海洋法一般不涉及这些问题。[②]

作为国际法的一个分支，国际海洋法的发展同样受制于国际关系的现实。但除此之外，科学技术的进步在海洋法的发展过程中发挥了相当大的推动作用。传统海洋法律秩序是在19世纪初叶形成的。传统海洋法律秩序的基本构架是领海与公海并立，沿海国对领海拥有主权，领海以外即为公海，适用海洋自由原则。需要指出的是，1609年荷兰法学家格劳秀斯发表的《海洋自由论》在传统海洋法律秩序的形成过程中产生过深远的影响。除领海和公海外，传统海洋法律秩序中还先后出现了毗连区和大陆架制度。同时，尽管习惯法规则是海洋法的重要渊源，但国际社会越来越注重海洋法的编纂问题。1930年国际联盟主持召开的海牙国际法编纂会议在海洋法领域制定了领海法律制度草案。

第二次世界大战以后，联合国国际法委员会成立伊始就把海洋法作为编纂的重点之一。在其工作的基础上，1958年2月至4月，联合国在日内瓦主持召开了第一次联合国海洋法会议，制定了四个公约：《领海及毗连区公约》《公海公约》《大陆架公约》《捕鱼及养护公海生物资源公约》，合称“日内瓦海洋法公约”。其中，《领海及毗连区公约》和《公海公约》基本上是对习惯法规则的编纂，而《大陆架公约》和《捕鱼及养护公海生物资源公约》包含了较多新的规则。然而，会议未能解决领海的宽度问题。虽然存在一些不足，但这是国际社会首次实现对海洋法的成功编纂。为了解决领海和渔区的宽度问题，1960年联合国在日内瓦主持召开了第二次海洋法会议，但没有取得任何实质成果。

20世纪60年代以来，在民族解放运动中新产生了大批发展中国家，这导致国际政治力量对比发生了重大变化。发展中的沿海国主张扩大国家管辖海域范围，并反对发达国家凭借其先进的技术和雄厚的资金独占国家管辖范围以外海底资源的开发利用。在此背景下，1970年第二十五届联合国大会通过决议，鉴于“过去的十年中政治和经济的现实和科学技术的迅速发展迫切需要通过密切的国际合作，逐步改善海洋法”，并“考虑到现有许多联合国会员国未曾参加以前的联合国海洋法会议”，决定召开第三次海洋法会议，对海洋法进行一次新的全面编纂。第三次联合国海洋法会议于1973年12月开幕，到1982年12月结束，共举行了11期会议。会议最终以130票赞成、4票反对和17票弃权的表决结果通过了《联合国海洋法公约》（以下简称《海洋法公约》）。按照《海洋法公约》第308条的规定[③]，公约于1994年11月16日开始

① 端木正．国际法．2版．北京：北京大学出版社，1997：164．

② 魏敏．海洋法．北京：法律出版社，1987：4－5．

③ 《海洋法公约》第308条规定：“公约应自第六十份批准书或加入书交存之日起十二个月后生效。”

生效。截至2023年12月，《海洋法公约》共有169个缔约国。1982年《海洋法公约》包括17个部分，共320条，以及9个附件。与传统海洋法律秩序相比，《海洋法公约》规定了一些新的制度，特别是用于国际航行的海峡的过境通行制、群岛国、专属经济区、国际海底区域。除海域划分外，公约还专章规定了海洋环境的保护和保全、海洋科学研究、海洋技术的发展和转让以及争端解决等制度。另外，公约创设了国际海底管理局、国际海洋法法庭和大陆架界限委员会等国际机构。《海洋法公约》被誉为"海洋宪章"，它的缔结标志着现代海洋法律秩序的确立。[①]

此后，国际社会又先后制定了《海洋法公约》的两个执行协定。鉴于在公约通过后发生的重大政治和经济变化显著地影响到公约所规定的深海底采矿制度，特别是对深海底矿物进行商业开采的前景已经推延到21世纪，1994年第四十八届联合国大会通过了《关于执行1982年12月10日〈联合国海洋法公约〉第十一部分的协定》（以下简称1994年《执行协定》）。1994年《执行协定》规定：协定与公约第十一部分应作为单一文书解释和适用，如有不同规定，以协定为准。同时，在协定通过后，任何国家参加公约即亦表示同意接受协定的拘束。尽管没有适用公约规定的修正程序，但该协定实际上已对《海洋法公约》第十一部分作了重大修改。1994年《执行协定》在公约生效之日起开始临时适用，并于1996年7月28日正式生效，截至2023年12月，共有152个缔约国。《海洋法公约》生效后，为了确保国家管辖范围外跨界鱼类种群和高度洄游鱼类种群的长期养护和可持续利用，1995年8月4日，国际社会缔结了《执行1982年12月10日〈联合国海洋法公约〉有关养护和管理跨界鱼类种群和高度洄游鱼类种群的规定的协定》（以下简称1995年《跨界鱼类种群协定》）。与1994年《执行协定》不同，该协定的任何规定均不妨害《海洋法公约》所规定的国家权利、管辖权和义务，并应参照公约的内容和以符合公约的方式予以解释和适用。按照1995年《跨界鱼类种群协定》规定的生效方式[②]，协定自2001年12月11日开始生效，截至2023年12月，共有93个缔约国。

此外，2023年联合国主持制定了《〈联合国海洋法公约〉下国家管辖范围以外区域海洋生物多样性的养护和可持续利用协定》（"BBNJ协定"），一揽子处理了涉及公海和国际海底区域的四个议题，包括：海洋遗传资源，包含公正和公平分享惠益；包含海洋保护区在内的划区管理工具等措施；环境影响评估；能力建设和海洋技术转让。该协定于2023年9月20日开放签署，目前尚未生效。

二、中国有关海洋的立法和实践

中国拥有大陆岸线1.8万多公里，岛屿岸线1.4万多公里，面积在500平方米以上的海岛5 000多个。[③] 中国积极参与了《海洋法公约》的制定工作，并于1996年5月15日批准了该公约。中国积极参与海洋事务的国际合作，参加了诸多海洋法方面的多边公约。

另外，中国先后制定和颁布了大量有关海洋的法律和规章。1958年发布了《中华人民共和国政府关于领海的声明》，1992年制定了《中华人民共和国领海及毗连区法》，1998年制定了《中华人民共和国专属经济区和大陆架法》。根据1992年《领海及毗连区法》，1996年发布了《中华人民共和国政府关于中华人民共和国领海基线的声明》，2012年发布了《中华人民共

① 进一步参见邓正来．王铁崖文选．北京：中国政法大学出版社，2003：99－100。

② 1995年《跨界鱼类种群协定》第40条第1款规定："本协定应自第三十份批准书或加入书交存之日后30天生效。"

③ 1998年《中国海洋事业的发展》白皮书。

和国政府关于钓鱼岛及其附属岛屿领海基线的声明》。除涉及基本海域制度的法律规章外，有关海洋资源开发、养护和管理的法律规章主要包括1982年《中华人民共和国对外合作开采海洋石油资源条例》(2013年第四次修订)、1986年《中华人民共和国渔业法》(2013年第四次修正）和1986年《中华人民共和国矿产资源法》(2009年第二次修正)、2016年《中华人民共和国深海海底区域资源勘探开发法》；涉及海洋环境保护的法律规章主要包括1982年《中华人民共和国海洋环境保护法》(2023年第二次修订)、1983年《中华人民共和国海洋石油勘探开发环境保护管理条例》、1985年《中华人民共和国海洋倾废管理条例》（2017年第二次修订)、1988年《防止拆船污染环境管理条例》(2017年第二次修订)、1990年《中华人民共和国防治陆源污染物污染损害海洋环境管理条例》、1990年《防治海岸工程建设项目污染损害海洋环境管理条例》(2018年第三次修订)、2009年《防治船舶污染海洋环境管理条例》(2018年第六次修订)。此外还应提及1983年《中华人民共和国海上交通安全法》（2021年修订)、1989年《铺设海底电缆管道管理规定》、1996年《中华人民共和国涉外海洋科学研究管理规定》、2001年《中华人民共和国海域使用管理法》、2003年《中华人民共和国港口法》（2018年第三次修正)、2009年《中华人民共和国海岛保护法》，以及2021年《中华人民共和国海警法》。

第二节　领海和毗连区

一、领海基线

基线（baseline）是测算作为国家管辖海域的领海、毗连区、专属经济区和大陆架的宽度的起算线。《海洋法公约》规定了两种基线：测算领海宽度的基线和群岛国的群岛基线。测算领海宽度的基线一般称为“领海基线”。确定领海基线主要有两种方法：一是正常基线法，二是直线基线法。

所谓正常基线（normal baseline)，是指沿海国官方承认的大比例尺海图所标明的沿岸低潮线。海岸比较平直的地方适宜采用此方法确定领海基线。然而，如果海岸十分曲折或者沿岸岛屿密布，则不适宜采用正常基线。在这种情况下，沿海国可以采用直线基线法来确定其领海基线。此时，沿海国可以在其海岸或沿岸岛屿上选定若干适当的点作为基点（base point)，然后用连接相邻各基点之间的直连线作为基线。这就是所谓的直线基线（straight baseline)。挪威是最早采用此方法确定领海基线的国家之一。在1951年“英挪渔业案”中，国际法院判定使用直线基线并不违反国际法。该案判决后，直线基线被规定在1958年《领海及毗连区公约》(第4条）中，后又被规定在1982年《海洋法公约》(第7条）中。据2011年的一项统计，在150多个沿海国和群岛国中，有90多个国家的立法中规定了直线基线（包括越过河口和湾口的封口线)。①

与正常基线相比，直线基线可以使有关沿海国获得更大面积的海域。但应当指出的是，并非任何类型的海岸都具备使用直线基线法确定领海基线的条件。按照《海洋法公约》第7条的规定，沿海国只有在“海岸极为曲折”或“紧接海岸有一系列岛屿”的情况下才可采用直线基线。此外，沿海国在划定直线基线时还需要遵守以下规则：(1）直线基线的划定不应在任何明

① Table of claims to maritime jurisdiction (as at 15 July 2011). http://www.un.org/Depts/los/LEGISLATIONANDTREATIES/PDFFILES/table_summary_of_claims.pdf.

显的程度上偏离海岸的一般方向；（2）直线基线内的海域必须充分接近陆地领土，以使其受内水制度的支配；（3）确定基线时可考虑有关地区特有的并经长期惯例清楚地证明其为实在而重要的经济利益；（4）除在低潮高地上筑有永久高于海平面的灯塔或类似设施，或以这种高地作为划定基线的起讫点已获得国际一般承认者外，直线基线的划定不应以低潮高地为起讫点；（5）一国采用的直线基线制度不得使另一国的领海与公海或专属经济区隔断。另外，《海洋法公约》还特别规定了在确定河口、港口和低潮高地基线时所应遵循的规则。如果河流直接流入海洋，基线应是一条在两岸低潮线上两点之间横越河口的直线。构成海港体系组成部分的最外部永久海港工程应被视为海岸的一部分，从而可作为划定直线基线的基点。所谓低潮高地（low-tide elevation），是指在低潮时四面环水并高于水面但在高潮时没入水中的自然形成的陆地。如果低潮高地全部或部分与大陆或岛屿的距离不超过领海的宽度，则该高地的低潮线可作为领海基线；反之，则低潮高地没有自己的领海。为适应不同的海岸情况，沿海国可以交替使用上述方法确定领海基线。

中国在1958年《中华人民共和国政府关于领海的声明》和1992年《中华人民共和国领海及毗连区法》中都规定采用直线基线法划定中国的领海基线。1996年，中国在批准《海洋法公约》的同时宣布了共77个部分领海基线的基点，其中49个位于大陆沿海和海南岛周围，28个位于西沙群岛。2012年，中国宣布了钓鱼岛及其附属岛屿的领海基线。

沿海国领海基线向陆地一面的水域称为内水（internal waters）。基线向海一面的水域因法律地位不同划分为领海、毗连区、专属经济区、大陆架和公海等海域。在群岛水域的情况下，群岛国可用封闭线来划定其内水的界限。《海洋法公约》没有专门规定内水的法律制度，因而内水仍受习惯国际法的调整。内水的法律地位和内陆水域相同，沿海国在其中享有属地管辖权。但一般认为，沿海国通常基于礼让将不影响其和平安全和良好秩序而纯属船舶内部的事务留给船旗国管辖。[①] 需要指出的是，尽管内水与领海同属国家主权管辖范围，但两者之间存在一个重大差别：沿海国的领海主权要受外国船舶无害通过这一习惯法规则的限制，而这一限制在内水制度中并不存在。不过，对于那些原来并未被认为是内水而只有在采用了直线基线后才被包围在基线之内而成为内水的海域，应当允许外国船舶无害通过。

内水的一个重要组成部分是海湾。海湾（bay）是明显的水曲，即水曲的面积应等于或大于以横越曲口所划的直线为直径的半圆形面积。出于测算的目的，水曲的面积是位于水曲陆岸周围的低潮标和一条连接水曲天然入口两段低潮标的线之间的面积。如果因有岛屿而水曲有一个以上的曲口，则该半圆形应划在与横越各曲口的各线总长度相等的一条线上。对于沿岸属于同一国领土的海湾，其湾内水域的法律地位通常取决于湾口的宽度：如果湾口两端低潮标之间的距离不超过24海里，则可以在湾口划一条封口线，该线所包围的水域应视为内水。如果湾口宽度超过24海里，则24海里的直线基线应划在湾内，以划入该长度的线所能划入的最大水域。但上述规定不适用于“历史性”海湾。

“历史性”海湾（“historic” bay）是“历史性水域”的一种。历史性水域是指历史性所有权所涵盖的海域。目前国际法尚未对有关历史性水域的规则加以编纂，因此，这一问题仍然受一般国际法的支配。1982年，国际法院在“突尼斯/利比亚案”中指出，一般国际法没有为历史性水域或历史性海湾规定单一的制度，而只是为每一个具体的、获得承认的历史性水域或历史性海湾规定了特定制度。历史性水域一般被视为内水，但也存在其他情况（如领海等）。关

① 例如，肖．国际法．6版：上册．白桂梅，等译．北京：北京大学出版社，2011：439；端木正．国际法．2版．北京：北京大学出版社，1997：173。

于历史性所有权的形成要素，1962 年联合国秘书处在关于“历史性水域，包括历史性海湾的法律制度”的研究报告中认为应考虑三个要素：(1) 主张历史性水域的国家在该水域有效地行使了权力；(2) 该权力的行使在相当长的时间内必须是连续的，以致发展成为惯例；(3) 外国对主张国的权力的行使采取了普遍容忍的态度。历史性海湾的沿岸通常属一个国家，如加拿大主张的哈德逊湾（湾口宽 50 海里）和俄罗斯主张的大彼得湾（湾口宽 110 海里）。不过，国际法院分庭 1992 年在“陆地、岛屿和海洋边界争端案”（萨尔瓦多/洪都拉斯；尼加拉瓜参加）中认定，在距离各沿岸国海岸 3 海里之外的丰塞卡湾构成历史性水域，受制于三个沿岸国的共同主权。

至于沿岸属于两个或两个以上国家的海湾，如中国和越南之间的北部湾、法国和西班牙之间的比斯开湾，《海洋法公约》没有专门加以规定。通常，沿岸国需要按照其他相关规则确定各自的管辖海域，并在必要时通过协议解决彼此间的划界问题。①

二、领海的概念和范围

领海（territorial sea）以前曾被称为“领水”（territorial waters），迄今仍有国家使用后一概念。但领水的概念指的是一国主权管辖下的全部水域，除领海外，还包括内水和内陆水，因此，它不能确切表明领海这一水域的特征。② 1958 年《领海及毗连区公约》规定：“国家主权及于本国领陆及其内国水域以外邻接本国海岸之一带海洋。”1982 年《海洋法公约》基本沿用了这个规定：“沿海国主权及于其陆地领土及其内水以外邻接的一带海域”，但补充了群岛国的情况，即“在群岛国的情形下则及于群岛水域以外邻接的一带海域”。由此，领海是指沿海国陆地领土及其内水以外邻接的一带海域，在群岛国的情形下则为群岛水域以外邻接的一带海域。

关于领海的宽度问题，历史上曾存在着激烈的争论。一些国家，特别是英美等海洋大国，长期主张 3 海里的领海宽度。该主张与荷兰法学家宾刻舒克在 18 世纪提出的“大炮射程规则”(cannon shot rule)——以大炮射程确定国家管辖海域的范围——有关。由于当时大炮的射程平均不超过 3 海里，因而一些国家便主张 3 海里的领海宽度。③ 然而，3 海里的领海宽度并未被接受为国际法的一项普遍规则。④ 实际上，几乎从一开始各国关于领海宽度的实践就千差万别。为了解决这一问题，1930 年国际法编纂会议、1958 年和 1960 年两次联合国海洋法会议都曾作出过巨大努力，但均未成功。领海宽度之所以难以确定，是因为各个沿海国的地理、历史、经济、国防等条件各不相同。海洋大国由于拥有强大的海上力量，为了其航行便利及获取他国近海资源的目的，竭力主张较小的领海宽度。相反，出于国防安全和维护自身海洋权益的考虑，一些沿海国倾向较大的领海宽度。据统计，截至第三次海洋法会议召开前，各国主张的领海宽度从 3 海里、4 海里、12 海里，直到 200 海里共有 12 种不同做法，其中主张 12 海里的国家最多。⑤

第三次海洋法会议经过反复协商，终于在领海宽度的问题上达成妥协。《海洋法公约》第 3 条规定：“每一国家有权确定其领海的宽度，直至从按照本公约确定的基线量起不超过十二

① 例如，法国和西班牙于 1974 年划分了两国在比斯开湾的大陆架边界，中国和越南于 2000 年划分了两国在北部湾的领海、专属经济区和大陆架边界。

② 魏敏．海洋法．北京：法律出版社，1987：56.

③ 魏敏．海洋法．北京：法律出版社，1987：60.

④ Starke. Introduction to International Law. 10th edition. Aditya Books Private Limited, 1994: 245.

⑤ 陈德恭．现代国际海洋法．北京：中国社会科学出版社，1988：42.

海里的界限为止。”考虑到各个沿海国的不同情况，《海洋法公约》没有确定一个统一的领海宽度，但它关于不超过12海里的规定在某种程度上已经起到了这样的效果。目前绝大多数国家都已采取12海里的领海宽度，但仍有少数国家主张超过12海里的领海宽度。中国在1958年《关于领海的声明》中宣布，中国的领海宽度为12海里；于1992年《领海及毗连区法》中重申了这一规定。

以领海基线为起算线，向海扩展以领海宽度的距离，就会到达领海的外部界限（outer limit of the territorial sea），它是一条其上每一点与基线最近点的距离等于领海宽度的线。然而，海岸相邻的国家，以及彼此间距离不超过24海里（以相关各国主张12海里的领海宽度为例）的海岸相向的国家之间需要解决由于它们的领海重叠而引发的划界问题。1958年《领海及毗连区公约》在此问题上规定适用所谓的“等距离/特殊情况规则”，而1982年《海洋法公约》沿用了这一规则。据此，两国中任何一国在彼此没有相反协议的情形下，均无权将其领海伸延至一条其每一点都同两国中每一国的领海基线上最近各点距离相等的中间线以外，但如因历史性所有权或其他特殊情况而有必要按照与上述规定不同的方法划分两国领海的，则不适用上述规定。

三、领海的法律制度

（一）沿海国的领海主权

领海是沿海国领土的组成部分，沿海国对领海享有主权。沿海国的领海主权不仅包括领海本身，而且“及于领海的上空及其海床和底土”。由此可见，领海的上空属于沿海国的领空，而外国航空器未经许可不得飞入沿海国的领海上空。鉴于这一点，中国在1992年《领海及毗连区法》中规定，外国航空器只有根据该国政府与中国政府签订的协定，或经中国政府或其授权的机关批准或接受，方可进入中国领海上空。

沿海国的领海主权本质上是一种领土主权，沿海国在其领海内享有属地优越权。然而，对领海主权的行使需要受《海洋法公约》和其他国际法规则的限制，其中最主要的是来自外国船舶享有的无害通过领海的权利的限制。《海洋法公约》第27条规定，沿海国不应在通过领海的外国船舶上行使刑事管辖权，以逮捕与在该船舶通过期间船上所犯任何罪行有关的任何人或进行与该罪行有关的任何调查，除非：（1）罪行的后果及于沿海国；（2）罪行扰乱了当地安宁或领海的良好秩序；（3）船长或船旗国外交代表或领事官员请求地方当局予以协助；（4）这些措施是取缔违法贩运麻醉药品或精神调理物质所必要的。上述规定不影响沿海国为在驶离内水后通过领海的外国船舶上进行逮捕或调查的目的而采取其法律所授权的任何步骤的权利。对于来自外国港口且仅通过领海而不驶入内水的外国船舶，除《海洋法公约》规定的情形外，沿海国不得采取任何步骤以逮捕在该船舶驶进领海前所犯任何罪行有关的任何人或进行有关调查。而沿海国当局在考虑是否逮捕或如何逮捕时应适当顾及航行的利益。

在民事管辖权方面，《海洋法公约》第28条规定：沿海国不应为对通过领海的外国船舶上某人行使民事管辖权的目的而停止该船的航行或改变其航向。除该船本身在通过沿海国水域的航行中或为该航行的目的而承担的义务或因而负担的责任之外，沿海国不得为任何民事诉讼目的而对该船从事执行或加以逮捕，但这不妨害沿海国按照其法律为任何民事诉讼的目的而对在领海内停泊或驶离内水后通过领海的外国船舶从事执行或加以逮捕的权利。

上述刑事和民事管辖权的规则仅适用于商船和用于商业目的的政府船舶，而不适用于军舰和其他用于非商业目的的政府船舶，后者根据国家主权豁免原则享有管辖豁免。《海洋法公约》规定，如果外国军舰不遵守沿海国关于通过领海的法律和规章，而且不顾沿海国向其提出遵守法律和规章的任何要求，沿海国可要求该军舰立即离开领海。对于沿海国因此而遭受的任何损失或损害，军舰的船旗国应负国际责任。

（二）领海的无害通过制度

1. 无害通过的含义

所谓“无害通过权”（right of innocent passage），是指所有国家（不论为沿海国或内陆国）的船舶在不损害一沿海国的和平、良好秩序或安全的前提下，均享有通过该沿海国领海的权利。这是一项牢固确立的习惯法上的权利，也是对沿海国的领海主权的限制。需要强调的是，无害通过权只限于船舶，而不包括飞机。

根据1982年《海洋法公约》的规定，“通过”包含以下意义：（1）通过是指为了下列目的通过领海的航行：1）穿过领海但不进入内水或停靠内水以外的泊船处或港口设施；2）驶往或驶出内水或停靠这种泊船处或港口设施。（2）通过应继续不停和迅速进行。虽然通过包括停船和下锚，但以通常航行所附带发生的或由于不可抗力或遇难所必要的或者为救助遇险或遭难的人员、船舶或飞机的目的为限。

所谓“无害”，是指通过不损害沿海国的和平、良好秩序或安全。为了使这个问题更加明确，从而尽可能避免有关国家就某种通过是否属于无害通过产生争端，《海洋法公约》第19条第2款列举了12种非无害通过的情况。如果外国船舶在领海内进行下列任何一种活动，其通过即应视为损害了沿海国的和平、良好秩序或安全：（1）对沿海国的主权、领土完整或政治独立进行任何武力威胁或使用武力，或以任何其他违反《联合国宪章》所体现的国际法原则的方式进行武力威胁或使用武力；（2）以任何种类的武器进行任何操练或演习；（3）任何目的在于搜集情报使沿海国的防务或安全受损害的行为；（4）任何目的在于影响沿海国防务或安全的宣传行为；（5）在船上起落或接载任何飞机；（6）在船上发射、降落或接载任何军事装置；（7）违反沿海国海关、财政、移民或卫生的法律和规章，上下任何商品、货币或人员；（8）违反《海洋法公约》规定的任何故意和严重的污染行为；（9）任何捕鱼活动；（10）进行研究或测量活动；（11）任何目的在于干扰沿海国任何通信系统或任何其他设施或设备的行为；（12）与通过没有直接关系的任何其他活动。除不应进行上述活动外，外国船舶在通过领海时还应符合《海洋法公约》和其他国际法规则的要求。《海洋法公约》为一些船舶的通过规定了具体要求，例如，潜水艇和其他潜水器通过时须在海面上航行并展示其旗帜；外国核动力船舶和载运核物质或者其他本质上危险或有毒物质的船舶通过时应持有国际协定为这种船舶所规定的证书并遵守国际协定所规定的特别预防措施。

2. 沿海国关于无害通过的权利和义务

按照《海洋法公约》的规定，沿海国有关无害通过的权利主要包括以下方面。

第一，沿海国关于无害通过的立法权。沿海国可依《海洋法公约》规定和其他国际法规则，对下列各项制定关于无害通过的法律和规章：（1）航行安全及海上交通管理；（2）保护助航设备和设施以及其他设施或设备；（3）保护电缆和管道；（4）养护海洋生物资源；（5）防止违犯沿海国的渔业法律和规章；（6）保全沿海国的环境，并防止、减少和控制环境污染；（7）海洋科学研究和水文测量；（8）防止违犯沿海国的海关、财政、移民或卫生的法律和规章。行使无害通过权的外国船舶应遵守这些法律规章以及关于防止海上碰撞的一般接受的国际规章。

第二，沿海国指定海道和实施分道通航制的权利。沿海国出于航行安全的考虑，可要求通过其领海的外国船舶使用其为管制船舶通过而指定或规定的海道和实施分道通航制。特别是沿海国可要求油轮、核动力船舶和载运核物质或材料或者其他本质上危险或有毒物质或材料的船舶只在上述海道通过。

第三，沿海国的保护权。沿海国可在其领海内采取必要的步骤以防止非无害的通过。如为保护国家安全包括武器演习在内而有必要，沿海国可在对外国船舶之间不加歧视的条件下，在其领海的特定区域内暂时停止外国船舶无害通过，但这种停止仅应在正式公布后发生效力。

沿海国有关无害通过的义务主要包括以下方面。

第一，除按照《海洋法公约》规定外，沿海国不应妨碍外国船舶无害通过领海。在适用公约或依公约制定的法律或规章时，沿海国不应对外国船舶强加要求，其实际后果等于否定或损害无害通过的权利，或对任何国家的船舶有形式上或事实上的歧视。

第二，沿海国不得仅以外国船舶通过领海为理由而对其征收任何费用，但作为对该船舶提供特定服务的报酬而征收费用除外。

第三，沿海国应将所知的其领海内对航行有危险的任何情况妥为公布。这是沿海国承担的一项积极义务。如果未履行该义务而导致外国船舶遭受损害，则沿海国应为此承担国际责任。这一方面最典型的案例是1949年的“科孚海峡案”。国际法院在该案的判决中指出，该义务来源于若干获得普遍承认的原则，如人道主义原则以及任何国家不得允许其领土被用作损害他国权利的行为原则等。法院判定，由于阿尔巴尼亚没有将其知晓的在其领海内有水雷危险一事告知英国舰队，因而阿尔巴尼亚必须对爆炸事件承担责任。

3. 外国军舰的无害通过权问题

军用船舶是否和民用船舶一样享有无害通过他国领海的权利是一个长期争论不休的问题。各个国家从自身利益出发往往采取不同立场，学者们的观点也不一致。1958年《领海及毗连区公约》和1982年《海洋法公约》都未就该问题作出明确规定，但同时在有关领海的无害通过的部分含有“适用于所有船舶的规则”（rules applicable to all ships）的标题。对此存在不同的解释：一种认为“所有船舶”包括军舰，因为不可否认军舰属于“船舶”；另一种认为“所有船舶”仅指非军用船舶，因为军舰不同于一般商船，所以，如果军舰也享有无害通过权，则公约应明确规定；还有观点认为由于公约对该问题没有作出规定，因而它仍受习惯法调整。[①]总的来说，关于外国军舰的无害通过权问题目前仍存在不同观点。就国家实践而言，一些国家要求外国军舰在通过其领海时给予通知或获得批准。中国1992年《领海及毗连区法》规定：“外国非军用船舶，享有依法无害通过中华人民共和国领海的权利。外国军用船舶进入中华人民共和国领海，须经中华人民共和国政府批准。”中国1996年在批准《海洋法公约》时重申：公约有关领海内无害通过的规定，不妨碍沿海国按其法律规章要求外国军舰通过领海必须事先得到该国许可或通知该国的权利。

四、毗连区

毗连区（contiguous zone）是领海以外毗连领海的一个区域，沿海国在这个区域内享有对特定事项的管制权，包括：(1) 防止在其领土或领海内违犯其海关、财政、移民或卫生的法律和规章；(2) 惩治在其领土或领海内违犯上述法律和规章的行为。由于该区域位于领海之外，因而沿海国在毗连区内不享有主权。毗连区的范围从领海基线量起不得超过24海里。

与1958年《领海及毗连区公约》相比，《海洋法公约》关于毗连区制度的规定发生了以下变化。

第一，将毗连区的范围从距离领海基线不得超过12海里扩展到24海里。这当然和公约规

① Oppenheim's International Law. Sir Robert Jennings & Sir Arthur Watts. 9th ed.. Longman, 1992, Vol. 1: 619.

定领海的最大宽度不超过 12 海里有关。

第二，取消了 1958 年公约中有关毗连区属于公海的规定。这是缘于专属经济区制度的建立。在专属经济区制度产生之前，领海以外即为公海，因此，毗连区是公海的一部分。如今，在沿海国建立专属经济区的情况下，该区域便包含在专属经济区的范围内了。但是，沿海国无权在毗连区以外的专属经济区的其他部分执行其有关海关、财政、移民或卫生方面的法律和规章。国际海洋法法庭在 1999 年“赛加号案（第 2 号）”中曾裁定，几内亚将其海关法的适用范围扩展到专属经济区其他部分的做法违反国际法。

第三，取消了海岸相向或相邻国家间毗连区划界的规定。

1992 年中国《领海及毗连区法》规定，中国毗连区为领海以外邻接领海的一带海域，宽度为 12 海里，其外部界限为一条其每一点与领海基线的最近点距离等于 24 海里的线。中国有权在毗连区内为防止和惩处在其陆地领土、内水或者领海内违反有关安全、海关、财政、卫生或者出入境管理的法律、法规的行为行使管制权。

第三节　用于国际航行的海峡

一、概说

海峡是两端连接海洋的狭窄水道，在航行上具有重要意义。国际法院 1949 年在“科孚海峡案”中指出，各国军舰有权在和平时期无害通过位于公海两部分之间的用于国际航行的海峡(straits used for international navigation)，而不用事先取得沿海国的许可；除非条约另有规定，沿海国在和平时期不得禁止这种通行。关于何为用于国际航行的海峡，国际法院认为，具有决定意义的是该海峡连接公海两个部分的地理位置，以及该海峡的航行相当频繁，且不限于当地国家使用的事实。1958 年《领海及毗连区公约》接受了用于国际航行的海峡的概念，并进一步将其扩大到连接公海和一国领海的海峡。该公约第 16 条规定，在连接公海一部分和另一部分或另一外国领海之间的用于国际航行的海峡，海峡沿岸国不得停止外国船舶的无害通过。

1982 年《海洋法公约》第三部分专门规定了在用于国际航行的海峡中的通过制度。在继承了在某些用于国际航行的海峡中适用无害通过制度的同时，公约为在公海或专属经济区的一部分和公海或专属经济区的另一部分之间的用于国际航行的海峡中创设了一种新的通过制度，即“过境通行制”。该通过制度的产生与领海宽度扩展到 12 海里的规定密切相关。据统计，将领海宽度扩展到 12 海里将使得 100 多个原先留有公海航道的海峡如今完全处于沿海国的领海范围内，而其中有 30 多个被认为是用于国际航行的海峡，如多佛尔海峡、直布罗陀海峡、霍尔木兹海峡和马六甲海峡等。① 而过境通行制就是在第三次海洋法会议上调和领海无害通过和公海航行自由这两种相冲突主张的结果。②

需要指出的是，虽然被《海洋法公约》作为单独一部分加以规定，但“用于国际航行的海峡”并非一类独立的海域。③ 用于国际航行海峡的通过制度不影响构成这种海峡的水域的法律地位，也不影响海峡沿岸国在《海洋法公约》规定的限制下对此海峡的水域及其上空、海床和

① 陈德恭. 现代国际海洋法. 北京：中国社会科学出版社，1988：77.
② 陈德恭. 现代国际海洋法. 北京：中国社会科学出版社，1988：77 - 78.
③ 高健军. 国际海洋法. 北京：法律出版社，2022：45.

底土行使主权或管辖权。其实，就用于国际航行的海峡和过境通行制这两个概念的产生背景而言，过境通行制一般只适用于国际海峡中那些由沿岸国领海所构成的水域。这包含以下两种情况：第一，某一用于国际航行的海峡的水域完全由海峡沿岸国的领海构成，这一般发生在该海峡的宽度小于海峡沿岸国领海宽度之和的情况下。第二，虽然某一用于国际航行的海峡的宽度大于海峡沿岸国领海宽度之和，但在海峡沿岸国领海以外的作为专属经济区或公海的水域中并不存在一条与穿过海峡沿岸国领海的同样方便的航道。反之，如果穿过某一用于国际航行的海峡有在航行和水文特征方面同样方便的一条穿过公海或穿过专属经济区的航道，则过境通行制即不适用于该海峡；在这种穿过公海或专属经济区的航道中应适用公约关于航行和飞越自由的规定。同时，除由于海峡沿岸国使用直线基线而使原来并未被认为是内水的区域被包围在内而成为内水的情况外，《海洋法公约》这一部分的规定也不影响海峡内的任何内水区域。

二、过境通行制

《海洋法公约》规定，在公海或专属经济区的一部分和公海或专属经济区的另一部分之间用于国际航行的海峡中适用过境通行制，所有船舶和飞机在此类海峡中均享有过境通行权(right of transit passage)。但有一个例外，即如果海峡是由海峡沿岸国的一个岛屿和该国大陆形成的，而且该岛向海一面有在航行和水文特征方面同样方便的一条穿过公海或穿过专属经济区的航道，则不适用过境通行。过境通行是指按照公约规定，专为在公海或专属经济区的一个部分和公海或专属经济区的另一部分之间的海峡继续不停和迅速过境的目的而行使航行和飞越自由。[①] 过境通行既不同于领海的无害通过，也有异于公海的航行自由。

（一）船舶和飞机的义务

按照《海洋法公约》第 39 条和第 40 条的规定，船舶和飞机在过境通行时应遵守下列义务：(1) 毫不迟延地通过或飞越海峡。(2) 不对海峡沿岸国的主权、领土完整或政治独立进行任何武力威胁或使用武力，或以任何其他违反《联合国宪章》所体现的国际法原则的方式进行武力威胁或使用武力。(3) 除因不可抗力或遇难而有必要外，不从事其继续不停和迅速过境的通常方式所附带发生的活动以外的任何活动。(4) 过境通行的船舶应遵守一般接受的关于海上安全的国际规章、程序和惯例，包括《国际海上避碰规则公约》；遵守一般接受的关于防止、减少和控制来自船舶的污染的国际规章、程序和惯例；未经海峡沿岸国事前准许，不得进行任何研究或测量活动。(5) 过境通行的飞机应遵守国际民用航空组织制定的适用于民用飞机的《航空规则》；随时监听国际上指定的空中交通管制主管机构所分配的无线电频率或有关的国际呼救无线电频率。

（二）海峡沿岸国的权利和义务

海峡沿岸国可就下列事项制定关于过境通行的法律和规章：(1) 关于航行安全和海上交通管理。(2) 使有关在海峡内排放油类、油污废物和其他有毒物质的国际规章有效，以防止、减少和控制污染。(3) 防止渔船捕鱼。(4) 防止违犯沿岸国有关海关、财政、移民或卫生的法律和规章。这些法律和规章应妥为公布，且不应在形式上或事实上在外国船舶间有所歧视，或在其适用上有否定、妨碍或损害过境通行权的实际后果。行使过境通行权的外国船舶应遵守这种法律和规章。享有主权豁免的船舶的船旗国或飞机的登记国，在该船舶或飞机不遵守这种法律和规章时，应对海峡沿岸国遭受的任何损失和损害负国际责任。此外，海峡沿岸国可于必要时

① 但是，对继续不停和迅速过境的要求并不排除在一个海峡沿岸国入境条件的限制下，为驶入、驶离该国或自该国返回的目的而通过海峡。

指定海道和规定分道通航制，以促进船舶的安全通过。

海峡沿岸国的义务是不应妨碍或停止过境通行，并应将其所知的海峡内或海峡上空对航行或飞越有危险的任何情况妥为公布。

三、实行其他通过制度的用于国际航行的海峡

过境通行制只适用于连接公海或专属经济区的一部分和公海或专属经济区的另一部分之间的用于国际航行的海峡，而并非适用于所有用于国际航行的海峡。按照《海洋法公约》的规定，下列几种用于国际航行的海峡不适用过境通行制：第一，如果其通过制度已全部或部分规定在长期存在、现行有效的专门关于这种海峡的国际公约中，则此种海峡的法律制度不受公约规定的影响。第二，如果穿过某一用于国际航行的海峡有在航行和水文特征方面同样方便的一条穿过公海或专属经济区的航道，则该海峡不适用过境通行制，而应在该海道中适用航行和飞越自由。第三，如果海峡是由海峡沿岸国的一个岛屿和该国大陆形成，而且该岛向海一面有在航行和水文特征方面同样方便的一条穿过公海或专属经济区的航道，则该海峡应适用无害通过制度。第四，如果海峡是在公海或专属经济区的一部分和外国领海之间，也应适用无害通过制度。值得注意的是，与一般领海中的无害通过的一个差别是，用于国际航行海峡中的无害通过不应予以停止。

第四节 群岛水域

一、概说

群岛水域（archipelagic waters）是《海洋法公约》创设的一种新海域。按照公约的规定，群岛国可以划定连接群岛最外缘各岛和各干礁的最外缘各点的直线群岛基线（straight archipelagic baselines），而群岛基线所包围的水域就是“群岛水域”。群岛国可从群岛基线起向海量出其领海、毗连区、专属经济区和大陆架。

岛屿（island）是四面环水并在高潮时高于水面的自然形成的陆地区域。岛屿的领海、毗连区、专属经济区和大陆架应按照适用于其他陆地领土的规定加以确定，但不能维持人类居住或其本身经济生活的岩礁（rock）没有专属经济区和大陆架。由彼此密切相关的若干岛屿、相连的水域和其他自然地形构成的一个地理、经济和政治实体，或在历史上已被视为这种实体的即为群岛。全部由一个或多个群岛构成的国家是群岛国（archipelagic State）。群岛国制度的建立使得群岛国可以在确定其管辖海域时将相关岛屿作为一个整体对待。需要指出的是，事实上的群岛国并不当然属于《海洋法公约》第四部分中的“群岛国”。截至2011年，共有22个国家主张群岛国地位。[1]

按照《海洋法公约》的规定，群岛国在划群岛基线时应遵守下列限制：第一，群岛基线应包括主要的岛屿。第二，在基线所包围的区域内，水域面积和包括环礁在内的陆地面积的比例应在1∶1到9∶1之间。第三，基线的长度不应超过100海里。在围绕任何群岛的基线总数中，可以有3%超过这个长度，但最长者不得超过125海里。第四，基线的划定不应在任何明显的程度上偏离群岛的一般轮廓。第五，除在低潮高地上筑有永久高于海平面的灯塔或类似设

① Table of claims to maritime jurisdiction (as at 15 July 2011).

施，或低潮高地的全部或部分与最近岛屿的距离不超过领海的宽度外，基线的划定不应以低潮高地为起讫点。第六，群岛国采用的基线制度不得使另一国的领海与公海或专属经济区隔断。为了满足这些条件，一个群岛国可能需要划一套以上的群岛基线。

二、群岛水域的法律地位和航行制度

群岛国对群岛水域享有主权，且此项主权及于群岛水域的上空、海床和底土，以及其中所包含的资源。另外，群岛国对其群岛水域主权的行使受到下列限制：第一，群岛国应尊重与其他国家间的现有协定，并应承认直接相邻国家在群岛水域某些区域内的传统捕鱼权利和其他合法活动。第二，群岛国应尊重其他国家所铺设的通过其水域但不靠岸的现有海底电缆，并应允许对其进行维修和更换。第三，其他国家在群岛水域内享有无害通过权和群岛海道通过权。

《海洋法公约》规定，除内水外，所有国家的船舶均享有无害通过群岛水域的权利。如出于保护国家安全的需要，群岛国可以暂时停止外国船舶在其群岛水域特定区域内的无害通过。群岛国可在其群岛水域内用封闭线划定内水的界限。

出于维护国际航行利益的需要，《海洋法公约》赋予所有船舶和飞机以“群岛海道通过权”（right of archipelagic sea lanes passage）。群岛海道指的是群岛国为便利外国船舶和飞机继续不停和迅速通过或飞越其群岛水域和邻接的领海而指定的适当海道和其上的空中航道。“群岛海道通过”是指按照公约规定，专为在公海或专属经济区的一部分和公海或专属经济区的另一部分之间继续不停、迅速和无障碍过境的目的，行使正常方式的航行和飞越的权利。所有船舶和飞机均享有在群岛海道内的群岛海道通过权。在群岛国没有指定群岛海道的情况下，可通过正常用于国际航行的航道行使群岛海道通过权。群岛国在指定群岛海道时应遵守一定的条件。至于船舶和飞机通过时的义务、群岛国的义务以及群岛国的有关法律和规章，应比照适用用于国际航行的海峡的过境通行制的有关规定。

第五节　专属经济区

一、专属经济区的概念和形成

专属经济区（exclusive economic zone）是《海洋法公约》创设的一种新海域。该海域位于领海以外并邻接领海，其范围从领海基线量起不超过 200 海里。

专属经济区制度的出现和最终形成直接来自以拉美国家为代表的广大发展中国家争取 200 海里海洋权的斗争。在第三次联合国海洋法会议上，经过谈判，专属经济区最终规定在 1982 年《海洋法公约》第五部分中，并受该部分特定法律制度的调整。从 1974 年孟加拉国建立第一个专属经济区开始，目前大多数沿海国都已经提出专属经济区主张。① 专属经济区制度现在已经成为习惯国际法的组成部分。据估计，随着 200 海里专属经济区的广泛建立，1/3 左右的海洋将处于国家的管辖之下。② 专属经济区制度的建立对世界海洋秩序产生了重大影响，彻底改变了领海以外即为公海的传统格局。

---

① Table of claims to maritime jurisdiction（as at 15 July 2011）.

② Yoshifumi Tanaka. The International Law of the Sea. Cambridge University Press，2012：125.

二、专属经济区的法律制度

专属经济区既非领海，也非公海，而是一个“自成一类”的海域。一方面，沿海国在此区域内享有与资源开发及经济活动有关的主权权利（sovereign rights）和管辖权；另一方面，其他国家在专属经济区内也享有一定的权利和自由。

（一）沿海国在专属经济区内的权利、管辖权和义务

除《海洋法公约》规定的其他权利外，沿海国在专属经济区内享有以下主权权利和管辖权。

第一，沿海国享有以勘探、开发、养护、管理海床和底土及其上覆水域的自然资源（不论生物资源或非生物资源）为目的的主权权利，以及关于在该区内从事经济性开发和勘探，如利用海水、海流和风力生产能源等其他活动的主权权利。

上述活动是沿海国的专属权利，其他国家未经沿海国同意不得进行。《海洋法公约》第五部分规定了沿海国对生物资源的权利的行使。至于沿海国关于海床和底土的权利，则应按照大陆架部分的规定行使。关于生物资源的养护和利用，一方面，沿海国应确保专属经济区内的生物资源不受过度开发的危害，并使捕捞鱼种的数量维持在或恢复到能够生产最高持续产量的水平，为此沿海国应决定其专属经济区内生物资源的可捕量；另一方面，为了促进专属经济区内生物资源最适度利用的目的，沿海国应决定其捕捞能力，并在没有能力捕捞全部可捕量的情形下通过协议准许其他国家捕捞可捕量的剩余部分，应特别顾及内陆国和地理不利国的利益。此外，公约还就跨界鱼类种群、高度洄游鱼种、海洋哺乳动物、溯河产卵种群和降河产卵鱼种作了专门规定。

沿海国在行使勘探、开发、养护和管理专属经济区内的生物资源的主权权利时，可采取为确保其法律规章得到遵守所必要的措施，包括登临、检查、逮捕和进行司法程序。然而，被逮捕的外国船只及其船员在提出合理的保证金或其他担保后应迅速获得释放。而且沿海国对于在专属经济区内违反渔业法律和规章的处罚不得包括监禁或任何其他方式的体罚。

第二，沿海国对专属经济区区内人工岛屿、设施和结构的建造和使用及海洋科学研究、海洋环境的保护和保全有管辖权。

关于人工岛屿、设施和结构，沿海国在专属经济区区内有建造并授权和管理建造、操作和使用人工岛屿、为经济目的以及可能干扰沿海国在区内行使权利的设施和结构的专属权利。沿海国对这种人工岛屿、设施和结构有专属管辖权，包括有关海关、财政、卫生、安全和移民的法律和规章方面的管辖权。人工岛屿、设施和结构不具有岛屿地位，没有自己的领海，其存在也不影响领海、专属经济区或大陆架界限的划定。但沿海国可于必要时在这些人工岛屿、设施和结构的周围设置不超过500米的安全地带，并可在该地带中采取适当措施以确保航行以及人工岛屿、设施和结构的安全。一切船舶都必须尊重这些安全地带，并应遵守关于在人工岛屿、设施、结构和安全地带附近航行的一般接受的国际标准。另外，人工岛屿、设施和结构及其周围的安全地带，不得设在对国际航行必经的公认海道可能有干扰的地方。沿海国有责任把人工岛屿、设施和结构的建造妥为通知，并维持永久性警告方法。对于已被放弃或不再使用的任何设施或结构，必须予以撤除以确保航行安全。海洋科学研究的问题规定在《海洋法公约》第十三部分。据此，沿海国有权按照公约的有关条款，规定、准许和进行在其专属经济区内的海洋科学研究。在专属经济区内进行海洋科学研究应经沿海国同意。但在正常情形下，沿海国应对其他国家或各主管国际组织按照公约专为和平目的和为了增进关于海洋环境的科学知识以谋全人类利益而在其专属经济区内进行的海洋科学研究计划给予同意。海洋环境的保护问题规定在

《海洋法公约》第十二部分。沿海国有权制定法律以防止、减少和控制在专属经济区内来自倾倒、船只或海底活动的污染，但其规章必须符合普遍接受的国际规章和标准。

沿海国在专属经济区内行使权利和履行义务时，应适当顾及其他国家的权利和义务，并应以符合公约规定的方式行事。

（二）其他国家在专属经济区的权利和义务

按照《海洋法公约》第58条的规定：第一，在专属经济区内，所有国家在公约有关规定的限制下，享有航行自由、飞越自由、铺设海底电缆和管道的自由，以及与这些自由有关的海洋其他国际合法用途，诸如与船舶和飞机的操作及海底电缆和管道的使用有关的那些用途。第二，有关公海部分的规定只要与专属经济区制度不相抵触，均适用于专属经济区。第三，其他国家在专属经济区内行使权利和履行义务时，应适当顾及沿海国的权利和义务，并应遵守沿海国按照公约规定和其他国际法规则所制定的法律和规章。

（三）专属经济区内的剩余权利问题

《海洋法公约》关于沿海国和其他国家在专属经济区内的权利划分并不像领海那么清楚，而是存在所谓“剩余权利”的问题，即公约未将在专属经济区内的某一特定权利或管辖权归属于沿海国或其他国家。对此，《海洋法公约》第59条规定，在由于剩余权利问题而导致沿海国和其他一国或数国之间的利益发生冲突的情形下，这种冲突应在公平的基础上参照一切有关情况，考虑到所涉利益分别对有关各方和整个国际社会的重要性，加以解决。

三、海岸相向或相邻国家间专属经济区的划界

随着专属经济区的建立，海岸相邻的国家以及海岸间距离不足400海里的海岸相向国家之间需要划分它们的专属经济区边界。专属经济区的划界问题规定在《海洋法公约》第74条中。该条第1款规定：“海岸相向或相邻国家间专属经济区的界限，应在国际法院规约第三十八条所指国际法的基础上以协议划定，以便得到公平解决。”作为妥协的结果，该规定强调划界应当实现公平解决，但没有规定任何具体的划界方法。该条还要求有关各国在实现划界前应基于谅解和合作的精神，尽一切努力作出实际性的临时安排，并在此过渡期间内不危害或阻碍最后协议的达成。这种安排应不妨碍最后界限的划定。涉及海洋划界的争端是国际法院近年来审理数量最多的一类海洋法案件，如2001年“卡塔尔诉巴林领土争端和海洋划界案”、2002年“喀麦隆和尼日利亚间陆地和海洋边界案”、2007年“尼加拉瓜和洪都拉斯在加勒比海的领土和海洋争端案”、2009年“罗马尼亚和乌克兰之间的黑海划界案”、2012年“尼加拉瓜诉哥伦比亚案”、2014年“秘鲁诉智利案”以及2018年“加勒比海和太平洋海洋划界案”（哥斯达黎加诉尼加拉瓜）等。此外，还有一些划界争端是通过仲裁法庭解决的。这些司法和仲裁判例在海洋划界规则的发展过程中发挥了相当重要的作用。①

四、中国的专属经济区制度

1996年中国在批准《海洋法公约》时声明，按照公约的规定，中华人民共和国享有200海里专属经济区的主权权利和管辖权。为保障中国对专属经济区和大陆架行使主权权利和管辖权，维护国家海洋权益，1998年第九届全国人大常委会第三次会议通过《中华人民共和国专属经济区和大陆架法》。该法第2条规定：“中华人民共和国的专属经济区，为中华人民共和国

① 关于海洋划界的国际司法和仲裁实践，参见高健军. 国际海洋法. 北京：法律出版社，2022：95－118。

领海以外并邻接领海的区域，从测算领海宽度的基线量起延至二百海里。”

该法依据《海洋法公约》的有关规定，确立了中国在专属经济区内行使的主要权利。

第一，为勘查、开发、养护和管理海床上覆水域、海床及其底土的自然资源，以及进行其他经济性开发和勘查行使主权权利。中国主管机关有权采取各种必要的养护和管理措施以确保专属经济区的生物资源不受过度开发的危害。任何国际组织、外国的组织或者个人进入中国专属经济区从事渔业活动必须经中国主管机关批准，并遵守中国的法律、法规及中国与有关国家签订的条约、协定。

第二，对专属经济区的人工岛屿、设施和结构的建造、使用和海洋科学研究、海洋环境的保护和保全行使管辖权。中国对专属经济区的人工岛屿、设施和结构行使专属管辖权，有权在专属经济区和大陆架的人工岛屿、设施和结构周围设置安全地带，并可以在该地带采取适当措施以确保航行安全及人工岛屿、设施和结构的安全。任何国际组织、外国的组织或者个人在中国专属经济区内进行海洋科学研究必须经中国主管机关批准，并遵守中国的法律、法规。中国主管机关有权采取必要的措施，防止、减少和控制海洋环境的污染，保护和保全专属经济区和大陆架的海洋环境。

第三，在行使勘查、开发、养护和管理专属经济区的生物资源的主权权利时，为确保其法律、法规得到遵守，可以采取登临、检查、逮捕、扣留和进行司法程序等必要的措施。对于在专属经济区违反其法律、法规的行为，有权采取必要措施，依法追究法律责任，并可以行使紧追权。

第四，中国《专属经济区和大陆架法》的规定不影响中国享有的历史性权利。

关于其他国家在中国专属经济区内的权利，中国《专属经济区和大陆架法》规定，任何国家在遵守国际法和中国法律、法规的前提下，在中国专属经济区享有航行、飞越、铺设海底电缆和管道的自由，以及与上述自由有关的其他合法使用海洋的便利；但铺设海底电缆和管道的路线，必须经中国主管机关同意。

第六节　大陆架

一、大陆架的概念和外部界限

大陆架（continental shelf）最初是一个科学概念，是指邻接和围绕大陆领土坡度比较平缓的浅海地带，平均坡度0.1度，平均深度133米；大陆架向外坡度变大（一般为2度～6度），称为大陆坡；而大陆坡之外的沉积地貌单元称为大陆基。[①] 大陆架、大陆坡和大陆基共同构成大陆边（continental margin）。

1945年为了开发近海石油资源，美国总统杜鲁门发表了《美国关于大陆架的底土和海床的自然资源的政策的第2667号总统公告》（又称《杜鲁门公告》），对公海下面的大陆架提出权利主张。受此影响，其他国家也纷纷提出大陆架主张。1958年《大陆架公约》对大陆架的法律制度作了全面规定。《大陆架公约》第1条规定，大陆架是指邻接海岸但在领海以外的海底区域的海床和底土，其上海水深度不逾200米或虽逾此限度而其上海水深度仍使该区域自然资源有开发之可能性者。由此，《大陆架公约》为大陆架的外部界限规定了两个标准：一是

① 陈德恭. 现代国际海洋法. 北京：中国社会科学出版社，1988：159.

200 米的深度标准，二是可开发标准。

1982 年《海洋法公约》第 76 条给大陆架规定了一个全新的定义。该条第 1 款规定："沿海国的大陆架包括其领海以外依其陆地领土的全部自然延伸，扩展到大陆边外缘的海底区域的海床和底土，如果从测算领海宽度的基线量起到大陆边的外缘的距离不到二百海里，则扩展到二百海里的距离。"这一定义表明，尽管大陆架这一概念最初起源于地貌学，但目前大陆架的法律概念和科学概念之间存在明显差异。就其法律含义而言，大陆架的内部界限是领海的外部界限，并一直扩展到大陆边外缘的海底区域的海床和底土，而并非限于地貌学上的大陆架部分。同时，为了照顾窄大陆边国家的利益以及受新出现的专属经济区制度的影响，公约第 76 条在规定自然延伸原则的同时规定了 200 海里的距离标准，由此，一个沿海国即使没有地貌学意义上的大陆架或大陆边，在法律上同样可以主张 200 海里的大陆架。

关于宽大陆架的外部界限，《海洋法公约》规定，在大陆边从领海基线量起超过 200 海里的情形下，沿海国应以下列两种方式之一划定大陆边的外缘：（1）以最外各定点为准划定界线，每一定点上沉积岩厚度至少为从该点至大陆坡脚最短距离的百分之一；（2）以离大陆坡脚的距离不超过 60 海里的各定点为准划定界线。这就是所谓的"公式线"。然而，按照上述两种公式划定的大陆架的外部界限不应超过从领海基线量起 350 海里，或不应超过 2 500 米等深线外 100 海里。这就是所谓的"制约线"。200 海里外大陆架界限的划定涉及复杂的科学和技术问题，为此公约专门设立了大陆架界限委员会。沿海国应将 200 海里以外大陆架界限的情报提交大陆架界限委员会。该委员会可就有关划定大陆架外部界限的事宜向沿海国提出建议，而沿海国在这些建议的基础上划定的大陆架界限才有确定性和拘束力。据估计，全世界大约有 55 个国家拥有超过 200 海里的大陆架。截至 2024 年 5 月，委员会共收到 93 份划定 200 海里外大陆架界限的定界案以及 11 份订正的定界案，此外还收到了多个国家提交的初步信息。

二、大陆架的法律制度

大陆架的法律制度包括沿海国对大陆架的权利、大陆架上覆水域和水域上空的法律地位以及其他国家的权利和自由三个部分。

第一，沿海国为勘探大陆架和开发其自然资源的目的对大陆架行使主权权利。这一权利是专属性的，如果沿海国不勘探大陆架或开发其自然资源，任何人未经沿海国明示同意均不得从事这种活动。并且沿海国对大陆架的权利并不决定于有效或象征性的占领或任何明文公告。这项主权权利主要包括：（1）开发自然资源的权利。大陆架上的自然资源包括海床和底土的矿物和其他非生物资源，以及定居种的生物。[①] 然而，沿海国对从领海基线量起超过 200 海里以外的大陆架上的非生物资源的开发应通过国际海底管理局缴付费用或实物。（2）授权和管理为一切目的在大陆架上进行钻探的专属权利。（3）建造并授权和管理建造、操作和使用人工岛屿、设施和结构的专属权利。

第二，沿海国对大陆架的权利不影响大陆架上覆水域或水域上空的法律地位。如果沿海国宣布建立专属经济区，则 200 海里以内的大陆架的上覆水域和水域上空应适用专属经济区制度。若其大陆架超过从领海基线量起 200 海里，则 200 海里以外的大陆架的上覆水域和水域上空应适用公海制度。如果沿海国未建立专属经济区，则大陆架的上覆水域和水域上空也应适用公海制度。

---

① 所谓定居种的生物，是指在可捕捞阶段在海床上或海床下不能移动或者其躯体须与海床或底土保持接触才能移动的生物。

第三，沿海国对大陆架权利的行使绝不应对《海洋法公约》规定的其他国家的权利和自由有所侵害或造成不当干扰。按照公约的规定，其他国家的相关权利和自由主要包括：(1) 其他国家的船舶和飞机有在大陆架上覆水域和水域上空航行和飞越的自由；(2) 所有国家都有在大陆架上铺设海底电缆和管道的权利。沿海国除为勘探大陆架，开发其自然资源和防止、减少和控制管道造成的污染有权采取合理措施外，不得加以阻碍。但电缆和管道路线的划定须经沿海国同意。

三、海岸相向或相邻国家间大陆架的划界

当海岸相邻或相向国家间对大陆架的权利发生重叠时，便产生了大陆架的划界问题。1958年《大陆架公约》第6条规定了“协议—等距离—特殊情况”规则：大陆架划界应由有关各国协议解决。倘无协议，除因特殊情况应另定界线外，相向国家间应以每一点均与测算每一国领海宽度之基线上最近各点距离相等之中间线为界线，相邻国家间的界线应适用与测算每一国领海宽度之基线上最近各点距离相等之等距离原则决定。国际法院1969年在“北海大陆架案”(德国/荷兰；德国/丹麦) 中否定了第6条规定的习惯法性质，1985年在“利比亚/马耳他大陆架案”中将这一领域内的习惯法规则表述为，大陆架划界“应按照公平原则并考虑到一切有关情况，以期达到公平结果”①。

在第三次联合国海洋法会议上，与会国就大陆架划界问题发生激烈争论，最终，《海洋法公约》第83条在这一问题上只作了原则性规定，即“海岸相向或相邻国家间大陆架的界限，应在国际法院规约第三十八条所指国际法的基础上以协议划定，以便得到公平解决”。在达成上述协议前，有关各国应基于谅解和合作的精神，尽一切努力作出实际性的临时安排，并在此过渡期间内不危害或阻碍最后协议的达成。这种安排应不妨碍最后界限的划定。此规定与关于专属经济区划界的第74条的表述完全一致。值得注意的是，随着专属经济区的广泛建立，国家逐渐倾向为海床、底土和上覆水域划一条单一边界，而一般不再为大陆架单独划界。但是，这绝不意味着不能单独进行大陆架划界，单一划界也并非一种法律义务。

四、大陆架制度与专属经济区制度的关系

大陆架和专属经济区密切相关，两者都是国家管辖范围内的海域，都是“与资源有关的区域”，沿海国在这两个区域内都享有对自然资源的主权权利，以及对人工岛屿、设施和结构的建造、管理、操作和使用及海洋科学研究的管辖权。在从领海基线量起的200海里范围内，两者甚至重叠。

然而，虽然两者密切相关，但大陆架和专属经济区是两个独立的制度，并且存在一些重要差别。首先，两者在范围上有所不同。专属经济区的最大宽度为从领海基线量起200海里，而宽大陆架可以超过200海里，最远可以扩展到从领海基线量起350海里或2 500米等深线外100海里。其次，沿海国在这两个海域内的权利的具体内容不完全相同。沿海国对大陆架的主权权利限于海床和底土的矿产资源等非生物资源以及定居种的生物；而沿海国在专属经济区内的权利不仅包括200海里区域内大陆架的权利部分，还对上覆水域内的生物资源享有主权权利。最后，沿海国对于构成其陆地领土自然延伸的大陆架区域的权利，是根据事实本身从一开始就有的，是沿海国的“固有权利”。因此，《海洋法公约》规定：“沿海国对大陆架的权利并

① Libya/Malta, para. 79 (A). 另参见1982年“突尼斯/利比亚大陆架案”以及1977年“英法大陆架仲裁案”。

不取决于有效或象征性的占领或任何明文公告。”但该公约对专属经济区却没有类似的规定，因此沿海国的专属经济区必须经过宣告，否则大陆架的这部分上覆水域属于公海。

五、中国的大陆架制度

1998 年《专属经济区和大陆架法》第 2 条第 2 款规定：“中华人民共和国的大陆架，为中华人民共和国领海以外依本国陆地领土的全部自然延伸，扩展到大陆边外缘的海底区域的海床和底土；如果从测算领海宽度的基线量起至大陆边外缘的距离不足二百海里，则扩展至二百海里。”2012 年 12 月中国向大陆架界限委员会提交了东海的部分海域 200 海里以外大陆架的定界案，将冲绳海槽轴部最大水深点的连线确定为中国在该地区 200 海里外大陆架的外部界限。《专属经济区和大陆架法》规定，中国在大陆架上行使以下主要权利：（1）为勘查大陆架和开发其自然资源，对大陆架行使主权权利。（2）对大陆架的人工岛屿、设施和结构的建造、使用和海洋科学研究、海洋环境的保护和保全行使管辖权。中国在大陆架上有专属权利建造并授权和管理建造、操作和使用人工岛屿、设施和结构。任何国际组织、外国的组织或者个人在中国大陆架进行海洋科学研究，必须经中国主管机关批准，并遵守中国的法律、法规。主管机关有权采取必要的措施，防止、减少和控制海洋环境的污染，保护和保全大陆架的海洋环境。（3）中国拥有授权和管理为一切目的在大陆架上进行钻探的专属权利。任何国际组织、外国的组织或者个人对中国大陆架的自然资源进行勘查、开发活动或者在中国大陆架上为任何目的进行钻探，必须经中国主管机关批准，并遵守中国的法律、法规。（4）中国对在大陆架上违反其法律、法规的行为，有权采取必要措施，依法追究法律责任，并可以行使紧追权。该法同时规定，任何国家在遵守国际法和中国法律、法规的前提下，在中国大陆架享有铺设海底电缆和管道的自由，以及与上述自由有关的其他合法使用海洋的便利。但铺设海底电缆和管道的路线必须经中国主管机关同意。

六、中国的海洋划界问题

受地理条件的限制，中国在黄海面临与朝鲜和韩国的海洋划界问题，在东海主要面临与日本的划界问题，在南海面临与菲律宾、马来西亚、印度尼西亚、文莱、越南等国家的划界问题。中国 1996 年在批准《海洋法公约》时声明：将与海岸相向或相邻的国家，通过协商，在国际法基础上，按照公平原则划定各自海洋管辖权界限。中国在 1998 年《专属经济区和大陆架法》中重申：“中华人民共和国与海岸相邻或者相向国家关于专属经济区和大陆架的主张重叠的，在国际法的基础上按照公平原则以协议划定界限。”截至目前，中国已经同越南就北部湾的划界达成协议。北部湾位于南海北部，是由中越两国大陆和我国海南岛所环抱的一个半封闭海湾。双方于 2000 年 12 月 25 日签署了《关于两国在北部湾领海、专属经济区和大陆架的划界协定》，规定：两国根据《海洋法公约》、公认的国际法原则和国际实践，在充分考虑北部湾所有情况的基础上，按照公平原则完成划界。界线由 21 个界点组成，其中：第 1 点至第 9 点是领海界线，第 9 点至第 21 点是专属经济区和大陆架界线。就划界结果而言，双方获得的海域面积大体相当。另外，鉴于北部湾是两国的重要渔场，双方同时签署了《北部湾渔业合作协定》。2004 年 6 月 30 日该划界协定与该渔业合作协定同时生效。之后，两国启动了北部湾湾口外海域的划界和共同开发谈判。

中国在黄海需要与朝鲜和韩国划界。1977 年朝鲜在其建立 200 海里经济区的政令中规定：“在不能划 200 海里的水域中划至海洋的中间线。”2005 年中国和朝鲜签署了《中朝政府间关于海上共同开发石油的协定》，规定在两国毗连海域共同开发、共同投资和共同分享收益。就中国与韩国的划界而言，双方海岸相向，韩国在其1996年《专属经济区法》中主张“在国际法的基础上，由相关国家协议划定”界线。2000年，中韩两国签署了渔业协定。

中国和日本在东海划界问题上立场不同。中国主张以冲绳海槽中心线作为两国在东海的大陆架界线，日本则坚持按照中间线划界。[①] 此外，划界还涉及钓鱼岛等岛屿的主权归属以及它们在划界中的效力问题。1974年日本与韩国签订《日韩共同开发大陆架协定》，单方面将其划定的中日假想中间线作为开发区朝向中国一侧的界限。对此，中国多次表示强烈抗议，认为该协议侵害了中国对东海大陆架的权利，因此“完全是非法的、无效的”。1997年中日两国签署了新的渔业协定。2008年两国就东海问题达成原则共识，其中规定，在东海北部划定的一小片区域内，由两国进行共同开发。

中国在南海面临的划界问题是诸海域中最为复杂的，不仅涉及众多国家，而且存在领土争端。2016年中国政府发布《关于在南海的领土主权和海洋权益的声明》，指出：基于中国人民和中国政府的长期历史实践及历届中国政府的一贯立场，根据中国国内法以及包括《海洋法公约》在内的国际法，中国在南海的领土主权和海洋权益包括：（1）中国对南海诸岛，包括东沙群岛、西沙群岛、中沙群岛和南沙群岛拥有主权；（2）中国南海诸岛拥有内水、领海和毗连区；（3）中国南海诸岛拥有专属经济区和大陆架；（4）中国在南海拥有历史性权利。中国一向坚决反对一些国家对中国南沙群岛部分岛礁的非法侵占及在中国相关管辖海域的侵权行为。中国愿继续与直接有关当事国在尊重历史事实的基础上，根据国际法，通过谈判协商和平解决南海有关争议。中国愿同有关直接当事国尽一切努力作出实际性的临时安排，包括在相关海域进行共同开发，实现互利共赢，共同维护南海和平稳定。2002年中国与东盟各国签署了《南海各方行为宣言》，强调通过友好协商和谈判，以和平方式解决南海有关争议。在争议解决之前，各方承诺保持克制，不采取使争议复杂化和扩大化的行动，并本着合作与谅解的精神，寻求建立相互信任的途径。目前各方正在就“南海行为准则”进行磋商。

第七节　公　海

一、公海的范围和法律地位

1958年《公海公约》第1条规定，公海（high seas）是指不包括在一国领海或内水以内的全部海域。随着专属经济区和群岛水域制度的建立，公海的范围大为缩小。1982年《海洋法公约》第86条规定，公海制度“适用于不包括在国家的专属经济区、领海或内水或群岛国的群岛水域内的全部海域”。需要指出的是，这并非公海的定义。虽然第86条没有提及大陆架和国际海底区域，但它们显然也不应属于公海的范围。

关于公海的法律地位：首先，公海不是国家管辖海域。与内水、领海和群岛水域不同，任何国家在公海上都没有领土主权，不得有效地声称将公海的任何部分置于其主权之下。按照《奥本海国际法》的观点，“既然公海不是任何国家的领土，任何国家通常就没有在公海的任何部分行使立法、行政、管辖或警察的权利。而且，既然公海绝不能被置于任何国家的主权之下，任何国家就没有通过先占而取得公海任何部分的权利，因为就领土取得而言，公海是罗马

① 段洁龙. 中国国际法实践与案例. 北京：法律出版社，2011：149-150.

法上所谓的'非交易物'（res extra commercium）"[①]。虽然公海的一些规定在不与专属经济区制度相冲突的前提下也适用于专属经济区，但公海不同于专属经济区。其次，公海对所有国家开放，不论沿海国或内陆国，都可以在《海洋法公约》和其他国际法规则所规定的条件下行使公海自由。各国在行使公海自由时应适当顾及其他国家的利益以及《海洋法公约》规定的与国际海底区域内活动有关的权利，而且公海只应用于和平目的。为使内陆国能够行使公海自由等公约规定的各项权利，《海洋法公约》规定，内陆国应有权出入海洋，为此目的应享有利用一切运输工具通过过境国领土的过境自由。行使过境自由的条件和方式，应由内陆国和有关过境国通过协定予以议定。

二、公海自由的内容

（一）概述

随着人类对海洋认识和利用能力的提高，公海自由的内容不断扩大。在格劳秀斯时代前后一段相当长的时期内，海洋自由主要限于航行自由和捕鱼自由。从 19 世纪末至 20 世纪 50 年代，人类对海洋的利用增加了铺设海底电缆和管道的自由以及飞越公海上空的自由。[②] 1958 年《公海公约》规定了 4 项公海自由：（1）航行自由；（2）捕鱼自由；（3）铺设海底电缆和管道的自由；（4）公海上空飞行自由。《海洋法公约》增加了建造人工岛屿和从事科学研究两项自由。《海洋法公约》第 87 条规定，除其他外，公海自由包括：（1）航行自由；（2）飞越自由；（3）铺设海底电缆和管道的自由（受大陆架部分的限制）；（4）建造国际法所容许的人工岛屿和其他设施的自由（受大陆架部分的限制）；（5）捕鱼自由（受公约规定条件的限制）；（6）科学研究的自由（受大陆架和海洋科学研究部分的限制）。应当指出的是，该清单并非公海自由的完全列举。

（二）航行自由

每个国家，不论是沿海国还是内陆国，均有权在公海上行驶悬挂其旗帜的船舶。除国际条约明文规定的例外情形外，船舶在公海上受其船旗国（flag State）的专属管辖，其他国家不得干涉船舶的航行。在公海上航行的船舶不受任何强制性海上礼节的拘束，也不需缴纳任何通行税。[③] 船舶在公海上航行时应悬挂且应仅悬挂一国的旗帜，除了所有权确实转移或变更登记的情形，船舶在航程中或在停泊港内不得更换旗帜。悬挂两国或两国以上旗帜航行并视方便而换用旗帜的船舶，对任何其他国家不得主张其中的任一国籍，并可视同无国籍船舶。此外，船舶还应遵守关于海上生命安全，防止碰撞，防止、减少和控制海洋污染以及无线电通信等的国际规章。

公海自由，包括航行自由，是由国家行使的，因此，在公海上航行的船舶首先需要获得一个国家的国籍并在航行时悬挂该国的旗帜。这是建立公海管辖制度以及维持公海秩序所必需的。船舶具有其有权悬挂的旗帜所属国家的国籍。授予船舶的国籍问题属于各国国内管辖事项，每个国家有权确定对船舶给予国籍、船舶在其领土内登记及船舶悬挂该国旗帜的权利的条件，并应向其给予悬挂本国旗帜权利的船舶颁发给予该权利的文件。不过，《海洋法公约》要求船旗国与其船舶之间必须有"真正联系"（genuine link）。为了确保此一真正联系的存在，

① Oppenheim's International Law. Sir Robert Jennings & Sir Arthur Watts. 9th ed.. Longman，1992，Vol. 1：726－727.

② 魏敏. 海洋法. 北京：法律出版社，1987：189－190.

③ 魏敏. 海洋法. 北京：法律出版社，1987：191.

1986年联合国船舶登记条件会议通过了《联合国船舶登记条件公约》。需要指出的是，真正联系的缺乏并不能导致相关船舶丧失其国籍。实践中，一些国家采用相当宽松的船舶登记制度，有时被称为“方便旗”(flag of convenience) 制度。然而，无论采用何种船舶登记制度，《海洋法公约》要求船旗国都应对悬挂其旗帜的船舶有效地行使行政、技术及社会事项的管辖和控制。为保证海上安全，船旗国应对该国船舶就船舶构造、装备、适航条件、船舶的人员配备、船员的劳动条件和训练、信号的使用、通信的维持和碰撞的防止采取必要的措施。船旗国对于涉及本国船舶在公海上因海难或航行事故对另一国国民、船舶、设施或海洋环境造成严重损害的事件应进行调查，并对于该另一国就任何这种海难或航行事故进行的调查予以合作。船旗国应责成其船舶的船长，在不严重危及其船舶、船员或乘客的情况下，救助在海上遇难的人员；在发生碰撞的情况下，对另一船舶及其船员和乘客给予救助。

（三）捕鱼自由与公海生物资源的养护和管理

所有国家均有权由其国民在公海上捕鱼，此谓公海捕鱼自由 (freedom of fishing)。长期以来，海洋生物资源一直被认为是取之不尽、用之不竭的。然而，随着现代开发海洋生物资源技术的发展，某些海洋生物资源已经出现被过度利用的问题。从19世纪下半叶开始，国家间陆续缔结了一些关于渔业管理的公约，如1882年《北海渔业公约》、1911年《北太平洋海豹保护公约》、1946年《国际捕鲸管制公约》和1958年《捕鱼及养护公海生物资源公约》等。[①]

《海洋法公约》对公海捕鱼自由作了如下主要限制：第一，有关国家的条约义务。第二，沿海国在专属经济区内的权利、义务和利益，特别是有关既出现在专属经济区内又出现在专属经济区外的邻接区域内的种群（即所谓跨界鱼类种群）、高度洄游鱼种、海洋哺乳动物、溯河产卵种群，以及降河产卵鱼种的捕捞和养护。第三，公约有关养护公海生物资源的专门规定。首先，各国有义务为其国民采取养护公海生物资源的必要措施。其次，各国应在养护和管理公海生物资源方面进行合作。特别是其国民开发相同生物资源，或在同一区域内开发不同生物资源的国家应进行谈判，以期采取养护有关生物资源的必要措施，并应在适当情形下合作设立分区域或区域渔业组织。最后，各国在对公海生物资源决定可捕量和制定其他养护措施时，应采取措施使捕捞鱼种的数量维持在或恢复到能够生产最高持续产量的水平，同时使与所捕捞鱼种有关联或依赖该鱼种生存的鱼种的数量维持在或恢复到其繁殖不会受严重威胁的水平以上。各国在适当情形下，应通过各主管国际组织，并在所有有关国家的参与下，经常提供和交换可获得的科学情报、渔获量和渔捞努力量统计，以及其他有关养护鱼的种群的资料。养护措施及其实施不应在形式上或事实上对任何国家的渔民有所歧视。

为了确保跨界鱼类种群和高度洄游鱼类种群的长期养护与可持续利用，1995年，各国缔结了《跨界鱼类种群协定》。该协定第5条列举了沿海国和在公海捕鱼的国家在此方面应履行的合作义务，其中包括：应采取措施，包括在切实可行的情况下，发展和使用有选择性的、对环境无害和成本效益高的渔具和捕鱼技术，以尽量减少污染、废弃物、遗弃渔具捞获物、非目标物种的捕获量以及对相关或依附物种，特别是濒于灭绝物种的影响；采取措施防止或消除渔捞过度和捕鱼能力过大的问题，并确保渔捞努力量不高于与渔业资源的可持续利用相称的水平。该协定要求沿海国和在公海捕鱼的国家应尽力在一段合理时间内就互不抵触的养护和管理措施达成协议。在此之前，有关国家应本着谅解和合作精神，尽力作出实际的临时安排。此外，该协定还就国际合作机制和非成员、非参与方、船旗国的义务、遵守和执法以及发展中国家的需要等事项作出了规定。

---

① 魏敏．海洋法．北京：法律出版社，1987：201-202.

（四）其他公海自由

1. 铺设海底电缆和管道的自由

《海洋法公约》规定，所有国家均有权在大陆架以外的公海海底上铺设海底电缆和管道，但各国在铺设海底电缆和管道时必须适当顾及已经铺设的电缆和管道。如果电缆或管道的所有人在铺设或修理该项电缆或管道时使另一电缆或管道受到破坏或损害，应负担修理费用。为了维护海底电缆和管道不被破坏或损害，《海洋法公约》要求每个国家制定必要的法律和规章，规定悬挂本国旗帜的船舶或受其管辖的人故意或因重大疏忽而破坏或损害公海海底电缆，致使电报或电话通信停顿或受阻的行为，以及类似的破坏或损害海底管道或高压电缆的行为，均为应予处罚的罪行。另外，如果船舶所有人因避免损害海底电缆或管道而牺牲了锚、网或其他渔具，电缆或管道所有人应负赔偿责任。

2. 建造国际法所容许的人工岛屿和其他设施的自由

这是《海洋法公约》增加的一项公海自由。不过，公约没有直接界定何种人工岛屿和设施是"国际法所容许的"。该公约第十三部分专门就海洋科学研究问题作出规定，各国在公海上行使海洋科学研究自由时应受该部分规定的限制。按照该公约的规定，所有国家不论其地理位置如何，均有权在专属经济区以外的水体内进行海洋科学研究，但应遵循下列原则：（1）研究应专为和平目的；（2）研究应以符合公约的适当科学方法和工具进行；（3）研究不应对符合公约的海洋其他正当用途有不当干扰；（4）研究的进行应遵守依照公约制定的一切有关规章，包括有关保护和保全海洋环境的规章。此外，海洋科学研究活动不应构成对海洋环境或其资源的任何权利主张的法律根据。

三、公海上的管辖权

公海上的管辖权主要是指对公海上的船舶的管辖，而船上所载的人和物则被视为与船舶构成一个整体。船旗国管辖是公海管辖的基础和原则。第一，除国际条约明文规定的例外情形外，船舶在公海上应受船旗国的专属管辖。第二，军舰和由一国所有或经营并专用于政府非商业性服务的船舶在公海上享有不受船旗国以外任何其他国家管辖的完全豁免权。第三，当船舶在公海上发生碰撞或其他航行事故涉及船长或任何其他为船舶服务人员的刑事或纪律责任时，对此种人员的任何刑事诉讼或纪律程序只能向船旗国或此种人员国籍国的司法或行政当局提出。船旗国当局以外的任何当局，即使作为一种调查措施，也不应命令逮捕或扣留船舶。

除船旗国的管辖权外，《海洋法公约》在以下两种情况下赋予了其他国家对公海上的外国船舶的管辖权：一是为了打击公海上的违法行为，二是为了沿海国有效地维护其海洋权益。第一种情形集中体现在对各国军舰所赋予的登临权（right of visit）。根据《海洋法公约》第110条的规定，军舰在公海上遇到享有完全豁免权的船舶以外的外国船舶，如果有合理根据认为该船有下列嫌疑，可以登临检查：（1）该船从事海盗行为；（2）该船从事奴隶贩卖；（3）该船从事未经许可的广播，且军舰的船旗国有管辖权；（4）该船没有国籍；（5）该船虽悬挂外国旗帜或拒不展示其旗帜，但事实上与该军舰属同一国籍。在此情况下，军舰可查核该船悬挂其旗帜的权利。如果检验船舶文件后仍有嫌疑，军舰可进一步在该船上进行检查，但检查须尽量审慎进行。如果嫌疑经证明为无根据，而且被登临的船舶并未从事嫌疑的任何行为，对于该船舶因此可能遭受的任何损失或损害军舰所属国应予赔偿。上述规定比照适用于军用飞机和经正式授权并有清楚标志可以识别的为政府服务的其他船舶或飞机。

《海洋法公约》要求所有国家应进行合作，以制止和惩治在公海上发生的违反国际法的行为，包括海盗、麻醉药品或精神调理物质的非法贩运以及从事未经许可的广播。

海盗行为（piracy）是指私人船舶或飞机的船员、机组人员或乘客为私人目的，在公海上对另一船舶或飞机或其上的人或财物，抑或在任何国家管辖范围以外的地方对船舶、飞机、人或财物所从事的任何非法的暴力或扣留行为或任何掠夺行为。被意图用于或曾被用于实施海盗行为且处于海盗控制下的船舶或飞机被视为海盗船舶或海盗飞机。海盗被认为是人类的公敌。在公海上或在任何国家管辖范围以外的其他地方，每个国家均可扣押海盗船舶或飞机，逮捕船上或机上的人员并扣押其上的财物。扣押国法院可以判定应处的刑罚，并决定对船舶、飞机或财产所应采取的行动，但受善意第三者的权利的限制。但是，如果扣押涉嫌海盗行为的船舶或飞机并无足够的理由，扣押国应向船舶或飞机所属的国家负担因扣押而造成的任何损失或损害的赔偿责任。

公海上从事未经许可的广播（unauthorized broadcasting from the high seas）是指船舶或设施违反国际规章在公海上播送旨在使公众收听或收看的无线电传音或电视广播，但遇难呼号的播送除外。对于此种违法行为，船旗国、设施登记国、广播人所属国、可以收到此种广播的国家以及得到许可的无线电通信受到干扰的国家均可行使管辖权，逮捕从事非法广播的船舶或人员，并扣押广播器材。

《海洋法公约》规定的公海上船旗国管辖原则的第二种例外情形是沿海国当局对外国船舶行使的紧追权（right of hot pursuit）。不过，紧追权的行使必须同时满足《海洋法公约》第111条规定的各项条件方为合法。第一，沿海国必须有“充分理由”认为外国船舶违反其法律和规章时才可对该船紧追；在无正当理由行使紧追权的情况下，在领海以外被命令停驶或被逮捕的船舶，对于因此遭受的任何损失或损害应获赔偿。第二，追逐须在外国船舶或其小艇之一在追逐国的内水、群岛水域、领海或毗连区内时开始。对于在专属经济区内或大陆架上，包括大陆架上设施周围的安全地带内违反沿海国的法律和规章的行为，也可比照适用紧追权。需要指出的是，就毗连区、专属经济区和大陆架而言，追逐只有在设立这些区域所保护的权利遭到侵犯的情形下才可进行。此外，追逐只有在外国船舶视听所及的距离内发出视觉或听觉的停驶信号后才可开始。当外国船舶接获停驶命令时，发出命令的船舶并无必要也在相关国家管辖海域内。第三，追逐只有未曾中断，才可在国家管辖海域外继续进行。第四，紧追权在被追逐船舶进入其本国领海或第三国领海时应立即终止。第五，紧追权仅可由军舰、军用飞机或其他有清楚标志可以识别的为政府服务并经授权紧追的船舶或飞机行使。此外，习惯法要求在追逐过程中应尽量避免使用武力。当使用武力不可避免时，应在具体情况下符合合理和成比例的标准，并考虑人道主义的需求。如果紧追不符合上述要求，则可能引发沿海国的国家责任。有关行使紧追权的一个著名案例是美国和英国之间的“孤独号案”。

第八节　国际海底区域

一、概说

国际海底区域（international sea-bed area）简称“区域”（the Area），是指国家管辖范围以外的海床和洋底及其底土，亦即各国大陆架外部界限以外的整个海底区域。国际海底区域是《海洋法公约》新创设的一个海域，是现代海洋法律秩序的重要组成部分。国际海底制度是第三次海洋法会议上的一个核心和难点。《海洋法公约》第十一部分就支配“区域”的原则、“区域”内资源的开发、国际海底管理局，以及有关“区域”内活动的争端解决等问题作了规定。

此外，《海洋法公约》附件三规定了探矿、勘探和开发的基本条件；附件四则规定了企业部章程——企业部被设计为一个直接进行“区域”内活动的管理局机关。然而，有关国际海底区域法律制度的争论并未随着《海洋法公约》的通过而结束，这最终导致了1994年《执行协定》的产生。该协定的附件在缔约国的费用和体制安排、企业部、决策、审查会议、技术转让、生产政策、经济援助、合同的财政条款、财务委员会共九个方面作出规定，对《海洋法公约》进行了实质修改。在国际海底管理局的机构设置方面，1994年《执行协定》规定，管理局各机关和附属机构的设立与运作应采取渐进的方式，企业部的职务应暂由管理局秘书处履行，而经济规划委员会的职务应暂由法律和技术委员会执行。另外，协定又设立了财务委员会。协定修改了管理局理事会的组成和表决机制，取消了《海洋法公约》第151条有关生产政策的规定、第155条关于在最早的商业生产开始后15年就“区域”资源的勘探和开发制度举行审查会议的规定、《海洋法公约》附件三第5条有关承包者向企业部转让技术的规定，修改了《海洋法公约》附件三第13条有关申请者和承包者向管理局所负财政义务的规定。除公约和协定外，管理局制定的规则、规章和程序也是“区域”法律制度的组成部分。管理局已先后制定了《“区域”内多金属结核探矿和勘探规章》《“区域”内多金属硫化物探矿和勘探规章》《“区域”内富钴铁锰结壳探矿和勘探规章》等三个探矿和勘探规章，目前正在制定“区域”内矿物资源的开发规章。

二、国际海底区域及其资源的法律地位

国际海底区域及其资源是人类共同继承财产（common heritage of mankind)。这一点早在1970年联合国大会通过的《关于各国管辖范围以外海床洋底及其底土的原则宣言》中即已得到确立。《海洋法公约》后来将其列为支配“区域”的第一项原则。“区域”内的“资源”是指“区域”内在海床及其下原来位置的一切固体、液体或气体矿物资源；从“区域”回收的资源称为“矿物”。根据《海洋法公约》的有关规定，人类共同继承财产原则应包括以下主要内容：第一，任何国家不应对“区域”的任何部分或其资源主张或行使主权或主权权利，不得将“区域”或其资源的任何部分据为己有。任何这种主权或主权权利的主张或行使，或这种据为己有的行为，均不应予以承认。第二，对“区域”内的资源的一切权利属于全人类，不得让渡，由国际海底管理局代表全人类行使。虽然国家、自然人或法人可以对从“区域”内回收的矿物主张、取得或行使权利，但是，任何这种权利的主张、取得或行使都只能按照公约和管理局的规则、规章和程序进行，否则不应予以承认。第三，“区域”内活动应为全人类的利益而进行，并特别考虑到发展中国家人民的利益和需要。管理局应在无歧视的基础上公平分配从“区域”内活动取得的财政及其他经济利益。“‘区域’内活动”是指勘探和开发“区域”资源的一切活动。第四，“区域”应不加歧视地对所有国家开放，专为和平目的利用。需要指出的是，“区域”的法律地位并不影响其上覆水域或水域上空的法律地位。

“区域”内资源的勘探和开发适用“平行开发制”（paralleled system)。按照《海洋法公约》的规定，“区域”内活动既可以由管理局的企业部进行，也可以由缔约国或国营企业或者在缔约国担保下的具有缔约国国籍或由这类国家或其国民有效控制的自然人或法人与管理局以协作的方式进行。不过，企业部以外的申请者在向管理局提出勘探和开发申请时，应将所申请的区域划分成估计商业价值相等的两个部分，并且提交关于这两个部分的所有资料；管理局在收到这些资料后将指定其中一个部分保留给管理局通过企业部或以与发展中国家协作的方式进行活动。一旦非保留区的工作计划获得核准并经签订合同，指定的区域即成为“保留区”。尽管保留区的规定在一定程度上满足了“区域”内活动应为全人类的利益而进行的要求，但平行

开发制与人类共同继承财产原则并不完全相符。它是由于当时只有少数发达国家拥有开发的技术和资金，为了争取发达国家接受《海洋法公约》，同时使管理局能够从这些国家得到必要的技术和经费以便实际进行开发活动的情况下的妥协产物。① 截至 2024 年 5 月国际海底管理局已经与 22 个承包者签订了 19 份多金属结核勘探合同、7 份多金属硫化物勘探合同、5 份富钴铁锰结壳勘探合同。②

三、国际海底管理局

国际海底管理局（International Sea-bed Authority）是《海洋法公约》的缔约国组织及控制“区域”内活动，特别是管理“区域”内资源的组织；它代表全人类行使对“区域”内资源的一切权利；所在地位于牙买加。管理局具有国际法律人格以及为执行其职务和实现其宗旨所必要的法律行为能力，在缔约国领土内享有《海洋法公约》规定的特权和豁免。管理局由所有缔约国组成，设有大会、理事会和秘书处三个主要机关。管理局的一般政策由大会会同理事会制定。作为一般规则，管理局各机关的决策应当采取协商一致的方式。

大会是管理局的最高机关，由全体成员组成，每年召开一次常会。大会的职权主要包括：（1）选举理事会成员；（2）从理事会提出的候选人中选举秘书长；（3）决定各成员国对管理局的行政预算应缴的会费；（4）根据理事会的建议，审议和核准关于公平分享从“区域”内活动取得的财政及其他经济利益和沿海国对开发 200 海里外大陆架上的非生物资源所缴的费用和实物的规则、规章和程序；（5）审议和核准理事会暂时制定的管理局的规则、规章和程序及其修正案；（6）决定公平分配从“区域”内活动取得的财政和其他经济利益；（7）审议和核准理事会提出的管理局的年度预算；（8）审查理事会的定期报告和特别报告；（9）审议关于“区域”内活动的一般性问题以及关于“区域”内活动对某些国家，特别是内陆国和地理不利国因其地理位置而造成的问题；（10）暂停成员权利和特权的行使；（11）讨论管理局权限范围内的任何问题或事项，并在符合管理局各个机关权力和职务的分配的情形下，决定由管理局哪一机关来处理《海洋法公约》条款未规定由其某一机关处理的问题或事项。每个成员国在大会上有一票表决权。如果无法以协商一致方式作出决定而付诸表决时，实质性问题以出席并参加表决的成员 2/3 多数作出决定，程序性问题则以过半数作出决定。

理事会是管理局的执行机关，有权制定管理局所应遵循的具体政策，目前下设财务委员会、法律和技术委员会。理事会由大会按照《海洋法公约》规定选出的 36 个管理局成员组成，任期 4 年，可连选连任。理事会的职权主要包括：（1）就管理局职权范围内所有问题和事项监督和协调公约规定的实施；（2）向大会提出秘书长候选人名单；（3）核准工作计划；（4）对“区域”内活动进行控制；（5）向大会建议关于公平分享从“区域”内活动取得的财政及其他经济利益以及沿海国对开发 200 海里外大陆架上的非生物资源所缴的费用和实物的规则、规章和程序；（6）在经大会核准前，暂时制定并适用管理局的规则、规章和程序及其任何修正案；（7）将管理局的年度预算提交大会核准；（8）就管理局职权范围内的任何问题或事项的政策向大会提出建议；（9）就暂停成员权利和特权的行使向大会提出建议；（10）在发生不遵守规则的情况下，代表管理局向海底争端分庭提起司法程序；（11）遇有紧急情况时发布命令，包括停止或调整作业，以防止“区域”内活动对海洋环境造成严重损害。每个成员在理事会上有一票表决权。如果无法以协商一致方式作出决定而付诸表决时，关于程序性问题的决定以出席并

① 魏敏. 海洋法. 北京：法律出版社，1987：242.

② https://www.isa.org.jm/exploration-contracts/.

参加表决的成员过半数作出；关于实质性问题的决定，除《海洋法公约》规定由理事会协商一致决定者外，以出席并参加表决的成员 2/3 多数作出，但须理事会的任一分组[①]没有过半数反对该项决定。

秘书处由秘书长一人和管理局所需要的工作人员组成。秘书长由大会从理事会提出的候选人中选出，任期 4 年，连选可连任。秘书长是管理局的行政首长，在大会和理事会以及任何附属机关的一切会议上以这一身份执行职务，并执行此种机关交给他的其他行政职务。秘书长应就管理局的工作向大会提出年度报告。秘书长及工作人员在执行职务时不应寻求或接受任何政府的指示或管理局以外其他来源的指示，不应与同“区域”内的勘探和开发有关的任何活动有任何财务上的利益。

第九节　海洋环境的保护和保全

一、概述

海洋环境的保护和保全不仅是环境法中的重要课题，也是现代海洋法的重要组成部分。虽然海洋环境保护这一概念的含义十分广泛，但防止、减少和控制海洋环境污染应是其核心。根据《海洋法公约》第 1 条第 1 款第 4 项的规定，海洋环境污染是指“人类直接或间接把物质和能量引入海洋环境（包括河口湾在内），以致发生或可能发生损害生物资源和海洋生物、危害人类健康、妨碍包括捕鱼和海洋的其他正当用途在内的各种海洋活动、损坏海水使用质量和减损环境优美等有害影响”。按照污染物的来源不同，海洋环境污染可分为陆地源污染、大气源污染、船舶源污染、倾倒源污染和海底活动开发源污染 5 种。自 20 世纪 50 年代以来，国际社会陆续制定了一些有关防止海洋污染的全球性和区域性条约，如 1954 年《国际防止海上油污公约》、1969 年《国际干预公海油污事故公约》、1972 年《防止倾倒废物及其他物质污染海洋的公约》、1973 年《国际防止船舶污染公约》和《干预公海非油类物质污染议定书》等。1958 年《公海公约》中也含有两条防止污染的简单规定。《海洋法公约》第十二部分对海洋环境的保护和保全作了全面、系统的规定。该部分有 11 节，共 46 条。《海洋法公约》第 237 条规定，第十二部分的规定不影响各国根据先前缔结的关于保护和保全海洋环境的特别协定所承担的特定义务，但这些特定义务应依符合公约一般原则和目标的方式履行。该条同时规定，不影响为了推行公约所载的一般原则而可能缔结的协定。

二、保护和保全海洋环境的义务和责任

《海洋法公约》明确规定，各国有保护和保全海洋环境的义务。各国应在适当情形下个别或联合采取一切符合公约的必要措施以防止、减少和控制任何来源的海洋环境污染，各国应采取一切必要措施确保在其管辖或控制下的活动的进行不致使其他国家及其环境遭受污染的损害，并确保在其管辖或控制范围内的事件或活动所造成的污染不扩大到其管辖海域以外。各国应采取一切必要措施以防止、减少和控制由于在其管辖或控制下使用技术而造成的海洋环境污染，或由于故意或偶然在海洋环境某一特定部分引进外来或新的物种致使海洋环境可能发生重大和有害的变化。此外，公约还为各国规定了不将损害或危险转移或者将一种污染转变成另一

① 进一步参见 1994 年《执行协定》附件第三节第 5、9、15 段。

种污染的义务、对污染危险或影响进行监测的义务、进行环境影响评估的义务。公约强调，各国应在全球性或区域性基础上，直接或通过主管国际组织进行合作以保护和保全海洋环境，并为此作出专门规定。

《海洋法公约》第235条规定，各国有责任履行其关于保护和保全海洋环境的国际义务，并应按照国际法承担责任。各国对于在其管辖下的自然人或法人污染海洋环境所造成的损害，应确保按照其法律制度可以提起申诉以获得迅速和适当的补偿或其他救济。

三、防止、减少和控制海洋环境污染的国际规则和国内立法

《海洋法公约》按照污染物的不同来源，就制定防止、减少和控制海洋环境污染的国际和国内规则作出规定。这些规定大致可以分为三种模式。对于陆地来源的污染、来自大气层或通过大气层的污染、国家管辖的海底活动造成的污染以及倾倒造成的污染，公约首先要求各国应制定法律和规章并采取其他必要的措施以防止、减少和控制上述各类来源对海洋环境的污染。其次要求各国应通过主管国际组织或外交会议采取行动，尽力制定全球性和区域性规则、标准和建议的办法及程序，以防止、减少和控制各类污染。此外，这些规定之间也存在明显不同。就防止陆地源和大气源污染而言，公约要求各国在制定其法律和规章时应考虑到国际规则，但就国家管辖的海底活动和倾倒造成的污染而言，公约明确要求国内法律规章和措施的效力应不低于国际规则和标准。

就来自船只的污染而言，《海洋法公约》第211条首先要求各国应通过主管国际组织或外交会议制定国际规则和标准，以防止、减少和控制船只对海洋环境的污染。然后，该条依次规定了船旗国、港口国和沿海国制定法律和规章以防止、减少和控制船只污染的义务与权利。公约要求，船旗国的法律和规章至少应具有与一般接受的国际规则和标准相同的效力。港口国可以制定防止海洋环境污染的特别规定作为外国船只进入其港口或内水或者在其岸外设施停靠的条件。沿海国有权在其领海内制定防止船只污染的法律和规章，但这种法律和规章不应阻碍外国船只的无害通过。沿海国可对其专属经济区制定法律和规章，以防止船只的污染，但这种法律和规章应符合一般接受的国际规则和标准，并使其有效。然而，如果沿海国认为国际规则和标准不足以适应特殊情况，在一定条件下可在其专属经济区某一明确划定的特定区域内采取防止来自船只的污染的特别强制性措施。

此外，对于来自“区域”内活动的污染，《海洋法公约》要求按照第十一部分制定国际规则、规章和程序。这一责任属于国际海底管理局。同时，公约要求各国应制定法律和规章，以防止、减少和控制由悬挂其旗帜或在其国内登记或在其权力下经营的船只、设施、结构和其他装置进行的“区域”内开发活动所造成的污染，此种法律和规章的效力不应低于国际海底管理局所定的国际规则。这一义务主要属于船旗国。

四、对海洋环境污染的执行

《海洋法公约》同样按照污染物的不同来源，对海洋环境污染的执行问题作出了规定。对于陆源、大气源和国家管辖的海底活动造成的污染，由制定法律和规章的国家执行。对于倾倒造成污染的执行，公约规定了三种情况：(1) 对于在沿海国领海、专属经济区或大陆架上的倾倒，由该沿海国执行；(2) 对于悬挂其旗帜的船只或在其国内登记的船只和飞机进行的倾倒，由该船旗国或登记国执行；(3) 对于在任何国家领土内或在其岸外设施装载废料或其他物质的行为，由该国执行。

关于对船舶源污染的执行，情况比较复杂，《海洋法公约》规定了船旗国、港口国和沿海国三种执行权，其中船旗国的执行占优势地位。

（一）船旗国的执行

《海洋法公约》规定，船旗国应确保悬挂其旗帜的船只遵守有关海洋环境保护的国际规则和标准以及该国的法律和规章。船旗国对于悬挂其旗帜的船舶的违章行为，不论其在何处发生，也不论违章行为所造成的污染在何处发生或发现，均应设法立即进行调查，并在适当情形下提起司法程序。值得注意的是，如果船旗国在任何其他国家就其船只在领海外的违章行为提起司法程序之日起6个月内就同样控告提出加以处罚的司法程序，则其他国家应立即暂停进行司法程序，除非该违章行为使沿海国遭受重大损害，或有关船旗国一再不履行其对本国船只的违章行为有效地执行国际规则和标准的义务。各国的法律和规章对悬挂其旗帜的船只所规定的处罚应足够严厉，以防止违反行为的发生。

（二）港口国的执行

考虑到停靠港在航运上的重要作用，以及一些船旗国不愿对其船舶实施管辖的事实，港口国的执行对于保证国际环境规则和标准的有效实施十分必要。[①]《海洋法公约》规定，当外国船只自愿位于其港口或岸外设施时，港口国可以对发生在其管辖海域外的任何违反国际规则和标准的排放进行调查，并可在有充分证据的情况下提起司法程序。然而，对于发生在另一国管辖海域内的违章排放行为，港口国进行调查和提起司法程序的权利应受到限制。第一，只有在相关沿海国、船旗国或受违章排放行为损害或威胁的国家提出请求，或在该违章行为已对或可能对港口国的管辖海域造成污染的情况下，港口国才可以提起司法程序。第二，如经请求，港口国应将调查记录转交船旗国或沿海国。第三，经违章排放发生地沿海国的请求，港口国应暂停司法程序，并将案件的证据和记录转交给该沿海国。

（三）沿海国的执行

关于沿海国对船舶源污染的执行权，《海洋法公约》规定了三种情况。第一，当外国船只自愿位于其港口或岸外设施时，沿海国可对在其领海或专属经济区内发生的任何违反海洋环境保护的法律规章或国际规则、标准的行为提起司法程序。第二，对于在其领海内航行的外国船只在通过领海时的海洋环境违法行为，如果沿海国有明显根据，可以在不妨害无害通过的前提下就违反行为对该船进行实际检查，并在有充分证据时依法提起司法程序，包括对该船的拘留在内。第三，对于在其领海或专属经济区内航行的外国船只在专属经济区内的海洋环境违法行为，如果沿海国有明显根据，可以要求该船提供其识别标记、登记港口、上次停泊和下次停泊的港口等有关情况，以确定是否已有违章行为发生。如果该船拒不提供有关情况，或所提供的情况与实际情况显然不符，而沿海国又有明显根据认为该违章导致大量排放，对海洋环境造成重大污染或有重大污染的威胁，则沿海国可就违反行为对该船进行实际检查。如有明显客观证据证明该违章导致的排放对沿海国的海岸或有关利益或者对其领海或专属经济区内的任何资源造成重大损害或有造成重大损害的威胁，则该国在有充分证据时可依法提起司法程序，包括对该船的拘留在内。

① 魏敏．海洋法．北京：法律出版社，1987：301．

第十节 海洋争端的解决

一、《海洋法公约》的争端解决制度

为了解决与《海洋法公约》有关的争端，公约规定了复杂的争端解决机制。在重申和平解决争端原则的同时，公约强调缔约国有权用自行选择的方法解决它们之间有关公约的争端。如果争端各方已协议用自行选择的和平方法谋求解决争端，则只有在诉诸这种方法而仍未得到解决以及争端各方间的协议并不排除任何其他程序的情形下，才适用公约规定的解决程序。另外，当缔约国之间发生争端时，它们应迅速就以谈判或其他和平方法解决争端一事交换意见。如已诉诸上述程序而仍未解决争端，则任何一方可以将争端提交公约规定的导致有拘束力裁判的强制程序。

为了有效解决有关公约的解释或适用的争端，《海洋法公约》规定了四种导致有拘束力裁判的强制程序，包括：国际法院、公约附件六设立的国际海洋法法庭、公约附件七的仲裁法庭和附件八的特别仲裁法庭。缔约国可以以书面声明的方式选择一个或一个以上的程序。如果争端一方未作出选择，则应视为已接受附件七所规定的仲裁。如果争端各方已接受同一程序，则除各方另有协议外，争端仅可提交该程序。如果争端各方未接受同一程序，则除各方另有协议外，争端仅可提交附件七的仲裁法庭。由此，附件七的仲裁法庭被《海洋法公约》赋予了一种特殊地位。截至 2024 年 5 月，已有十几个案件被提交给公约附件七的仲裁法庭。不过，缔约国的选择不能影响国际海洋法法庭海底争端分庭（Seabed Disputes Chamber）对有关“区域”争端的管辖权。公约原则上赋予了国际海洋法法庭海底争端分庭对此类争端以强制管辖权。需要指出的是，并非任何有关公约的争端都可以单方提交公约规定的导致有拘束力裁判的强制程序。《海洋法公约》第 297 条将有关专属经济区内生物资源的争端等排除出导致有拘束力裁判的强制程序，而第 298 条允许缔约国发表声明将海洋划界等争端排除出上述程序。法庭应适用公约和其他与公约不相抵触的国际法规则裁判争端；如经当事各方同意，法庭可按照公允及善良原则裁判案件。

二、国际海洋法法庭

国际海洋法法庭（International Tribunal for the Law of the Sea）是《海洋法公约》为解决有关海洋法的争端而创设的一个常设性国际司法机构。法庭成立于 1996 年，所在地为德国汉堡自由汉萨城。

（一）法庭的组织

法庭由独立法官 21 人组成，从享有公平和正直的最高声誉、在海洋法领域内具有公认资格的人士中选出。法庭作为一个整体，应确保其能代表世界各主要法系和公平地区分配。联合国大会所确定的每一地理区域集团应至少有 3 名法官。法官的选举应以无记名投票进行。选举时，得票最多并获得出席并参加表决的缔约国 2/3 多数票的候选人当选为法庭法官，这项多数票应包括缔约国的过半数。法官任期 9 年，可连选连任。法庭应选举庭长和副庭长，任期 3 年，可连选连任。法庭应任命书记官长和其他必要的工作人员。

海洋法法庭的法官不得执行任何政治或行政职务，或对任何与勘探和开发海洋或海底资源或与海洋或海底的其他商业用途有关的任何企业的任何业务有积极联系或有财务利益，不得充任任何案件的代理人、律师或辩护人。法官于执行法庭职务时享有外交特权和豁免，其薪金、津贴和酬金免除一切捐税。

法庭审理案件时，所有可以出庭的法官均应出庭，但须有选任法官 11 人才构成法庭的法定人数。任何过去曾作为某一案件当事一方的代理人、律师或辩护人，或者曾作为国内或国际法院或法庭的法官，或者以任何其他资格参加该案件的法官，不得参与该案件的裁判。法庭或分庭在审理案件时，属于争端一方国籍的法官应保有其作为法官参与的权利。如果法庭上有属于当事一方国籍的法官，争端他方可选派一人为法官参与审理。如果法庭上没有属于当事各方国籍的法官，每一当事方均可选派一人为法官参与审理。这种由当事方选派参与审理特定案件的人称为“专案法官”（Judge ad hoc）。专案法官应在与选任法官完全平等的条件下参与裁判。

除法庭全庭外，法庭还设有海底争端分庭。海底争端分庭由海洋法法庭法官以过半数从法庭法官中选派 11 名法官组成，专门处理有关“区域”内活动的争端。此外，海底争端分庭经管理局大会或理事会请求，应对它们活动范围内发生的法律问题提供咨询意见。2011 年，海底争端分庭对“为个人和实体在‘区域’活动进行担保的国家的责任和义务”问题发表了咨询意见。除海底争端分庭外，法庭可设立其认为必要的分庭以处理特定种类的争端。法庭目前设有渔业争端分庭（Fisheries Disputes Chamber）、海洋环境争端分庭（Chamber for Marine Environment Disputes）和海洋划界争端分庭三个特种争端分庭。另外，如经当事各方请求，法庭应设立分庭以处理某一特定争端。这种专门分庭的组成应由法庭在征得当事各方同意后决定。最后，为了迅速处理案件，法庭每年应设立由 5 名法官组成的分庭，适用简易程序审理和裁判争端。分庭作出的判决应视为法庭的判决。

（二）法庭的管辖权

《国际海洋法法庭规约》第 20 条规定：“1. 法庭应对各缔约国开放。2. 对于第十一部分明文规定的任何案件，或按照案件当事所有各方接受的将管辖权授予法庭的任何其他协定提交的任何案件，法庭应对缔约国以外的实体开放。”据此，国际海洋法法庭的诉讼当事方包括《海洋法公约》的缔约国和缔约国以外的实体。按照《国际海洋法法庭规约》第 37 条的规定，海底争端分庭对各缔约国、管理局和第十一部分所指的实体开放，包括缔约国国营企业以及自然人和法人。

《国际海洋法法庭规约》第 21 条规定：“法庭的管辖权包括按照本公约向其提交的一切争端和申请，和将管辖权授予法庭的任何其他国际协定中具体规定的一切申请。”据此，法庭的诉讼管辖权大致包括以下方面：（a）有关《海洋法公约》的解释或适用的争端；（b）有关与《海洋法公约》的目的相关的国际协定的解释或适用的争端；（c）根据《海洋法公约》第 290 条向其提出的规定临时措施的请求；（d）根据《海洋法公约》第 292 条向其提出的迅速释放被扣船只和船员的申请；（e）将管辖权授予法庭的其他国际协定中具体规定的一切申请。最后一项使国际海洋法法庭对所有海洋法争端享有了一般性管辖权，其中包括有关习惯法的争端。①

除行使诉讼管辖权外，《国际海洋法法庭规则》第 138 条还规定，如果与公约目的有关的国际协定专门规定了向法庭提交发表咨询意见的请求，则法庭可以就某一法律问题发表咨询意见。2015 年法庭应“次区域渔业委员会”的请求发表了咨询意见。但需要指出的是，关于法庭全庭是否享有咨询职能存在不同看法；《海洋法公约》和《国际海洋法法庭规约》并未明确规定法庭的咨询职能。

① 高健军．国际海洋法．北京：法律出版社，2022：230．

国际法案例

查戈斯群岛海洋保护区仲裁案（毛里求斯诉英国）

毛里求斯和英国关于查戈斯群岛（Chagos Archipelago）的主权归属存在争端。该群岛历史上是毛里求斯的属地，1965 年被从当时仍为英国殖民地的毛里求斯分离出来成为英国的海外领地。英国当时曾为此向毛里求斯作出了一些承诺（“兰卡斯特宫承诺”）。2010 年英国决定在查戈斯群岛周围建立海洋保护区，毛里求斯对此提出抗议并最终诉诸《海洋法公约》附件七的仲裁程序。毛里求斯主张：英国无权在查戈斯群岛周围建立海洋保护区，因为英国不是公约意义上的“沿海国”；英国无权单方面建立海洋保护区，因为毛里求斯享有公约意义上的“沿海国”的权利；英国的海洋保护区不符合英国在公约项下的义务。英国则主张仲裁法庭对毛里求斯的诉求没有管辖权。

经过审理，仲裁法庭于 2015 年作出裁决。法庭裁定它对毛里求斯的前两个诉求没有管辖权。法庭指出，它的管辖权取决于毛里求斯的诉求中是否提出了一个有关解释或适用公约的争端。在法庭看来，毛里求斯第一个诉求中的争端应被定性为与查戈斯群岛的陆地主权有关，而各方关于“沿海国”的不同观点“仅仅是这个更大的争端的一个方面”。法庭同样认为，毛里求斯第二个诉求的真正目的是支持毛里求斯对查戈斯群岛的主权要求，而非各方间关于建立海洋保护区方式的争端。毛里求斯的最后一个诉求事关海洋保护区的建立与公约的相容性问题，与查戈斯群岛的领土争端无关。英国主张法庭对该诉求没有管辖权的理由是建立海洋保护区是行使专属经济区内与生物资源相关的主权权利，《海洋法公约》第 297 条第 3 款排除了法庭的管辖权。法庭没有接受英国的这一管辖权抗辩，认为该争端有关海洋环境的保护和保全。

在确立了对毛里求斯这一诉求的管辖权后，法庭对相关实体问题进行了审理，并裁定英国在查戈斯群岛周围建立海洋保护区的过程中违反了其在《海洋法公约》第 2 条第 3 款和第 56 条第 2 款以及第 194 条第 4 款项下的义务。这些条款要求一国在行使权利时应遵守“公约和其他国际法规则的限制”，或者“应适当顾及其他国家的权利”，或者“不应对其他国家依照本公约行使其权利并履行其义务所进行的活动有不当的干扰”，而英国在查戈斯群岛周围建立海洋保护区影响了毛里求斯源于“兰卡斯特宫承诺”的权利。

简答题

简要回答下列问题：

1. 何为领海基线？在划定直线基线时应遵守哪些规则？
2. 领海无害通过制度的内容是什么？
3. 专属经济区法律制度的内容是什么？
4. 大陆架法律制度的内容是什么？
5. 用于国际航行海峡的过境通行制的内容是什么？
6. 什么是登临权？
7. 什么是紧追权？
8. 国际海底区域的法律地位是什么？
9. 平行开发制的内容是什么？
10. 国际海洋法法庭管辖的案件有哪些？

第七章 空间法

提　要

国际航空法是各国在空气空间从事活动时所应遵守的各种原则、规则和制度。地面国对其领空有完全和排他的主权。民用航空器具有其登记国的国籍，并受其管辖。为了惩治危害民用航空安全的非法行为，国际上制定了《东京公约》《海牙公约》《蒙特利尔公约》等法律文件。外层空间法是调整各国探索和利用外层空间活动的规则和制度的总体。外层空间法的基本原则包括全人类共同利益、不得据为己有、自由探索和利用、限制军事化和国际合作，基本制度包括登记制度、援救制度以及发射国对其空间物体所造成的损害承担国际责任制度。

重点问题

1. 空气空间的法律地位
2. 与民用航空有关的非法行为的范围和管辖
3. 外层空间法的基本原则
4. 外空损害责任制度

第一节　空气空间法

一、概述

（一）空气空间的法律地位

地球上方的空间包括空气空间和外层空间。空气空间是环绕地球的大气层空间。这部分空间随地球而运动，航空器可依空气动力在空气空间飞行。

空气空间可分为两个部分。

1. 领空

领空是指各国领陆和领水的上空。虽然领空的法律地位早期在理论上一直存在争论，但这些争论在第一次世界大战时基本得到解决。战争一开始，几乎所有的国家都纷纷关闭其领空，禁止外国飞机的飞入或飞越。一战以后，出于国家安全和建立及保护其商业飞行利益的考虑，各国普遍承认国家对其领陆和领水之上的空气空间享有主权。1919 年在巴黎签订的《空中航行管理公约》（以下称《巴黎航空公约》）第 1 条明确规定："每一个国家对其领土（陆地、水域）上的空间享有完全和排他的主权。"该公约的规定在法律上确认了国家的领空主权。

2. 领空以外的空气空间

领空以外的空气空间是指各国领陆和领水以外的空气空间，主要包括专属经济区、公海和南极等地区之上的空气空间。在这一部分空气空间，所有国家均享有飞行自由，但要遵守这些空域相应的国际法规则。例如，根据 1982 年《联合国海洋法公约》的规定，虽然沿海国对专属经济区享有某些专属性的主权权利和管辖权，然而，所有国家在专属经济区上空享有飞越自由，但各国在行使飞越自由时，要适当顾及专属经济区沿海国的权利。

（二）空气空间法

空气空间法是规定空气空间的法律地位和规范各国从事空气空间活动的原则、规则和制度的总体。作为国际法一个比较新的分支，空气空间法是随着航空技术的发展进步而产生和发展起来的，因而也被称为国际航空法。空气空间法因出现较晚，其法律渊源主要是国际条约。根据这些条约，空气空间（国际航空）的法律制度大致可以分为三个部分。

1. 以《芝加哥公约》为主的国际民用航空制度

1919 年举行的巴黎和会通过了《巴黎航空公约》，该公约是利用普遍性条约对国际民用航空进行管理的第一次尝试。公约承认每一国家对其领土上空享有完全和排他的主权，并且设立了“国际空中航行委员会”作为国际民用航空的管理机构。尽管《巴黎航空公约》没有获得普遍批准，但它标志着国际航空法的正式形成。[①]

目前，国际航空领域内最重要的多边公约是 1944 年 12 月 7 日在芝加哥签订的《国际民用航空公约》（亦称《芝加哥公约》）。该公约就国际民用航空的一般原则、在缔约国领土上空飞行的规则、航空器的国籍及应具备的条件、便利空中航行的措施以及国际航空运输的一些问题作了规定。为了发展国际民用航空的原则和技术，促进国际航空运输的规划和发展，公约成立了国际民用航空组织。国际民用航空组织设在加拿大蒙特利尔，由大会、理事会和其他各种机构组成。按照《芝加哥公约》第 80 条的规定，公约在各缔约国之间取代 1919 年《巴黎航空公约》和 1928 年《商业航空公约》，并废除一切与其抵触的协议。截至 2024 年 2 月 1 日，国际民用航空组织有 193 个成员国。[②]

2. 以华沙条约体系为主的航空承运人责任制度

1929 年在华沙举行的第二次航空私法国际会议通过了《统一国际航空运输某些规则的公约》（通称为《华沙公约》），公约相当完备地规定了民用航空运输的业务范围、运输票证和承运人责任的国际统一规则。《华沙公约》后经多次修改，形成了所谓的“华沙体系”（Warsaw System）。为了将构成“华沙体系”的各个文件合为一体并使之现代化，1999 年各国在蒙特利尔签订了新的《统一国际航空运输某些规则的公约》，公约于 2003 年生效。按照 1999 年《统一国际航空运输某些规则的公约》第 55 条的规定，其在当事国之间优先于 1929 年《华沙公约》及“华沙体系”其他组成部分。

3. 以《海牙公约》《蒙特利尔公约》为主的制止空中犯罪的制度

1963 年 9 月 14 日，国际民用航空组织在东京举行的外交会议通过了《关于在航空器上的犯罪和其他某些行为的公约》（简称《东京公约》），这是第一个关于打击空中犯罪的国际公约。为了遏止日益严重的空中劫持犯罪，国际民用航空组织于 1970 年 12 月 16 日在海牙通过了《关于制止非法劫持航空器的公约》（简称《海牙公约》）；1971 年 9 月 23 日又在蒙特利尔

---

① 王铁崖. 国际法. 北京：法律出版社，1995：294.

② Member states. [2024-02-01]. https://www.icao.int/about-icao/Pages/ZH/member-states_CH.aspx.

通过了《关于制止危害民用航空安全的非法行为的公约》（简称《蒙特利尔公约》）。此后，针对在机场上发生的暴力行为，国际民用航空组织1988年制订了《制止在用于国际民用航空的机场上发生的非法暴力行为以补充1971年9月23日订于蒙特利尔的〈制止危害民用航空安全的非法行为的公约〉的议定书》（以下简称《蒙特利尔议定书》）。1991年，国际民用航空组织主持制定了《注标塑性炸药以便探测的公约》，要求各国在制造塑性炸药时添加可探测物质，使之成为注标塑性炸药。

2010年8月30日至9月10日，国际民用航空组织在北京举行航空保安外交会议，旨在更新1971年《蒙特利尔公约》和1988年《蒙特利尔议定书》，大会通过了《制止与国际民用航空有关的非法行为的公约》（以下简称《北京公约》）和《关于制止非法劫持航空器公约的补充议定书》（以下简称《北京议定书》）。2014年4月4日，国际民用航空组织又主持制定了《关于修订〈关于在航空器内的犯罪和犯有某些其他行为的公约〉的议定书》（以下简称《修订东京公约议定书》）

除多边条约以外，双边航空运输协定在国际航空法中也占有十分重要的地位，国际民用航空运输的运营问题主要是由近2 000项双边协定来解决的。各国通过双边航空运输协定交换过境权和营运权，确定航路、运力和运费等问题。

二、国际民用航空制度

（一）地面国家的领空主权

1944年《芝加哥公约》第1条规定，缔约各国承认每一国家对其领土之上的空气空间具有完全的和排他的主权。其具体内容如下。

1. 未经地面国家许可，外国航空器不得飞入或飞经该国领空

与领海不同，外国航空器在一国领空不享有无害通过权。《芝加哥公约》第5条规定，缔约国一切不从事定期国际航班飞行的航空器不需事先获准，有权飞入或飞经其他缔约国的领土而不降停，或作非运输业务性的降停；如该航空器为取酬或出租而载运客、货、邮件但并非从事定期国际航班飞行，亦有上下客、货、邮件的特权。一般认为，该项没有彻底贯彻主权原则的规定是作为取消领空无害通过的代替物而存在的。① 但实践中，出于保护定期航班的正常经营和国家安全的考虑，各国往往要求不定期飞行应获得许可。

中国《民用航空法》第174条规定，外国民用航空器根据其国籍登记国政府与中华人民共和国政府签订的协定、协议的规定，或者经中华人民共和国国务院民用航空主管部门批准或者接受，方可飞入、飞出中华人民共和国领空和在中华人民共和国境内飞行、降落。②

2. 国家有权制定有关航空飞行的法律和规章，并强制执行

按照《芝加哥公约》第11条的规定，缔约国在遵守公约各项规定的条件下，可以制定关于从事国际航班飞行的航空器进入或离开其领土或在其领土内操作或航行的法律和规章，航空器在进入或离开该国领土或在其领土内时应予以遵守，但这些法律和规章应不分国籍适用于所有缔约国的航空器。对于未经允许而飞越一国领土的民用航空器，地面国家有权要求其在指定的机场降落，或对该航空器发布任何其他指令以终止侵犯，任何民用航空器都必须遵守上述命令。地面国家应公布其关于拦截民用航空器的现行规定。根据1984年国际民用航空组织大会

---

① 赵维田. 国际航空法. 北京：社会科学文献出版社，2000：49.

② 我国《民用航空法》于1995年10月30日通过并公布，1996年3月1日施行。此后，经过六次修正。最近一次修正时间为2021年4月29日。

通过的《芝加哥公约》修正案，地面国家必须避免对飞行中的民用航空器使用武器；如拦截，必须以不危及航空器内人员的生命和航空器的安全为限。

3. 国家保留国内载运权

地面国家保留国内载运权，未经许可，外国航空器不得从事一国领土范围内两地之间的航空运输活动。《芝加哥公约》第 7 条规定，缔约国有权拒绝其他缔约国的航空器为取酬或出租在其领土内载运乘客、邮件和货物运往其领土内另一地点。任何缔约国不得特许他国的空运企业享有此项特权，也不得向他国取得这种特权。中国《民用航空法》第 177 条规定，外国民用航空器的经营人，不得经营中国境内两地之间的航空运输。

4. 国家有权设置空中禁区和暂时禁止航空器飞行

缔约国为了军事需要或公共安全的理由，可以指定其领土内某些地区的上空为禁区，禁止或限制其他缔约国的航空器在其中飞行。但是，国家不得对本国从事定期国际航班飞行的航空器和他国从事同样飞行的航空器有任何区别对待。空中禁区的范围和位置应当合理，以免空中航行受到不必要的妨碍。此外，在特殊情况下或者为了公共安全，各国也可以暂时限制或禁止航空器在其全部或部分领土上空飞行。这种命令可立即生效，但应不分国籍适用于所有其他国家的航空器。

（二）航空器的国籍和法律地位

航空器是指大气中任何靠空气的反作用力而不是靠空气对地（水）面的反作用力取得支撑的任何器械。根据这一定义，火箭、导弹和气垫船不属于航空器。《芝加哥公约》只适用于民用航空器，而不适用于国家航空器。按照该公约的规定，用于军事、海关和警察部门的航空器应被认为是国家航空器。该类航空器未经特别协定或其他方式的许可并遵照其中的规定，不得在另一缔约国领土上空飞行或在该领土上降落。若军用航空器经特许进入他国领空，原则上应享有通常给予外国军舰的管辖豁免，但被迫降落或被要求或被勒令降落的军用航空器不能获得上述特权。外国国家元首、政府首脑等高级官员所乘坐的专用航空器也享有外交特权和豁免权。

民用航空器只能在一个国家登记，并取得登记国的国籍。航空器不得具有双重国籍。若航空器在一个以上国家登记，其登记不发生效力。但航空器的登记可以由一国转移至另一国。登记和转移登记应按照登记国的法律和规章办理。从事国际民用航空飞行的航空器应载有适当的国籍标志和登记标志。缔约各国应向国际民航组织报告有关在该国登记的经常从事国际民用航空飞行的航空器的有关资料。航空器受登记国法律的管辖；飞越他国领土时受地面国家法律的管辖。从事国际民用航空飞行的航空器不享有特权和豁免，它必须在指定的设关机场降停并接受海关和其他检查，遵守该国关于入境、放行、移民、护照、海关及检疫规章。

（三）国际航空运输

依照 1929 年《华沙公约》第 1 条的规定，国际民用航空运输是指依当事各方约定，凡其出发地和目的地在两个缔约国境内，或者虽然都在一个缔约国境内，但在另一国（不论该国是否为公约缔约国）境内有一个约定经停点的运输。据此，判断特定运输是否属于国际民用航空运输的标准不是承运人或其所载乘客或货物的国籍，而是该运输的出发地、目的地或约定经停点是否在不同国家的境内。

《芝加哥公约》将国际民用航空飞行分为定期航班飞行和不定期航班飞行两类。为了划分定期与不定期航班飞行的界限，1952 年国际民航组织理事会通过关于定期国际航班的定义：定期航班应以每次飞行都对公众开放的方式经营，而且其经营应具有以下两个特点：（1）依公布的班期时刻表，或（2）其飞行的定期和频繁已达到公认的制度性。不定期航班飞行则是指不按照公布的班期时刻表，也不受定期航班运费与费率约束的飞行。

对于定期航班飞行的权利，《芝加哥公约》第 6 条规定：“未经一缔约国特准或其他许可并遵照此项特准或许可的条件，任何定期国际航班不得在该国领土的上空飞行或进入该国领土。”至于不定期航班飞行的权利，《芝加哥公约》第 5 条在一定条件下允许不从事定期国际航班飞行的航空器不需要事先获准即有权飞入或飞经其他缔约国的领土而不降停，或作非运输业务性的降停；如该航空器为取酬或出租而载运客、货、邮件但并非从事定期国际航班飞行，亦有上下客、货、邮件的特权。但《芝加哥公约》没有对这两种飞行规定明确的定义。第二次世界大战后，随着不定期航班飞行业务的大量增加，它与定期航班飞行的界线越来越难以区别。

以美国为首的部分国家在 1944 年芝加哥会议上还签订了《国际航空运输协定》和《国际航班过境协定》。《国际航空运输协定》被称为“五项自由协定”，它规定每一缔约国给予其他缔约国定期航班以五项自由：不降停而飞越其领土的权利；非运输业务性降停的权利；卸下来自航空器所属国客、货、邮的权利；装载前往航空器所属国客、货、邮的权利；装卸前往或来自任何其他缔约国领土的客、货、邮的权利。该协定只得到少数国家批准，因此作用不大。《国际航班过境协定》要求缔约国给予国际定期航班不降停而飞越其领土的权利和非运输业务性降停的权利，因而被称为“两项自由协定”。

三、制止空中犯罪的制度

（一）《东京公约》及其修订

1963 年的《东京公约》适用于在飞行中的航空器上发生的两类行为：（1）违反刑法的犯罪；（2）不论是否犯罪，可能或确已危及航空器及其所载人员或财产或者危及航空器上良好秩序与纪律的行为。

该公约适用于在缔约国登记的航空器内的犯罪或犯有上述行为的人，无论该航空器是在飞行中，在公海上，或者是在不属于任何国家领土的其他地区；而所谓“飞行中”，是指航空器从开动马力起飞到着陆冲程完毕这一段时间。

在《东京公约》缔结之前，对于航空器内的犯罪的管辖权问题，国际法没有统一的规定，而是由各国按其国内法的规定进行管辖。由于一些国家的国内法没有规定对发生在本国领土以外航空器上的犯罪行为的管辖权，致使一些罪犯逃脱了应有的惩罚。《东京公约》主要解决了航空器登记国对航空器内犯罪行为的管辖权问题，规定航空器登记国对航空器内的人在该航空器内所犯罪行或行为有权行使管辖，无论该航空器是飞行在公海上空，还是在不属于任何国家领土的其他地区上空。另外，《东京公约》不排斥其他国家根据本国法行使刑事管辖权，但为了避免飞行中的航空器受到过多干扰，除下列情况外，非登记国不得行使刑事管辖权：（1）犯罪行为在该国领土上发生后果；（2）犯罪人或受害者为该国国民或在该国有永久住所；（3）犯罪涉及该国安全；（4）犯罪违反该国有关航空器飞行或操作的规定；（5）该国根据某项多边公约有义务行使管辖权。

2014 年通过的《修订东京公约议定书》共 20 条，修订的主要内容如下：

（1）议定书重新规定了“飞行中”的含义，旨在通过扩大公约的适用范围更全面地规制机上发生的罪行与行为。议定书第 2 条规定，“飞行中”是指航空器自完成登机活动后所有外部舱门均已关闭时起，直至其任一舱门为离机目的开启时止的任一时刻，且在航空器迫降情形下，直至适格主管部门接管对该航空器及机上人员和财产的职责时止，该航空器应被视作仍在飞行中。这一新的规定完全照抄了 2010 年《北京公约》的规定，并且与国际民用航空组织有关航空安保的几项主要公约一致。

（2）议定书增加了航空器降落地国和航空器经营人所在国的管辖权，这两类国家在符合条件时也有权对机上发生的罪行与行为行使管辖权。

此外，议定书还增加了飞行安保员规则，对机长的职权也进行了修订。

（二）《海牙公约》与《北京议定书》

1970年《海牙公约》是专门针对非法劫持航空器的犯罪而制定的。《海牙公约》第1条规定："凡在飞行中的航空器内的任何人：（甲）用暴力或用暴力威胁，或用任何其他恐吓方式，非法劫持或控制该航空器，或企图从事任何这种行为；或（乙）是从事或企图从事任何这种行为的人的同犯，即是犯有罪行。"公约对"飞行中"一词作了不同于《东京公约》的界定：航空器从装载完毕、机舱外部各门均已关闭时起，直到打开任一机舱门以便卸载时止的整个过程应被认为是在飞行中。当航空器被迫降落时，在主管当局接管对该航空器的责任前，应被认为仍在飞行中。

《海牙公约》在对空中犯罪的管辖权问题上有很大突破。首先，《海牙公约》第4条第1款规定了三类与劫机行为密切相关的国家，并赋予其主要的管辖权。这三类国家是：（1）航空器的登记国；（2）发生犯罪的航空器的降落地国，而降落时犯罪者仍在机上；（3）如果犯罪是在不带机组人员租用的航空器上发生的，则承租人的主要营业地国或其经常居住地国。其次，该条第2款又规定了一种含有普遍管辖性质的辅助管辖权①，即在其境内发现所称罪犯的缔约国，如不将该人引渡给第1款所列的国家，则应采取必要措施以确立其对犯罪的管辖权。这一规定可以防止出现罪犯发现地国由于缺乏与特定犯罪的法律联系而不能行使管辖权的情形。

2010年通过的《北京议定书》共25条，它对《海牙公约》的补充修订主要有：

（1）议定书规定，任何人如果以武力或以武力威胁，或以胁迫，或以任何其他恐吓方式，或以任何技术手段，非法和故意地劫持或控制使用中的航空器，即构成犯罪；威胁实施或非法和故意地使任何人受到这种威胁，也构成犯罪。共犯、组织或控制他人实施、非法和故意协助他人逃避调查、起诉或惩罚者也构成犯罪。

（2）议定书增加了罪犯国籍国、受害人国籍国及惯常居所地国的管辖权。

（3）议定书要求各缔约国承诺将此种罪行作为可引渡的罪行列入它们之间将要缔结的每一项引渡条约中；这种罪行均不应当被视为政治罪或与政治罪有关的罪行或政治动机引起的罪行。因此，对于因这种罪行提出的引渡或司法互助请求，不得仅以其涉及政治罪或与政治罪行有关的罪行或政治动机引起的罪行为由而加以拒绝。

（三）《蒙特利尔公约》及其议定书与《北京公约》

1971年的《蒙特利尔公约》大大加强了对国际民用航空安全的保护力度。首先，该公约规定，任何人非法和故意地从事以下五种行为即构成危害民用航空安全的非法行为：（1）对飞行中的航空器内的人使用暴力，如该行为将会危及该航空器的安全；（2）破坏使用中的航空器或对该航空器造成破坏，使它不能飞行或将会危及其飞行安全；（3）在使用中的航空器内放置将会破坏该航空器或使它不能飞行或将会危及其飞行安全的装置或物质；（4）破坏航行设备或妨害其工作，如此种行为将会危及飞行中的航空器的安全；（5）传送明知是虚假的情报，从而危及飞行中航空器的安全。凡从事上述行为或企图从事上述行为的人及其同犯均为犯有罪行。其次，公约对国际民用航空安全保护的时间范围从"飞行中"扩大到了"使用中"，即从地面人员或机组为某一特定飞行而对航空器进行飞行前的准备时起直到降落后24小时为止，该航

① 赵维田. 国际航空法. 北京：社会科学文献出版社，2000：463-464.

空器均应被认为是在使用中。

1988年《蒙特利尔议定书》对1971年《蒙特利尔公约》作了重要补充，扩大了危害民用航空安全的非法行为的范围。该议定书规定，任何人使用一种装置、物质或武器在用于国际民用航空的机场内对人实施暴力行为，造成或足以造成重伤或死亡，或严重损坏用于国际民用航空的机场设备或停在机场上不在使用中的航空器，或中断机场服务致使危及或足以危及机场安全，即构成犯罪。

《蒙特利尔公约》及其议定书对管辖权作了与《海牙公约》基本相同的规定，其区别在于：(1) 由于危害国际民航安全的罪行和危害用于国际民用航空的机场安全的罪行越来越多地发生在地面，因此，《蒙特利尔公约》增加了罪行发生地国的管辖权。(2) 对于被指称犯有前述《蒙特利尔议定书》所规定的三种行为的罪犯，在其境内发现犯罪嫌疑人的缔约国若不将其引渡给罪行发生地国、航空器登记国、航空器降落地国和航空器承租人的主要营业地国或永久住所地国之任一国，应对罪行行使管辖权。(3)《蒙特利尔议定书》没有规定发现罪犯的国家可以把罪犯引渡给所有上述有管辖权的国家之一，而是规定发现被指称的罪犯的国家，若不将此人引渡给罪行发生地国，则应对罪行行使管辖权，从而使罪行发生地国有引渡罪犯的优先权。

2010年通过的《北京公约》共25条，其增加的主要内容如下。

1. 公约增加了五种类型的犯罪行为：一是以使用中的航空器为武器造成死亡、严重人身伤害或对财产或环境造成严重破坏；二是从使用中的航空器内释放或者排放生物、化学或核武器或者其他危险物质造成或可能造成死亡、严重人身伤害或对财产或环境造成严重破坏；三是对使用中的航空器或在使用中的航空器内使用生物、化学或核武器或者其他危险物质，造成死亡、严重人身伤害或对财产或环境造成严重破坏；四是在航空器上运输、导致在航空器上运输或便利在航空器上运输炸药，放射性材料，生物、化学或核武器以及原材料特殊裂变材料以及辅助设备、材料等物品；五是当情况显示发出的威胁可信时，行为人威胁实施公约规定的一种犯罪行为，或者非法和故意地使任何人受到这种威胁。

2. 公约明确了共同犯罪的行为类型。公约把组织或指挥他人实施犯罪者，非法和有意协助他人逃避调查、起诉或惩罚者，与他人共谋实施危害国际民用航空安全犯罪，或者协助团伙实施犯罪等共同犯罪形式纳入制裁范围。公约还规定了法人犯罪，明确了法人和负责管理或控制该法人的个人实施犯罪时应承担的刑事、民事以及行政责任。

3. 公约明确了其所规定的犯罪非政治化，以避免政治犯不引渡原则的适用。不过，为防止政治犯不引渡原则被完全排除适用而对国际法基础造成冲击，公约规定了一个保障条款：若引渡是为了因某人的种族、宗教、国籍、族裔、政见或性别而对该人进行起诉或惩罚，或认为顺从这一请求将使该人的情况因任何上述原因受到损害，则本公约的任何规定均不应当被解释为规定了该国有引渡或提供司法互助的义务。这一条款是对航空犯罪非政治化的例外规定，在一定程度上保护了犯罪嫌疑人的利益，防止了当事国对管辖权和引渡条款的滥用。

4. 公约增加了犯罪人国籍国、无国籍人居所地国和受害人国籍国三种管辖权，使缔约国有了更大的行使管辖权的机会，尤其是当犯罪是针对其国民实施的时候，缔约国有了行使管辖权的依据。

（四）或引渡或起诉

“或引渡或起诉”（*aut dedere aut judicare*）这个术语来源于格劳秀斯在《战争与和平法》中的表述，即“或引渡或惩罚”。格劳秀斯认为：“被确定犯有罪行的人居住在其境内的国家在收到其他国家的请求后，应该在以下两种方式中作出选择：或者给予犯罪人应得的惩罚；或者把他置于请求国的处置权之下。后一种方式就是引渡逃犯。”[①]

1970 年的《海牙公约》引入了这一原则。该公约第 7 条规定：“在其境内发现被指称的罪犯的缔约国，如不将此人引渡，则不论罪行是否在其境内发生，应无例外地将此案件提交其主管当局以便起诉。该当局应按照本国法律以对待任何严重性质的普通罪行案件的同样方式作出决定。”这一规定表明，一方面，《海牙公约》为发现被指称的罪犯而不将其引渡的缔约国规定了一种绝对的起诉义务：无论出于何种原因，只要没有把他引渡给其他国家，发现地国就必须对他提出起诉。但另一方面，引渡犯罪嫌疑人还是自行对他进行审判的决定权掌握在实际控制他的国家手中。

为了方便引渡，《海牙公约》第 8 条规定：“（一）前述罪行应看作是包括在缔约各国间现有引渡条约中的一种可引渡的罪行。缔约各国承允将此种罪行作为一种可引渡的罪行列入它们之间将要缔结的每一项引渡条约中。（二）如一缔约国规定只有在订有引渡条约的条件下才可以引渡，而当该缔约国接到未与其订有引渡条约的另一缔约国的引渡要求时，可以自行决定认为本公约是对该罪行进行引渡的法律根据。引渡应遵照被要求国法律规定的其他条件。（三）缔约各国如没有规定只有在订有引渡条约时才可引渡，则在遵照被要求国法律规定的条件下，承认上述罪行是它们之间可引渡的罪行。”《海牙公约》所确定的“或引渡或起诉”模式为 1971 年《蒙特利尔公约》以及后来其他的反恐怖主义公约所沿用，在国际刑法中产生了深远的影响。

第二节　外层空间法

一、外层空间与空气空间的界限

外层空间在自然科学上指空气空间以外的空间。虽然科学技术的发展使人们认识到国家的领空主权只能扩展到空气空间，不能延伸到外层空间，而且空气空间和外层空间具有不同的法律地位，应该适用不同的法律制度，但两者之间并不存在明确的自然界限，只是随着高度的增加空气逐渐稀薄，地球引力逐渐减弱而已。然而，明确空气空间和外层空间的界限十分重要，因为它标志着国家主权在空间上的外部界限和外层空间法适用的起始线。

目前关于外层空间和空气空间界限的理论观点主要有以下几种：（1）航空器飞行上限说，即以航空器依靠大气向上飞行可以达到的最高限度为界，一般为 30 千米～40 千米；（2）人造卫星最低轨道说，即以人造地球卫星轨道的最低近地点为界，一般为 100 千米～110 千米；（3）卡曼管辖线（Karman Line），即以离心力开始取代空气作为飞行动力的地方为界，距离地面约 83 千米。上述三种观点虽然各不相同，但都以空间距离地面的某一高度为标准，故称为“空间说”。另外，1976 年 12 月 3 日，8 个赤道国家发表《波哥大宣言》，主张以赤道上空距离地面 35 871 千米的地球静止轨道作为外层空间和空气空间的界限，地球静止轨道属于地面国家的领空范围。这种主张遭到大多数国家的反对，它们认为，地球静止轨道应该是外层空间的一部分。鉴于在外层空间和空气空间的界限问题上难以达成共识，有些学者提出了“功能说”的理论，主张按照飞行器的功能来确定其所适用的法律，航空器的活动适用空气空间法，航天器的活动适用外层空间法。迄今为止的外层空间条约似乎是依据功能说的理论制定的。

---

① 格劳秀斯. 战争与和平法：第 2 卷. 弗朗西斯·W. 凯尔西，等英译. 马呈元，谭睿，译. 北京：中国政法大学出版社，2016：481.

二、外层空间法及其条约体系

外层空间法是关于外层空间的法律地位和调整国家探索和利用外层空间活动的原则、规则和制度的总体。外层空间法是空间技术及人类空间活动发展的产物，也是国际法一个比较新的分支。

1957年10月，苏联成功发射第一颗人造卫星，它标志着空间时代的到来，联合国对此给予了高度重视。1958年联合国大会设立“和平利用外层空间特设委员会”，并于1959年将其改为常设机构，即“和平利用外层空间委员会”（COPUOS）。1963年，联合国大会一致通过《各国探索和利用外层空间活动的法律原则宣言》，提出了外空活动必须遵守的9条基本原则。它涉及与外空活动有关的所有重要方面，为日后的外层空间立法奠定了基础。1967年1月27日开放签署的《关于各国探索和利用包括月球和其他天体在内外层空间活动的原则的条约》（简称《外空条约》）是与外层空间有关的第一个而且是最重要的国际条约。该条约把1963年宣言的9条政策性原则转化为法律原则，并加以充实和发展，从而奠定了外层空间法的基本法律制度框架。因此，《外空条约》也被称为“外空宪章”。

《外空条约》通过以后，联合国又先后制定了4项条约，形成了外层空间法的条约体系。这些条约包括：1968年《营救宇航员、送回宇航员和归还发射到外层空间的物体的协定》（简称《营救协定》）；1972年《空间物体所造成损害的国际责任公约》（简称《外空责任公约》）；1975年《关于登记射入外层空间物体的公约》（简称《登记公约》）；1979年《指导各国在月球和其他天体上活动的协定》（简称《月球协定》）。[①]

此后，空间法的国际立法进程出现停滞。联合国大会通过了一系列重要决议以暂时填补相关领域的法律空白，这些决议包括：1982年《各国利用人造卫星进行国际直接电视广播所应遵守的原则》；1986年《关于从外层空间遥感地球的原则》以及1992年《关于在外层空间使用核动力源的原则》；1996年《关于开展探索和利用外层空间的国际合作，促进所有国家的福利和利益，并特别要考虑到发展中国家的需要的宣言》。[②]

中国于1980年11月正式加入联合国和平利用外空委员会，并积极参与了有关外空法问题的审议。中国于1983年加入《外层空间条约》；于1988年加入《营救协定》、《外空责任公约》和《登记公约》。到目前为止，中国还没有制定关于外层空间的专门立法，只发布了两项规定，即2001年2月8日中国国防科学技术工业委员会和外交部发布的《空间物体登记管理办法》和2002年11月21日中国国防科学技术工业委员会发布的《民用航天发射项目许可证管理暂行办法》。随着外层空间活动和对外合作的增多，中国关于外层空间活动的航天立法的研究工作正在进行中，航天立法已经被列入全国人大常委会立法规划。

三、外层空间的法律地位

（一）不得将外层空间据为己有

《外空条约》第2条规定，各国不得通过主权要求，使用或占领等方法，以及其他任何措施，

① 截至2024年4月15日，1967年《外空条约》有114个当事国，1968年《营救协定》有100个当事国，1972年《外空责任公约》有100个当事国，1975年《登记公约》有75个当事国，1979年《月球协定》有17个当事国。Status of International Agreements relating to activities in outer space as at 20 March 2023，A/AC. 105/C. 2/2024/CRP. 3 [2024-04-15].

② 联合国外层空间事务厅. 国际空间法：联合国文书，UNITED NATIONS PUBLICATION，ST/SPACE/11.

把外层空间（包括月球和其他天体）据为己有。《月球协定》第11条规定：月球及其自然资源均为全体人类的共同财产。月球不得由国家以主张主权，或以使用或占领之方法，或以任何其他方法，据为己有。月球的表面或表面下层或其任何部分或其中的自然资源均不应成为任何国家、国际间政府或非政府组织、国家组织或非政府社团或任何自然人的财产。

（二）探索和利用外层空间应为全人类谋利益

根据《外空条约》第1条的规定，探索和利用外层空间，包括月球与其他天体在内，应本着为所有国家谋福利与利益的精神，不论其经济或科学发展的程度如何，这种探索和利用应是全人类的事情。

（三）外层空间的探索和利用应为和平目的，限制或禁止军事化

《外空条约》第3条规定，各缔约国在进行探索和利用外层空间（包括月球和其他天体）的各种活动方面，应遵守国际法和《联合国宪章》，以维护国际和平与安全，促进国际合作和了解。《外空条约》第4条规定，各缔约国保证不在绕地球的轨道上放置任何载有核武器或任何其他类型大规模毁灭性武器的物体，不在天体上装置这种武器，也不以任何其他方式在外层空间部署这种武器。所有缔约国应专为和平目的使用月球和其他天体。禁止在天体上建立军事基地、设施和工事，禁止在天体试验任何类型的武器和进行军事演习。

按照《月球协定》第3条的规定：月球应供全体缔约国专为和平目的而加以利用，禁止在月球上使用武力或以武力相威胁，或从事敌对行为或以敌对行为相威胁，禁止利用月球对地球、月球、宇宙飞行器、人造外空物体以及物体内的人员进行此类行为或威胁，不得在环绕、飞向或飞绕月球的轨道上放置大规模毁灭性武器，或在月球上放置或使用此类武器。根据上述规定，月球及其他天体实行完全的非军事化，但外层空间仅禁止部署大规模毁灭性武器，并不禁止部署其他类型的武器及使用军事卫星，因此，只是有限的非军事化。

四、外层空间活动的法律制度

（一）登记制度

根据《外空条约》和《登记公约》的规定，发射空间物体的国家和国际组织应以最大的可能和可行程度将活动的性质、运行状况、地点及结果通知联合国秘书长、公众和国际科学界。联合国秘书长应保有一份登记册，并将其内容充分公开。登记的具体内容包括：发射国的名称；空间物体的适当标志或其登记号码；发射日期和地点；基本的轨道参数以及空间物体的一般功能。此外，若登记国切实知晓其所登记的物体已不在地球轨道上，也应尽速通知联合国秘书长。联合国外空事务厅（UNOOSA）通过联合国文件系统公布空间物体登记信息。①

设立登记制度的目的是确立发射国对空间物体的管辖和控制，并对该物体所造成的损害承担国际责任。《外空条约》第8条规定，登记国对射入外层空间的空间物体及其所载人员保有管辖和控制权。空间物体及其组成部分的所有权属于登记国，不因其在外层空间或返回地面而受影响。《月球协定》第12条也规定，缔约各国对其在月球上的人员、航天器、器材、设备、站所和装置应保有管辖和控制权。这类物体如果在其登记国以外的地方被发现，应交还登记国。

《登记公约》生效以后，由于新技术不断发展，开展空间活动的国家数量和外层空间的国际合作日益增多，由一个非政府实体单独进行以及多个非政府实体合作进行的外空活动不断涌现，因此，2007年12月17日，联合国大会第62/101号决议通过“关于加强国家和国际政府

① 联合国文件系统网址为 https://documents.un.org/。

间组织登记空间物体的做法的建议”，就新形势下的空间物体登记提出了新的建议，包括设立更多登记处、协调与登记有关的各种做法、在轨空间物体监管变化后的处理等等。①

（二）援救制度

《营救协定》规定了各国对营救宇航员和归还空间物体的三项义务。

1. 通知

各国获悉或发现宇航员在其管辖的区域、公海或不属任何国家管辖的任何地方发生意外、处于灾难状态、进行紧急或非预定降落时，应立即通知发射当局和联合国秘书长。如果不能确认发射当局，应采取一切通讯手段公开通报这种情况，联合国秘书长应立即传播这个消息。各国若获悉或发现空间物体或其组成部分返回地球并落在上述区域，亦应通知发射当局和联合国秘书长。

2. 营救、寻找

如果宇航员降落在一国领土内，该国应立即采取一切可能的营救措施，并给予他们一切必要的帮助。如果发射当局能够帮助有效寻找和营救，应该与该国合作进行寻找和营救工作。寻找和营救工作应在宇航员降落地国的领导和监督下与发射当局密切磋商进行。

如果宇航员降落在公海或不属于任何国家管辖范围的区域，获悉或发现国应在必要时和力所能及的范围内协助寻找和营救宇航员，保证他们迅速获救，并把其采取的措施和取得的结果通知发射当局和联合国秘书长。对于空间物体，各国只有在发射当局的要求和协助下，有义务采取可行的措施，寻获和保护空间物体或其组成部分。如果发射当局没有要求，也可以不寻获。

3. 归还

无论在任何地方发现了发生意外的宇航员，均应立即把他们安全地交还发射当局的代表。在发射当局管辖区域以外发现的空间物体，均应在发射当局的要求下，归还给发射当局。发射当局应提出证明资料，证明该空间物体属于该发射当局。如果寻获的空间物体无人认领或无人要求归还，发现国可以自行处理。应要求寻获和归还空间物体或其组成部分支出的费用由发射当局支付。

就归还空间物体而言，各国在获悉或发现空间物体或其组成部分返回地球并落在它所管辖的区域内、公海或不属于任何国家管辖的地方时，应通知发射当局和联合国秘书长。在寻获该空间物体或其组成部分后，应根据发射当局的要求予以归还。如果寻获的空间物体无人认领或无人要求归还，发现国可以自行处理。

（三）责任制度

1. 概念

根据《外空条约》和《外空责任公约》的规定，发射国应对其空间物体（space object）或其组成部分在地球表面、空气空间或外层空间使他国或其自然人或法人遭受的损害承担国际责任。

空间物体造成损害的责任承担者是发射国。发射国（launching State）是指发射或促使发射空间物体的国家和从其领土或设施上发射空间物体的国家。发射国不仅要对其政府机构的空间活动负责，而且要对其控制下的非政府团体及其参加的国际组织在外层空间的活动承担国际责任。2004 年联合国大会通过了“适用‘发射国’概念”的决议，建议从事空间活动的国家制定和实施国内法，以批准和持续监督受其管辖的非政府实体的活动，并就联合发射或合作方

① 联合国外层空间事务厅. 国际空间法：联合国文书.（2017-07）[2024-02-01]. http://www.unoosa.org/res/oosadoc/data/documents/2017/stspace/stspace61rev_2_0_html/V1703164-CHINESE.pdf.

案订立协定。

2. 责任归属

根据《外空责任公约》的规定，外空责任有以下三种情况。

(1) 绝对责任 (absolute liability)。

发射国对其空间物体在地球表面或者给飞行中的飞机造成的损害时，应负赔偿的绝对责任。

(2) 过失责任 (fault liability)。

发射国的空间物体在地球表面以外的地方对另一发射国的空间物体或其所载人员或财产造成损害时，只有在损害是因发射国或其负责人的过失造成的情况下，该国才应负赔偿责任。任一发射国的空间物体在地球表面以外的其他地方，对另一发射国的空间物体，或其所载人员或财产造成损害时，只有损害是因前者的过失或其负责人员的过失而造成的条件下，该国才对损害负有责任。

(3) 共同和个别责任 (joint and severable liability)。

两个或两个以上的国家共同发射空间物体时，对所造成的任何损害应承担共同及单独的责任。任一发射国的空间物体在地球表面以外的其他地方，对另一发射国的空间物体，或其所载人员或财产造成损害，并因此对第三国的地球表面或飞行中的飞机造成损害，前两国应对第三国负绝对责任；若在地球表面以外的其他地方，对第三国的空间物体，或其所载人员或财产，造成损害，前两国对第三国所负的责任应根据它们的过失或其所属负责人员的过失而定；若前两国的过失程度无法断定，赔偿应由两国平均分摊。但赔偿责任的分摊不得妨碍第三国向共同及单独负有责任的发射国的任何一个或全部国家索取根据本公约的规定应予偿付的全部赔偿的权力。

一个发射国在赔偿损害后，有权向共同参加发射的其他国家要求补偿。参加共同发射的国家应缔结协定，据所负的共同及个别责任分摊财政义务。但这种协议不得妨碍受害国向承担共同及个别责任的发射国的任何一个或全部国家索取根据本公约的规定应予偿付的全部赔偿的权力。

3. 赔偿范围

发射国对空间物体造成的损失负赔偿责任。损失 (damage) 是指生命的丧失、身体的伤害或健康的其他损害，以及国家、自然人、法人、国际组织的财产损失和损害。不过，如果发射国能够证明损害全部或部分是由于求偿国或其所代表的自然人或法人的重大疏忽或蓄意所造成，则该发射国的赔偿责任应按证明的程度予以免除。此外，发射国国民及参与发射的外国国民受到的损害不适用《外空责任公约》。

4. 求偿途径

遭受损害的国家或自然人、法人可通过外交途径向发射国提出索赔要求。若求偿国与发射国没有外交关系，则可请另一国代其向发射国提出索赔要求。若有关国家均为联合国会员国，索赔要求也可以通过联合国秘书长提出。

损害赔偿额应按照国际法和公正合理的原则确定，赔偿以能够恢复原状为限。如果赔偿问题在求偿国向发射国提出索赔要求后 1 年内未能通过外交途径解决，则有关各方应于任何一方提出请求时成立"求偿委员会"，以便就赔偿问题作出决定。

五、外层空间活动的其他法律问题

(一) 卫星国际直接电视广播的原则

卫星国际直接电视广播是指利用卫星把电视台发射的节目直接分送到特定地点的集体电视

接收站，再由接收站将信号转送到邻近的家庭电视机收看，或不经地面接收站，直接把节目信号传送到家庭电视机。由于电视广播对受众具有重大影响，而且往往涉及敏感的政治、文化、宗教等问题，因此，该活动在有能力进行直接电视广播的发达国家和一般作为接收国的发展中国家之间引发了不少法律问题。其中最主要的是利用卫星进行国际直接电视广播是否需要征得接收国的事先同意。发展中国家从主权原则出发持肯定态度，坚持每个国家都有权拒绝政治上不可接受和文化上不相容的电视广播。相反，一些发达国家持否定态度，认为跨越国界寻求、接受和传递信息和思想是一项人权。

1982 年，联合国大会通过的《各国利用人造地球卫星进行国际直接电视广播所应遵守的原则》提出了 10 项原则。该文件没有解决是否需要接收国事先同意这一关键问题，只是规定利用卫星进行国际直接电视广播应遵守国际法，特别是不得侵犯各国主权，包括不得违反不干涉原则，并不得侵犯人人有寻求、接受和传递信息和思想的权利。拟设立国际直接电视广播卫星服务的国家应将此意图立即通知接收国，并在其提出协商要求时迅速与之协商。如任何广播国或接收国要求协商，则在同一服务范围内的其他广播国或接收国应迅速进行协商。此外，文件还就权利和利益、国际合作、和平解决争端、国家责任、版权和邻接权、通知联合国等问题作出了规定。

（二）从外层空间遥感地球的原则

遥感是指为了改善自然资源管理、土地利用和环境保护的目的，利用被观测物体所发射、反射或衍射的电磁波的性质从空间感测地球表面。遥感技术在农林、水利、地质、勘测、气象以及自然灾害的预测等方面具有重要作用。遥感活动涉及的法律问题主要包括：（1）遥感是否应事先取得受感国的同意？（2）对遥感所取得的数据和资料的散发是否应加以限制？（3）受感国如何获得这种数据和资料？

1986 年联合国大会通过的《关于从外层空间遥感地球的原则》规定了 15 项原则。对于第一个问题，发展中国家强调遥感的合法性必须以受感国的事先同意为条件，因为各国对其自然资源享有充分和永久主权。而发达国家则认为遥感应适用外空自由利用原则，事先同意的主张违反了该原则。文件没有对这个问题作出明确规定，只是强调遥感活动应为所有国家谋福利和利益，并应特别考虑发展中国家的需要。进行遥感活动应遵守国际法，特别是自由探索和利用外空的原则，以及尊重所有国家和人民对其自然资源享有完全和永久主权原则。

对于第二个问题，发展中国家主张必须严格控制有关他国自然资源的遥感资料，而西方国家则反对限制遥感数据的散发，认为各国在平等基础上自由取得有关数据是国际法所许可的。由于难以达成协议，《关于从外层空间遥感地球的原则》没有对该问题作出规定。

对于第三个问题，《关于从外层空间遥感地球的原则》规定受感国有权在不受歧视的基础上按合理价格迅速取得原始数据、处理过的数据以及分析过的数据。此外，遥感国应将对受到自然灾害侵袭或很可能受到即将发生的自然灾害侵袭的国家也许有助益的资料提供给有关国家。为了照顾发展中国家的需要，遥感国经请求应与受感国协商，以提供参与遥感活动的机会。

（三）在外空使用核动力源的原则

在外层空间使用核能源主要是为了解决航天器的动力问题。与其他动力源相比，核能具有体积小、重量轻、能量大、寿命长等优点，然而，其一旦发生事故，将带来极其严重的后果。为了确保在外空安全使用核动力源，1992 年联合国大会通过了《关于在外层空间使用核动力源的原则》，对安全使用的准则和标准、安全评价、重返时的通知、协商、对各国提供协助、责任、赔偿和争端解决等问题作出了规定。为了尽量减少空间放射性物质的数量和所涉的危险，核动力源在外层空间的使用应限于非用核动力源无法合理执行的航天任务。文件就放射性防护和核安全的一般目标、核反应堆及放射性同位素发电机的使用要求作出了具体规定。核动力卫星的发射国应在每次发射前对其进行彻底和全面的安全评价，并公布评价结果。当载有核动力源的空间物体发生故障而产生重返地球的危险时，发射国应及时通知有关国家和联合国秘书长，并提供有关资料。拥有空间监测和跟踪设施的所有国家应本着国际合作精神，尽早向联合国秘书长及有关国家提供情报。当载有核动力源的空间物体重返大气层后，发射国和所有拥有相关技术的国家和国际组织应根据受影响国的要求迅速提供必要的协助。发射国应当按照有关公约承担赔偿责任，包括偿还搜索、回收和清理工作的费用以及第三方提供援助的费用。

2007 年联合国和平利用外层空间委员会科学和技术小组委员会与国际原子能机构联合起草了《外层空间核动力源应用安全框架》，意在为国家在外空活动提供指导。国家可自愿遵守该框架，其不具有国际法的法律约束力。

（四）空间碎片的缓减问题

自从人类从事空间活动以来，空间碎片（space debris）就一直伴随着空间活动产生。由于外层空间的特殊性，这些在外空的空间碎片，在没有坠入大气层而坠毁前，将一直在环绕地球的轨道上长期存在，从而给空间活动带来威胁。实际上，已经发生过多起空间碎片碰撞正在运行的卫星的事故了。最为严重的事件发生在 2009 年，俄罗斯一颗报废的卫星“宇宙 2251”（Comos2251）号，在西伯利亚上空约 800 千米的高度与美国一颗正在工作的通讯卫星“铱星 33”（Iradium33）号发生碰撞，导致后者彻底报废。根据统计，近年来在轨的空间碎片中，直径大于 10 厘米的有约 23 000 片。[①] 和平利用外层空间委员会于 1999 年发表了《关于空间碎片的技术报告》，于 2007 年制定了《空间碎片缓减指南》。后者在 2007 年 12 月 22 日被第六十二届联合国大会第 217 号决议所核准。虽然该指南不具有法律约束力，但对于各国在外层空间缓减空间碎片的行动，仍然具有积极的指导意义。

近年来，外空活动长期可持续发展已经成了国际社会关注的问题。2019 年联合国和平利用外层空间委员会公布了《外层空间活动长期可持续性准则》，供各国和国际组织自愿采取措施予以执行。[②]

国际法案例

1988 年 12 月 21 日，美国泛美航空公司一架波音 747 客机在苏格兰小镇洛克比上空爆炸坠毁，造成机上 259 人和地面 11 人丧生。

美英两国情报机构组成的调查组认为空难是利比亚航空公司驻马耳他办事处经理费希迈和利比亚特工阿卜杜勒·迈格拉希所为。1991 年 11 月 14 日，英美两国发表联合声明，要求利比亚交出凶手。利比亚虽然拘留了费希迈和迈格拉希，但拒绝把他们交出。1992 年 1 月 21 日，联合国安理会通过第 731 号决议，要求利比亚政府立即对空难事件中的恐怖主义行为作出一切有效反应。利比亚质疑安理会决议的合法性及其内容的适当性而不予接受。1992 年 3 月 31 日，安理会通过第 748 号决议，要求利比亚在 15 天内交出嫌疑人，否则，将面临包括空中交通封锁、武器禁售、停止利比亚航空公司业务等广泛的制裁。针对英美两国的指控，利比亚多次表示空难与利比亚政府无关，利比亚政府谴责一切恐怖主义活动，并表示愿意引渡嫌疑人到一个

① 美国国防部使用太空监督网络追踪这些空间碎片.［2024-02-01］. https://spacesecurityindex.org/wp-content/uploads/2019/10/SSI2019ExecutiveSummaryCompressed.pdf.

② 联合国文件 A/74/20，和平利用外层空间委员会 2019 年度报告．

中立国家受审或由阿拉伯国家联盟处理，但拒绝把他们引渡给英国或美国。1993 年 11 月 11 日，安理会通过第 883 号决议，在第 748 号决议制裁的基础上，将制裁扩大到冻结利比亚的海外资产、加强对利比亚的空中禁运、禁止向利比亚出口与石油工业相关的设备等措施。

经过国际社会的多方努力，1998 年 8 月，英美正式同意在荷兰海牙设立法庭，由苏格兰法官按照苏格兰法律审判洛克比空难的两名犯罪嫌疑人。同年 8 月 27 日，安理会通过第 1192 号决议，赞成在荷兰对嫌疑人进行审判，要求利比亚立即遵守安理会有关决议的规定，交出两名嫌疑人及一切相关证据；在两名嫌疑人抵达荷兰后，安理会将中止对利比亚的制裁。1999 年 4 月 5 日，两名利比亚嫌疑人抵达海牙；安理会主席宣布中止对利比亚的制裁。2001 年 1 月，法庭判处迈格拉希无期徒刑，将费希迈无罪释放。

2003 年 8 月，利比亚与英美达成协议，同意向洛克比事件遇难者家属支付总额约 27 亿美元的赔偿。2003 年 9 月 12 日，安理会通过第 1506 号决议，决定解除联合国因 1988 年洛克比空难和 1989 年法国联合航空公司飞机空难事件而对利比亚实施的长达 11 年的制裁。2004 年 2 月 26 日，美国宣布取消对利比亚实施了长达 23 年的旅行禁令，允许利比亚在美国设立利益代表处。

在国际法院方面，1992 年 3 月 3 日，利比亚就其与英国和美国在解释和适用 1971 年《蒙特利尔公约》的争端向国际法院提起诉讼，要求法院确认利比亚遵守了该公约，而英美两国则违反了该公约；英美两国应立即停止违反公约的行为并尊重利比亚的主权、领土完整以及政治独立 。利比亚认为：(1)《蒙特利尔公约》适用于本争端；(2) 利比亚已完全遵守《蒙特利尔公约》并有权行使刑事管辖权；(3) 英美两国已经违反并且在继续违反它们根据《蒙特利尔公约》第 5 (2) 条、第 5 (3) 条、第 7 条、第 8 条 (3) 和第 11 条对利比亚承担的法律义务，上述条款规定了对犯罪的管辖和引渡；(4) 英美两国有义务尊重利比亚的权利，不得采取违反《联合国宪章》和国际强行法（禁止使用武力、不侵犯国家主权、领土完整和政治独立）的措施而置《蒙特利尔公约》于不顾。① 利比亚政府还紧急请求国际法院应迅速采取以下临时措施，以保护利比亚的权利：(1) 禁止英国和美国对利比亚采取任何旨在强迫利比亚把嫌疑人交给利比亚境外的任何司法机关的行动；(2) 确保不以任何方式损害利比亚对嫌疑人进行起诉的权利。

1995 年 6 月 16 日和 20 日，英国和美国分别向国际法院提出初步反对主张，认为法院对本案没有管辖权。英美两国认为，其理由：(1) 本案没有满足《蒙特利尔公约》第 14 条第 1 款规定的条件，利比亚未能证明双方对公约的解释和适用存在争端，即使存在争端，利比亚也未能证明该公约应予适用。(2) 即使利比亚根据《蒙特利尔公约》有权提起诉讼，它也不能行使这项权利，因为根据《联合国宪章》第 25 条和第 103 条，安理会第 748 号和第 883 号决议对利比亚有拘束力，利比亚在这方面所承担的义务高于《蒙特利尔公约》规定的所有权利和义务。(3) 法院对英美两国采取的行动是否违反了国际法（即利比亚的第 4 项主张）没有管辖权，因为《蒙特利尔公约》第 14 条第 1 款只规定法院对公约的解释和适用产生的争端有管辖权。

对于临时措施，国际法院指出，虽然根据《国际法院规约》第 41 条国际法院有权指示临时措施，但依据《联合国宪章》第 25 条，当事国有义务接受并履行安全理事会的决定，而依据《联合国宪章》第 103 条，当事国在该方面的义务优先于依据任何其他国际协定产生的义务，包括依据《蒙特利尔公约》产生的义务。利比亚依据《蒙特利尔公约》要求的权利不能被视为适宜采用临时措施进行保护。此外，利比亚要求的指示临时措施可能损害根据安理会第

① The Judgment of 27 February 1998. review of the proceedings and submissions: paras. 1 - 16.

748号决议中美国所享有的权利。国际法院于1992年4月14日作出命令，认为在本案的情况下，没有必要采取临时措施，从而驳回了利比亚要求国际法院立即采取临时措施的请求。

关于管辖权，国际法院认为，鉴于利比亚提出的实质主张，双方不仅在《蒙特利尔公约》的一般适用上存在争端，在《蒙特利尔公约》具体条款（第7条、第11条）的适用上也存在争端，这些争端正是《蒙特利尔公约》第14条第1款所指的“有关公约解释和适用的争端”，应由法院管辖。另外，安理会第748号和第883号决议是在利比亚提出请求书（1992年3月3日）之后作出的，如果国际法院在当时具有管辖权，而且嗣后依然如此，则后来发生的事件不能影响国际法院已经确立的管辖权。[①] 因此，国际法院认为，当事方之间就《蒙特利尔公约》的解释或适用存在争端，该争端不可能通过协商和仲裁解决，而且被告拒绝通过仲裁解决争端，这就使利比亚无须受《蒙特利尔公约》第14条第1款关于6个月期限的限制，可以提前将争端提交国际法院。[②] 总之，国际法院对于利比亚与英美两国之间关于因《蒙特利尔公约》条款的解释或适用产生的争端有管辖权。

关于案件的可受理性问题，国际法院认为，决定一项请求可接受性的关键日期是提交请求之日，即1992年3月3日利比亚提交起诉书的这一天，实际上这是唯一与确定起诉书可否受理有关的日期。在这一点上不能考虑安理会第748号（1992年3月31日）和第883号（1993）决议。至于在提交起诉书之前通过的安理会第731号决议，由于它只是一项建议，不具有约束力，英国和美国本身也承认这一点，因此，不能依据英美两国的理由而不受理利比亚的请求。最终法院驳回美英两国根据安理会第748（1992）和883（1993）号决议得出的对案件可受理性的反对意见，判定利比亚于1992年3月3日提出的起诉可以被受理。

不过，由于英美两国及国际社会一直就问题的解决进行外交努力，2003年9月9日，利比亚与美国的代理人写信联合通知国际法院：利比亚和英美两国均同意在原告不得因同一诉因重新起诉的条件下，中止1992年3月3日对英国和美国的起诉程序。2003年9月10日，国际法院院长签发命令，记录诉讼程序的中止，并指示将本案从法院案件总表中删除。

简答题

简要回答下列问题：

1. 试述空气空间的法律地位。
2. 有关国际公约是如何惩治与民用航空有关的非法行为的？
3. 什么是“或引渡或起诉”原则？
4. 各国探索和利用外层空间的活动应当遵守哪些法律原则？
5. 简述外空损害责任制度的主要内容。
6. 发射国包括哪些？

---

① The Judgment of 27 February 1998. review of the proceedings and submissions: paras. 34 - 36.

② The Judgment of 27 February 1998. review of the proceedings and submissions: paras. 17 - 39.

第八章 国际人权法

提 要

人权是指每个人都享有或应该享有的权利。国际人权法是国际法的一个新分支，其渊源主要是国际条约和国际习惯。国际公约分为全球性和区域性两大类。在全球性国际人权公约中，《世界人权宣言》《经济、社会及文化权利国际公约》和《公民权利和政治权利国际公约》一般被统称为“国际人权宪章”。区域性国际人权公约是指由区域性国际组织通过或主持制定的有关普遍性和专门性的人权公约，如《欧洲人权公约》《美洲人权公约》《非洲人权和民族权宪章》等。国际人权保护的内容一般分为个人的权利与自由、集体人权和专门领域的人权。为了保证人权公约的履行，由联合国或其他一些机构负责监督有关公约的实施。中国政府一方面积极参与国际人权机构的活动，另一方面注意强调人权概念的完整性，支持联合国实现人权的宗旨和原则。

重点问题

1. 人权的概念与特征
2. 国际人权宪章
3. 区域性国际人权公约
4. 民族自决权和发展权
5. 联合国人权理事会
6. 国际人权保护的实施机制

第一节 概 述

一、人权的概念与特征

人权是指作为人享有或应该享有的权利和自由，不分种族、肤色、性别、语言、宗教、政治或其他见解、国籍或社会出身、财产、出生或其他身份等。人权具有以下特征。

第一，人权源于人与生俱来的尊严和价值，它不是法律所规定的权利，而是天然的权利。无论国内法还是国际法，都不是在规定或者创造人权。国内法和国际法所要做的是尽最大可能和最大限度地尊重、保护和促进人权。

第二，人权具有普遍性。人权是作为人与生俱来的权利，因此，人权具有普遍性，世界各个地方的人，无论生活在何种社会制度下、奉行何种宗教信仰、处于何种社会发展水平，都应当享有或应该享有人权。《世界人权宣言》第2条、《经济、社会及文化权利国际公约》第2条第2款和《公民权利和政治权利国际公约》第2条第1款都确认了人权的普遍属性。1993年联合国维也纳人权会议通过的《维也纳人权宣言和行动纲领》声明：一切人权均为普遍、不可分割、相互依存、相互联系的。国际社会必须站在同样的地位上、用同样重视的眼光、以公平平等的态度全面看待人权。虽然对民族特性和地域特征的意义以及不同的历史、文化和宗教背景都必须予以考虑，但是，各个国家，不论其政治、经济和文化体系如何，都有义务促进和保护一切人权与基本自由。

第三，尊重、保护和促进人权的首要责任应由国家承担。人作为权利的享受者，对应的是国家有义务通过立法、执法和司法等各种措施，尊重、保护和促进人权。《维也纳人权宣言和行动纲领》声明，保护和促进人权与基本自由是各国政府的首要责任。尊重人权是指国家不得侵犯人权；保护人权是指国家应当时刻尽到勤勉注意的义务，确保人权不受到他人的侵犯；促进人权则是指国家应当动用一切资源，创造各种条件，提供一个有利于实现人权的积极的社会环境。

第四，人权既有绝对性，又有相对性。尽管人权是作为人与生俱来的权利，但为了民主社会的道德、公共秩序和普遍福利的正当需要，国家可以依法对某些人权施加限制，甚至克减。因为人除了具有自然属性，还是社会的动物，人不能离开社会，所以，人与人、人与国家之间在某些权利的享受方面可能存在对立的关系，这就需要对这些权利的享受施加一个度的限制，不同的国家、社会一直处在努力平衡和协调这种度的界限的动态过程中。

二、国际人权法的定义及历史发展

国际人权法是指尊重、保护和促进人权的国际法，是现代国际法的一个新的分支。

从历史的角度来看，尊重、保护和促进人权的法律首先是国内法，尤其是一些西方国家的国内法。1689年英国的《权利法案》限制了国王的权力，其中规定，“定罪前，特定人的一切让与及对罚金与没收财产所做的一切承诺，皆属非法而无效”。1776年美国《独立宣言》宣称：“人人生而平等，他们被造物主赋予某些固有的、不可转让的权利，包括生命权、自由权及追求幸福的权利。”1789年法国国民议会通过的《人权与公民权宣言》宣布，人生来且始终是自由平等的，人的自然权利是自由、财产、安全和反抗压迫。

在国际法中，尊重、促进和保护人权主要是1945年《联合国宪章》之后的事情，但在1945年之前，国际法已经在特定事项上和对特定的人群的权利方面作出过具体的规定。其实，早在1648年的《威斯特伐利亚和约》中就要求缔约国承担保障其境内人民享有宗教自由的义务。同时，依据传统国际法，如果居住在一国领土上的外国人遭到该国国际不法行为的侵害，外国人的国籍国可以行使外交保护权。从这个意义上说，外国人的基本权利在第二次世界大战前就受到了国际法的保护。在1945年之前，一些国家为了制止别国对其公民（往往是信仰另一宗教或属于另一种族）的大屠杀，曾多次诉诸武力，打着保侨或人道主义干涉的旗号，保护居留在国外正在遭受屠杀的本国公民。

违反人道的奴隶贸易在19世纪初即已被一些西方国家之间签订的条约所禁止。在国际联盟的主持下，国际社会在第二次世界大战前还制定了《禁奴公约》（1926年）和《禁止强迫劳动公约》（1930年）等公约。保护一国境内语言、宗教方面的少数者也出现在第二次世界大战前的国际法中。一些欧洲国家在第一次世界大战结束后均签订了关于保护少数者权利的条约；保护少数者的权利还成为一些欧洲国家加入国际联盟的前提条件。

在第二次世界大战之前，战争受难者的待遇也受到国际法的规范。1864 年，西方国家签订了旨在保护战时伤兵第一个日内瓦公约。殖民地人民的命运也在第二次世界大战前得到国际法的关注。《国际联盟盟约》要求协约国对战败国的殖民地建立委任统治制度，以促进殖民地人民的福祉。它成为第二次世界大战后托管制度的前身。为了保护劳工的权利，第一次世界大战后国际社会建立了国际劳工组织，并通过了若干个保护劳工基本权利的公约。总之，虽然在第二次世界大战之前，国际法基本上是以国家为中心的法律体系，但在上述领域，国际法以条约方式对保护特定的人群的权利作出了规定，这些规定成为国际人权法的萌芽或前身。

三、《联合国宪章》中的人权条款

早在 1941 年 8 月，美国总统罗斯福和英国首相丘吉尔签署的《大西洋宪章》就提出并强调了人权问题。1942 年 1 月，包括中国、美国、英国、苏联在内的 26 个对法西斯作战的国家在华盛顿签署了《联合国家宣言》，宣言明确指出："深信为保卫生存、自由、独立与宗教自由，并保全其本国与其他各国中的人权与正义起见，完全战胜敌国，实有必要。"

1945 年 6 月订立的《联合国宪章》中有许多涉及人权的条款。《联合国宪章》序言开宗明义地宣布："欲免后世再遭今代人类两度身历惨不堪言之战祸，重申基本人权、人格尊严与价值，以及男女与大小各国平等权利之信念。"《联合国宪章》第 1 条规定，作为联合国的宗旨之一，联合国应"促成国际合作，以解决国际间属于经济、社会、文化及人类福利性质之国际问题，且不分种族、性别、语言或宗教、增进并激励对于全体人类之人权及基本自由之尊重"。为了实现这一宗旨，《联合国宪章》第 13 条把"促进经济、社会、文化、教育及卫生各部门之国际合作，且不分种族、性别、语言或宗教，助成全体人类之人权及基本自由之实现"列为联合国大会的主要职责之一。《联合国宪章》第 55 条规定：联合国应促进"全体人类之人权及基本自由之普遍尊重与遵守，不分种族、性别、语言或宗教"。《联合国宪章》第 56 条进一步规定："各会员国担允采取共同及个别行动与本组织合作，以达成第五十五条所载之宗旨。"《联合国宪章》第 62 条把"为增进全体人类之人权及基本自由之尊重及维护"作为经社理事会的职权之一，并在第 68 条中规定："经济及社会理事会应设立经济与社会部门及以提倡人权为目的之各种委员会，并得设立于行使职务所必需之其他委员会。"1946 年设立的联合国人权委员会就是以这一规定为法律依据的。此外，《联合国宪章》第 76 条还把"不分种族、性别、语言或宗教，提倡全体人类之人权及基本自由之尊重"作为联合国托管制度的目的之一。

有些人对《联合国宪章》中上述涉及人权的条款的法律效力表示质疑，认为这些条款只规定了笼统的义务，并没有为联合国会员国规定具体的法律义务，不具有可操作性；同时，这些条款使用的是"增进"之类的措辞，它们只规定了会员国努力实现的目标，而非实在的法律义务。但应当指出的是，《联合国宪章》中的上述人权条款具有划时代的伟大意义。它们是国际法中第一次出现"人权"这一措辞，标志着国际法不再只是对某些特定人群在特定的事项上给予保护，而是一般性地对所有人的权利和基本自由进行保护。从这个意义上讲，《联合国宪章》才真正标志着人权全面进入国际法领域。由于《联合国宪章》是当今世界最重要的国际组织即联合国的宪法性文件，因而人权进入《联合国宪章》是一个革命性的国际法事件。今天，和平、人权和发展已经成为联合国的三大支柱。《联合国宪章》中的人权条款是联合国在人权领域发展国际法的宪章基础，显然具有很强的法律效力。

第二节 国际人权宪章

与一些国家国内的人权法案只有一个法律文件不同，国际人权宪章是由多个文件构成的，包括1948年联合国大会通过的《世界人权宣言》与1966年的《经济、社会及文化权利国际公约》和《公民权利和政治权利国际公约》以及这两个公约的议定书。它们一般被统称为“国际人权宪章”。

一、《世界人权宣言》

《联合国宪章》并没有说明“人权与基本自由”的具体内涵，1948年12月10日，联合国大会以48票赞成、0票反对和8票弃权通过的《世界人权宣言》（Universal Declaration of Human Rights）对人权的范围作了广泛的说明。此后，每年的12月10日被联合国定为“世界人权日”。

《世界人权宣言》（以下简称《宣言》）包括序言和30个条文。《宣言》的序言指出：“复鉴于联合国人民已在宪章中重申对于基本人权、人格尊严与价值，以及男女平等权利之信念，并决心促成较大自由中之社会进步及较善之民生……大会爰于此颁布世界人权宣言，作为所有人民所有国家共同努力之标的。”《宣言》第1条宣告：“人皆生而自由；在尊严及权利上均各平等。人各赋有理性良知，诚应和睦相处，情同手足。”第2条规定：“人人皆得享受本宣言所载之一切权利与自由，不分种族、肤色、性别、语言、宗教、政见或他种主张、国籍或门第、财产、出生或他种身份。”

《宣言》第3条至第27条规定了具体的公民权利和政治权利，以及经济、社会和文化权利。这些权利包括：（1）生命权、自由权和人身安全权；（2）禁止奴役、奴隶制和奴隶贩卖；（3）禁止酷刑、不人道待遇或处罚；（4）享有法律主体权；（5）在法律上一律平等，并享受法律的平等保护；（6）享受司法救济的权利；（7）不容加以无理逮捕、拘禁或放逐的权利；（8）享受独立、公正、公开审判的权利；（9）任何人之私生活、家庭、住所或通信不容无理侵犯，其荣誉及信用亦不容侵害；（10）自由迁徙和择居权；（11）寻求庇护权；（12）国籍权；（13）结婚及建立家庭权；（14）财产权；（15）思想、良心与宗教自由权；（16）言论自由权；（17）集会结社权；（18）自由选举和参加本国公务权；（19）享受社会保障权；（20）工作权、同工同酬权、组织及参加工会权；（21）休息权；（22）享受衣、食、住、行、医等社会服务权；（23）受教育权；（24）自由参加社会文化生活、欣赏艺术并共享科学进步及其利益权。

《宣言》所宣示的个人人权并非不受限制，《宣言》第29条规定：“一、人人对于社会负有义务：个人人格之自由充分发展厥为社会是赖。二、人人于行使其权利及自由时仅应受法律所定之限制，且此种限制之唯一目的应在确认及尊重他人之权利与自由并谋符合民主社会中道德、公共秩序及一般福利所需之公允条件。三、此等权利与自由之行使，无论在任何情形下，均不得违反联合国之宗旨及原则。”

总之，《宣言》比较全面地规定了人权的具体内容。尽管作为联合国大会通过的决议，《宣言》本身并不当然具有法律上的拘束力，但《宣言》被认为是对《联合国宪章》中关于“人权与基本自由”概念的具体解释。由于《宣言》的内容不断被联合国大会的决议所肯定，而且不少国家在其宪法和其他立法中都引用或吸收了《宣言》内容并将其视为范本，因而许多学者认为，《宣言》中的内容和原则已经成为习惯国际法的一部分。无论如何，《宣言》都具有重要的历史意义。它是第一个系统地提出尊重和保护基本人权具体内容的国际文书，对第二次世界大战以后国际人权活动的开展发挥了积极的推动作用。“该宣言一直以来成为区域性组织及联合国在人权领域内进一步进行国际立法的基础，国际人权条约经常在其序言中引用该宣言。”①

二、两个国际人权公约

《宣言》通过后，根据起草《联合国宪章》时确定的计划，联合国开始起草国际人权公约，起草工作由联合国人权委员会负责。按照计划，联合国应该起草一个国际人权公约，但是，西方国家和以苏联为首的社会主义国家在这个问题上存在很大的争议，因此，只得改变原定计划。西方国家认为，只有公民权利和政治权利才是人权，而与经济、社会、文化有关的权利只是国家的政策，是社会追求的目标，不是人的基本权利。以苏联为首的社会主义国家和发展中国家则强调经济、社会、文化权利与集体人权，如自决权和发展权。由于双方争论激烈，为了最终能够通过有关人权的公约，联合国决定起草两个人权公约：一个专门规定经济、社会、文化权利；另一个专门规定公民权利和政治权利。1966 年 12 月 16 日，联合国大会通过了《经济、社会及文化权利国际公约》和《公民权利和政治权利国际公约》。前者于 1976 年 1 月 3 日生效②，后者于 1976 年 3 月 23 日生效。③

这两个人权公约是在《宣言》的基础之上起草的，《宣言》中规定的公民和政治权利以及经济、社会和文化权利基本上都包括在了两个人权公约之中，而且这两个公约还规定了《宣言》中未作规定的自决权。另外，《公民权利和政治权利国际公约》第 27 条还规定了《宣言》中未作规定的少数者的权利。不过，两个人权公约没有规定《宣言》中规定的拥有私有财产的权利。

（一）两个人权公约的共同规定

由于联合国最初计划起草一个人权公约，因而 1966 年的两个公约中有一些基本相同的规定。

首先是关于自决权的规定。两个人权公约的第 1 条用完全相同的措辞规定了自决权：所有人民都自决权，他们凭着这种权利自由决定他们的政治地位，并自由谋求他们的经济、社会和文化的发展。

---

① 国际人权法教程项目组. 国际人权法教程：第 1 卷. 北京：中国政法大学出版社，2002：49.

② 截至 2023 年 2 月 21 日，有 171 个国家批准了该公约。1997 年 10 月 27 日，中华人民共和国签署该公约。1999 年 12 月 3 日，中国通知联合国秘书长：“一、公约在澳门特别行政区适用，特别是公约第 1 条，不影响《联合声明》和《基本法》关于澳门地位的规定。二、公约第 12 条第 4 款和第 13 条，涉及人员出入境及驱逐外国人出境，不在澳门特别行政区适用。有关事宜仍按《联合声明》和《基本法》和澳门特别行政区有关法律的规定办理。三、公约第 25 条 b 项涉及根据《联合声明》和《基本法》确定的由选举产生机构的组成及其成员的选择与选举方式，不在澳门特别行政区适用。四、公约适用于澳门特别行政区的有关规定通过澳门特别行政区的法律予以实施。澳门居民享有的权利和自由除依法规定外不得限制，此种限制不得与公约适用于澳门特别行政区的有关规定抵触。”目前，中华人民共和国尚未批准这一公约，该公约仅对香港和澳门特别行政区适用。

③ 截至 2023 年 2 月 21 日，有 173 个国家批准了该公约。1997 年 10 月 27 日，中华人民共和国签署该公约。2001 年 2 月 28 日，第九届全国人大常委会第二十次会议决定批准中国政府于 1997 年 10 月 27 日签署的《经济、社会及文化权利国际公约》。同时声明如下：“一、中华人民共和国政府对《经济、社会及文化权利国际公约》第八条第一款（甲）项将依据《中华人民共和国宪法》《中华人民共和国工会法》和《中华人民共和国劳动法》等法律的有关规定办理。二、根据 1997 年 6 月 20 日和 1999 年 12 月 2 日中华人民共和国常驻联合国代表先后致联合国秘书长的照会，《经济、社会及文化权利国际公约》适用于中华人民共和国香港特别行政区和中华人民共和国澳门特别行政区，依照《中华人民共和国香港特别行政区基本法》和《中华人民共和国澳门特别行政区基本法》的规定，通过各该特别行政区的法律予以实施。三、台湾当局于 1967 年 10 月 5 日盗用中国名义对《经济、社会及文化权利国际公约》所作的签署是非法和无效的。”

其次是关于防止歧视的原则。两个人权公约分别规定，缔约各国承担保证公约中规定的权利和自由得到普遍尊重，“不分种族、肤色、性别、语言、宗教、政治或其他见解、国籍或社会出身、财产、出生或其他身份等任何区别”。两个人权公约还在共同第3条中对防止性别歧视作了专门规定。《经济、社会及文化权利国际公约》第3条规定：“本公约缔约各国承担保证男子和妇女在本盟约所载一切经济、社会及文化权利方面享有平等的权利。”《公民权利和政治权利国际公约》第3条也规定：“本公约缔约各国承担保证男子和妇女在享有本公约所载一切公民和政治权利方面有平等的权利。”

（二）《经济、社会及文化权利国际公约》

《经济、社会及文化权利国际公约》包括序言和5编，共31条。

《经济、社会及文化权利国际公约》第三编规定了经济、社会和文化社会权利的具体内容，这些权利包括：工作权，享有适当的工作条件的权利，组织和参加工会的权利，为自己和家庭获得相当的生活水准包括足够的食物、衣着和住房的权利，享有能达到的最高的体质和心理健康的标准权，带薪的休假权，受教育权，社会保障权，保护家庭权利，参加文化生活和享受科学进步等文化权利。《经济、社会及文化权利国际公约》的内容比《宣言》规定的这些方面的权利更为广泛。

《经济、社会及文化权利国际公约》不仅列举了上述权利，还对权利的内容作了详细规定，有的还规定了实现权利的具体步骤，这使得它与《公民权利和政治权利国际公约》形成了鲜明的对比。

《经济、社会及文化权利国际公约》第2条第1款规定：“每一缔约国承担尽最大能力个别采取步骤或经由国际援助和合作，特别是经济和技术方面的援助和合作，采取步骤，以便用一切适当方法，尤其包括用立法方法，逐渐达到本公约中所承认的权利的充分实现。”公约本条规定中的“尽最大能力”“逐渐达到……充分实现”等措辞并没有出现在《公民权利和政治权利国际公约》之中。这是因为两个人权公约所规定的权利内容确实存在一定区别。

2008年12月10日，联合国大会通过《经济、社会及文化权利国际公约任择议定书》，规定了向经济、社会和文化委员会提交个人来文的制度，该议定书于2013年5月5日生效。[①]

（三）《公民权利和政治权利国际公约》

《公民权利和政治权利国际公约》在第三部分中规定了大约25项人权和基本自由，主要包括：生命权，免受酷刑和其他有辱人格待遇的权利，免于奴役和和强迫劳动的权利，人身自由和安全权，被剥夺自由的人享有人道待遇的权利，免于因无力偿还债务而受监禁的权利，迁徙的自由，免受任意驱逐的权利，公正公开审判权，无罪推定，刑事被告最低限度保障权，禁止刑法的溯及效力，法律前的人格权，私生活、家庭、住宅和通信不受干涉权，思想、良心和宗教自由，表达自由，和平集会自由，结社自由，婚姻和家庭权，儿童权利，选举权和被选举权，法律面前的平等权和少数者的权利。

《公民权利和政治权利国际公约》第4条专门规定关于国家在紧急状态下克减公约义务的问题，为此，它被人们称为“克减条款”。该条规定：“一、在社会紧急状态威胁到国家的生命并经正式宣布时，本公约缔约国得采取措施克减在本公约下所承担的义务，但克减的程度以紧急情势所严格需要者为限，此等措施并不得与它根据国际法所负有的其他义务相矛盾，且不得包含纯粹基于种族、肤色、性别、语言、宗教或社会出身的理由的歧视。二、不得根据本规定而克减第六条、第七条、第八条（第一款和第二款）、第十一条、第十五条、第十六条和第十

① 截至2024年5月20日，有29个国家批准了该议定书。

八条。三、任何援用克减权的本公约缔约国应立即经由联合国秘书长将它已克减的各项规定、实行克减的理由和终止这种克减的日期通知本公约的其他缔约国家。”

《公民权利和政治权利国际公约》有两个任择议定书。《公民权利和政治权利国际公约任择议定书》于1966年12月16日与两个人权公约同时在联合国大会通过并开放签字，1976年3月23日开始生效。该议定书的主要内容是关于个人来文制度的有关事项。[①] 1989年12月15日，联合国大会通过了旨在废除死刑的《公民权利和政治权利国际公约第二任择议定书》，该议定书已于1991年7月11日生效。[②]

第三节　国际人权保护的专门领域

国际人权保护的专门领域是由专门性国际人权公约规定的人权保护的领域。专门性国际人权公约是指由联合国系统主持制定的关于尊重和保护某类个人或某类权利的国际公约和议定书。这一方面的国际公约有30多项，下面将对其中一些公约作简单介绍。

一、灭绝种族

1948年12月9日，联合国大会通过《防止及惩治灭绝种族罪公约》。该公约是联合国主持制定的第一个有关人权保护的国际公约，它于1951年1月12日正式生效。[③]

《防止及惩治灭绝种族罪公约》共有19项条款。第1条规定，缔约国确认灭绝种族行为，不论发生于平时或战时，均系国际法上的一种罪行，承允防止并惩治之。可见，灭绝种族罪既可能发生在战时，也可能发生在平时。缔约国不仅有义务惩罚这种犯罪，而且有义务防止这种犯罪的发生。在2007年的“《防止及惩治灭绝种族罪公约》适用案”（波黑诉塞尔维亚）中，国际法院在判决中指出，塞尔维亚未能采取措施防止波黑境内的“塞族共和国”武装在斯雷布雷尼察实施种族灭绝罪，因此，违反了该公约第1条规定的“防止”义务。[④]

《防止及惩治灭绝种族罪公约》第2条将灭绝种族界定为“蓄意全部或局部消灭某一民族、人种、种族或宗教团体，犯有下列行为之一者：(a) 杀害该团体之成员；(b) 致使该团体之成员在身体上或精神上遭受严重伤害；(c) 故意使该团体处于某种生活状况下，以毁灭其全部或局部之生命；(d) 强制施行办法，意图防止该团体内之生育；(e) 强迫转移该团体之儿童至另一团体”。国际法院、前南斯拉夫国际刑事法庭、卢旺达国际刑事法庭、国际刑事法院等在多个案件中均确认，构成灭绝种族罪除了要求行为人有故意杀害等行为，还必须存在特定的犯罪主观要件（*dolus specialis* or specific intent），即必须是在蓄意全部或局部消灭特定团体的情况下实施故意杀害等行为，才可以构成灭绝种族罪。[⑤] 该公约第3条还规定：“下列行为应予惩

---

① 截至2023年2月21日，有117个国家批准了该议定书。中国不是该议定书的缔约国。

② 截至2023年2月21日，有90个国家批准了该议定书。中国不是该议定书的缔约国。

③ 截至2024年5月20日，有153个国家批准了该公约。

④ ICJ. Application of the Convention on the Prevention and Punishment of the Crime of Genocide (Bosnia and Herzegovina v. Serbia and Montenegro). Judgment of 26 February 2006: para. 155.

⑤ ICC. Prosecutor v. Bashir. Case No. 02/05 - 01/09. Decision on the Prosecution's Application for a Warrant of Arrest against Omar Hassan Ahmad Al Bashir. 4 March 2009: para. 139; ICTY. Prosecutor v. Krstic. Case No. IT - 98 - 33 - A. Judgment. Appeals Chamber. 19 Apr. 2004: para. 134; ICTR. Prosecutor v. takirutimana et al.. Case No. ICTR - 96 - 10 - A and ICTR - 96 - 17 - A. Judgment. Appeals Chamber. 13 Dec. 2004: para. 364.

治：(a) 灭绝种族；(b) 预谋灭绝种族；(c) 直接公然煽动灭绝种族；(d) 意图灭绝种族；(e) 共谋灭绝种族。”缔约国承允，各依照其本国宪法制定必要的法律，以实施本公约的各项规定，而对于犯灭绝种族罪或有上述所列的行为之一者，无论其为依宪法负责之统治者、公务员或私人，均应惩治之。

根据《国际刑事法院罗马规约》第 5 条和第 6 条的规定，国际刑事法院对灭绝种族罪具有刑事管辖权。例如，国际刑事法院已对苏丹总统巴希尔发出逮捕令，指控他应当对发生在苏丹达尔富尔地区的灭绝种族罪行负责。①

二、奴隶制、奴隶贩卖及类似奴隶制的制度与习俗

国际联盟早在 1926 年 9 月 25 日就主持制定了《禁奴公约》，公约对奴隶制作了如下界定：“奴隶制是指对一人行使附属于所有权之任何或一切权力之地位或状况。”1953 年 12 月 7 日，联合国大会通过《关于修正废除奴隶制及奴隶贩卖之国际公约的议定书》。1956 年 9 月 7 日，联合国又主持制定了《废止奴隶制、奴隶贩卖及类似奴隶制之制度与习俗补充公约》，该公约包括序言、6 编，共 15 条。

按照《废止奴隶制、奴隶贩卖及类似奴隶制之制度与习俗补充公约》的规定，奴隶贩卖是指“意在使一人沦为奴隶之掳获、取得或处置行为；以转卖或交换为目的取得奴隶之一切行为；将以转卖或交换为目的所取得之人出卖或交换之一切处置行为；及，一般而论，以任何运送方式将奴隶贩卖或运输之一切行为”。禁奴的范围不仅包括债务质役、农奴制，而且包括包办或买卖婚姻、转让妻子、妻子在丈夫亡故后由他人继承、将未满 18 岁的少年或儿童交给他人以供利用或剥削其劳力等制度或习俗。

三、种族歧视

1963 年 11 月 20 日，联合国大会通过《消除一切形式种族歧视宣言》。宣言指出，“鉴于任何种族差别或种族优越的学说在科学上均属错误，在道德上应受谴责，在社会上实为不公，且有危险，无论在理论上或实践上均不能为种族歧视辩解”；“深信一切形式的种族歧视，尤其是基于种族优越偏见或种族仇恨的政府政策，除构成对基本人权的侵害外，亦足以妨碍人民间的友好关系、国家间的合作以及国际和平及安全”。

1965 年 12 月 21 日，联合国主持制定了《消除一切形式种族歧视国际公约》，1969 年 1 月 4 日，公约正式生效。② 该公约除前言外，包括 3 部分，共有 25 项条款。公约第 1 条将种族歧视定义为：“基于种族、肤色、世系或民族或人种的任何区别、排斥、限制或优惠，其目的或效果为取消或损害政治、经济、社会、文化或公共生活任何其他方面人权及基本自由在平等地位上的承认、享受或行使。”“如果根据《公约》的目标和宗旨判断某项区域待遇是正当的，则该项差别待遇就不构成歧视。”③ 公约第 2 条规定，各缔约国有义务“立即以一切适当方法实行消除一切形式种族歧视与促进所有种族间之谅解之政策”；“不对人、人群或机关实施种族歧视

---

① ICC. Prosecutor v. Bashir. Case No. 02/05-01/09. Decision on the Prosecution's Application for a Warrant of Arrest against Omar Hassan Ahmad Al Bashir. 4 March 2009.

② 截至 2024 年 5 月 20 日，有 182 个国家批准了该公约。1981 年 11 月 26 日，第五届全国人大常委会第二十一次会议决定：中华人民共和国加入 1966 年《消除一切形式种族歧视国际公约》，同时声明中华人民共和国对公约第 22 条的规定有保留，不接受该条的约束。

③ 禁止种族歧视委员会. 关于《公约》第一条第一款的第 14 号一般性建议. A/48/18，1993：第八章，第二节.

行为或习例”；“对任何人或组织所施行之种族歧视不予提倡、维护或赞助”。公约第 4 条规定，“应宣告凡传播以种族优越或仇恨为根据之思想，煽动种族歧视，对任何种族或属于另一肤色或人种之人群实施强暴行为或煽动此种行为者……概为犯罪行为，依法惩处”。这样规定并不侵犯舆论自由和言论自由权。[①]

四、种族隔离

1973 年 11 月 30 日，联合国大会通过《禁止并惩治种族隔离罪行国际公约》，1976 年 7 月 18 日，公约正式生效。[②]

公约除前言外，共 19 条。公约第 1 条宣布，“种族隔离是反人类罪，由于种族隔离的政策和做法以及类似的种族分离和歧视的政策和做法所造成的不人道行为……都是违反国际法原则，特别是违反联合国宪章的宗旨和原则的罪行，对国际和平与安全构成严重的威胁”；“凡是犯种族隔离罪行的组织、机构或个人即为犯罪”。公约第 2 条规定，种族隔离的罪行“应包括与南部非洲境内所推行的相类似的种族分离和种族歧视的类似政策和办法，是指为建立和维持一个种族团体对任何其他种族团体的主宰地位，并且有计划地压迫他们而作出的下列不人道行为”。

《禁止并惩治种族隔离罪行国际公约》所列举的种族隔离行为包括：（1）剥夺一个或一个以上种族团体的一个或一个以上成员的生命和人身自由的权利；（2）对一个或一个以上的种族团体故意加以旨在使其全部或局部灭绝的生活条件；（3）任何立法措施及其他措施，旨在阻止一个或一个以上的种族团体参与该国政治、社会、经济和文化生活者，及故意造成条件，以阻止一个或一个以上这种团体的充分发展，特别是剥夺一个或一个以上种族团体的成员的基本人权和自由；（4）任何旨在按照种族界限分化人民的措施，包括立法措施；（5）剥削一个或一个以上种族团体的成员的劳力，特别是强迫劳动；（6）迫害反对种族隔离的组织或个人，剥夺其基本权利和自由。

按照《禁止并惩治种族隔离罪行国际公约》第 4 条的规定，缔约国承担的义务主要有：“（1）采用任何必要的立法或其他措施，来禁止并预防对于种族隔离罪行和类似的分隔主义政策或其表现的鼓励，并惩治触犯此种罪行的人；（2）采取立法、司法和行政措施，按照本国的司法管辖权，对犯有或被告发犯有上述所列举的行为的人，进行起诉、审判和惩罚，不论这些人是否住在罪行发生的国家的领土内，也不论他们是该国国民抑或其他国家的国民，抑或是无国籍人士。”

五、对妇女的歧视

为实现《联合国宪章》关于男女平等的规定，消除对妇女的歧视，1951 年国际劳工组织大会通过了《关于男女工人同工同酬的公约》，该公约要求每一个成员以适当方法促进并保证男女工人同工同酬的原则适用于一切工人。1952 年，联合国大会通过《妇女政治权利公约》，该公约于 1954 年 7 月 7 日生效。1967 年，联合国大会还通过一项《消除对妇女歧视宣言》，宣言敦促各国政府、非政府组织以及个人尽最大努力，促进男女在法律上以及在日常生活中享有平等的待遇。

---

① 禁止种族歧视委员会. 关于《公约》第四条的第 15 号一般性建议. A/48/18，1993：第 4 段.

② 截至 2024 年 5 月 20 日，有 110 个国家批准了该公约。1983 年 3 月 5 日，第五届全国人大常委会第二十六次会议决定：中华人民共和国加入 1973 年《禁止并惩治种族隔离罪行国际公约》。

1979 年 12 月 18 日，联合国大会通过了《消除对妇女一切形式歧视公约》。该公约于 1981 年 9 月 3 日正式生效。[①]《消除对妇女一切形式歧视公约》除前言外，包括 6 部分，共 30 条。按照公约第 1 条的规定，“对妇女的歧视”是指“基于性别而作的任何区别、排除和限制，其作用或目的是要妨碍或破坏对在政治、经济、社会、文化、公民或任何其他方面的人权和基本自由的承认以及妇女不论已婚未婚在男女平等的基础上享有或行使这些人权和基本自由”。

根据《消除对妇女一切形式歧视公约》的规定，缔约国有义务：（1）谴责对妇女一切形式的歧视，并采取一切适当办法推行政策，消除对妇女的歧视；（2）应在所有领域，特别是在政治、社会、经济、文化领域，采取一切适当措施，包括制定法律，力谋妇女的充分发展和进步，以保证她们在与男子平等的基础上行使和享有人权和基本自由；（3）应采取一切适当措施，改变男女的社会和文化行为模式，以消除基于因性别而分尊卑观念或基于男女定型任务的偏见、习俗和一切其他做法；（4）应采取一切适当措施保证家庭教育应包括正确了解母性的社会功能和确认教养子女是父母的共同责任，但在任何情况下应首先考虑子女的利益；（5）采取一切适当措施，包括制定法律，打击一切形式贩卖妇女和迫使妇女卖淫以进行剥削的行为等。根据禁止对妇女歧视委员会的意见，缔约国有义务尊重、保护和实现妇女不受歧视的权利，确保妇女的发展和进步，以改善她们的处境，实现法律上和事实上或实质性的男女平等。缔约国应确保不对妇女实施直接或间接歧视。对妇女的直接歧视包括明显以性或性别差异为由实施区别待遇。对妇女的间接歧视是指一项法律、政策、方案或做法看似对男性和女性无任何倾向，但实际上有歧视妇女的效果。因为明显中性的措施没有考虑原本存在的不平等状况 。此外，不承认歧视的结构和历史模式以及男女之间不平等的权利关系可能使现有的不平等状况因间接歧视而更为恶化。[②]

应当承认，由于提出保留的缔约国以及保留的条款数量很多，致使《消除对妇女一切形式歧视公约》的效力受到很大影响。此外，该公约的执行机制也较弱。从 1981 年公约生效到 20 世纪末，其执行机制只有一种，即缔约国报告制度。1999 年 10 月 6 日，联合国大会终于通过了旨在建立一种个人来文制度的《消除对妇女一切形式歧视公约的任择议定书》。根据该议定书，消除对妇女歧视委员会可以受理个人提出的关于缔约国违反公约规定的权利的来文。该任择议定书已于 2000 年 12 月 22 日生效。[③]

六、酷刑

1975 年 12 月 9 日，联合国大会通过《保护人人不受酷刑和其他残忍、不人道或有辱人格的待遇或处罚宣言》。在此基础上，1984 年 12 月 10 日，联合国大会通过了《禁止酷刑和其他残忍、不人道或有辱人格的待遇或处罚公约》(简称《禁止酷刑公约》)，1987 年 6 月，公约正式生效。[④]

《禁止酷刑公约》除前言外，包括 3 个部分，共 33 项条款。按照公约第 1 条的规定，“酷

① 截至 2024 年 5 月 20 日，有 189 个国家批准了该公约。1980 年 9 月 29 日，第五届全国人大常委会第十六次会议决定：批准康克清代表中国政府签署的联合国《消除对妇女一切形式歧视公约》；同时，确认康克清在签署公约时的声明“中华人民共和国不接受公约第 29 条第 1 款的约束”。

② 消除对妇女歧视委员会. 关于缔约国在《消除对妇女一切形式歧视公约》第二条之下的核心义务第 28 号一般性建议. 2010 - 12 - 16. CEDAW/C/GC/28：第 16 段.

③ 截至 2024 年 5 月 20 日，有 115 个国家批准了该议定书。中国没有签署该议定书，尚未成为缔约国。

④ 截至 2024 年 5 月 20 日，有 174 个国家批准了该公约。中国于 1986 年 12 月 12 日签署、1988 年 10 月 4 日交存加入书，同年 11 月 3 日开始对中国生效。

刑”是指“为了向某人或第三者取得情报或供状，为了他或第三者所作或被怀疑所作的行为对他加以处罚，或为了恐吓或威胁他或第三者，或为了基于任何一种歧视的任何理由，蓄意使某人在肉体或精神上遭受剧烈疼痛或痛苦的任何行为，而这种疼痛或痛苦又是由公职人员或以官方身份行使职权的其他人所造成或在其唆使、同意或默许下造成的”。

《禁止酷刑公约》要求：（1）每一缔约国应采取有效的立法、行政、司法或其他措施，防止在其管辖的任何领土内出现酷刑的行为；任何特殊情况，不论为战争状态、战争威胁、国内政局动荡或任何其他社会紧急状态，均不得援引为施行酷刑的理由；上级官员或政府当局的命令不得援引为施行酷刑的理由。（2）每一缔约国应保证将一切酷刑行为定为刑事罪行；每一缔约国应根据上述罪行的严重程度，规定适当的惩罚。（3）如果有充分理由相信任何人在另一国家将有遭受酷刑的危险，任何缔约国不得将该人驱逐、遣返或引渡至该国。（4）每一缔约国应采取各种必要措施，确定在下列情况下对酷刑罪有管辖权：这种罪行发生在其管辖的任何领土内，或在该国注册的船舶或飞机上；被控罪犯为该国国民；受害人为该国国民且该国认为应予以管辖。《禁止酷刑公约》还要求缔约国对酷刑罪实行“或引渡或起诉”原则。2012年，国际法院在“关于或引渡或起诉义务”案（比利时诉塞内加尔）中指出，起诉的义务要求有关国家将案件提交有权机关予以起诉，无论此前是否收到了引渡的请求，不过，如果在领土上发现酷刑嫌疑人的国家收到了引渡的请求，并且同意引渡，即可免除其起诉的义务。因此，引渡是《禁止酷刑公约》赋予缔约国的一项选择权；起诉则是公约为缔约国规定的一项义务，违反该项义务将引起国家责任。[①]

2002年12月18日，联合国大会又通过一个防止酷刑的《禁止酷刑和其他残忍、不人道或有辱人格的待遇或处罚公约任择议定书》，2006年6月22日，议定书正式生效。[②] 该议定书通过建立一个由独立的国际机构和国家机构对存在被剥夺自由者的地点进行定期查访的制度，即正式倡导成员国采取羁押场所巡视的制度，以防范酷刑的发生。

七、儿童权利

联合国在《世界人权宣言》中宣布，儿童有权享受特别照料和协助。1959年11月20日，联合国大会通过《儿童权利宣言》。该宣言专门列举了10项儿童的基本权利，包括：所有儿童不受歧视地享有宣言列举的一切权利；儿童应受特别保护，应通过法律的方法获得各种机会与便利；儿童有权获得姓名和国籍；儿童有健康成长和发展权；等等。

1989年11月20日，联合国大会通过《儿童权利公约》，1990年9月2日，公约生效。[③]《儿童权利公约》包括序言和3部分，共54条。公约第1条规定，“儿童”是指18岁以下的任何人，除非对其适用之法律规定成年年龄低于18岁。《儿童权利公约》对儿童权利作了具体的规定，主要有：生命权，姓名权，国籍权，尽可能知道谁是其父母并受其父母照料的权利，与家人团聚的权利，对影响其本人的一切事项自由发表自己的意见的权利，自由发表言论的权利，思想、信仰和宗教自由的权利，结社自由及和平集会自由的权利，隐私、家庭、住宅或通

---

① ICJ. Questions relating to the Obligation to Prosecute or Extradite (Belgium v. Senegal). Judgment of 20 July 2012: para. 95.

② 截至2024年5月20日，有94个国家批准了该议定书。中国没有签署该议定书，尚未成为其缔约国。

③ 截至2024年5月20日，有196个国家批准了该公约。中国是公约原始缔约国。1991年12月29日，第七届全国人大常委会第二十三次会议决定：批准1989年11月20日由联合国大会通过的《儿童权利公约》，同时声明中华人民共和国将在符合其宪法第25条关于计划生育的规定的前提下，并根据《中华人民共和国未成年人保护法》第2条的规定，履行公约第6条所规定的义务。

信不受任意干涉或非法干涉的权利，荣誉和名誉不受非法攻击的权利，不受任何形式的身心摧残、伤害或凌辱、忽视或照料不周、虐待或剥削包括性侵犯的权利，享有可达到的最高标准的健康、医疗和康复设施的权利，受教育的权利，等等。

儿童利益最大化原则是《儿童权利公约》中最重要的一项原则，它要求关于儿童的一切行动，不论是由公私社会福利机构、法院、行政当局或立法机构执行，均应以儿童的最大利益为一种首要考虑。根据儿童权利委员会的意见，这一项原则包括三个层面的含义。(1) 它是一项实质性权利：当审视各不同层面的利益时，儿童有权将他或她的最大利益列为一种首要的评判和考虑，而且每当涉及某一儿童、一组明确或不明确指定的儿童或一般儿童的决定时，都应当保障这项权利。(2) 它是一项基本的解释性法律原则：如果一项法律条款可作出一种以上的解释，则应选择可最有效实现儿童最大利益的解释。(3) 它是一项行事规则：每当需要作出一项可能影响到某一具体儿童、一组明确和不明确指定的儿童或一般儿童的决定时，该决定进程必须包括对此决定可对所涉儿童或诸位儿童所带来（正面或负面）影响的评判。对儿童最大利益的评判和确定必须具备程序性的保障。此外，决定的理由必须清楚表明业已明确兼顾到了此项权利。①

2000 年 5 月 25 日，联合国大会通过了《儿童权利公约》两项任择议定书，它们是《儿童权利公约关于儿童卷入武装冲突问题的任择议定书》(2002 年 2 月 12 日生效)② 和《〈儿童权利公约〉关于买卖儿童、儿童卖淫和儿童色情制品问题的任择议定书》(2002 年 1 月 18 日生效)。③ 前者要求缔约国应采取一切可行措施确保不满 18 周岁的武装部队成员不直接参加敌对行动，并确保不满 18 周岁的人不被强制招募加入其武装部队。后者要求缔约国禁止买卖儿童、儿童卖淫和儿童色情制品。

《儿童权利公约》是所有国际人权公约中缔约国数量最多的公约，但它只有报告制度，没有任何其他执行机制。为了弥补这一缺陷，2011 年 12 月 19 日，联合国大会通过了第三项任择议定书，即《〈儿童权利公约〉任择议定书》，建立了个人来文制度（2014 年 4 月 14 日生效)。④

八、移徙工人及其家庭成员权利

1990 年 12 月 18 日，联合国大会通过了《保护所有移徙工人及其家庭成员权利公约》，

---

① 儿童权利委员会. 关于儿童将他或她的最大利益列为一种首要考虑的权利的第 14 号一般性意见. CRC/C/GC/14. 2013 - 05 - 29：第 6 段.

② 截至 2024 年 5 月 20 日，有 173 个国家批准了该公约。中国于 2001 年 3 月 15 日签署并于 2008 年 2 月 20 日批准了该公约。中国在批准公约时作出了两点声明。2007 年 12 月 29 日，第十届全国人大常委会第三十一次会议决定：批准 2001 年 3 月 15 日由常驻联合国代表王英凡大使代表中华人民共和国政府签署的《〈儿童权利公约〉关于儿童卷入武装冲突问题的任择议定书》。同时声明："一、中华人民共和国公民自愿加入本国武装部队的最低年龄为 17 岁。二、为实施上述规定，中华人民共和国政府采取以下保障措施：(一)《中华人民共和国兵役法》规定：每年 12 月 31 日以前年满 18 岁的男性公民，应当被征集服现役。根据军队需要和自愿的原则，可以征集当年 12 月 31 日以前未满 18 岁的男女公民服现役。经过兵役登记的应征公民，未被征集服现役的，服士兵预备役，士兵预备役的最低年龄为 18 岁。中华人民共和国国务院、中央军事委员会依据《中华人民共和国兵役法》制定的《征兵工作条例》规定：根据军队需要和本人自愿的原则，可以征集当年 12 月 31 日以前年满 17 岁未满 18 岁的男女公民服现役。(二)《中华人民共和国刑法》规定：在征兵工作中徇私舞弊，接送不合格兵员，情节严重的，处 3 年以下有期徒刑或者拘役；造成特别严重后果的，处 3 年以上 7 年以下有期徒刑。(三) 中华人民共和国国务院、中央军事委员会批准的《廉洁征兵若干规定》规定：在征兵工作中不准放宽征兵条件、降低征集标准；实行到应征青年家庭和单位走访调查制度；对应征青年年龄情况进行审查。"

③ 截至 2024 年 5 月 20 日，有 178 个国家批准了该议定书。中国于 2000 年 9 月 6 日签署并于 2002 年 12 月 3 日批准了该议定书。中国在批准书中声明，该议定书适用于澳门特别行政区，但在中国发出另行通知前不适用于香港特别行政区。

④ 截至 2024 年 6 月 5 日，有 52 个国家批准了该议定书。

2003年7月1日，公约生效。[①]《保护所有移徙工人及其家庭成员权利公约》由序言和9个部分组成，有93个条款。根据公约第2条的规定，“移徙工人”是指在其非国民的国家将要、正在或已经从事有报酬的活动的人，其中包括“边境工人”“季节性工人”“海员”“近海装置上的工人”“行旅工人”“项目工人”。由此可见，在其本国从事此类劳动的人，不属于公约适用的范围。除此之外，公约明确规定不适用于国际组织和机构派遣或雇用或一国外派或在其境外雇用的从事公务的人员、作为投资者在非原籍国居住的人、学生和受训人员等6类人员。

《保护所有移徙工人及其家庭成员权利公约》对移徙工人及其家庭成员的人权作了全面规定，除两个国际人权公约中规定的公民和政治权利，经济、社会和文化权利（公约第三部分）以外，还包括他们作为“有证件或身份正常的移徙工人及其家庭成员所特有的其他权利”（公约第四部分）。例如，“移徙工人及其家庭成员有权在离国以前或至迟在就业国接受其入境之时，获原籍国或就业国酌情充分告知适用于其入境的一切条件，特别是有关下述事项的条件：他们的逗留，他们可从事的有报酬的劳动，他们在就业国必须符合的规定，以及这些条件有任何变动时他们必须联系的机关”（第37条）。此外，公约还规定了他们离开和在就业国逗留期间所享有的其他权利。

九、残疾人权利

2006年12月13日，联合国大会通过了《残疾人权利公约》，2008年5月3日，公约正式生效。[②]《残疾人权利公约》是目前最新的保护弱势群体人权的国际公约。该公约由序言和50个条文组成，主要内容包括公约的宗旨、定义和一般原则、缔约国应承担的一般义务、残疾人应享有的权利（包括残疾妇女和儿童的权利）、缔约国为保障残疾人权利应采取的措施（包括提高认识与无障碍）和建立残疾人权利委员会。该公约的宗旨是“促进、保护和确保所有残疾人充分和平等地享有一切人权和基本自由，并促进对残疾人固有尊严的尊重”。“残疾人包括肢体、精神、智力或感官有长期损伤的人，这些损伤与各种障碍相互作用，可能阻碍残疾人在与他人平等的基础上充分和切实地参与社会”（第1条）。

《残疾人权利公约》规定了8项一般原则：尊重固有尊严和个人自主，包括自由作出自己的选择以及个人的自立；不歧视；充分和切实地参与和融入社会；尊重差异，接受残疾人是人的多样性的一部分和人类的一分子；机会均等；无障碍；男女平等；尊重残疾儿童逐渐发展的能力并尊重残疾儿童保持其身份特性的权利（第3条）。公约为缔约国规定了9项一般义务，其中包括：采取一切立法、行政和其他措施实施公约确认的权利；修订和废止构成歧视残疾人的现行法律、法规、习惯和做法；消除任何个人、组织或私营企业基于残疾的歧视；从事或促进研究和开发通用设计的货物、服务、设备和设施，以便仅需尽可能小的调整和最低的费用即可满足残疾人的具体需要，促进这些货物、服务、设备和设施的提供与使用，并在拟订标准和指导规则方面提倡通用设计；向残疾人提供无障碍信息，介绍助行器具、用品和辅助技术，包括新技术，并介绍其他形式的协助、支助服务和设施；促进培训协助残疾人的专业人员和工作人员，使他们了解公约确认的权利，以便更好地提供这些权利所保障的协助和服务；等等。

在专门强调了残疾妇女和儿童的特殊性后（第6、7条），公约对其确认的21项残疾人人

① 截至2024年5月20日，有59个国家批准了该公约。中国没有签署该公约。

② 截至2024年5月20日，有191个国家批准了该议定书。中国于2007年3月30日签署并于2008年8月1日批准了该公约。中国在批准书中声明该公约适用于香港和澳门特别行政区，但是公约有关残疾人迁徙自由和国籍权利的规定不得改变适用于香港特别行政区的移民控制和国籍法的效力。

权作出了全面和具体的规定，其中包括生命权，在法律面前平等，获得司法保护、自由和人身安全，免于剥削、暴力和凌辱，独立生活和融入社区，表达意见的自由和获得信息的机会，参与政治和公共生活等公民和政治权利，以及教育、健康、工作和就业、适当的生活水平和社会保护，参与文化生活、娱乐、休闲和体育活动等经济、社会和文化权利。

此外，在通过《残疾人权利公约》的同时还通过了一个任择议定书，即《残疾人权利公约任择议定书》，并已于2008年5月3日生效。议定书规定了个人来文制度。①

十、强迫失踪

2006年12月20日，联合国大会通过了《保护所有人免遭强迫失踪国际公约》，2010年12月23日，公约正式生效。②《保护所有人免遭强迫失踪国际公约》由序言和3个部分组成，共45个条款。公约在序言中宣称："认识到强迫失踪的极端严重性，认为它是一项罪行，且在国际法界定的某些情况下，构成危害人类罪。"公约第1条规定："任何人不应遭到强迫失踪"；"任何情况，不论是处于战争状态或受到战争威胁、国内政治动乱，还是任何其他公共紧急状态，均不得用来作为强迫失踪的辩护理由。"根据公约第2条，"强迫失踪"的定义是："由国家代理人，或得到国家授权、支持或默许的个人或组织，实施逮捕、羁押、绑架，或以任何其他形式剥夺自由的行为，并拒绝承认剥夺自由之实情，隐瞒失踪者的命运或下落，致使失踪者不能得到法律的保护。"

《保护所有人免遭强迫失踪国际公约》规定了缔约国应该承担的义务，其中包括采取必要措施确保在本国刑法中将强迫失踪行为列入犯罪（第4条）；追究相关人员的刑事责任（第6条）；对强迫失踪罪给予相应的处罚（第7条）。该公约对强迫失踪案件的管辖问题作出了明确规定，包括"或起诉或引渡原则"（第9条、第11条）。为了确保强迫失踪罪的犯罪嫌疑人受到应得的惩罚，公约还就此等嫌疑人的拘留、询问和调查、起诉、引渡和司法协助等事项作了规定（第10～15条）。

缔约国依据公约承担的另一重要义务是避免强迫失踪和对强迫失踪的受害人、检举人和证人的保护（第16～25条），其中包括："如果由充分理由相信，将某人驱逐、送返（'驱回'）、移交或引渡到另一国家有造成此人遭受强迫失踪的危险，任何缔约国均不得采取上述行动"（第16条第1款）；"任何人都不应受到秘密监禁"（第17条第1款）；制定相应的法律并采取适当措施，避免强迫失踪（第17条第2款至第23条）；采取措施调查和查询失踪者的情况并确保受害人有权取得补救和及时、公正和充分的赔偿（第24条）以及对作为受害人的儿童实行保护（第25条）。

第四节　国际人权保护的实施机制

一、国际人权保护的实施机构

国际人权保护机构基本上可以分为两类：一类是宪章机构，即那些依据《联合国宪章》以及联合国机构通过的决议等设立的专门保护人权的机构；另一类是条约机构，即那些依据国际

① 截至2024年5月20日，有106个国家批准了该议定书。中国没有签署该议定书。

② 截至2024年5月20日，有74个国家批准了该公约。中国没有签署该公约。

人权条约设立的机构。

这两类机构主要有以下区别：(1) 宪章机构是根据《联合国宪章》和联合国主要机构的决议建立的促进和保护人权的机构，而不以任何人权条约为基础，例如联合国人权理事会、联合国人权事务高级专员办公室等。条约机构是根据相关人权条约建立的为监督缔约国在国际和国内（主要是在国内）执行有关公约，从而保护人权的机构。上述主要人权公约都建立了各自的条约实施机构，例如人权事务委员会、儿童权利委员会等。这一区别的意义在于条约机构仅对参加了该条约或任择议定书的缔约国有效，对非缔约国不发生效力；而宪章机构职责所涉及的范围及于所有联合国会员国，且不需要再以人权条约为基础。(2) 条约机构由以个人身份工作的人权专家组成，他们不代表任何国家或组织，而宪章机构由联合国会员国指派的代表组成，属于政府间官方机构。条约机构与宪章机构的相同之处是：它们都不是司法机构，它们作出的决定或提出的意见不具有法律的拘束力。

概括来讲，条约机构具有如下特点：第一，独立性。由人权专家组成的条约机构有相对的独立性，有利于对个人人权的保护。第二，专业性。由于人权公约涉及一定的专门领域，人权机构处理的人权问题也具有一定的专业性，除两个国际人权公约外，其他人权公约都涉及人权某一领域的内容，例如妇女、儿童、种族歧视、酷刑等。第三，规范性。由于人权机构是在相关人权条约的基础上建立的，因而其职权、活动范围等都必须以条约为基础，比较规范。

（一）宪章机构

1. 联合国人权理事会

联合国人权理事会（UN Human Rights Council）的前身是联合国人权委员会（UN Commission on Human Rights）。联合国人权委员会曾是联合国经社理事会附属机构的职司委员会之一。《联合国宪章》第 68 条规定："经济及社会理事会应设立经济与社会部门及以提倡人权为目的之各种委员会，并得设立于行使职务所必需之其他委员会。"为履行这一职责，1946 年，经社理事会通过决议正式设立了人权委员会。人权委员会的成员是国家的代表，而不是以个人身份当选。委员会的人数从开始时的 18 名最后增至 53 名。委员名额由经社理事会按一定比例分配，以确保地域上的公平。2006 年之前，具体分布情况如下：非洲 15 名，亚洲 12 名，拉丁美洲和加勒比地区 11 名，西欧和包括美国的其他国家共 10 名，东欧 5 名。委员会成员的任期为 3 年，每年改选 1/3，可以连选连任。人权委员会是联合国系统内处理一切有关人权事项的主要机构。根据经社理事会的决议，人权委员会的主要职责是向经社理事会提出有关人权的提案、建议或报告，并帮助经社理事会协调联合国系统内的人权工作。人权委员会一般从每年的 2 月初至 3 月中旬在联合国日内瓦办事处召开为期 6 周的会议。除人权委员会的成员国外，非成员国、联合国各专门机构、区域性国际组织、在经社理事会具有咨询地位的非政府组织和联合国所承认的民族解放组织均可派观察员列席会议。在每届会议上，委员会选举 1 名主席、3 名副主席和 1 名报告员。从其成立到 2006 年，人权委员会的主要活动包括：(1) 对人权问题进行专题研究，提出建议并起草国际人权文书。在这一方面，委员会的主要工作成就是起草了"国际人权宪章"和许多其他有关人权的公约。(2) 审议、调查有关侵犯人权的指控，处理有关侵犯人权的来文。人权委员会在成立之初拒绝审议、调查有关侵犯人权的指控，处理有关侵犯人权的来文。1959 年，经社理事会通过一项决议，要求联合国秘书长把联合国收到的指控有关各国政府侵犯人权的来文汇编后交人权委员会，并请受到指控的国家政府对其所受指控作出答复。特别是在 1967 年和 1970 年，经社理事会分别通过了第 1235 号决议和第 1503 号决议，赋予人权委员会处理一贯的大规模侵犯人权事件的职权，其中费时较多的是审议"国别人权问题"。在这一工作过程中，人权委员会工作的政治化、双重选择性和非专业性广受各方诟病。

2006年3月15日，联合国大会通过第60/251号决议（A/RES/60251），决定在日内瓦设立一个人权理事会，取代人权委员会。人权理事会的建立是近年来联合国机构改革的成果之一。

新成立的人权理事会不再是经社理事会的附属机构，而是联合国大会的附属机构，因此，其地位得到了提升。理事会由47个成员国组成，其席位按地理区域分配：非洲13席，亚洲13席，东欧6席，拉美和加勒比8席，西欧和其他国家（包括北美和大洋洲）7席。成员由联合国大会通过无记名投票直接选举产生，获得半数以上赞成票的联合国成员国方可当选。人权理事会的成员每届任期3年，连续两届任期后不得连任。对于严重并有计划地侵犯人权的成员国，联合国大会可经2/3成员国同意，中止其成员资格。人权理事会每年举行会议不少于3次，总会期不少于10周，并可召开特别会议。

联合国大会第60/251号决议规定，人权理事会应负责促进人权的保护、处理侵犯人权的情况、促进人权教育和研究以及咨询服务、技术援助和能力建设等工作。人权理事会于2006年6月19日至30日在日内瓦举行首届会议，会议决定延长人权委员会下属所有机构1年。首届人权理事会需要评估人权委员会的机制和职能，并讨论建立人权理事会的新机制。2007年6月，人权理事会在日内瓦通过了由人权理事会主席提交的一个“一揽子方案”，完成了人权理事会建章立制的工作。

人权理事会在两个决议中通过了“一揽子方案”，即《联合国人权理事会机构建设》和《人权理事会特别程序任务负责人行为守则草案》。《联合国人权理事会机构建设》由7个部分和两个附件组成，主要内容是：普遍定期审议机制；特别程序；人权理事会咨询委员会；来文程序；工作计划的议程和框架；工作方法和议事规则。《联合国人权理事会机构建设》有两个附件：一个是延期的特别程序任务清单；另一个是特别程序任务负责人任期时间表。《人权理事会特别程序任务负责人行为守则草案》共15条，主要内容包括：行为的一般原则；任务负责人的地位；信息来源；实地访问；等等。

2. 联合国人权事务高级专员办公室

设立联合国人权高级专员办公室的设想是在1947年起草《世界人权宣言》时被提出的。当时，联合国秘书处人权司司长卡赞先生提出在联合国设立专门负责人权事务的高级官员职位；之后，又有过许多类似的提议。在筹备1993年世界人权大会时，设立联合国人权高级专员办公室的建议又一次被提出，并最终于1993年得以建立。联合国人权高级专员办公室是联合国秘书长的下属机构。人权高级专员的选派由联合国秘书长提名，经联合国大会批准，任期4年，可以连任一次。根据联合国大会第48/141（1993）号决议的规定，人权高级专员的主要职责有：促进和保护各种人权；为要求援助的国家提供人权领域的咨询以及技术和财政支持；在人权领域的联合国教育和公共信息计划方面进行协调；消除全面实现人权的障碍；在保障对人权的尊重方面与政府对话；为促进和保护人权增强国际合作。

（二）条约机构

目前，每个主要的国际人权条约均设立了相应的条约机构，监督相对应的条约或任择议定书的实施，条约机构包括以下10个，除了第一个，其他都是根据国际人权公约或议定书而建立。

(1)《经济、社会及文化权利国际公约》：（根据联合国经社理事会决议设立的）经济、社会和文化权利委员会（Committee on Economic，Social and Cultural Rights，CESCR），由18名独立专家组成。

(2)《公民权利和政治权利国际公约》：人权事务委员会（Human Rights Committee，

HRC)，由 18 名独立专家组成。

(3)《消除对妇女一切形式歧视公约》：消除对妇女歧视委员会（Committee on Elimination of Discrimination against Women，CEDAW)，由 23 名独立专家组成。

(4)《儿童权利公约》：儿童权利委员会（Committee on Rights of the Child，CRC)，由 18 名独立专家组成。

(5)《消除一切形式种族歧视国际公约》：消除种族歧视委员会（Committee on Elimination of Racial Discrimination，CERD)，由 18 名独立专家组成。

(6)《禁止酷刑公约》：禁止酷刑委员会（Committee against Torture，CAT)，由 10 名独立专家组成。

(7)《〈禁止酷刑公约〉任择议定书》：防止酷刑小组委员会（Subcommittee on Prevention of Torture，SPT)，由 25 名独立专家组成。

(8)《保护所有移徙工人及其家庭成员权利公约》：移徙工人委员会（Committee on Migrant Workers，CMW)，由 14 名独立专家组成。

(9)《残疾人权利公约》：残疾人权利委员会（Committee on the Rights of Persons with Disabilities，CRPD)，由 18 名独立专家组成。

(10)《保护所有人免遭强迫失踪国际公约》：强迫失踪委员会（Committee on Enforced Disappearances，CED)，由 10 名独立专家组成。

二、国际人权保护的实施机制

（一）宪章机构机制

这里主要介绍联合国人权理事会的保护机制，包括普遍定期审议机制、特别程序、咨询机制和来文机制。

1. 普遍定期审议机制

按照 2006 年 3 月 15 日设立人权理事会的联合国大会决议的规定，人权理事会应当根据客观和可靠的信息，以确保普遍、平等地对待并尊重所有国家的方式，定期普遍审查每个国家履行人权义务和承诺的情况。联合国希望人权理事会通过这一普遍定期审议各国人权情况的制度，避免重蹈人权委员会的覆辙。按照这一制度，联合国的所有会员国的人权情况均需无例外地定期接受人权理事会的审议。审议的依据是《联合国宪章》《世界人权宣言》、一国加入的人权文书、各国作出的自愿保证和承诺，包括申请入选人权理事会时所作出的保证和承诺以及可适用的国际人道法。审议应当遵守的原则是：促进所有人权的普遍性、相互依存性、不可分割性以及相互关联；成为一种建立在客观、可靠的资料以及互动对话基础上的合作机制；确保普遍涉及且平等对待所有国家；成为一个由联合国会员国驱动、注重行动的政府间进程；使受审议国家充分参与；补充而非重复其他人权机制，从而另有一层价值；客观、透明、不作选择且有建设性，非对抗、非政治化地进行；避免对所涉国家或理事会的议程造成过多负担；不过于冗长，应切合现实，不花费过多时间、人力和财力；不削弱理事会应对紧急人权状况的能力；充分纳入性别观点；在不损及审议工作依据中规定的主要依据所载各项义务的前提下，考虑各国的发展水平和特点；根据联合国大会 2006 年 3 月 15 日第 60/251 号决议和经社理事会 1996 年 7 月 25 日第 1996/31 号决议以及理事会在这方面可能作出的任何决定，确保所有相关的利益攸关方包括非政府组织和国家人权机构的参与。审议的目标是：改善实地的人权状况；履行国家的人权义务和承诺，评估所涉国家积极的事态发展以及面临的挑战；与所涉国家协商并征得其同意，增强该国的能力，并加强技术援助；各国及其他利益攸关方交流共享最佳做法；支持在增进和保护人权方面的合作；鼓励与人权理事会、其他人权机构和联合国人权事务高级专员办事处全面合作和交往。

按照审议工作的模式，审议由一个工作组进行，工作组由理事会 47 个成员国组成，理事会主席主持审议工作。每个成员国自行决定本国代表团的组成情况。观察员国可参加审议，包括参加互动对话。其他相关的利益攸关方可列席工作组的审议工作。工作组从理事会成员国和不同区域组中抽签选出 3 名报告员组成一个报告员小组（“三人小组”），以便于每次审议工作的进行，包括工作组报告的编写。联合国人权事务高级专员办事处应为报告员提供必要的协助和专门知识。接受审议的国家与人权理事会的互动对话将在工作组内进行。报告员可将关注或存疑的问题整理后转交接受审议的国家，以便其进行准备，使互动对话重点突出，同时保障审议工作的公正和透明。工作组对每个国家的审议时间为 3 个半小时，另外安排最多 1 小时由理事会全体会议审议工作组的审议结果。工作组将为通过每个接受审议国家的报告各安排半小时。最后结果将由理事会全体会议通过。审议结果的具体形式为一份报告，其中载有审议工作的议事纪要、结论和（或）建议以及所涉国家自愿作出的承诺。作为一种合作性机制的普遍定期审议，其结果首先应由所涉国落实，并酌情由其他相关的利益攸关方落实。

2. 特别程序

人权理事会特别程序是旨在从专题角度或具体国别角度对人权问题提供建议和报告的独立人权专家机制。特别程序系统是联合国人权机制的重要组成部分，涵盖公民、文化、经济、政治和社会等多方面的人权问题。截至 2023 年 11 月 16 日，共有 45 个专题任务，其中近期增设的是 2021 年根据人权理事会 A/HRC/RES/48/14 号决议设立的促进在气候变化情况下的人权特别报告员；国家任务共 14 个，其中近期增设的有 2022 年根据人权理事会 A/HRC/RES/51/25 号决议设立的俄罗斯联邦人权情势特别报告员、2021 年根据人权理事会 A/HRC/RES/ 48/16 号决议设立的布隆迪人权情势特别报告员和 2021 年根据人权理事会 A/HRC/RES/ 号决议设立的阿富汗人权情势特别报告员。

1965 年，人权委员会收到一些来自南非的个人申诉并在处理这些申诉时面临着很大压力，因此，人权委员会于 1967 年摒弃了之前的做法并成立了一个负责调查南非人权状况的特设专家工作组［人权委员会第 2（23）号决议］。这个特设工作组可以被视为人权委员会的首个特别程序。1973 年智利的奥古斯托·皮诺切特将军对阿连德总统发动政变后，人权委员会于 1975 年成立了一个特设工作组调查智利的人权状况。1979 年，该工作组被一名特别报告员和两名研究智利失踪者命运的专家所取代。这样就促成了 1980 年设立首个特别程序，即负责处理世界各地强迫失踪问题的强迫失踪问题工作组［人权委员会第 20（36）号决议］。到 10 年之后的 1990 年，已有 6 项专题任务，分别涉及强迫失踪、法外处决、“即审即决”或任意处决、宗教不容忍、雇佣军、虐待和贩卖儿童等。从那时起，还设立了许多应对世界各地人权挑战的新任务。目前，它们已覆盖所有地区和公民、文化、经济、政治和社会等各项权利。

2006 年建立的人权理事会沿袭了特别程序机制。负责特别程序任务的特别报告员或专家小组在人权事务高级专员办事处的支持下开展工作；通过发函提请各国及其他行为者关注指称的侵犯虐待案件，以对个别案件及更广泛的结构性问题作出回应；撰写专题报告和组织专家讨论会；促进国际人权标准的发展完善；从事宣传活动；提高公众意识；为技术合作提供咨询意见等。特别程序每年向人权理事会作出年度报告，大多数任务也向联合国大会作出报告。

3. 咨询机制

为了协助人权理事会开展工作，人权理事会决定设立一个咨询委员会，行使理事会智囊团的职能，并在理事会的指导下开展工作。咨询委员会的前身是联合国人权委员会下属的促进和保护小组委员会，（1999年以前称为“防止歧视及保护少数小组委员会”）。人权理事会下属的咨询委员会由代表世界各地区具有不同专业背景的18名独立专家组成。专家由各国政府提名，经理事会选举产生。委员会成员一届任期为3年，可连选连任一次。咨询委员会按照理事会要求的方式和形式向理事会提供专家意见，主要侧重于研究报告和根据调研提出的咨询意见。委员会还可以在理事会规定的工作范围内提出进一步开展调查的建议，供后者审议和批准。在工作中，委员会应以贯彻执行为取向，其意见的范围应限于与理事会的任务，即增进和保护所有人权相关的专题问题。委员会不得通过决议或决定。

4. 来文机制

来文机制是指个人向联合国人权理事会对国家侵犯人权提交来文的制度。人权理事会来文制度是在人权委员的1235程序和1503程序的基础上，依据2007年6月通过的决议——《联合国人权理事会机构建设》的第四部分建立起来的新的个人来文制度。根据该决议，建立来文程序针对的是在任何情况下在世界任何地点发生的一贯、大规模并有可靠证据的侵犯所有人权和所有基本自由的情势。为了保证来文程序的公平、客观、有效、以受害人为本并及时进行，该制度以1503程序为工作基础，并对该程序进行了必要的完善。新建立的来文程序依然保留原来的保密性质，同时加强与相关国家的合作。这些程序取代了人权委员会的1503程序和1235程序。

人权理事会来文程序的主要内容如下。

（1）来文可受理性标准。《联合国人权理事会机构建设》的决议规定了7项来文可受理性标准，其中包括：1）来文没有明显的政治动机，并且符合《联合国宪章》《世界人权宣言》和其他可适用的人权文件；2）来文对指称的侵犯进行描述并包括指称侵犯的权利；3）来文的用语不是谩骂性的，但如果将谩骂性语言去掉，来文符合其他标准，仍然可以受理；4）来文由人权和基本自由受到侵犯的个人或个人团体或者代表他们的个人或非政府组织提交；5）来文不能完全以大众传媒的报告为基础；6）案件没有被另外的特别程序、条约机构或其他联合国或类似区域特别来文程序受理；7）已用尽国内救济，除非这种救济是无效或无理拖延的。

（2）工作组。来文程序建立了两个工作组：来文工作组和情势工作组。

来文工作组的成员为5人，由人权理事会咨询委员会委派，每个区域小组各出一人，要注意考虑性别平衡。来文工作组的成员为独立、高水平的专家，任期3年，可连任一次。来文工作组的主席与秘书处一道根据可受理性标准对来文进行初步筛选，明显没有理由或匿名的来文将被主席筛掉。但是，主席得向来文工作组所有成员提供一个初步筛掉的来文清单，并说明拒绝的理由。没被筛掉的来文将转达相关国家以便由其对侵犯人权的来文发表意见。

来文工作组成员决定来文的可受理性，并对所指称的侵犯人权的案情进行审议，包括决定来文本身或与其他来文一道是否揭露了一种一贯严重的并有可靠证据的侵犯人权和基本自由的情势。来文工作组得向情势工作组提供所有可受理的来文，并包括对来文的意见。遇到需要进一步考虑或需要更多信息的案件时，来文工作组可以将该案件保留到下届会议继续审议，并让相关国家提供需要的信息。工作组也可以决定将案件驳回。

情势工作组由每个区域小组选派的一名人权理事会成员国代表组成。工作组组成要考虑性别平衡，成员任期1年。工作组成员以个人身份任职，如出现缺位，该缺位所属的相关区域小组得从属于同一区域小组的成员国中选派一名代表。情势工作组应在来文工作组提供的信息和意见的基础上向人权理事会提交一份关于一贯严重的并有可靠证据的侵犯人权和基本自由情势的报告，并以“决议草案”或“关于所提交情势的决定”的形式，向人权理事会提出采取行动的建议。遇到需要进一步考虑或需要更多信息的案件时，情势工作组可以将该案件保留到下届会议继续审议。工作组也可以决定将案件驳回。

(3) 工作方法与保密性。来文程序以受害者为本，并注重保密和及时。两个工作组一年得举行两次会议，每次会议持续5个工作日，以便及时审议收到的来文（包括国家的答复）以及根据来文程序已经向人权理事会提交的情势。

来文程序要求相关国家予以合作。国家得尽一切努力在提出要求后3个月内予以答复；必要时，这一最后期限可依相关国家的要求予以延长。

对于情势工作组提起其注意的一贯严重的并有可靠证据的侵犯人权和基本自由的情势，人权理事会得在需要时予以审议，但一年至少审议一次。除非人权理事会另有决定，情势的审议应秘密进行。当情势工作组建议人权理事会在公开会议上审议某一情势时，特别是当有关国家对案件确定无疑地不合作时，人权理事会得在下届会议上优先考虑该建议。

为保证来文程序能以受害者为本并有效、及时地得到处理，从将案件转达相关国家到人权理事会予以审议，原则上不得超过24个月。

(4) 来文者与相关国家的参与。来文程序得保证来文作者和相关国家应在下述关键阶段收到有关程序的通知：1) 当来文被来文工作组认为不可受理或被情势工作组予以考虑时，或者当来文被某工作组或人权理事会留作未决案件时；2) 出现最终结果时。另外，来文经来文程序注册后也应通知。如果来文者要求对其身份保密，其身份将不转达相关国家。

(5) 可采取的行动。在来文程序中，得对具体情势采取以下行动：1) 当继续考虑或采取行动无法保证时，停止对该情势的考虑；2) 继续审议该情势并要求相关国家在合理期间内提供进一步的信息；3) 继续考虑该情势，并委派一名独立、高水平的专家对该情势进行监督并向人权理事会报告；4) 停止秘密审议该情势，以便对其进行公开审议；5) 建议联合国人权高级专员办公室向相关国家提供技术合作、能力建设援助或咨询服务。

（二）条约机构的机制

1. 报告机制

各主要国际人权公约一般都规定缔约国应按公约规定的时间和程序向有关机构提交报告，说明在履行公约方面采取了什么措施、取得了什么进展以及存在什么具体困难。有关人权机构应对此类报告进行审议，并可就报告的内容发表无法律约束力的评论或提出建议。

根据《公民权利和政治权利国际公约》第40条的规定，提交和审理国家报告制度是该公约建立的监督程序中唯一的强制性的制度，即国家没有选择的余地，只要参加了《公民权利和政治权利国际公约》，就必须提交报告并接受人权事务委员会审理报告的权力。《经济、社会及文化权利国际公约》第16条要求各缔约国就促进遵守该公约所载之各种权利采取的措施及获得的进展向联合国秘书长提具报告书，再由秘书长将其副本送交经社理事会审议；第17条要求缔约国在公约生效后1年内按照商定的办法分期提出报告书，报告书得说明由于何种因素或困难以致影响公约所规定的各种义务履行之程度；第18条要求联合国各专门机关向经社理事会报告其有关工作之进展，报告书应详载有关决定和建议；第19条要求经社理事会将各国提交的报告书转交人权委员会研讨并提出一般建议，或在适当的时候参考；第20条规定各缔约国和各专门机关可以向经社理事会就上述一般建议和报告书提出批评或建议。

《消除一切形式种族歧视国际公约》第9条规定，缔约国承诺于该公约对本国开始生效后1年内及其后每2年，并凡遇委员会请求时，就其所采取之实施公约各项规定之立法、司法、行政或其他措施向联合国秘书长提出报告，供委员会审议，委员会得请缔约国递送进一步之情报；委员会应按年度将工作报告送请秘书长转送联合国大会，并得根据审查缔约国所送报告及情报之结果，拟具意见与一般建议，此项意见与一般建议应连同缔约国核具之意见，一并提送大会。

2. 国家来文及和解制度

国家来文及和解制度是缔约国通过有关国际机构监督其他缔约国履行国际人权公约义务的一项重要制度。《公民权利和政治权利国际公约》在这一方面的规定比较有代表性。

按照《公民权利和政治权利国际公约》第41条的规定，缔约国可以随时声明，承认人权事务委员会有权接受并审议一缔约国指控另一缔约国不履行该公约义务的来文。如果某一缔约国认为另一缔约国未实施该公约条款，得书面提请该缔约国注意。受请国应于收到此项来文后3个月内向递送来文的国家书面提出解释或任何其他声明，以阐明此事；其中，应在可能及适当范围内，载明有关此事的本国处理办法，以及业经采取或正在决定或可资援用的救济办法。如果在受请国收到第一件来文后的6个月内问题仍未得到关系缔约国双方满意的调整，当事国任何一方均有权通知人权事务委员会及其他一方，将事件提交人权事务委员会。对于提请处理的事件，人权事务委员会应于查明对此事件可以运用的国内救济办法悉已援用无遗后，依照公认的国际法原则处理。人权事务委员会审查来文时，应举行不公开会议。

按照《公民权利和政治权利国际公约》第42条的规定如果按照上述规定提请人权事务委员会处理的事件未能获得有关缔约国满意的解决，经有关缔约国事先同意，人权事务委员会得指派一专设和解委员会。和解委员会应在有关缔约国间进行斡旋，俾以尊重该公约为基础，和睦解决问题。和解委员会由有关缔约国接受的5名委员组成。和解委员会在详尽审议案件后，至迟应于受理该案件后12个月内，向委员会主席提出报告书，转送有关缔约国。倘若和解委员会达成和睦解决办法，其报告书应扼要说明事实及所达成的解决办法；倘若未能达成解决办法，和解委员会报告书应载有其对于有关缔约国争执事件的一切有关事实问题的结论，以及对于事件和睦解决的各种可能性意见。有关缔约国应于收到报告书后3个月内，通知委员会主席是否愿意接受和解委员会报告书的内容。

3. 个人来文机制

目前九个核心国际人权公约均有关于个人来文（individual communications）的规定。一般通过制定任择议定书或在公约中制定任择条款的方式加以规定。例如，《公民权利和政治权利国际公约任择议定书》第1条规定，人权事务委员会有权接受并审查该议定书的缔约国管辖下的个人声称为该国侵害公约所载之任何权利的受害人的来文。该议定书第2条指出，凡声称其在公约规定下的任何权利遭受侵害的个人，必须是在其国内可以运用的补救办法“悉已援用无遗”后，才能向人权事务委员会提出书面申请，要求审查。该议定书第4条要求，人权事务委员会应将根据该议定书所提出的任何来文，提请被控违反公约任何规定的该议定书缔约国注意；收到通知的国家应在6个月内向委员会提出书面解释或声明，说明原委及业已采取的救济办法。根据该议定书第5条的规定，人权事务委员会应参照申请人及关系缔约国所提出的一切书面资料，审查根据该议定书所收到的来文；如果同一事件已在或正在另一国际调查或解决程序审查之中，人权事务委员会不得审查；对于未用尽国内救济办法的申请，人权事务委员会也不予以审查；人权事务委员会应召开不公开会议审查来文，并应向关系缔约国及该个人提出其意见。又如，《消除一切形式种族歧视国际公约》第14条第1款规定：“缔约国得随时声明承认委员会有权接受并审查在其管辖下自称为该缔约国侵犯本公约所载任何权利行为受害者的个人或个人联名提出之来文。”

第五节　区域性国际人权公约

区域性国际人权公约是指由区域性国际组织通过或主持制定的有关普遍性和专门性的人权公约，如《欧洲人权公约》《美洲人权公约》《非洲人权和民族权宪章》等。

一、《欧洲人权公约》

1950年11月4日，欧洲理事会成员国外交部长在罗马签署了《欧洲保护人权与基本自由公约》(European Convention on the Protection of Human Rights and Fundamental Freedoms)，即《欧洲人权公约》；1953年9月3日，公约正式生效。

《欧洲人权公约》是第二次世界大战后出现的第一个区域性人权公约。公约的序言明确指出，签订公约的目的在于“作为具有共同思想和具有共同的政治传统、理想、自由与政治遗产的欧洲各国政府，决定采取首要步骤，以便集体施行世界人权宣言中所述的某些权利”。《欧洲人权公约》是三个区域性人权公约中缔约国数量占所属地区国家比例最大的一个，它有效地推动了欧洲人权运动的发展。公约“所建立的解决争端的程序和系统是当今区域性国际人权争端解决程序中最有效的”[①]。

《欧洲人权公约》分为5章，共66条。按照公约第1条的规定，各缔约国负有义务在其管辖范围内为每个人获得公约所规定的权利和自由。这些权利包括：生命权；禁止施以酷刑或予以残忍、不人道或侮辱的待遇或惩罚；禁止奴隶制、奴役或强迫劳动；享有自由和人身安全的权利；在民事和刑事审判中享有公正或公开审判和其他保障的权利；隐私权和家庭生活权；住所和通信、思想、良心和宗教的自由；言论自由；和平集会和结社的自由；结婚和建立家庭权。

《欧洲人权公约》签订后，缔约国又通过一系列议定书进一步补充、扩大和修改了公约的内容。增加和修改的内容涉及财产权、受教育权、禁止债务监禁、废除和平时期的死刑制度、错案赔偿制度、一般性非歧视条款以及允许个人、非政府组织和个别团体将案件提交法院、废除死刑等内容。

《欧洲人权公约》建立的保护人权机构主要是欧洲人权委员会、欧洲人权法院和欧洲部长理事会。其中，欧洲人权法院是根据公约第19条成立的常设司法机构，它由同欧洲理事会成员相等数目的法官组成，但不得有两名法官为同一国家的国民。法官由欧洲理事会的咨询大会以多数票选出，任期为9年，可以连选连任。法官以个人资格独立行使职务，并且在任职期间不得担任同法官的公正性和独立性不相符合的任何职务。1998年，《欧洲人权公约》第11项议定书生效，欧洲人权保护机构有了大的调整。新的欧洲人权法院可以直接受理个人、非政府组织或者由个人组成的团体作为侵犯人权的受害人提交的案件。法院在接到起诉后，由一个包括涉案成员国法官在内的三人委员会确定是否受理；一旦同意受理，则由包括院长和副院长、涉案国法官在内的7名法官组成的法庭进行审理。如有必要，该法庭可以要求由17位法官组成的大法庭进行审理。大法庭还可以要求成立由法院全体法官组成的合议庭审理案件。法院各法庭的判决为终审判决，成员国必须执行。欧洲委员会部长理事会负责监督判决的执行。此外，法院也可以审理缔约国之间的诉讼，并有权发表咨询意见。这样一来，欧洲人权国际保护在效

① 万鄂湘，郭克强. 国际人权法. 武汉：武汉大学出版社，1994：159.

率上有了很大提高。

《欧洲人权公约》的内容主要限于政治权利和公民权利，没有对社会成员的经济、社会和文化权利给予足够的重视。为了弥补这一缺陷，1961年10月18日，欧洲理事会成员国通过了《欧洲社会宪章》，确认了一些经济和社会权利及其实施标准。此外，欧洲理事会1987年通过了《欧洲防止酷刑公约》，1992年通过了《欧洲区域和少数语言宪章》，1994年通过了《保护少数民族框架公约》。

二、《美洲人权公约》

1948年5月，第九次泛美会议通过了《美洲人的权利与义务宣言》，该宣言并没有法律约束力。1969年11月22日，美洲国家间人权特别会议在哥斯达黎加首都圣何塞通过《美洲人权公约》（American Convention on Human Rights），又称《圣何塞公约》（Pact of SanJose），1979年7月18日，公约正式生效。

《美洲人权公约》除序言外，分11章，共82条。公约的序言指出："承认人的基本权利的来源并非由于某人是某一国家的公民，而是根据人类人格的属性。"公约规定了应予保护的公民权利和政治权利，其中包括：法律人格权；生命权；受人道待遇的权利；不受奴役的自由；个人自由权；公平审判的权利；不受有追溯力法律约束的权利；接受赔偿的权利；享受私生活的权利；良心、宗教、思想和言论自由；答辩的权利；集会的权利；结社的自由；家庭的权利；姓名权；儿童的权利；国籍权；财产权；迁移和居住的自由；参与政府的权利；平等受法律保护的权利；司法保护的权利。上述所有权利和自由都应被不加歧视地予以尊重。

为了使《美洲人权公约》的规定得到有效实施，公约对美洲国家间人权委员会和美洲国家间人权法院作出了专门规定。

美洲国家间人权委员会是在《美洲人权公约》制定之前即已存在的机构，它成立于1959年，是美洲国家组织的附属机构。美洲国家间人权委员会由美洲国家组织大会选出，应代表美洲国家组织所有成员国。委员会固定由7人组成，他们应具备崇高的道德品质并且是在人权方面公认的有资格人士。委员的任期为4年，只能连任1次。美洲国家间人权委员会的主要职责是促进尊重和保护人权。委员会有权在未经当事国提出要求或接到个人来文的情况下，主动地对受指控国进行任何违反人权事项的调查，以使争端尽早地得到公正解决。

美洲国家间人权法院由7位法官组成。法官应是美洲国家组织成员国国民，从具有最高道德权威和在人权方面公认有资格的法学家中以个人身份选举产生，但不得有两名法官为同一国家的国民。法官由《美洲人权公约》缔约国以秘密投票方式选出。法官任期6年，只能连任1次。按照《美洲人权公约》第61条的规定，只有国家和美洲国家间人权委员会有权向法院提交案件，个人没有诉讼权。《美洲人权公约》第62条规定，法院对缔约国的诉讼管辖权是任意的，取决于案件当事国是否事先通过特别声明或特别协议表示承认。此外，美洲国家间人权法院还可以对公约所涉人权问题发表咨询意见。

值得注意的是，1985年，美洲国家组织通过了《美洲预防和惩治酷刑公约》。1988年11月7日，美洲国家组织大会一致通过《美洲人权公约关于经济、社会和文化权利附加议定书》（即《圣萨尔瓦多议定书》），具体规定了有关的经济、社会和文化权利，并强调要设立制度化的机构以妥善保护这些权利。1990年，美洲国家组织大会通过《美洲人权公约关于废除死刑的议定书》，1994年通过《关于强迫人员失踪的美洲公约》和《关于预防、惩治和消除对妇女暴力的美洲公约》。

三、《非洲人权和民族权宪章》

1981年6月，非洲统一组织国家和政府首脑会议在肯尼亚首都内罗毕通过了《非洲人权和民族权宪章》(African Charter on Human and People's Rights)。1986年10月21日，宪章正式生效。它是最能全面代表发展中国家有关人权的观点和立场的区域性国际公约。

《非洲人权和民族权宪章》除序言外，分三部分，共68条。宪章在序言中重申"从非洲根除一切形式的殖民主义，协调并加强它们之间的合作与努力以改善非洲各国人民的生活，且适当地顾及《联合国宪章》和《世界人权宣言》促进国际合作的庄严誓约"。《非洲人权和民族权宪章》规定的个人权利有：平等权，生命权和人格权，尊严权，人身自由和安全权，听审权，良心、信仰和宗教的自由，接收信息权，自由结社权，集会权，自由迁徙和居留权，自由地参与管理国家权，财产权，工作权，健康权，受教育权，家庭权等。① 与此同时，宪章还用一系列条文规定了民族的权利，主要包括民族平等权，民族生存权，自决权，各民族自由处置其天然财富和资源的权利，各民族的经济、社会和文化的发展权，各民族均享有国际、国内的和平与安全的权利，各民族均有权享有一个有利于其发展的普遍良好的环境等。

《非洲人权和民族权宪章》有四大特点："首先，宪章宣布的不仅是权利，还有义务。其次，它不仅规定个人权利，还规定人民的权利。再次，除了保障公民权利和政治权利外，它还保障经济、社会和文化权利。最后，条约是以这样一种方式拟就，即在行使它所宣布的权利时，允许缔约国对此加以非常广泛的限制。"②

为了促进和保护人权，《非洲人权和民族权宪章》第30条规定设立非洲人权与民族权委员会。委员会由11人组成，他们应从具有最高声望且在人权和民族权问题上以道德高尚、诚实正直、公正无私和有能力胜任而著称的非洲人中选举产生；同时，并应考虑选举若干有法律经验的人士。委员会委员以个人资格当选任职。委员由非洲国家国家和政府首脑会议以无记名投票方式选举。委员会中不得有委员一人以上为同一国家之国民。委员任期6年，且有资格连选连任。委员会选举其主席和副主席，任期2年。主席和副主席均可以连选连任。

非洲人权与民族权委员会的职能主要包括：(1) 促进人权和民族权；(2) 保证人权和民族权在《非洲人权和民族权宪章》拟定的条件下受到保护；(3) 应缔约国、非洲统一组织的机构或者为非洲统一组织认定的非洲组织的请求，解释《非洲人权和民族权宪章》的一切条款；(4) 执行国家和政府首脑会议委托给它的任何其他任务。此外，委员会可以诉诸任何适当的调查方法。它可以接受非洲统一组织秘书长或任何其他能够给予委员会指导的人的来文。个人或国家都可以向委员会提出控诉。对于违反人权的控诉，委员会注重用友好协商的方式加以解决。

由于《非洲人权和民族权宪章》没有一个相应的人权法院，因而非洲统一组织从1994年开始筹备建立人权法院，并于1998年6月9日，最终通过了《非洲人权和民族权宪章关于建立非洲人权与民族权法院的议定书》。2004年1月25日，议定书生效，非洲人权与民族权法院随之成立。非洲人权和民族权法院由11名法官组成；除院长外，其他法官均为兼职。法官由非洲联盟成员国选举产生，任期6年。法院有审判、调解和咨询三个方面的职能。非洲人权和民族权法院的对事诉讼管辖权与其他区域人权法院有很大不同，除审理关于解释《非洲人权和民族权宪章》及其议定书的争议外，它还有权受理缔约国提交的关于任何其他人权文件的解释

---

① 伯根索尔. 国际人权法概论. 潘维煌，等译. 北京：中国社会科学出版社，1995：105.

② 伯根索尔. 国际人权法概论. 潘维煌，等译. 北京：中国社会科学出版社，1995：105.

方面的争议。法院对人的诉讼管辖是任择性的，即只有缔约国声明接受法院审理案件的管辖权，法院才能受理控诉该缔约国侵犯人权的案件。

此外，非洲还通过了《儿童权利和福利的非洲宪章》（1990年）、《非洲妇女权利议定书》（2003年）以及《非洲联盟保护和协助非洲国内流离失所者的公约》（《坎帕拉公约》，2009年）。《坎帕拉公约》是世界上第一个保护国内流离失所者的公约。

国际法案例

萨亚迪夫妻诉比利时案（人权事务委员会）

本案的申请人是一对夫妻，丈夫是出生在黎巴嫩的纳比尔·萨亚迪（Nabil Sayadi），妻子是出生在比利时的帕特丽西亚·温克（Patricia Vinck）。他们都是比利时公民。2002年9月3日，应比利时检察官的请求，根据联合国安理会1999年通过的第1267号决议、2000年通过的第1333号决议、2002年通过的第1455号决议和欧盟理事会2002年通过的第881号规章，比利时警方对这对夫妻展开刑事调查。2002年11月19日，比利时通过联合国安理会制裁委员会认定他们是一个美国非政府组织欧洲分支机构的负责人，而该非政府组织已于2002年10月22日被联合国安理会制裁委员会列入制裁黑名单。2003年1月23日，萨亚迪夫妻在没有受到任何刑事指控的情况下被列入联合国安理会制裁委员会黑名单，2003年1月27日被列入欧盟理事会规章中的黑名单，2003年1月31日又被列入比利时的黑名单。但萨亚迪夫妻并不知道他们为什么会被列入黑名单。由于比利时1985年5月11日和2000年2月7日通过的法律对如何实施国际法和欧共体法作了规定，因而在被列入黑名单后，比利时依法冻结了萨亚迪夫妻的所有资产，给他们的工作、旅行及家庭开支等带来了极大的困难。2003年，他们多次向比利时政府、欧盟和联合国提出请求，但比利时政府以履行国际法义务为理由，拒绝将他们从黑名单中删除；欧盟委员会则说他们没有权力予以删除。

2005年2月11日，萨亚迪夫妻在布鲁塞尔初审法院对比利时政府提出起诉，要求比利时政府启动将他们的姓名从联合国安理会制裁委员会黑名单中删除的程序，但遭到比利时政府的拒绝。随后，布鲁塞尔初审法院命令比利时政府立即启动将萨亚迪夫妻的姓名从黑名单中删除的程序；如不启动这种程序，每天需支付他们250欧元。2005年2月25日，比利时根据法院的命令请求联合国安理会制裁委员会将萨亚迪夫妻的姓名从黑名单中删除。但直到萨亚迪夫妻向人权事务委员会提出申请时，联合国安理会制裁委员会仍未采取行动。布鲁塞尔初审法院确认萨亚迪夫妻无罪，并在经过三年多的调查后宣布撤销该案。比利时政府没有对法院的决定提起上诉，法院的决定生效。

2006年3月14日，萨亚迪夫妻向人权事务委员会针对比利时政府提起了个人来文申请，认为比利时违反了《公民权利和政治权利国际公约》第2条第3款（有效的救济权），第14条第1款（公正审判权）、第2款（无罪推定权）和第3款（迅速告知嫌疑人指控的性质和原因），第12条（迁徙自由权），第15条（罪刑法定），第17条（隐私权），第18条（思想、良心和宗教自由），第22条（结社自由），第26条（在法律面前平等权和受保护权）和第27条（少数者权利）。比利时辩称，它这么做是在落实联合国安理会的决议，该决议要求所有国家与制裁委员会进行充分合作，包括向制裁委员会提供必要的信息。比利时指出，萨亚迪夫妻是美国一个非政府组织欧洲分支机构的负责人，该非政府组织因为资助基地组织已被安理会制裁委员会列入黑名单，比利时把他们报告给制裁委员会并将其列入黑名单只是落实安理会的相关决议，而且这种措施在性质上不是刑事司法的强制措施，只是临时的行政措施。另外，在这个问题上也不存在违反得到有效救济权的行为，因为这对夫妻向比利时法院提出起诉，并且法院已判决他们胜诉。

2007 年 3 月 3 日，人权事务委员会对申请者来文是否具有可受理性进行了审理。针对比利时政府提出的依据《〈公民权利和政治权利国际公约〉第一任择议定书》第 1 条的规定，人权事务委员会无权受理那些需要审查联合国安理会决议合法性的申请，人权事务委员会认为，它有权受理这种申请，只要它与侵犯《公民权利和政治权利国际公约》中规定的人权有关，至于有关行为是否来自联合国安理会并不重要。对于比利时提出的申请人的申请已经在联合国安理会制裁委员会审查，因而人权事务委员会无权对“相同的申请”再进行审查的观点，人权事务委员会指出，“相同的申请”是指由相同的主体就相同的主张提出的申请。在本案中，安理会制裁委员会正在审查的是比利时政府提出的申请，而人权事务委员会需要审查的是这对夫妻提出的申请，因此不构成“相同的申请”。人权事务委员会最后认为，申请人提出的涉及第 2 条第 3 款，第 12 条，第 14 条第 1 款、第 2 款和第 3 款，第 15 条和第 17 条的申请与本案有关，具有可受理性；第 18 条、第 22 条、第 26 条和第 27 条的申请与本案案情没有明显关联，不具有可受理性。

2008 年 10 月 22 日，人权事务委员会对本案发表了意见。对于公约第 12 条规定的迁徙自由权是否受到侵犯的问题，委员会认为，萨亚迪夫妻被列入制裁的黑名单，显然会对他们的迁徙自由构成限制，使他们无法在其他国家寻找工作。尽管第 12 条允许对迁徙自由进行限制，而且制裁委员会把他们列入黑名单就是一种限制，但限制必须符合必要性原则，必须从保护国家安全和公共秩序来看是必要的。然而，从本案的案情可见，比利时在将萨亚迪夫妻的姓名提交制裁委员会时并不符合必要性原则，比利时的行为是草率的；此外，美国该非政府组织的任何其他分支机构负责人的姓名并没有被任何其他国家提交给安理会制裁委员会。因此，人权事务委员会认为，比利时违反了《公民权利和政治权利国际公约》第 12 条。不过，比利时没有违反公约第 2 条第 3 款规定的有效救济权，也没有违反公约第 14 条第 1 款规定的公正审判权。

关于申请人在《公民权利和政治权利国际公约》第 14 条第 3 款中的被迅速告知指控的性质和原因的权利是否遭到侵犯的问题，人权事务委员会指出，判断这一权利是否遭到侵犯需要进行个案分析。在本案中，虽然申请人从被指控到最后撤销案件历时 3 年之久，但是由于本案案情复杂、案卷众多，因而比利时没有侵犯这对夫妻根据公约第 14 条第 3 款享有的迅速告知指控的性质和原因的权利。关于公约第 14 条第 2 款和第 15 条是否被违反的问题，委员会认为，尽管安理会制裁委员会把一个人列入黑名单的后果十分严重，尤其是会使该人的资产被冻结，但这种措施不是一种刑事性质的措施，所以与第 14 条第 2 款和第 15 条的规定的适用于刑事诉讼的措施无关，比利时没有违反公约第 14 条第 2 款和第 15 条。

至于《公民权利和政治权利国际公约》第 17 条规定的隐私权是否遭到侵犯的问题，人权事务委员会指出，由于比利时在没有得到本国调查机关调查结论的情况下草率地将申请人夫妻的姓名报告给安理会制裁委员会，导致他们的姓名出现在制裁委员会的黑名单中，而且这些黑名单是公开的，任何人都可以在网上找到。另外，他们的姓名被公布在欧盟和比利时国内的法律文件中对他们的名誉和私人生活、隐私等造成极大的干扰，因此，委员会认为，比利时应当为萨亚迪夫妻在《公民权利和政治权利国际公约》第 17 条下的隐私权遭到侵犯负责。最后，委员会认为，虽然比利时没有能力将萨亚迪夫妻的姓名从安理会制裁委员会黑名单中删除，但比利时有义务采取一切办法尽快把他们的姓名从所有黑名单中删除，向他们进行赔偿，将政府为请求安理会制裁委员会把萨亚迪夫妻的姓名从黑名单中删除所做的努力告知公众，并保证将来不再发生类似的侵犯行为。

简答题

简要回答下列问题：

1. 第二次世界大战之前有什么保护个人权利的国际法制度？
2. 《联合国宪章》中的人权条款有什么效力？
3. “国际人权宪章”主要规定了哪些方面的人权？
4. 国际人权保护的专门领域主要涉及哪些方面？
5. 什么是“宪章机构”？什么是“条约机构”？
6. 联合国人权理事会和联合国人权委员会有什么区别？
7. 《公民权利和政治权利国际公约》规定的国家来文及和解制度的内容是什么？
8. 《公民权利和政治权利国际公约》规定的个人来文制度的内容是什么？

第九章

国际环境法

提 要

国际环境法是现代国际法一个新的分支，具有国际法其他组成部分所不具有的特点，如跨学科性和交叉性、科学技术性和公益性等。国际环境法中不仅有具体的规则和规章制度，还有适用于国际环境法所有领域的基本原则，如国家资源开发的主权权利和不损害国外环境原则、可持续发展原则、共同但有区别的责任原则、风险预防原则和国际合作原则等。国际环境法具有与国际法其他领域相同的渊源，但各种渊源形式的地位和作用与在其他领域中不同，如很多重要国际组织或国际会议的宣言或决议构成了国际环境“软法”，在国际环境法体系中发挥着重要作用。按照保护区域或对象的不同，国际环境法被分为不同的部分，在每个部分中都形成或正在形成自己的规章制度体系，包括大气和气候、淡水资源、海洋环境、土地、森林、湿地、南极和北极地区、生物多样性、自然与文化遗产、危险物质和危险活动的管制、废物处置的管制以及关于跨界损害责任的制度等。

重点问题

1. 国际环境法的渊源
2. 国际环境法的基本原则
3. 大气和气候保护的国际法制度
4. 生物多样性保护的国际法制度
5. 危险废物转移的国际法制度
6. 跨界损害的国际责任

第一节 概 述

一、国际环境法的定义与渊源

（一）国际环境法的定义和特征

国际环境法是主要调整国家在利用、保护和改善环境过程中的权利义务关系的具有法律拘束力的原则、规则和规章制度的总体。它是现代国际法新的分支，同国际法的其他部门法相比，具有以下几个特征。

1. 法律理念的生态性和调整范围的全球性

传统国际法的价值理念主要以国家利益为本位，但由于环境问题的国际性和全球性特点，国际环境法的价值理念必须跳出传统的国家利益本位观，突出以生态利益为中心。国际环境法不仅要保护各国的环境主权权益，而且要保护整个地球的生物圈和世代人类的共同利益，谋求人类社会和经济的可持续发展，因此，在调整范围上，国际环境法有时会超越或突破国家边界的范围，将保护对象逐步扩大到地球生态系统和全人类共同环境利益的各个方面。

2. 基本原则的特殊性

国际环境法作为国际法的一部分，不得违反国际法的基本原则。但是，由于国际环境法的特殊性，在其发展过程中，也逐渐形成了自己的基本原则，如国家资源开发的主权权利和不损害国外环境原则、可持续发展原则、共同但有区别的责任原则、风险预防原则和国际合作原则等。它们已经成为适用于国际环境法一切领域和范围的原则。而在国际法的其他部门中，一般少有自己独特的基本原则。

3. 法律规范的技术性

国际环境的急速恶化是由于人类对资源的过度消耗造成的，要想实现保护和改善人类生存环境这一根本目的，必须在尊重环境科学的基础上，运用现代科学技术知识和自然科学原理，把有关科学技术指标以法律条文的形式明确规定下来，细化和量化具体的标准和数据。因此，国际环境法在具体内容上广泛运用了技术性规范，存在着大量具体的技术标准和数量指标。

4. 学科的交叉性和综合性

国际环境法不仅与其他学科有着密切的关系，而且处于多学科的交汇点上。它既和国际法的一些分支相交叉，也和国内法的分支相交叉，还融汇了多种学科知识，同时对多种学科产生了影响，具有比较显著的交叉性和综合性特征。

在法学体系内部，国际环境法与国际法中的海洋法、空间法、世界贸易组织法、战争法等都有着相互交叉、相互渗透的密切关系。同时，国际环境法与其他法学部门也存在互相影响、互相促进的关系。特别是它与国内法中的环境法的关系，一方面体现了国际法和国内法之间的关系，另一方面也体现了由国家的经济、社会、文化发展水平所决定的国家应承担的国际环境保护义务与国家利益之间的关系。

在法学体系之外，国际环境法与生态学、环境科学、化学、信息技术、经济学、伦理学、政治学和国际关系学等学科都有着非常密切的联系。正因为如此，国际环境法成为当代法学中学术思想最为活跃的学科之一，在近几十年里，不断涌现出对当代各国政治、经济和文化发生了深刻影响的新思想、新概念，如人与自然和谐共生、可持续发展、代际公平、风险预防、共同但有区别的责任等。为了解决不断出现的新问题，国际环境法中的新规则被不断地制定出来并逐步得到实施。

（二）国际环境法的渊源

国际环境法的渊源是指国际环境法赖以产生的方式和程序，是国际环境法的具体表现形式。就是说，国际环境法的原则、规制和规章制度是从哪里和怎样产生的？其当下的表现形式是什么？国际环境法的渊源和国际法的一样，以国际条约和国际习惯为主要渊源，以一般法律原则为次要渊源，以国际环境法学家的学说、司法判例以及国际组织的决议等为国际环境法渊源的补助资料。

1. 国际条约

国际条约作为国际环境法的主要渊源，既包括专门关于环境问题的双边条约、区域性条约和全球性条约，也包括有关环境问题的相关条约中的条款。前者如 1992 年《联合国气候变化公约》，后者如1982年《联合国海洋法公约》。在过去几十年里，环境条约的数量急剧增加，已经涵盖了大气、水、土壤、海洋、生物资源、极地、世界文化和自然遗产、有害废弃物处理以及有毒化学品和放射性污染等许多领域。由国际环境法的性质和特点所决定，国际环境法方面的条约较多地采用“框架公约＋议定书＋附件”的形式，即条约只对有关环境保护的目标原则以及相关程序作出规定，具体的权利、义务等事项留待缔约国事后通过议定书或附件等形式进行规定。例如，在国际合作保护臭氧层方面，1985年制定了《保护臭氧层维也纳公约》，之后1987年签署了《关于消耗臭氧层物质的蒙特利尔议定书》及其附件以及后来的几个议定书。这种“框架”公约的优点是有利于各缔约国就重大原则问题达成一致。

2. 国际习惯

国际习惯也是国际环境法的主要渊源之一。但由于国际环境法属于一个新兴的国际法领域，因而国际环境法中的国际习惯并不多。不过，国际环境法中的一些原则已经通过国际社会和国家的实践以及法律确信而成为国际习惯法，如各国有按照自己的环境政策开发自己资源的主权、各国有义务不损害其他国家或国家管辖范围以外的环境、风险预防、污染者付费以及环境保护中的国际合作等。它们不仅是国际环境保护中的习惯国际法，其中的大部分还成为国际环境法的基本原则。

3. 一般法律原则

一般法律原则是指文明各国所承认的法律原则。关于国际环境法领域中存在哪些一般法律原则，有学者认为应当包括善意原则、人道原则等。[①] 在国际环境法的司法实践中，一般法律原则发挥了重要作用。例如，善意原则和禁止权利滥用原则成为国际法院或仲裁法庭对案件的裁判依据。

4. 补助资料和国际环境“软法”

虽然司法判例和国际法学家的学说不是国际环境法的渊源，但它们对国际环境法的形成和发展具有重要的辅助和证明作用。“特雷尔冶炼厂仲裁案”“拉努湖仲裁案”“核试验案”“盖巴斯克夫—拉基玛洛大坝案”等案件的裁判都孕育着国际环境法的原则，并成为催生国际环境条约规则或习惯规则的重要力量。

国际环境“软法”是指国际组织或国际会议作出的关于国际环境问题的重要决议文件，其表现形式主要有：(1) 国际组织有关环境保护的方针、建议和决议，如经济合作与发展组织就资源、废物、跨界污染、海岸管理等制定的指导性文件。(2) 有关全球环境保护的原则宣言，如1972年斯德哥尔摩《人类环境宣言》、1992年里约《环境与发展宣言》等。(3) 有关环境保护的行动计划，如1972年斯德哥尔摩《人类环境行动计划》等。[②] 尽管这些文件本身不具有法律拘束力，但它们确实影响和推动了国际环境法的发展，具有很强的政治和道义影响力，为一些重要国际条约的制定和国际习惯的形成创造了有利的条件。

二、国际环境法的历史发展

(一) 国际环境法的形成及初步发展

在1972年联合国人类环境会议之前，国际环境法的发展处于萌芽时期。在这个时期，国际社会出现了一些关于捕鱼、保护益鸟、保护野生动物、防止国际河流污染、防止海洋污染等方面的环境条约。这一时期有影响的判例包括1937年常设国际法院的“默兹河改道案”、1938

① 林灿铃. 国际环境法. 北京：人民出版社，2011：133.

② 邵津. 国际法. 北京：北京大学出版社，2000：201-202.

年至1941年的“特雷尔冶炼厂仲裁案”和1957年的“拉努湖仲裁案”。

20世纪60年代以后，大气、海洋等方面的污染问题日趋严重，人类深切感受到在环境保护领域加强国际合作的必要性。根据1968年12月3日联合国大会决议，联合国人类环境会议于1972年6月5日至16日在瑞典斯德哥尔摩举行，来自113个国家和一些国际组织的代表及新闻记者共6 000多人出席了会议。会议通过了《人类环境宣言》和《人类环境行动计划》以及负责实施的联合国制度和财政问题的建议。斯德哥尔摩会议是国际环境法发展历史上的第一个里程碑，它标志着国际环境法开始形成。

《人类环境宣言》分前言和正文两部分。前言主要叙述了人类与环境的关系：人类与环境有着互相影响和互相依存的密切关系……人类已经到了必须对环境采取明智决策的紧要关头；各国政府和人民为全体人民和子孙后代的利益，应当为此作出共同努力。《人类环境行动计划》为各国决策者采取国家一级或地区一级的环境行动、建立科学的环境管理制度规定了一些必要步骤，并提供了可借鉴的科学依据。《人类环境行动计划》的内容后来在一些重要的国际条约中得到细化，如1982年《联合国海洋法公约》关于海洋环境保护和保全方面的规定。

在1972年斯德哥尔摩人类环境会议的推动下，国际环境法在其后的20年里迅速发展，国际社会在海洋和南极环境保护、文化和自然遗产保护、危险废物的越境转移以及保护大气和气候方面缔结了大量条约。与此同时，司法判例也有进一步的发展，如1974年国际法院“渔业管辖权案”和“核试验案”、1982年关税与贸易总协定争端解决小组审理的“加拿大金枪鱼案”、1990年泰国“香烟案”和1991年墨西哥“金枪鱼案”等。

这一时期重要的“软法”文件有1974年《各国经济权利和义务宪章》、1980年《世界自然资源保护大纲》、1981年《关于发展和定期审查环境法的方案》、1982年《世界自然宪章》、1987年《我们共同的未来》报告，即《布伦特兰报告》等。[①]

（二）国际环境法的不断发展和完善时期

1992年6月3日至14日，联合国环境与发展大会在巴西里约热内卢举行。会议通过了《环境与发展宣言》和《21世纪议程》两个纲领性文件以及《关于森林问题的原则声明》，签署了《联合国气候变化框架公约》和《生物多样性公约》。在这次大会上，可持续发展已经成为世界各国的共识，并具体体现在这次会议发表的有关文件中。联合国环境与发展大会是国际环境法发展历史上的第二个里程碑。

在这个时期，国际环境条约继续向深度和广度发展。从深度看，一些“框架”条约开始有了落实其原则所要求的、含有具体内容的议定书，如关于1992年《联合国气候变化框架公约》的1997年《京都议定书》。从广度看，国际环境条约的覆盖面继续扩大，更多的环境问题被纳入环境条约调整的范围。

这个时期的国际环境法的“软法”文件涉及很多主题并具有不同的作用，如2002年《生物多样性公约》第六次缔约方大会通过的《关于获取遗传资源并公正和公平分享通过其利用所产生惠益的波恩准则》、联合国环境规划署理事会1993年制定的《蒙得维的亚方案二期》和2000年制定的《关于制订和定期审查环境法21世纪第一个十年方案》等。

---

① 在1972年联合国人类与环境会议上，成立了世界环境与发展委员会，对世界面临的问题及应采取的战略进行研究。1987年，世界环境与发展委员会发表了影响全球的题为“我们共同的未来”的报告，它分为“共同的问题”、“共同的挑战”和“共同的努力”三大部分。该报告在集中分析了全球人口、粮食、物种和遗传资源、能源、工业和人类居住等方面的情况，并系统探讨了人类面临的一系列重大经济、社会和环境问题之后，鲜明地提出了以下三个观点：环境危机、能源危机和发展危机不能分割；地球的资源和能源远不能满足人类发展的需要；必须为当代人和下代人的利益改变发展模式。

在司法实践方面，有1993年菲律宾最高法院审理的“奥波萨诉法克图兰案”、1996年世界贸易组织美国“精炼与常规汽油案”和1997年国际法院“盖巴斯克夫—拉基玛洛大坝案”。此外，国际法院于1996年发表的“关于威胁或使用核武器的合法性”的咨询意见也是这一时期很有影响的事件。

1992年以后，联合国环境与发展大会的举行及其通过的一系列重要文件有力地推动了国际环境法的不断发展和完善，形成了大气、气候、海洋、极地、动植物、生物多样性等领域的较为系统的制度。但是，迄今为止，国际环境法的发展尚未达到基本满足国际社会可持续发展要求的水平，国际环境法仍然相当薄弱。为战胜环境问题的挑战和进入可持续发展的良性循环，国际社会仍需付出极大努力。

第二节　国际环境法的基本原则

国际环境法作为国际法的组成部分，当然要遵循国际法的基本原则。但是，由于国际环境法的内在性质和特征，在国际环境法的发展过程中逐渐形成了其特有的基本原则。这些体现国际环境法特点的原则已经得到了各国的广泛接受，在国际环境法领域具有普遍的指导意义，构成了国际环境法的基础。

一、环境资源主权原则

环境资源主权原则是指各国有按照本国的环境与发展政策开发本国的自然资源的权利以及不损害国外环境权益的义务，是国家主权原则在国际环境法领域的具体体现。环境资源主权原则包含两方面的内容：一是各国拥有按照本国的环境与发展政策开发本国自然资源的主权权利，即国家享有资源开发的主权权利，这项权利来源于国家对其管辖范围内的自然资源的永久主权；二是国家负有确保在其管辖范围内或在其控制下的活动不损害其他国家或国家管辖范围以外地区的环境权益的义务，即国家不损害国外环境的义务，该项义务既是对他国环境资源主权以及国际公域环境权益的尊重，反过来也可以保证本国的环境资源不被侵犯。如果一国因行使环境主权权利而对他国造成损害，则应承担相应的赔偿责任。

环境资源主权原则已成为一项国际习惯法规则。第一，一些司法实践明确国家在利用本国的环境资源时不得给其他国家造成损害，如1941年“特雷尔冶炼厂仲裁案”的裁决认定加拿大应当对给美国华盛顿州环境及相关权益造成的损害承担赔偿责任，1957年“拉努湖仲裁案”的裁决认为作为上游国家的法国在利用河水的过程中，不能给下游国家西班牙带来损害。第二，许多重要的国际文件非常清晰地提出和确认该项原则。如1972年《人类环境宣言》原则21指出：“按照《联合国宪章》和国际法原则，各国有按照其环境政策开发其资源的主权，同时亦负有责任，确保在它管辖或控制范围内的活动，不致对其他国家的环境或其本国管辖范围以外地区的环境引起损害。”第三，该原则也得到了许多国际条约的确认，如1982年《联合国海洋法公约》、1991年《关于环境保护的南极条约议定书》、1992年《生物多样性公约》《联合国气候变化框架公约》等，都对此作出了明确的规定。例如，1982年《联合国海洋法公约》第194条要求各国“采取一切必要措施，确保在其管辖或控制下实施的活动不致使其他国家及其环境遭受污染的损害，并确保在其管辖或控制范围内事件或活动所造成的污染不致扩大到其按照本公约行使主权权利的区域之外。”

二、可持续发展原则

可持续发展是指既能满足当代人需要又不危害满足后代人需要的环境能力的发展。它包括“需要”与“限制”两个方面。“需要”不仅指“当代人的需要”，也包括“后代人的需要”。当然，当代人的需要，尤其是世界贫困人民的基本需要，应放在优先地位。“限制”是指技术状况和社会组织对环境满足眼前和将来需要的能力限制以及生物圈承受人类活动影响能力的制约，人类在满足当代人需要而进行生产和生活的发展过程中，不能过分地耗损有限的环境资源，不能以耗损其他国家或全球公域的当代环境作为代价，也不能透支后代人的环境资源。

关于可持续发展原则的内涵，英国学者菲利普·桑兹提出，可持续发展原则包含代际公平、代内公平、可持续利用和环境与发展一体化的“四要素”说。该学说从总体上反映了可持续发展原则的主要内容，但对“四要素”的具体理解和解释，各国由于其社会经济结构和国家环境与发展政策等方面的差异会有所不同。根据国际环境法的发展以及该原则在国际环境法中的体现来看，可持续发展原则的主要内容应包括以下几个方面：第一，可持续发展的目标是发展，发展是为了满足增进人类福利、改善人类生活质量的需要。这种需要首先应是当代人的基本需要，同时应当顾及后代人的需要。第二，为了顾及后代人的需要，必须对当代人类利用环境的行为进行限制，以便维持生态系统的完整性，不至于因为当代人类的发展而危害满足后代人类发展所需要的物质基础。第三，应当把经济发展与生态的可持续性有机地结合起来，对环境、资源与能源的开发和利用，应当以效益最大化和废弃物最小化为前提，人类的发展和生活品质的改善，必须控制在地球生态系统的承载能力之内。①

1987 年《我们共同的未来》报告中首次提出可持续发展的概念。可持续发展原则作为国际环境法的基本原则，得到了各种国际文件和司法实践的支持。1992 年《环境与发展宣言》对可持续发展作了进一步的阐述：“人类应享有与自然和谐的方式过健康而富有成果的生活的权利……公平地满足今世后代在发展和环境方面的需要。”1992 年《生物多样性公约》和《联合国气候变化框架公约》中都规定，为了世代人类的利益，应当可持续地利用自然资源，促进经济社会的可持续发展。1997 年国际法院在对“盖巴斯克夫—拉基玛洛大坝案”的判决中确认和应用了可持续发展的概念和原则。

三、预防原则

预防原则包含风险预防和损害预防两个方面。

风险预防是指为了保护环境，各国应按照本国的能力，广泛适用预防措施；遇有严重或不可逆转的损害威胁时，不得以缺乏科学的充分确实证据为理由，延迟采取符合成本效益的防止环境恶化的措施。风险预防是针对环境恶化结果发生的滞后性和不可逆转性的特点而提出的，强调不以科学上的不确定性作为不行动或延迟行动的理由。这一项原则要求在环境问题尚未严重到不可逆转的程度之前采取行动加以预防，以免由于等待科学确定性而失去制止和扭转环境恶化趋势的机会。1992 年《联合国气候变化框架公约》第 3 条第 3 项规定：“各缔约方应当采取预防措施，预测、防止或尽量减少引起气候变化的原因，并缓解其不利影响。当存在造成严重或不可逆转的损害的威胁时，不应当以科学上没有完全的确定性为理由推迟采取这类措施，同时考虑到应付气候变化的政策和措施应当讲求成本效益，确保以尽可能最低的费用获得全球

① 邵津. 国际法. 北京：北京大学出版社，2000：208.

效益。”1985 年《保护臭氧层维也纳公约》第 2 条第 2 款、1992 年《生物多样性公约》中的相关条款都表述了这一原则。[①]

损害预防是指国家应尽早地在环境损害发生之前采取措施以制止、限制或控制在其管辖范围内或控制下的可能引起环境损害的活动或行为，它是国家资源开发的主权权利和不损害国外环境原则的延伸。1982 年《联合国海洋法公约》第 194 条要求各国采取一切必要措施，确保在其管辖或控制下的活动的进行不致使其他国家及其环境遭受污染的损害，并确保在其管辖或控制范围内的事件或活动所造成的污染不致扩大到其按照本公约行使主权权利的区域之外。

四、共同但有区别的责任原则

共同但有区别的责任原则是指由于地球生态系统的整体性和在导致全球环境退化过程中发达国家和发展中国家的不同作用，各国对保护全球环境应负共同但有区别的责任。共同的责任是指由于地球生态系统的整体性，所有国家对保护全球环境都负有责任；有区别的责任是指所有国家在负有共同责任的前提下，在各国之间，主要是在发展中国家和发达国家之间，不是平均分担责任，而是根据各该国在历史上和当前对地球环境造成的破坏与压力，按比例分担保护全球环境的责任。这是因为发展中国家与发达国家之间在对全球环境所施加的压力以及对全球自然资源的消耗方面存在实际差别。共同但有区别的责任原则不仅体现了污染者付费原则，也体现了公平原则。

共同但有区别的责任原则在 1992 年联合国环境与发展大会上得到确立。[②] 1992 年《环境与发展宣言》《生物多样性公约》《联合国气候变化框架公约》以及 1997 年《京都议定书》等国际环境法律文件中对此均有表述和规定。例如，在 1997 年《京都议定书》中，发达国家承担了有确定目标和比例的减少温室气体排放量的具体义务，发展中国家仅承担一般性义务。

五、国际合作原则

国际合作本是国家的一般义务。在国际环境法中，国际合作原则要求所有国家都应在公平原则的基础上，诚实履行义务，互通情报、互相监督、互相配合、互相合作。国际合作是国际环境法制定和实施的必要条件，只有通过合作各国才能克服利益冲突，制定出体现各国之间协调意志的国际环境法原则、规则和规章制度。在国际环境法的实施过程中，只有通过合作才能使国际环境法的目标得以实现，使全球环境得到切实的保护。国际合作也表现在国际环境法的一些具体制度和措施之中，如信息共享、参与决策、环境评估、环境标准的越境强制执行等。

1972 年人类环境会议以来，关于环境保护的各种宣言、决议和条约中都反复强调了国际

---

① 一些学者撰文对此原则作了专门论述。朱建庚. 风险预防原则和海洋环境保护. 北京：人民法院出版社，2006.

② 1991 年 6 月 19 日，发展中国家环境与发展部长级会议通过的《北京宣言》明确阐述了发达国家和发展中国家承担区别责任的理由及其对保护全球环境的必要性。“发达国家对全球环境退化负有主要责任”，因为“工业革命以来，发达国家以不能持久的生产和消耗方式过度消耗世界的自然资源，对全球环境造成损害，发展中国家受害更为严重”。“鉴于发达国家对环境恶化负有主要责任，并考虑到它们拥有较雄厚的资金和技术能力，它们必须率先采取行动保护全球环境，并帮助发展中国家解决其面临的问题。”因此，发达国家“应以优惠或非商业性条件向发展中国家转让环境无害技术”。另外，早在 1971 年《关于特别是作为水禽生境的国际重要湿地公约》、1972 年《人类环境宣言》和 1982 年《联合国海洋法公约》中就有对该原则的表述。

合作的重要性。1972年斯德哥尔摩《人类环境宣言》[①]、1985年《保护臭氧层维也纳公约》[②]、1992年《环境与发展宣言》[③]《生物多样性公约》[④] 以及《联合国气候变化框架公约》[⑤] 都有对国际合作原则的明确表述。

目前，国际环境合作在控制臭氧层耗损和气候变化、海洋资源保护、生物多样性保护、森林保护等全球环境问题方面取得了重大进展。虽然发达国家和发展中国家存在着明显的经济差别，但为了解决全球环境问题，发达国家和发展中国家必须通过平等对话、共同协商，建立公平的全球合作伙伴关系。发达国家向发展中国家在环境保护方面提供的财政和技术援助不只是一种帮助，而是环境保护国际合作的重要内容，更是应当履行的义务，体现了国际法中的公平原则。

第三节　跨界损害的法律责任

一、跨界损害的概念

（一）跨界损害的定义

根据1996年国际法委员会向联合国大会提交的《关于国际法不加禁止行为引起的损害性后果的国际责任的条文草案》，跨界损害（transboundary damage）是指“在起源国以外的一国领土内或其管辖或控制下的其他地方造成的损害，不论有关各国是否有共同的边界”[⑥]。2006年国际法委员会通过的《关于危险活动造成的跨界损害案件中损失分担的原则草案》第2条指出：“‘跨界损害’是指在起源国以外的另一国领土上或在该国管辖或控制下的其他地方所造成的人身、财产或环境损害。”不过，虽然国际法委员会对跨界损害的定义比较具体和明确，但该定义并未包括国家领域外的公海、国际海底区域、南极地区和外层空间等公域环境。

（二）跨界损害的特征

根据国际立法和司法实践，跨界损害应符合以下特征。

1. 损害必须是人类行为所导致的可计量的和有形的结果。由自然因素所造成的灾难，如海啸、地震等不属于人类活动，即使起源于一国并给其他国家造成损害，也不引起赔偿责任。

2. 损害必须达到“重大”的程度。如果只是造成轻微或间接的损害，则被认为是可以容忍

---

① 1972年斯德哥尔摩《人类环境宣言》原则24规定：“有关保护和改善环境的国际问题应当由所有国家，不论其大小，在平等的基础上本着合作精神来加以处理，必须通过多边或双边的安排或其他合适途径的合作，在正当地考虑所有国家的主权和利益的情况下，防止、消灭或减少和有效地控制各方面的行动所造成的对环境的有害影响。”

② 1985年《保护臭氧层维也纳公约》前言指出：“意识到保护臭氧层使不会因人类活动而发生变化的措施需要国际合作和行动，并应依据有关的科学和技术考虑。”

③ 1992年《环境与发展宣言》原则7规定：“各国应本着全球伙伴关系的精神进行合作，以维持、保护和恢复地球生态系统的健康和完整。鉴于造成全球环境退化的原因不同，各国负有程度不同的共同责任。发达国家承认，鉴于其社会对全球环境造成的压力和它们掌握的技术和资金，它们在国际寻求持续发展的进程中承担着责任。”

④ 1992年《生物多样性公约》前言部分规定：“强调为了生物多样性的保护及其组成部分的持续利用，促进国家、政府间组织和非政府部门之间的国际、区域和全球性合作的重要性和必要性。”

⑤ 1992年《联合国气候变化框架公约》前言部分规定：“承认气候变化的全球性，要求所有国家根据其共同但有区别的责任和各自的能力及其社会和经济条件，尽可能开展最广泛的合作，并参与有效和适当的国际应对行动。”

⑥ 2004年国际法委员会第五十六届会议通过的《国际法不加禁止行为引起的损害性后果的国际责任（未能预防危险活动引起跨界损害）》仍然沿用此概念，参见该文件第2条（c）款。

的，不引起损害赔偿责任。损害的程度只有达到“重大”，才涉及行为者的跨界损害责任问题。

3. 行为的后果须具有明显的跨界性。即损害必须是在起源国以外的一国领土内或其管辖或控制下的其他地方造成损害，或者对公域环境造成损害。如果在造成跨界损害的同时也给在起源国的人、财产或环境造成了损害，一般适用起源国的国内法，而不是按照国际法要求行为者承担国际赔偿责任。

二、跨界损害责任制度的基本内容

跨界损害责任属于国际法不禁止行为责任的范畴，其主要内容如下。

1. 责任主体

跨界损害责任的义务主体是致害活动的组织者或经营者、受益者和起源国，具体由相关国际条约予以确定。起源国是指在其领土上或在其管辖或控制下进行危险活动的国家。跨界损害责任的权利主体是非起源国、其国民或国际组织，不包括起源国或起源国国民。因为跨界损害责任是国际法上的责任，国家不需对本国或本国人承担国际责任。

2. 赔偿原则

（1）严格责任原则。即在跨界损害案件中，不论起源国是否有过失，只要对他国或其国民或国际组织造成损害，义务主体就要承担损害赔偿责任。例如，1972 年《外空责任公约》规定，空间物体对地球表面或飞行中的飞机造成损害时，无论损害是由一个空间物体造成的，还是由一个发射国的空间物体对另一个发射国的空间物体的损害所引起并由此而对第三国造成的，发射国均负严格责任。但实践中，由起源国直接承担首位赔偿责任的情形并不多，一般都规定由“经营者”承担首位赔偿责任。2006 年国际法委员会《关于危险活动造成的跨界损害案件中损失分担的原则草案》原则 4 规定：“各国应当采取一切必要措施，确保……受害者获得及时和充分的赔偿。这些措施应当包括要求经营者或酌情要求其他人或实体承担赔偿责任。这种赔偿责任不应当要求证明过失……”

不过，跨界损害中的严格责任也不是绝对的，即严格责任在某些条件下可以被免除。如果赔偿义务人能够证明受害方的损害全部或部分是因为求偿国或其代表的自然人或法人的重大疏忽或因其采取行为或不行为蓄意造成的，或者是由于不可抗力引起的，则起源国对损害的绝对责任应依证明的程度予以免除。例如，1999 年《危险废物越境转移及其处置所造成损害的责任和赔偿问题议定书》第 4 条第 5 款规定：“如果本条第 1 款和第 2 款中所述之人证明损害系由以下原因之一所致，则该人便不应对之负任何赔偿责任：(a) 武装冲突、敌对、内战或叛乱行为；(b) 属罕见、不可避免、不可预见和无法抵御性质的自然现象；(c) 完全系因遵守损害发生所在国的国家公共当局的强制性措施；或 (d) 完全系因第三者的蓄意不当行为，包括遭受损害者的不当行为。”

（2）过失责任原则。即在某些跨界损害案件中，起源国只对因其本身的过失或活动的责任者或操控者的过失所引起的跨界损害承担责任。如果只有造成损害的客观事实，而没有行为者的主观过失，则不负赔偿责任。例如，在外空活动责任制度中，过失责任原则适用于在地球表面以外空间物体相互间造成的损害。1999 年《危险废物越境转移及其处置所造成损害的责任和赔偿问题议定书》第 5 条“过失赔偿责任”中规定：在不损害第 4 条的情况下，任何因其未能遵守公约的有关规定或因其有意、疏忽或轻率的不当行为或不作为而造成或促成损害者，应对此种损害负赔偿责任。

3. 赔偿范围

根据 2006 年国际法委员会《关于危险活动造成的跨界损害案件中损失分担的原则草案》

第 2 条以及有关跨界损害的国际条约、条款的规定，赔偿范围应包括在起源国以外的另一国领土上或在该国管辖或控制下的其他地方所造成的人身、财产或环境损害，具体包括：（1）人员死亡或人身伤害；（2）财产的损失或损害，包括构成文化遗产部分的财产；（3）环境受损而引起的损失或损害；（4）恢复财产或环境，包括自然资源的合理措施的费用；（5）合理反应措施的费用。这里的“环境”包括非生物性和生物性自然资源。

4. 求偿途径

（1）适用起源国的国内程序。即受害国或受害人直接向起源国法院、行政法庭或其他有关机关提出赔偿要求。当应负赔偿责任的起源国为两个或两个以上时，受害国或受害人只能向一个起源国提出赔偿要求，而不能就同一损害向多个国家要求赔偿。

（2）通过国际仲裁、国际司法裁判或请求联合国有关机构协助解决。如 1938 年和 1941 年的“特雷尔冶炼厂仲裁案”，1974 年“核试验案”和 1991 年联合国安理会要求伊拉克对于其发动侵略战争给科威特造成的环境损害负赔偿责任的第 687 号决议。

（3）通过外交途径解决。由有关国家谈判解决赔偿问题是一种有效的方式。按照传统国际法，在一国对其受到外国损害的国民行使外交保护时，该国民须先用尽当地救济。但在跨界损害案件中，这一条件通常会被免除。

2006 年《关于危险活动造成的跨界损害案件中损失分担的原则草案》原则 6 规定，一旦其领土内的或受其管辖或控制的危险活动造成跨界损害，各国应赋予本国司法和行政部门以必要的管辖权和职权，并确保这些部门具备提供及时、充分和有效救济的手段。跨界损害的受害者应当能够从起源国获得与在该国领土上遭受同一事件损害的受害者相等的及时、充分和有效的救济。前述规定不影响受害者有权在起源国可得到的救济之外，寻求其他的救济。各国可规定诉诸迅速而又最经济的国际求偿解决程序。各国应当保障与寻求救济，包括索取赔偿有关的资料能够被恰当地获取。原则 7 规定，如果就特定类别危险活动而言，专门的全球、区域或双边协定能为赔偿、反应措施及国际和国内救济提供有效安排，则应当尽一切努力缔结此种专门协定。这些协定应当酌情包括这样的安排，使工业基金和（或）国家基金在经营者财力，包括财务担保措施不足以偿付事故损害的情况下能提供补充赔偿。此类基金可设定用于补充或取代全国性的工业基金。

三、跨界损害民事责任履行的保障机制

2006 年国际法委员会《关于危险活动造成的跨界损害案件中损失分担的原则草案》的目的是制定适当而有效的措施，以确保因这种事件而蒙受损害和损失的自然人和法人，包括国家，能够获得及时和充分的赔偿。该原则草案适用于国际法未加禁止的危险活动所造成的跨界损害，原则 4“及时和充分的赔偿”中规定，各国应当采取一切必要措施，确保其领土上或其管辖或控制下的危险活动所造成跨界损害的受害者获得及时和充分的赔偿……这些措施也应当包括要求经营者，或者酌情要求其他人或实体为偿付索赔建立并保持财务担保，例如保险、保证金或其他财务保证。在适当情况下，这些措施应当包括要求在国家一级设立工业基金。若以上各段中所列措施不足以提供充分的赔偿，起源国还应当确保有另外的财政资源可用。

国际法委员会在“国际法不加禁止行为引起的损害性后果的国际责任”议题下对跨界损害责任制度的逐渐发展与编纂虽然还没有形成国际条约，但它反映了国际法在这个领域里的发展方向，其中很多内容可以从现有的国际条约中找到证据。1963 年《关于核损害的民事责任的维也纳公约》、1962 年《核动力船舶经营人责任公约》、1971 年《海上核材料运输民事责任公约》、1969 年《国际油污损害民事责任公约》、1971 年《设立国际油污损害赔偿基金公约》和

1999 年《危险废物越境转移及其处置所造成损害的责任和赔偿问题议定书》等条约，都对建立赔偿基金或保险机制作出了明确的规定。一些工业发达国家也已在此领域建立健全了相应的法律法规，如美国 1986 年的《超级基金法》和德国 1990 年的《环境责任法》。

第四节　大气和气候的国际法保护

一、概说

大气中污染物质的浓度达到有害程度，破坏生态系统和人类正常生存和发展的条件，对人或物造成危害的现象称为大气污染。大气污染主要来自两个方面：一是自然界本身向大气层排放的各种有害物质，二是人类在生产、生活、科学试验或战争等活动中向大气层排放的各种有害物质。在国际环境法中，大气污染可分为近距离跨界大气污染、长程跨界大气污染和全球性大气污染。近距离跨界大气污染是指全部或部分来源于一国管辖范围内污染源的污染物对相邻国家造成的大气污染。这种污染易识别，范围小，危害程度易估算，损害责任容易确定。根据 1979 年《长程越界空气污染公约》的规定，长程跨界大气污染是指其物质起源完全地或部分地位于一国管辖之下的区域，在位于一般不可区别个别排放源或排放源群的促成作用的距离之外的另一国管辖之下的区域发生有害作用的空气污染。这种污染距离遥远，通常不易或根本无法鉴别个别污染源或污染源群，而且损害范围一般大于近距离污染，损害的潜伏期和持续时间长，因果关系和损害程度都较难确定。全球性大气污染是指由来源于众多国家的大气污染物造成的危害全球环境的大气污染。大气污染的主要特点是大气既是被污染的对象，也是污染传播的载体。[①] 大气污染除主要表现为酸雨[②]以外，还会破坏臭氧层和导致温室效应，以致引发全球气候变化等。

大气和气候环境保护法的目标是控制和减少温室气体的排放，防止地球气候出现不可逆转的变化；控制、减少并最终消除耗损臭氧层物质的使用，保护臭氧层的完好；控制并减少二氧化硫等各种空气污染物的排放，消除跨界空气污染。为达到这些目的，国际社会已经陆续签订了一些条约，主要有 1979 年《长程越界空气污染公约》及其议定书、1985 年《保护臭氧层维也纳公约》及其 1987 年议定书和 1992 年《联合国气候变化框架公约》及其 1997 年《京都议定书》等。

二、大气环境的保护

人类最早关注的大气和气候环境保护问题是空气污染问题，“特雷尔冶炼厂仲裁案”就是有关这一问题最早的典型案例。距离美加边界 10 余千米的加拿大英属哥伦比亚省特雷尔附近有多个铅锌冶炼厂，1896 年以来，它们释放的大量硫化物形成的酸雨使美国华盛顿州的庄稼、树木、牧场和建筑物遭到极为严重的损害，1903 年以后，损害日趋加剧。由于污染受害者向这些冶炼厂多次提出的私人赔偿要求没有得到满足，1925 年，美国成立了旨在取代单独诉讼的保护受害人协会。1927 年，案件被正式提交到美加联合委员会进行仲裁。1931 年，该委员会裁定，加拿大向美国赔偿直到 1932 年造成的损失，金额为 35 万美元。1933 年，美国指控污

① 白桂梅. 国际法. 北京：北京大学出版社，2006：437.

② 一般把 pH 值小于 5.6 的雨水称为酸雨，它包括雨、雪、冰雹等降水形态。

染仍在继续。1935年4月15日，美加两国政府签署仲裁协议，再次将争端提交仲裁。仲裁庭于1938年和1941年分别作出裁决。在1938年的裁决中，仲裁庭判定冶炼厂的烟雾对华盛顿州造成了损害，加拿大应支付7.8万美元作为1932年1月1日至1937年10月1日间特雷尔冶炼厂对美国土地所造成损害的“完全和最后的赔偿”。裁决还要求特雷尔冶炼厂避免造成损害，建立一个有效的永久制度并在过渡期间避免发生进一步损害的行为。在1941年裁决中，仲裁庭重点指出：根据国际法以及美国法原则，任何国家都没有权利在利用或允许利用它的领土时，使其烟雾在他国领土上或对他国领土上的财产和生命造成损害。正是这一声明，使本案成为国家不得损害国外环境的第一个重要判例。

1979年《长程越界空气污染公约》是在联合国欧洲经济委员会主持下制定的区域性条约，也是国际社会第一项以控制跨界空气污染为目的的多边条约，其目的是保护人类及其环境不受空气污染并尽可能减少和防止空气污染。公约确立了监测和研究大气污染的国际合作途径，建立了一系列控制大气污染的原则、制度和措施，并设立了情报交换中心组织。该公约是一个框架性条约，缔约国的具体义务主要通过后来签订的补充议定书加以规定。缔约国共签订了8项议定书。[①] 这些议定书对二氧化硫等空气污染物的排放作了规定，使1979年《长程越界空气污染公约》逐渐得到完善和修正。

三、臭氧层的保护

臭氧层[②]是地球生物不可缺少的保护层，如果臭氧层受到破坏，变薄或者出现空洞，大气环境就会出现严重问题，且危害极大。[③] 臭氧层的破坏主要是由于人类大量生产和使用氟氯烃等消耗臭氧层的化学物质造成的。

1985年3月通过的《保护臭氧层维也纳公约》[④] 由前言、21项条款和两个附件组成。公约为缔约国规定了以下一般义务：通过观察、研究和资料交换进行合作，以便更好地了解和评价人类活动对臭氧层的影响以及臭氧层的变化对人类健康和环境的影响；采取适当立法和行政措施对人类某些活动加以控制、限制、削减或禁止；从事合作，制定执行公约的措施、程序和标

---

① 即（1）1984年《日内瓦议定书》，规定了为监测和评估欧洲远距离空气污染传播的合作项目提供长期资助的机制。（2）1985年《赫尔辛基议定书》，规定了缔约国控制大气污染的具体义务，要求至少减少30%的硫排放量或跨界流量，但具体措施由各国自行决定。（3）1988年《索菲亚议定书》，规定分两阶段控制氮氧化物的排放量和跨界流量：在第一阶段，缔约国应采取有效措施，控制或减少氮氧化物的排放量或跨界流量；在第二阶段，各国至迟在议定书生效6个月后就进一步减少全国每年氮氧化物的排放量及跨国流量进行谈判。缔约国应将实施公约的国内方案、政策和战略告知执行机构并每年就有关的进展和变化向执行机构报告。（4）1991年《日内瓦议定书》，规定控制和减少挥发性有机化合物的排放和跨界流量。（5）1994年《奥斯陆议定书》，规定缔约国应在不造成过多成本的情况下确保硫氧化合物的沉积不超过临界负荷，以进一步减少硫排放量。（6）1998年《奥胡斯议定书》，规定减少重金属（铅、镉和汞）的排放量。（7）1998年《关于持久有机污染物奥胡斯议定书》，旨在通过控制、减少和消除在欧洲、俄罗斯和美国的持久性有机污染物的排放，减少它们的跨界流动，保护人类健康和环境免受不利影响。（8）1999年《哥德堡议定书》，旨在通过设定二氧化硫、氮氧化物、挥发性有机化合物和氨的排放上限，来减少酸化、富营养化和地面臭氧。

② 臭氧，又名三原子氧，因其类似鱼腥味的臭味而得名。其分子式为O_3，是氧气的同素异形体，具有它自身的独特性质。大气中的臭氧绝大部分都集中在离地面25千米～30千米的平流层中，形成了包围在地球外围空间的“臭氧层”，成为人类赖以生存的保护伞。名虽为层，但实际上臭氧分布并不均匀，而且大气中臭氧的总含量非常少，尚不到1ppm。这极薄的一层臭氧对于地球上的生命非常重要，因为臭氧能吸收阳光中的紫外线，将这些波长很短而且有致命危险的辐射线转换成热能加热大气，具有影响大气温度结构的作用。

③ 首先，对人类健康造成影响。其会使细胞的自身修复能力减弱，免疫机能减退，皮肤发生弹性组织变性、角质化以及皮肤癌变，诱发眼球晶体发生白内障等。其次，对陆地和海洋动植物以及对城市环境和建筑材料都有一定影响。

④ 该公约于1988年9月生效。

准，以期通过议定书和附件；与相关国际组织合作，有效地执行公约和已参加的议定书。该公约还建立了缔约国会议制度，以继续不断地审查公约的执行情况。不过，公约只规定了交换有关臭氧层信息和数据的条款，并未对耗损臭氧层物质的限制和停止使用规定具体的目标和时间表。

1987 年 9 月 16 日，《保护臭氧层维也纳公约》缔约方大会通过了《关于消耗臭氧层物质的蒙特利尔议定书》。[①] 议定书规定，条约的每个缔约方（国家或国家集团）将冻结并依照缩减时间表来减少氯物质和哈龙物质的生产消耗。但该议定书实施后的调查表明，议定书规定的控制进程并不理想。

1989 年 3 月至 5 月，联合国环境规划署连续召开了保护臭氧层伦敦会议与《保护臭氧层维也纳公约》和《关于消耗臭氧层物质的蒙特利尔议定书》第一次缔约国会议——赫尔辛基会议，并于 1989 年 5 月 2 日通过了《保护臭氧层赫尔辛基宣言》。宣言鼓励所有未参加《保护臭氧层维也纳公约》及《关于消耗臭氧层物质的蒙特利尔议定书》的国家尽早参加；同意在适当考虑发展中国家的特别情况下，尽可能地但不迟于 2000 年取消受控氯氟烃类物质的生产和使用；尽可能早地控制和削减其他消耗臭氧的物质；加速替代产品和技术的研究与开发；促进发展中国家获得有关科学情报、研究成果和培训，并寻求发展适当资金机制促进以最低价格向发展中国家转让技术和替换设备。

四、气候变化的减缓和应对

气候是指大气圈、水圈、生物圈和地圈的整体及其相互作用的系统。地球上的气候在很大程度上取决于温室气体如水蒸气、二氧化碳、甲烷、全氯化碳、一氧化二氮和对流层的臭氧等在大气中的存量。这些气体是透明的，可以通过短波的太阳辐射，吸收和阻碍地球表面放射的长波辐射，暖化地球，导致气候变化。气候变化是指除在类似时期内所观测的气候的自然变异以外，由于直接或间接的人类活动改变了地球大气的组成而引起的气候变化。[②] 其中，大气中二氧化碳浓度增加，阻止地球热量散失，致使地球发生可感觉到的气温升高，即造成温室效应。近年来，温室效应对气候的影响已经成为关系到人类生存的全球气候变化问题，并得到国际社会的广泛关注。

1988 年，联合国环境规划署和世界气象组织合作建立了专门研究气候变化问题的政府间气候变化专家组。1990 年，联合国大会设立了关于气候变化框架公约的政府间谈判委员会，专门负责有关气候公约的起草工作。1992 年 5 月 9 日，《联合国气候变化框架公约》[③] 在纽约通过，并在一个月后的里约人类环境会议上获得通过。该公约是世界上第一个为全面控制二氧化碳等温室气体排放，以减缓和应对全球气候变暖给人类经济和社会带来的不利影响的国际条约，也是国际社会在应对全球气候变化问题上进行国际合作的一个基本框架。该公约的目标是："将大气中温室气体的浓度稳定在防止气候系统受到危险的人为干扰的水平上。这一水平应当在足以使生态系统能够自然地适应气候变化、确保粮食生产免受威胁并使经济发展能够可持续地进行的时间范围内实现。"[④]

根据公约，每个缔约方都必须定期提交专项报告，内容须包含该缔约方的温室气体排放信

① 该议定书于 1989 年 1 月 1 日起生效。
② 参见 1992 年《联合国气候变化框架公约》第 1 条第 2 款。
③ 该公约于 1994 年 3 月生效。
④ 1992 年《联合国气候变化框架公约》第 2 条。

息，并说明为实施该公约所执行的计划及具体措施。公约对发达国家和发展中国家规定的义务以及履行义务的程序有所区别。公约要求发达国家采取具体措施限制温室气体的排放，并向发展中国家提供资金以支付它们履行公约义务所需的费用。公约建立了一个向发展中国家提供资金和技术，使其能够履行公约义务的机制。公约规定，每年举行一次缔约方大会。1995年3月28日，首次缔约方大会在柏林举行。

1997年12月11日，第三次缔约方大会通过了具有里程碑意义的《京都议定书》[①]，使公约的履行向前迈出了极其重要的一步。《京都议定书》为该公约附件一所列国家规定了具有法律约束力的温室气体减排指标，体现了共同但有区别责任原则和发达国家率先行动、采取措施减少温室气体排放的要求。该议定书确定了三种灵活机制，这三种机制体现了通过市场机制促进温室气体减排的主张，其中的“清洁发展机制”允许附件一所列国家同发展中国家开展温室气体排放配额的交易。[②]

2007年12月，公约第十三次缔约方大会在印度尼西亚巴厘岛举行。会议着重讨论了《京都议定书》第一承诺期在2012年到期后如何进一步降低温室气体排放的问题，通过了“巴厘岛路线图”，决定在2009年前就应对气候变化问题的新安排举行谈判。2009年12月，哥本哈根气候变化会议达成了不具有法律约束力的《哥本哈根协议》。协议维护了《联合国气候变化框架公约》及《京都议定书》确立的共同但有区别的责任原则，就发达国家实行强制减排和发展中国家采取自主减缓行动作了安排，并就全球长期目标、资金和技术支持、透明度等焦点问题达成了广泛共识。2010年年底，在墨西哥坎昆召开的第十六次缔约方大会通过的《坎昆协议》汇集了进入减排谈判和公约长期合作行动谈判“双轨制”以来的主要共识，增强了国际社会对联合国多边谈判机制的信心。

2015年12月12日，巴黎气候大会以协商一致的方式通过了《巴黎协定》；2016年11月4日，协定正式生效。《巴黎协定》共29条，主要内容包括：重申将平均气温上升控制在2℃以内的全球长期目标，并努力将气温上升控制在1.5℃以内。在遵循公平原则、共同但有区别的责任原则及考虑各自能力和各国不同的国情的基础上，发达国家应继续率先进行全经济范围的绝对减排，鼓励发展中国家逐步进行全经济范围的减排。协定确立了全球适应目标，强调各方应积极规划适应问题并提交和更新相关信息，向发展中国家的适应行动提供国际支持，明确“华沙国际机制”是处理损失和损害问题的主要机制。协定重申发达国家对发展中国家的资金义务，并鼓励其他国家自愿捐资。协定还提出了技术转让的长期愿景，明确《联合国气候变化框架公约》已建立的相关技术和能力建设机制继续发挥其应有作用；要求设立强化透明度框架；规定了争端解决机制；明确了协定生效、修订和退出的相关程序，以确保协定的相关制度能够执行到位。

《巴黎协定》总体上在发达国家与发展中国家之间达成了平衡，是一个切实可行的妥协方案，也是《京都议定书》以来气候变化国际谈判进程中取得的最为重要的成果，奠定了“后京都时代”应对气候变化的法律框架，对应对气候变化具有积极的意义。

中国积极践行《巴黎协定》的承诺，第一个签署《巴黎协定》，全力助推全球气候治理，以共建人与自然生命共同体理念引领全球气候治理体系变革，以推进全球气候治理国际合作落实气候治理目标，提供了全球气候治理的中国方案，充分展现了中国在气候治理领域的大国风

① 《京都议定书》于2005年2月16日生效。

② 1997年《京都议定书》第一承诺期，即2008年到2012年期间，主要工业发达国家的温室气体排放量要在1990年的基础上平均减少5.2%，其中欧盟将6种温室气体的排放量削减8%，美国削减7%，日本削减6%。

范和大国担当，为全球气候治理注入新的活力，具有里程碑式的意义。2020年9月，在第七十五届联合国大会一般性辩论上，习近平主席明确提出，“中国将提高国家自主贡献力度，采取更加有力的政策和措施，二氧化碳排放力争于2030年前达到峰值，努力争取2060年前实现碳中和”[①]。2021年4月22日，习近平总书记出席领导人气候峰会并发表重要讲话，提出了应对气候变化挑战的中国方案———共建人与自然生命共同体，为国际社会全面开启绿色发展道路，持续推进生态文明建设明确了价值方向。[②] 2021年10月《中国应对气候变化的政策与行动》白皮书特别强调：“地球是人类唯一赖以生存的家园，面对全球气候挑战，人类是一荣俱荣、一损俱损的命运共同体，没有哪个国家能独善其身”[③]。2022年10月16日，党的二十大报告提出，把建设人与自然和谐共生现代化作为新时代新征程的重大使命任务，并对其进行了战略部署，特别强调要“积极稳妥推进碳达峰碳中和”“积极参与应对气候变化全球治理”[④]。中国积极参与全球气候治理，主动承担相应国际责任，充分展现出大国的责任担当。

第五节　海洋和淡水环境的国际法保护

一、海洋环境的国际法保护

海洋环境保护是国际环境保护中一个非常重要的部分，其内容已在本书“海洋法”一章第九节中进行了论述，故不再赘述。

二、淡水环境的国际法保护

淡水环境是指内陆的淡水资源，包括河流、湖泊、运河和地下水体等。国际淡水环境则是指处于两个或更多国家领土范围或管辖之下的淡水水体，包括界河、多国河流、国际河流、跨国湖泊和跨国地下水体等国际淡水资源。地球上的河流中有将近一半为两个或两个以上国家所共有，这一事实足以说明国际淡水环境保护的重要性。

国际淡水环境的利用和保护主要是通过签订双边或区域性条约实现的。在北美洲，1909年美国与加拿大签订的《防止大湖污染条约》规定不得污染美加界水。1944年美国与墨西哥签订了解决水资源分配问题的《利用科罗拉多河、蒂华纳河以及格兰德河水域的公约》。1972年《美加大湖水质协定》[⑤] 是美加两国控制和减轻大湖污染、改善大湖水质的基本法律依据。1973年美国与墨西哥签订了《关于永久彻底解决科罗拉多河含盐量的国际问题的协定》，美国承诺修建河水淡化工程和补充水量，保证流入墨西哥的科罗拉多河的水量及正常的含盐量。[⑥] 在南美洲，1978年《亚马孙河合作条约》规定了关于航运、环境与生态保护、卫生、科学研究、基础设施建设等内容。欧洲有比较完备的关于保护河流环境的区域性条约和双边条约，如1963年《保护莱茵河伯尔尼公约》、1976年《保护莱茵河免受化学污染公约》、1976年《保护

① 习近平．论坚持人与自然和谐共生．北京：中央文献出版社，2022：252.

② 习近平．共同构建人与自然生命共同体——在“领导人气候峰会”上的讲话．人民日报，2021-04-23.

③ 中华人民共和国国务院新闻办公室．中国应对气候变化的政策与行动．北京：人民出版社．2021：3.

④ 习近平．高举中国特色社会主义伟大旗帜 为全面建设社会主义现代化国家而团结奋斗：在中国共产党第二十次全国代表大会上的报告．北京：人民出版社，2022：51-52.

⑤ 该协定后来被多次修改。

⑥ 林灿铃．国际环境法．北京：人民出版社，2004：290.

莱茵河不受氯化物污染公约》以及1999年《保护莱茵河公约》。[①] 此外，联合国欧洲经济委员会于1992年主持制定了一项《跨界水道和国际湖泊保护和利用公约》。在亚洲，有关淡水资源保护的国际条约有1960年印度和巴基斯坦《关于印度河的条约》、1977年孟加拉国和印度《关于分享恒河水和增加径流量协定》，1995年《湄公河流域可持续发展合作协定》把可持续发展原则贯穿于有关湄公河流域开发和保护的各个方面。在非洲，对淡水资源的开发、利用和保护作出比较全面规定的是1964年《乍得湖流域开发公约和规约》。

1966年国际法协会《国际河流利用规则》（《赫尔辛基规则》）是国际淡水环境保护的国际法规则中影响较大的文件，它为国际河流的综合利用和环境保护提供了依据。《赫尔辛基规则》承认，国际流域内的每个国家都有权公平、合理地利用国际流域内的水资源，利用时不能对其他国家造成损害，不应对国际流域内的水源造成任何新形式的污染或加重现有的污染，国家应为减少各种现有的污染采取一切合理的措施，以便不在流域内另一国的境内造成损害。《赫尔辛基规则》虽属国际法学团体制定的文件，对各国不具有法律约束力，但它可以被视为对有关国际河流利用的习惯法规则的系统的民间编纂。

1997年5月，第五十一届联合国大会通过的《国际水道非航行使用法公约》[②] 是非航行利用国际水道法的最新发展，也是第一个在全球范围内调整国际淡水资源利用的公约。它不仅是对相关习惯法的编纂，还充分吸收了关于国际淡水资源利用的区域或双边条约的内容。

根据《国际水道非航行使用法公约》，国际水道是指各部分位于不同国家的水道。公约规定，各国可以根据国际水道的全部或部分的特性和使用情况，订立双边或多边国际协定，以适用或调整本公约的相关条款。另外，如无相反协定，在国家成为公约缔约国之日对其有效的协定所规定的权利、义务不受公约影响；但如有必要，缔约国可以考虑将该协定与公约的基本原则相协调。[③] 公约的适用范围几乎包括了除航行之外的与利用国际水道相关的保护、保全和管理措施等所有事项。

第六节　土地、森林和湿地的国际法保护

一、土地的国际法保护

土地是一种有限的资源，也是其他许多自然资源的依托。随着人类对土地和自然资源需求的日益增长，土地的荒漠化越来越严重。土地荒漠化是指“包括气候变异和人类活动在内的种种因素造成的干旱、半干旱和亚湿润干旱地区的土地退化”[④]。

国际社会从20世纪70年代开始关注荒漠化所带来的灾难性后果，并通过了一些国际文件，采取了一系列措施。1977年，联合国环境规划署在内罗毕总部专门召开了荒漠化防治会

① 林灿铃. 国际环境法. 北京：人民出版社，2004：293.

② Convention on the Law of the Non-Navigational Uses of International Watercourses. 在公约起草和谈判过程中，上游水域沿岸国与下游水域沿岸国之间的利益冲突非常激烈，但公约最终过多地强调了下游水域国的利益。该公约至今没有生效。中国是公约的5个反对国之一，如果公约生效，虽然它对中国不具有法律约束力，但也会对中国产生重大影响。作为中俄、中朝界河的黑龙江、乌苏里江、鸭绿江和图们江以及流经东南亚各国的澜沧江都是该公约所指的国际水道。中国对这些河流的开发利用同样与国际社会的合作密不可分。鉴于中国对该公约的立场，加快与相关国家的谈判和缔结双边或多边条约已成为迫切的需要。

③ 1997年《国际水道非航行使用法公约》第3条。

④ 《联合国防治荒漠化公约》第1条。

议，制定了《阻止荒漠化行动计划》。1981 年，联合国粮农组织通过《世界土壤宪章》，首次对保护和改良土壤的规则作了全面的规定。1982 年，联合国环境规划署制定了《世界土壤政策》，以便为各国制定土壤政策提供指导，并加强在合理利用世界土壤资源方面的国际合作。1984 年，联合国环境规划署在内罗毕举行特别会议，会议除对《阻止荒漠化行动计划》的执行情况进行评价外，还要求各荒漠化地区和国家为防止荒漠化的进一步恶化，切实执行《阻止荒漠化行动计划》。1992 年里约环境与发展大会通过的《21 世纪议程》第十二章“脆弱生态系统的管理：防沙治旱”对荒漠化的成因、危害、解决办法和行动方案等作了规定，并提出“防止沙漠化的优先事项应是对尚未退化或仅略有退化的土地执行预防措施”。1992 年里约环境与发展会议以后，联合国大会通过决议，成立了防治荒漠化公约谈判委员会。1994 年 6 月 17 日，《联合国关于在发生严重干旱和/或荒漠化的国家特别是在非洲防治荒漠化的公约》[①]（《防治荒漠化公约》）在巴黎通过。在公约通过后不到十年的时间里，世界上几乎所有国家都已成为其缔约方，这在国际环境法的发展史上是少见的。

公约包括前言、6 个部分和附件。公约的前言承认荒漠化和干旱是全球范围的问题，影响到世界所有区域，需要国际社会联合行动；防治荒漠化或缓解干旱影响，迫切需要提高国际合作效力并改善协调，以便推动国家计划和优先事项的执行，并决心为今世后代的利益采取适当行动。第一部分“导言”界定了相关用语，提出了公约的宗旨和原则。第二部分“总则”规定了一般义务、受影响缔约国的义务、发达缔约国的义务、非洲的优先地位以及本公约与其他公约的关系[②]等。第三部分规定了行动方案、科学和技术合作以及支持措施。第四部分设立了缔约方会议及其他机构以促进公约的有效实施。缔约方会议根据科技知识的发展，“参照国家、分区域、区域和国际各级取得的经验，定期审查本《公约》的实施和机构安排的运作情况”；“促进和便利交换关于各缔约方所采取措施的信息、决定以何种形式、按何种时间程序转送根据第 26 条提供的信息和审查有关报告并就这些报告提出建议”[③]。第五部分是关于提交信息、解决执行问题的措施、争端的解决、公约的修正等程序性规定。第六部分为最后条款。公约的附件分别对于公约在非洲、亚洲区域、拉丁美洲和加勒比海区域、地中海北部区域、中欧和东欧区域的实施作出具体规定，涉及各区域关于干旱和荒漠化的特殊情况、国家行动计划、次区域和区域行动计划、财政资源及其机制、合作和协调机制等。附件具有与公约正文同等的法律效力。

二、森林的国际法保护

森林是指不小于 0.5 平方千米、至少 10%为树冠所覆盖的地区。[④] 森林处于主权国家境内，对森林的保护在很大程度上取决于国家的国内法律制度。与土地、水、空气一样，森林是和人类关系非常密切的资源，它对大气、气候以及生物多样性的保护有着不可替代的作用。由于森林因人类活动的影响而面临严重退化的危险，所以国际社会必须关注对森林的保护，改变非可持续的森林消费模式。

1972 年人类环境会议确认，森林是所有生态系统中最大、最复杂并能使自身长久存在的

① 中国于 1994 年 10 月 14 日签署该公约，并于 1997 年 2 月 18 日交存批准书。该公约于 1997 年 5 月 9 日对中国生效。

② 公约的规定不应影响任何缔约方在公约对它生效前参加的双边、区域或国际协定对它产生的权利和义务。

③ 1994 年《联合国防治荒漠化公约》第 22 条第 2 款（a）（b）项。

④ 联合国粮农组织《全球森林资源评估报告 2000》。

系统。1980 年《热带森林资源评估》、1986 年建立的国际热带木材组织、1985 年《热带森林行动计划》、1995 年至 1997 年建立的政府间森林专题小组以及 1997 年至 2000 年的政府间森林论坛等，对森林的保护发挥了重要作用。1992 年里约环境与发展大会通过的《关于森林问题的原则声明》，建议对森林进行可持续性的开发；鼓励发达国家提供援助，帮助制订森林保护规划，推动植树造林，并承认土著人的知识在森林保护方面的重要作用；控制严重损害森林的污染物的排放。会议通过的《21 世纪议程》建议寻求更好的国际合作进行有益于生态的森林开发，鼓励各国对木材的生产予以更好的管理，使树木的社会、经济和生态价值得到承认。

目前，国际社会关于森林保护的专门性的国际条约是 1983 年 11 月 18 日在日内瓦签订的《国际热带木材协定》，目的是为生产和耗用热带木材的各国之间的合作和协商提供一个有效的纲领，促进国际热带木材贸易的扩展和多样化以及热带木材市场结构条件的改善，推广和支持研究与发展工作以求改善森林管理和木材利用，鼓励制定旨在实现持久利用和养护热带森林及其遗传资源，以及旨在保持有关区域生态平衡的各种国家政策。1992 年《联合国气候变化框架公约》和《生物多样性公约》、1994 年《联合国防治荒漠化公约》、1997 年《京都议定书》等都强调了对森林的保护。

三、湿地的国际法保护

湿地是指“不问其为天然或人工、长久或暂时之沼泽地、湿原、泥炭地或水域地带，带有或静止或流动、或为淡水、半咸水或咸水水体者，包括低潮时水深不超过六米的水域”[①]。有人把湿地称为地球的肾[②]，足见湿地对地球环境的重要性。水禽是指“生态学上依赖于湿地的鸟类”[③]。

1971 年 2 月 2 日，在伊朗拉姆萨尔通过的《关于特别是作为水禽重要栖息地的国际重要湿地公约》[④] 是世界上第一个，也是唯一一个只涉及湿地的国际公约。该公约在序言中指出，“考虑到湿地的调节水分循环和维持湿地特有的动植物特别是水禽栖息地的基本生态功能。相信湿地为具有巨大经济、文化、科学及娱乐价值的资源，其损失将不可弥补；期望现在及将来阻止湿地的被逐步侵蚀及丧失；承认季节性迁徙中的水禽可能超越国界，因此应被视为国际性资源……”公约特别强调了湿地属于国际环境资源，以及作为水禽生境的重要性。公约建立了名册制度和缔约国会议制度：“各缔约国应指定其领域内的适当湿地列入由依第八条所设管理局保管的国际重要湿地名册……每一湿地的界线应精确记述并标记在地图上，并可包括邻接湿地的河湖沿岸、沿海区域以及湿地范围的岛域或低潮时水深不超过六米的水域，特别是当其具有水禽栖息地意义时。”[⑤] 同时，公约对于缔约国对湿地的主权权利、保护责任、合理利用等作了规定。[⑥] 公约第 6 条关于缔约国会议的规定指出，缔约国应在必要时召集关于养护湿地和水禽的会议，讨论本公约的实施情况；讨论名册之增加和变更事项；审议列入名册的湿地生态学特征变化的情况；向缔约国提出关于湿地及其动植物的养护、管理和合理利用的一般性或具体建议；要求有关国际机构就影响湿地、本质上属于国际性的事项编制报告和统计资料。该公约也和其他环境条约一样，是一个框架性的条约。

---

① 1971 年《关于特别是作为水禽重要栖息地的国际重要湿地公约》第 1 条第 1 款。

② 赵魁义. 地球之肾：湿地. 北京：化学工业出版社，2002.

③ 1971 年《关于特别是作为水禽重要栖息地的国际重要湿地公约》第 1 条第 2 款。

④ 中国于 1992 年 1 月 3 日决定加入该公约，同年 7 月 31 日该公约对中国生效。

⑤ 1971 年《关于特别是作为水禽重要栖息地的国际重要湿地公约》第 2 条第 1 款。

⑥ 1971 年《关于特别是作为水禽重要栖息地的国际重要湿地公约》第 2～5 条。

第七节　南北极环境的国际法保护

一、南极环境的国际法保护

南极地区是指南纬60度以南的地区，包括一切冰架；南极海域不仅指南纬60度以南的海域，还包括南极辐合带和南纬60度之间的海域。与南极地区环境保护有关的条约主要有以1959年《南极条约》为基础，包括1972年《南极海豹保护公约》、1980年《南极海洋生物资源保护公约》、1991年《关于环境保护的南极条约议定书》及其附件以及南极条约协商会议通过的其他具有法律拘束力的措施、决定等构成的南极条约体系。1959年《南极条约》并没有特别关注对南极的环境保护，只在第9条提及了“南极生物资源的保护与保存”，以及第5条关于禁止在南极进行任何核爆炸和在该区域处置放射性废物的规定等。1964年《保护南极动植物议定措施》宣布南极地区为特别自然保护区，规定了一系列措施，并有4个附件，但该议定措施已于2001年失效。1972年《南极海豹保护公约》旨在保护南极地区的5种海豹和所有南方海狗，以确保在南极生态系统上保持符合要求的平衡。1980年《南极海洋生物资源保护公约》是一项全面保护南极海洋生物资源的公约，公约除了规定保护的具体措施外，还规定了各国保证公约实施的国内措施。

1991年《关于环境保护的南极条约议定书》是迄今为止内容最全面和最严格的保护南极环境的国际条约。该议定书第2条将南极地区界定为贡献给和平和科学的自然保护区，并为之规定了全面的保护措施。议定书第3条“环境原则”规定，规划和从事在南极条约地区的活动应旨在限制对南极环境及依附于它的和与其相关的生态系统的不利影响；规划和从事在南极条约地区的活动应避免对气候或天气类型的不利影响，对空气质量或水质的重大不良影响，对大气环境、陆地环境（包括水体环境）、冰川环境或海洋环境的重大改变，对动植物物种或种群的分布、丰度或繁殖的有害改变，对濒危或受到威胁的动植物种或其种群的进一步危害，或使具有生物、科学、历史、美学或荒野意义的区域减损价值或面临重大的危险，等等；南极条约地区的活动如果对南极环境或依附于它或与其相关的生态系统产生或者可能产生影响，均应予以修改、中止或取消。议定书第6条要求缔约国加强合作，以促进有关保护南极环境及其生态系统的科学、技术和教育的合作项目。议定书第7条明确禁止在南极地区从事除科学研究以外的任何与矿产资源有关的活动。

1991年《关于环境保护的南极条约议定书》有6个附件，即环境影响评估、动植物保护、废物处理与管理、防止海洋污染、特别保护区和管理区以及环境紧急事件责任。

二、北极环境的国际法保护

北极是指北极圈以北的区域，包括极区北冰洋、边缘陆地海岸带及岛屿、北极苔原、林带等，总面积约2 100万平方千米，其中陆地部分约800万平方千米。北极地区气候特别寒冷，冬季从11月到次年4月，最冷时气温达到零下50℃。北冰洋表面的绝大部分终年被海冰覆盖，是地球上唯一的白色海洋。北极生态系统非常复杂。北极地区资源丰富，拥有大量的矿产、石油、煤炭、渔业等资源。在北极地区，动物有体型庞大的北极熊、身材短小的旅鼠、野兔，海洋里也生活着包括蓝鲸在内的各种生物。北极地区虽然有各种各样的植物品种，且很多都可以在春天和夏天保持开花状态，但很少有树木或森林。由于受光线季节性分布、气候寒冷、海冰大量存在等因素的影响，与其他陆地、水域生态系统相比，北极地区表现出对外来因素极低的承载能力和较低的环境自我修复能力。但与此同时，北极环境变化会对包括全球气候和大气状况在内的全球生态环境造成重大影响，因此，保护北极环境非常重要。

北极环境的保护既有国际条约，也有国内立法，同时还包括一些软法文件。

在国际条约中，专门规定保护北极环境的主要是双边或区域性条约，如1913年美英《保护北极亚北极候鸟协议》、1973年加拿大、丹麦、挪威、苏联和美国签订的《保护北极熊协定》、1976年美苏《关于保护候鸟及其环境的协定》、2000年美俄《关于保护和管理阿拉斯加-楚科奇北极熊种群的协定》。此外，现有与海洋污染防治、应对气候变化以及保护生物多样性的国际条约大都适用于北极，特别是1982年《联合国海洋法公约》对北极环境保护的意义非常重大。2011年北极理事会成员国签署的《北极空海搜救合作协定》（Agreement on Cooperation on Aeronautical and Maritime Search and Rescue in the Arctic 2011）目的是加强在北极地区航空和海洋搜救领域的合作与协调，是建立在1982年《联合国海洋法公约》、1979年《国际海上搜救公约》、1944年《国际民用航空公约》和《国际航空和海上搜寻救助手册》等已有的与国际海上和航空搜救有关的国际条约的基础上起草的，在实施协定的过程中也需要以这些国际条约作为指导和参照。2013年北极理事会成员国签署的《北极海洋石油污染预防与应对合作协议》（Agreement on Cooperation on Marine Oil Pollution Preparedness and Response in the Arctic 2013）是一项新的具有法律约束力的国际协议，它建立了北极地区石油污染的应对机制，该协定的目的是加强各缔约国在北极石油污染的预防和应对方面的合作、协调和互助，保护海洋环境免受石油污染。2017年《加强国际北极科学合作协定》（Agreement on Enhancing International Arctic Scientific Cooperation 2017）的目的是“致力于达成一项在八个北极国家之间改善科学研究合作的安排”，“加强科学活动的合作，提高北极科学知识发展的有效性和效率。”

此外，1920年《斯瓦尔巴群岛条约》（Svalbard Treaty 1920）[①] 在环境保护方面也有一定的作用。该条约赋予斯瓦尔巴群岛区域特殊的法律地位，对海洋、动植物的保护做了规定，为该区域的环境治理提供了法律依据，并为制定斯瓦尔巴群岛的环境保护立法奠定了基础。

为了保护北极环境，北极八国（美国、加拿大、俄罗斯、丹麦、冰岛、挪威、芬兰和瑞典）都制定了相应的国内立法，如加拿大的《北极水域污染防治法》对排放污染物规定了严格限制，对进入该海域的船只的结构、外形设计、操作等也做了明确规定。

关于软法文件，1991年，北极八国在芬兰罗瓦涅米召开的第一届保护北极环境部长会议上通过了《北极环境保护战略》。根据该战略，北极八国承诺合作进行科学研究以确定污染源、污染途径及污染影响并共享数据；为治理持久性有机污染物、石油、重金属、放射性物质以及酸化引起的污染采取联合行动；对开发活动的潜在环境影响进行评价；采取措施控制污染物，降低污染物对北极环境造成的不利影响，并特别关照传统的和文化的需求、当地居民与土著居民的价值观和习惯等。根据《北极环境保护战略》设立的四个工作组分别是北极监测与评估工作组，北极海洋环境保护工作组，北极动植物保护工作组，以及突发事件预防、准备和反应工作组。《北极环境保护战略》不仅是北极环境治理中最具代表性、影响力最大的软法文件，它还构建了与北极相关各国及其他利益主体开展北极环境治理的平台与沟通渠道。

关于北极环境保护的重要组织机构主要是北极理事会（Arctic Council），是1996年9月由

① 1920年2月9日，英国、美国、丹麦、挪威、瑞典、法国、意大利、荷兰及日本等18个国家在巴黎签订了《斯瓦尔巴德条约》。该条约于1925年8月14日生效，全文共有10条，分为序言、正文和附件三部分。该条约是目前国际社会中为数不多专门适用于北极地区的国际条约。1925年，中国、苏联、德国、芬兰等国家加入该条约。

北极八国在加拿大渥太华成立的管理北极事务的政府间论坛，宗旨是保护北极地区环境，促进北极地区在经济、社会和福利方面的持续发展。北极理事会的正式成员资格不向非北极国家开放，域外国家只能以观察员的身份参与北极理事会的活动。中国于2013年成为北极理事会的观察员国。北极理事会主席的职位由八个成员国家每两年轮流担任，轮值主席国制度是为了保证成员国均有机会实现各自的优先领域和重点项目，并合理分担费用，避免理事会的工作缺乏长远战略计划和各个成员国共同认可的发展规划。北极理事会的决议由八个北极理事会成员国之间以协商一致方式作出。

2018年1月，中国国务院新闻办公室发表了《中国的北极政策》白皮书。白皮书明确阐述了中国北极政策的目标和基本原则以及中国积极参与北极事务的主要政策主张，并且就保护北极环境、北极生态和应对气候变化等问题阐述了中国的立场。

第八节 生物多样性的国际法保护

一、生物多样性的概念

生物多样性是指“所有来源的形形色色的生物体，这些来源除其他外包括陆地、海洋和其他水生生态系统及其所构成的生态综合体；包括物种内部、物种之间和生态系统的多样性”[①]。虽然有关生物多样性对人类的生存和发展到底有多么重要以及生物多样性的破坏到底对人类会产生多大的危害，还没有非常确切的科学证据，但是，近年来生物多样性被破坏所带来的一系列环境问题已促使国际社会关注生物多样性的保护问题。1992年《生物多样性公约》在序言中指出：“缔约国意识到生物多样性的内在价值，生物多样性及其组成部分的生态、遗传、社会、经济、科学、教育、文化、娱乐和美学价值，还意识到生物多样性对进化和保护生物圈的生命维持系统的重要性，确认保护生物多样性是全人类的共同关切事项。”

二、保护生物多样性的主要国际条约

人类保护生物多样性的历史一般认为从美国加利福尼亚州约塞米蒂国家公园[②]的建立开始。而人类保护生物多样性的国际立法最初表现为对一般或特定野生动物、植物或其他自然资源的国际保护。为此签订的国际条约既有普遍性的，也有区域性或双边的，它们对于生物多样性的保护都具有不同程度的重要意义。

早期保护单一物种或某一区域内的生物资源的国际条约，包括《保护迁徙野生动物物种公约》《国际捕鲸管制公约》《关于特别是作为水禽栖息地的国际重要湿地公约》《南极海洋生物资源保护公约》等。此外，还有保护不限生物所处领域但其本身处于极度危险状态的，如《濒危物种国际贸易公约》等。综合和全面保护生物多样性的国际条约是1992年《生物多样性公约》及其相关议定书。

---

① 1992年《生物多样性公约》第2条。

② “约塞米蒂”源自印第安语，意思是灰熊。灰熊是当地印第安土著人的图腾。早在19世纪中期欧洲移民发现这块风景胜地前，印第安土著居民早已在此繁衍生息。1864年，美国总统林肯顺应美国国内环境保护的呼声，将约塞米蒂谷地划为予以保护的地区，约塞米蒂谷地成为美国第一个州立公园。经过自然学家约翰·缪尔不断的呼吁和努力，谷地周围地区于1890年被指定为约塞米蒂国家公园。1906年，州立公园被国家公园合并，即现在的约塞米蒂国家公园。

（一）《生物多样性公约》

《生物多样性公约》是于1992年6月由联合国环境规划署发起的政府间谈判委员会第七次会议上通过的，1993年12月29日正式生效。该公约是一项框架性条约，为生物资源和生物多样性的全面保护和持续利用建立了一个法律框架，确定了生物资源和生物多样性的保护和持续利用的重点领域。根据公约，缔约国大会是全球履行该公约的最高决策机构，一切有关履行《生物多样性公约》的重大决定都要经过缔约国大会通过。

该公约共有42条和两个附件，它的三个主要目标是保护生物多样性、可持续地利用生物多样性和公平分享基因资源的商业利用所获得的利益。[①] 公约的适用范围限于"生物多样性组成部分位于缔约国管辖范围的地区内以及在该国管辖或控制下开展的过程和活动，不论其影响发生在何处，此种过程和活动可位于该国管辖区内也可以在该国管辖区以外"[②]。公约第2条对相关基本概念和术语进行了明确界定。第3、5条分别就"各国具有按照其环境政策开发其资源的主权权利，同时亦负有责任，确保在它管辖或控制范围内的活动，不致对其他国家的环境或国家管辖范围以外地区的环境造成损害"的原则和"缔约国应尽可能并酌情直接与其他缔约国或酌情通过有关国际组织为保护和持久使用生物多样性在国家管辖范围以外地区并就共同关心的其他事项进行合作"的原则作了规定。公约第6条到第21条主要规定了以下内容：有关保护和持续利用生物资源的一般措施；为了生物多样性组成部分的持久使用，缔约国应尽可能并酌情对生物多样性组成部分以及对保护和持久使用生物多样性产生或可能产生重大影响的过程和活动种类予以查明并进行监测；通过建立和管理保护区以及促进保护区邻接地区无害环境等方式对生物多样性进行"就地保护"；作为辅助性措施，最好在生物多样性组成部分的原产国或遗传资源的原产国进行"移地保护"；生物多样性组成部分的持续利用；鼓励措施；研究和培训、公众教育和意识；影响评估和尽量减少不利影响；遗传资源的取得；技术的取得和转让；信息交流；技术和科学合作；生物技术的处理及其惠益的分配；资金和财务机制等。公约第22条规定了与其他国际条约的关系，即"本公约的规定不得影响任何缔约国在任何现有国际协定下的权利和义务，除非行使这些权利和义务将严重破坏或威胁生物多样性"；"缔约国在海洋环境方面实施本公约不得抵触各国在海洋法下的权利和义务"。公约第23条规定设立缔约国会议制度。缔约国应定期召开会议，不断审查本公约的实施情形，包括审查关于生物多样性的科学技术和工艺咨询事务附属机构提供的咨询意见；审议并通过公约的议定书；必要时审议并通过对公约附件的修正等。此外，公约还规定了秘书处、科学技术和工艺咨询事务附属机构、缔约国的报告程序、争端解决以及公约项下议定书及附件的有关问题等。

（二）《〈生物多样性公约〉卡塔赫纳生物安全议定书》

生物技术是指使用生物系统、生物体或其衍生物的任何技术应用，以制作或改进特定用途的产品或工艺过程。生物技术在给人类带来惠益的同时也对人类环境产生了潜在的负面影响，因此，国际社会从20世纪90年代起陆续制定了一些法律文件，如欧共体于1990年通过的《转基因微生物的封闭利用指令》和《关于对环境谨慎引入转基因生物的指令》，联合国工业发展组织于1991年通过的《关于将微生物引入环境的自愿行为准则》和联合国环境规划署于1995年通过的《关于生物技术生物安全的国际技术准则》等。

---

① 1992年《生物多样性公约》第1条。

② 1992年《生物多样性公约》第4条。

2000年1月29日，在蒙特利尔召开的《生物多样性公约》缔约方大会特别会议通过了《〈生物多样性公约〉卡塔赫纳生物安全议定书》；2003年9月11日，该议定书生效。[①] 根据议定书第3条，改性活生物体是指任何具有凭借现代生物技术获得的遗传材料新异组合的活生物体，它实际上是指遗传改性生物，即转基因生物。议定书旨在对改性活生物体从一国到另一国的转移进行规制，建立一套国际性的可操作的框架，在预防原则的前提下管理改性活生物体的国际贸易和越境转移可能带来的环境及健康风险。

议定书要求任何国家出口改性活生物体必须得到进口国的事先知情同意。进口国可以为避免或尽量降低改性活生物体对生物多样性和人类健康的危害，对改性活生物体的进口设置限制性条件，或者在缺少科学评估而不能确定改性活生物体潜在的负面影响时拒绝进口。议定书还建立了便于各缔约方交流信息的生物安全信息交换所，并规定了一些重要条款，如能力建设、财务机制、履约程序以及公共意识和参与等。不过，为其他国际协议或安排所涵盖的作为人类药物的改性活生物体被排除在议定书范围之外。

该议定书是21世纪第一个重要的国际环境条约。它将生物技术的作用、基因资源的利用、惠益分享和生物多样性保护联系起来，从而提出了具有深远意义的环境保护新观念。

（三）《关于获取遗传资源和公正公平分享其利用所产生惠益的名古屋议定书》

《关于获取遗传资源和公正公平分享其利用所产生惠益的名古屋议定书》（以下简称《名古屋议定书》）于2010年10月在《生物多样性公约》第十届缔约国会议上通过，2014年10月12日生效。议定书为实现《生物多样性公约》第三大目标，即公平公正地分享由于利用遗传资源及相关传统知识而产生的惠益，迈出了坚实一步，成为建立遗传资源及相关传统知识获取与惠益分享国际制度的基础。

《名古屋议定书》规定，通过适当的资金援助和技术合作保护生物多样性，实现生物遗传资源的可持续利用，保障生物遗传资源利益的公平分配。每个缔约方应酌情采取立法、行政或政策措施，以期与提供遗传资源的缔约国公平分享研究和开发此种资源的成果，以及商业和其他方面利用此种资源所得的利益。关于遗传资源的获取，需经该资源原产国缔约方或该资源缔约方的“事先知情同意”，确认了国家对遗传资源的主权，但议定书没有对其生效前已经获取的遗传资源的惠益分享作出规定，因而不利于在议定书生效前被少数国家获取的发展中国家遗传资源的惠益分享。关于生物遗传资源利用及其利益分配规则，议定书规定，利益分配的对象仅限于议定书生效后利用的生物遗传资源。为加强监管，防止遗传资源的不正当取得和使用，议定书规定遗传资源的利用国必须设立至少一处以上监管机构。

第九节　文化和自然遗产的国际法保护

一、文化和自然遗产的概念

根据1972年《保护世界文化和自然遗产公约》，文化遗产是指从历史、艺术和科学观点来看，具有突出的普遍价值的建筑物、碑雕和碑画，具有考古性质的成分或结构、铭文、窟洞以及联合体；从历史、艺术和科学角度看，在建筑式样、分布均匀或环境风景结合方面具有突出的普遍价值的单立或连接的建筑群；从历史、审美、人种学或人类学角度看，具有突出的普遍

① 中国于2005年6月8日交存核准书。

价值的人类工程或自然与人的联合工程及考古地址等。文化遗产保护区包括：历史建筑、历史名城、重要考古遗址和有永久纪念价值的巨型雕塑及绘画作品。自然遗产是从审美和科学角度看，具有突出的普遍价值的由物质和生物结构或这类结构群组成的自然面貌；从科学或保护角度看，具有突出的普遍价值的地质和自然地理结构以及明确划为受威胁的动物和植物生境区；从科学、保护或自然美角度看，具有突出的普遍价值的自然景观或明确划分的自然区域。自然遗产保护区包括国家公园和其他早已指定的物种保护区。

二、文化和自然遗产保护的国际法制度

在文化和自然遗产保护方面，1962 年联合国教科文组织通过了《关于保护景观和遗址的风貌与特性的建议》，建议各成员国通过国家法律或其他方式，保护景观和遗址的风貌与特征。1964 年，在威尼斯通过的《国际古迹保护与修复宪章》，明确反对对任何历史文物和历史遗迹的复建。1970 年联合国教科文组织在巴黎通过的《关于禁止和防止非法进出口文化财产和非法转让其所有权的方法的公约》旨在保护缔约国的文化财产免受偷盗、秘密发掘和非法出口的危险。

1972 年 11 月 16 日，在联合国教科文组织第十七届大会上正式通过的《保护世界文化和自然遗产公约》是保护文化和自然遗产方面最重要的国际公约。根据该公约，当事国对本国领土内的文化和自然遗产的确定、保护、保存、展出和遗传后代负主要责任。公约关于保护世界遗产的规定，既有对当事国的要求，也明确规定了各国间合作的义务。同时，该公约关于世界遗产委员会①、世界遗产中心、《世界遗产名录》以及设立保护世界文化和自然遗产基金②的规定，使公约确定的保护目标得以实现。公约明确规定了世界遗产的申报程序：只有公约的成员才有资格申报世界遗产；世界自然保护联盟和国际古迹遗址理事会指定的专家进行评审，并向世界遗产委员会主席团提交评估报告；最后，由 21 名成员组成的世界遗产委员会最终决定入选、推迟入选或淘汰的名单，入选者即被列入《世界遗产名录》。世界遗产委员会还设立了《濒危世界遗产名录》。列入《濒危世界遗产名录》的遗产不但要具备世界遗产的资格，同时还要面临被毁坏的危险。另外，1994 年，世界遗产委员会把监测和巡视工作引入其职责范围。

1995 年 6 月在意大利通过的《国际统一私法协会关于被盗或者非法出口文物公约》③ 适用于缔约国返还被盗文物、归还因违反缔约国为保护其文化遗产之目的制定的文物出口法律而移出该国领土的文物等国际性请求。

2005 年 10 月 20 日，联合国教科文组织通过了《保护和促进文化表现形式多样性国际公约》。④ 它是在联合国教科文组织 2001 年 11 月 2 日通过的《世界文化多样性宣言》的基础上修改、细化、补充后完成的。公约提出了不同于世界贸易组织关于商品贸易的文化产品及服务贸易的原则。它确认“文化多样性是人类的一项基本特征”，“是人类的共同遗产”；强调各国有权利“采取它认为合适的措施”来保护自己的文化遗产。公约为此确定了尊重人权和基本自

① 世界遗产委员会全称是保护世界文化和自然遗产政府间委员会，是于 1976 年 11 月成立的负责实施 1972 年《世界文化和自然遗产公约》的政府间组织，负责管理世界遗产基金，向为保护遗产而申请援助的国家给予技术和财力援助。中国于 1999 年 10 月 29 日当选为世界遗产委员会成员。

② 根据 1972 年《保护世界文化和自然遗产公约》，资金来源包括各缔约国、联合国教科文组织等的捐款。

③ 1997 年 3 月 7 日，中国政府决定加入《国际统一私法协会关于被盗或者非法出口文物的公约》。

④ 2006 年 12 月 29 日第十届全国人民代表大会常务委员会第二十五次会议通过了关于批准《保护和促进文化表现形式多样性公约》的决定。

由、主权、所有文化同等尊严和尊重、国际团结与合作、经济和文化发展互补、可持续发展、平等享有以及开放和平衡共 8 项原则。

第十节 危险物质与活动的国际法管制

关于危险物质和活动的国际立法始于 20 世纪 80 年代，主要涉及可能造成跨界环境危害的物质和活动，包括核活动与核材料、化学品、有毒或危险废弃物质的处理和重大技术风险等。

一、关于核活动与核材料的国际法制度

1980 年，国际原子能机构通过的《核材料实物保护公约》适用于国际核运输中用于和平目的的核材料。该公约对“核材料”和“国际核运输”都作了界定，并要求缔约国在进行国际核运输时要按照公约附件一的级别予以保护，否则，不能从缔约国或非缔约国输入或输出核材料。1984 年和 1985 年，国际原子能机构又通过了《关于核事故或辐射紧急情况时相互援助安排的指南》和《关于放射性材料跨界处置时进行通知、统一规则和交换信息的指南》，但这两个文件并未受到应有的重视。1986 年苏联切尔诺贝利核电站发生的溢漏事故造成重大的环境灾难，同时也促使以下两个相关的国际公约获得通过，即 1986 年 9 月《及早通报核事故公约》和《核事故或辐射紧急情况援助公约》。

《及早通报核事故公约》的宗旨是进一步加强安全发展和利用核能方面的国际合作，通过在缔约国之间尽早提供有关核事故的情报，以使可能超国越界的辐射后果减小到最低限度。公约适用于已经造成或可能造成对另一国具有辐射安全影响的跨国界的国际性释放事故，包括核反应堆、核材料循环设施、放射性废物管理设施、核材料和放射性废物的运输和储存等活动发生的核事故。公约的主要内容包括缔约国有义务对于引起或可能引起放射性物质释放并已造成或可能造成对另一国具有辐射安全重要影响的超越国界的国际性释放的任何事故向有关国家和机构通报。但对于核武器事故，缔约国可以自愿选择通报或不通报。核事故的通报内容应包括核事故及其性质、发生的时间、地点和有助于减少辐射后果的情报。事故发生国可以直接，也可以通过国际原子能机构间接向实际受影响或可能受影响的国家或机构（包括缔约国和非缔约国）通报。各缔约国应将其负责收发核事故通报和情报的主管当局和联络点通知国际原子能机构，并直接或通过国际原子能机构通知其他缔约国。这类联络点和国际原子能机构内的联络中心应连续不断地可供使用。国际原子能机构在本公约范围内，有义务立即将所收到的核事故通报和情报通知所有缔约国、机构成员国和有关国际组织。

《核事故或辐射紧急情况援助公约》的宗旨是进一步加强安全发展和利用核能方面的国际合作，建立一个有利于在发生核事故或辐射紧急情况时迅速提供援助、以尽量减少其后果的国际援助体制。公约的主要内容包括在核事故或辐射紧急情况下，缔约国有义务进行合作、迅速提供援助，以尽量减少其后果和影响。若一缔约国在发生核事故或辐射紧急情况时需要援助，它可以直接向国际原子能机构或通过国际原子能机构向任何其他缔约国或酌情向其他政府间国际组织请求这种援助。被请求的缔约国应迅速决定并通知请求国它是否能够提供所请求的援助及其范围和条件。该公约对国际原子能机构在本公约范围内的职责作了规定。请求国应给予援助方的人员必要的特权、豁免和便利，以便履行其援助职务。当援助是以全部偿还或部分偿还

为基础提供时，请求国应向援助方偿还因此而发生的有关费用。[①]

1994 年 6 月 17 日举行的国际原子能机构第三十八届大会通过的《核安全公约》强调对“核设施”享有管辖权的国家对核安全承担责任。公约要求缔约国采取立法、监管和行政措施以便通过缔约国按公约规定建立的监管机构履行公约义务，并向公约建立的缔约方会议的审议会议提交履行公约的报告。公约要求缔约国对核设施实行许可证制度，禁止没有许可证的核设施的运行。[②]

此外，1997 年《乏燃料管理安全和放射性废物管理安全联合公约》[③] 的目标是通过加强管理和国际合作，以在世界范围内达到和维持乏燃料和放射性废物管理的安全，防止发生事故，但该公约仅适用于民用核反应堆运行产生的乏燃料和民事应用产生的放射性废物的管理安全，不适用于军事或国防计划范围内的乏燃料或放射性废物的管理安全。

二、关于有毒或危险废物处置的国际法制度

有毒或危险废物是“处置的或打算予以处置的或按照国家法律规定必须加以处置的物质或物品”[④]。防止有毒或危险废物造成污染的根本途径在于尽量减少或消除废物的排放，即实行污染物的源削减。1972 年《人类环境宣言》即开始关注这一问题。1988 年，非洲统一组织通过决议指出，向非洲倾倒核废物和工业废物是对非洲及其人民的犯罪行为。1991 年 1 月 30 日，非洲国家签订了《禁止进口危险废物并控制其在非洲越境转移的巴马科公约》，禁止危险废物的贸易和控制危险废物的越境转移，并规定了许可证制度，缔约国有义务在其国内法中对非法贸易进行刑事处罚。1991 年，在发展中国家环境与发展部长级会议上通过的《北京宣言》对继续非法贩运有毒有害物品和废弃物，特别是把它们从发达国家运至发展中国家表示关切，并敦促发达国家采取适当措施制止此类贩运。宣言呼吁所有国家采取行动建立责任和赔偿制度以及向发展中国家转让低废技术的机制，提高其鉴别、分析和处理废物的能力，以便建立一个在全球禁止向缺乏此类能力的发展中国家出口危险废物的机制。1992 年《环境与发展宣言》原则 14 宣布：各国应有效地进行合作，以阻碍或防止把任何造成环境退化或查明对人健康有害的活动和物质迁移或转移到他国。在废物危险越境转移规制方面最重要的国际条约是 1989 年 3 月在巴塞尔通过的《控制危险废物越境转移及其处置巴塞尔公约》和 1999 年《危险废物越境转移及其处置所造成损害的责任和赔偿议定书》。

1989 年《控制危险废物越境转移及其处置巴塞尔公约》的宗旨是采取严格措施保护人类健康和环境，使其免受危险废物和其他废物的产生与管理可能造成的不利影响。公约不适用于

---

① 公约第 10 条关于索赔和补偿的规定受到许多发展中国家的反对，特别是该条第 2 款，中国对此提出保留。根据该款的规定，除另有协议外，对于在提供所要求的援助过程中在其领土内或其管辖或控制下的其他地区内所造成的人员死亡或受伤、财产毁坏或损失或环境破坏，请求国不得对援助方或代表其行事的人员或其他法律实体提出任何法律诉讼；第三方对援助方的诉讼和索赔由请求国承担责任；避免援助方在上述诉讼和索赔中受到损害以及受到损害后予以补偿等。

② 白桂梅. 国际法. 北京：北京大学出版社，2006：455.

③ 2006 年 4 月 29 日，中国批准加入《乏燃料管理安全和放射性废物管理安全联合公约》。同时声明：“（一）中华人民共和国政府对第 2 条（u）项以及第 27 条提及的‘超越国界运输’的理解是：作为抵达国的《乏燃料管理安全和放射性废物管理安全联合公约》任何缔约方在同意来自另一缔约方的国内实体的超越国界运输前，应当向该超越国界运输的启运国确认该超越国界运输已得到该启运国的批准。（二）在中华人民共和国政府另行通知前，《乏燃料管理安全和放射性废物管理安全联合公约》暂不适用于中华人民共和国澳门特别行政区。”公约于 2001 年 6 月 18 日正式生效。

④ 1989 年《控制危险废物越境转移及其处置巴塞尔公约》第 2 条第 1 款。

放射性废物和船舶正常作业中产生且其排放已由其他国际文书作出规定的废物。事先知情同意程序是公约的核心内容。公约第3条要求每个国家在成为公约缔约国的6个月内将附件一和附件二之外的，但其国家立法视为或确定为危险废物的废物名单连同有关适用于这类废物的越境转移程序的任何规定通知公约秘书处。公约第4条为缔约国规定了一般义务，包括：缔约国有权禁止危险废物或其他废物进口并将禁止的决定通知其他缔约国；接到此等通知后应禁止或不许可向禁止这类废物进口的缔约国出口危险废物或其他废物；在尽可能的范围内，将处置废物的设施设在本国领土内；禁止向经济和（或）政治一体化组织且在法律上完全禁止危险废物或其他废物进口的某一缔约国或一组缔约国，特别是发展中国家出口此类废物；不许与非缔约国之间进行危险废物或其他废物的出口或进口的活动；不许将危险废物或其他废物出口到南纬60度以南的区域进行处置等。当然，公约并非绝对禁止危险废物或其他废物的出口或进口，只是为危险废物越境转移的法律控制提供了一个框架，为此类废物的出口和进口规定了条件。

1999年《危险废物越境转移及其处置所造成损害的责任和赔偿议定书》侧重于建立一套综合赔偿制度，迅速、充分赔偿因危险废物和其他废物越境转移及其处置包括此类废物的非法运输所造成的损害。该议定书规定，危险废物越境转移的损害包括生命的丧失或人身伤害；财产丧失或损坏；直接产生于通过以任何方式使用环境而获取的经济利益的收入因环境遭到破坏而告丧失，同时，计及可节省的资金和所涉费用；为恢复被破坏的环境而采取措施所涉费用，但只限于已实际采取或拟采取的措施所涉及的费用；预防措施所涉费用，包括此种措施本身所造成的任何损失或损害，只要此种损害系由受公约管制的危险废物和其他废物在越境转移及处置中因其危险特性而引起或造成。同时对“恢复措施”和“预防措施”也予以明确界定。该议定书对严格赔偿责任及免责、过失赔偿责任、赔偿限额、追索权和责任履行途径等都作了较明确的规定。为了保证受害者获得赔偿，该议定书还规定了保险、保证金或其他财务担保机制。

三、关于化学品管制的国际法制度

国际社会对化学品的管理，主要侧重于对化学品的登记和分类及化学品国际贸易中的“事先知情同意”等制度。1983年联合国大会首次提出的关于化学品国际贸易的原则、联合国粮农组织1985年通过的《农药供销和使用的国际行为准则》、1987年联合国环境规划署通过的《关于化学品国际贸易资料交换的伦敦准则》、1989年联合国环境规划署制定的《国际潜在有毒化学品登记册》、1990年国际劳工组织主持制定的《化学制品在工作中的使用安全公约》、1998年在荷兰通过的《关于在国际贸易中对某些危险化学品和农药采用事先知情同意程序的鹿特丹公约》、世界卫生组织2019年发布的《按危险性分类的农药建议分类：分类指南》①、2001年《关于持久性有机污染物的斯德哥尔摩公约》② 等文件是国际社会对有毒化学品采取优先控制行动的重要措施。其中，1998年《关于在国际贸易中对某些危险化学品和农药采用事先知情同意程序的鹿特丹公约》的目标是，“通过便利就国际贸易中的某些危险化学品的特性进行资料交流、为此类化学品的进出口规定一套国家决策程序并将这些决定通知缔约方，以促

---

① 1975年，第28届世界卫生大会批准了世界卫生组织推荐的农药危害分类，此后得到了广泛认可。后经会员国和农药登记机构建议，应就单个农药的分类提供进一步指导，此后每隔几年就会修订和重新发布。目前的最新版本为2019年版本。

② 该公约于2004年5月17日生效。2005年缔约方大会通过决定，确立了仲裁与调解程序，分别规定在附件G的第一、二部分中。在2009年的缔约方大会上通过决定，增加了α-六氯环乙烷等化学品。

进缔约方在此类化学品的国际贸易中分担责任和开展合作，保护人类健康和环境免受此类化学品可能造成的危害，并推动以无害环境的方式加以使用”。该公约适用于禁用或严格限用的化学品和极为危险的农药制剂，不适用于放射性材料、废物、化学武器等。该公约对于禁用或严格限用化学品的程序作了具体规定，并要求特别考虑发展中国家缔约方或经济转型国家缔约方的利益。

国际法案例

南大洋捕鲸案
（澳大利亚诉日本，国际法院）

2010年5月31日，澳大利亚在国际法院对日本提出起诉。澳大利亚对日本提出以下指控：(1) 日本在南大洋的“特许南极鲸类研究方案第二阶段”（以下简称“JARPA Ⅱ”）不属于《国际捕鲸管制公约》（以下简称《公约》）第8条所指的“为科学研究的目的”的方案；(2) 日本违反了公约附件第10（e）、10（d）、7（b）条和第30条规定的国际义务。澳大利亚要求日本马上停止JARPA Ⅱ方案的执行并撤销允许实施JARPA Ⅱ的相关授权。2012年11月20日，根据《国际法院规约》第63条，新西兰向国际法院申请介入本案。2014年3月31日，国际法院对本案作出判决。

国际法院在判决中说明，1946年12月2日，15个主要捕鲸国在华盛顿签署了《公约》，《公约》分别于1948年11月10日和1951年4月21日对澳大利亚和日本生效。由于人类的捕杀，许多鲸类处于濒危或易受伤害的状态。1982年，国际捕鲸委员会通过了《关于设置全球商业捕鲸禁令的决议》，并作为附件第10（e）条，禁止1986年捕鲸季后所有商业性捕鲸行为，要求以后所有近海和远洋商业捕鲸必须为零，但仍允许“为科学研究的目的”的限量捕鲸活动。该项禁令在1986年～1987年捕捞季后对日本生效。另外，国际捕鲸委员会还通过了禁止捕鲸加工船以及在附属于加工船的捕鲸艇上实施猎杀、捕获和处理鲸类的决议，作为附件第10（d）条，禁止对小须鲸以外的其他鲸类的猎杀、捕获和处理（包括抹香鲸、虎鲸和其他须鲸）。1994年，国际捕鲸委员会通过了建立南大洋鲸类禁猎区的决议，作为附件第7（b）条，禁止在禁猎区内任何形式的商业捕鲸行为。

日本在禁令对其生效后，仍利用《公约》第8条有关科学研究捕鲸的条款，制定“特许南极鲸类研究方案”，每年以“科学研究”名义大量捕杀鲸类。该方案由日本鲸类研究所负责，分为第一阶段JARPA Ⅰ（1987年～2004年）与第二阶段JARPA Ⅱ（2005年以后）两个方案。JARPA Ⅱ的研究目标是“调查鲸类种群丰度，计算鲸类群体参数和探究鲸类在生态系统中的作用”。自1987年以来，日本“特许南极鲸类研究方案”已捕杀超过10 000头鲸，几乎是其他所有国家自1952年科研捕鲸总量的4.5倍。

关于禁令中所指的“以科学研究为目的”，《公约》并没有给出明确的概念，而是仅在第8条第1款中规定：“尽管有本公约的规定，缔约政府对本国国民为科学研究的目的而对鲸进行捕获、击杀和加工处理，可按该政府认为适当的限制数量，发给特别许可证。”澳大利亚认为，“科学研究”应当有以下三个特点：具有明确可实现的目标；使用适当的方法；接受业界科学家的评估并且作出适当回应。澳大利亚同时说明，《公约》规定的例外是一个有限制的例外，它不能对《公约》的目的和宗旨产生影响。日本则认为，应当采用宽泛的解释方法，并强调该条款为缔约国政府提供了决定科研捕鲸的自由。国际法院在判决中指出：第一，对于《公约》第8条的解释应当符合整个公约的目的和宗旨，并要将该条款放到《公约》的“上下文”中进行解释。第二，该条款所提出的“为科学研究目的”的捕鲸，应当是增进人类对鲸类种群认知和理解，从而更好地实现《公约》的目标和宗旨，为《公约》目的的实现作出贡献。

关于JARPA Ⅱ是否为科学研究的目的，澳大利亚认为，《公约》第8条的确允许缔约国可以出售为科研所产生的鲸肉，但从科研产生的鲸肉数量以及鲸肉流入市场的销售情况来看，不得不让人怀疑日本的捕鲸活动是否是“为科学研究的目的”。国际法院支持了澳大利亚的观点，认为，“科学研究”和“为科学研究的目的”二者之间的关系应该是叠加的，也就是说，即使日本的捕鲸活动内容涉及科学研究，但如果不是为科学的目的，它也不属于《公约》第8条所规定的范围。而对于“科学研究”的认定标准，国际法院并没有作出明确解释，而是以JARPA Ⅱ的研究目标与委员会指南中的研究类别一致为根据，判定JARPA Ⅱ项下的捕鲸活动在广义上可以定性为科学研究。但根据相关证据，JARPA Ⅱ项目中捕获、击杀和加工处理鲸的活动与该项目的目的之间并不存在合理性：第一，如果日本想要达到其研究目的，在科学研究领域已有大量更高效和可靠的非致死性方法可以采用，而日本并没有向国际法院提供对非致死性方法已经做了充分分析的有力证据。第二，从样本总量与实际捕捞量来看，日本的实际捕捞量与JARPA Ⅱ设计的样本数量有很大差异，但日本却并没有根据实际捕捞的数量对JARPA Ⅱ的样本设计作出适当调整，使国际法院对样本设计的合理性产生了进一步的怀疑。第三，从样本总量的设计上来说，澳大利亚提出，经过对JARPA Ⅰ、JARPA Ⅱ的对比分析发现，两者在研究目标、研究对象和研究方法上都有高度的重合性，日本大幅提升JARPA Ⅱ的致死性样本数量很让人费解。澳大利亚的观点得到了法院的支持。另外，在JARPA Ⅱ中，小须鲸和座头鲸的样本数量设计均仅为50头，这样的样本数量是很难完成JARPA Ⅱ的科研项目的，因此，国际法院有理由怀疑，日本并不是经过严谨的科学考察计算得出座头鲸和长须鲸的样本数量的。国际法院最后的结论是，日本JARPA Ⅱ项下的捕鲸活动并不符合“为科学的目的”的标准，违反了《公约》第8条的义务。

澳大利亚诉日本南大洋捕鲸案备受国际社会各界的关注。由于日本JARPA Ⅱ项下的捕鲸活动已经严重威胁到了鲸类的生存，因而国际法院在此案中判定日本败诉并要求其停止JARPA Ⅱ计划的实施和撤销JARPA Ⅱ的相关授权，这不仅标志着澳大利亚等反捕鲸国的胜利，而且对于在国际法层面加强对鲸鱼的保护和对非科研捕鲸管制的完善亦具有重要意义。

简答题

简要回答下列问题：

1. 国际环境法有哪些特征？
2. 国际环境法有哪些基本原则？
3. 跨界损害国际责任的内容是什么？
4. 简要回答减缓和应对气候变化国际法制度的内容。
5. 简要回答跨界水资源国际法保护制度的内容。
6. 简要回答生物多样性国际法保护制度的内容。
7. 简要回答文化和自然遗产国际法保护制度的内容。
8. 简要回答危险废物越境转移的国际法管制的内容。

第十章
外交与领事关系法

提　要

外交与领事关系法是指主要调整国家之间外交和领事关系的原则、规则和制度，涉及国内和驻外外交机关、使馆和领馆的建立、人员的派遣和接受、使馆和领馆的职务、使馆和领馆以及外交代表和领事官员的特权与豁免及其对接受国的义务等内容。外交与领事关系法历史悠久，长期以来形成了大量习惯法规则。1961 年《维也纳外交关系公约》和 1963 年《维也纳领事关系公约》对外交与领事关系领域的习惯法规则进行了系统的编纂。这两个公约是外交与领事关系领域最重要的国际公约，是处理外交关系和领事关系的基本法律依据。

重点问题

1. 特别使团
2. 使馆制度
3. 外交特权与豁免
4. 领馆制度
5. 领事特权与豁免

第一节　外交关系法概述

一、外交关系与外交关系法

（一）外交关系的概念

外交关系是指国家为了实现对外政策，通过其外交机关和代表与其他国际法主体进行外交活动而形成的国际关系。随着国际交往的日益增加，外交关系的主体从国家扩大到了国际组织，外交关系的内容也从单纯的国家间的政治关系发展为包括政治、经济、科技、文化等领域的全面的关系。

为了促进包括外交关系在内的对外关系的发展，2023 年 6 月 28 日，中国全国人大常委会通过《中华人民共和国对外关系法》（以下简称《中国对外关系法》）；2023 年 7 月 1 日，该法开始施行。《中国对外关系法》第 2 条规定了中国对外关系的指导思想：“中华人民共和国坚持以马克思列宁主义、毛泽东思想、邓小平理论、‘三个代表’重要思想、科学发展观、习近平新时代中国特色社会主义思想为指导，发展对外关系，促进友好交往。”

在国际实践中，国家间的外交活动主要包括相互设立使馆、派遣或接受特别使团、各级国家官员或代表互访、参加国际组织活动、主持或出席国际会议、互相通信和谈判，以及缔结条约和协定等；在此基础上，形成了所谓广义的外交关系。不过，“由于国与国之间互设使馆被认为是保持两国间正常关系的最主要、最有效的方法，因此，狭义上的外交关系往往指国家互相在对方领土内设立常驻使馆并通过它们进行交往的关系”①。

（二）外交关系法的概念与编纂

外交关系法主要是指调整国家之间外交关系的国际法原则、规则和制度的总称。它包括国内外外交代表机关的区别、外交关系的建立、使馆的设立、使馆人员的派遣与接受、使馆职务、使馆与外交代表的特权与豁免、使馆与使馆人员对接受国的义务等内容。长期以来，外交关系法的法律渊源主要表现为国际习惯，只有少数几个专门性和区域性的国际条约。第二次世界大战后，联合国国际法委员致力于对有关外交关系的国际法规则进行编纂，制定了一系列调整外交关系的国际公约，外交关系法的主要法律渊源也由国际习惯转变为国际条约。这些条约包括 1946 年《联合国特权与豁免公约》、1947 年《联合国专门机构特权与豁免公约》、1961 年《维也纳外交关系公约》、1969 年《特别使团公约》、1973 年《关于防止和惩处侵害应受国际保护人员包括外交代表的罪行的公约》、1975 年《关于国家在其对普遍性国际组织关系上的代表权公约》等，其中最重要的当属 1961 年的《维也纳外交关系公约》（以下简称《外交关系公约》）。到 2023 年年底，公约缔约国共有 193 个。

《外交关系公约》对国家间外交关系和使馆的建立、使馆馆长的等级和使馆人员的组成、使馆馆长和使馆人员的派遣和接受、使馆的职务、使馆馆长和外交代表的特权与豁免、享有外交特权与豁免权的人员对接受国的义务等作了全面规定，为国家之间的正常交往提供了共同的标准和法律依据。《奥本海国际法》指出：“虽然公约在相当大的程度上是国际习惯法的编纂，但是，不能认为它完全是现行法律的编纂，因为它还包含了向前发展的因素。公约没有明白规定的事项，继续适用国际习惯法的规则。”②

二、外交机关

国家从事外交活动的机关包括国内的中央外交机关和派往国外的外交代表机关。

（一）中央外交机关

国内外交机关包括国家元首、政府和外交部。它们是负责国家外交事务的中央机关，根据本国宪法和法律的规定从事外交活动。

1. 国家元首

国家元首是国家对外关系方面的最高代表机关。在国际法上，国家元首在国际交往中有权代表国家，其实施的具有法律意义的一切行为均被视为国家行为。国家元首在对外关系方面的职权一般由本国宪法规定，通常包括派遣和接受外交使节、批准和废止条约、宣战和媾和、参加国际会议、进行高级别会谈、缔结重要条约等。

根据国际习惯，国家元首在外交礼仪上享有尊荣和特权，如享受最高规格的欢迎仪式等。国家元首享受特别待遇的根据主要是其作为主权国家的代表应受到外国尊重、国家主权平等和

---

① 《国际公法学》编写组．国际公法学．3 版．北京：高等教育出版社，2022：388．

② 詹宁斯，瓦茨．奥本海国际法：第 9 版：第 1 卷，第 2 分册．王铁崖，等译．北京：中国大百科全书出版社，1998：490．

平等者之间无管辖权、确保其自由行使作为国家最高机关的职务需要。① 但国家元首在外国不能滥用特权地位；一旦滥用，所在国没有义务容忍其继续停留。②

中国的国家元首是国家主席。中国《宪法》第80条规定，国家主席根据全国人大和全国人大常委会的决定宣布战争状态。中国《宪法》第81条规定，国家元首代表国家接受外国使节；根据全国人大常委会的决定派遣和召回驻外全权代表，批准和废除与外国缔结的条约和重要协定。《中国对外关系法》第11条规定："中华人民共和国主席代表中华人民共和国，进行国事活动，行使宪法和法律规定的对外关系职权。"

2. 政府

政府是国家的最高行政机关。根据宪法和法律的规定，政府在对外关系中拥有广泛的职权，通常包括制定外交政策、领导外交工作、管理对外事务、与外国政府签订条约、签发参加谈判或国际会议代表的全权证书、任免一定等级的外交人员等。

政府首脑在对外关系中可以直接进行外交谈判、参加国际会议、签订条约、发表宣言或公报等。在参加外交活动时，政府首脑无须出具全权证书。政府首脑在外国享有尊荣权，也享有全部的特权与豁免。

中国《宪法》第85条规定，国务院为中国中央人民政府，是最高国家行政机关。中国《宪法》第89条规定，国务院统一领导各部和各委员会的工作，包括外交部的工作；管理对外事务，与外国缔结条约。《中国对外关系法》第12条规定："国务院管理对外事务，同外国缔结条约和协定，行使宪法和法律规定的对外关系职权。"

3. 外交部

外交部在不同国家可能有不同名称，它是一国政府中专门处理外交事务的主管机关。外交部负责执行国家的外交政策，处理日常外交事务，指导和监督驻外使领馆、特别使团和驻国际组织使团以及出席国际会议代表团的工作，保护本国和本国侨民在外国的合法权益等。一国政府和政府部门与外国政府及其部门以及与外国使馆、特别使团等的联系，一般通过外交部进行。《中国对外关系法》第14条第1款规定："中华人民共和国外交部依法办理外交事务，承办党和国家领导人同外国领导人的外交往来事务。外交部加强对国家机关各部门、各地区对外交流合作的指导、协调、管理、服务。"自2010年1月1日起施行的《中华人民共和国驻外外交人员法》（以下简称《中国驻外外交人员法》）第4条规定："外交部统一领导驻外外交机构的工作，会同其他派出部门对驻外外交人员实施管理。"

外交部长是外交部的首长，负责领导外交部的工作。外交部长在进行谈判、参加国际会议或签订条约时，无须出示全权证书。外交部长在对外活动中享有完全的特权与豁免。

（二）外交代表机关

国家派往国外执行外交使命、从事外交活动的外交代表机关包括常驻使团和特别使团两种类型。

1. 常驻使团

国家之间相互派遣外交使节的实践有着悠久的历史，不过，各国最初派遣的使节是临时的，而非常驻的。"首先认识到派遣常驻使团的有利之处的是意大利各共和国，特别是威尼斯于15世纪首先向意大利的其他共和国派遣常驻使团，其他国家竞相效仿。而后意大利各国又

① 王铁崖. 国际法. 北京：法律出版社，1995：362.

② 詹宁斯，瓦茨. 奥本海国际法：第9版：第1卷，第2分册. 王铁崖，等译. 北京：中国大百科全书出版社，1998：460.

向西班牙、德国、法国和英国派驻使团，欧洲其他国家也逐渐效仿。”① 由此可见，从 15 世纪开始，欧洲出现了近代意义上的常驻使团。随着欧洲国家的对外殖民扩张，它们在美洲、亚洲、非洲等地区的国家也设立了常驻使团，常驻使团制度得到了不断的发展和完善。本章的主要内容之一就是阐述作为国家间常驻外交使团的使馆制度和外交特权与豁免。另外，在现代国际社会，国家不仅要与其他国家交往，还要与国际组织交往，因此，除国家之间的常驻使团外，国家还向国际组织，如联合国、世界贸易组织等，派遣常驻使团。

中国从 19 世纪开始与其他国家建立外交关系，并相互设立常驻使团。外国派遣到中国的第一位常驻使节是 1861 年的英国公使普鲁斯；随后，法、美、俄、德等国也相继委派了驻华公使。② 中国清政府于 1877 年在伦敦设立公使馆，并任命郭嵩焘为首任驻英国公使。这是中国设立的第一个常驻使馆和派遣的第一位常驻外交使节。

2. 特别使团

特别使团（special mission）亦称临时使团，是指一国派往另一国或国际组织进行访问，执行临时性外交任务的代表团。1969 年 12 月 8 日，联合国大会通过《联合国特别使团公约》（简称《特别使团公约》）；1985 年 6 月 21 日，公约正式生效。《特别使团公约》第 1 条中规定：“‘特别使团’是指由一个国家，经另一个国家同意，为了就特别问题同该另一国进行交涉，或为了执行同该另一国有关的特别任务，而派往该国的、代表其本国的临时使团。”由此可见，公约只适用于国家之间相互派遣的特别使团。

（1）特别使团的派遣与接受。特别使团的派遣与接受不以两国之间存在外交或领事关系为必要条件。一国在事先通过外交途径或者其他双方同意或接受的途径取得另一国同意后，即可向该另一国派遣特别使团。特别使团应由派遣国的一名或几名代表组成，派遣国可以指定其中一人为团长。特别使团通常包括外交人员、行政和技术人员以及服务人员在内。原则上，派遣国可以自行任命特别使团成员，但根据公约第 12 条第 1 款，接受国可以随时不加解释通知派遣国，宣告特别使团中派遣国的任何代表，或任何外交职员为不受欢迎的人，或使团任何其他职员为不能接受。遇此情形，派遣国应酌情召回该人或终止其在使团中的职务。此外，接受国得在任何人员到达接受国国境前宣告其为不受欢迎或不能接受。

特别使团中派遣国代表和外交人员原则上应具有该派遣国国籍；非经接受国同意，接受国国民或第三国国民不得充任特别使团成员。如果派遣同一个特别使团前往两个或两个以上国家，派遣国应在征求各个接受国同意时加以说明。按照《特别使团公约》的规定，特别使团的职务应当由派遣国和接受国协议确定。特别使团在与接受国外交部或与另经商定的其他机关取得正式联系后即可开始执行，这也意味着接受国对使团的正式接受。

（2）特别使团的特权与豁免。根据《特别使团公约》的规定，特别使团及其代表和外交职员享有与《外交关系公约》规定的使馆及外交代表的特权与豁免基本相同的特权与豁免。

第一，特别使团的特权与豁免。特别使团的馆舍、档案和文件不得侵犯；特别使团享有通讯自由，并免纳捐税、关税；特别使团有权使用本国的国旗、国徽。不过，与使馆馆舍不得侵犯不同的是，《特别使团公约》第 25 条第 1 款规定，接受国官吏非经特别使团团长或派遣国驻接受国使馆馆长同意，不得进入特别使团馆舍。但在遇有火警或严重危害公共安全的其他灾难，无法获得使团团长或使馆馆长同意的情况下，可以推定已获同意而进入馆舍。

第二，特别使团中的代表和外交职员的特权与豁免。特别使团中的代表和外交职员人身不

① 梁淑英. 国际法. 北京：中央广播电视大学出版社，2002：255.

② 杨泽伟. 宏观国际法史. 武汉：武汉大学出版社，2001：420.

得侵犯、私人住宅不得侵犯。他们在接受国享有行动自由和司法管辖的豁免权，并且免纳捐税、关税和免受查验。根据《特别使团公约》第 21 条，派遣国元首率领特别使团时，应享有依据国际法对国家元首在正式访问时应给予的便利、特权与豁免；政府首脑、外交部部长及其他高级人员参加特别使团时，除享有公约所规定的特权与豁免外，应享有国际法所给予的便利、特权与豁免。此外，《特别使团公约》第 31 条中规定，特别使团代表和外交职员对于在公务范围以外因使用车辆造成事故引起的损害赔偿诉讼不享有接受国民事及行政管辖的豁免；但《外交关系公约》并无此项规定。

此外，特别使团中的代表和外交职员的家属、行政和技术人员及其家属，以及服务人员也享有相应的特权与豁免。

第三，特别使团及其人员对接受国的义务。《特别使团公约》第 47 条规定，享有特权与豁免的特别使团人员负有尊重接受国法律规章的义务和不干涉该国内政的义务；特别使团的馆舍不得以任何方式用作与公约或一般国际法其他规则，或派遣国与接受国间之间的协定所规定的特别使团职务不相符的用途。

第二节 使馆制度

使馆是一国派往另一国的常驻外交使团。在国际实践中，两个国家建立外交关系后，通常会互设使馆。不过，无论是建立外交关系还是互设使馆，都必须以双方共同签订的协议为准。《外交关系公约》第 2 条明确规定：“国与国间外交关系及常设使馆之建立，以协议为之。”

一、使馆人员

（一）使馆馆长

使馆人员由使馆馆长和使馆职员组成，其中，使馆馆长是负责使馆所有事务的首长，在处理外交事务时，在接受国中代表派遣国。

使馆馆长有等级之分。根据 1815 年《维也纳议定书》的规定，使馆馆长有三个等级：特命全权大使（教廷大使），特命全权公使（教廷公使），代办。1818 年的《亚琛议定书》在代办之上增设了驻办公使（ministers resident）一级，但在国际实践中几乎没有国家委派，因而没有实际意义。《外交关系公约》同样设置了使馆馆长的三个等级，即大使、公使和代办。《外交关系公约》第 14 条规定：“（甲）向国家元首派遣之大使或教廷大使，及其他同等级位之使馆馆长；（乙）向国家元首派遣之使节、公使及教廷公使；（丙）向外交部长派遣之代办。”不过，虽然使馆馆长的等级存在差异，但除关于优先地位及礼仪事项之外，各使馆馆长不应因其所属等级而有任何差别。从外交礼仪和优先地位来看，不同级别的使节之间地位不同：大使居公使之前，公使居代办之前。同一级别使节的优先地位一般依到任日期先后为准，至于国家之间派遣哪个等级的外交使节，由双方协议决定。

大使是一国元首向另一国元首派遣的最高级别的使节，享有比其他级别的使馆馆长更高的礼遇。大使可以随时请求会见接受国的元首，直接进行谈判，其他级别的馆长则没有这种地位。

公使是一国元首向另一国元首派遣的第二等级的使节，在礼遇方面稍低于大使。近代国际关系史上，各国之间派遣公使较为常见；第二次世界大战后，则主要派遣大使。从 19 世纪中期到民国初期，与中国建立外交关系的国家派驻中国的使馆馆长一直是公使级别的使节。1924

年后，苏联将派驻中国的使节升级为大使，其他国家也相继将派驻中国的使节升级为大使。

代办是一国外交部长向另一国外交部长派遣的使节，在使馆馆长中级别最低。代办代表派遣国处理相关外交事务，仅可随时要求会见接受国的外交部长。

使馆的临时代办与代办不同。《外交关系公约》第 19 条第 1 款规定："一、使馆馆长缺位或不能执行职务时，应由临时代办暂代使馆馆长。临时代办姓名应由使馆馆长通知接受国外交部或另经商定之其他部；如馆长不能通知时，则由派遣国外交部通知之。"由此可见，临时代办是在使馆馆长缺位或不能执行职务期间，暂时代理馆长职务的使馆外交职员。临时代办可以代理任何等级的使馆馆长，但他不是正式的馆长。《中国驻外外交人员法》第 22 条规定："馆长缺位或者因故不能执行职务时，由被指定的人员代理馆长行使职责。"

1991 年 9 月，中国与立陶宛正式建立外交关系。2021 年 11 月，立陶宛政府批准台湾当局在立陶宛设立所谓"代表处"。2021 年 11 月 21 日，中国外交部发表声明指出，2021 年 11 月 18 日，立陶宛不顾中方严正抗议和反复交涉，允许台湾当局设立"驻立陶宛台湾代表处"。此举公然在国际上制造"一中一台"，中方决定将中立两国外交关系降为代办级。

（二）使馆职员

使馆职员有三种类型：外交职员、行政和技术职员以及事务职员。

1. 外交职员

外交职员是除使馆馆长之外的其他具有外交官职衔的人员，包括参赞、武官、秘书、随员。

参赞是高级外交官，其职位在馆长之下，协助馆长处理有关外交职务。参赞依其业务类别可分为政务参赞、文化参赞、新闻参赞、商务参赞等。

武官是派遣国军事机关的代表，负责军事联系方面的外交事务。武官依其职位有武官、副武官之别；依其类别有陆军武官、海军武官、空军武官等。

秘书是按照使馆馆长的指示办理外交事务的外交官。依其级别可分为一等秘书、二等秘书、三等秘书。

随员是使馆中根据馆长的指令处理外交事务的普通外交官，在使馆的外交职员中级别最低。

2. 行政和技术职员

行政和技术职员是使馆中从事行政和技术职务的人员，包括办公室人员、财会人员、译员、打字员、无线电技术人员等。

3. 事务职员

事务职员是使馆中从事后勤服务等任务的职员，包括司机、传达人员、维修工、清洁工、厨师等。

《中国驻外外交人员法》明确了中国驻外外交人员外交职务的等级、外交职衔，以及外交职务与外交职衔的对应关系。根据该法的规定，包括使馆馆长在内的驻外外交人员的外交职务分为特命全权大使、代表、副代表、公使、公使衔参赞、参赞、一等秘书、二等秘书、三等秘书和随员十级。外交衔级分为大使衔、公使衔、参赞衔、一等秘书衔、二等秘书衔、三等秘书衔和随员衔七级。外交职务与外交衔级的基本对应关系是：（1）特命全权大使：大使衔；（2）代表、副代表：大使衔、公使衔、参赞衔；（3）公使、公使衔参赞：公使衔；（4）参赞：参赞衔；（5）一等秘书：一等秘书衔；（6）二等秘书：二等秘书衔；（7）三等秘书：三等秘书衔；（8）随员：随员衔。该法第 47 条规定："驻外外交机构武官参照本法管理，具体办法由中央军事委员会制定。"

二、使馆人员的派遣与接受

使馆馆长和使馆职员由派遣国根据其国内法任命，但是，根据《外交关系公约》第 4 条和第 7 条的规定，派遣国在任命使馆馆长和武官之前，须将拟任命的人选通知接受国，征求接受国的同意。接受国有权不同意派遣国拟任命的人选，且无须说明理由。其他使馆职员的任命不需要事先征求接受国同意。

使馆馆长人选在征得接受国同意后，派遣国即可按照国内法规定的程序任命，并由其携带国书前往接受国就任。国书是派遣国发给使馆馆长的正式任命文书，即委任状，国书中一般需记载馆长的等级，说明其已获任命，请求接受国予以信任，并表明派遣国对发展与接受国友好关系的良好愿望等。大使和公使的国书由国家元首签署，向接受国国家元首递交；代办的国书则由外交部部长签署，向接受国外交部部长递交。

国际法上没有为接受使馆馆长规定固定的程序。使馆馆长抵达接受国后，接受国应依其不同等级以适当方式予以接受。通常大使和公使应携带国书副本会见接受国外交部部长，并请求安排接受国国家元首接受国书事宜。接受国国家元首应按照通常的礼节接见外国大使或公使并接受其国书。接受国书一般要有隆重的仪式，接受国书的仪式会在一定数量的外国使馆馆长到达后一并举行。[①] 通常情况下，使馆馆长在呈递国书后或在向接受国外交部或另经商定之其他部通知到达并将所奉国书正式副本送交后，即视为开始在接受国内执行职务。中国以使馆馆长正式递交国书的日期为其开始执行职务的日期。外交职员的职务从其到达接受国任职时开始。

使馆馆长和武官以外的使馆职员的任命不需要事先征求接受国同意，派遣国可以自行任命。不过，《外交关系公约》第 9 条规定，接受国得于任何使馆人员到达本国国境前宣布其为不受欢迎的人或者不能接受。此外，接受国得随时不具解释通知派遣国，宣告使馆馆长或使馆任何外交职员为不受欢迎的人或使馆任何其他职员为不能接受。在这种情况下，派遣国应酌情将其召回或终止其在使馆中的职务。倘若派遣国拒绝或没有在适当期间内召回该人或终止其在使馆中的职务，接受国得拒绝承认其为使馆人员。

《中国驻外外交人员法》第 21 条规定：“馆长是驻外外交机构的行政首长。特命全权大使为大使馆的馆长。代表为常驻联合国等政府间国际组织的代表机构的馆长……驻外外交机构实行馆长负责制。馆长统一领导驻外外交机构的各项工作。”根据该法第 24 条，特命全权大使和代表、副代表为特命全权大使的，由国家主席根据全国人大常委会的决定派遣和召回。除此以外的代表、副代表，由国务院或者派出部门派遣和调回。其他驻外外交人员，由外交部或者其他派出部门派遣和调回。

三、使馆职务

根据《外交关系公约》第 3 条的规定，使馆主要有以下五项职务。

（1）代表。在接受国中作为派遣国的代表，以派遣国的名义从事外交活动。

（2）保护。在国际法许可的范围内，在接受国中保护派遣国及其国民的利益。

（3）交涉。代表派遣国政府与接受国政府进行交涉。

（4）调查。以一切合法手段了解接受国的状况及发展情形，向派遣国政府报告。

（5）促进。促进派遣国与接受国的友好关系及发展两国的经济、文化与科学关系。

---

① 白桂梅. 国际法. 3 版. 北京：北京大学出版社，2015.

此外，使馆还可以执行国际法许可的其他职务，如执行领事职务，在接受国同意的情况下受第三国委托照管该国的使馆及其财产，代为保护该国及其国民的利益。《外交关系公约》第46条规定："派遣国经接受国事先同意，得应未在接受国内派有代表之第三国之请求，负责暂时保护该第三国及其国民之利益。"

四、外交代表职务的终止

根据《外交关系公约》和国家间的外交实践，外交代表的职务可因下列原因终止：第一，任期届满。第二，派遣国召回。外交人员因免职、升职、调职等原因被派遣国召回，其职务即行终止。《中国驻外外交人员法》第26条规定：驻外外交人员有下列情形之一的，应当提前调回：(1) 另有工作安排的；(2) 不能履行职责的；(3) 触犯法律或者严重违纪的；(4) 配偶取得外国国籍、外国长期或者永久居留许可的；(5) 不宜继续在驻外外交机构工作的其他情形。第三，接受国要求召回。《外交关系公约》第9条规定，如果接受国通知派遣国，宣布使馆馆长或使馆任何外交职员为不受欢迎的人，或使馆任何其他职员为不能接受，则派遣国应酌情召回该员或终止其在使馆中的职务。第四，派遣国与接受国断绝外交关系。第五，派遣国或接受国丧失国际法主体地位。倘若派遣国或接受国因合并、分裂等原因国际法主体地位不复存在，则该国派驻其他国家和其他国家派驻该国的外交代表的职务自然终止。第六，派遣国或接受国旧政府丧失代表国家的资格。倘若派遣国或接受国国内因社会革命等原因发生政府变更，旧政府代表国家的资格不复存在，则该旧政府派往其他国家和由该旧政府接受的其他国家的外交代表的职务自然终止。

五、外交团

外交团 (diplomatic corps) 是由各国派驻一国的外交使节按照外交惯例组成的团体。① 广义上的外交团包括各国派驻一国的外交代表机关的全体外交人员及其家庭成员。②

外交团通常设团长一人，由外交团中等级最高、到任时间最早的使馆馆长担任。在一些天主教国家，传统上外交团团长由教廷大使担任。《外交关系公约》第16条第3款规定："本条规定不妨碍接受国所采行关于教廷代表优先地位之任何办法。"外交团成员的位次按其等级、职衔和到任日期排列。

外交团制度不是根据国际法的规定，而是按照国际惯例和传统形成的。外交团不得行使具有法律性质的职能③，但它仍然是一个重要的团体，因为它照顾着外交使节们应当享有的特权和尊荣，并且可以通过团长就这些问题与接受国交涉。④ 外交团的活动不得违反接受国的法律，也不得干涉接受国的内政。外交团的作用主要是礼仪方面的，如出席接受国的国家庆典，参加接受国的迎送宾朋或吊唁活动，应新任使馆馆长请求向其介绍接受国的风俗习惯，应接受国政府请求向外交团成员传达或通知某些事项以及向接受国政府转达外交团成员关于日常事务

① 詹宁斯，瓦茨. 奥本海国际法：第9版：第1卷，第2分册. 王铁崖，等译. 北京：中国大百科全书出版社，1998：484.

② 童金. 国际法. 邵天任，刘文宗，程远行，译. 北京：法律出版社，1988：265.

③ 中华人民共和国外交部网站. [2023-11-26]. http://www.fmprc.gov.cn/web/ziliao_674904/lbzs_674975/t9042.shtml.

④ 詹宁斯，瓦茨. 奥本海国际法：第9版：第1卷，第2分册. 王铁崖，等译. 北京：中国大百科全书出版社，1998：484.

的关切等。接受国对外交团提出的要求没有必须采取行动的义务，但对外交团的正常活动和正当要求应当提供方便并予以尊重。

第三节　外交特权与豁免

一、外交特权与豁免的概念与根据

外交特权与豁免（diplomatic privileges and immunities）是派遣国派驻接受国的使馆和外交代表所享有的某些特殊权利和免受接受国管辖的权利。一般来说，“外交特权包括豁免，而外交豁免则不能包括一切外交特权，虽则豁免确属于外交特权的主要的并且重要的部分”[①]。

外交使节享有某些特权的习惯法源远流长。中世纪时，关于使节法律地位的问题开始逐渐被写入条约，这方面的内容在《格拉提安教令集》这部包含许多国际法准则的教会法典中也得到了反映。12 世纪至 13 世纪时，侮辱使节不仅被视为对万民法的违反，也被视为对教会特别庇护的人的侵犯，肇事者除了受世俗的惩罚，还要被革除教籍。[②] 荷兰著名国际法学家格劳秀斯在 1625 年出版的《战争与和平法》第二卷中设专章对使节权问题进行了系统的论述。[③] 17 世纪后半期，随着常驻使团成为一种制度，外交使节的特权与豁免逐步得到发展。1815 年的《维也纳议定书》明确了外交使节的位次，而 1961 年的《外交关系公约》则是现代对外交特权与豁免规则的系统编纂。

关于外交特权与豁免的理论根据，主要有三种学说。

（一）治外法权说

治外法权说（extraterritoriality）主张，外交使节的驻地象征着派遣国领土的延伸。虽然外交使节身在外国，但应被视为仍然处于本国领土内，因此，他不受接受国法律的拘束，接受国无权对其行使管辖。治外法权说是一种源于格劳秀斯理论的法律拟制说。[④] “使节被认为处于接受国的领土范围以外。由于这个原因，他们不受接受国国内法的管辖。”[⑤] 不过，这种拟制不符合实际情况，因为外交代表的所在地无疑仍然属于接受国的领土。

（二）代表性说

代表性说（representative character）主张，外交代表是派遣国或其君主的代表，而各个国家或者它们的君主是平等的，根据“平等者之间无管辖权”或“国家主权平等”原则，外交代表不受接受国的管辖。格劳秀斯指出：“在使节权的问题上各国接受的规则是：虽然生活在外国领土上的人应当服从所在国的法律已经成为一项普遍的习惯，但是，使节被允许作为这一项习惯的例外。似乎根据某种拟制，使节被认为是派遣他的人的代表。”[⑥] 根据格劳秀斯的以上

① 周鲠生. 国际法：下册. 北京：商务印书馆，1981：548.

② 费尔德曼，巴斯金. 国际法史. 黄道秀，臧乐安，肖雨潞，译. 北京：法律出版社，1992：46.

③ 格劳秀斯. 战争与和平法：第 2 卷. 弗朗西斯 · W. 凯尔西，等英译. 马呈元，谭睿，译. 北京：中国政法大学出版社，2016：357－371.

④ 周鲠生. 国际法：下册. 北京：商务印书馆，1981：548.

⑤ 格劳秀斯. 战争与和平法：第 2 卷. 弗朗西斯 · W. 凯尔西，等英译. 马呈元，谭睿，译. 北京：中国政法大学出版社，2016：363.

⑥ 格劳秀斯. 战争与和平法：第 2 卷. 弗朗西斯 · W. 凯尔西，等英译. 马呈元，谭睿，译. 北京：中国政法大学出版社，2016：363.

论述，治外法权说和代表性说均构成外交使节免受接受国管辖的根据。

（三）职务需要说

职务需要说（functional necessity）认为，使馆和外交代表执行职务的需要是其享有特权与豁免的根据，也就是说，这种特权与豁免的给予是为了使馆和外交人员能够在不受接受国干扰的情况下自由地执行职务。这种学说在现代得到了普遍接受。《外交关系公约》在序言中指出："确认此等特权与豁免之目的不在于给予个人以利益而在于确保代表国家之使馆能有效执行职务。"由此可见，外交特权与豁免的根据是代表性说和职务需要说。

不过，尽管按照《外交关系公约》的规定，代表性和职务需要是外交特权与豁免的根据，但究其本质，外交特权与豁免的根据在于其双务性：一国给予在本国领土上的外国使馆和外交代表特权与豁免，是为了换取在外国领土上的本国使馆和外交代表享有同样的特权与豁免；很难想象一国在本国驻外国的使馆和外交代表不享有外交特权与豁免的情况下，同意给予外国驻本国的使馆和外交代表以特权与豁免。因此，本质上，外交特权与豁免的理论根据是对等原则或互惠原则。

需要指出的是，对等原则或互惠原则作为外交特权与豁免的理论根据只适用于国家间互相给予的外交特权与豁免，而不适用于国际组织的特权与豁免。国际组织的特权与豁免具有单务的性质，它主要是东道国单方面承担义务的结果。

二、外交特权与豁免的内容

外交特权与豁免的内容分为使馆的特权与豁免和外交代表的特权与豁免。

（一）使馆的特权与豁免①

1. 使馆馆舍不得侵犯

使馆馆舍是指供使馆使用和供使馆馆长寓居之用的建筑物或建筑物的各个部分以及所属的土地，至于所有权的归属，则在所不问。使馆馆舍不得侵犯主要包括三个方面的内容：首先，接受国官吏，包括军警、司法和税务人员等，非经使馆馆长许可，不得进入使馆馆舍。其次，接受国负有特殊责任，采取一切适当步骤保护使馆馆舍免受侵入或损害，并防止一切扰乱使馆安宁或有损使馆尊严之情事发生。最后，使馆馆舍、设备、财产或交通工具免受搜查、征用、扣押或强制执行。

1979 年 11 月 4 日，部分伊朗武装分子袭击并占领了美国驻德黑兰大使馆，并扣押美国外交官作为人质，而伊朗政府对此没有采取任何预防和制止措施。1980 年 5 月 24 日，国际法院在"在德黑兰的美国外交和领事人员案"的判决中指出，伊朗政府未采取任何"适当步骤"保护美国使馆馆舍、人员和档案免受侵犯，违反了根据《外交关系公约》对美国承担的义务，因此，伊朗国家应对袭击者的行为负国际责任。

2. 档案和文件不得侵犯

使馆档案及文件无论何时，亦不论位于何处，均不得侵犯。关于档案和文件的具体含义，《外交关系公约》未作规定，不过，1963 年《维也纳领事关系公约》中关于领事档案的规定可以用作参考。

3. 通信自由

（1）使馆有权采取一切适当方法，包括外交信使及明密电信在内，与派遣国政府及该国其

① 使馆的特权与豁免主要规定在《外交关系公约》第 20～28 条之中。

他使馆及领馆通信。但非经接受国同意，不得装置并使用无线电发报机。

（2）使馆的来往公文不得侵犯。来往公文指使馆及其职务有关的一切来往文件。

（3）外交信差应受保护。外交信差在执行职务时，接受国应予以保护；他们享有人身不得侵犯权，不受任何方式的逮捕或拘禁。外交信差应持有官方文件，载明其身份及构成邮袋之包裹件数。派遣国或使馆可以派遣特别信差，特别信差亦享有以上特权与豁免；但当其负责携带的外交邮袋送交收件人后，即不再享有。

（4）外交邮袋不得开拆或扣留。作为外交邮袋的包裹须附有可资识别的外交标记，以装载外交文件或公务用品为限。外交邮袋可以托预定在准许入境地点降落的商业运营飞机机长转递。机长应持有官方文件载明构成邮袋的邮包件数，但机长不得被视为外交信差。

除接受国以外，使馆的通信自由在第三国同样应受保护。《外交关系公约》第 40 条第 3 款规定，第三国对于过境之来往公文及其他公务通信应像接受国那样给予自由及保护；第三国于已发给所需签证的外交信差及外交邮袋过境时，应比照接受国所负的义务，给予同样的不得侵犯权及保护。

4. 行动及旅行自由

除接受国为国家安全设定禁止或限制进入区域另订法律规章外，接受国应确保所有使馆人员在其境内的行动及旅行自由。

5. 免纳捐税、关税

使馆所有或租赁的馆舍免纳接受国国家、区域或地方性捐税，但此项免除不包括为使馆提供特定服务应收的费用，如水、电、煤气费等，也不包括派遣国或使馆馆长订立承办契约者依接受国法律应缴纳的捐税；使馆办理签证、护照等公务所收的规费及手续费免纳一切捐税。此外，使馆的公务用品入境免纳关税及贮存、运送及类似服务费用以外的一切其他课征。

6. 使用国旗和国徽

使馆及使馆馆长有权在使馆馆舍、馆长寓邸及交通工具上使用派遣国的国旗或国徽。

（二）外交代表的特权与豁免

《外交关系公约》第 1 条第 5 款规定："称'外交代表'者，谓使馆馆长或使馆外交职员。"外交代表享有以下特权与豁免。

1. 外交代表人身不得侵犯

外交代表不受任何方式的逮捕或拘禁。接受国对外交代表应特示尊重，并应采取一切适当步骤以防止其人身、自由或尊严受到任何侵犯。格劳秀斯指出："无论是在敌对国家之间，还是更多地在不友好的国家之间，一旦使节被接受，他就应当享受万国法的保护。"①

针对世界范围内侵害外交代表人身安全的事件屡屡发生的情形，1973 年联合国主持制定了《关于防止和惩处侵害应受国际保护人员包括外交代表的罪行的公约》。根据公约规定，应受国际保护人员是指在外国境内的国家元首、政府首脑、外交部长、使馆馆长、外交人员、特别使团成员、常驻联合国及各专门机构使团成员及临时代表团成员、领事官员、领事雇员及上述人员的家属。侵害应受国际保护人员罪包括：（1）对应受国际保护人员实施谋杀、绑架或其他侵害其人身或自由的行为；（2）对应受国际保护人员的公用馆舍、私人寓所或交通工具进行暴力攻击，因而可能危及其人身或自由的行为；（3）威胁进行任何此类攻击；（4）进行任何此类攻击未遂；（5）参与任何此类攻击的从犯。公约要求缔约国将这些行为规定为国内法上的犯

---

① 格劳秀斯. 战争与和平法：第 2 卷. 弗朗西斯·W. 凯尔西，等英译. 马呈元，谭睿，译. 北京：中国政法大学出版社，2016：367.

罪，并依其严重程度处以适当的刑罚。同时，公约要求对犯罪嫌疑人适用“或起诉或引渡”原则。

2. 寓所、信件和财产不得侵犯

外交代表的私人寓所像使馆馆舍一样享有不可侵犯权并受到保护。私人寓所指外交代表的住所，包括公寓、别墅、旅馆房间等。外交代表的寓所享有的不可侵犯权是从其人身不可侵犯权引申而来的。另外，外交代表的文书、信件同样不得侵犯；其财产除不享受接受国民事和行政管辖豁免的情形以外，也享有不可侵犯权。

3. 管辖豁免

外交代表享有接受国的管辖豁免，包括刑事、民事和行政管辖的豁免；此外，外交代表还享有作证义务的豁免。

（1）刑事管辖豁免。外交代表享有接受国刑事管辖的豁免权，这种豁免是绝对的，没有例外。不过，对于外交代表正在实施的犯罪，可以采取制止和自卫措施。格劳秀斯指出，对实施危险行为的使节可以采取防卫措施，但不得对其实施惩罚。[①]“如果使节企图使用武力，他的确可以被杀死。但这不是对他的惩罚，而是一种自然的防卫。”[②] 中国《刑法》第 11 条规定：“享有外交特权和豁免权的外国人的刑事责任，通过外交途径解决。”

在外交实践中，对于违反本国刑法的外交代表，接受国的通常做法是宣布其为不受欢迎的人，要求派遣国召回，或者直接驱逐出境。接受国也可以通过外交途径与派遣国进行交涉；要求派遣国放弃有关外交代表的豁免权。如果派遣国同意放弃，接受国即可取得对他的刑事管辖权。

（2）民事和行政管辖豁免。外交代表对接受国的民事和行政管辖同样享有豁免，但下列情形除外：1）外交代表在接受国境内私有不动产的物权诉讼，但其代表派遣国为使馆用途置有的不动产不在此列；2）外交代表以私人身份并不代表派遣国而为遗嘱执行人、遗产管理人、继承人或受赠人的继承事项诉讼；3）外交代表于接受国内在公务范围以外从事的专业或商务活动引起的诉讼。此外，如果外交代表主动提起诉讼，则其不得对被告提出的“与主诉直接相关之反诉”主张管辖豁免。

接受国一般不得对外交代表采取强制执行措施，但如果案件属于上述民事管辖豁免的例外情形，且采取强制执行措施无损于外交代表人身或寓所的不得侵犯权，则不受此限。“使节应当被免于一切强制措施，包括涉及他的个人物品及随身行李的强制措施，以使他的安全可以得到充分保障。”[③]

（3）作证义务的豁免。外交代表没有以证人身份作证的义务；但如经派遣国同意，可以出庭作证。

（4）管辖豁免的放弃。外交代表享有的上述管辖豁免得由派遣国放弃。派遣国对管辖豁免的放弃必须是明示的，接受国不得推定派遣国默示放弃了有关外交代表的管辖豁免。派遣国对外交代表在民事或行政管辖程序上的豁免的放弃，不得视为对执行豁免的放弃；对二者的放弃须分别为之。

---

① 格劳秀斯. 战争与和平法：第 2 卷. 弗朗西斯·W. 凯尔西，等英译. 马呈元，谭睿，译. 北京：中国政法大学出版社，2016：361.

② 格劳秀斯. 战争与和平法：第 2 卷. 弗朗西斯·W. 凯尔西，等英译. 马呈元，谭睿，译. 北京：中国政法大学出版社，2016：364.

③ 格劳秀斯. 战争与和平法：第 2 卷. 弗朗西斯·W. 凯尔西，等英译. 马呈元，谭睿，译. 北京：中国政法大学出版社，2016：369.

4. 免纳捐税、关税和行李免受查验

外交代表免纳一切对人或对物课征的国家、区域或地方性捐税，但下列各项不在其内：(1) 通常计入商品或劳务价格内的间接税；(2) 对于接受国境内私有不动产征收的捐税，但其代表派遣国为使馆用途置有的不动产不在其内；(3) 接受国征收的遗产税、遗产取得税或继承税；(4) 对自接受国境内获得的私人所得或投资课征的捐税，以及接受国征收的资本税；(5) 为提供特定服务收取的费用；(6) 不动产登记费、法院手续费或记录费、抵押税及印花税。

"使节的权利同样扩大适用于他们的行李物品。"① 外交代表或与之构成同一户口的家属的私人用品，包括其定居所用的物品在内，免除一切关税及贮存、运送及类似服务费用以外的一切其他课征。外交代表的私人行李免受查验，但若有重大理由推定其中有不在免税之列的物品，或接受国法律禁止进出口或检疫条例管制的物品，可在外交代表或其代理人在场的情况下进行查验。

5. 其他特权与豁免

除上述特权与豁免以外，外交代表免于适用接受国实行的社会保险办法，免除一切个人劳务和各种公共服务，免除有关征用、军事募捐等军事义务。

（三）其他人员的特权与豁免

其他人员是指外交代表以外的人员，包括外交代表的家属、行政和技术人员及其家属、事务职员、私人仆役等。

1. 外交代表的家属

与外交代表构成同一户口的家属如果不是接受国国民，应享有与外交代表相同的特权与豁免。

2. 行政和技术职员及其家属

使馆行政和技术职员及其家属如果不是接受国国民且不在该国永久居留者，享有与外交代表基本相同的特权与豁免。其例外是：(1) 执行职务范围以外的行为不享有接受国民事及行政管辖的豁免；(2) 除最初定居时所输入的物品外，不免纳接受国的关税及其他课征；(3) 行李物品不免受海关查验。

3. 事务职员

使馆事务职员如果不是接受国国民且不在该国永久居留者，享受以下特权与豁免：(1) 执行公务的行为享有接受国的管辖豁免；(2) 受雇所得报酬免纳捐税；(3) 免于适用接受国社会保险办法。

4. 私人仆役

使馆人员之私人仆役如果不是接受国国民且不在该国永久居留者，其受雇所得报酬免纳捐税。在其他方面，他们仅可在接受国许可的范围内享有特权与豁免。不过，接受国应妥为行使对他们的管辖，以免对使馆职务的执行造成不当妨碍。

三、外交特权与豁免的开始与终止

根据《外交关系公约》第 39 条，凡享有外交特权与豁免的人员，自其进入接受国国境前往就任时起享有此等特权与豁免，已在该国境内者，自其委派通知接受国外交部或另经商定的

① 格劳秀斯. 战争与和平法：第 2 卷. 弗朗西斯·W. 凯尔西，等英译. 马呈元，谭睿，译. 北京：中国政法大学出版社，2016：369.

其他部门时开始享有特权与豁免。

享有特权及豁免人员的职务如已终止，此等特权与豁免通常在该员离境时或听任其离境的合理期间终了时停止，即使发生武装冲突，亦应继续有效到该时为止。但是，对于他们以使馆人员资格执行职务的行为，豁免应始终有效。即使使馆人员死亡，其家属仍应继续享有其应有的特权与豁免，到听任其离境之合理期间终了时停止。

四、使馆人员及其家属在第三国的地位

《外交关系公约》第 40 条规定，在外交代表前往就任或返任或返回本国途经第三国国境或在该国境内，且该国曾发给其所需的护照签证的情况下，第三国应给予外交代表不得侵犯权及确保其过境或返回所必需的其他豁免。格劳秀斯指出，如果使节的出发地国或目的地国是其过境的第三国的敌人，或者使节对该第三国采取了敌对行动，他们甚至可能会被处死。但如果不存在上述情况，第三国不公正地对待过境的使节就不仅违反了万国法，而且侵犯了使节的派遣国或接受国的尊严，破坏了该第三国与它们的友好关系。①

享有外交特权或豁免权的家属与外交代表同行，或单独旅行前往会聚或返回本国时，享有与外交代表同样的特权。遇有上述类似情形，第三国不得阻碍使馆的行政和技术及事务职员及其家属经过该国国境。

五、使馆与使馆人员的义务

使馆及使馆人员在接受国享有特权与豁免的同时，也对接受国负有国际法规定的义务。根据《外交关系公约》第 41 条和第 42 条，这些义务主要有以下几项：

1. 尊重接受国的法律规章、不干涉接受国内政。享有外交特权与豁免的人员在不妨碍其特权与豁免的情况下，负有尊重接受国法律规章的义务，且负有不干涉接受国内政的义务，如不介入接受国的党派斗争，不参与反对接受国政府的活动，不干涉接受国的自由选举等。

2. 使馆馆舍不得用于与使馆职务不相符合的用途。使馆馆舍不得用作与《外交关系公约》或一般国际法的其他规则或派遣国与接受国间有效的特别协定所规定的使馆职务不相符合的用途，如不得在使馆内保护被接受国追诉的人，也不得在使馆内藏匿或拘禁使馆成员以外的人，包括派遣国国民在内。

3. 使馆及使馆人员与接受国洽商公务，须通过接受国外交部或另经商定的其他部办理。

4. 外交代表不应在接受国内为私人利益从事专业或商业活动。

六、中国关于外交特权与豁免的法律制度

（一）中国关于外交特权与豁免的法律体系

中华人民共和国成立后，先后制定和通过了多项有关外交特权与豁免的法律规章。它们与中国加入的《外交关系公约》一起，构成了中国关于外交特权与豁免的法律体系。

这些法律规章有：1951 年《中国对各国外交官及领事官优遇暂行办法》、1957 年《中国海关对进出国境的中国和外国信袋及外交信使个人行李物品放行办法》、1961 年《中国对各国外交官和领事官的行李物品进出国境优待暂行办法》、1986 年《外交特权与豁免条例》、

① 格劳秀斯. 战争与和平法：第 2 卷. 弗朗西斯·W. 凯尔西，等英译. 马呈元，谭睿，译. 北京：中国政法大学出版社，2016：365-366.

2008 年《中华人民共和国海关对外国驻中国使馆和使馆人员进出境物品监管办法》（已被修改）、2009 年《中国驻外外交人员法》、2023 年《中国对外关系法》和 2023 年《中国外国国家豁免法》。此外，中国的其他一些重要法律，如《刑法》《民事诉讼法》《刑事诉讼法》等，也有关于外交特权与豁免的规定。

中国 1975 年加入《外交关系公约》、1979 年加入《联合国特权及豁免公约》和《联合国各专门机构特权及豁免公约》、1987 年加入《关于防止和惩处侵害应受国际保护人员包括外交代表的罪行的公约》。不过，截至 2023 年年底，中国尚未加入《特别使团公约》。根据《中国对外关系法》和《中国外国国家豁免法》的规定，中国遵守已加入的有关外交特权与豁免的国际条约，因此，这些条约亦构成中国关于外交特权与豁免的法律体系的组成部分。

（二）中国关于外交特权与豁免的原则立场

1. 信守善意履行国际义务原则

善意履行国际义务是一项重要的国际法基本原则，中国在国际关系的各个方面一贯信守这一原则，在外交特权与豁免方面同样如此。2023 年《中国对外关系法》第 30 条规定："国家依照宪法和法律缔结或者参加条约和协定，善意履行有关条约和协定规定的义务。" 2023 年《中国外国国家豁免法》第 20 条规定：本法规定不影响外国的外交代表机构、领事机构、特别使团、驻国际组织代表团、派往国际会议的代表团及上述机构的相关人员根据中国法律、中国缔结或者参加的国际条约享有的特权与豁免；本法规定不影响外国国家元首、政府首脑、外交部长及其他具有同等身份的官员根据中国法律、中国缔结或者参加的国际条约以及国际习惯享有的特权与豁免。

2. 尊重特权与豁免原则

实践中，中国将关于外交特权与豁免的国际条约与国内法相结合，给予并尊重外国国家、国际组织及有关人员的特权与豁免。《中国对外关系法》第 36 条规定，中国依据有关法律和缔结或者参加的条约和协定，给予外国外交机构、外国国家官员、国际组织及其官员相应的特权与豁免。中国依据有关法律和缔结或者参加的条约和协定，给予外国国家及其财产豁免。

3. 坚持对等原则

鉴于国家间外交特权与豁免的相互或双务性质，中国在对等原则的基础上，给予和尊重外国国家和有关人员的特权与豁免。1986 年《外交特权与豁免条例》第 26 条规定："如果外国给予中国驻该国使馆、使馆人员以及临时去该国的有关人员的外交特权与豁免，低于中国按本条例给予该国驻中国使馆、使馆人员以及临时来中国的有关人员的外交特权与豁免，中国政府根据对等原则，可以给予该国驻中国使馆、使馆人员以及临时来中国的有关人员以相应的外交特权与豁免。"《中国外国国家豁免法》第 21 条规定，外国给予中国国家及其财产的豁免待遇低于本法规定的，中国实行对等原则。

（三）外交特权与豁免的内容

关于外交特权与豁免的内容，在现行有关外交特权与豁免的法律规章中，最重要的当属 1986 年全国人大常委会通过并实施的《外交特权与豁免条例》。《外交特权与豁免条例》是根据《外交关系公约》并结合中国外交实践制定的，是中国善意履行国际义务的具体体现，它对外国使馆和外交人员的特权与豁免及其所负义务作出了与公约基本一致的规定。下面仅就条例与公约内容的不同之处加以说明。

1. 享受外交特权与豁免人员的扩张

（1）除公约规定的外交代表、外交职员、行政和技术人员家属以及他们的家属和服务人员以外，来中国访问的外国国家元首、政府首脑、外交部长及其他具有同等身份的官员，同样享有条例规定的特权与豁免。(2) 除公约规定的人员和外交信使以外，持有中国外交签证或外交护照（仅限互免签证的国家）的外国官员和经中国政府同意给予特权与豁免的其他来访的外国人士，在中国过境或者逗留期间享有必需的豁免且不受侵犯。(3) 来中国参加联合国及其专门机构召开的国际会议的外国代表、临时来中国的联合国及其专门机构的官员和专家、联合国及其专门机构驻中国的代表机构和人员的待遇，按中国加入的国际公约和中国与有关国际组织的协议办理。

2. 外交特权与豁免内容的扩张

(1) 根据《外交关系公约》第31条的规定，外交代表在接受国境内私有不动产的物权诉讼、以私人身份进行的遗产继承诉讼和在接受国内从事专业或商务活动的诉讼，不享有接受国民事和行政管辖的豁免。但《外交特权与豁免条例》第14条规定，只有在后两种情况下，外交代表不享有中国民事和行政管辖的豁免。也就是说，外交代表在中国境内私有不动产的物权诉讼享有中国民事和行政管辖的豁免。(2) 根据《外交关系公约》第37条，使馆行政和技术职员最初定居时输入的物品，享有免纳关税的特权，但事务职员则无此规定。然而，《外交特权与豁免条例》第20条规定，使馆行政和技术人员及事务人员到任后半年内运进的安家物品，享有免纳关税的特权。

3. 外交特权与豁免的限制性规定

《外交特权与豁免条例》第19条规定："使馆和使馆人员携运自用的枪支、子弹入境，必须经中国政府批准，并且按中国政府的有关规定办理。"《外交关系公约》中则无此规定。

4. 关于某些用语的改变

(1) 将《外交关系公约》中的"使馆事务职员"改称为"使馆服务人员"。(2) 将"私人仆役"改称为"私人服务员"。(3) 将"与其构成同一户口之家属"改为"共同生活的配偶及未成年子女"。

第四节　领事关系法

一、领事关系法概述

(一) 领事与领事关系

1. 领事与领事关系

领事是一国根据与他国的协议，派往他国某一城市或地区，以保护本国或本国国民在当地的合法权益和执行其他领事职务的官员。领事关系是一国根据与他国达成的协议，在他国特定地区设立领事馆，派驻领事而形成的国际关系。

2. 领事关系与外交关系的联系与区别

领事关系与外交关系既有联系，又有区别。两者的主要联系是：(1) 外交关系和领事关系都属于国家的对外关系，服务于国家的对外政策，且具有紧密的联系。1963年《维也纳领事关系公约》（以下简称《领事关系公约》）第2条规定，除非另有声明，两国之间同意建立外交关系即意味着同意建立领事关系。《中国对外关系法》第15条规定："中华人民共和国驻外国的使馆、领馆以及常驻联合国和其他政府间国际组织的代表团等驻外外交机构对外代表中华人民共和国。外交部统一领导驻外外交机构的工作。"(2) 外交官员和领事官员都属于一国的外交机关序列，领事在驻在国受派遣国使馆和外交代表领导，在国内属于外交部门的机构之一。《中国驻外外交人员法》第 2 条第 1 款规定："本法所称驻外外交人员，是指在中华人民共和国驻外外交机构中从事外交、领事等工作，使用驻外行政编制，具有外交衔级的人员。"（3）根据《外交关系公约》的规定，使馆可以执行领事职务，在特殊情况下，领事馆亦可执行某些外交职务。

领事关系和外交关系的主要区别是：（1）外交关系和领事关系的重要性不同。外交关系是国家之间全面的关系，包括政治、经济、军事、文化等各个方面，涉及国家的重大利益；领事关系是国家之间局部的关系，主要是有关侨务和商务方面的关系，一般不涉及国家的重大利益。（2）使馆和领馆的代表性不同。使馆在接受国全面代表派遣国，其活动范围是接受国的全境；领馆在接受国的特定地区代表派遣国，其活动范围一般限于协议规定的领事区。（3）特权与豁免不同。外交特权与豁免的程度通常高于领事特权与豁免。（4）国家之间断绝外交关系并不自然断绝领事关系。

（二）领事关系法与领事制度

1. 领事关系法的概念与编纂

领事关系法是调整国家间领事关系的原则、规则和制度的总称。领事关系法的法律渊源长期以来以习惯法为主。1963 年联合国在维也纳召开的国际会议上通过《领事关系公约》；1967 年 3 月 19 日，公约正式生效。《领事关系公约》是对领事关系法的系统编纂，是现代领事制度的主要法律文件。公约在"序言"中指出，对于公约未作规定的事项，应继续适用国际习惯法规则。

2. 领事制度的产生与发展

领事制度的产生比常设使馆制度更早，其萌芽出现在古希腊时期。① 但一般认为，领事制度起源于中世纪后期，是国际商业关系的产物。当时在意大利、西班牙和法国的商业城镇中，商人们经常在他们的同行中选举一个人或几个人作为发生商务争执时的仲裁者，这种人被称为"仲裁领事"或"商人领事"②。11 世纪末到 13 世纪的"十字军东征"把领事制度带到中东地区，领事职权随着商人的本国与他们所定居的回教国家的君主订立条约而得到逐步扩大，包括了对本国侨民的特权、生命、财产的保护以及对他们行使民事和刑事的管辖权，这就是领事裁判权制度最初的出现。③ 后来，领事制度又被带到了西欧。15 世纪时，意大利曾经在荷兰和伦敦设领事。④ 不过，到 17 世纪初，随着常设使馆的兴起，领事的地位逐步衰落。在 17、18 世纪，领事甚至被视为外国的私人。19 世纪，随着国际贸易的兴起，领事制度的重要性又得到了各国的关注和重视，领事制度得到了进一步的发展，领事的特权、地位和职务成了很多国家之间通商航海条约和领事专约的重要内容。同时，不平等的领事裁判权制度也传播到了远东地区国家，中国即深受其害。1943 年 1 月 13 日，美、英两国同时取消了在中国的领事裁判权，其他西方国家亦随之声明放弃了该项特权。⑤

---

① 公元前 6、7 世纪，在古希腊氏族社会瓦解后出现的一些奴隶制城市国家中，有一种"外国代表人"（Porxeni）制度。"外国代表人"是指由居留在希腊城市国家中的外国侨民推举的、为其所代表的外国侨民服务的外国人或当地居民。服务范围包括给予他们法律上的保护、贷款上的保证以及促成货物出售等。历史学家们认为，"外国代表人"与近代的领事代表很相似，该制度可视为领事制度的渊源。凌诗. 领事浅谈. 北京：群众出版社，1986：1-2.

② 詹宁斯，瓦茨. 奥本海国际法：第 9 版：第 1 卷，第 2 分册. 王铁崖，等译. 北京：中国大百科全书出版社，1998：559.

③ 周鲠生. 国际法：下册. 北京：商务印书馆，1981：572.

④ 詹宁斯，瓦茨. 奥本海国际法：第 9 版：第 1 卷，第 2 分册. 王铁崖，等译. 北京：中国大百科全书出版社，1998：559.

⑤ 倪征皞. 淡泊从容莅海牙. 北京：法律出版社，1999：62.

二、领馆制度

（一）领馆的等级与领馆人员的组成

领馆是领事执行职务的机关。根据《领事关系公约》第 1 条的规定，领馆分为总领事馆、领事馆、副领事馆和领事代理处四个等级。

实践中，派遣国的驻外使馆可以设领事部。《领事关系公约》第 3 条规定："领事职务由领馆行使之。此项职务亦得由使馆依照本公约之规定行使之。"一般来说，在派遣国没有另设领馆的情况下，使馆领事部的管辖范围包括接受国的全境；如果派遣国另外设有领馆，使馆领事部的管辖范围则为领馆管辖区域以外的区域。

领馆人员包括领事官员、领事雇员及服务人员。领事官员是指包括馆长在内的承办领事职务的任何人员。领事雇员是指受雇承担领馆行政和技术职务的任何人员。服务人员是指受雇担任领馆杂务的任何人员。

领馆馆长是指派遣国任命担任此职位的人员。与领馆的等级相适应，领馆馆长分为总领事、领事、副领事、领事代理人四个等级。除馆长以外的领事官员、领馆雇员及服务人员统称为领馆馆员。

根据《中国驻外外交人员法》的规定，馆长是驻外外交机构的行政首长……总领事为总领事馆的馆长；领事为领事馆的馆长。同时该法规定，驻外外交人员的职务分为外交职务和领事职务。领事职务分为：总领事、副总领事、领事、副领事、领事随员。领事职务与外交衔级的基本对应关系为：（1）总领事：大使衔、公使衔、参赞衔；（2）副总领事：参赞衔；（3）领事：参赞衔、一等秘书衔、二等秘书衔；（4）副领事：三等秘书衔、随员衔；（5）领事随员：随员衔。

另外，领事可以分为职业领事（professional consul）和名誉领事（honorary consul）两类。名誉领事是指派遣国从当地的本国侨民、接受国或第三国国民中选任兼职执行领事职务的人员。他们不占领馆编制，也不领取派遣国的薪金，其报酬从领馆收取的手续费、规费中支付。各国可以自由决定是否委派或接受名誉领事。中华人民共和国成立以来，没有委派过名誉领事。

（二）领馆馆长与领馆馆员的派遣和接受

1. 领馆馆长的派遣和接受

《领事关系公约》规定，领馆馆长由派遣国委派，并由接受国承认准予执行领事职务；除公约另有规定外，委派及承认领馆馆长的手续依派遣国及接受国的法律规章和惯例办理。

馆长每次奉派任职应由派遣国发给委任文凭或类似文书以作为其职位之证书，其上通常应载明馆长全名、职类与等级、领馆辖区及领馆设置地点。派遣国应经由外交途径或其他适当途径将委任文书或类似文书转送接受国政府。接受国同意后发给其领事证书，领事证书可以专门颁发，也可以在委任文书或类似证书上写明领事证书。在领事证书未送达前，领馆馆长可暂时准予执行职务。接受国如拒绝发给领事证书，无须向派遣国说明理由。

2. 领馆馆员的派遣和接受

领馆馆员是指除馆长以外的领事官员、领馆雇员和服务人员。根据《领事关系公约》第 19 条的规定，领馆馆员由派遣国自由委派，但应在充分时间之前将其全名、职类及等级通知接受国。如果委派具有接受国国籍或第三国国籍之人充任领馆馆员，须经接受国明示同意。派遣国可要求接受国对馆长之外的领事官员发给领事证书；或在接受国认为必要时，发给他们领事证书。

接受国可随时通知派遣国，宣告某一领事官员为不受欢迎的人或任何其他领馆馆员为不能接受，且无须说明理由。遇此情形，派遣国应视情况召回该员或终止其在领馆中的职务。如果派遣国拒绝或不在相当期间内这样做，接受国可以撤销有关人员的领事证书或不再承认其为领馆馆员。

《中国驻外外交人员法》规定，总领事的职务由外交部决定；副总领事以及其他驻外外交人员的职务，由外交部或者其他派出部门决定；其中，三等秘书、副领事以下职务，在驻外工作期间由驻外外交机构决定。

（三）领事职务

领事职务主要涉及四个方面：保护本国和本国国民（个人和法人）在接受国的利益，特别是监视有关条约的执行和保护本国国民的生命财产不受非法侵害；促进本国与接受国的贸易和文化关系的发展；给予本国国民以及入港入境的本国船舶、飞机和其他人员以所需要的协助和援助；办理公证、签证、认证、护照以及户籍登记等法律手续。①

按照《领事关系公约》第5条的规定，领事职务具体包括以下13项：

1. 在国际法许可的限度内，在接受国内保护派遣国及其国民的利益。

2. 依照公约规定，增进派遣国与接受国间的商业、经济、文化及科学关系的发展，并在其他方面促进两国间的友好关系。

3. 以一切合法手段调查接受国内商业、经济、文化及科学活动的状况及发展情形，向派遣国政府汇报，并向关心人士提供资料。

4. 向派遣国国民发放护照及旅行证件，并向拟赴派遣国旅行人士发放签证或其他适当文件。

5. 帮助及协助派遣国国民，包括个人和法人。

6. 担任公证人、民事登记员及类似职务，并办理其他行政性事务，但以接受国法律规章无禁止规定为限。

7. 依照接受国法律规章，在接受国境内的死亡继承事件中，保护派遣国国民的利益。

8. 在接受国法律规定的限度内，保护派遣国国民的未成年人及其他无充分行为能力人的利益，尤其是对他们进行监护或托管。

9. 在不违反接受国法律程序的范围内，遇派遣国国民因不在当地或因其他原因无法为其权利与利益辩护时，在接受国法院及其他机关担任其代表或为其安排适当代表，以便依照接受国法律规章取得保全其权利及利益的临时措施。

10. 依照现行国际协定的规定，或在无此种协定时，以符合接受国法律规章的任何其他方式，转送司法书状与司法以外文件或执行嘱托调查书或代派遣国法院调查证据的委托书。

11. 对于具有派遣国国籍的船舶、航空器及其航行人员，行使派遣国法律规定的监督及检查权。

12. 对上述船舶与航空器及航行人员给予协助，听取关于船舶航程的陈述，查验船舶文书并加盖印章；调查航行期间发生的任何事故，以及调解船长船员与水手间的任何争端。

13. 执行派遣国责成领馆办理或派遣国与接受国之间的国际协定明确规定的其他职务。

《领事关系公约》还规定了“在第三国中执行领事职务”和“代表第三国执行领事职务”

---

① 周鲠生. 国际法：下册. 北京：商务印书馆，1981：579；梁淑英. 国际法. 北京：中央广播电视大学出版社，2002：292.

这两种特殊情况。

（四）领馆人员职务的终止

《领事关系公约》第25条规定了领馆人员职务终止的情形：

1. 派遣国通知接受国有关人员职务已终止。

2. 有关人员领事证书被撤销。

3. 接受国通知派遣国，接受国不再承认有关人员为领馆馆员。

另外，遇有领馆人员被宣告为不受欢迎的人、领馆闭馆、派遣国与接受国断绝领事关系等情形时，领馆人员职务亦应终止。

三、领事特权与豁免

（一）领事特权与豁免的概念和根据

领事特权与豁免是指派遣国派驻接受国的领馆和领馆馆长及馆员所享有的某些特殊权利和免受接受国管辖的权利。与外交特权与豁免一样，领事特权与豁免不在于给予个人以利益，而在于确保领馆能代表本国有效地执行职务。[①] 根据1963年《领事关系公约》的规定，领事特权与豁免总体上低于外交特权与豁免。在各国的领事实践中，领事特权与豁免发展的趋势是向外交特权与豁免靠拢，这主要体现在一些双边领事条约中。这种做法符合《领事关系公约》第73条的规定。[②]

（二）领馆的特权与豁免

1. 领馆馆舍不得侵犯

《领事关系公约》第31条规定，领馆馆舍不得侵犯。具体体现在以下三个方面：

(1) 接受国官员非经领馆馆长或其指定人员或派遣国使馆馆长同意，不得进入领馆馆舍中专供领馆工作所用之部分。惟遇火灾或其他灾害须迅速采取保护行动时，得推定领馆馆长已表示同意。

(2) 接受国负有特殊责任，采取一切适当步骤保护领馆馆舍免受侵入或损害，并防止扰乱使馆安宁或有损使馆尊严之情事。

(3) 领馆馆舍、馆舍设备以及领馆财产与交通工具应免受为国防或公用目的而实施的任何方式的征用；如为此等目的确有征用的必要时，应采取一切可能的步骤以免领馆职务的执行受到妨碍，并应给予派遣国迅速、充分和有效的赔偿。

2. 领馆档案和文件不得侵犯

《领事关系公约》第33条规定，领馆档案及文件无论何时，亦不论位于何处，均属不得侵犯。领馆档案是指领馆的一切文书、文件、函电、簿籍、胶片、胶带及登记册，以及明密电码、记录卡片及供保护或保管此等文卷所用之任何器具。

3. 通讯自由

《领事关系公约》第35条规定，接受国应该允许领馆为一切公务目的自由通讯，并给予保护。领馆通讯自由的主要内容如下：

(1) 领馆与派遣国政府及无论何处的该国使馆及其他领馆通讯时，有权采取一切适当方法，包括外交或领馆信差、外交或领馆邮袋及明密电信在内。但非经接受国同意，不得装置并

---

① 1963年《维也纳领事关系公约》序言。

② 《领事关系公约》第73条规定：公约的规定不影响当事国间现行有效的其他国际协定，各国缔结的双边领事条约继续有效，同时各国还可以缔结新的国际协定，以确认，或补充，或推广，或引申公约的各项规定。

使用无线电发报机。

（2）领馆的来往公文不得侵犯。

（3）领馆信差应受保护。领馆信差在执行职务时，接受国应给予保护。他们享有人身不得侵犯权，不受任何方式的逮捕或拘禁。领馆信差应持有官方文件，载明其身份及构成邮袋之包裹件数。派遣国与其使馆及领馆得派特别领馆信差，特别领馆信差亦享有上述保护。但在其负责携带的领馆邮袋送交收件人后，即不再享有保护。

（4）领馆邮袋不得开拆或扣留。领馆邮袋的包裹须附有可资识别的外部标记，以装载来往公文及公务文件或专供公务之用的物品为限。但如果接受国主管当局有重大理由认为邮袋装有与此不符的物品，可在派遣国授权代表在场的情况下开拆邮袋；如果派遣国拒绝开拆，邮袋应退回发送地。领馆邮袋可以托预定在准许入境地点停泊的船舶船长或在该地降落的商业运营飞机机长转递。船长或机长应持有官方文件，载明构成邮袋的包裹件数，但其不得被视为领馆信差。

4. 行动及旅行自由

除接受国为国家安全禁止或限制进入的区域外，接受国应确保所有领馆人员在其境内的行动及旅行自由。

5. 免纳关税和捐税

以派遣国或者代表派遣国的人员为所有权人或承租人的领馆馆舍及职业领馆馆长的寓所，免于缴纳国家、区域或地方性的一切捐税，但为其提供特定服务应缴纳的费用不在此列。

领馆在接受国境内办理领事事务收取的规费及手续费免纳一切捐税。领馆的公务用品入境免纳关税及贮存、运送及类似服务费用以外的一切其他课征。

6. 自由与派遣国国民通信及联络

（1）为便于领馆执行职务，领事官员可以自由与派遣国国民通信和会见；派遣国国民与派遣国领事官员通信及会见应享有同样的自由。

（2）在领馆辖区内，如有派遣国国民遭到逮捕、监禁、羁押候审或其他方式的拘禁，经本人请求，接受国主管当局应尽快通知派遣国领馆，其向领馆发出的信件应迅速递交。

（3）领事官员有权探访受监禁、羁押或拘禁的派遣国国民，与其交谈或通讯，并代其安排法律代表。

7. 使用国旗国徽

领馆所在的建筑物及其正门上以及领馆馆长寓所与领馆人员执行公务时乘用的交通工具上可以悬挂和使用派遣国的国旗国徽。

（三）领事官员与其他领馆人员的特权与豁免

《领事关系公约》第1条中规定：“称‘领事官员’者，谓派任此职承办领事职务之任何人员，包括领馆馆长在内。”领事官员与其他领馆人员享有以下特权与豁免。

1. 人身不得侵犯

根据《领事关系公约》第40条和第41条，接受国对于领事官员应表示适当尊重，并采取一切适当步骤防止其人身自由或尊严受到任何侵犯。与《外交关系公约》规定的外交代表人身不得侵犯相比，领事官员人身不得侵犯有以下区别：

（1）对领事官员不得予以逮捕候审或羁押候审，但遇有严重犯罪情形，依主管司法机关之裁判执行者不在此列。

（2）除上述情形外，对领事官员不得施以监禁或对其人身自由加以任何其他方式的拘束，但为执行有确定效力的司法裁决者不受此限。

（3）如对领事官员提起刑事诉讼，该员须到管辖机关出庭。但在进行诉讼程序时，应顾及其所任职位并予以适当尊重。除上文所述严重犯罪情形外，应尽量避免妨碍领事职务的执行。如遇上述严重犯罪情形确有羁押领事官员的必要时，对其提起的诉讼应尽速办理。

2. 管辖豁免

按照《领事关系公约》第 43 条的规定，领事官员和领事雇员对其为执行领事职务而实施的行为不受接受国司法或行政机关的管辖。但以下诉讼除外：

（1）因领事官员或领馆雇员并未明示或默示以派遣国代表身份所订契约发生的诉讼。

（2）第三者因车辆、船舶或航空器在接受国内造成的意外事故而要求损害赔偿的诉讼。

此外，领事官员或领事雇员如就可免受管辖的事项主动提起诉讼，则不得对与本诉直接相关的反诉主张管辖豁免。

3. 作证义务的有限免除

《领事关系公约》第 44 条规定，领馆人员可以被请求在接受国司法或行政程序中到场作证。除就其执行职务所涉事项的情形以外，领馆雇员或服务人员不得拒绝作证。如领事官员拒绝作证，不得对其采取强制措施或进行处罚。要求领事官员作证的机关应避免对其执行职务有所妨碍，在可能的情况下，可以在其寓所或领馆录取证言，或接受其书面陈述。

领馆人员就其执行职务所涉事项没有作证或提供有关来往公文及文件的义务。领馆人员有权拒绝以鉴定人身份就派遣国的法律提出证言。

4. 免纳捐税、关税和免受查验

《领事关系公约》第 49 条规定，领事官员和领馆雇员以及与其构成同一户口的家属免纳一切对人或对物课征的国家、区域或地方性捐税。但间接税、有关私有不动产的捐税、遗产税、接受国提供特定服务的费用等不在免除之列。领馆服务人员就其服务所得报酬免纳接受国的捐税。

根据《领事关系公约》第 50 条，领事官员及与其构成同一户口的家属的私人自用品，包括供其初到任定居所用的物品在内，免除一切关税及贮存、运送及类似服务费用以外的一切其他课征。领馆雇员就其初到任时运入的物品，亦享有此项豁免。领事官员及与其构成同一户口的家属携带的私人行李免受查验；若有重大理由认为其中装有不在公约规定范围内的物品或接受国法律禁止进出口或须受其检疫法律规章管制的物品，可在领事官员或其家属在场的情况下进行查验。

5. 其他特权与豁免

领馆人员免于适用接受国法律规章对外侨登记及居留证所规定的一切义务，免于适用社会保险办法，免除个人劳务及各种公共服务，并免除有关征用、军事捐献和屯宿等义务。

以上是职业领事官员和其他领馆人员的特权与豁免。《领事关系公约》第 58～68 条规定了名誉领事的特权与豁免。由名誉领事担任馆长的领馆和名誉领事的特权与豁免低于职业领事担任馆长的领馆和职业领事的特权与豁免。另外，名誉领事官员的家属及以名誉领事官员为馆长的领馆所雇佣的雇员的家属不享有公约规定的特权与豁免。

（四）领事特权与豁免的开始和终止

《领事关系公约》第 53 条规定，领馆人员自进入接受国国境前往就任时起享有特权与豁免；已在该国境内者，自其就任领馆职务时起开始享有。与领馆人员构成同一户口的家属及其私人服务员自领馆人员享受特权及豁免之日起，或自本人进入接受国国境时起，或自其成为领馆人员之家属或私人服务人员之日起，享有公约所规定的特权与豁免。领馆人员职务终止后，其本人的特权与豁免以及与其构成同一户口的家属或私人服务员的特权与豁免通常应于各该人员离开接受国国境时或至其离境的合理期间终了时停止；即使有武装冲突发生，亦应继续有效至该时为止。对于领事官员或领馆雇员为执行职务实施的行为，其管辖豁免应继续有效，无时间限制。

四、第三国的义务

《领事关系公约》第 54 条规定，当领事官员前往就任或返回派遣国途经第三国国境或位于该国境内，而该国已发给其签证时，第三国应给予该员公约规定的为确保其过境或返回所必需的一切豁免。与领事官员构成同一户口而享有特权与豁免的家属与领事官员同行或单独旅行前往会聚或返回派遣国时，应同样适用此项规定。第三国不应阻碍其他领馆人员或与其构成同一户口的家属经过该国国境。

第三国对于领馆过境之来往公文及其他公务通信，包括明密码电信在内，应比照接受国根据《领事关系公约》所负的义务，给予同样的自由及保护。第三国在已领签证的领馆信差及领馆邮袋过境时，应比照《领事关系公约》规定的接受国的义务，给予同样的不得侵犯权及保护。

五、领馆与领馆人员的义务

领馆及领馆人员在享有特权与豁免的同时，也对接受国承担一定的义务。根据《领事关系公约》的规定，这些义务主要包括：第一，在不妨碍领事特权与豁免的情形下，领馆人员有义务尊重接受国的法律规章。第二，领馆人员不得干涉接受国内政。第三，领馆馆舍不得用作任何与执行领事职务不相符的用途。第四，职业领事官员不应在接受国内为私人利益从事任何专业或商业活动。

六、中国关于领事的法律制度

（一）中国关于领事的法律体系

中国 1979 年加入《领事关系公约》后，制定了一系列关于领事的法律规章。在这些法律规章中，2009 年《中国驻外外交人员法》、2023 年《中国对外关系法》和 2023 年《中国外国国家豁免法》均包含有对领事问题的原则性规定；1990 年全国人大常委会通过的《领事特权与豁免条例》对领事特权与豁免作出了全面规定；自 2023 年 9 月 1 日起施行的国务院《中华人民共和国领事保护与协助条例》（以下简称《领事保护与协助条例》）则首次规定了领事保护与协助问题。此外，1987 年，中国加入了与打击侵害领事人员人身安全有关的《关于防止和惩处侵害应受国际保护人员包括外交代表的罪行的公约》。在中国制定的法律规章和加入的国际条约的基础上，形成了中国关于领事的系统的法律制度。

（二）中国的领事特权与豁免制度

《中国对外关系法》和《中国外国国家豁免法》都阐明了中国在特权与豁免问题上的原则立场，即中国依据有关法律和缔结或者参加的条约和协定，给予包括领馆和领馆人员在内的外国外交机构、外国国家官员、国际组织及其官员特权与豁免。基于中国加入的《领事关系公约》，1990 年的中国《领事特权与豁免条例》对外国驻中国的领馆和领馆成员的特权与豁免作了全面的规定。该条例在与《领事关系公约》保持基本一致的基础上，对公约中“领馆馆长”“领事官员”“领馆人员”等用语作了进一步的明确或改变；同时，对领馆和领馆成员的特权与豁免的内容作了某些扩张或限制性规定，以使其符合中国的实际情况，并更好地保护外国领馆

和领馆成员的特权与豁免

1. 领事特权与豁免内容的扩张

(1) 根据《领事关系公约》第 31 条，接受国官员未经允许不得进入领馆中专供领馆工作所用的部分；但中国《领事特权与豁免条例》第 4 条规定，未经领馆馆长或派遣国使馆馆长或其授权的人员同意，中国国家工作人员不得进入领馆馆舍。(2) 中国《领事特权与豁免条例》第 13 条规定："领事官员的寓所不受侵犯。领事官员的文书和信件不受侵犯。领事官员的财产不受侵犯，但本条例第十四条另有规定的除外。"然而，《领事关系公约》中并无此项条款。(3) 中国《领事特权与豁免条例》第 14 条中规定："领事官员和领馆行政技术人员执行职务的行为享有司法和行政管辖豁免。领事官员执行职务以外的行为的管辖豁免，按照中国与外国签订的双边条约、协定或者根据对等原则办理。"但《领事关系公约》第 43 条并未规定"执行职务以外行为的管辖豁免"。

2. 领事特权与豁免的限制性规定

(1) 中国《领事特权与豁免条例》第 20 条规定："领馆和领馆成员携带自用的枪支、子弹入出境，必须经中国政府批准，并且按照中国政府的有关规定办理。"《领事关系公约》中则无此规定。(2)《领事关系公约》第 43 条规定，对于未明示以派遣国代表身份所订的契约的诉讼和因车辆、船舶或者航空器在接受国境内造成事故的损害赔偿诉讼，领事官员及领馆雇员不受接受国司法或行政机关的管辖。但根据中国《领事特权与豁免条例》第 14 条，对于在中国境内的私有不动产的诉讼和以私人身份进行的遗产继承诉讼，领事官员和领馆行政技术人员也不享有中国的司法管辖豁免。

(三) 中国的领事保护与协助制度

随着改革开放的不断扩大和经济全球化的日益加深，越来越多的中国公民和企业去往其他国家进行经济贸易和社会文化交流活动。为加强对海外公民和法人合法权益的保护，中国需要制定必要的法律规章。而此类法律规章属于涉外立法和中国涉外法治的组成部分。《中国对外关系法》第 29 条规定："国家统筹推进国内法治和涉外法治，加强涉外领域立法，加强涉外法治体系建设。"

正是在这个背景下，国务院参照《领事关系公约》中有关领事职务和领馆特权的规定，结合中国领事保护的实践，制定并发布了《领事保护与协助条例》。条例的主要内容如下。

1. 领事保护与协助的概念和工作机制

《领事保护与协助条例》第 3 条规定，领事保护与协助是指在国外的中国公民、法人、非法人组织正当权益被侵犯或者需要帮助时，驻外外交机构依法维护其正当权益及提供协助的行为。驻外外交机构是指承担领事保护与协助职责的中华人民共和国驻外国的使馆、领馆等代表机构。根据条例第 4 条，外交部统筹开展领事保护与协助工作，进行国外安全的宣传及提醒，指导驻外外交机构开展领事保护与协助，协调有关部门和地方人民政府参与领事保护与协助相关工作，开展有关国际交流与合作。驻外外交机构依法履行领事保护与协助职责，开展相关安全宣传、预防活动，与国内有关部门和地方人民政府加强沟通协调。国务院有关部门和地方人民政府建立相关工作机制，根据各自职责参与领事保护与协助工作，为在国外的中国公民、法人、非法人组织提供必要协助。

2. 领事保护与协助工作的内容

(1) 信息交流。外交部建立公开的热线电话和网络平台，驻外外交机构对外公布办公地址和联系方式，受理涉及领事保护与协助的咨询和求助。在国外的中国公民、法人、非法人组织可以在外交部或者驻外外交机构建立的信息登记平台上预先登记基本信息，便于驻外外交机构对其提供领事保护与协助。

(2) 提供保护与协助。《领事保护与协助条例》列举了在国外的中国公民、法人、非法人组织方式可能需要领事保护与协助的情形：如中国公民、法人、非法人组织的正当权益被侵犯，因涉嫌违法犯罪被驻在国采取相关措施，中国公民被拘留、逮捕、监禁或者限制人身自由，驻在国审理涉及中国公民、法人、非法人组织的案件，中国公民需要监护但生活处于无人照料状态，因生活困难或下落不明本人或其亲属向驻外外交机构求助，因治安或刑事案件、自然或事故灾难、意外事故等受伤或死亡，驻在国发生战争、武装冲突、暴乱、严重自然或事故灾难、重大传染病疫情、恐怖袭击等重大突发事件人身财产安全受到威胁等。中国驻外外交机构应区分不同情况，采取具体的保护与协助措施，包括核实情况，提供协助，进行探视或旁听，要求保障被告人的诉讼权利，向驻在国有关部门通报情况，帮助联系亲友，提供救济，敦促驻在国开展紧急救助和医疗救治或敦促其采取有效措施保护中国公民、法人的人身和财产安全，提供咨询和有关信息、建议等。

(3) 采取预防措施。《领事保护与协助条例》规定，驻外外交机构应结合当地实际情况，建立领事保护与协助工作安全预警和应急处置机制，开展安全风险评估，对中国公民、法人、非法人组织进行安全宣传，指导其开展突发事件应对和日常安全保护等工作。外交部和驻外外交机构应密切关注有关国家和地区社会治安、自然或事故灾难、传染病疫情等安全形势，视情况公开发布国外安全提醒。国务院文化和旅游主管部门会同外交部建立国外旅游目的地安全风险提示机制，公开发布旅游目的地安全风险提示。

国际法案例

在德黑兰的美国外交和领事人员案
（美国诉伊朗，国际法院）

1979 年 11 月 4 日，部分伊朗武装分子闯入并占领了美国驻德黑兰大使馆，扣留了使馆内的外交人员。11 月 5 日，美国驻伊朗大不里士和设拉子的领事馆也被伊朗武装分子占领。他们洗劫了大使馆和领事馆的档案文件，并把美国外交和领事人员扣作人质。此外，美国驻伊朗使馆临时代办和另外两名外交人员被扣留在伊朗外交部内。

伊朗政府对武装分子扣押人质的行为表示赞同，并拒绝就此问题与美国进行谈判。1979 年 11 月 29 日，美国在国际法院对伊朗提起诉讼。美国认为，根据 1961 年《维也纳外交关系公约》、1963 年《维也纳领事关系公约》、1955 年《美伊友好、经济关系和领事权利条约》和 1973 年《关于防止和惩处侵害应受国际保护人员包括外交代表的罪行的公约》，国际法院对本案有管辖权。美国要求法院判决并宣布：(1) 伊朗政府因纵容、鼓励以及没有防止和惩处伊朗武装分子侵犯美国使领馆及其人员的行为，违反了根据以上国际条约承担的国际义务。(2) 伊朗负有特别义务立即释放被扣押在美国驻德黑兰使馆馆舍内的美国公民，并保证这些人员以及在德黑兰的其他美国公民安全离境。(3) 伊朗政府应就上述违反国际法义务的行为向美国支付赔偿。(4) 伊朗政府应将对美国使馆馆舍、使馆人员以及领馆馆舍、领馆人员犯有罪行的武装分子移交本国主管当局起诉，或者把他们引渡给美国。[①] 美国同时请求国际法院指示临时保全措施。

① ICJ. Judgment on 24 May 1980 of the Case concerning United States Diplomatic and Consular Staff in Tehran: para. 8 - 10.

伊朗没有参加诉讼。1979 年 12 月 9 日，伊朗外交部部长代表伊朗政府致函国际法院，认为“国际法院不能，也不应该受理此案”。他提出的理由是：（1）人质问题只是整个问题中的一个非中心的和次要的方面，这个问题涉及 25 年来美国对伊朗内政的干涉。（2）人质问题应被视为伊朗伊斯兰革命的组成部分，它是伊朗国家主权范围内的事项。伊朗认为，临时保全措施实际上是对案情实质作出判决，因此，伊朗不能接受。①

国际法院首先审理了关于指示临时措施的问题，并于 1979 年 12 月 15 日发布了指示临时措施的命令。国际法院指出，根据美伊两国间现行的条约和普遍国际法，伊朗政府应该立即归还美国驻伊朗的大使馆和领事馆，保证大使馆和领事馆的不可侵犯性；立即释放扣留在美国大使馆、伊朗外交部或任何其他地方的美国人质；伊朗政府应给予所有美国外交和领事人员其应享有的一切保护、特权和豁免，包括离境的自由和便利。

1980 年 5 月 24 日，国际法院对案件的实质问题作出判决。国际法院在判决中指出，尽管 1979 年 11 月 4 日和 11 月 5 日发生的袭击并占领美国大使馆和领事馆以及扣留人质、侵占使馆财产和损坏档案的行为不能直接归因于伊朗国家，但伊朗国家仍对这一阶段的事件负有责任，因为伊朗没有履行它根据《维也纳外交关系公约》第 22、29 条和《维也纳领事关系公约》第 28、31、33、34、35、40 条对美国承担的义务。国际法院认为，大使馆和领事馆以及外交人员和领事人员的不可侵犯权与接受国对其进行保护的义务不单纯是条约法规则，而且是普遍国际法规则。

国际法院认为，1979 年 11 月 4 日和 11 月 5 日的事件发生后，美国请求伊朗当局给予援助和保护，但伊朗当局没有采取适当措施保护使馆和领馆及其人员并制止事态的发展，伊朗的不作为违反了它承担的条约义务。随后，伊朗允许占领美国使馆和扣留人质的行为持续存在，一再违反了它根据《维也纳外交关系公约》、《维也纳领事关系公约》和《美伊友好、经济合作和领事关系条约》第 2 条承担的义务。②

国际法院在判决中指出，由于伊朗的行为在许多方面已经违反，并且在继续违反它根据国际条约和长期确立的国际法规则所承担的义务，因此，伊朗应当根据国际法承担国际责任。伊朗政府必须立即采取一切行动缓和因 1979 年 11 月 4 日及其后发生的事件所导致的局势，停止对美国使馆临时代办及其他外交和领事人员的非法扣押，并将其立即释放；保证为他们提供安全离开伊朗所必需的便利，包括交通工具在内；将美国驻德黑兰使馆馆舍、财产、档案和文件交由第三国保管，并且对因此次事件给美国造成的损害提供赔偿。③

国际法院的判决作出后，美、伊两国在阿尔及利亚的斡旋下进行了密集谈判，1981 年 1 月 19 日，双方达成协议。1981 年 1 月 20 日，伊朗释放了全部美国人质。随后，美国请求国际法院中止关于赔偿请求的诉讼，国际法院据此将本案从其案件表中注销。

简答题

简要回答下列问题：

① ICJ. Judgment on 24 May 1980 of the Case concerning United States Diplomatic and Consular Staff in Tehran: para. 35.

② ICJ. Judgment on 24 May 1980 of the Case concerning United States Diplomatic and Consular Staff in Tehran: para. 77.

③ ICJ. Judgment on 24 May 1980 of the Case concerning United States Diplomatic and Consular Staff in Tehran: para. 95.

1. 国家的国内外交机关有哪些？它们在国家外交方面各有什么职权？
2. 什么是特别使团？特别使团享有哪些特权与豁免？
3. 什么是临时代办？什么是外交团？
4. 外交特权与豁免的理论根据是什么？
5. 使馆特权与豁免的内容是什么？
6. 外交代表特权与豁免的内容是什么？
7. 领馆特权与豁免和使馆特权与豁免有哪些区别？
8. 领事官员特权与豁免和外交代表特权与豁免有哪些区别？

第十一章
国际组织法

提　要

国际组织是指两个以上国家或其政府、人民、民间团体基于特定目的，根据协议建立的常设机构。国际组织法是指用以调整国际组织内部及其对外关系的各种法律规范的总体，它以政府间国际组织为研究对象，研究内容主要包括国际组织的建立、法律地位、成员资格、组织结构、职权范围、活动程序、特权与豁免以及国际组织的继承等。国际组织具有派生的法律人格。联合国是当今最具普遍性、最有影响力和最大的国际组织，它有大会、安理会、经社理事会、托管理事会、国际法院和秘书处六大主要机关。区域性国际组织主要是指一个区域内若干国家或其政府、人民、民间团体基于特定目的，根据协议建立的常设机构。联合国专门机构是根据特别协定同联合国建立关系的或根据联合国决定而创设的对某一特定业务领域负有国际责任的政府间专门性国际组织。

重点问题

1. 国际组织的定义和特征
2. 国际组织的法律地位
3. 联合国的宗旨与原则
4. 联合国大会和安全理事会的职权
5. 联合国安全理事会的表决程序
6. 区域性国际组织的概念和特征
7. 联合国专门机构的概念和特征
8. 欧洲联盟
9. 世界贸易组织

第一节　概　述

一、国际组织的概念与类型

（一）国际组织的定义和特征

国际组织是指两个以上的国家或其政府、人民、民间团体基于特定的目的，以一定协议形式建立的机构。[①] 国际组织有广义和狭义之分。广义的国际组织既包括政府间国际组织，即若干国家或其政府所设立的机构，如联合国、国际货币基金组织、世界贸易组织和欧洲联盟等，也包括非政府间国际组织，即若干国家的民间团体及个人所组成的机构，如国际奥林匹克委员会、国际红十字会和国际律师协会等。狭义的国际组织仅指政府间的国际组织。政府间国际组织是严格意义上的国际组织，也是国际法重点研究的对象，因为只有这一类国际组织才具有国际法律人格，并且在世界事务中发挥着更大的作用，因此，本章主要讨论政府间国际组织。

国际组织具有以下特征。

1. 国际组织是以国际条约为基础建立的

国际组织是根据创始成员国之间缔结的国际条约建立的。此类国际条约是国际组织建立的法律依据，具体规定国际组织的宗旨、原则、主要机构、职权范围、活动程序以及成员国的权利义务等。

2. 国际组织的成员主要是平等的主权国家

国际组织的成员主要是国家，且成员国地位平等。在国际组织内部，成员国不论人口多寡、面积大小以及政治、经济和社会制度如何，法律地位一律平等。虽然有些国际组织允许接纳少数非国家实体作为其成员，但这仅是一种特例，它不能改变国际组织的成员主要是主权国家这一本质特征。

3. 国际组织的职能主要是促进国际合作

国际组织的主要职能是协调各成员国之间以及成员国和国际组织之间的关系，促进各成员国之间的合作。

4. 国际组织与其成员国是相互独立的

国际组织是由成员国建立的，其权力也是成员国赋予的，然而，国际组织一旦建立，即具有了独立的国际人格，不隶属于任何成员国。同时，为了使国际组织实现其宗旨，成员国会赋予其若干职权，但国际组织并不能因此而成为凌驾于成员国之上的世界政府机构，无论国际组织的职权多么广泛，它都不能违反国家主权原则，不得干涉本质上属于成员国国家管辖范围内的任何事项。

5. 国际组织一般设有常设机构

现代国际组织一般都设有常设机构，这些机构通常按照一定的规章进行活动。是否设有常设机构也是区分国际组织和国际会议的一个重要标准。

（二）国际组织的类型

按照不同标准，国际组织可以分为以下几种类型。

按照其职能的不同，国际组织可以分为一般性组织和专门性组织。前者如国际联盟和联合国，后者如世界卫生组织、联合国教科文组织、国际民用航空组织等。

按照其成员地域范围的不同，国际组织可以分为全球性组织与区域性组织。前者如世界贸易组织等，后者如欧洲联盟等。

按照其性质的不同，国际组织可以分为政治性组织如联合国、经济性组织如世界贸易组织和军事性组织如北大西洋公约组织等。

二、国际组织的法律地位

国际组织的法律地位主要是国际组织的法律人格问题，它包括国际组织对内和对外关系两

---

① 周鲠生. 国际法：下册. 北京：商务印书馆，1981：687.

个方面，即国际组织是否具有与其成员国交往的法律人格，国际组织是否具有与非成员国以及其他国际组织交往的法律人格。

一个国际组织是否具有法律人格，首先应根据创立该组织的组织章程来判断。有些国际组织在组织章程中明确规定了它在对内对外关系上的法律人格。例如，1947 年《联合国专门机构特权与豁免公约》第 2 条规定："专门机构具有法律人格，并有下列行为能力：1. 订立契约；2. 取得和处分不动产和动产；3. 提起诉讼。"不过，即使国际组织的章程中没有明文规定，其法律人格也应该予以承认。国际组织设有常设机构，按照组织章程规定的宗旨行使职能，这说明它已经具有独立的意志，能够在国际社会进行活动。国际组织的意志不同于成员国的共同意志。国际组织不是简单地协调成员国意志的对话场所，而是承担权利义务的真正的法律人格者。

从联合国来看，《联合国宪章》第 104 条规定："本组织于每一会员国之领土内，应享受于执行其职务及达成其宗旨所必需之法律行为能力。"1946 年《联合国特权和豁免公约》第 1 条中明确规定"联合国具有法律人格"。国际法院在 1949 年"关于执行联合国职务时遭受伤害的赔偿问题"的咨询意见中指出："鉴于联合国预期行使和享有且事实上正在行使和享有的职能和权利，只能在它具有大部分人格和国际行为能力的基础上得到解释，国际法院认为联合国是一个国际人格者。"① 当然，这并不是说联合国是一个国家，或者它与国家具有相同的法律人格和权利义务，也不是说它是一个超国家机构，只是说它是一个国际法主体，能够享有国际权利和承担国际义务。②

国际组织在国际法上的法律人格和行为能力一般包括以下内容：（1）缔结双边或多边国际条约；（2）召集和参加国际会议；（3）派遣和接受外交使团（节）；（4）调解国际争端；（5）承担国际责任和请求国际赔偿；（6）参加另一个国际组织的活动甚至加入另一个国际组织；（7）作出国际承认和作为国际承认的对象；（8）构成国际继承的主体与客体；（9）其他行为能力，如登记和保存条约，临时管理某一领土，拥有本组织的旗帜、徽章等。不过，国际组织的法律人格是派生的，离开主权国家的授权，任何国际组织在法律上的权利能力和行为能力都不可能存在，这种法律人格的局限性是国际组织法律地位的一个重要特征。

三、国际组织的历史发展及国际组织法的范围

（一）国际组织的历史发展

国际组织的形成和发展是国际政治经济关系发展到一定阶段的产物。19 世纪以后，各国之间的多边活动日益增加，政府间的国际会议成为讨论和解决国际问题的一种有效手段，如 1815 年的维也纳会议、1856 年的巴黎会议。这种会议可以说是政府间的一种临时性议事组织。到 19 世纪中期，一些国家缔结了调整交通、电信等方面相互关系的国际协定。在实施这些多边协定时，国家之间出现了为某种特定目的而建立的"国际行政联盟"。这是一种比较稳定的组织形式，而且此类机构的规模与种类随着国际关系的发展得到不断发展。国际电报联盟、邮政总联盟、国际度量衡组织、国际保护工业产权联盟、国际保护文化艺术作品联盟、国际海关税则出版联盟等都属于这种性质的组织。它们的出现标志着国际组织的发展进入了一个新的历史阶段。

第一次世界大战后，根据 1919 年《国际联盟盟约》，人类历史上第一个世界性、综合性和政治性的国际组织——国际联盟宣告成立。国际联盟设有四个主要机关：大会、行政院、秘书

① 中国政法大学国际法考研室. 国际公法案例评析. 北京：中国政法大学出版社，1995：78.

② 马呈元，张力. 国际法案例研习. 北京：中国政法大学出版社，2014：3.

处和常设国际法院。不过，尽管国际联盟的创立者尽力使这一组织在结构形式及活动程序方面臻于完善，但总的说来，国际联盟本身自其创立之时就存在严重缺陷。[①] 在本质上，国际联盟以维护少数战胜国的既得权益为主要目的；在成员构成方面，它缺乏普遍性，其把苏联排斥在外，美国也没有参加该组织；在组织活动方式和程序方面，大会和行政院权限不分，决议又都采取全体一致的表决方式，因而缺乏采取有效行动的灵活性。事实上，国际联盟成立后，一直未能真正发挥作为一般性国际组织的权威和效能，特别是在20世纪30年代，面对日本、德国等法西斯侵略势力的扩张，国际联盟日益暴露出其在维持国际和平与安全方面的无所作为。进入20世纪40年代后，国际联盟已名存实亡，陷入完全瘫痪的状态。1946年4月，国际联盟召开最后一届大会，正式宣告解散。

虽然国际联盟以失败告终，但它并没有熄灭世界人民对建立一个能够维持国际和平与安全的世界性组织的希望之火。相反，国际联盟的理论与实践为后来联合国的建立铺平了道路，使联合国得以在第二次世界大战的战火和废墟中酝酿产生。1945年联合国的建立使国际组织的发展进入了另一个新的阶段。此后，国际组织的数量迅速增加，种类不断丰富，涉及的领域也不断扩大，国际组织之间的协调也日益加强。

（二）国际组织法的范围

随着国际组织数量的增多和作用的加强，国际法学者越来越重视对政府间国际组织的研究，并在此基础上形成了现代国际法的一个部门法——国际组织法。国际组织法是指用以调整国际组织内部及其对外关系的各种法律规范，是有关国际组织的建立、运行与活动的有约束力的原则、规则和制度的总体。国际组织法以政府间国际组织为研究对象，研究范围通常包括国际组织的法律地位、成员资格、组织结构、职权范围、活动程序、特权与豁免以及国际组织的继承等内容。

第二节　国际组织的基本制度

一、国际组织的成员和组织机构

（一）国际组织的成员

国际组织的成员一般可以分为正式成员和非正式成员两类。

1. 正式成员

国际组织的正式成员有权参加组织的全部活动，在组织内部享有同样的权利，如代表权、发言权和表决权等，并承担同样的义务，如财政义务和合作义务等。但在有些国际经济组织中，如国际货币基金组织，正式成员的权利和义务也存在差别，承担更多财政义务的成员拥有更大的决策权。

国际组织的成员资格通常由组织章程予以规定。凡参与国际组织创立的，为创始成员国；凡在国际组织成立后按照一定的程序加入的，为纳入成员。

国际组织的正式成员可能因某种原因，如退出或被开除等，丧失其成员资格。

2. 非正式成员

非正式成员主要有以下两种类型。

① 梁西．国际组织法：总论．5版．武汉：武汉大学出版社，2002：55．

(1) 准成员。有些国际组织由于对经济、社会、文教等部门负有广泛国际责任而允许某些非独立国家的政治实体参加，这些非主权实体即为准成员或联系成员（Associate Member）。例如，许多国际组织允许欧洲联盟以准成员的资格参加组织的活动。一般而言，准成员在国际组织的重要机构中没有表决权以及选举权与被选举权。[①] 世界卫生组织曾对准成员权利义务的性质和范围作出过明确规定，并为其他一些国际组织所效仿。

(2) 观察员。大多数国际组织可以接纳非成员国、民族解放运动组织、政府间组织、非政府间组织甚至个人作为观察员出席有关会议。观察员的任务是向本国政府或所属派出组织汇报派驻组织的活动情况，或尽力将本国政府、所属派出组织或个人意见提供给派驻组织。观察员一般在举行会议时被临时邀请，但有的国际组织接纳常驻观察员。观察员在组织的有关会议上通常既无发言权也无表决权。不过，观察员可以获得会议的所有资料，有时还可以提出议案。

（二）国际组织的组织机构

国际组织一般设有以下三个主要机构。

1. 大会

大会由国际组织所有会员国派代表组成，是组织的最高权力机关。大会定期召开会议，一般每年举行一次，必要时可召开特别会议。大会可以讨论和审议其职权范围内的任何问题或事项，并就重大问题作出决议。

2. 理事会

许多国际组织设有理事会。理事会是国际组织的执行机关，通常由有限的会员国派代表组成。不过，有的国际组织的理事会由所有会员国组成，如美洲国家组织。

理事会定期或不定期举行会议，并就其职权范围内的重要事项作出决定。

3. 秘书处

秘书处是国际组织的行政机关，主要负责与成员国或其他国际组织联络、组织各种会议、执行大会和理事会通过的决议、交换情报等行政事务方面的工作。秘书处由来自会员国的独立履行职务的国际工作人员组成，在秘书长领导下进行工作。

二、国际组织的表决制度

国际组织的表决制度是成员国对组织有关决议草案表示赞成、反对或弃权的一种程序制度。国际组织的表决程序主要有以下三种类型。

（一）全体一致通过

传统上，国际会议和国际组织的决议需要由到会的各国代表全体一致通过。这种表决制度建立在国家主权平等原则的基础上，如国际联盟大会和行政院的表决均采取全体一致同意的制度。但是，全体一致通过实际上赋予了每一成员国以否决权，不利于提高国际组织的工作效率，因此，现在只有少数组织仍然采取这种表决方式。

（二）多数表决

多数表决是根据成员国代表的多数同意票通过决议的表决方式。最先采取多数表决方式的是旨在解决争端的国际机构，如1794年根据《杰伊条约》成立的混合仲裁委员会。19世纪时，一些行政、技术性的国际组织也采取了这种表决制度，政治性国际组织采取多数表决制度则比较晚。目前，大多数国际组织都采取了这种表决制度。

---

① 饶戈平. 国际组织法. 北京：北京大学出版社，1996：91.

多数表决一般分为以下三种情况：

1. 简单多数表决，只要获得成员国过半数的同意票，决议即可通过。

2. 特定多数表决，必须获得成员国特定多数的同意票，决议方可通过。这里的特定多数一般是 2/3，但也可能是 3/4、4/5，甚至更高的比例。

3. 加权表决，某些经济、金融等领域的国际组织按照一定标准分配给成员国不等量的投票权，成员国在投票权不平等的基础上对决议进行表决，这就是所谓的“加权表决制”。例如，世界银行的每个成员国平等地拥有 250 个基本投票权，然后，再按照每股一个投票权的标准分配给成员国不同的投票权，基本投票权加分配投票权即为一国在世界银行的总投票权。

（三）协商一致

第二次世界大战后，国际组织和国际会议中出现了一种在协商一致的基础上通过决议的方式，而无须进行投票表决。协商一致有利于决议的通过，但也存在适用范围有限等问题。

三、国际组织的特权与豁免

（一）国际组织的特权与豁免的概念

国际组织的特权与豁免是指根据国际组织的组织章程或有关国际条约，国际组织及其人员、成员国驻国际组织使团及其人员所享有的特殊权利和优惠待遇的总称。享受国际组织特权与豁免的主体包括国际组织及其职员、常驻国际组织代表团及其人员。

国际组织特权与豁免的理论依据是职能必要。根据该理论，授予国际组织特权与豁免，是为了便于其独立履行职能，更好地实现组织的目的。

国际组织的特权与豁免的法律渊源主要是以下三类国际条约：一是建立国际组织的基本文件，即国际组织章程，如《联合国宪章》；二是专门性国际条约，如 1946 年《联合国特权与豁免公约》和 1947 年《联合国专门机构特权与豁免公约》；三是双边条约，即各国际组织与其总部所在地的东道国政府缔结的总部协定以及国际组织为在一国国内举行特定活动与该国政府签订的特权与豁免协定。例如，1946 年瑞士与联合国签订了规定联合国在瑞士享有的特权与豁免的协定，其内容与《联合国特权与豁免公约》几乎完全一致。①

此外，1973 年《关于防止和惩处侵害应受国际保护人员包括外交代表的罪行的公约》和 1975 年《关于国家在其对普遍性国际组织关系上的代表权公约》等法律文件中的一些规定也可以被视为国际组织特权与豁免的法律渊源。

（二）国际组织特权与豁免的内容

由于联合国及其专门机构是最具代表性的国际组织，因而本部分主要介绍联合国及其专门机构的特权与豁免。②

根据 1946 年《联合国特权与豁免公约》和 1947 年《联合国专门机构特权与豁免公约》，联合国及联合国专门机构的特权与豁免的主要内容如下。

1. 联合国及联合国专门机构的特权与豁免

联合国及联合国专门机构的特权与豁免包括：（1）所有资产和财产享有司法豁免权；（2）会所和房舍不得侵犯；（3）档案和文件不得侵犯；（4）拥有、持有及自由兑换货币的权利；（5）资产、收入及其他财产免纳捐税；（6）通讯的便利。③

---

① 饶戈平. 国际组织法. 北京：北京大学出版社，1996：223.

② 其他国际组织的特权与豁免问题，当然与联合国的不会完全相同，具体还要依据各自适用的不同法律文件。

③ 1946 年《联合国特权与豁免公约》第 2、3 条。

2. 联合国及联合国专门机构职员的特权与豁免

联合国及联合国专门机构职员的特权与豁免包括：（1）以公务身份发表的口头或书面言论及所实施的其他一切行为享有法律程序的豁免；（2）得自联合国的薪金和报酬免纳捐税；（3）豁免国民服役的义务；（4）本人及配偶和受扶养的亲属豁免移民限制和外侨登记；（5）在外汇便利方面，享有与驻在国使馆同级别官员相同的特权；（6）发生国际危机时，本人及配偶和受扶养的亲属享有与外交使节相同的遣送返国的便利；（7）初次到达东道国就任时，享有免纳关税运入家具和用品的权利。①

3. 联合国及联合国专门机构的会员国代表团的特权与豁免

联合国及联合国专门机构的会员国代表团包括常驻联合国及联合国专门机构的使团及其人员，其中，联合国的会员国代表包括常驻联合国的会员国代表、联合国各主要和辅助机关的会员国代表以及出席联合国会议的会员国代表。他们虽然是向国际组织，而不是向东道国派遣的，但他们仍然是派遣国的代表，原则上享有与 1961 年《维也纳外交关系公约》规定的使馆及使馆人员大体相同的特权与豁免。

由于常驻使团是向国际组织而不是向东道国派遣的，因而对常驻使团人员不适用宣布为“不受欢迎的人”或“不能接受”的程序，对于违反东道国法律的代表团成员，只能按外交程序令其离境，或在派遣国放弃豁免权的情况下，由东道国依其国内法进行处罚。

联合国及联合国专门机构的会员国代表在执行职务期间和往返会议处所的旅程中应享有下列各项特权和豁免：（1）人身不受逮捕或拘禁，以代表资格发表的口头或书面言论及其所实施的一切行为豁免所有法律程序；（2）一切文书和文件不得侵犯；（3）享有使用电码及经由信使或用密封邮袋收发文书或信件的权利；（4）在为执行职务访问或经过的国家，其本人及配偶免除移民限制、外侨登记或国民服役的义务；（5）在货币或外汇限制方面，享有与负有临时公务使命的外国政府代表同样的便利；（6）私人行李享有给予外交使节的同样的豁免与便利，私人行李不受扣押；（7）为外交使节所享有而与上述各项不相冲突的其他特权、豁免和便利，但其运入的物品（除为其私人行李的一部分外）无权要求免除关税、消费税或销售税。②

国际组织的专家主要从事某项特定任务，他们不是国际组织的正式工作人员，享受的特权与豁免一般低于国际组织的官员。③

第三节　联合国

一、联合国的建立

联合国是根据 1945 年《联合国宪章》建立的世界性组织。它是一个在集体安全原则基础上维持国际和平与安全的政治性组织。联合国的建立经历了以下几个阶段。

（一）初期的构想

第二次世界大战中期，创立一个普遍性的国际安全组织的设想从萌芽开始逐渐走向成熟。1941 年 6 月 12 日，英国、澳大利亚、加拿大、新西兰、比利时、捷克斯洛伐克、希腊、卢森

① 1946 年《联合国特权与豁免公约》第 5 条及 1947 年《联合国专门机构特权与豁免公约》第 6 条。
② 1946 年《联合国特权与豁免公约》第 4 条及 1947 年《联合国专门机构特权与豁免公约》第 5 条。
③ 1946 年《联合国特权与豁免公约》第 6 条。

堡、荷兰、挪威、波兰、南斯拉夫、南非和法国在伦敦签署了《盟国宣言》（Inter-Allied Declaration），强调持久和平的唯一真正基础是各国自由人民志愿在一个摆脱侵略威胁、人人享有经济和社会安全的世界中合作。1941 年 8 月 14 日，英美两国首脑在大西洋的一艘军舰发表了《大西洋宪章》（Atlantic Charter），提出了一系列维持和平与安全的国际合作原则，并在不久的将来建立更广泛和持久的一般安全制度。1942 年元旦，中国、苏联、美国、英国等 26 个国家的代表在华盛顿签署了共同反对法西斯的《联合国家宣言》（Declaration by United Nations），该宣言第一次使用了“联合国（家）”（United Nations）的名称，但这还不是一个确定的国际组织，只是对抗击德、意、日法西斯的国家的统称。

（二）莫斯科会议和德黑兰会议

1943 年 10 月，中国、苏联、美国、英国四国代表在莫斯科会议上共同签订《四国宣言》（Joint Four-Nation Declaration），使建立普遍性安全组织的设想和愿望有了进一步的发展。《四国宣言》奠定了建立联合国的方针和基础。该宣言达成两个月后，罗斯福、斯大林和丘吉尔于 12 月在伊朗首都德黑兰进行第一次会晤，发表了《三国首脑宣言》（Declaration of the Three Powers），宣布寻求所有国家，无论大小，它们的人民和我们自己的人民一样，全心全意致力于的合作和积极参与，在民主国家的世界大家庭中消除暴政、奴役、压迫和不宽容。

（三）敦巴顿橡树园会议

1944 年 8 月至 10 月，中国、苏联、美国、英国代表在华盛顿的敦巴顿橡树园召开会议。[①]四国代表草拟了战后国际组织章程的草案，即《关于建立普遍性国际组织的建议案》（Proposals for the Establishment of a General International Organization），并建议将该组织命名为“联合国”（United Nations）。该建议案包括 12 章，内容涉及联合国的宗旨与原则、会员资格、主要机关及其职权和维持国际和平与安全及合作的各种安排。该建议案绘制了联合国的蓝图，对联合国的建立发挥了十分重要的作用。

（四）雅尔塔会议

1945 年 2 月，英国、美国和苏联三国首脑在克里米亚雅尔塔举行会议[②]，解决了敦巴顿橡树园会议未能解决的关于安理会的表决程序问题，确定安理会常任理事国享有对非程序事项的“否决权”。同时，雅尔塔会议决定于 1945 年 4 月 25 日在旧金山召开联合国家会议，以便依照《关于建立普遍性国际组织的建议案》的方针制定组织宪章。雅尔塔会议为联合国的诞生铺平

---

① 会议的第一阶段有美、苏、英三国政府参加，签署了《关于建立普遍性的国际组织的建议案》，建议把该国际组织命名为“联合国”，其主要机构包括全体会员国参加的联合国大会、安全理事会、国际法院和秘书处等。会议的第二阶段有美、英、中三国参加，并无实质性内容，仅对第一阶段的会议结果作了若干补充。

② 雅尔塔会议协议的主要内容包括：（1）关于战后处置德国问题，决定由美、英、法、苏四国分区占领德国和德国必须交付战争赔偿以及彻底消灭德国军国主义和纳粹主义的一般原则。（2）关于波兰问题，三国决定波兰东部边界大体上以寇松线为准，在若干区域作出对波兰有利的 5 千米～8 千米的逸出，同意波兰在北部和西部应获得新的领土，其最后定界留待和会解决；关于波兰政府的组成经过激烈争论，同意以卢布林的波兰临时政府为基础进行改组，容纳国内外其他民主人士。（3）关于远东问题，苏联承诺在欧洲战争结束后 2～3 个月内参加对日作战，条件是：维持外蒙古的现状，库页岛南部及邻近岛屿交还苏联，大连商港国际化，苏联租用旅顺港为海军基地，苏、中共同经营中东铁路和南满铁路，千岛群岛交予苏联。（4）关于联合国的问题，同意苏联的乌克兰和白俄罗斯加盟共和国作为联合国创始会员国，决定美、英、法、苏、中五国为安理会常任理事国，规定实质性问题常任理事国一致同意的原则。此外，会议还讨论了希腊、南斯拉夫、意大利等欧洲国家的有关问题，签署了《雅尔塔协定》，通过了《被解放的欧洲的宣言》和《克里米亚宣言》等文件。此次会议巩固和维护了三国战时联盟，对于协调盟国对德、日作战，加速反法西斯战争的胜利进程和促进战后和平稳定局面的形成起到了重要作用。但会议的某些协议未经有关国家同意，严重损害了中国等国家的主权、利益和领土完整。

了道路。

（五）旧金山制宪会议

1945年4月25日开始的旧金山制宪会议的正式名称为“联合国家关于国际组织的会议”。参加会议的共有50个国家的代表。代表们研究和讨论了《关于建立普遍性国际组织的建议案》、雅尔塔表决方案和各国政府提出的修正案。1945年6月25日，各国代表一致通过《联合国宪章》，并于次日正式举行签字仪式。虽然波兰没有派代表参加旧金山制宪会议，但于1945年10月15日作为创始会员国签署了宪章。1945年10月24日，《联合国宪章》生效，联合国正式成立。第一届联合国大会于1946年1月10日在伦敦召开。1946年2月，联合国大会决定将联合国总部设在纽约；同时，在日内瓦和维也纳设立联合国机构的常驻中心。1947年，第二届联合国大会决定把10月24日定为“联合国日”。

二、联合国的宗旨与原则

《联合国宪章》由序言和19章组成，共111条，规定了联合国的宗旨与原则、会员国、主要机关的组成、职权范围、活动程序以及有关联合国组织的地位与宪章的修正等内容，宪章是联合国活动的法律依据，也是一项造法性多边条约，对联合国的会员国有拘束力。同时，宪章中规定的原则对非会员国也有拘束力。

（一）联合国的宗旨

根据《联合国宪章》第1条，联合国的宗旨有以下四项。

1. 维持国际和平与安全

“维持国际和平与安全”是联合国的首要目的。联合国就是为“欲免后世再遭今代人类两度身历惨不堪言之战祸……”而建立的。在《联合国宪章》第1条第1款中明确规定：“维持国际和平及安全；并为此目的：采取有效集体办法，以防止且消除对于和平之威胁，制止侵略行为或其他和平之破坏；并以和平方法且依正义及国际法之原则，调整或解决足以破坏和平之国际争端或情势。”《联合国宪章》把维持国际和平与安全放在首要地位，说明了它具有的重要意义。本项规定特别提到在解决国际争端中应“依正义及国际法之原则”，反映了战后国际关系中应尊重正义和加强国际法作用的普遍要求。

2. 发展各国之间的友好关系

《联合国宪章》第1条第2款规定：“发展国际间以尊重人民平等权利及自决原则为根据之友好关系，并采取其他适当办法，以增强普遍和平。”各国人民平等及民族自决的原则是发展各国友好关系的基础。各国人民都有权选择自己的政治、经济和社会制度，有权获得民族独立。

3. 促进国际间有关经济、社会及文化方面的合作

《联合国宪章》第1条第3款规定：“促成国际合作，以解决国际间属于经济、社会、文化及人类福利性质之国际问题，且不分种族、性别、语言或宗教，增进并激励对于全体人类之人权及基本自由之尊重。”要维持国际和平与安全，除和平解决争端、制止侵略行为、发展友好关系以外，还必须在平等的基础上广泛地促进经济、社会、文化等方面的合作，尊重全人类的人权和基本自由以及禁止任何歧视。

4. 使联合国成为协调各国行动的中心

《联合国宪章》第1条第4款规定：“构成一协调各国行动之中心，以达成上述共同目的。”联合国的主要工作是协调各国的行动，通过在联合国内部的协调，达到实现上述宗旨的目的。

（二）联合国的原则

《联合国宪章》第2条规定了联合国本身及其会员国和非会员国应当遵守的下列原则。

1. 会员国主权平等原则

《联合国宪章》第2条第1款规定："本组织系基于各会员国主权平等之原则。"会员国主权平等是联合国的一项基本组织原则，所有会员国在法律上一律平等，其国家人格、领土完整与政治独立等主权权利应受到尊重。

2. 善意履行宪章义务原则

《联合国宪章》第2条第2款规定："各会员国应一秉善意，履行其依本宪章所担负之义务，以保证全体会员国由加入本组织而发生之权益。"按照这一规定，联合国会员国必须忠实执行联合国的决议，善意履行宪章义务，并承认宪章义务居优先地位。

3. 和平解决国际争端原则

《联合国宪章》第2条第3款规定："各会员国应以和平方法解决其国际争端，俾免危及国际和平、安全及正义。"此外，《联合国宪章》第33条列举了各种和平解决争端的方法，包括谈判、调查、调停、和解、仲裁、司法解决、利用区域机构或区域协定等。

4. 禁止以武力相威胁或使用武力原则

《联合国宪章》第2条第4款规定："各会员国在其国际关系上不得使用威胁或武力，或以与联合国宗旨不符之任何其他方法，侵害任何会员国或国家之领土完整或政治独立。"《联合国宪章》禁止会员国在国际关系中以武力相威胁或使用武力，但它并不禁止会员国在遭到武力攻击时，单独或集体行使自卫权。

5. 集体协助原则

《联合国宪章》第2条第5款规定："各会员国对于联合国依本宪章规定而采取之行动，应尽力予以协助，联合国对于任何国家正在采取防止或执行行动时，各会员国对该国不得给予协助。"根据本项原则，会员国在联合国对任何国家正在采取强制行动时，必须尽力予以协助；同时，不得对被采取行动的国家予以协助。

6. 在维持国际和平与安全的必要范围内确保非会员国遵行宪章原则

《联合国宪章》第2条第6款规定："本组织在维持国际和平及安全之必要范围内，应保证非联合国会员国遵行上述原则。"这是一项重要而颇为特殊的规定。"这意味着在一定范围内，联合国对非会员国有某种干涉权。"①

7. 不干涉内政原则

《联合国宪章》第2条第7款规定："本宪章不得认为授权联合国干涉在本质上属于任何国家国内管辖之事件，且并不要求会员国将该项事件依本宪章提请解决；但此项原则不妨碍第七章内执行办法之适用。"根据这一项原则，联合国不得干涉任何会员国的内政，但它并不妨碍联合国根据《联合国宪章》第七章的规定对危害国际和平与安全的情势采取强制措施。

虽然上述原则主要规定的是联合国与会员国的权利义务关系，但其中的一些原则，特别是会员国主权平等、善意履行宪章义务、和平解决国际争端、禁止以武力相威胁或使用武力和不干涉内政，属于国际社会全体接受的原则，因而其效力超出了一个国际组织章程的范围，对世界各国都有拘束力。它们无疑属于国际法基本原则的内容。

---

① 梁西．国际组织法：总论．5版．武汉：武汉大学出版社，2002：77.

三、联合国会员国

联合国的会员国分为创始会员国和纳入会员国两类。

（一）创始会员国

根据《联合国宪章》第3条，凡曾参加1945年旧金山制宪会议或曾签署了1942年1月1日《联合国宣言》、签署《联合国宪章》并依法批准《联合国宪章》的国家，均为联合国的创始会员国。联合国创始会员国共51个。

（二）加入会员国

《联合国宪章》第4条规定："凡其他爱好和平之国家，接受本宪章所载之义务，经本组织认为确能并愿意履行该项义务者，得为联合国会员国。""准许上述国家为联合国会员国，将由大会经安理会之推荐以决议行之。"据此，被接纳为联合国的新会员国必须符合以下条件：属于国际法上的国家；接受《联合国宪章》所载义务；爱好和平；愿意并且确能履行《联合国宪章》义务；获得安理会的推荐和2/3会员国的同意。

截至2024年1月，联合国共有会员国193个。

（三）中止会员国权利和开除会员国

1. 中止会员国权利

《联合国宪章》第5条规定："联合国会员国，业经安理会对其采取防止或执行行动者，大会经安理会之建议，得停止其会员权利及特权之行使。此项权利及特权之行使，得由安理会恢复之。"会员国权利被中止后，如果满足一定条件，可以再次恢复。另外，《联合国宪章》第19条规定："凡拖欠本组织财政款项之会员国，其拖欠数目如等于或超过前两年所应缴纳之数目时，即丧失其在大会的投票权。"

2. 开除会员国

《联合国宪章》第6条规定："联合国之会员国中，有屡次违犯本宪章所载之原则者，大会经安理会之建议，得将其由本组织除名。"开除会员国是联合国对会员国资格最严厉的制裁形式，但到目前为止，联合国还没有开除过任何会员国。

此外，《联合国宪章》中没有关于会员国退出的规定。但在旧金山制宪会议上，有关委员会的报告肯定联合国会员国有退出联合国的权利，而且这一意见得到了与会全体国家的承认，因此，联合国会员国有权退出联合国。1965年，印度尼西亚曾宣布退出联合国。

（四）中国与联合国

在联合国的创建过程中，当时的中华民国政府签署了1942年《联合国家宣言》和1943年《四国宣言》。中国代表参加了1944年敦巴顿橡树园会议和《关于建立普遍性国际组织的建议案》的起草工作，并对该建议案提出了重要的补充意见，其中一些补充意见被会议接受，载入《联合国宪章》之中。[①] 1945年，雅尔塔会议决定，中国作为发起国之一，与苏联、美国、英国共同召集旧金山制宪会议。1945年4月，中国政府派出由10人组成的代表团出席了旧金山制宪会议。中国政府代表顾维钧最先在《联合国宪章》上签字。根据《联合国宪章》第23条，中国是安理会5个常任理事国之一。可见，中国在联合国的创建过程中起到了重要的作用。

1949年10月1日，中华人民共和国宣告成立，中华人民共和国中央人民政府成为中国的唯一合法政府。按照政府继承的规则，中华人民共和国政府应当在联合国中代表中国，享有中

① 丘宏达. 现代国际法. 台北：三民书局，1995：863-864.

国在联合国的一切合法权利。但由于种种原因，在20世纪50年代至60年代的历届联合国大会上，中华人民共和国政府在联合国的代表权问题先后被以所谓“时机不成熟”和“中国代表权问题必须由联合国大会2/3多数才能决定”为借口长期拖延。

1971年10月25日，第26届联合国大会以压倒性多数通过关于“恢复中华人民共和国在联合国组织中的一切合法权利”的第2758号决议，恢复了中华人民共和国在联合国的代表权。中华人民共和国在联合国代表权的恢复有利于维护国际和平与安全、促进国际合作与发展。

四、联合国的主要机关及其职权

联合国设有六大主要机关：大会、安理会、经济及社会理事会、托管理事会、国际法院和秘书处。此外，联合国还设有执行其职能所需要的各种辅助机关。

（一）大会

1. 大会的组成

联合国大会由全体会员国组成，每个会员国可派代表5人。大会每年举行一届常会，一般为期3个月，在9月的第三个星期二开幕，12月25日以前闭幕。如果议程尚未讨论完毕，则在第二年春天续会。联合国大会的会议通常在纽约联合国总部举行。但也有在其他地方举行会议的情形。联合国大会还可以召开特别会议或紧急特别会议。如果安理会或者过半数会员国提出召开特别会议的请求，或者某一会员国提出请求后经多数会员国同意，联合国大会可以在15天内召开特别会议。

紧急特别会议是根据1950年联合国大会通过的《联合一致共策和平的决议》建立的制度。在发生威胁和平、破坏和平或侵略行为且安理会因五大国不能达成一致的情况下，经安理会任何7个（现为9个）理事国或者多数会员国提出请求，联合国大会可以在24小时之内召开紧急特别会议。联合国大会曾就苏伊士运河危机、巴勒斯坦问题、纳米比亚问题、苏联入侵阿富汗等问题召开过紧急特别会议。

《联合国宪章》第22条规定：“大会得设立其认为于行使职务所必需之辅助机关。”根据此项规定，联合国大会设立了六个主要委员会：（1）裁军与国际安全委员会（第一委员会）；（2）经济和金融委员会（第二委员会）；（3）社会、人道主义和文化委员会（第三委员会）；（4）特别政治和非殖民化委员会（第四委员会）；（5）行政和预算委员会（第五委员会）；（6）法律委员会（第六委员会）。此外，联合国大会还设有一些专门委员会，如裁军审议委员会、国际法委员会等。①

2. 大会的职权

联合国大会的职权十分广泛，它可以讨论《联合国宪章》范围内的任何问题或事项。

（1）大会可以审议关于维持国际和平及安全之合作的原则，并得向会员国或安理会提出对于该原则的建议。除安理会正在处理者外，大会得讨论联合国任何会员国或安理会或一定条件下的非会员国向大会所提出的关于维持国际和平及安全之任何问题，并得向会员国或安理会提出对于各该项问题的建议。大会对足以危及国际和平与安全的情势，得提请安理会注意。

（2）大会应发动研究，并作成建议，以促进政治上的国际合作，并提倡国际法的逐渐发展与编纂；促进经济、社会、文化、教育及卫生各部门的国际合作，且不分种族、性别、语言或宗教，助成全体人类的人权及基本自由的实现。

① 联合国网站.［2024-06-11］. https://www.un.org/zh/ga/maincommittees/index.shtml.

（3）大会对于其所认为足以妨碍国际间公共福利或友好关系的任何情势，不论其起源如何，得建议和平调整办法。

（4）大会应接受并审查安理会所送的年度及特别报告，接受并审查联合国其他机关所送的报告。

（5）大会应执行宪章所授予的关于国际托管制度的职务，包括关于非战略地区托管协定的核准。

（6）大会应审议和批准联合国的预算，分配会员国的经费负担，审查各专门机构的行政预算。

联合国大会虽然在政治、经济、社会、文化等领域享有广泛的职权，但这些职权大多具有建议的性质，对会员国没有法律拘束力。

3. 大会的表决程序

每个会员国在大会有一个投票权。大会的决议事项分为两类，适用不同的程序。

第一类是关于重要问题的表决，大会应以到会投票的会员国 2/3 多数来决定。此类问题包括提出维持国际和平与安全的建议、选举安全理事会非常任理事国、选举经济及社会理事会理事国、选举托管理事会理事国、批准接纳新会员国、中止会员国权利、开除会员国、施行托管制度以及审议和批准联合国预算等。

第二类是关于其他问题的决议，应以到会及投票的会员国过半数票决定。

（二）安全理事会

1. 安全理事会的组成

安全理事会，简称为安理会，由 5 个常任理事国（中国、法国、俄罗斯、美国、英国）和 10 个非常任理事国组成。[①] 其中，俄罗斯的常任理事国席位是从苏联继承而来的。非常任理事国由联合国大会选举产生。在选举时，应特别照顾到各会员国对维持国际和平及安全以及联合国其他宗旨的贡献，也应考虑地理上的公平分配。非常任理事国任期 2 年，每年改选 5 个，不得连选连任。按照惯例，非常任理事国的席位分配如下：亚非 5 个，东欧 1 个，拉丁美洲 2 个，西欧及其他国家 2 个。

安理会每一理事国应有代表一人。安理会主席由各理事国依其国名英文字首的排列次序，按月轮流担任，每个国家 1 个月。

1995 年以来，一直有国家倡议对安理会进行改革，其中主要内容之一就是增加常任理事国席位的数量，日本、德国、印度、巴西等国家都希望成为安理会常任理事国。2008 年 11 月 18 日，中国常驻联合国副代表刘振民在参加第 63 届联大关于安理会报告与安理会改革联合辩论时强调，联合国安理会改革应当优先增加发展中国家特别是非洲国家的代表性，只有这样才能纠正安理会结构上长期存在的缺陷。应当让中小国家切实感受到安理会是致力于帮助它们解决问题的机构。

2. 安全理事会的职权

安理会是对联合国维持国际和平与安全负主要责任的机关。《联合国宪章》规定，为保证联合国行动的迅速有效，各会员国将维持国际和平与安全的主要责任授予安理会，并同意安理会在履行此项职责时代表各会员国；安理会在履行此项职务时，应遵照联合国的宗旨和原则，行使为履行此项职务而被授予的特定权力；各会员国同意依宪章的规定接受并履行安理会的决

① 1965 年 8 月 31 日生效的修正案把《联合国宪章》第 23 条规定的安理会成员自 11 国增至 15 国，即增加了 4 个非常任理事国。

议。安理会的职权表现在以下三个方面。

（1）和平解决国际争端。

安理会对任何争端或可能引起国际摩擦或争端的任何情势可以进行调查，以断定其继续存在是否足以危及国际和平与安全。任何联合国会员国、预先声明接受宪章和平解决争端义务的非会员国、大会或秘书长都可以提请安理会注意可能危及国际和平与安全的争端或情势。对于上述性质的争端，安理会可以促请争端当事国采取和平方法予以解决。

安理会可在任何阶段，建议适当程序或调整方法以解决争端。

安理会在行使和平解决国际争端职能时所作的建议，对当事国没有法律拘束力，它实际起着一种斡旋和调停的作用。

（2）维持和平和制止侵略。

安理会首先应断定任何对和平的威胁、对和平的破坏或侵略行为是否存在。如果存在，安理会可以促请当事国遵行安理会认为必要或适当的临时措施。安理会可以决定采取非武力的措施以实施其决议，包括局部或全部停止经济关系、铁路、海运、航空、邮电、无线电及其他交通工具，以及断绝外交关系，并促请会员国执行这些措施。安理会还可以决定采取必要的海陆空军行动，包括会员国的海、陆、空军示威、封锁及其他军事行动，以维持或恢复国际和平与安全。

安理会有权根据《联合国宪章》采取执行行动以维持国际和平与安全。安理会为制止对和平的威胁、对和平的破坏或侵略行为时所作的决定对当事国和所有会员国有拘束力，它们必须予以执行。

（3）其他职权。

安理会负责拟定军备管制方案；在战略性地区行使联合国的托管职能；建议或决定应采取的措施以执行国际法院的判决；选举国际法院法官；向大会推荐新会员国和联合国秘书长；向大会建议中止会员国权利或开除会员国。

3. 安全理事会的表决程序

根据《联合国宪章》第 27 条，安理会每个理事国拥有一个投票权。对于程序事项的决议，应以 9 个理事国的赞成票决定；对于其他一切事项的决议，应以 9 个理事国的可决票，其中包括全体常任理事国的同意票决定。① 这意味着常任理事国对非程序性事项享有否决权，即“五大国一致原则”。但对于和平解决国际争端的决议，争端当事国不得参加投票；对于采取执行行动的决议，常任理事国即使是决议中拟被采取执行行动的国家，仍然可以参加投票，并且可以行使否决权。

“程序事项”主要包括：（1）通过或修改安理会的议事规则；（2）确定推选安理会主席的方法；（3）组织安理会本身使其能持续行使职能；（4）选定安理会会议的时间和地点；（5）设立执行其职能所必需的机构；（6）邀请在安理会中没有代表的会员国在对该国利益有特别关系时参加安理会的讨论；（7）邀请在安理会正在审议的争端中为当事国的任何国家参加关于该争端的讨论。

“其他一切事项”，即非程序性事项，主要包括：解决争端；调整足以引起争端的情势，断定对和平的威胁；消除对和平的威胁；制止对和平的破坏。另外，还包括建议大会接纳新会员

① 1963 年 12 月 17 日通过、1965 年 8 月 31 日生效的修正案把《联合国宪章》第 27 条中“安理会关于程序事项的决定应由七个理事国的可决票作出，关于一切其他事项的决定由七个理事国的可决票作出，其中包括安理会五个常任理事国的同意票作出”中的“七个”改为“九个”。

国、中止会员国的权利、开除会员国和向大会推荐秘书长人选等。

此外，关于某一事项是否属于程序事项这一先决问题的决定，也必须符合“五大国一致原则”，这意味着5个常任理事国享有“双重否决权”。但从20世纪50年代起，经常由安理会主席对有疑问的事项属于程序性还是非程序性的问题作出裁定。

从国际实践来看，否决权的行使与国际政治形势密切相关。在联合国成立初期，行使否决权的主要是苏联。20世纪60年代后，由于新会员国激增，联合国的力量结构发生了重大变化，美国成了常任理事国中行使否决权最多的国家。进入20世纪90年代，形势又发生了新的变化。例如，20世纪90年代初海湾危机爆发后，安理会连续通过十多项决议，但没有任何一个常任理事国行使过否决权，这在安理会历史上是十分罕见的。

自从联合国成立以来，否决权问题一直是修改《联合国宪章》的一个焦点，发展中国家一贯主张修改或适当限制常任理事国的否决权，以实现大小国家一律平等。

（三）经济及社会理事会

经济及社会理事会简称经社理事会，由联合国大会选出的54个理事国组成。① 理事国的任期为3年，每年改选1/3，改选时得连选连任。经社理事会的每个理事国应有代表1人，有一个投票权，理事会的决议应以到会且投票的理事国过半数表决。从1971年开始，中国一直当选为经社理事会的理事国。

经社理事会的职权包括：(1) 作成或发动关于国际经济、社会、文化、教育、卫生及其他有关事项的研究及报告，并得向联合国大会、各会员国和有关专门机构提出关于此种事项的建议案；为增进全人类的人权及基本自由的尊重与维护起见，得作成建议案；拟具关于其职权范围内事项的条约草案，提交大会；按照联合国所定的规则召集本理事会职务范围以内事项的国际会议。(2) 同各专门机构订立协定，使之同联合国建立关系；为调整各种专门机构的工作，得与此种机构会商并得向其提出建议。(3) 采取适当步骤，以取得专门机构的经常报告。(4) 向安理会提供情报，并应安理会的邀请，予以协助。

经社理事会设有2个常设委员会：方案和协调委员会、非政府组织委员会。8个职司委员会：统计委员会、人口和发展委员会、社会发展委员会、妇女地位委员会、麻醉品委员会、预防犯罪和刑事司法委员会、科学和技术促进发展委员会、联合国森林论坛。5个区域委员会：亚太委员会、欧洲委员会、拉丁美洲委员会、非洲委员会和西亚委员会。

与经社理事会有关的机构主要包括联合国儿童基金会、联合国难民高级专员署、联合国开发计划署、粮食援助政策和计划委员会以及国际麻醉品管制局。

（四）托管理事会

托管理事会是联合国中负责监督托管领土行政管理的机关。托管理事会由下列三类联合国会员国组成：(1) 管理托管领土的会员国；(2) 非管理托管领土的安理会常任理事国；(3) 由联合国大会选举必要数额的其他会员国，任期3年。托管理事会的每个理事国有一个投票权，理事会的决议应以到会及投票的理事国过半数表决。

托管制度的基本目的是促进国际和平与安全；增进托管领土居民的政治、经济、社会及教育的进展；增进其趋向自治或独立的逐渐发展。适用于托管制度下的领土包括国际联盟委任统治下的领土；因第二次世界大战的结果或自敌国割离的领土；负管理责任的国家自愿置于托管

① 关于《联合国宪章》第61条，1963年12月17日通过、1965年8月31日生效的修正案将经济及社会理事会理事国的成员自18国增至27国；1971年12月20日通过、1973年9月24日生效的修正案将经社理事会的理事国增至54国。

制度下的领土。

托管理事会的职权主要有：（1）审查管理当局呈送的报告；（2）会同管理当局接受并审查请愿书；（3）与管理当局商定时间，按期视察各托管领土；（4）拟定关于各托管领土居民的政治、经济、社会及教育进展的问题单，在大会职权范围内，各托管领土的管理当局应根据该项问题单向大会提出年度报告。

联合国成立后，置于国际托管制度下的领土共有11块。由于托管领土的人民不断努力，托管领土相继取得了独立或自治。1994年，最后一块联合国的托管领土帕劳独立后，托管理事会在联合国的地位成为联合国改革中一个亟待解决的问题。

中国政府从1989年5月开始参加该理事会的活动。

（五）国际法院

国际法院是联合国的主要机关之一。关于国际法院的组织、职权和程序规则等内容，将在“国际争端的解决”一章中阐述。

（六）秘书处

秘书处是联合国负责行政管理的机关，由秘书长1人和所需办事人员组成。秘书长由联合国大会经安理会的推荐委任，任期5年，可连选连任。办事人员由秘书长按照联合国大会所定章程委派。办事人员的雇用及服务条件，应首先考虑工作效率、才干及忠诚，并在可能范围内，充分注意地域上的普及。

秘书长是联合国的行政首长。他/她在大会、安理会、经社理事会及托管理事会的一切会议上以秘书长资格行使职务，并执行各机关托付的其他职务。秘书长应向大会提送关于联合国的年度工作报告。秘书长得将其认为可能威胁国际和平与安全的任何事件，提请安理会注意。按照惯例，安理会常任理事国的国民不得担任秘书长职务。

秘书长和办事人员在执行职务时，不得请求或接受联合国以外任何政府或其他当局的训示，并应避免足以妨碍其国际官员地位的行动。秘书长和办事人员只对联合国负责。联合国各会员国应尊重秘书长和办事人员责任的专属国际性，不能影响其责任的履行。

联合国成立以来的九任秘书长是：赖伊（挪威）、哈马舍尔德（瑞典）、吴丹（缅甸）、瓦尔德海姆（奥地利）、德奎利亚尔（秘鲁）、加利（埃及）、安南（加纳）、潘基文（韩国）和古特雷斯（葡萄牙）。

第四节　区域性国际组织

一、区域性国际组织的定义和特征

区域性国际组织是指一个区域内若干国家或其政府、人民、民间团体基于特定目的，依据一定协议而建立的各种常设机构。[①]

区域性国际组织具有以下特征：

1. 组织成员具有明显的地域性。区域性国际组织的成员是特定地区内的一些主权国家，这是区域性组织和全球性组织的基本区别。

2. 组织成员之间具有密切的联系。区域性组织的成员领土接壤或相距较近，在民族、历

① 梁西．国际法．武汉：武汉大学出版社，2000：371.

史、语言、文化甚至精神上的联系比较密切，而且往往具有共同的利益和政治背景，存在共同关心的政治、军事、经济或社会问题，相互之间具有密切的联系。

3. 组织的宗旨是维护区域和平与安全和促进国际合作。建成区域性国际组织的目的主要是维护本区域的和平与安全，促进区域内国家的合作与发展。从区域性国际组织的活动来看，它们不仅具有政治方面的职权，还发挥着调整和促进本区域内社会、经济和其他有关领域合作的作用。

《联合国宪章》第 52 至 54 条专门规定了区域性国际组织的法律地位及其与联合国的特殊法律关系。按照《联合国宪章》，联合国不排除利用区域办法或区域机关来应对关于维持国际和平与安全且宜于区域行动的事件，但此项办法或机关及其工作必须符合联合国的宗旨和原则。

区域性国际组织在维持国际和平与安全方面的任务主要有：(1) 设立区域性国际组织的联合国会员国在将区域争端提交安理会以前，应通过区域性国际组织，力求争端的和平解决。(2) 在适当情形下，应协助安理会实施依安理会权力而采取的强制行动，但此项行动必须有安理会的授权。此外，为了维护国际和平与安全，区域性国际组织已经采取或正在审议的行动，不论何时，应向安理会充分报告。所以，总的来说，区域性国际组织已被纳入联合国维护国际和平与安全的体制之内。

二、主要的区域性国际组织

第二次世界大战以后，国际社会建立了许多区域性国际组织。目前，比较重要的区域性国际组织主要有欧洲联盟、美洲国家组织、非洲联盟、阿拉伯国家联盟、东南亚国家联盟和上海合作组织等。

(一) 欧洲联盟

欧洲联盟（European Union，UN，简称欧盟）[①] 的前身是欧洲共同体。它是第二次世界大战后发展起来的西欧各国的国际联盟，是一种新型的区域性国际组织，更是一个联合起来逐步走向高度一体化甚至“国家实体联合”的经济与政治实体。[②]

欧盟的历史发展可以追溯到 1950 年 5 月法国外长提出的“舒曼计划”。根据该计划，1951 年 4 月，法国、联邦德国、意大利、荷兰、比利时、卢森堡等六国在巴黎签订了《欧洲煤钢联营条约》，建立了煤钢共同市场。1957 年 3 月，上述六国外长在罗马签订了《欧洲经济共同体条约》和《欧洲原子能联营条约》。1967 年 7 月，欧洲煤钢联营、欧洲原子能联营并入欧洲经济共同体，统称为欧洲共同体。

1991 年 12 月，欧洲共同体成员国在荷兰马斯特里赫特会议上一致通过了欧盟条约修正条款，旨在使共同体成为更大的经济、货币和政治联盟，包括更加统一的对外和安全政策。到 1993 年初，欧洲共同体已经具备一个真正的“单一”市场，或者说共同市场的基本形态，尽管有些部分仍有待于进一步实施，但人员、商品、劳务和资本已经可以自由流动。1993 年 11 月 1 日，《马斯特里赫特条约》正式生效。同一天，欧洲共同体正式改名为欧洲联盟，总部设在比利时布鲁塞尔。欧洲 3 个共同体的委员会成为欧洲联盟委员会。根据《马斯特里赫特条约》，成员国开始就共同的外交和安全政策以及司法和国内事务问题进行政府间协调。2002 年 1 月 1 日，欧洲统一货币“欧元”开始流通。

---

① 欧洲联盟网站.［2024-01-15］. https://european-union.europa.eu/index_en.

② 梁西. 国际组织法：总论. 5 版. 武汉：武汉大学出版社，2002：252.

欧洲联盟的主要机构有：部长理事会、欧洲议会、（执行）委员会和欧洲法院。成员国一致同意把一定的国家主权权力交给欧洲联盟机构，并在对这些权力的共同管理中进行合作。部长理事会是欧洲联盟的立法与决策机关；欧洲议会主要起监督和咨询作用，有权决定共同体机构的预算，在某些条件下可以对理事会的决定进行修改；由 20 人组成的执行委员会是欧洲联盟的执行机构，负责执行部长理事会的决议，代表欧洲联盟对外联系与谈判等；欧洲法院是欧洲联盟的最高司法机构，负责解释基本条约，并审理和裁判在执行条约中发生的争端。

到 2024 年 1 月，欧洲联盟共有成员国 27 个，英国已于 2020 年 1 月 31 日脱欧。① 在对外关系方面，欧洲联盟已与 100 多个国家建立了正式关系，并以国际组织身份参加联合国和其他一些国际组织的活动。

（二）美洲国家组织

在现有的区域性国际组织中，美洲国家组织历史最为悠久。其历史可以追溯到 1889 年 10 月至 1890 年 4 月在美国华盛顿召开的第一届美洲国家国际会议。此次会议批准成立美洲共和国国际联盟。1948 年，在哥伦比亚波哥大召开的美洲国家会议通过的《美洲国家组织宪章》将该组织定名为美洲国家组织（Organization of American States)。② 该宪章于 1951 年 12 月生效，后又经 1967 年《布宜诺斯艾利斯议定书》、1985 年签署的《卡塔赫纳议定书》、1992 年《华盛顿议定书》以及 1993 年《马那瓜议定书》等多次修订。

美洲国家组织的主要机构有大会、常设理事会、经社理事会、教科文理事会、总秘书处和外交部长协商会议等，总部设在美国华盛顿。到 2024 年，美洲国家组织共有 35 个成员国，永久观察员国包括七十多个国家和欧洲联盟，中国是该组织的永久观察员。

美洲国家组织的宗旨是：(1) 加强美洲大陆的和平与安全；(2) 促进和巩固代议制民主，充分尊重不干预原则；(3) 防止可能引发困难的原因并确保成员国之间可能发生的争端的和平解决；(4) 规定这些国家在受到侵略时采取共同行动；(5) 寻求解决它们之间可能出现的政治、法律和经济问题的方案；(6) 通过合作行动，促进其经济、社会和文化发展；(7) 消除阻碍西半球各国人民充分实现民主发展的极端贫困；(8) 实现对常规武器的有效限制，以便能够将最多的资源用于成员国的经济和社会发展。

（三）非洲联盟

非洲联盟（African Union，AU)③ 建立于 2002 年 7 月 10 日，其前身为“非洲统一组织”。1963 年 5 月，三十多个非洲国家的代表在埃塞俄比亚首都亚的斯亚贝巴举行会议，通过《非洲统一组织宪章》，非洲统一组织宣告成立，总部设在亚的斯亚贝巴。到 2024 年 1 月，非洲联盟有 55 个成员国。

根据《非洲统一组织宪章》第 2 条的规定，非洲统一组织的宗旨为：(1) 促进非洲国家的

① 2013 年 1 月 23 日，英国首相卡梅伦首次提及“脱欧公投”。2016 年 6 月 23 日，英国举行脱欧公投，并于 24 日公布了脱欧阵营胜利的结果。2017 年 2 月 1 日，英国议会下院通过了脱欧法案，授权首相特雷莎·梅启动脱欧程序。3 月 13 日，英国议会两院分别批准了由特蕾莎·梅政府提出的脱欧法案。3 月 16 日，英国女王伊丽莎白二世批准脱欧法案，授权首相特雷莎·梅正式启动脱欧程序。3 月 29 日，英国正式通知欧洲联盟，启动为期两年的脱欧程序。2018 年 2 月 28 日，欧盟公布脱欧协议草案；6 月 26 日，英国女王伊丽莎白二世签署了《退出欧洲联盟法案》，确立了英国退出欧洲联盟后的法律框架。2019 年 10 月 17 日，欧洲联盟与英国达成新的脱欧协议。2020 年 1 月，英国国会投票通脱欧协议，欧洲议会于 1 月 29 日审议通过了“脱欧”协议，1 月 30 日，欧洲联盟正式批准了英国“脱欧”。1 月 31 日，英国正式“脱欧”。

② 美洲国家组织网站.［2024－06－11］. https://www.oas.org/.

③ 非洲联盟网站.［2024－01－15］. https://au.int/en/overview.

统一与团结；（2）协调并加强它们之间的合作与努力，改善非洲各国人民的生活；（3）保卫它们的主权、领土完整与独立；（4）从非洲根除一切形式的殖民主义；（5）在对《联合国宪章》与《世界人权宣言》给予应有尊重的情况下促进国际合作。非盟的组织机构主要有首脑会议、执行理事会、非盟委员会、泛非议会、和平与安全理事会、非洲发展新伙伴计划以及经济、社会和文化理事会等。

中国同非盟及其前身非洲统一组织一直保持着友好关系和良好合作，并向它提供了力所能及的援助。2005 年，中国成为首批向非盟派遣兼驻代表的区外国家。2015 年 5 月，中国驻非盟使团开馆。

（四）阿拉伯国家联盟

1945 年 3 月 22 日，在埃及倡议下，7 个阿拉伯国家的代表在埃及首都开罗举行会议，通过了《阿拉伯联盟宪章》，阿拉伯国家联盟（League of Arab States，简称“阿盟”）[①] 正式成立。截至 2024 年 4 月，阿盟成员有 22 个：阿尔及利亚、阿联酋、阿曼、埃及、巴勒斯坦、巴林、吉布提、卡塔尔、科威特、黎巴嫩、利比亚、毛里塔尼亚、摩洛哥、沙特阿拉伯、苏丹、索马里、突尼斯、叙利亚、也门、伊拉克、约旦、科摩罗。中国于 1956 年同阿盟建立联系。

阿盟的宗旨是密切成员国间的合作关系，协调彼此间的政治活动，捍卫阿拉伯国家的独立和主权，促进阿拉伯国家的整体利益，推动各成员国在经济、财政、交通、文化、卫生、社会福利、国籍、护照、签证、司法等方面进行密切合作。成员国相互尊重国家政治制度，彼此之间的争端不得诉诸武力解决，某一成员国与其他国家缔结的条约和协定对其他成员国无约束力。

阿盟的主要机构包括作为最高权力机构的首脑级理事会、由成员国外长组成的部长级理事会、由各专项领域的部长组成的专项部长理事会、由成员国外长和国防部长组成联合防御理事会、由成员国有关部长或其代表组成的经社理事会和秘书处。

（五）东南亚国家联盟

1967 年 8 月，印度尼西亚、马来西亚、菲律宾、新加坡和泰国五国外长在曼谷举行会议，通过了《东南亚国家联盟成立宣言》，东南亚国家联盟（Association of South-East Asian Nations，ASEAN，简称东盟）正式成立，总部设在印度尼西亚雅加达。东盟共有 10 个成员国，除 5 个创始成员国外，文莱和越南分别于 1984 年、1995 年加入，老挝和缅甸于 1997 年加入，柬埔寨于 1999 年加入。

根据《东南亚国家联盟成立宣言》，东盟的宗旨是：（1）本着平等和合作的精神，通过共同努力来加速这个区域的经济增长、社会进步和文化发展，以加强建立一个繁荣、和平的东南亚国家共同体的基础；（2）在这个区域的国家关系中严格尊重正义原则和法制，并遵守《联合国宪章》的原则，以促进区域的和平和稳定；（3）在经济、社会、文化、技术、科学和行政方面共同关心的问题上促进积极的合作和互助；（4）在教育、专业、技术和行政方面以训练和研究等便利的形式相互提供援助；（5）更加有效地合作以求更大地利用它们的农业和工业，扩大它们的贸易，包括研究国际商品贸易问题、改进它们的运输和交通设施以及提高其人民的生活水准；（6）促进东南亚的研究；（7）与目标和宗旨相类似的现有国际组织和区域性组织保持紧密和有利的合作，并且探索一切途径来进一步加强它们之间的合作。

东盟的主要机构有首脑会议、外长会议、经济部长会议、常务委员会和秘书处。从 1974 年起，东盟先后同欧共体、美国、日本、澳大利亚、新西兰、加拿大、韩国、印度、中国、俄罗斯进行对话，并建立了“东盟—欧共体合作委员会”“东盟—美国经济协调委员会”“东盟—

① 阿拉伯国家联盟网站.［2024－06－11］. http://www.lasportal.org.

日本协会”“东盟—澳大利亚论坛”等合作机制。

从1991年起，中国应邀出席东盟外长会议，1996年成为东盟全面对话伙伴。2002年11月，在柬埔寨的金边分别举行的中国和东盟（10＋1）、中日韩和东盟（10＋3）首脑会议上，中国与东盟签署了《中国与东盟全面经济合作框架协议》《南海各方行为宣言》《关于非传统安全领域合作联合宣言》等一系列文件，中国与东盟的关系开始进入了一个新的阶段。

（六）上海合作组织

上海合作组织（Shanghai Cooperation Organization，SCO）[①]，简称上合组织，2001年6月15日在上海成立，创始成员国为中国、俄罗斯、哈萨克斯坦、吉尔吉斯斯坦、塔吉克斯坦和乌兹别克斯坦6国。[②] 到2024年1月，上合组织在创始成员国的基础上又增加了印度、伊朗和巴基斯坦。[③] 上合组织有14个对话伙伴：阿塞拜疆、亚美尼亚、巴林、埃及、柬埔寨、卡塔尔、科威特、马尔代夫、缅甸、尼泊尔、阿联酋、沙特阿拉伯、土耳其和斯里兰卡。上合组织还同独联体、东盟、集安条约组织、经济合作组织、联合国亚太经社理事会、联合国毒品控制和犯罪预防办公室、亚洲相互协作与信任措施会议、红十字国际委员会、联合国教科文组织、联合国人道主义事务协调办公室、联合国粮农组织、世界旅游组织、欧亚经济联盟、阿盟等建立了伙伴关系。

上合组织的宗旨是：加强各成员国之间的相互信任与睦邻友好；鼓励成员国在政治、经贸、科技、文化、教育、能源、交通、旅游、环保及其他领域的有效合作；共同致力于维护和保障地区的和平、安全与稳定；推动建立民主、公正、合理的国际政治经济新秩序。

上合组织对内遵循“互信、互利、平等、协商、尊重多样文明、谋求共同发展”的“上海精神”，对外奉行不结盟、不针对其他国家和地区及开放原则。

上合组织最高决策机构是成员国元首理事会，每年举行一次，决定本组织所有重要问题。政府首脑（总理）理事会每年举行一次，讨论本组织框架下多边合作和优先领域的战略，决定经济及其他领域的原则性和重要问题，通过组织预算。

除元首理事会和政府首脑理事会会议外，上合组织框架内还设有外交、国防、安全、经贸、文化、卫生、教育、交通、紧急救灾、科技、农业、司法、旅游、工业、能源、减贫、体育等会议机制。上合组织成员国国家协调员理事会是上合组织框架下的协调机制。

本组织有两个常设机构，分别是设在北京的上合组织秘书处和设在塔什干的上合组织地区反恐怖机构执行委员会。工作语言为汉语和俄语。上合组织秘书长和地区反恐怖机构执行主任由国家元首理事会任命，任期3年。[④] 自2022年1月1日起，张明（中国籍）和米尔扎耶夫（乌兹别克斯坦籍）分别担任上海合作组织秘书长和地区反恐怖机构执行委员会主任。

地区反恐怖机构的主要职能有：准备有关打击恐怖主义、分裂主义、极端主义的建议和意见；收集并分析反恐机构从成员国获取的信息，建立及补充反恐机构资料库；加强成员国在应有关成员国请求准备和举行反恐演习以及准备和举行打击恐怖主义、分裂主义、极端主义的缉捕和其他行动中进行协作；参与准备涉及打击恐怖主义、分裂主义、极端主义问题的国际法律文件草案；协助培训反恐专家及相关人员、准备及举行学术会议和研讨会以及协助就打击恐怖主义、分裂主义、极端主义问题交换信息。地区反恐怖机构下设理事会和执行委员会。理事会

---

① 东南亚国家联盟网站.［2024-01-15］. https://eng.sectsco.org/.

② 其前身是始于1996年4月26日的中国、俄罗斯、哈萨克斯坦、吉尔吉斯斯坦、塔吉克斯坦“上海五国会晤机制”。

③ 2022年撒马尔罕峰会，启动了给予白俄罗斯成员国地位的进程。

④ 上海合作组织秘书处.［2024-01-15］. http://chn.sectsco.org/secretariat/.

是地区反恐怖机构协商决策机关，由成员国反恐主管部门负责人或代表组成；执行委员会是常设执行机关，执行委员会主任任期3年。

上海合作组织还建立了安全会议秘书、总检察长、最高法院院长、外交部长、国防部长、教育部长、公安内务部长、经贸部长、文化部长、交通部长、紧急救灾部长（中国为民政部）、国家协调员等会议机制。[①] 上海合作组织成立以来，在政治、安全、经济、人文、对外交往、组织机制建设等各个领域取得了丰硕成果，已成为当代国际关系中促进安全、稳定和可持续发展的积极力量。

2023年7月4日，习近平主席以《牢记初心使命　坚持团结协作　实现更大发展》为题在上合组织成员国元首理事会第二十三次会议上发表重要讲话，就上合组织未来发展提出五点建议，即“把牢正确方向，增进团结互信”“维护地区和平，保障共同安全”“聚焦务实合作，加快经济复苏”“加强交流互鉴，促进民心相通”“践行多边主义，完善全球治理”，并宣布了“扩大本组织国家本币结算份额”“推动建立本组织开发银行”“实施青年职业农民赋能行动”“未来3年，中方将向本组织国家提供1 000个国际中文教师奖学金名额和3 000个‘汉语桥’夏令营名额，邀请100名青年科学家来华参加科研交流”“中方还将举办乡村振兴、应对气候变化等主题活动”等一系列务实举措，为上合组织发展凝聚共识，为地区和平、发展与繁荣注入更多确定性、稳定性，为推动构建更加紧密的上合组织命运共同体注入新的强大动力。

在2023年峰会上，成员国领导人签署并发表了《上海合作组织成员国元首理事会新德里宣言》，共同发表了关于打击极端化合作的声明、关于数字化转型领域合作的声明，批准关于给予伊朗上海合作组织成员国地位、关于签署白俄罗斯加入上海合作组织义务备忘录、关于上海合作组织至2030年经济发展战略等一系列决议。该届峰会取得的一系列重要合作成果，将进一步推动上海合作组织不断发展壮大，加强同观察员国、对话伙伴以及联合国等国际和地区组织交往，共同做世界和平的建设者、全球发展的贡献者、国际秩序的维护者。

第五节　专门性国际组织

一、专门性国际组织的概念和特征

（一）专门性国际组织的概念

专门性国际组织（Specialized International Organizations）是指主要从事经济、社会或文教等行政或技术方面单一活动的组织，通常又称为“非政治性组织”[②]。

从国际组织的发展历史来看，专门性国际组织的出现早于一般政治性国际组织。最早的专门性国际组织的雏形是有关国际河流管理的组织。1804年，欧洲国家建立了莱茵河委员会，负责管理莱茵河的航行、税收等事项。此类管理国际河流的组织对以后专门性国际组织的发展产生了一定的影响。

19世纪下半叶以后，各种专门性国际组织不断出现。第二次世界大战以来，专门性国际组织的发展更加迅速。目前，这一类组织已经成为国际组织体系中的重要组成部分。专门性国际组织是根据国家间缔结的国际条约建立的政府间国际组织，具有国际法主体地位。

---

① 梁西．梁著国际组织法．杨泽伟，修订．武汉：武汉大学出版社，2011：253.

② 江国青．联合国专门机构法律制度研究．武汉：武汉大学出版社，1993：2.

（二）联合国专门机构及其特征

联合国专门机构（UN Specialized Agencies of the United Nations）是专门性国际组织中的一部分，它们是根据政府间缔结的条约或联合国决议建立的，在经济、社会、文化、教育、卫生及其他领域负有国际责任，并按照与联合国经济及社会理事会签订的特别协定与联合国发生法律联系的专门性国际组织。[①]

联合国专门机构具有以下主要特征。

1. 联合国专门机构是政府间的国际组织。联合国专门机构都是依政府间缔结的多边条约或联合国决议成立的，属于政府间国际组织。

2. 联合国专门机构的职能限于经济、社会等某一专门领域。这种职能的专业性是联合国专门机构与其他国际组织相区别的重要特征。

3. 联合国专门机构与联合国具有法律联系。根据《联合国宪章》第57条和第63条的规定，由各国政府间协定成立的在经济、社会、文化、教育、卫生及其他有关部门负有广泛国际责任的各种专门机构应通过与联合国经社理事会订立协定的方式与联合国建立关系。在这一方面，宪章把联合国设计为一个协调国际行政的核心组织，经社理事会则是联合国分工负责这一任务的机关。为此目的，经社理事会设置了一个“同政府间机构协商委员会”，以便与各专门机构就建立关系分别进行谈判，并签订协定。此种协定需经联合国大会核准。

4. 联合国专门机构具有独立的国际法律人格。联合国专门机构虽然根据特别协定与联合国建立了法律联系，但其本身仍然是独立的国际法主体，而不是联合国的附属机关。各专门机构各有其成员国、组织文件、组织机构、议事规则、经费来源及总部。它们的决议和活动也不需要联合国批准。

联合国专门机构包括[②]：国际电信联盟（International Telecommunication Union，ITU），万国邮政联盟（Universal Postal Union，UPU），世界卫生组织（World Health Organization，WHO），世界气象组织（World Meteorological Organization，WMO），国际劳工组织（International Labour Organization，ILO），联合国教育、科学及文化组织（United Nations Educational，Scientific and Cultural Organization，UNESCO），国际货币基金组织（International Monetary Fund，IMF），世界旅游组织（World Tourism Organization，UNWTO），国际民用航空组织（International Civil Aviation Organization，ICAO），世界知识产权组织（World Intellectual Property Organization，WIPO），联合国粮食及农业组织（Food and Agriculture Organization of the United Nations，AO），国际海事组织（International Maritime Organization，IMO），国际农业发展基金（International Fund for Agricultural Development，IFAD），联合国工业发展组织（United Nations Industrial Development Organization，UNIDO）和世界银行［World Bank，亦称世界银行集团（World Bank Group，WBG）、由国际复兴开发银行（International Bank for Reconstruction and Development，IBRD）、国际开发协会（International Development Association，IDA）、国际金融公司（International Finance Corporation，IFC）、多边投资担保机构（Multilateral Investment Guarantee Agency，MIGA）和国际投资争端解决中心（International Centre for Settlement of Investment Disputes，ICSID）］。

（三）联合国相关组织

联合国相关组织（Related Organizations）是指与联合国大会、安理会或经社理事会有一定

① 周忠海. 国际法. 3版. 北京：中国政法大学出版社，2017：291.

② UN System. ［2024－06－11］. https://www.un.org/en/about-us/un-system.

法律联系的组织。

国际原子能机构（International Atomic Energy Agency，IAEA）、国际移民组织（International Organization for Migration，IOM）和世界贸易组织（World Trade Organization，WTO）都是联合国系统行政首长协调理事会（United Nations System Chief Executives Board for Coordination，CEB）成员。国际原子能机构和禁止化学武器组织（Organisation for the Prohibition of Chemical Weapons，OPCW）要向安理会和大会提交报告。世界贸易组织没有向大会提交报告的义务，但在特定基础上要为大会和经社理事会在金融和发展问题等方面的工作作出贡献。联合国伙伴关系办公室（United Nations Office for Partnerships）是联合国国际伙伴关系基金（United Nations Fund for International Partnerships，UNFIP）的协调中心。此外，全面禁止核试验条约组织筹备委员会（Preparatory Commission for the Nuclear-Test-Ban Treaty Organization，CTBTO）、联合国信托基金（UN Trust Funds，UNTF）、联合国民主基金（United Nations Democracy Fund，UNDEF）、国际刑事法院（International Criminal Court，ICC）、国际海底管理局（International Seabed Authority，ISA）、国际海洋法法庭（ International Tribunal for the Law of the Sea，ITLOS）也都是联合国的相关组织，要向联合国大会提交报告。①

二、世界贸易组织

世界贸易组织（简称“世贸组织”）是根据 1993 年《乌拉圭回合最后文件》中《建立世界贸易组织协定》于 1995 年 1 月 1 日成立的，其前身是 1947 年的《关税和贸易总协定》（简称《关贸总协定》）。世界贸易组织是一个协调成员方贸易关系的典型的专门性国际组织，总部设在瑞士日内瓦。

（一）世界贸易组织的宗旨与原则

1. 世界贸易组织的宗旨

根据《建立世界贸易组织协定》《关税和贸易总协定》《哈瓦那宪章》《服务贸易总协定》等文件，世界贸易组织的宗旨可以归纳为六项：（1）提高人类生活水平；（2）保证充分就业、实际收入和有效需求的持续增长；（3）扩大货物生产与货物贸易并扩大服务贸易；（4）最适宜地利用世界资源；（5）保证发展中国家的国际贸易增长份额和经济发展；（6）建立一体化的多边贸易机制。②

2. 世界贸易组织的原则

乌拉圭回合达成的各项协议为世界贸易组织和各成员方规定了应予遵守的若干基本原则。这些原则分别是：（1）非歧视原则；（2）关税保护原则；（3）公平贸易原则；（4）优惠待遇原则；（5）透明度原则；（6）协商一致原则。③

（二）世界贸易组织的主要机关

根据《建立世界贸易组织协定》，世界贸易组织有三个主要机关：部长会议、总理事会和秘书处。

1. 部长会议

世界贸易组织部长会议由所有成员派代表组成，至少每 2 年召开一次会议。如一成员提出请求，部长会议有权依照本协定和有关多边贸易协定中关于决策的具体要求，对任何多边贸易

---

① UN System Chart. ［2024－01－15］. https://www.un.org/sites/un2.un.org/files/un_system_chart.pdf.

② 曾令良. 世界贸易组织法. 武汉：武汉大学出版社，1996：35－37.

③ 曾令良. 世界贸易组织法. 武汉：武汉大学出版社，1996：38－45.

协定项下的任何事项作出决定。部长会议下设“贸易发展委员会”“限制国际收支委员会”“行政、财务与预算委员会”“贸易与环境委员会”。

2. 总理事会

总理事会是在部长会议闭会期间行使部长会议权力的机构，可随时开会，处理日常事务。总理事会由各成员方的常驻代表组成，下设专业性理事会和其他委员会。专业理事会有3个，分别是货物贸易理事会、服务贸易理事会和与贸易有关的知识产权理事会，每个理事会都由全体成员方代表组成，负责管理不同的贸易领域，并向总理事会报告。

3. 秘书处与总干事

《建立世界贸易组织协定》第6条规定，世界贸易组织设立总干事领导下的秘书处。总干事由部长会议任命，秘书处的所有职员由总干事任命。总干事不仅是世界贸易组织的行政首长，也是各成员方集体利益的守护者。他在监督管理条约执行方面具有举足轻重的作用，像联合国秘书长对联合国的影响一样重大。①

（三）世界贸易组织的成员与决策机制

1. 世界贸易组织成员

根据《建立世界贸易组织协定》，世界贸易组织成员可以分为创始成员和加入成员，其中绝大多数是主权国家，少数是“单独关税区”。

根据《建立世界贸易组织协定》第11条，本协定生效之日的GATT1947和欧洲共同体的缔约方，如接受本协定、多边贸易协定、GATT1994所附减让与承诺表及GATS所附具体承诺减让表，应成为世贸组织的创始成员。第12条规定，任何国家或在处理其对外贸易关系及本协定和多边贸易协定规定的其他事项方面拥有完全自主权的单独关税区，可以按照它与世贸组织议定的条件加入本协定。此加入适用于本协定及所附多边贸易协定。有关加入的决定应由部长会议作出。部长会议应以世贸组织成员的2/3多数批准关于加入条件的协议。

2. 世界贸易组织的决策机制

根据《建立世界贸易组织协定》第9条和第10条，世界贸易组织的重大决定由全体成员方共同作出，通常的方式是协商一致；当无法协商一致时，可以进行投票，投票在一国一票的基础上进行，根据多数票作出决定。投票的具体情况主要分为以下四种：（1）对任何多边贸易协议的解释，获得世贸组织成员3/4赞成票即可通过。（2）部长会议免除多边协议对某特定成员规定的义务，获得世贸组织成员3/4赞成票即可通过。（3）有关修改多边协议规定的决定，根据有关规定的性质，或可由全体成员一致意见通过，或可由2/3多数批准通过，但修改的内容只针对同意接受的成员发生效力。（4）关于接受新成员的决定，一般由部长会议2/3赞成票通过。

中国是关贸总协定的创始成员国之一。从1980年起，中国开始与关贸总协定发生工作联系。1986年，中国决定申请恢复关贸总协定成员国地位。但中国未能成为世贸组织的创始成员，而是在2001年12月，成为世界贸易组织的纳入成员。

关于“世界贸易组织的争端解决方法”，参见本书第十二章第四节。

国际法案例

国际法院关于联合国职员损害赔偿的咨询意见

1948年9月17日，联合国派往中东处理巴以冲突的瑞典籍调解专员贝纳多特和法国籍观

① 赵维田. 世贸组织（WTO）的法律制度. 长春：吉林人民出版社，2000：36.

察员塞洛在耶路撒冷以色列控制区被极端分子枪杀。由于以色列警方事先疏于防范、事后行动迟缓，致使罪犯逃脱。事件发生后，国家应该对联合国负什么责任成为一个亟待解决的问题。联合国秘书长把这个问题提交给联合国大会，但会员国对此存在意见分歧。1948 年 12 月 3 日，联合国大会通过决议，请求国际法院就下列问题发表咨询意见：第一，联合国的代表在履行职务时受到损害，联合国作为一个国际组织是否有对应负责任的法律上或事实上的政府提出国际求偿的权利，以便就联合国和受害人所受的损害获得应有的赔偿？第二，如果对第一个问题的答案是肯定的，联合国的求偿和受害者本国的求偿应如何协调？

1949 年 4 月 11 日，国际法院发表了咨询意见。

国际法院首先对国际组织的法律地位进行了深入分析，认为国际组织是国际法的主体，国际求偿权是国际法主体的基本权利；国际求偿能力是指通过国际法所承认的方法进行求偿的能力，包括提出抗议、要求调查、谈判以及请求将争议交付国际性法庭或仲裁庭等。要确定联合国是否具有此种资格，必须确定《联合国宪章》是否赋予了联合国此种地位。国际法院指出，根据《联合国宪章》，联合国的目的和宗旨是维护世界和平与发展，促进国际合作，解决国际问题；联合国不仅是一个“协调各国行动的中心”，它还设有承担特殊任务的机关。《联合国宪章》规定了成员国在对联合国关系上的地位，要求它们对联合国的行动尽量予以协助，接受并执行安理会的决议。《联合国宪章》同时赋予联合国以法律能力以及在成员国领土内享有的特权与豁免。联合国应该行使和享有，并实际上行使和享有此种权利，才能使其国际人格和国际行为能力具有意义。如果联合国缺乏国际人格，它就不能实现创建者的意图。国际法院认为，联合国是一个国际人格者。

关于联合国是否有为受害人提出求偿的权利，国际法院指出：“联合国对其工作人员受到的损害提出求偿时，它不是为该工作人员的利益，而是为联合国自己的权利。”关于联合国的求偿权与受害人国籍国的求偿权何者优先和如何协调的问题，国际法院指出，国际法对此并没有可以依循的规则，联合国与受害人的国籍国应当在善意的基础上协商解决。

国际法院发表咨询意见后，联合国大会授权联合国秘书长采取必要步骤，解决联合国损害赔偿请求的问题。联合国秘书长据此要求以色列道歉，逮捕并惩治罪犯，向联合国赔偿 54 628 美元。1950 年 6 月，以色列接受了上述要求。

本案是关于国际组织法律地位的一个重要案例。国际法院在该案的咨询意见中确认了联合国的国际法律人格，并对其依据和内涵进行了阐述，从而确认了联合国这样的国际组织的国际法主体地位。

简答题

简要回答下列问题：

1. 政府间国际组织有哪些特征？
2. 国际组织的法律地位是什么？
3. 联合国的宗旨和原则有哪些？
4. 联合国大会有哪些职权？
5. 联合国安理会有哪些职权？
6. 联合国安理会的表决程序包括哪些内容？
7. 联合国专门机构有哪些特征？

第十二章

国际争端的解决

提　要

国家在交往过程中不可避免地会由于权利或利益的冲突而产生争端。为了进行正常的国际交往，需要解决各国之间的争端。解决争端的方法可以分为强制性方法和非强制性方法，前者有反报、报复、平时封锁和干涉，后者有谈判、协商、斡旋、调停、调查、和解、仲裁和司法解决。谈判、协商是争端当事方直接接触解决争端的方法，斡旋、调停、调查、和解虽然有第三方的参与，但争端的解决仍然在不同的程度上取决于争端当事方自身。仲裁、司法解决的解决方法是由仲裁机构或司法机构解决争端，仲裁机构和司法机构作为第三方，根据仲裁协议或争端当事方事先或事后的协议取得管辖权并解决争端，因此，在争端的解决过程中起着重要的作用。世界贸易组织在实践中运用各种方法解决争端，并创立了专家组和上诉机构以解决缔约方之间的争端。

重点问题

1. 国际争端的强制解决方法
2. 国际争端的政治解决方法
3. 国际争端的仲裁解决
4. 国际法院的管辖权
5. 世界贸易组织的争端解决程序

第一节　概　述

一、国际争端的概念和种类

（一）国际争端的概念

在国际社会中，国际法主体之间相互交往，不可避免地会在某些问题上发生争端。按照1924年常设国际法院在“马弗罗马提斯特许权案”的判决中所作的解释，国际争端是两个主体之间关于法律上或事实上的论点的分歧，法律上的见解或利益的矛盾对立。虽然国际争端既涉及国家，也涉及其他国际法主体，但由于国家是国际法的基本主体，国际争端也主要是国家之间的争端，因而本章仅将国家之间的争端及其和平解决方法作为研究的对象。

（二）国际争端的种类

按照传统的分类法，国际争端一般分为法律性质的争端和政治性质的争端。前者关系国家权利问题，后者起因于政治利益的冲突。[①] 法律性质的争端是指当事国各自的主张是以国际法所承认的理由为根据的，即所谓法律上的权利之争议。《联合国宪章》第 36 条第 3 款规定，“……凡具有法律性质之争端，在原则上，理应由当事国依国际法院规约之规定提交国际法院。”这说明法律性质的争端是可以提交国际法院进行裁判的。《国际法院规约》第 36 条第 2 款中规定：“本规约各当事国得随时声明关于具有下列性质之一切法律争端，对于接受同样义务之任何其他国家，承认法院之管辖为当然而具有强制性，不须另订特别协定”。该款将法律性质的争端概括为 4 种情形的争端：（1）条约之解释；（2）国际法之任何问题；（3）任何事实之存在，如经确定即属违反国际义务者；（4）因违反国际义务而应予以赔偿之性质及其范围。

政治性质的争端是指由于当事国政治利益的冲突而发生，但不涉及或不直接涉及法律问题的争端。此类争端的范围比较广泛，可以说法律性质的争端以外的一切国际争端都是政治性质的争端。政治性质的争端属于不可裁判的争端，不能按现行的法律加以解决，只能采取政治或外交的方法解决。

对国际争端按其性质作出上述划分在理论上是可行的，但在实践中，由于国际争端产生的原因、争端的内容和性质十分复杂，法律性质的争端中往往包含政治因素，政治性质的争端又常常以法律争端的形式表现出来，因此，严格区分这两类争端并非易事。例如，现代国际社会经常发生的边界或领土争端，许多起因于对条约解释的分歧，因此，应该属于法律性质的争端。但是，此类争端又涉及国家安全、领土完整、民族感情和经济利益等方面，甚至还可能演变成军事冲突或者战争，所以，又具有政治争端的性质。不过，一般来说，每一项具体的争端总是主要地具有某种性质，可以由此来确定解决争端的方法。

划分法律性质的争端和政治性质的争端的主要目的，就是对不同的国际争端采取不同的解决方法。法律性质的争端作为“可裁判的争端”，需要通过仲裁或司法程序解决；政治性质的争端作为“不可裁判的争端”，采取特殊的政治或外交方法处理。但是，由于国际争端的性质不易确定，因此，解决争端的方法也没有确定的模式。对同一类型的争端，不同国家可能采取不同的解决方法，甚至同一类争端也可能同时采取两种解决方法。例如，国家有关大陆架划界的争端一般通过外交谈判方式解决，但英国和法国关于大陆架划界的争端，一部分通过外交谈判解决，一部分则提交仲裁裁决；利比亚和马耳他之间同样的争端，则通过 1985 年国际法院的判决获得解决。

总之，在理论上对国际争端的性质进行区分是必要的，在实践中也有一定的意义。但这种区分不能绝对化，更不能认为某种类型的争端必须采取某一特定的解决方法。国际争端的当事者是具有主权的国家，作为国际法的平等主体，它们有权按照自己的意愿，通过协议选择适当的和平解决方法。《联合国宪章》第 33 条第 1 款规定：“任何争端之当事国，于争端之继续存在足以危及国际和平与安全之维持时，应尽先以谈判、调查、调停、和解、公断、司法解决、区域机关或区域办法之利用，或各该国自行选择之其他和平方法，求得解决。”这项规定表明，国家有自行选择和平解决国际争端方法的权利。

二、解决国际争端的方法

传统国际法上解决国际争端的方法有强制的方法和非强制的方法。强制的方法是一国为使

---

① 周鲠生. 国际法：下册. 武汉：武汉大学出版社，2007：756.

另一国同意其所要求的对争端的解决和处理而单方采取的带有某些强制性的方法，这种方法有反报、报复、平时封锁和干涉。过去，一些西方国际法学者还把战争和非战争的武力方法也列为强制方法。①

反报（retortion），是指一国以相同或类似的行为对另一国采取的不礼貌、不友好或不公平的行为作出的反应。在国际实践中，引起反报的行为通常包括禁止或限制商品进口或对进口商品征收高关税、歧视外国侨民、禁止移民、禁止外国船舶进入海港、宣布外交官员为不受欢迎的人并驱逐出境以及拒绝给予外国政府通常应给予的协助等。引起反报的行为并不是国家的不法行为，但由于它给对方造成实际损害，所以，对方可以采取同样或者类似的行为作为回报。反报的目的是迫使对方停止其不礼貌、不友好或不公平的行为，或者对其行为造成的损害提供补偿。目的一经达到，反报即应停止。

报复（reprisal），是指一国针对另一国的国际不法行为而采取的相应措施，以迫使对方停止其不法行为或为其不法行为造成的损害作出赔偿。报复措施通常包括停止执行某些条约，还可能包括使用武力，如炮轰或军事占领对方部分领土等。这种使用武力的报复手段，历史上往往被西方国家用以欺凌弱小国家。现代国际法禁止使用武力处理国际关系，当然否认了武力报复的合法性。1970 年联合国通过的《国际法原则宣言》明确规定："各国皆应避免涉及武力之报复行为。"报复行为必须在谈判破裂后方可施行，而且不能损害第三国的利益。目的达到后，报复即行停止。

平时封锁（pacific blockade），是指国家在和平时期以武力封锁他国港口或海岸，以迫使他国接受其所提出的要求或者停止某种行为。平时封锁始于 19 世纪，以后，封锁别国海岸或港口的情况不断出现。但由于它是一种以武力来实现的具有严重后果的强制措施②，是对被封锁国的主权的侵犯，并且是单方的武力行为，所以，是违反《联合国宪章》原则的。因为宪章确定的一项基本原则是禁止在国际关系中使用威胁和武力，因此，现代国际法不允许以武力封锁的方法解决国际争端。

干涉（intervention），是指争端当事国以外的国家对争端的干预，目的是迫使当事国按照干涉国提出的方式解决争端。干涉可以由一个国家单独进行，也可以由几个国家集体进行，其方式可能是向争端当事国提出警告或威胁，也可能是采取封锁、军事示威等涉及武力的行动。例如，1885 年保加利亚和塞尔维亚发生战争时，奥匈帝国进行干涉，迫使保加利亚撤军和接受恢复战前状态的议和条件。这种由第三国干涉当事国解决争端的行为，违反《联合国宪章》确立的国家主权平等和不干涉原则，是现代国际法所不允许的。

非强制解决争端的方法是由当事国双方自愿选择的和平解决争端的方法，即使有第三者参与，也是基于当事国的自愿同意。非强制解决争端的方法可以分为政治的方法和法律的方法。政治的方法包括谈判、协商、斡旋、调停、和解和国际调查；法律的方法包括仲裁和司法解决。

非强制解决争端的方法经历了比较长的发展过程。19 世纪末之前，属于此类方法的只包括谈判、斡旋、调停和仲裁。1899 年第一次海牙会议创立了国际调查委员会解决争端的方法。第一次世界大战前夕，通过美国国务卿布赖恩与其他一些国家签订的所谓《布赖恩和平条约》，建立了常设调查委员会制度。1922 年正式成立的常设国际法院标志着国际争端的司法解决制度的确立。1928 年的日内瓦《和平解决国际争端总议定书》又规定了由争端当事国双方组织

① 王铁崖．国际法．北京：法律出版社，1981：453.

② 劳特派特．奥本海国际法：第 8 版：下卷，第 1 分册．王铁崖，陈体强，译．北京：商务印书馆，1981：106.

特设或常设的和解委员会解决争端的制度。

随着历史的进步，现代国际法确立了和平解决国际争端的基本原则。按照这项原则的要求，国家之间的任何国际争端都应以和平的方法解决，禁止使用威胁或武力以及其他非和平的方法。根据《联合国宪章》和1970年《国际法原则宣言》等重要国际文件的规定，和平方法应包括谈判、调查、调停、和解、公断、司法解决、区域机关或区域办法之利用或当事国选择的其他和平方法等。另外，根据国际实践，协商也成为解决国际争端的一种重要方法。

第二节　国际争端的政治解决方法

一、谈判与协商

谈判（negotiation）与协商（consultation）是两个或者两个以上国家为使有关问题得到解决或获致谅解而进行国际交涉的一种方法。谈判与协商是和平解决国际争端的基本方法，在国际实践中，大量的国际争端都是通过当事国直接进行谈判和协商解决的。

在古代国际交往过程中就已经出现了通过外交谈判解决争端的方法。至近代，外交谈判的实践更为普遍并逐步形成一套比较固定的程序。现代许多重要的国际公约都规定谈判是解决国际争端的首要方法。除《联合国宪章》外，1907年海牙《和平解决国际争端公约》、1919年《国际联盟盟约》、1928年日内瓦《和平解决国际争端总议定书》和1963年《非洲统一组织宪章》等国际法律文件都作了这样的规定。

谈判根据参加国的数量，可以分为双边谈判和多边谈判。参加谈判的代表由有关国家任命，国家一般指定驻外使节或者组织特别使团进行谈判。有关国家重大利益的问题，则由外交部长、政府首脑甚至国家元首担任谈判代表。谈判可以通过口头和书面形式进行，口头谈判是指当事国代表在一起进行的直接谈判；书面谈判则是指有关国家通过互致照会或信件进行的谈判。

协商作为解决国际争端的一种方法，其形成的时间还不长。传统的国际法并不认为协商是一种单独的方法，而是把它包括在谈判之中。第二次世界大战以前，各国之间很少签订关于以协商方式解决争端的条约或条款，《联合国宪章》第33条中也没有关于以协商方式解决争端的规定。从20世纪50年代开始，协商方式作为外交谈判的一种特殊形式，在国际实践中逐渐适用并得到重视。1953年8月，中国政府在和平解决朝鲜问题的政治会议的声明中建议，政治会议应采取由朝鲜停战双方在其他有关国家参加之下共同协商的方式，而不采取朝鲜停战双方单独谈判的方法。中国政府主张的协商方式具有不同于一般外交谈判方式的特点：协商不受谈判双方的限制，可以扩大参加协商的成员；会议的表决程序和决议以及议事规则的确定都按协商一致原则处理。由于协商更富有灵活性，更能体现和解精神，因此，成为各国广泛采用的解决国际争端的方法之一。中国政府在和平共处五项原则的基础上与有关国家进行协商，顺利地解决了一些有关划定边界的争端。20世纪60年代以后，一些重要的国际文件规定了以协商的方式解决争端的制度，如1978年《关于国家在条约方面的继承的维也纳公约》和1983年《关于国家在财产、档案和债务方面的继承的维也纳公约》，都将“协商和谈判”与“调解”“司法解决和仲裁”并列为解决争端的正式方法。在现代国际法中，用协商的方法解决国际争端已经为国家的实践和国际文件所确认。

谈判和协商是和平解决国际争端的重要方法。国家通过直接谈判和友好协商，可以当面澄清事实真相，消除不必要的误会，在增进相互了解和信任的基础上，使争端得到合理的解决。谈判和协商必须遵守国家主权平等原则，参加谈判和协商的当事方具有平等的地位，反对由于政治、经济或军事实力的差别造成的国家之间事实上的不平等。

中国政府一贯主张通过谈判和协商解决中国与有关国家之间的争端，认为国际争端无论多么复杂、重大，只要争端各方抱有诚意，都可以经过谈判和协商获得解决。中、英两国政府经过两年的谈判和协商解决了两国之间历史遗留下来的香港问题，这是在当代国际关系中以谈判和协商的方式解决复杂问题的突出范例。

二、斡旋与调停

斡旋（good offices）与调停（mediation）是在争端当事国不愿意谈判或者虽经谈判但未能解决争端时，由第三方协助当事国解决争端的方法。

斡旋是指由第三方为争端当事国提供有利于它们接触和谈判的便利条件，提出自己的建议或转达各方的意见，从而促使当事国开始谈判或者重开业已停止的谈判。但斡旋者不参加当事国的谈判。

调停是比斡旋更进一步的方法。在调停中，作为调停人的第三方不仅为当事国提供开始或者重开谈判的便利，而且要主持或参加谈判，向当事国提出实质性的建议作为谈判的条件，努力调和争端各方对立的主张或要求，促使它们达成解决争端的协议。由此可见，第三方是否参加谈判是斡旋与调停的主要区别。

进行斡旋和调停的第三方可以是国家或国际组织，也可以是个人。在斡旋和调停的情况下，争端当事国有完全的自由。斡旋和调停结束后，无论争端是否解决，第三方的任务即告完成，它们不承担任何法律责任。由于斡旋和调停有许多相同之处，只是介入争端解决过程的程度不同，因而，在外交实践和国际公约中对两者总是不加以严格区分。

斡旋与调停的制度在传统国际法上即已存在。1899 年和 1907 年两次海牙和平会议制定的《和平解决国际争端公约》对这一制度作了详细的规定，其要点包括：(1) 争端当事国在诉诸武力之前，在情况许可的范围内，应请求友好国家进行调停；其他国家可以不待请求主动出面调停，当事国对此不得视为不友好的行为。(2) 斡旋与调停只具有劝告的性质，没有法律拘束力。争端当事国没有请求调停的义务，第三方也没有进行调停的义务。(3) 调停人提出的解决争端的方法若为争端当事国一方宣布不予以接受，调停即告终止。不论调停的结果如何，调停人不负任何法律责任。

三、调查与和解

调查（investigation），是指根据争端当事国的协议组成国际调查委员会，协助当事国解决因事实问题引起的争端的方法。在国际争端中，有些是由于基本事实不清，双方无法达成共识而不能通过谈判解决的。在这种情况下，查清事实就成为解决争端的关键。争端各方通过协议成立调查委员会，对发生争议的事实进行调查，提出调查报告，为双方解决争端创造条件。调查委员会提出的报告只限于说明事实真相，对当事国没有法律拘束力。当事国是否接受调查委员会的调查结果有完全的自由。

调查制度由 1899 年海牙《和平解决国际争端公约》最早确立。该公约规定，凡遇有国际争端不涉及国家荣誉或根本利益而只起因于事实的意见分歧者，如果争端当事国不能以外交手段解决，则于情况许可的范围内，设立国际调查委员会，进行公正、认真的调查，辨清事实，以促进争端的解决。该公约还规定了组织国际调查委员会的方法、期限以及委员会的权限等。在当代国际实践中选用调查方法时，更加强调扩大实地调查和设立实地调查机关或中心。1967年12月18日，联合国大会通过一项决议，赞成把实地调查作为一种可以充分利用的和平解决争端的方法，并责成秘书长提供可以由当事国经过协议选择的帮助调查事实的专家名单。

早期利用调查方法解决争端的范例是1904年日俄战争期间发生的英俄北海渔船事件(Dogger Bank incident)。当时，俄国波罗的海舰队开赴远东作战途经北海时，将英国渔船误认为日本鱼雷艇予以炮击，造成英国渔船受损，渔民伤亡。英国的损失包括1艘拖网渔船沉没、5艘严重损坏，2名船员死亡、6名受伤。事后，英、俄两国对事件的真相发生争执，双方同意设立一个国际调查委员会，负责事件的调查工作。后经查明，当时并无日本舰艇在场，事故完全是俄国舰队司令官的判断错误所致。最后，俄国向英国赔偿6.5万英镑，使争端得到了解决。

和解（conciliation）又称调解，是比调查更进一步的解决争端的方法。根据这种方法，当事国将争端提交一个由若干成员组成的委员会，委员会在调查的基础上提出报告，阐明事实并提出解决争端的建议，以设法使争端当事国达成协议。和解委员会的报告和建议没有法律拘束力，争端当事国没有必须接受的义务。

和解制度是从两次海牙会议通过的《和平解决国际争端公约》和《布赖恩和平条约》规定的常设调查委员会的有关规则中发展起来的。1928年国际联盟主持制定的日内瓦《和平解决国际争端总议定书》首次把和解委员会作为一种国际和解制度以国际公约的形式规定下来。1949年联合国大会对该总议定书进行修订时，再次确认了和解制度，其主要内容有：(1) 凡不能以外交方式解决的争端，除对纯属国内管辖事项及领土的法律地位的争端等所作的保留外，均应提交和解程序；(2) 和解委员会设委员5人，当事国双方各提名1人，得在其本国国民中选任；(3) 委员会的任务是用调查或其他方法搜集一切必要的情报以明确争端中的问题并设法使当事各方达成协议。

据统计，第一次世界大战以后，各国缔结了数以百计的和解条约，并且成立了一百多个常设和解委员会。但在现代国际关系中，利用和解制度解决争端并取得成效的却为数甚少。然而，在联合国制定的一些重要公约中，仍然保留了有关和解程序的规定，如1969年《维也纳条约法公约》第66条及其附件、1982年《联合国海洋法公约》第284条及附件五等。这些公约规定的和解程序的共同特点是：缔约国之间有关公约的解释和适用的争端可以提交和解程序解决；联合国秘书长应保存一份由各缔约国提交的和解员名单，以备争端当事国从中选任和解委员会组织人员；和解委员会应就和解事项作出报告书，报告书由联合国秘书长保存并转达各当事国，但报告书对当事国没有拘束力。

第三节　国际争端的法律解决方法

一、仲裁

(一) 仲裁

仲裁（arbitration）又称公断，此处特指当国家之间发生争端时，经各当事国同意，将争端交付由它们自己选任的仲裁人处理，并相互约定服从其裁决的争端解决办法。当事国在自愿将争端交付仲裁时，就约定服从仲裁裁决，因而仲裁裁决对当事国具有约束力，当事国有服从仲裁裁决的义务。这是仲裁区别于上述政治解决方法的根本之点，因为无论是斡旋或调停，还是国际调查委员会或常设和解委员会的结论，对争端当事国都不具有约束力，当事国接受第三国的调停建议或国际调查委员会的报告与否，全系当事国的自由。从仲裁的特点来看，首先，仲裁具有自愿管辖的性质，争端当事国自愿将争端提交仲裁，并选择仲裁人组成仲裁法庭；其次，仲裁裁决对争端当事国有拘束力，当事国把争端交付仲裁，即意味着愿意服从仲裁裁决；最后，仲裁裁决是依据法律作出的，而且当事国有权选择仲裁所依据的法律。

不过，虽然仲裁裁决对当事国有拘束力，但没有法律制裁的性质。由于仲裁裁决的拘束力源于当事国在提交仲裁时达成的服从仲裁的协议，因而，当事国对仲裁裁决是必须执行的，除非仲裁人明显超越仲裁协议规定的权限或有其他恶意行为。

（二）仲裁制度的历史发展

作为近代解决国家争端的仲裁制度，一般认为是从 1794 年英国和美国签订的《友好通商航海条约》（又称《杰伊条约》）开始的。根据该条约，英、美两国同意把美国独立以来发生的有关两国划分国界的争端和其他争端提交混合委员会进行仲裁。为达此目的，条约规定设立三个混合委员会，分别负责处理边界争端、英国对美国提出的赔偿要求和美国公民因在涉及英国的海战中遭受损失而提出的主张。条约要求委员会必须依公正、衡平和国际法原则裁判案件，其裁决对当事国有拘束力。至 1804 年，三个委员会分别对英、美两国间的 12 起案件作出了裁决。委员会的工作证明了仲裁方法在解决国际争端方面的有效性。后来，美国与英国及南美洲国家之间签订了大量类似的条约，使仲裁成为它们之间经常采用的争端解决方法。

19 世纪以来，以仲裁方法解决国际争端的案件不断增加。特别是 19 世纪后期，仲裁已成为西方国家之间解决争端的一种重要的方法。在诸多仲裁案件中，"'阿拉巴玛号'仲裁案"是当时最有影响的案件之一。"阿拉巴玛号"是美国南北战争期间英国为美国南部邦联制造的一艘供战争所用的船舶。在该船建造时，美国即提请英国注意避免有违反该国中立义务的事件发生，但英国政府仍将该船交给了美国南部邦联。在 1862 年至 1864 年间，"阿拉巴玛号"先后击沉七十多艘美国联邦政府的船只，使美国联邦政府蒙受重大损失。战争结束后，美国以英国违反其中立义务为由向英国索赔，英国则以该船驶离英国时并无武器而拒绝赔偿。1871 年，美、英双方达成协议，将此案交付仲裁。1872 年，仲裁庭裁决英国政府因"疏于防范"而违反了其中立义务，应向美国支付 1 550 万美元的损失赔偿。"'阿拉巴玛号'仲裁案"显示了用仲裁方法解决国际争端的可行性，促进了国际仲裁制度的进一步发展。

1899 年和 1907 年两次海牙会议制定的《和平解决国际争端公约》和 1928 年日内瓦《和平解决国际争端总议定书》都将仲裁作为一项解决争端的国际制度明确规定下来。1900 年成立的常设仲裁法院为利用仲裁方法解决争端提供了便利条件。1958 年，联合国国际法委员会制定了《联合国仲裁程序示范规则（草案）》，对仲裁制度的原则和程序作了明确、具体的规定，使仲裁制度更加完善。

从《联合国宪章》第 33 条将仲裁作为和平解决争端的方法之一以来，越来越多的国际条约中规定了仲裁条款，如 1948 年《美洲国家组织宪章》、1957 年《欧洲和平解决国际争端公约》、1963 年《非洲统一组织宪章》、1978 年《关于国家在条约方面的继承的维也纳公约》等。1982 年《联合国海洋法公约》对于通过仲裁解决缔约国之间因对公约的解释或适用产生的争端给予高度重视。《联合国海洋法公约》第 287 条第 1 款规定设立仲裁法庭和特别仲裁法庭，并有 2 个附件详细规定了仲裁程序和特别仲裁程序。实践中，有一些仲裁案件解决了国家之间的重要争端，并且产生了较大的影响。例如，1978 年特别仲裁庭对英法大陆架划界争端作出的裁决，对于确定大陆架划界规则有一定的指导意义。再如，1988 年，一个由 5 人组成的国际仲裁委员会对埃及和以色列关于塔巴地区的归属和划界产生的争端所作的裁决，为两国最终通过协议解决争端奠定了基础。总之，利用仲裁制度解决国际争端在现代国际关系中仍然具有重要的意义。

（三）常设仲裁法院（PCA）

1899 年第一次海牙会议制定的《和平解决国际争端公约》确定建立常设仲裁法院，次年，常设仲裁法院在荷兰海牙正式成立。根据 1907 年第二次海牙会议修订的《和平解决国际争端公约》，常设仲裁法院的目的和任务是：为便利将不能用外交方法解决的争议立即提交仲裁起见，各缔约国承允保留第一次和平会议所设立的常设仲裁法院。该法院随时受理案件，除当事国另有规定外，按照本公约所载之程序规则办事。除非当事国协议成立特别法庭，常设仲裁法院有权受理一切仲裁案件。在以前的仲裁中，由于仲裁人的选任和组织方式没有一定的规则，因而给争端当事国适用仲裁制度解决争端带来一些困难。常设仲裁法院的建立，为国家之间争端的仲裁解决提供了方便。

根据公约规定，常设仲裁法院设立国际事务局和常设行政理事会两个机构。国际事务局是仲裁法院的书记处，负责该院的联系事项、保管档案并处理一切行政事务。常设行政理事会由公约各缔约国驻海牙的外交代表和荷兰外交大臣组成，荷兰外交大臣为主席。理事会的任务主要是制定议事规则和其他必要程序，指导和监督国际事务局的工作，决定仲裁法院可能产生的一切行政问题。除上述两个机构之外，常设仲裁法院并没有设立由固定的常任仲裁法官组成的法庭，只有一份仲裁员名单和一部可供采用的程序规则。

按照公约的规定，每个公约缔约国应选定至多 4 名被公认为“精通国际法问题，享有最高道德声誉”并自愿担任仲裁职务的人作为仲裁员，列入仲裁员名单。每个缔约国的仲裁员组成一个团体，称各国团体。仲裁员的任期为 6 年，得连选连任。遇有缔约国发生争端并愿意提交仲裁法院解决时，由各当事国在名单中选定 2 名仲裁员，再由他们共同选定 1 名仲裁员，组成仲裁法院审理争端。此外，公约并不禁止缔约国通过协议在海牙常设仲裁法院以外另行选任人员组织特别仲裁法庭，处理争端案件。

常设仲裁法院从成立到 1932 年的三十多年间，共审理了 20 起案件，对国际争端的解决发挥了一定的作用。但此后提交仲裁法院审理的案件越来越少，从 1932 年至 1972 年的 40 年间，仅仅处理了 5 起案件。为了对法院的工作进行必要的调整，以适应国际社会在和平解决国际争端方面的需要，常设仲裁法院于 1993 年 9 月在荷兰海牙和平宫召开了该院历史上第一次全体仲裁员大会。会议主要讨论了两项议题：(1) 常设仲裁法院的未来；(2) 关于制定第三个海牙和平解决国际争端公约的建议。1994 年，第四十九届联合国大会一致同意接纳常设仲裁法院为联合国大会的观察员。2012 年常设仲裁院公布了新的仲裁程序规则，为国家、国家实体、国际组织和私主体多种组合的仲裁提供行政支持。

（四）国际仲裁制度

现行国际仲裁制度的内容主要规定在两次海牙会议制定的《和平解决国际争端公约》、1928 年国际联盟通过的日内瓦《和平解决国际争端总议定书》和 1958 年联合国国际法委员会制定的《联合国仲裁程序示范规则（草案）》中。其中，示范规则只具有参考的作用，在当事国选用的情况下才有拘束力。

1. 仲裁条约、仲裁协定和仲裁条款

仲裁属于自愿管辖，因此，仲裁成立的前提是必须由争端当事国订立仲裁条约或协定，或者共同接受多边条约中的仲裁条款，表明争端各方同意把争端提交仲裁并承担服从仲裁裁决的义务。

仲裁条约或协定一般于争端发生之后订立，也可以为解决以后可能发生的争端而事先订立。两个或两个以上国家可以缔结仲裁条约或协定，规定缔约国之间将来发生争端以仲裁方法解决，如1957年《欧洲和平解决国际争端公约》、1964年非洲统一组织《调停、和解与仲裁委员会议定书》等。除专门的仲裁条约和协定以外，许多国家将仲裁条款规定在其他条约或公约中，或者作为条约或公约的附件，约定日后将在条约解释或适用中发生的争端提交仲裁解决。

争端当事国有关仲裁的协定至少应该包括以下方面的内容：交付仲裁的争端的主要问题；仲裁法庭的组成方式和适用的法律；仲裁程序、仲裁地点、仲裁费用的分担等。在一般性或永久性的仲裁条约中，缔约国的保留问题十分重要。一般凡属国内管辖事项、缔约前发生的争端或有关领土地位问题等特别指明的事项，缔约国均可提出保留。即使在没有明文保留的情况下，仲裁的范围也只限于法律性质的可裁判的争端。

2. 仲裁的目的和范围

1907年海牙《和平解决国际争端公约》第37条规定："国际仲裁之目的在于由各国自行选择法官并在尊重法律的基础上解决各国间的争端。提交仲裁就意味着诚心遵从裁决的义务。"

关于仲裁的范围，1907年《和平解决国际争端公约》第38条规定："关于法律性质的问题，特别是关于国际公约的解释或适用问题，各缔约国承认仲裁是解决外交手段所未能解决的争端的最有效而且也是最公平的方法。因此，遇有关于上述问题的争端发生时，各缔约国最好在情况许可的范围内将争端提交仲裁。"该条的规定既明确了仲裁审理的范围，同时又不认为上述范围的争端必须提交仲裁，充分体现了仲裁的自愿管辖的性质。其他有关的国际条约对仲裁目的和范围的规定也大致如此。

3. 仲裁法庭的组织

仲裁法庭的组织对争端的解决有重要意义。1928年日内瓦《和平解决国际争端总议定书》规定："仲裁法庭设仲裁员5人，当事国双方各提名1人，得在其本国国民中选任，其余2人及首席仲裁员应由双方协议选派第三国国民充任，他们属于不同国籍并且不是经常居住在当事国领土内或为当事国服务者。"1958年《联合国仲裁程序示范规则（草案）》规定，在当事国一方请求把争端提交仲裁或决定争端的仲裁性质后，当事国各方应立即采取必要的步骤，以协议或特别协定组织仲裁法庭，仲裁员人数必须是单数并且最好是5名。仲裁法庭一经建立直至作出判决时止，其组成应保持不变。如果程序尚未开始，当事国可以更换由它委派的仲裁员。程序开始后，除非取得当事各方同意，一方不得更换其所委派的仲裁员。

4. 仲裁法庭适用的法律和程序

在国际实践中，当事国应事先就仲裁适用的法律规则达成协议。如果当事国之间未就此达成协议，仲裁法庭可以适用国际法院适用的法律，也可以依照"公允及善良"原则作出裁决。

仲裁程序一般也由当事国事先达成协议，如果事先没有协议或所定规则不够具体，仲裁法庭有权确定或完善程序规则。各当事国应委派代理人出席法庭，并可以聘请律师和辅助人在法庭上维护本国利益。

仲裁程序一般包括两个步骤，即书面程序和口头辩论。书面程序是指各方代理人将案件或反诉案件的书状以及必要的答辩状送达仲裁法庭和当事国他方，各当事国应将案件所依据的一切文件和公文书附于各该书状内，以便法庭进行书面审理。口头辩论是指当事国在法庭上进行的辩论。口头辩论由法庭庭长主持，非经法庭决定并征得各当事国同意，不公开进行。

为使仲裁便于进行，海牙《和平解决国际争端公约》还规定了简易程序的仲裁：由当事国双方各选任仲裁员1人，再由这两名仲裁员共同选定1名首席仲裁员组成法庭。法庭只按照书面程序进行审理，但也可以传唤证人和鉴定人到庭进行口头解释和陈述。

5. 仲裁裁决

书面程序和口头辩论结束后，法庭进行评议并作出裁决。法庭评议应秘密进行，全体仲裁员均应参加。仲裁裁决应在仲裁协定规定的期限内由仲裁员多数作出，裁决时仲裁员不得弃权。仲裁裁决一经宣布，即构成对争端的确定性解决，各当事国应善意执行。在必要的情况下，当事国可以申请法庭对裁决作必要的解释和复核。

仲裁裁决对当事国具有拘束力，但是，遇有下列情况之一发生的，当事国可以拒绝承认裁决的效力：（1）仲裁协议无效；（2）仲裁法庭逾越其权限；（3）某一仲裁员犯有欺诈行为；（4）仲裁理由不足或严重违反基本程序规则。在这种情形下，当事国可以将争端提交新的仲裁庭裁决或提交司法解决。

二、司法解决

司法解决（judicial settlement）是和平解决国际争端的法律方法之一，它是指争端当事国将争端提交一个事先成立的、由独立法官组成的国际法院或国际法庭，由其根据国际法对争端作出具有法律拘束力的判决。

司法解决是由常设的国际司法机关解决国际争端，而不像仲裁庭那样是临时组成的。世界性的国际司法机关曾有第一次世界大战后国际联盟建立的常设国际法院，现在则主要是联合国建立的国际法院。

（一）国际法院的建立

建立常设性国际法院的建议早在1899年第一次海牙会议上即已提出，但会议的结果只是设立了一个常设的仲裁法院。1907年第二次海牙会议又提出一项设立“仲裁审判法院”的公约草案，但由于未获通过而没能实现。

国际社会建立真正的国际常设司法机关的计划在第一次世界大战以后随着国际联盟的创立得以实现。《国际联盟盟约》第14条规定：“行政院应制定设立国际常设法院之计划，交联盟各会员国采用。凡各方提出属于国际性质之争端，该法院有权审理并判决之。凡有争议或问题，经行政院或大会有所咨询，该法院亦可发表意见。”1920年12月13日，国际联盟通过《常设国际法院规约》。1921年，国际联盟大会和行政院选出11名法官和4名候补法官（后将法官增至15名，取消候补法官名额）。1922年2月15日，常设国际法院（PCIJ）在荷兰海牙正式成立。

常设国际法院成立后，共受理案件65起，其中作出判决的33起，发表咨询意见的28起。1940年夏季，德国军队占领海牙，法院迁至日内瓦，实际上已停止活动。1946年1月1日，常设国际法院以全体法官提出辞职的方式宣告解散。

国际法院（ICJ）是第二次世界大战以后成立的。《国际法院规约》是《联合国宪章》的组成部分，联合国会员国是《国际法院规约》的当然当事国。根据《联合国宪章》第92条的规定，《国际法院规约》是以常设国际法院的规约为根据的，因此，国际法院的组织、管辖权以及程序等方面与常设国际法院几乎没有区别。根据《联合国宪章》的规定，联合国大会和安全理事会于1946年2月6日选出了国际法院的首任法官。法院于1946年4月3日在海牙举行第一次集会，国际法院正式成立。1946年，国际法院还制定了法院执行职务的规则，即《国际法院规则》。1978年4月14日，国际法院通过新的规则，该规则于同年7月1日生效。

（二）国际法院的组成

国际法院由15名独立的法官组成，法官应具备的条件是“品格高尚并在各本国具有最高司法职位之任命资格或公认的国际法之法学家”。法官不论属于哪一国的国籍，均可以当选，但是，在 15 名法官中不得有两人具有同一国家的国籍。法官经选举产生。选举程序分为两个阶段。首先，由各国根据常设仲裁法院的“各国团体”名单提出候选人，在常设仲裁法院没有本国代表的国家，可由本国的法学家专门团体提名。每一团体所提候选人不得超过 4 人，其中属于本国国籍者不得超过 2 人。然后，由联合国大会和安全理事会从提出的候选人名单中分别进行独立选举，获绝对多数票者当选。安全理事会的理事国既参加大会的选举投票，也参加安全理事会的选举投票。根据《国际法院规约》的规定，法院法官的全体应能代表世界各大文化及各主要法系，所以，法官的席位是按地区分配的。按照目前的方案：非洲三名、拉丁美洲二名、亚洲三名、西欧和其他国家五名、东欧二名。按照惯例，联合国安全理事会各常任理事国通常在国际法院均应有本国的法官。中华人民共和国于 1971 年恢复在联合国的合法席位后，直到 1984 年才首次推选中国著名国际法学家倪征燠为国际法院法官的候选人。同年 11 月 7 日，倪征燠当选为国际法院法官。1993 年年底，国际法学家史久镛继倪征燠之后当选为国际法院法官，并于 2000—2003 年当选为副院长、2003—2006 年当选为院长。2010 年 6 月 29 日，薛捍勤女士继史久镛之后当选法官，并于 2018 年 2 月当选为副院长。2020 年 11 月，薛捍勤再次当选法官，从 2021 年 2 月 6 日起连任。

国际法院法官任期 9 年，每 3 年改选 5 名，法官可以连选连任。法官是专职的，不得担任任何政治、行政职务或执行任何其他职业性质的任务，也不得充任任何案件的代理人、律师或辅助人。但法官列名于常设仲裁法院仲裁员名单或充任仲裁员是允许的。法官不论年龄大小、当选先后或任职时间长短，在执行职务方面一律平等。法官除由其余法官一致认为不再适合外，不得免职。法官于执行法院职务时，应享有特权与豁免。法院设正、副院长各 1 人，由法院法官自行选举，任期 3 年，可以连选连任。

法院在审理案件时，法官对本国为当事一方的案件有权参加审理，不适用回避制度，只有法官以前曾经参与过的案件才不得参加审理。在法院受理的案件中，如果当事双方或一方在法院没有本国国籍的法官，则可以选派 1 名法官参与案件的审理。这种临时选派的法官称为“专案法官”。专案法官在参与案件的审判时，与其他法官有完全平等的地位。法院开庭时，全体法官应出席，但可以准许法官 1 人或数人免于出席。法官 9 人为构成法院开庭的法定人数。

法院为采取简易程序迅速处理案件，可以设立分庭，分庭作出的裁判，应视为法院的裁判。

法院设书记处，由书记官长、副书记官长和其他工作人员组成。书记官长和副书记官长从法院成员提议的候选人中选出。书记官长在执行职务时代表法院并对法院负责，处理一切日常行政事务以及执行法院随时委托的其他职务。副书记官长协助书记官长，在书记官长职位出缺时行使书记官长职务至新书记官长就任时为止。

（三）国际法院的职权

国际法院的职权包括诉讼管辖权和咨询管辖权。

1. 诉讼管辖权（contentious jurisdiction）

国际法院的诉讼管辖权是指国际法院审理争端当事国提交的诉讼案件的权利。

根据《国际法院规约》第 34 条第 1 款的规定，国际法院的诉讼当事者只限于国家。具体来说，国际法院的诉讼当事国包括以下三类国家：（1）联合国会员国。联合国会员国同时也是《国际法院规约》的当事国，自然是国际法院的诉讼当事国。（2）非联合国会员国的《国际法院规约》当事国。非联合国会员国的国家，可以按照《联合国宪章》第 93 条第 2 款规定的条件成为《国际法院规约》的当事国，从而成为国际法院的诉讼当事国。（3）其他国家。既非联合国会员国，亦非《国际法院规约》当事国的国家，可以根据联合国安全理事会决定的条件，预先向国际法院书记处交存一项声明，表明该国愿意按照《联合国宪章》《国际法院规约》《国际法院规则》的规定，承认国际法院的管辖权，保证执行法院的判决，并且承担《联合国宪章》第 94 条规定的义务，亦可以成为国际法院的诉讼当事国。①

按照《国际法院规约》第 36 条的规定，国际法院受理以下几类诉讼案件：

第一，各当事国提交的一切案件。这类案件应在当事国双方同意的基础上，签订一项特别协定，提交国际法院审理。当事国双方的相互同意构成法院管辖权的依据。由于此类案件是由当事国自愿提交的，因而法院对这些案件的管辖通常称为“自愿管辖”。如 1969 年“北海大陆架案”、1982 年“美加缅因湾划界案”等，都是当事国以特别协定方式提交法院审理的。

第二，《联合国宪章》或其他现行条约及协定中所特定的一切事件。在现行条约和协定中，许多包含有关于因条约的解释或适用所产生的争端提交国际法院审理的规定。这种规定可以是条约的一项争端解决条款，也可以是与条约同时签订的一项任择议定书。条约或协定的缔约国如果根据争端解决条款或解决争端的任择议定书事先接受了法院的管辖权，将来在其接受法院管辖权的范围内因条约的解释或适用发生争端时，一方向法院起诉，另一方就不能拒绝法院的管辖。法院对此类案件的管辖通常称为“协定管辖”。

第三，根据《国际法院规约》第 36 条第 2 款提交的案件。《国际法院规约》第 36 条第 2 款规定：“本规约各当事国得随时声明关于具有下列性质之一切法律争端，对于接受同样义务之任何其他国家，承认法院之管辖为当然而具有强制性，不须另订特别协定：（子）条约之解释。（丑）国际法之任何问题。（寅）任何事实之存在，如经确定即属违反国际义务者。（卯）因违反国际义务而应予赔偿之性质及其范围。”根据上述规定，规约任何当事国一旦作出该款要求的声明，则其与承担同样义务的其他国家之间发生以上法律性质的争端时，必须接受法院的管辖。如果一方起诉，另一方有义务应诉，否则，法院有权作出缺席判决。国际法院对此类案件的管辖虽然有强制性，但当事国是根据其所作的声明任意承担的，因而通常称为“任意强制管辖”②。

2. 咨询管辖权（advisory jurisdiction）

国际法院除具有诉讼管辖权外，还具有咨询管辖权。《联合国宪章》第 96 条规定：“一、大会或安全理事会对于任何法律问题得请国际法院发表咨询意见。二、联合国其他机关及各种专门机关，对于其工作范围内之任何法律问题，得随时以大会之授权，请求国际法院发表咨询意见。”从该条规定可以看出，联合国大会、安全理事会可就任何法律问题请求国际法院发表咨询意见，经联合国大会授权的联合国机关及其专门机构只有权请求国际法院对其职权范围内的法律问题发表咨询意见。任何联合国会员国不得请求，亦不得阻止国际法院发表咨询意见。

国际法院行使咨询管辖权的目的是对有关法律问题提供权威性的意见，以使联合国机构更好地遵照《联合国宪章》进行活动。国际法院的意见是咨询性的，原则上没有法律拘束力。但国际法院对重大问题发表的咨询意见，往往被作为权威性的解释而受到重视。此外，有些国际条约规定国际法院的咨询意见具有法律拘束力，应予以执行，如《联合国特权与豁免公约》《联合国行政法庭规约》《国际劳工组织行政法庭规约》等条约都作了这样的规定。

（四）国际法院适用的法律

根据《国际法院规约》第 38 条第 1 款的规定，国际法院适用的法律包括下列各项：

---

① 王铁崖. 国际法. 北京：法律出版社，1995：590.

② 目前有 74 个国家作出了有效声明。国际法院官方网站. [2024－02－01]. https://www.icj-cij.org/declarations.

（1）国际条约，即不论普遍或特别国际协约，确立诉讼当事国明白承认之规条者。（2）国际习惯，即作为通例之证明而经接受为法律者。（3）文明各国承认的一般法律原则。（4）作为确定法律原则补助资料的司法判例及权威最高之公法学家学说。

另外，在当事国同意的基础上，法院也可以适用“公允及善良”原则裁决案件。

（五）国际法院的诉讼程序

根据《国际法院规约》第三章、第四章和《国际法院规则》第三部分、第四部分的规定，国际法院的诉讼程序主要包括以下步骤。

1. 起诉

当事国向国际法院起诉有两种情况：一种是由争端当事国一方将请求书送达法院书记官长；另一种是全部或部分争端当事国将所定的特别协定通知法院书记官长。在前一种情况下，书记官长应将请求书副本转送被告当事国；在后一种情况下，如果特别协定通知书不是全体争端当事国联合提交的，书记官长应将通知书副本送达其他当事国。此外，国际法院书记官长应将向法院提交的任何请求书或特别协定通知书的副本转送联合国秘书长、联合国各会员国和有权出席法院的其他国家。请求书或特别协定通知书应载明争端当事国、争端事由及其他必要的事项。

2. 书面程序和口述程序

书面程序是指将诉状、辩诉状以及必要时的答辩状连同可资佐证的各种文件及公文书送达法院及各当事国。原告国提出的诉状应包括有关事实和法律的陈述及其诉讼主张，被告国的辩诉状应包括对诉状中所述事实的承认或否认、必要的补充事实、对诉状中关于法律陈述的意见、答辩的法律陈述和诉讼主张。如果法院准许原告国提出答辩状或被告国提出复辩状，其内容不应仅仅重述各方的争论，而应着重指明各方仍然对立的争论点。

口述程序是指法院询问证人、鉴定人、代理人、律师及辅助人。法院的审讯在院长主持下进行。除非法院另有决定或当事国有相反主张，审讯应该公开。法院在审讯时得向代理人、律师和辅助人提出问题并要求他们解释。每一法官有提出问题的同等权利。如果有必要，法院可能安排证人和鉴定人出庭作证，各当事国的代理人、律师、辅助人和法院的法官可以向他们提出问题。口述程序结束后，法院院长应宣告辩论终结。

3. 附带程序

第一，临时保全办法。根据《国际法院规约》的规定，在诉讼程序进行中的任何时候，当事国一方得就该案件以书面请求指示采取临时保全办法，法院得就此作出裁决。例如，在“德黑兰的美国外交和领事人员案”中，美国在起诉后请求法院指示临时保全措施。法院在应美国方面的请求指示的临时措施中，要求伊朗方面立即交还被占领的美国使、领馆，释放被扣押的美国外交和领事人员，并保证他们安全离开伊朗领土。

第二，初步反对主张。被告国可以对原告国请求书的准许、法院的管辖权及关于下一步程序的确定，在限定期限内以书面形式提出反对意见，被告国以外的其他当事国也可以提出反对主张。法院对初步反对主张应以判决形式作出裁定，支持或驳回其主张，或宣布该反对主张在该案中不具备完全初步性质。如果法院驳回其主张或宣布该反对主张不具备完全初步性质，则应规定下一步程序的期限。

第三，反诉。如果与原告国的诉讼标的直接有关，并且属于法院的管辖范围之内，被告国可以提出反诉。反诉应在被告国提出的辩诉状中作出并应作为其诉讼主张的一部分。法院应裁定是否将该问题并入本案的程序之中。

第四，第三国的参加。根据《国际法院规约》的规定，如果某一国家认为某一案件的判决将影响该国具有法律性质的利益时，可以向法院申请参加该案的诉讼程序。是否准许参加由法院裁决。此外，如果法院受理的案件属于条约解释方面的争端，而且除诉讼当事国之外还有其他国家是条约的缔约国，则法院书记官长应将诉讼事项通知未参加诉讼的缔约国。被通知国有参加诉讼的权利，它一旦行使此项权利，则法院判决中有关条约的解释即对其具有同样的拘束力。

第五，中止。《国际法院规则》规定，在法院对实质问题终局判决前的任何时间内，如果各当事国共同或分别以书面形式通知法院，它们已经达成协议不再继续诉讼，则法院应颁布命令，记录诉讼的终止并指示将该案件从案件表中注销。

4. 分庭程序

分庭程序除受规约和规则关于分庭的特别规定的限制外，应按适用于法院诉讼案件的规则第一章至第三章的规定办理。分庭的书面程序应包括当事国每一方的单一书状。如果以请求书开始诉讼，则其书状应在相继的期限内提出；如果以特别协定通知书开始诉讼，除非当事国各方同意在相继的期限内提出书状，应在同一期限内提出。分庭还应进行口述程序，除非当事各国同意取消并得到分庭同意。即使不进行口述程序，分庭仍可以要求各当事国提供情况和口头解释，分庭所作的判决应在该分庭的公开庭上宣读。

5. 判决及其解释与复核

辩论终结后，由法官评议和讨论判决。评议应秘密进行，一切问题应由出庭法官的过半数作出决定，票数相等时，由院长或代理院长投决定票。任何法官对判词的全部或一部分有不同的意见，有权发表其意见，这称为“异议意见”；任何法官如赞成法院的判决，但是对判决所依据的理由有不同的看法，亦有权发表其意见，这称为“个别意见”。任何法官如赞成或反对多数意见，均可以将个人意见附于判决之后，法官可以不说明理由而表示其赞成或反对的意见。

法院完成评议和作出判决后，应将宣读判决的日期通知各当事国。判决在法庭上公开宣读并自宣读之日起对各当事国具有拘束力。

法院的判决属于确定性的终局判决，不得上诉。但是，如果当事国对判决词的意义或范围发生争议，任何一方均可以请求法院作出解释。此外，如果当事国发现在判决宣告时为其与法院所不知而又具有决定性的新事实的，可以申请法院复核判决，但以该事实非因申请复核国的过失而不知者为限，而且申请应在新事实发现后 6 个月内和至判决之日起不超过 10 年内提出。法院对请求解释或复核的决定，应以判决的形式作出。

根据《联合国宪章》第 94 条的规定，对于国际法院的判决，作为案件当事国的联合国会员国必须承诺遵行；遇有一方不履行依法院判决应负之义务时，他方得向安全理事会申诉；安全理事会认为必要时，可以提出建议或者决定采取的办法以执行判决。不过，由于当事国是自愿接受法院管辖的，因而实践中很少出现诉讼当事国拒绝执行法院判决的情况。

第四节　世界贸易组织的争端解决方法

一、争端解决机构

根据成立世界贸易组织协议的附件二《关于争端解决规则和程序的谅解》(Understanding on Rules and Procedures Governing the Settlement of Disputes，以下简称 DSU)，世界贸易组织

专设争端解决机构（Dispute Settlement Body，以下简称“争端解决机构”），这一机构是常设性的。设立一个常设性的争端解决机构，对于世界贸易组织这样一个拥有164个成员，涵盖货物贸易、服务贸易和知识产权问题的大型国际组织而言，是十分必要的。[①] 从1995年1月1日世界贸易组织正式运行起，截至2024年2月7日，提交世界贸易组织的争端已达到622件。[②]

世界贸易组织的成员既包括主权国家，又包括欧盟，还包括一些单独关税领土。它们之间的纠纷，可以通过世界贸易组织的争端解决机构去处理。世界贸易组织的争端解决机构设有专家组、常设上诉机构，对其成员之间的争端进行解决。

（一）专家组（Panels）

从DSU内容来看，专家组并非争端解决机构的机构，它只在处理争端时组成，完毕即解散。

专家组是从世界贸易组织的专家人员名单中选取的。列名于专家人员名单需要具备一定资格，应是资深的政府和/或非政府的个人组成。包括下列人员：曾在专家组工作过或曾给专家组提供案例之人；曾作为某一成员或关税与贸易总协定1947缔约方代表之人；曾是任何具体适用协议或其前身之理事会成员或委员会中之代表或曾在秘书处工作之人；曾讲授过国际贸易法和政策或发表过这一方面文章之人；曾是某成员之高级贸易政策官员之人。

（二）常设上诉机构（Standing Appellate Body，AB）

常设上诉机构的职责是处理专家组案件之上诉事宜，仅限于对专家组报告中之法律问题和专家组对法律之诠释。

常设上诉机构固定人员为7人，7位成员由争端解决机构指定，任期为4年，每一个成员可以被重新任命一次。但是，在世界贸易组织协议生效后即被任命的7人之中有3人的任期应为2年，由抽签来决定。

成员资格要求甚严，应为公认之权威人士：在法律、国际贸易和具体适用协议的主要内容方面应具有专门之知识；不应隶属于任何政府；其资格在世界贸易组织成员中具有广泛代表性；所有人员不离职守，招之即来且了解争端解决活动及其他相关活动；不得参与任何将产生与其有直接或间接利益冲突的争端的审议。2007年11月我国张月姣女士当选上诉机构成员，任期从2008年6月1日开始。张月姣连选连任，任期于2016年结束。此后，赵宏女士当选，任期为2016年到2020年。[③]

上诉机构审理案件时，由7名成员中的3人参加。上诉机构的成员应当轮流执事，其轮流办法按照上诉机构工作程序规定。

由于美国的反对意见，上诉机构成员遇到选任危机。当选成员任期结束后，未能产生新成员。2020年年底赵宏女士任期结束后，上诉机构因为无成员而瘫痪，无法审理上诉案件。为解决上诉问题，中国、欧盟等17个成员于2020年4月30日向WTO提交通知，共同建立多方临时上诉仲裁安排（Multi-Party Interim Appeal Arbitration Arrangement），维护世贸争端解决机制在上诉机构停摆期间的运转。[④]

---

① 数据截至2024年2月1日。2016年7月29日以来，该数据无新变化。WTO官方网站. https://www.wto.org/english/thewto_e/whatis_e/tif_e/org6_e.htm.

② WTO官方网站. http://www.wto.org/english/tratop_e/dispu_e/dispu_status_e.htm.

③ WTO官方网站.［2024-02-01］. https://www.wto.org/english/tratop_e/dispu_e/ab_members_descrp_e.htm.

④ 商务部官方网站.［2024-02-01］. http://www.mofcom.gov.cn/article/xwfb/xwrcxw/202004/20200402961036.shtml.

（三）总干事

总干事在世界贸易组织中不是专门的争端解决机构，但由于其地位特殊，对于争端解决具有一种不可替代的作用，因而在DSU中，总干事也成为争端解决机构之外的辅助性争端解决机构。DSU第5条第6款规定，“总干事可依其职权提供斡旋、调解或调停，以期协助各成员解决争端”。世界贸易组织的总干事的这一职能沿用自1947年关税与贸易总协定的实践，并且得到扩大。

除了上述机构，成员还可以要求设立仲裁庭处理争端，作为一种解决争端的替代办法；仲裁庭还可解决成员关于履行争端解决机构建议或裁决的期限、确定成员终止减让和其他义务的范围等。

二、争端解决程序

世界贸易组织的争端解决程序是对1947年关税与贸易总协定争端解决程序的发展。1947年关税与贸易总协定争端解决程序是围绕着争端方协商和专家组程序而展开的，是在实践中发展起来的。争端解决程序是包罗万象的，包括磋商、仲裁、专家组程序、上诉程序、执行程序等，总体来看，世界贸易组织的争端解决程序是以争端解决机构的程序（包括专家组程序和上诉审查程序）为核心的。

世界贸易组织争端解决程序是对关税与贸易总协定的争端解决程序的改进，主要有：第一，对各个阶段的时限作了明确规定；第二，设置了“上诉审”程序，从体制上完善了专家组程序可能出现的不足；第三，采用“反向一致”的方式通过专家组或上诉机构的裁决报告，即除非争端解决机构全体成员一致同意不通过报告，否则就予以通过；在执行程序中，引入交叉报复，加强执行报告的威慑力。

（一）协商程序

所谓协商程序，也就是争端双方在友好的气氛中谈判以解决纠纷的程序。根据DSU，世界贸易组织的协商程序比关税与贸易总协定有了明显的加强，对于其有效性、适用范围、程序性要求等方面均有明确规定。

一成员在其境内采取的任何影响适用协议的措施，均在协商之列。此类措施具有以下三个特点：它是一成员在自己境内采取的措施；它是影响适用协议的执行的措施；它是受影响的成员方提出请求的措施。

对于符合这三个条件的措施，采取措施的成员方应当给另一成员方的陈述予以同情的考虑，并且提供适当的协商的机会。①

（二）斡旋、和解和调停

1947年关税与贸易总协定中对于此三种方式当初并无明确规定。直到1979年谅解第8项才明确规定了“调解”的解决方法：“如果一个争端无法通过协商解决，有关缔约方可以请求恰当的机构或个人利用其职权调解争端各方之间存在的分歧。如果在未解决的争端中发展中国家是申诉方，发达国家是被诉方，发展中国家可以请求关税与贸易总协定总干事出面调解，总干事可以与缔约方全体大会主席和理事会主席讨论处理这一纠纷”。

DSU规定，斡旋、和解和调停是在争端各方同意下自愿采取的程序，争端任何一方可随时要求进行斡旋、和解和调停，程序可随时开始、随时终止。

① DSU第4条第2款。

（三）仲裁

世界贸易组织中的迅速仲裁是一种解决争端的替代办法。诉诸仲裁需要得到争端各方的同意，其他成员只有得到诉诸仲裁的各方的同意，才可成为仲裁程序的一方。诉讼方应当遵守仲裁裁决。

仲裁庭还可解决成员关于履行争端解决机构建议或裁决的期限、确定成员终止减让和其他义务的范围等。

（四）专家组程序

1. 世界贸易组织专家组受理的案件的范围

在处理争端的原则上，世界贸易组织的“各成员重申将信守基于 1947 年关税与贸易总协定第 22 条和第 23 条规定的争端解决诸原则，以及经由本谅解进一步详细阐明并修订的各项规则和程序”①。因此，1947 年关税与贸易总协定第 23 条所建立的专家组程序，实质上已为世界贸易组织所完全吸纳。根据 1947 年关税与贸易总协定第 23 条的规定，专家组处理三类争端：（1）由于缔约方未履行协定义务，或（2）由于一缔约方实行的任何措施（不论其是否与总协定相冲突），或者（3）由于存在任何其他情况，而使一缔约方依总协定直接或间接享有的利益受到抵消或损害或者妨碍了总协定的任何目的的达到而引起的争端。

2. 专家组的职权范围

职权范围的标准条款是 DSU 第 7 条第 1 款的规定：“专家组应具有下列职权范围，除非争端各方在专家组设立之后 20 天内另行协定：‘按照（争端各方引定的适用协定名称）的有关规定，审查（争端方名称）在……文件中提交争端解决机构的事项，并提出调查结果以协助争端解决机构提出建议或作出该协定规定的裁决。”

3. 多方投诉程序

所谓多边投诉，是指对于同一个问题有一个以上的成员要求设立专家组。对此，可在一并考虑各成员权利的同时设立一个单一专家组予以审查，只要可行，就应成立一个单一的专家组审查这些投诉。

设立多方投诉程序有利于处理争端。多个投诉方置于同一个程序之下处理，有以下好处：有利于节省争端方和专家组的人力、财力；有利于就同一个问题进行全面的审查；有利于专家组集中处理案件，提高效率。

4. 专家组报告的通过

在关税与贸易总协定中，争端方可以利用通过报告需要存在“一致同意”来阻挠专家组报告的通过，从而使专家组报告的结果无法实施，造成争端解决机制功能的弱化。世界贸易组织采用反向一致的原则，解决了这个问题：“在专家组报告向成员散发之日后 60 日内，争端解决机构应召开会议通过该报告，除非争端一方正式通知争端解决机构决定上诉或争端解决机构一致同意不通过该报告。如果争端一方已通知决定上诉，争端解决机构在上诉前不再审议通过专家组报告”②。这种“反向一致”的做法，使专家组报告可以自动获得通过，除非一方启动上诉程序。

（五）上诉程序

世界贸易组织设置上诉程序在国际法领域中是一个创新。③ 在此之前，上诉制度是国内法

① DSU 第 3 条第 1 款。

② DSU 第 16 条第 4 款。

③ 世界贸易组织第一起上诉案件是 1995 年 2 月“委内瑞拉诉美国的汽油规则案”。世界贸易组织. WT/DS2/AB/R. 此案是第一件历经专家组、上诉机构、执行全过程的案件。

的一项制度。与国内法制度一样，世界贸易组织中的上诉制度，其中一个主要目的是纠正下一级审级在事实或法律问题上的错误。上诉制度的另一个目的，是使统一的法律规则得以创制和维持。

1. 受案范围

（1）主体范围。有权提起上诉的仅为争端各方，第三方无此权利。但是，DSU 赋予有实质性利害关系的第三方在上诉程序中一定的参与权：可以向上诉机构提出书面申请，并可以给审理的机会。[①] 虽然它不是上诉权，但至少使第三方在上诉中能够反映自己的意见。

（2）客体范围。上诉机构审理的问题仅限于专家组报告中的问题和专家组对法律的解释。对于事实问题，上诉机构不予审查。

在世界贸易组织的争端解决中，专家组查明事实可以通过临时审议阶段完成。[②] 专家组在听取反驳和口头辩论之后，应向争端各方发出其报告初稿的叙述部分（事实和辩论部分）。争端各方应在专家组规定的时限内就报告初稿提出书面意见。然后，专家组才向争端各方提出一份临时报告，包括叙述部分和裁决及结论。争端一方有权在专家组所规定的时限内要求专家组审议临时报告。专家组再举行会议，与争端方讨论书面意见中指明的问题。通过临时审议，争端方可以进一步确认事实，并对法律问题提出自己的意见。它虽然不必然保证事实问题毫无差错，但可以保证争端各方能够对事实问题取得一致看法。一旦双方对报告不服，焦点就会集中在法律问题上。

2. 上诉权的行使

（1）交叉上诉。

根据 DSU 第 17 条第 9 款关于上诉审查“工作程序应由上诉机构会商争端解决机构主席和总干事制定并照会各成员”的规定，上诉机构的《上诉审查工作程序》于 1996 年 4 月 15 日制定出来，目前已经进行了 6 次修改，最后一次修改是 2010 年 7 月 26 日。[③] 首先适用这一程序的是美国。仅在该程序制定的 6 日后，美国就对委内瑞拉诉美国的汽油规则案专家组报告提出上诉。[④]

该规则第 23 条规定：“在上诉通知递交之日起 5 日内，非原上诉方的争端方可以参加上诉或者对于专家组报告中有错误的其他法律问题和专家组的法律解释提出上诉”。

据此，则在一审专家组程序中败诉或胜诉的一方提出上诉后，对方也有权提出对其他问题的上诉。即双方在案件一审结束后，有权同时提起上诉，一方的上诉权并不影响另一方的上诉权。

（2）上诉权行使的限制。

世界贸易组织的案件在上诉时受到两方面的限制，第一是时间限制，第二是内容限制。

1）时间限制。

上诉权的时间限制是双重的。第一重限制是在专家组报告向成员散发之后 60 日内，专家组报告通过前，争端一方应正式通知争端解决机构决定上诉。否则一旦争端解决机构通过专家组报告后，争端方就丧失了上诉权。[⑤] 然后，案件就进入执行阶段。在世界贸易组织第一上诉案中，专家组报告于 1996 年 1 月 29 日签发，美国于 1996 年 2 月 21 日提出上诉。

---

① DSU 第 17 条第 4 款。

② DSU 第 15 条。

③ WT/AB/WP/1，WT/AB/WP/2，WT/AB/WP/3，WT/AB/WP/4，WT/AB/WP/5，WT/AB/WP/6.

④ WT/DS/3.

⑤ DSU 第 16 条第 4 款。

第二重限制是《上诉审查工作程序》中的第 29 条："如果上诉的参加方没有在要求的时间内提交意见书或者未出席口头聆讯，上诉法庭得在审查参加上诉的争端方的观点后，签发其认为适宜的判令，包括驳回上诉的判令"。

2）内容限制。

内容限制是指争端方上诉所涉及问题所受到的限制，即对哪些问题上诉机构予以审查。内容限制亦是双重的，其一是 DSU 的规定，其二是上诉机构实践中对于未上诉的问题不予审查，对专家组未裁决的问题不予审查。

DSU 第 17 条第 6 款规定，"上诉应限于专家组报告涉及的法律问题和专家组所作的法律解释"。因此，上诉机构不审查事实问题，即争端方的上诉权在事实问题方面是被排除的。这一重限制为上诉权的行使指定了方向。

在上诉机构的实践中，争端方对专家组报告中的某些问题未提出上诉，即使在这些问题上专家组的意见可能是错的，上诉机构也不予审查。这一做法的法律依据是 DSU 第 17 条第 12 款："上诉机构在审理上诉过程中应逐个审议按照第 6 款规定所提出的问题"。

（六）执行程序

在所有的经司法解决的争端中，不论是国内法还是国际法，最终的关键问题是能否执行。"法律的效力存在于执行中"（Juris affectus in executione consistit）。如果没有良好、完善的执行程序，司法裁决的结果只能是形式意义的，对争端各方并无实效。

1. 执行的前提

执行的前提是存在合法而且有效的建议或裁决。

世界贸易组织中则明确了专家组报告和上诉机构报告的地位，赋予了争端方执行的义务。首先，专家组报告和上诉机构报告在争端解决机构自动通过。专家组报告在向世界贸易组织成员散发后的 60 日内，争端解决机构应召开会议通过该报告，除非争端一方正式通知争端解决机构决定上诉或争端解决机构一致同意不通过该报告。[①] 上诉机构报告应由争端解决机构通过并为争端各方无条件接受，除非该报告在散发给成员后 30 日内争端解决机构一致决定不予通过。[②] 由于这种新的"反向一致"（negative consensus）表决制度的设立，因而专家组报告和上诉机构报告是自动通过的。

对于自动通过的报告，各成员方应当予以执行。"为保证有效地解决争端以利成员各方，对于争端解决机构的建议和裁决必须迅速执行"[③]。争端方应向争端解决机构通知其实施争端解决机构建议和裁决的意图。如果不执行，则将招致报复以强制其执行。

因此，在世界贸易组织中，自动通过的专家组的报告或上诉机构的报告自然而然地成为争端解决机构合法而有效的建议或裁决。

2. 自愿执行

自愿执行也可以分为两种形式，其一是如期自愿执行，其二是超期暂时替代执行。

（1）如期自愿执行。

所谓如期自愿执行是指败诉方在争端解决机构通过专家组或上诉机构的报告后，立即或在合理期限完全接受争端解决机构的建议或裁决，对己方不符合世界贸易组织的措施予以纠正。

第一，立即执行。"在通过专家小组或上诉机构报告之日后 30 日内召开的争端解决机构会

---

① DSU 第 16 条第 4 款。

② DSU 第 17 条第 14 款。

③ DSU 第 21 条第 1 款。

议上，有关成员应通知争端解决机构其实施争端解决机构建议和裁决的意图。”[①]

第二，在合理期限内执行。争端解决机构要求，如果败诉方不能立即执行有关建议或裁决，则可以在一个合理期限内予以执行。确定合理期限有三种方法[②]：

1）确认的期限。

争端解决机构建议或裁决所涉有关成员可以提出其执行的期限，但是要获得争端解决机构的批准。这种方法最终决定权仍在争端解决机构，但对于败诉方而言，却有遵守自己所提建议的感受，有利于执行。

如果争端解决机构未批准有关成员建议的期限，则可以用第二种方法确定。

2）协商的期限。

即争端各方在建议和裁决通过后45日之内协商达成的期限。这样的期限是由争端方自愿达成的，符合DSU的“既为争议各方所共同接受又符合适用协议之解决显然系首选方案”[③] 要求，也有利于执行。

如果双方未能达成协议，则可以采用第三种方法来确定。

3）仲裁的期限。

争端各方应将合理期限问题在建议和裁决通过后的90日内提交有约束力的仲裁，以仲裁决定的为准。仲裁员可以是一个人，也可以是一组人。争端各方应在10日内就仲裁员人选达成协议，否则，仲裁员将由总干事商争端各方后指定。原则上，仲裁员所裁定的合理期限，不应超过自通过专家组或上诉机构报告之日起15个月。当然，该期限并非绝对不变的，可以根据具体情况延长或缩短。

报告通过后，有自愿执行的义务，争端解决机构则有监督执行的责任。争端解决机构应将确定合理期限执行的建议或裁决的实施问题在确定之日起6个月后列入议事日程，直到争端得到解决。争端解决机构每次召开会议的至少10日前，有执行义务的成员应当书面向争端解决机构报告其执行情况，这种做法继承了关税与贸易总协定中舆论压力的规定，对争端方自愿执行起到了敦促作用。

（2）超期暂时替代执行。

如果有关成员未在合理时间内实施争端解决机构的建议或裁决，则可以赔偿来暂时替代执行。[④] 但赔偿是不如全部实施争端解决机构的建议合理的，也不是为世界贸易组织所鼓励的。因为赔偿只是对有关成员的措施不符合世界贸易组织的适用协议而在过去给其他成员造成的损失进行补偿，造成损失的原因仍未根除，与世界贸易组织的适用协议不符合的措施并未取消，该措施仍然在并将继续给其他成员造成损害。

赔偿的给予，并不表明有关成员的措施因此而变得为世界贸易组织所允许了，它仍然是不符合世界贸易组织的规则的。赔偿额由争端双方达成，在合理期限届满前，未执行争端解决机构建议或裁决的成员应与相应的成员协商，以便达成双方彼此满意的赔偿。如果合理时限过后20日内仍未达成满意的赔偿，则败诉方可能招致对方的报复。[⑤]

3. 报复

在世界贸易组织中，报复是强制性地使对方失去某些利益以维持双方之间的利益平衡。它

---

① DSU第21条第3款。

② DSU第21条第3款。

③ DSU第3条第7款。

④ DSU第22条第1款。

⑤ DSU第22条第2款。

是一种非自愿执行的方法。世界贸易组织对报复进行的详细规定，是为了避免单边行动的存在，而将其纳入多边体制轨道中。

（1）实施报复的条件。

一成员实施报复要遵守实质条件和形式条件。实施报复的实质条件就是一成员在何种情况下有权要求进行报复。主要有下列两种情况：第一，败诉的争端方未实施建议和裁决。败诉的成员方应当在专家组或上诉机构的报告通过后立即或在合理期间内实施争端解决机构的或裁决，未能实施，则相应成员方可以采取报复措施。[①] 第二，败诉争端方未提供令人满意的赔偿。败诉的争端方如果在执行建议和裁决的合理期限内未能纠正其非法措施，则应与对方协商提供赔偿，如果合理期限过后 20 日仍未提供令人满意的赔偿，则相应成员方有权进行报复。[②] 这两种情况只要符合其一即可。

实施报复措施的形式条件是指采取措施的成员方应在行动前获得争端解决机构的授权。[③]

（2）报复的形式。

在世界贸易组织中，报复的形式有两种，一种是平行报复（parallel retaliation），另一种是交叉报复（cross retaliation）。而在一般国际法领域，报复通常是只采用平行报复的形式的。

1）平行报复。

世界贸易组织继承了关税与贸易总协定平行报复的做法，规定“申诉方应当首先寻求中止与专家组或上诉机构所认定的存在违反规定或其他抵消或损害有关的同类部门的减让或其他义务”[④]。

所谓同类部门则随争端涉及的领域而不同：在指货物时，包括所有的货物；在指服务时，包括现行“服务部门分类表”中所列的为此类部门的主要部门。目前服务的主要部门有商业性服务、通信服务、建筑服务、销售服务、教育服务、环境服务、金融服务、健康及社会服务、旅游及相关服务、文化、娱乐及体育服务、运输服务等共计 11 个部门；在指与贸易有关的知识产权时，包括 TRIPs 协定第二部分第 1～7 节所列举的版权和相关权利、商标、地理标志、工业设计、专利、集成电路布图设计、未披露的信息，以及第三部分、第四部分所规定的义务。[⑤]

因此，如果某一成员的措施违反此三领域的某一领域的有关规定，则报复措施也相应地只能限于该领域的同类部门。

2）交叉报复。

交叉报复是世界贸易组织中的新现象，关税与贸易总协定中无此规定。

根据世界贸易组织的有关规定，交叉报复有两种形式：交叉部门报复（cross-sector retaliation）和交叉协议报复（cross-agreement retaliation）。

所谓交叉部门报复，是指申诉方如果认为中止与同类部门有关的减让或其他义务不切实际或无效果时，可以要求中止同一协议下其他部门的减让和其他义务。[⑥] 其中，协议分别是指《货物贸易协议》（包括多边货物贸易协议和有限多边货物贸易协议）、《服务贸易总协定》、TRIPs 协定。交叉部门报复要求的条件必须是平行报复“不切实际或无效果”，不足以纠正或

① DSU 第 22 条第 1 款。
② DSU 第 22 条第 2 款。
③ DSU 第 22 条第 2 款。
④ DSU 第 22 条第 3 款。
⑤ DSU 第 22 条第 3 款。
⑥ DSU 第 22 条第 3 款。

抵消败诉方的非法措施及其影响时，才可以要求采用。例如，甲国措施违反了GATS下运输服务的规定而影响到乙国，乙国本应针对运输服务进行报复，但没有作用，只好求助于能够影响甲国的金融服务的报复措施。

交叉协议报复，是“如果申诉方认为中止同一协议下其他部门的减让或其他义务不切实际或无效果，且情形非常严重时，可寻求中止另一适用协议下的减让或其他义务”①。交叉协议报复跨度更大，即如果一方的措施违反《货物贸易协议》，结果却招致了《服务贸易总协定》或TRIPs协定下的报复措施。其条件比较严格，只有存在平行报复、交叉部门报复不切实际或无效果的可能且情形又非常严重时，方可要求适用。

要求实施交叉报复的成员应当向争端解决机构递交请求书，并在其中说明理由。同时，还应当向有关的理事会（货物贸易理事会、服务贸易理事会、与贸易有关的知识产权理事会）递交请求书；在要求实施交叉部门报复的情况下，还要向有关部门机构递交该请求书。

（3）报复的授权与监督。

1）授权的自动性。报复由争端解决机构进行授权。一旦上述条件得到满足，则争端解决机构应在合理期限届满后30日内经成员方的请求而授权报复，除非争端解决机构一致决定拒绝该请求。② 因此，报复授权是自动的。一旦某成员未能遵守争端解决机构的建议和裁定，则报复几乎是必然会产生的——只有在胜诉的成员方不提出请求时才能避免。

2）报复的程度。争端解决机构授权实施报复的程度，应当与继续实施违法措施而给胜诉方造成的利益抵消或损害的程度相当。③ 如果对报复的程度有异议，可以提交仲裁予以解决（即执行中的仲裁）。

3）实施的监督。报复措施只是一种权宜之计，目的是促使实施违法措施的成员方取消或纠正其违法措施，遵守争端解决机构的建议或裁决。因此，在报复措施实施过程中，争端解决机构仍有责任监督违法成员方实行争端解决机构的建议或裁决。

如果实施非法措施的成员方消除了其措施，则报复措施应当终止。

如果应当实施争端解决机构建议的成员方提供了或与报复方达成了令人满意的解决方法，则报复措施应当终止。

（4）禁止单边报复。

世界贸易组织各成员在寻求争端解决措施时，应当在多边体制之内进行。单边报复是不可取的，与世界贸易组织的目标背道而驰。

国际法案例

美国钢铁保障措施案

和平解决争端的方法多种多样，包括谈判、斡旋、调解、调停、仲裁、司法诉讼等。世界贸易组织的争端解决机制充分体现了和平解决国际争端的要求，综合运用各种手段解决各成员之间的贸易争端，是解决争端的有效机制。其中，以专家组程序和上诉程序为主要的解决手段。

我国加入世界贸易组织后的第一起案件是与美国之间的钢铁保障措施案。我国运用世界贸易组织的争端解决机制，有力地维护了合法权利和正当利益。

---

① DSU第22条第3款。

② DSU第22条第6款。

③ DSU第22条第4款。

为了保护国内钢铁行业，2002 年 3 月 5 日，美国总统宣布对 10 类进口钢铁产品实施保障措施，加征关税最高达 30%。当年 3 月 20 日，美国实施限制钢铁进口的措施，对全球钢铁业造成严重影响。于是，受到影响的 8 个成员包括欧盟、日本、韩国、中国、瑞士、挪威、新西兰、巴西自 3 月至 5 月期间，先后向世界贸易组织投诉美国违反世界贸易组织的规定。根据争端解决机制关于相同争端可以设置单一专家组予以处理的规定，世界贸易组织于 2002 年 7 月 25 日设立一个专家组解决该争端。加拿大、古巴、马来西亚、墨西哥、泰国、土耳其、委内瑞拉，以及中国台北成为本案第三方。

经过审查，专家组于 2003 年 3 月 26 日签发了中期报告；2003 年 7 月 11 日，签发最终报告。专家组报告指出，美国的有关措施违反保障措施协定关于“不可预见的情况”“损害”“进口增加与有关国内产业严重损害之间存在因果关系”等多项规定，建议争端解决机构要求美国将其措施改正至符合保障措施协定。美方则表示将就专家组的裁决向上诉机构提起上诉。

这是中国加入世界贸易组织后，第一次运用 WTO 争端解决机制，保护贸易和产业的合法利益。

简答题

简要回答下列问题：

1. 反报和报复有何区别？
2. 谈判、协商、斡旋、调停、调查、和解等解决方法各有什么特点？
3. 仲裁机构如何取得管辖权？仲裁裁决在什么情况下可以被推翻？
4. 国际法院的管辖权包括哪些？
5. 世界贸易组织的上诉机构的管辖权是什么？

第十三章 武装冲突法

提 要

现代国际法原则上禁止在国际关系中威胁或使用武力，但武装冲突仍在世界范围内存在。这是因为现代国际法并非在任何情况下都禁止使用武力，使用武力仍然可能在国家行使自卫权和联合国安理会授权的情况下发生；此外，还可能发生公然违反国际法中的禁止使用武力规定而事实上发生国际关系间使用武力的现象，甚至还有可能发生在一国内部政府军与有组织的武装团体以及有组织的武装团体彼此之间的非国际性武装冲突。这种客观现实使得国际法中有关武装冲突中出于人道主义的考虑而需要限制特定的作战手段和方法的规则依然没有过时，它们仍是现代国际法的重要组成部分，也是现代国际法中唯一一个处理武装冲突期间武装冲突各方行为规范的分支。武装冲突法主要由国际人道法、战时中立法和海军封锁等内容组成，其中最重要的是国际人道法。严重违反国际人道法的行为构成战争罪，这是最严重的国际犯罪之一。武装冲突法与国际人权法、国际刑法、国际海洋法、空间法、国际环境法等均有着十分密切的关系。

重点问题

1. 武装冲突法与国际人道法的关系
2. 国际性武装冲突的判断标准
3. 非国际性武装冲突的判断标准
4. 受国际人道法保护的人员的类型
5. 作战手段和方法的基本原则
6. 国际人道法的实施机制
7. 中立法的主要内容

第一节 概 述

一、武装冲突法的名称

“武装冲突法”（law of armed conflicts）这一名称是从 1949 年发展起来的。在此之前，这一部分国际法规则被称为“战争法”（law of war）或“战争法规与惯例”（laws and customs of war），且仅适用于国与国之间经宣战程序存在战争状态的情形。为了防止交战国之间以未经宣战程序而不存在战争状态为理由规避这一部分国际法的适用，1949 年的四个《日内瓦公约》开始对其适用对象作出明确规定，在这四个公约的共同第 2 条中采用了“武装冲突”的概念。同时，由于四个《日内瓦公约》的共同第 3 条首次调整非国际性武装冲突状态下冲突各方的行为，因而从 1949 年开始，这一部分国际法逐渐被称为“武装冲突法”。

与“战争法”和“武装冲突法”这些名称相比，“国际人道法”（international humanitarian law）显然是一个相对更新的名称。直到 1977 年它才在补充和发展四个《日内瓦公约》的外交大会上由红十字国际委员会提出，并逐渐得到国际法学界的广泛接受。这是因为 1977 年《第一附加议定书》不仅规定了“海牙法规”（Hague Law）的内容，而且规定了“日内瓦法规”（Geneva Law）的内容，它们的联系越来越紧密。① 从 1977 年开始，国际人道法这一名称也逐渐得到广泛接受。

关于这些名称之间的关系，联合国前南斯拉夫问题国际刑事法庭（以下简称“前南刑庭”，ICTY）的上诉分庭曾有过经典论述。上诉分庭指出：“本法庭《规约》第 3 条所规定的‘违反战争法规或惯例的行为’是一个过去传统上使用的术语，那时，‘战争’和‘战争法’仍然是广为流传的称谓。后来，它们基本上被两个含义更广泛的术语取代了：一个是‘武装冲突’，它是在 1949 年的四个《日内瓦公约》中被引入的；另一个是‘有关武装冲突的国际法’，或者说更近期的‘国际人道法’，它基本上是人权理论对武装冲突法影响的结果。”②

二、武装冲突法的概念与内容

武装冲突法是指国际法中调整武装冲突期间冲突各方权利和义务以及未参加武装冲突的第三国的权利和义务的原则、规则的统称。③ 我们从这个定义中可以发现，武装冲突法是国际法的一个分支，它主要由两部分内容构成：一部分是调整武装冲突期间冲突各方权利和义务的国际法；另一部分是调整没有参加武装冲突的第三国权利和义务的国际法。前者被称为“国际人道法”，后者被称为“中立法”（law on neutrality）。④ 由于前者的内容比后者丰富得多，因而有的学者甚至把武装冲突法等同于国际人道法。⑤

国际人道法是指那些旨在专门调整国际性和非国际性武装冲突直接引起的人道问题，并出于人道原因限制冲突各方使用的作战方法和手段，以及保护受武装冲突影响的人员和物体而制定的国际公约或习惯国际法。⑥ 根据这个定义，首先，国际人道法是专门适用于武装冲突期间的国际法，又被称为“战时法”（*jus in bello*）。它只调整在武装冲突已经发生的情况下冲突各方的行为，与发动武装冲突本身是否合法无关。有关发动武装冲突本身是否合法的国际法称为“开战法”（*jus ad bellum*），目前主要受《联合国宪章》的调整。其次，国际人道法调整的武装冲突包括国际性武装冲突（international armed conflicts）和非国际性武装冲突（non-interna-

---

① ICJ. Legality of the Threat of Use of Nuclear Weapons. Advisory Opinion of 8 July 1996：para. 75.

② ICTY. The Prosecutor v. Dusko Tadic. Case No. IT－94－1－AR72. 2 October 1995. Decision on the Defence Motion for Interlocutory Appeal on Jurisdiction：para. 87.

③ Robert Kolb and Richard Hyde. An Introduction to the International Law of Armed Conflicts. Hart Publishing，2008：15.

④ ICJ. Legality of the Threat of Use of Nuclear Weapons. Advisory Opinion of 8 July 1996：para. 51.

⑤ Greenwood C.. International Humanitarian Law and United Nations Military Operations. 1 Yearbook of International Humanitarian Law，1998：4.

⑥ Gasser，Hans-Peter. International Humanitarian Law-An introduction. HAUG（Hans），Humanity for All. Henry Dunant Institute，1993：509.

tional armed conflicts）两种类型。1949 年四个《日内瓦公约》（除共同第 3 条外）和 1977 年《第一附加议定书》只适用于国际性武装冲突，而 1949 年四个《日内瓦公约》共同第 3 条和 1977 年《第二附加议定书》只适用于非国际性武装冲突。当然，前者的规则比后者的要多得多，诸如战俘、被占领土、某些作战方法和手段以及保护国制度等通常只存在于国际性武装冲突的情形。最后，国际人道法的主要内容包括两部分：一部分是有关冲突各方“作战方法和手段”方面的规则；另一部分是有关在武装冲突期间应受“保护”的人员和物体方面的规则。前者通常被称为“海牙法规”；后者通常被称为“日内瓦法规”。这是因为有关前者的规则最初主要是由 1899 年和 1907 年两次海牙和会期间制定的一系列《海牙公约》规定的，尤其是 1907 年《关于陆战法规和惯例的海牙第四公约》；有关后者的规则最初主要是通过从 1864 年发展起来的《日内瓦公约》规定的。

中立法主要受 1907 年《海牙第五公约》和《海牙第十三公约》的调整[①]，具体内容见本章第五节。

三、武装冲突法的渊源

（一）国际条约

国际条约是武装冲突法的主要渊源。经过将近一个半世纪的发展，武装冲突法中的条约数量已非常可观，从而使武装冲突法成为国际法中条约数量最多的分支之一。对武装冲突法进行如此大规模编纂主要是因为这一分支对法律的确定性有特殊的需求。由于武装冲突法是适用于武装冲突期间的法律，而在武装冲突状态下，指挥官和战斗员承受着极大的精神压力，如果这一方面的法律不具有确定性，他们将无所适从。与此同时，作为武装冲突法主要条约的 1949 年四个《日内瓦公约》的缔约国已达 196 个，比《联合国宪章》的缔约国还要多三个，实现了相当程度的普遍性。不过，1977 年两个附加议定书则没有实现此种普遍性。截至 2024 年 2 月 2 日，1977 年《第一附加议定书》的缔约国为 174 个，美国、以色列、印度、巴基斯坦、伊朗等经常或很可能卷入国际性武装冲突的国家尚未成为其缔约国；1977 年《第二附加议定书》的缔约国为 169 个，叙利亚、印度、巴基斯坦、缅甸等国家尚未成为其缔约国。另外，许多缔约国在批准或加入 1949 年四个《日内瓦公约》及其两个附加议定书时对其中的条款提出了保留。这必然会限制条约对缔约国的效力。

清末，清政府代表中国批准了 1899 年第一次海牙和会通过的《关于陆战法规和惯例的海牙第二公约》《禁止使用专用于散布窒息性或有毒气体的投射物的海牙第二宣言》《禁止使用在人体内易于膨胀或变形的投射物，如外壳坚硬而未全部包住弹芯或外壳上刻有裂纹的子弹的海牙第三宣言》（简称《海牙第三宣言》）。中华民国批准了 1907 年清政府代表中国签署的《关于陆战法规和惯例的海牙第四公约》，还批准了 1925 年《禁止在战争中使用窒息性、毒性或其他气体和细菌作战方法的日内瓦议定书》和 1929 年《关于伤者病者待遇的日内瓦公约》和《关于战俘待遇的日内瓦公约》。中华人民共和国成立后，宣布继承 1925 年的《禁止在战争中使用窒息性、毒性或其他气体和细菌作战方法的日内瓦议定书》（简称 1925 年《日内瓦议定书》），并在 1956 年缔结了 1949 年四个《日内瓦公约》。1983 年，中国又缔结了 1977 年的两个附加议定书。此外，中国还批准了其他许多国际人道法条约。

---

① 《海牙第五公约》全称是《中立国和人民在陆战中的权利和义务公约》，《海牙第十三公约》全称是《中立国在海战中的权利和义务公约》。

（二）习惯国际法

条约的上述局限性可以通过习惯国际法得到弥补。在武装冲突法中，习惯国际法的重要性非常明显。首先，与条约仅拘束缔约国不同，习惯国际法对冲突各方均具有拘束力，除国家外，习惯国际法还调整国际组织和非国家行为者的敌对行动，是武装冲突法的"最大公分母"[①]。其次，习惯国际法可以填补条约的漏洞。例如，在前南刑庭审理的第一个案件中，习惯国际法成为上诉分庭判决法庭规约第 3 条（"违反战争法规和惯例"的战争罪）同样适用于非国际性武装冲突的基础。[②] 最后，习惯国际法，尤其是其中的国家实践，还有助于解释条约规则。例如，《日内瓦第一公约》第 30 条规定，"一俟归路可通及军情许可"，应将对于照顾与其具有相同国籍的战俘来说没有必要留用的医务人员送回其所属的冲突一方。红十字国际委员会关于何谓"归路可通及军情许可"的实践是送回医务人员与重伤和重病战俘的遣返[③]同时进行，而是否与这一实践保持一致通常是用来判断交战一方是否遵守了《日内瓦第一公约》第 30 条的标准。不过，与条约不同，习惯国际法是不成文的，因此，容易引起争论。2005 年，红十字国际委员会发表了名为《习惯国际人道法》的研究报告。[④] 报告列出了武装冲突法中 161 项具有习惯法性质的规则。值得注意的是，证明习惯国际法的传统要求是证明存在国家实践和法律确信，但在武装冲突法中，国际司法或仲裁机构更倾向于从条约的普遍接受程度来判定是否存在相关的习惯国际法。例如，在 1996 年"威胁或使用核武器的合法性"的咨询意见中，国际法院指出："由于人道主义法的广泛编纂和由此缔结的条约得到各国普遍加入，加之所编纂的文书内所载的退约条款从未被引用，从而使国际社会拥有一批条约规则，其中大多数已经成为习惯法规则，并且反映最受普遍承认的人道主义原则。这些规则指出国家应有的正常举动和行为。"[⑤] 2003 年 7 月 1 日，厄立特里亚—埃塞俄比亚求偿委员会也在一项裁决中指出，虽然厄立特里亚在与埃塞俄比亚的武装冲突期间并不是包括《日内瓦第三公约》在内的四个《日内瓦公约》的缔约国，但是，《日内瓦第三公约》已经获得几乎所有国家的批准或加入，而且也有意见认为，与其他条约规则相比，那些得到国际社会一般接受的规则，如国际人道法规则，可以更快成为习惯国际法的组成部分，因此，该委员会认为，四个《日内瓦公约》在武装冲突期间对厄立特里亚有拘束力。[⑥]

（三）马顿斯条款

马顿斯（Frederic de Martens，1845—1909 年）是 1899 年制定《关于陆战法规和惯例的海牙第二公约》时俄罗斯代表团中的一位国际法专家。当时，他在会议上提议，在颁布更完整的战争法规之前，缔约各国认为有必要声明，凡属他们通过的规章中所没有包括的情况，平民和交战者仍应受国际法原则的保护和管辖，因为这些原则是来源于文明国家间制定的惯例、人道主义法规和公众良知的要求。马顿斯的提议最后得到采纳，被规定在《关于陆战法规和惯例的海牙第二公约》的序言中，并在 1907 年《关于陆战法规和惯例的海牙第四公约》的序言中得

---

① ICJ. Military and Paramilitary Activities in and against Nicaragua（Nicaragua v United States of America）. Judgment of 27 June 1986：para. 218.

② ICTY. The Prosecutor v. Dusko Tadic. Case No. IT-94-1-AR72. 2 October 1995. Decision on the Defence Motion for Interlocutory Appeal on Jurisdiction：para. 96.

③ 重伤与重病的战俘的遣返问题规定在《日内瓦第三公约》第 109 条。

④ 让—玛丽·亨克茨，路易斯·多斯瓦尔德—贝克. 习惯国际人道法：规则. 北京：法律出版社，2007.

⑤ ICJ. Legality of the Threat of Use of Nuclear Weapons. Advisory Opinion of 8 July 1996：para. 82.

⑥ Eritrea Ethiopia Claims Commission. Partial Award. Prisoners of War，Eritrea's Claim 17. 1 July 2003：para. 40.

到重申，这就是著名的“马顿斯条款”（Martens Clause）。在1945年的“克鲁普案”中，美国设在德国纽伦堡的军事法庭指出：“这一序言的内容并不仅仅是一种宣言。它是一个一般的条款，当《关于陆战法规和惯例的海牙第四公约》及其作为附件的章程中规定的具体条款无法应对战时发生的特定案件时，可以适用的法律标准就是文明国家间制定的惯例、人道主义法规和公众良知。”[①] 在1949年四个《日内瓦公约》中，“马顿斯条款”已不再是序言的一个声明，而被规定在正文关于退约的条款中；而在1977年《第一附加议定书》中，它甚至被规定在总则之中。[②]“马顿斯条款”具有两个作用：第一，它是对武装冲突期间法无明文规定不禁止的观点强力反击，因为“马顿斯条款”不仅要求冲突各方遵守实在的法律，还应当考虑公众的良知。第二，可以说，它是武装冲突法中的一项“帝王条款”，可被用来灵活应对武装冲突中出现的各种新情况。在“威胁或使用核武器合法性问题”的咨询意见中，国际法院指出，马顿斯条款“已证明是应付军事技术迅速演变情况的一种有效手段”[③]。

四、武装冲突法的历史发展

在武装冲突法产生之前，交战行为往往被认为是不受法律控制的。古罗马思想家西塞罗曾经指出：“战时无法律（*inter arma leges silent*）。”对于战胜的一方来说，战败方的所有人员和物品都可以被视为战利品，从而被任意处置。但尽管如此，在世界各大古代文明中仍然能够找到一些关于交战行为的规范，无论其具有宗教、道德还是法律性质，也无论是出于何种动机。在欧洲中世纪，罗马教皇曾禁止使用有毒武器、尊重非战斗员和教堂、禁止在一个星期中的某些日子进行交战。在武装冲突法中有巨大影响的古代文献是中国的《孙子兵法》，该书的不少地方闪耀着限制交战行为的光芒。例如，《孙子兵法·作战篇》中写道：“卒善而养之，是谓胜敌而益强”。意思是说，要善待俘虏，使他们有归顺之心。这是一种克敌制胜并使自己更加强大的做法。尽管这种善待俘虏的规定在动机上可能不是出于人道主义思想，但仍具有限制交战行为的客观效果。

在近代国际法时期，1856年产生了武装冲突法中的第一个条约，即克里米亚战争后由英、奥、法、普、俄、撒丁和土耳其签订的《巴黎会议关于海上若干原则的宣言》。该宣言规定了海战中的四项原则，包括废除私掠船制度；中立国旗帜掩护敌方货物，战时禁制品除外；在敌国旗帜下的中立国货物不受拿捕，战时禁制品除外；海上封锁必须有效。不过，该宣言涉及的是海上中立的内容，与国际人道法无关。

第一个涉及国际人道法的条约的产生与1859年6月24日晚撒丁和奥地利军队在意大利北部索尔费里诺（Solferino）进行的一场战役紧密相关。仅仅一天之内，双方竟有约4万名战士战死或受伤。恰好路过此处的瑞士日内瓦商人亨利·杜南（Henry Dunant）震惊于战争的可怕后果、受伤战士的痛苦以及几乎完全得不到急救和基本护理的现实，使他放弃了原先旅行的目的，并在其后几天完全投入到帮助救治和护理伤者的工作中。他动员当地百姓无歧视地提供援助，取得了前所未有的救助效果。回到日内瓦后，杜南决定撰写一本名为《索尔费里诺回忆录》的书，并于1862年自行出资出版。杜南把这本书送到当时整个欧洲主要的政治和军事领导者手里。他在书中生动描述了自己1859年在索尔费里诺的亲身经历，并积极主张组建一个

① United States v. Krupp，1948. 15 AD 622.

② 《日内瓦第一公约》第63条、《日内瓦第二公约》第62条、《日内瓦第三公约》第142条、《日内瓦第四公约》第158条以及1977年《第一附加议定书》第1条第2款。

③ ICJ. Legality of the Threat of Use of Nuclear Weapons. Advisory Opinion of 8 July 1996：para. 78.

在战时帮助照顾受伤战士的国家志愿救济组织。此外，杜南呼吁发展国际公约，从而为在战场上受伤的人以及救护人员和战地医院提供保护并保证其中立性。这本书出版几个月后，杜南和日内瓦其他四名知名家族的人士于1863年2月17日在日内瓦建立了一个“五人委员会”；8天后，该委员会更名为“伤兵救护国际委员会”。它就是今天的红十字国际委员会的前身。经过该委员会的积极游说和活动，1864年在瑞士政府的邀请下，瑞士、法国、比利时、荷兰、葡萄牙等12个欧洲国家在日内瓦通过了《改善战地武装部队伤者境遇的日内瓦公约》。这是国际法中第一个保护战争受难者的公约。2017年1月18日，习近平主席在联合国日内瓦总部发表的题为《共同构建人类命运共同体》的演讲中就提到了这一公约。他说，“从360多年前《威斯特伐利亚和约》确立的平等和主权原则，到150多年前日内瓦公约确立的国际人道主义精神；从70多年前联合国宪章明确的四大宗旨和七项原则，到60多年前万隆会议倡导的和平共处五项原则，国际关系演变积累了一系列公认的原则。这些原则应该成为构建人类命运共同体的基本遵循。”①

经过约一个半世纪的发展，武装冲突法已经在许多方面取得了重大发展：首先，受武装冲突法保护的人员范围持续扩大，从最早受伤的战斗员到生病的战斗员，然后到战俘、被占领土上的平民、对方的所有平民居民，全部受到这一部分国际法的保护。其次，受武装冲突法调整的行为及赋予红十字国际委员会的使命持续扩大。这一点可以从《日内瓦公约》及其附加议定书的条款数量逐渐增加中看出。红十字国际委员会从向医疗船只派驻专家到提供人道主义援助，其使命逐渐扩大。最后，受武装冲突法调整的情形也在持续扩大，其适用范围从最初的战争，到后来的国际性武装冲突，再到非国际性武装冲突。

第二节　武装冲突及其开始和结束

一、国际性武装冲突与非国际性武装冲突

（一）国际性武装冲突

1949年四个《日内瓦公约》共同第2条规定：“于平时应予实施之各项规定之外，本公约适用于两个或两个以上缔约国间所发生之一切经过宣战的战争或任何其他武装冲突，即使其中一国不承认有战争状态。凡在一缔约国的领土一部或全部被占领之场合，即使此项占领未遇武装抵抗，亦适用本公约。”按照这一规定，四个《日内瓦公约》适用于三种不同形式的国际性武装冲突。

第一，国家之间发生的经过宣战的战争（declared war）。这是最传统的国际性武装冲突，也就是传统意义上的战争。在判断是否存在这种类型的国际性武装冲突时，关键是考察是否存在宣战，即使国家之间没有发生实际的敌对行动，但只要存在宣战，就需要适用有关的武装冲突法，如第二次世界大战中一些拉美国家与德国之间的情形。

第二，国家之间发生的实际上的武装冲突（effective war）。这是1949年四个《日内瓦公约》的重大突破，它是为了避免有些国家借口没有宣战而不适用武装冲突法的情形。四个《日内瓦公约》共同第2条特别指出，“即使其中一国不承认有战争状态”，也需要适用公约的规

---

① 习近平. 共同构建人类命运共同体. 求是，2021 (1).

定。不仅如此，即使其中一国不承认敌国是一个主权国家，也是如此。[①] 对于这一种类型的国际性武装冲突，关键是考察客观上国家之间是否发生了武装冲突。前南刑庭曾经指出："只要国家之间彼此诉诸武力……就可以说存在武装冲突。"[②] 同时，在判断是否客观上发生了国际性武装冲突时，不需要对冲突的程度作出判断，只要存在有适用武装冲突法的情形即可。例如，即使两国边防部队之间只是发生小规模交火事件，但如果导致士兵被俘，即可启动武装冲突法的适用，关于战俘待遇的《日内瓦第三公约》就应当适用。

第三，占领（occupation）。如果发生一国的部分或全部领土被占领的情形，即使该国没有进行任何武装抵抗，也就是说，双方没有发生实际的敌对行动，武装冲突法中有关占领的法律也将予以适用，如第二次世界大战期间德国对丹麦的占领。

国际性武装冲突还有第四种类型，即为行使民族自决权而使用武力的情形。1977 年《第一附加议定书》第 1 条第 4 款规定："上款所指的场合，包括各国人民在行使庄严加载《联合国宪章》和《关于各国依〈联合国宪章〉建立友好关系及合作的国际法原则宣言》的自决权中，对殖民统治和外国占领以及对种族主义政权作战的武装冲突。"该议定书第 96 条第 3 款规定，代表对缔约一方从事第 1 条第 4 款所指类型的武装冲突的人民的当局，得通过向保存者致送单方面声明的方法，承诺对该冲突适用各公约和本议定书。

（二）非国际性武装冲突

1949 年四个《日内瓦公约》共同第 3 条规定了在一缔约国领土内发生非国际性武装冲突的情况下，冲突各方应遵守的最低限度的规定。但是，该条款并没有对何谓"非国际性武装冲突"作出定义。相比之下，1977 年《第二附加议定书》第 1 条规定，该议定书适用于在缔约一方领土内发生的该方武装部队和在负责统率下对该方一部分领土行使控制权，从而使其能进行持久而协调的军事行动并执行本议定书的持不同政见的武装部队或其他有组织的武装集团之间的一切武装冲突。按照这一规定，要适用《第二附加议定书》，有关的非国际性武装冲突必须是：第一，发生在某一缔约国领土内；第二，发生在该缔约国武装部队和有组织的武装集团之间；第三，该有组织的武装集团必须有负责的统帅，且控制了该国部分领土并能进行持久而协调的军事行动。可见，适用《第二附加议定书》的标准是非常高的。该议定书第 1 条还明确规定，它不适用于非武装冲突的内部动乱和紧张局势，如暴动、孤立而不时发生的暴力行为及其他类似性质的行为。

1995 年 10 月 2 日，前南刑庭指出："只要……在一国之内在政府当局和有组织的武装集团之间或者这种集团彼此之间诉诸武力，就可以说存在武装冲突。"[③] 这是前南刑庭对非国际性武装冲突的一般定义。从这一表述可见，它已突破了 1977 年《第二附加议定书》所指的非国际性武装冲突，因为它把有组织的武装集团之间诉诸武力的情形也视为非国际性武装冲突。1998 年《国际刑事法院罗马规约》第 8 条第 2 款第 6 项同样规定，规约第 8 条第 2 款第 5 项规定的战争罪"适用于在一国境内发生的武装冲突，如果政府当局与有组织武装集团之间，或这种集团相互之间长期进行武装冲突"。在国际刑事法院（ICC）审理的"鲁班加案"的判决中，审判分庭指出，要判断非国际性武装冲突的存在，首先需要判断是否存在有一定组织程度的武

① Jean S. Pictet. Commentary on Geneva Conventions I. International Committee of the Red Cross. Geneva，1952：28.

② ICTY. The Prosecutor v. Dusko Tadic. Case No. IT-94-1-AR72. 2 October 1995. Decision on the Defence Motion for Interlocutory Appeal on Jurisdiction：para. 70.

③ ICTY. The Prosecutor v. Dusko Tadic. Case No. IT-94-1-AR72. 2 October 1995. Decision on the Defence Motion for Interlocutory Appeal on Jurisdiction：para. 70.

装集团，以及这样的集团是否有能力计划和从事持久的军事行动。为此目的，可以考虑，但不限于以下因素：组织内部的等级；指挥结构和规则；配备武器装备的程度；计划军事行动并付诸实施的能力；军事卷入的范围、严重性和激烈程度等。总之，不需要有组织的武装集团对一国的部分领土行使控制权，也不需要有负责的统帅。其次，在考虑是否存在非国际性武装冲突时，还需要考察冲突的激烈程度。为此目的，可以考虑，但不限于以下因素：攻击的严重性；潜在的升级情形；领土的波及面和时间的长短；动用政府武装力量的数量程度；使用武器的程度；是否引起了联合国安理会的关注，包括安理会是否通过了有关决议等。[①]

目前，世界上发生的绝大多数非国际性武装冲突都或多或少地存在外国的介入，但并非任何形式的外国介入都导致非国际性武装冲突转变成国际性武装冲突。即使外国武装部队应本国政府邀请直接介入本国境内发生的非国际性武装冲突，与本国政府的武装力量一起打击有组织的武装集团，该国境内发生的武装冲突仍然是非国际性武装冲突。按照国际法院的判决，如果外国没有直接派出武装部队支援本国有组织武装集团，而是提供了经济、财政、装备、战略、武器方面的支援，这并不足以使本国境内发生的非国际性武装冲突转变成国际性武装冲突，而必须达到外国对该有组织武装集团有效控制的程度才可以。[②] 但是，按照前南刑庭的判决，如已达到总体控制的程度，将会使一国境内发生的非国际性武装冲突转变成国际性武装冲突。[③]

二、武装冲突开始和结束的时间

前南刑庭认为，武装冲突法"从武装冲突开始时适用，在敌对行动结束后仍然适用，一直适用到达成一项一般的和平条约为止。如果是国内冲突的情形，则一直适用到达成一项和平协定为止"[④]。

武装冲突开始的时间相对容易判断，但其结束的时间则比较复杂。按照前南刑庭的上述说法，武装冲突法停止适用的时间并不取决于实际上是否结束敌对行动，而是冲突各方之间是否在法律上结束了冲突状态，即是否达成了和平条约或协定。前南刑庭的这一论述并不精确。按照有些条约条款的规定，即使冲突各方之间尚未在法律上结束冲突状态，仍然可以结束对某些条款的适用。例如，1949年《日内瓦第四公约》第6条规定："在冲突各方之领土内，本公约之适用，于军事行动全面结束时应即停止。"除了占领国于占领期间在该国占领地内行使政府职权的限度内受到一些条款拘束，本公约"在占领地内之适用，于军事行动全面结束后一年应即停止"[⑤]。该条款还规定，被保护人之释放、遣返或安置若在上述各期限以后实现者，则在其实现之期间，彼等仍应继续享受本公约之利益。可见，《日内瓦第四公约》的停止适用并不取决于是否达成了和平条约或协定。因此，前南刑庭的以上说法只能说是一般意义上的论述。

---

① ICC. The Prosecutor v. Thomas Lubanga Dyilo. ICC-01/04-01/06. 14 March 2012：paras. 535－538.

② ICJ. Military and Paramilitary Activities in and against Nicaragua (Nicaragua v United States of America). Judgment of 27 June 1986：para. 116；ICJ. Application of the Convention on the Prevention and Punishment of the Crime of Genocide (Bosnia and Herzegovina v. Serbia and Montenegro). Judgment of 26 February 2007：paras. 398－400.

③ ICTY. The Prosecutor v. Dusco Tadic. Appeals Chamber. Judgment of 15 July 1999：para. 120.

④ ICTY. The Prosecutor v. Dusko Tadic. Case No. IT-94-1-AR72. 2 October 1995. Decision on the Defence Motion for Interlocutory Appeal on Jurisdiction：para. 70.

⑤ 需要指出的是，1977年《第一附加议定书》第3条第2款规定，除了嗣后予以最后释放、遣返或安置的人以外，在占领区内的适用于占领结束时终止。

第三节　受保护的对象

受到武装冲突法保护的人员和物体被称为受保护的人员和物体，其是不参加或不再参加敌对行动的人员和物体，包括1949年《日内瓦第一公约》规定的战地武装部队伤者、病者和《日内瓦第二公约》规定的海上武装部队伤者、病者和遇船难者以及《日内瓦第三公约》规定的战俘与《日内瓦第四公约》规定的平民和民用物体共四类。由于《日内瓦第一公约》和《日内瓦第二公约》的区别是战地和海上武装部队的情形，因而可以把伤者、病者和遇船难者归为一类。

一、伤者、病者和遇船难者

（一）伤者、病者和遇船难者的定义

战地武装部队中的伤者（the wounded）、病者（the sick）是最早受到武装冲突法保护的一类人员。早在1864年3月23日，红十字国际委员会的前身“伤兵救护国际委员会”就派出任务团观察普鲁士和丹麦在石勒苏益格—荷尔斯泰因进行的战争。1864年第一个《日内瓦公约》就是为了改善战地武装部队伤者的境遇。该公约第6条规定，伤病的军人应受到接待和照顾，不论他们属于哪个国家。1906年，《日内瓦公约》进行了第一次修改，从原来的10个条款扩大到了33个条款。1907年《海牙第十公约》[①] 首次把1906年《日内瓦公约》适用于海战。1929年关于改善战地武装部队伤者、病者境遇的《日内瓦公约》的条款扩大到39个；1949年《日内瓦第一公约》的条款则扩大到64个。1977年《第一附加议定书》更进一步补充和发展了对伤者、病者和遇船难者的保护。

“伤者”和“病者”是指由于创伤、疾病或其他肉体上或精神上失调或失去能力而需要医疗救助或照顾且不从事任何敌对行动的军人或平民。“伤者”和“病者”还包括产妇、新生婴儿和其他需要立即予以医疗救助或照顾且不从事任何敌对行动的人，如弱者或孕妇。[②] “遇船难者”（the shipwrecked）是指由于个人遭受不幸或所乘船舶或飞机遭受不幸而在海上或在其他水域内遇险且不从事任何敌对行动的军人或平民。如果他们不再从事任何敌对行动，则在其被营救期间，直至依据各公约或《第一附加议定书》取得另外的身份时为止，应继续视为遇船难者。[③]

（二）伤者、病者和遇船难者的待遇

所有受伤或患病的武装部队人员或其他人员在一切情况下均应受尊重与保护。[④] 这一条原则正是亨利·杜南在《索尔费里诺回忆录》中提出的。“尊重”是指“饶恕，不得攻击”，而“保护”是指“提供防卫、帮助和支持”。因此，禁止以任何方式攻击、杀害、虐待或伤害伤者、病者或遇船难者，同时要对他们提供救援。[⑤] 尤其是冲突一方对在其权力下的伤者、病者

① 1907年《海牙第十公约》全称为《关于1906年7月6日日内瓦公约原则适用于海战的公约》。

② 1977年《第一附加议定书》第8条第1款。

③ 1977年《第一附加议定书》第8条第2款。

④ 《日内瓦第一公约》第12条、1977年《第一附加议定书》第10条第1款。

⑤ Yves Sandoz，et. al.（eds.）. Commentary on the Additional Protocols of 8 June 1977 to the Geneva Conventions of 12 August 1949. International Committee of the Red Cross. Geneva：Martinus Nijhoff Publishers，1987：146.

和遇船难者应当给予人道的待遇与照顾，不得基于性别、种族、国籍、宗教、政治意见或其他类似标准而有所歧视。对其生命的任何危害或对其人身的暴行均应严格禁止；尤其不得对其加以谋杀或消灭，施以酷刑或供生物学的实验；不得故意不给予医疗救助及照顾，亦不得造成使其有传染病危险的情况。[①]

对伤者、病者和遇船难者进行医疗救助及照顾，必然要涉及医务人员、医疗队和医疗运输等问题。医务人员是指冲突一方专门被派用于医务目的的人员，即搜寻、收集、运输、诊断或治疗，包括急救治疗伤者、病者或遇船难者，或为防止疾病被派用以管理医疗队或操纵或管理医务运输工具的人员。这里的派用可以是经常性或临时性的，包括：（1）冲突一方的医务人员，不论是军事或平民医务人员以及被派到民防组织的医务人员；（2）冲突一方所正式承认和核准的各国红十字会（红新月会、红狮与太阳会）和其他国内志愿救济团体的医务人员；（3）医疗队或医务运输工具的医务人员。医疗队是指为了医务目的或为了防止疾病而组织的军用或平民医疗处所或其他单位，如医院和其他类似单位、输血中心、预防医务中心和院所、医药库及这类单位的医药储存处，医疗队可以是固定的或流动的，常设的或临时的。医疗运输是指对受国际人道法保护的伤者、病者、遇船难者、医务人员、宗教人员、医疗设备或医疗用品的陆上、水上或空中运输。[②]

医务人员、医疗队和医疗运输及其工具主要享有下列权利。

（1）医务人员、医疗队和医疗运输及其工具有权得到尊重和保护。这是因为这些人员负有照顾战争受难者的责任。除此之外，有关当局还负有其他的义务。例如，在任何情况下，冲突各方均不应利用医疗队以掩护军事目标不受攻击，而且应尽可能保证医疗队设在对军事目标的攻击不致危害其安全的地方。[③] 不过，只有那些专门被派用于医疗目的的医务人员以及医疗队才享有这种免受攻击的特殊保护。如果伴随有权直接参加敌对行动的战斗队的医疗队，则不受这种保护，而且只有由冲突一方派用于医疗目的的医务人员、医疗队和医疗运输才享有这种受保护的地位。不属于冲突一方的此种人员也受到保护，不过是作为平民得到保护，他们是平民医疗队。

（2）医务人员、医疗队和医疗运输及其工具原则上不得被征用。占领国有义务保护被占领领土内平民居民的医疗需要继续得到满足。因此，除了遵守一定的严格条件，原则上，平民医疗队、其设备、其器材或其人员的服务，只要为向平民居民提供适当医疗服务和对已经在治疗中任何伤者和病者继续进行医疗照顾所必需，占领国即不应加以征用。[④]

（3）医务人员有权行使人道主义职务。在被占领领土内，占领国应向平民医务人员提供各种协助，使其能尽力执行其人道主义职务。除有医疗理由外，占领国不得要求这类人员在执行职务时优先治疗任何人。这类人员不应被迫执行与其人道主义使命不符的任务。平民医务人员应得前往必需其服务的任何地方，但须遵守冲突有关一方认为必要的监督与安全措施。[⑤]

（4）医务人员有权从事符合医疗道德的医疗活动。在任何情况下，不问谁是受益者，不能因医务人员进行符合医疗道德的医疗活动而受惩罚。对从事医疗活动的人，不应迫使其从事或进行违反医疗道德规则、违反其他为伤者和病者的利益而制定的医疗规则、违反各公约或本议定书的规定的行为或工作，也不应迫使其不从事或进行这类规则和规定所要求的行为或工作。

① 《日内瓦第一公约》第 12 条。
② 1977 年《第一附加议定书》第 8 条。
③ 1977 年《第一附加议定书》第 12 条第 4 款。
④ 1977 年《第一附加议定书》第 14 条。
⑤ 1977 年《第一附加议定书》第 15 条。

任何从事医疗活动的人，如果认为有关情报将证明为有害于有关病人或其家属，即不应迫使其向属于敌方的任何人，或除自己一方的法律所要求外，向属于自己一方的任何人，提供关于在其照顾下或曾在其照顾下的伤者和病者的情报。但关于传染病的强制通知的规章，则应受尊重。①

与此同时，医务人员和医疗队负有下列义务。

（1）不得从事敌对行动。如果平民医疗队从事了人道主义职务以外的敌对行动，则不受保护。当然，前提是必须对他们发出了警告，并且在合理时限内警告无效果后才得停止对他们的保护。但以下行为不得被视为敌对行动：1）医疗队人员为了自卫或保卫其照顾下的伤者和病者而备有个人轻武器；2）医疗队由警卫、哨卫或护送卫士守护；3）医疗队内有取自伤者和病者而尚未送交主管部门的轻兵器和弹药；4）武装部队人员或其他战斗员为了医疗原因而留在医疗队内。②

（2）识别的义务。冲突每一方均应努力保证医务人员及医疗队和运输工具能得到识别。冲突每一方还应努力采取和实行使使用特殊标志和特殊信号的医疗队和运输工具有可能被识别出来的方法和程序。在被占领领土内或在正在进行战斗或可能进行战斗的地区内，平民医务人员应使用特殊标志和证明其身份的身份证，使其可能被识别。经主管当局同意，医疗队和医务运输工具应用特殊标志标明。③ 标志问题早在1864年《日内瓦公约》中就已经有规定，当时采用的标志是白底上一个红十字，可以是旗帜或臂章。④ 到1929年《日内瓦公约》的时候，红新月和红狮与太阳这两个标志也得到了承认。⑤ 因此，1949年《日内瓦第一公约》共承认上述三个标志。1980年，伊朗宣布停止使用红狮与太阳标志，改用红新月标志。2005年，《第三附加议定书》承认红水晶标志。根据1949年《日内瓦第一公约》的规定，在军事主管当局之指导下，上述标志应标明于旗帜、臂章及医务部门所使用之一切设备上。同时，该公约规定的特殊旗帜的悬挂仅限于依该公约应受尊重之医疗队及医疗所，并须经军事当局同意。冲突各方于军情许可的条件下，应采取必要之步骤，使标明医疗队所之特殊标志易为敌方海陆空军所辨识，以避免任何敌对行动之可能。⑥

在非国际性武装冲突中，1949年四个《日内瓦公约》共同第3条和1977年《第二附加议定书》中也有关于伤者病者的规定。例如，1949年四个《日内瓦公约》共同第3条第2款规定，伤者、病者应予收集与照顾。公正的人道团体，如红十字国际委员会，得向冲突之各方提供服务。《第二附加议定书》第7条也规定，所有伤者、病者和遇船难者，不论曾否参加武装冲突，均应受尊重和保护。在任何情况下，伤者、病者和遇船难者均应受人道待遇，并应在最大实际可能范围内和尽速得到其状况所需的医疗照顾和注意。在这一类人之中，不应以医疗以外的任何理由为依据加以任何区别。在情况许可的任何时候，特别是在战斗结束后，应立即采取一切可能措施，搜寻和收集伤者、病者和遇船难者，保护其不受抢劫和虐待，保证其有充分的照顾。战斗结束后应当搜寻死者，防止其被剥夺衣物并予以适宜的处理。此外，该议定书还规定了非国际性武装冲突的情况下对医务人员、医疗队和医疗运输工具的保护以及对医疗职责的一般保护。

① 1977年《第一附加议定书》第16条。
② 1977年《第一附加议定书》第13条。
③ 1977年《第一附加议定书》第18条。
④ 1864年《日内瓦公约》第7条。
⑤ 1929年《日内瓦公约》第19条。
⑥ 1949年《日内瓦第一公约》第42条。

二、战俘

（一）战俘的范围

战俘（Prisoners of War）成为武装冲突法中受保护的人员比伤者、病者要晚。1899 年《关于陆战法规和惯例的海牙第二公约》附件和 1907 年《关于陆战法规和惯例的海牙第四公约》附件第二章中开始出现了关于战俘的规定，共 17 个条款。1915 年 1 月 7 日，红十字国际委员会的一名代表首次探视了关押在德国加尔德莱根战俘营中的战俘。第一个专门规定战俘地位、权利和义务的条约是 1929 年的《关于战俘待遇的日内瓦公约》，共 97 个条款。1949 年《日内瓦第三公约》增强了对战俘的保护，扩大到 143 个条款。1977 年《第一附加议定书》对战俘的待遇作了补充。

战斗员有权直接参加敌对行动[①]，因此，在军事行动期间他们可以成为合法的攻击目标。只要战斗员的行为没有构成战争罪、灭绝种族罪或危害人类罪等，就不能因为他们参加了敌对行动而受到起诉。一旦战斗员被俘获，他们就获得了《日内瓦第三公约》规定的战俘地位，并具有一系列的权利和义务。另外，不仅被俘获的战斗员具有战俘地位，其他人员也可能成为战俘。1949 年《日内瓦第三公约》对战俘的类型作了非常广泛的规定。根据该公约第 4 条第 1 款，战俘主要包括以下几类落入敌方权力之下的人员。（1）冲突一方的武装部队人员及构成此种武装部队一部分的民兵与志愿部队人员。（2）冲突一方所属的其他民兵及其他志愿部队人员，包括有组织的抵抗运动人员在其本国领土内外的活动者，即使此项领土已被占领，但须此项民兵或志愿部队，包括有组织的抵抗运动人员，符合下列条件：1）有一名为其部下负责之人统率；2）备有可从远处识别的固定的特殊标志；3）公开携带武器；4）遵守战争法规及惯例进行战斗。（3）自称效忠于未经拘留国承认的政府或当局的正规武装部队人员。（4）伴随武装部队而实际并非其成员之人，如军用飞机上的文职工作人员、战地记者、供货商人、劳动队工人或武装部队福利工作人员，但须他们已获得其所伴随的武装部队的准许，该武装部队应为此目的发给他们以与附件格式相似的身份证。（5）冲突各方商船队的船员，包括船长、驾驶员与见习生，以及民航飞机上的工作人员，而依国际法的任何其他规定不能享受更优惠待遇者。（6）未占领地的居民当敌人迫近时没有来得及组织成为正规部队，而立即自动拿起武器抵抗入侵军队者，但须他们公开携带武器并尊重战争法规及惯例。不过，《第一附加议定书》排除了两类不属于战俘的人员，他们是间谍和外国雇佣兵。[②]

（二）战俘的待遇

被确定为战俘的人享有一系列权利，包括在拘留条件、住宿、饮食和衣服、卫生与医药照顾、宗教、文化与体育活动、纪律、劳动、经济来源、与外界的关系以及基本的司法程序等方面的人道待遇。1949 年《日内瓦第三公约》还规定了战俘的直接遣返和释放等事项。战俘属于以下情形之一的，应当直接遣返：（1）不能医治的伤者及病者而其精神与体力似已严重减损者；（2）根据医生意见不像能在 1 年内复原的伤者及病者而其病况需要治疗且其精神与体力似已严重减损者；（3）业已复原的伤者及病者，但其精神与体力似已严重且永久的减损者。实际战事停止后，战俘应即予释放并遣返，不得迟延。

虽然只有在国际性武装冲突中才存在战俘，但是，根据 1949 年四个《日内瓦公约》共同第 3 条和 1977 年《第二附加议定书》的规定，在非国际性武装冲突中落入冲突一方手中的武

① 1977 年《第一附加议定书》第 43 条第 2 款。

② 1977 年《第一附加议定书》第 46 条和第 47 条。

装人员也享有一系列待遇。1949 年四个《日内瓦公约》共同第 3 条规定，不实际参加战事的人员，包括放下武器的武装部队人员及因病、伤、拘留或其他原因而失去战斗力的人员在内，在一切情况下应予以人道待遇，不得基于种族、肤色、宗教或信仰、性别、出身或财力或其他类似标准而有所歧视。因此，对于上述人员，不论何时何地，不得有下列行为：（1）对生命与人身施以暴力，特别如各种谋杀、残伤肢体、虐待及酷刑；（2）作为人质；（3）损害个人尊严，特别如侮辱与降低身份的待遇；（4）未经具有文明人类所认为必需的司法保障的正规组织的法庭宣判，而遽行判罪及执行死刑。《第二附加议定书》第 4 条规定，一切没有直接参加或已停止参加敌对行动的人，不论其自由是否受到限制，均有权享受对其人身、荣誉以及信念和宗教仪式的尊重。他们应在任何情况下受到人道待遇，而不加以任何不利的区别。禁止下令杀无赦。《第二附加议定书》还规定了对自由受限制的人员的人道待遇。

三、平民

（一）国际性武装冲突中对平民的保护

平民成为武装冲突法中受保护的人员比伤者、病者更晚。1899 年《关于陆战法规和惯例的海牙第二公约》附件和 1907 年《关于陆战法规和惯例的海牙第四公约》附件只在第三编规定的占领事项中有个别条款涉及当一国领土被占领时对平民及其财产的规定，而没有规定在敌对行动过程中对平民的尊重和保护。1919 年 4 月 28 日，红十字国际委员会的代表首次探视了在匈牙利大革命中被关押的平民。由于平民在武装冲突期间受到的影响越来越大，1934 年第 15 届红十字国际大会委托红十字国际委员会起草一个具有法律拘束力的专门保护平民的公约。这一项工作直到第二次世界大战结束之后完成，那就是 1949 年的《日内瓦第四公约》。这是国际法中第一个专门保护平民的公约，共 159 个条款。1977 年《第一附加议定书》对平民的保护作了发展和补充。此外，1977 年《第二附加议定书》发展和补充了 1949 年四个《日内瓦公约》共同第 3 条的规定，强化了对非国际性武装冲突中包括平民在内的战争受难者的保护。

1949 年《日内瓦第四公约》并不是旨在专门保护敌对行动过程中的平民的，而是为了规范占领当局的行为。公约第 4 条规定了属于公约保护的人员，即“在冲突或占领之场合，于一定期间内及依不论何种方式，处于非其本国之冲突之一方或占领国手中之人”。“处于……手中之人”不仅是指身体上受到控制的人员，而且包括所有处在被占领土上的人员。此外，根据前南刑庭的解释，国籍并不是唯一的考虑因素，还包括那些具有相同国籍但无法受到同一国籍的国家保护的人员。[①] 公约第 27 条规定，被保护人的人身、荣誉、家庭权利、宗教信仰与仪式、风俗和习惯在一切情形下均应予以尊重。无论何时，被保护人均须享受人道待遇并应受保护，特别是使其免受一切暴行，或暴行的威胁及侮辱与公众好奇心的烦扰。《日内瓦第四公约》的大多数条款与被占领土上平民的待遇有关。例如，占领当局不得把本国平民居民迁入被占领土，也不得把被占领土上的居民迁出被占领土，不得破坏被占领土上平民的财产，除例外情形，不得改变被占领土上的法律，不得征用被占领土上的自然资源等。此外，占领当局还必须遵守国际人权公约的有关规定。

与此同时，被占领土上的占领当局也有一定的权力，其中包括对平民的拘禁权。《日内瓦第四公约》规定了两类拘禁权。第一类是其第 68 条规定的因被保护人从事了以损害占领国为目的的犯罪的拘禁权，即对于犯有纯粹以损害占领国为目的的罪行，且此项罪行并非企图杀害

① ICTY. The Prosecutor v. Dusco Tadic. Appeals Chamber. Judgment of 15 July 1999: para. 166.

占领军或行政机关人员或伤害其肢体，亦不构成严重的集体危险，复未严重损害占领军及行政机关的财产或其使用的设备的被保护人，应处以拘禁或单纯监禁。第二类是其第 78 条规定的纯粹出于迫切的安全理由的拘禁权，即假如占领国由于迫切的安全理由认为需要对被保护人采取安全措施时，至多可以将其置于指定居所或加以拘禁。无论出于上述何种理由的拘禁，被拘禁人员在衣服与食物、卫生与医药照顾、宗教、文化与体育活动、个人财产和经济来源、管理和纪律、与外界的联系、刑事与纪律制裁、移送、死亡等方面均享有一系列人道待遇。另外，占领国还应在其能力的最大范围内和不加任何不利区别的条件下，保证向被占领土的平民居民提供其生存所需的衣物、被褥、住宿场所和其他用品以及宗教礼拜所必需的物体。冲突各方和缔约每一方对于提供的所有救济物资、设备和人员，应准许和便利其迅速和无阻碍地通过，即使这种救助的对象是敌方的平民居民。一俟必须拘禁的理由不复存在时，拘留国应立即释放被拘禁人。战事结束后，拘禁应尽速终止。对于在冲突一方领土上正在进行刑事程序且其所犯行为并非完全限于纪律性处罚范围内的被拘禁人，可以扣留至该项程序结束时为止；在情况需要时，直至刑罚终了时为止。

（二）非国际性武装冲突中对平民的保护

在非国际性武装冲突中，除 1949 年四个《日内瓦公约》共同第 3 条的规定外，1977 年《第二附加议定书》也规定，除为有关平民的安全或迫切的军事理由的要求以外，不应基于有关冲突的理由下令平民居民迁移。如果必须进行迁移，则应采取一切可能的措施，使平民居民能在满意的住宿、卫生、健康、安全和营养条件下被收留。不应基于有关冲突的理由而强迫平民离开本国领土。在缔约一方领土内的救济团体，如红十字会（红新月会、红狮与太阳会）组织，应当为他们提供服务，对武装冲突受难者执行其传统职务。如果平民居民因缺少生存必需品，如粮食和医疗用品，而遭遇严重困难，则应在有关缔约一方同意下，专门对其进行属于人道主义和公正性质而不加任何不利区别的救济行动。

第四节　作战方法和手段

一、对作战方法和手段的限制

武装冲突法对冲突各方作战方法和手段的规范是建立在这样一种理念基础之上的，即各国在战争中努力实现的唯一合法目标是削弱敌人的军事力量，但战争的需要应该服从人道的要求。① 因此，在任何武装冲突中，冲突各方选择作战方法和手段的权利都不是无限制的。② 武装冲突法中存在诸多对冲突各方作战方法和手段的限制。

（一）对作战方法的限制

就作战方法而言，武装冲突法禁止使用旨在或可能对自然环境引起广泛、长期而严重损害的作战方法或手段。禁止诉诸背信弃义行为以杀死、伤害或俘获敌人。以背弃敌人的信任为目的而诱取敌人的信任，使敌人相信其有权享受或有义务给予适用于武装冲突的国际法规则所规定的保护的行为，构成背信弃义的行为。背信弃义的行为包括：假装有在休战旗下谈判或投降的意图；假装因伤或因病而无能力；假装具有平民、非战斗员的身份；使用联合国或中立国家

① 1868 年《圣彼得堡宣言》序言。

② 1977 年《第一附加议定书》第 35 条第 1 款、1907 年《关于陆战法规和惯例的海牙第四公约》附件第 22 条。

或其他非冲突各方的国家的记号、标志或制服而假装享有被保护的地位。不过，武装冲突法不禁止使用诈术。诈术是指旨在迷惑敌人或诱使敌人作出轻率行为，但不违犯任何适用于武装冲突的国际法规则且由于并非诱取敌人在该法所规定的保护方面的信任而不构成背信弃义行为的行为，如使用伪装、假目标、假行动和假情报等。① 禁止使用使平民陷于饥饿的作战方法。② 禁止作为报复手段对平民居民进行攻击。③

（二）对作战手段的限制

作战手段主要是指对武器的使用。作为一项一般性原则，禁止使用那些引起过分伤害和不必要痛苦的武器、投射体和物质。另外，根据《第一附加议定书》第 36 条的规定，在研究、发展、取得或采用新的武器、作战手段或方法时，缔约一方有义务确定，在某些或所有情况下，该新的武器、作战手段或方法的使用是否为本议定书或适用于该缔约一方的任何其他国际法规则所禁止。

除上述一般性原则以外，武装冲突法中还有相当数量的条约专门禁止或限制使用某种武器。第一个这样规定的条约是 1868 年的《圣彼得堡宣言》，该宣言规定，缔约国相互保证，在它们之间发生战争时，其陆军和海军部队放弃使用任何轻于 400 克的爆炸性弹丸或者装有爆炸性或易燃物质的弹丸。1899 年《海牙第三宣言》禁止使用在人体内易于膨胀或变形的投射物，如外壳坚硬而未全部包住弹芯或外壳上刻有裂纹的子弹，即“达姆弹”。1907 年《关于陆战法规和惯例的海牙第四公约》所附的《陆战法规和惯例章程》第 23 条第 1 款禁止使用毒物或有毒武器。1925 年的《日内瓦议定书》禁止在战争中使用窒息性、毒性或其他气体，以及使用一切类似的液体、物体或器件，同时禁止使用细菌作战方法。

第二次世界大战后，为确保 1925 年《日内瓦议定书》的有效实施，彻底消除使用细菌（生物）剂和毒素作为武器的可能性，应美国、苏联和英国等 12 国的请求，联合国大会于 1971 年通过了《禁止细菌（生物）及毒素武器的发展、生产、储存及销毁的公约》。这是国际法中第一个禁止生产、发展和储存某种武器的条约。1980 年，联合国裁军会议在日内瓦通过了《禁止或限制使用某些可被认为具有过分伤害力或滥杀滥伤作用的常规武器公约》（简称《特定常规武器公约》）及三个议定书。其中，《第一议定书》（《关于无法检测的碎片的议定书》）禁止使用其主要作用是以碎片伤人且碎片在人体内无法用 X 射线检测的任何武器。《第二议定书》（《禁止或限制使用地雷（水雷）、饵雷和其他装置的议定书》）及其《技术附件》对地雷（水雷）、饵雷等武器的使用加以限制。《第三议定书》（《禁止或限制使用燃烧武器议定书》）对燃烧武器的使用作了限制性规定。1995 年通过的《第四议定书》（《激光致盲武器议定书》）禁止使用以致人眼睛永久性失明为作战目的的激光武器。1996 年对《第二议定书》的修订进一步限制了地雷的使用和转让，新的规定要求，所有杀伤人员的地雷均须具有可探测性，所有遥布杀伤人员的地雷均须具有自毁和自失能功能。1997 年，因不满修订后的《第二议定书》，一些国家在联合国裁军会议框架外另行起草和通过了《关于禁止使用、储存、生产和转让杀伤人员地雷及销毁此种武器的公约》（又称《渥太华公约》）。与限制地雷使用的修订后的《第二议定书》不同，《渥太华公约》要求缔约国在任何情况下都不得使用、发展、生产、获取、保留或转让杀伤人员的地雷，唯一的例外是各国可为排雷培训的目的保留或转让少量杀伤人员的地雷，而且现存所有杀伤人员的地雷应在公约生效后 4 年内予以销毁，现有雷区在 10 年内清

① 1977 年《第一附加议定书》第 37 条。

② 1977 年《第一附加议定书》第 54 条、1977 年《第二附加议定书》第 14 条。

③ 1977 年《第一附加议定书》第 51 条第 6 款。

扫干净。2001 年，各国对《特定常规武器公约》第 1 条进行了修正，将其适用范围从原先的国际性武装冲突扩大到非国际性武装冲突。2008 年，107 个国家再次在联合国裁军会议框架之外，在爱尔兰都柏林通过了《禁止集束弹药公约》。根据该公约的要求，缔约国在任何情况下决不使用、发展、生产、获取、储存、保留或转让集束弹药；禁止协助、鼓励或诱使任何人从事公约禁止缔约国从事的任何活动。除上述禁止性规定外，公约还要求拥有或受集束弹药影响的缔约国在特定领域采取行动，销毁和清除库存及遗留的集束弹药，并对受害者提供援助。2017 年 7 月，联合国大会表决通过《禁止核武器条约》。2021 年 1 月，该条约正式生效。2022 年 6 月，条约首次缔约国会议在奥地利维也纳召开。该条约规定禁止发展、制造、试验、部署、使用或威胁使用核武器。中国、俄罗斯、美国、英国、法国等五个核武器国家均未签约。

二、避免平民和民用物体遭受武装冲突的影响

冲突各方在从事敌对行动过程中，也必须注意避免使敌对行动影响平民和民用物体。为此，冲突各方必须遵守一些基本原则以及具体的规则。这些原则或规则都已经是国际习惯，而且适用于国际性和非国际性武装冲突。

（一）区分原则

区分原则是武装冲突法中关于交战行为的一项基本原则。它是指为了保证对平民居民和民用物体的尊重和保护，冲突各方无论何时均应在平民居民和战斗员之间、在民用物体和军事目标之间加以区分，冲突一方的军事行动应仅以军事目标为对象，平民居民及平民个人不应成为攻击的对象，并应享受免遭军事行动所产生的危险的一般保护。

区分原则禁止进行不分皂白的攻击，包括不以特定军事目标为对象的攻击；禁止使用不能以特定军事目标为对象的作战方法或手段，或使用其效果不能按照规定加以限制的作战方法或手段；禁止使用任何将平民或民用物体集中的城镇、乡村或其他地区内许多分散而独立的军事目标视为单一军事目标的方法或手段进行轰击的攻击。① 平民是指不属于武装部队的人员。此外，遇有对任何人是否属于平民的问题有怀疑时，应视其为平民。平民居民包括所有作为平民的人。与此同时，在平民居民中存在有不属于平民定义范围内的人，并不使该平民居民失去其平民的性质。② 就民用物体而言，民用物体不应成为攻击或报复的对象。民用物体是指不属于军事目标的物体，而军事目标只限于由于其性质、位置、目的或用途对军事行动有实际贡献，且在当时情况下其被全部或部分毁坏、缴获或失去效能将产生明确的军事利益的物体。③ 以下物体属于明确列举的不得攻击的民用物体：构成各国人民文化或精神遗产的历史纪念物、艺术品或礼拜场所④；对平民居民生存所不可缺少的物体，如粮食、生产粮食的农业区、农作物、牲畜、饮水装置、饮水供应和灌溉工程⑤；自然环境⑥；含有危险力量的工程或装置，如堤坝和核发电站。⑦

（二）比例原则

比例原则是指即使交战人员根据掌握的信息确定想要攻击的目标是军事目标，但如果认为

---

① 1977 年《第一附加议定书》第 51 条、1977 年《第二附加议定书》第 13 条。
② 1977 年《第一附加议定书》第 50 条。
③ 1977 年《第一附加议定书》第 52 条。
④ 1977 年《第一附加议定书》第 53 条、1977 年《第二附加议定书》第 16 条。
⑤ 1977 年《第一附加议定书》第 54 条、1977 年《第二附加议定书》第 14 条。
⑥ 1977 年《第一附加议定书》第 55 条。
⑦ 1977 年《第一附加议定书》第 56 条、1977 年《第二附加议定书》第 15 条。

发动攻击可能附带使平民生命受损失、平民受伤害、平民物体受损害或三种情形均有而且与预期的具体和直接军事利益相比损害过分，则仍然不可以发动这种攻击。国际人道法是建立在军事必要和人道考量的平衡基础之上的。国际人道法并不禁止对敌方战斗员或军事目标发动攻击，但如果对敌方战斗员或军事目标发动攻击有可能对平民或民用物体造成过分的附带伤害或损害，则对这些战斗员或军事目标就不可以发动攻击。当然，这也意味着，只要不会造成过分的伤害或损害，即使有平民或民用物体遭到伤害或损害，也有可能是符合国际人道法的。

（三）预防原则

预防原则也是武装冲突法中的一项基本原则。根据这一项原则，在进行军事行动时应经常注意不损害平民居民、平民和民用物体。进行攻击时应采取下列预防措施：(1) 计划或决定攻击的人应尽可能查明将要攻击的目标既非平民也非民用物体，且不受特殊保护，而是《第一附加议定书》第 52 条含义内的军事目标，并查明对该目标的攻击不为《第一附加议定书》的规定所禁止；计划或决定攻击的人在选择攻击手段和方法时，应采取一切可能的预防措施，以期避免且无论如何减少平民生命附带受损失、平民受伤害和民用物体受损害。(2) 如果发现目标并非军事目标或是受特殊保护的目标，或者发现攻击可能附带造成与预期的具体和直接军事利益相比为过分的平民生命受损失、平民受伤害、民用物体受损害或三者均有的情形，该攻击应予取消或停止。(3) 除为情况所不许可外，应就可能影响平民居民的攻击发出有效的事先警告。[①]

第五节　中立法

一、战时中立和中立法

战时中立是指其他国家在交战国之间进行的战争中采取的一种不偏不倚的立场。中立国不仅不得参加交战国之间的战斗行动，而且不得支持或援助交战国任何一方。中立国在国际法上具有一定的权利和义务，同时，交战国在其对中立国的关系上也具有一定的权利和义务。

战时中立地位是非交战国在战争开始以后作出的选择，具有临时的性质，国家可以随时宣布结束其战时中立地位而成为交战国，如美国在两次世界大战中即为如此。不过，虽然非交战国是否选择战时中立地位具有任意的性质，主要出于政治方面的考虑，但国家一旦宣布中立，即会产生中立国与交战国之间的权利义务关系，在它们之间适用战时中立法的原则和规则。

经过 18 世纪和 19 世纪的发展，到 20 世纪初，国际社会最终形成了传统的战时中立制度。但在现代国际实践中，传统的战时中立制度受到了一定冲击。由于国家间不宣而战的武装冲突和一国内部发生的非国际性武装冲突大量存在，且不构成所谓的战争状态，因而其他国家无法按照传统做法确立其中立地位。此外，联合国的集体安全制度也限制了传统的战时中立法适用的范围。《联合国宪章》第 2 条第 5 款规定："各会员国对于联合国依本宪章规定而采取之行动，应尽力予以协助，联合国对于任何国家正在采取防止或执行行动时，各会员国对该国不得给予协助。"《联合国宪章》第 103 条规定："联合国会员国在本宪章下之义务与其依任何其他国际协定所负之义务有冲突时，其在本宪章下之义务应居优先。"由上述规定可见，如果在一场武装冲突中联合国安全理事会已经认定某一国家破坏了和平或实施了侵略行为，并且要求联

① 1977 年《第一附加议定书》第 57 条。

合国会员国对该国采取军事行动，则在原则上任何联合国会员国都无权自己决定维持中立。[①]另外，《联合国宪章》第2条第6款规定："本组织在维持国际和平及安全之必要范围内，应保证非联合国会员国遵行上述原则。"因为联合国安理会决定采取的强制行动属于维护国际和平及安全必要范围内的措施，所以非联合国会员国采取中立立场的可能性也受到了限制。

中立法是指规定交战国与中立国之间权利和义务关系的原则、规则和制度。中立法的形成基于以下两个基本事实：(1) 中立国希望得到保证，使自己尽可能少地由于战争而受到损害；(2) 交战国希望得到保证，中立国不仅在形式上，而且在实质上保持中立，不向对方提供任何援助。不参与和给予各方平等待遇是中立法的两块基石。[②]

有关中立法的国际文件主要有1907年第二次海牙和平会议签订的《海牙第五公约》和《海牙第十三公约》。此外，1949年《日内瓦第一公约》和《日内瓦第二公约》也包含关于中立的规定。

二、中立国与交战国的权利和义务

根据有关条约，中立国和交战国都享有一定的权利并承担一定的义务。按照权利与义务相统一的原则，中立国的义务即是交战国的权利，而交战国的义务亦是中立国的权利。下面分别论述中立国和交战国的义务。

（一）中立国的义务

中立国对交战国承担的义务主要包括三个方面：自我约束的义务、防止的义务和容忍的义务。

(1) 自我约束的义务。中立国不得直接或者间接地参加交战国之间的武装冲突，包括不得对交战国开展敌对行为，不得将自己的领土交由交战国处置，不得允许交战国军队通过其领土，不得让交战国为军事目的使用其设施，不得向交战国提供军事物资等。

(2) 防止的义务。中立国应采取适当措施防止交战国为战争的目的利用中立国领土或其法律管辖内的区域，或利用中立国的资源进行战争准备或其他与战争有关的行动。例如，中立国应以一切可能的手段防止交战国在其领陆、领海或领空进行战斗、捕获船只、运输军队和军需品、招募军队或建立军事设施。中立国还应防止交战国在其领土范围内武装商船或将商船改装为军舰。

(3) 容忍的义务。中立国对交战国为进行战争依据战争法采取的行动给本国国民及其财产带来的不利或造成的损害应在一定范围内予以容忍。例如，中立国应当容忍交战国对中立国船舶的临检和搜查，对悬挂中立国国旗而载有战时禁制品或从事非中立活动的船舶的拿捕、审判、处罚及非常征用。

（二）交战国的义务

交战国对中立国的义务亦包括上述三个方面。

(1) 自我约束的义务。交战国不得在中立国的领土范围或其管辖区域内进行战斗行动；不得将中立国领土或其管辖区域作为作战基地；不得在中立国领陆或领水内改装商船为军舰或武装商船、建立设施或捕获法庭。

(2) 防止的义务。交战国有义务采取措施，防止在其境内或占领区内发生虐待中立国使节及其人民的事件；防止其军队和人民侵犯中立国及其人民的合法权益。

(3) 容忍的义务。交战国应当容忍中立国与敌国保持外交关系和商务关系，并进行不违反

① 劳特派特. 奥本海国际法：第8版：下卷，第2分册. 王铁崖，陈体强，译. 北京：商务印书馆，1981：142.

② Yoram Dinstein. War，Aggression and Self-defence. 3rd edition. Cambridge University Press，2001：24.

其中立义务的一切交往。对中立国在本国领土范围内收容前往避难的敌国官兵或者给予敌方军舰以临时庇护的行为，交战国亦应予以容忍。

三、战时封锁

战时封锁是指交战国使用武装力量切断敌国或其占领地区的海港及海岸的交通，使敌国无法获得外来的资源和援助，从而削弱其经济及进行战争的能力的行为。封锁是一种合法的作战行为，具体做法是使用海军舰只阻止一切国家，包括中立国的船舶和飞机进出敌国的港口及海岸，因此，它对中立国和其他非交战国均有影响。

战时封锁很早就已出现，1856 年《巴黎会议关于海上若干原则的宣言》对此作了规定。1909 年《伦敦海军会议文件》对战时封锁的规则作了比较详细的阐述。该文件虽然没有正式生效，但其内容可以被看作对海战中的国际习惯法规则的编纂。战时封锁的规则主要有：封锁必须由交战国政府或其授权的海军当局决定；实施封锁的国家必须正式宣告封锁的事实并通知中立国政府，允许中立国船舶在一定时间内离开封锁区；封锁必须有效实施，进行封锁的一方须部署足以保证有效封锁的海空军力量；封锁应公平实施，适用于所有国家的船舶和飞机；对破坏封锁的船舶和飞机可予以拿捕，并送交封锁国的捕获法庭审判和处置。

四、战时禁制品

“禁制品”的意思是“违反禁令的物品”，战时禁制品是指交战国认为可被用于军事目的而禁止运往敌国的物品。战时禁制品分为绝对禁制品和相对禁制品：前者指属于军事用途的物品，后者指既可以供军用也可以供民用的物品。

1909 年《伦敦海军会议文件》开列了禁制品的详细清单以及不得被作为禁制品的物品清单。中立国或其他非交战国的船舶和飞机不得将禁制品运往任何一个交战国。按照该文件的规定，交战国一方对运往敌国领土或占领区的绝对禁制品一律没收；相对禁制品如系供敌国军队或其政府使用者，也应没收；运送禁制品的船只，如所载禁制品按价值、重量、容量或者运费计算，超过船上全部货物的一半时，船只本身也可以被没收。为了实施封锁和截获禁制品，交战国享有检查和搜索的权利。交战国可以使用军舰或军用飞机在公海上检查中立国及其他非交战国的商船，对拒绝或对抗检查的船舶可予以拿捕，对载有禁制品或从事违反中立义务活动的中立国船舶亦有权拿捕。交战国拿捕的船舶应交付其设立的捕获法庭审判。

第六节　武装冲突法的实施机制

一、预防机制

预防机制主要包括传播和培训、配备法律顾问等。1949 年四个《日内瓦公约》和 1977 年两个《附加议定书》均规定，各缔约国在平时及战时应在各该国尽量广泛传播这些公约及其议定书的约文，尤其应当在其军事人员中，并在可能时，在公民教育计划中包含这些公约和议定书的学习，使它们为全体人民，尤其武装战斗部队人员、医务人员及随军牧师所周知。[①] 同

① 1949 年《日内瓦第一公约》第 47 条、《日内瓦第二公约》第 48 条、《日内瓦第三公约》第 127 条、《日内瓦第四公约》第 144 条。1977 年《第一附加议定书》第 83 条、1977 年《第二附加议定书》第 19 条。

时，缔约各方无论何时，以及冲突各方在武装冲突时，应保证于必要时有法律顾问对各公约和议定书的适用以及就此问题发给武装部队的适当指示向相当等级的军事指挥官提供意见。[①]

二、监督机制

监督机制主要是指在武装冲突期间监督武装冲突法实施的措施，包括发出命令的义务、保护国制度等。缔约各方和冲突各方有发出命令和指示的义务，以保证四个《日内瓦公约》及《第一附加议定书》的遵守，并应监督其执行。[②] 另外，武装冲突法中还规定了保护国制度。所谓“保护国”（Protecting Powers），是指经冲突一方提名和敌方接受并同意行使各公约和《第一附加议定书》所赋予保护国的职务的中立国家或其他非冲突一方的国家。这一制度首次规定在1929年《日内瓦公约》中，后来，1949年四个《日内瓦公约》对其任务作了规定，即保护国的责任是维护冲突各国的利益[③]；1977年《第一附加议定书》则对保护国的任命程序作了详细规定。[④] 1949年四个《日内瓦公约》赋予保护国各种权利，其中包括探视被拘禁的战俘和平民的权利。1949年《日内瓦第三公约》规定，保护国之代表应被准许前往战俘所在的一切地方，特别是其拘禁、监禁及劳动的地方，并可进入战俘居住的一切场所；他们亦应被准许前往被移送战俘的出发、经过或到达地点。他们也应能亲自或通过译员与战俘，尤其是战俘代表会晤，且不须有他人在场。保护国的代表应有选择其愿意访问的地点的充分自由，访问的时间及次数不得加以限制。除因迫切军事需要的理由，且仅作为一种例外及暂时措施外，不得禁止此种访问。必要时，拘留国及战俘所依附的国家得同意允许战俘的同一国家之人参加访问。红十字国际委员会的代表应享受同样的特权。此项代表的指派应取得拘留其所访问的战俘的国家同意。[⑤] 这些规定基本上也适用于被拘禁的平民。[⑥]

三、调查机制

调查机制主要是指国际实况调查委员会（IHFFC）制度。缔约各方在签字、批准或加入《第一附加议定书》时可以声明，在对接受同样义务之任何缔约他方的关系上，承认调查委员会当然有本条所授权的调查他方提出的主张的职权，而无须订立特别协定。调查委员会由15名道德高尚和公认公正的委员组成，以个人身份履行职务。委员会具有下列职权：第一，对被控为从事严重破坏各公约或《第一附加议定书》规定的行为或其他严重违反各公约或《第一附加议定书》的行为的任何事实进行调查；第二，通过委员会的斡旋，促使恢复对各公约和《第一附加议定书》的尊重态度。在其他场合下，委员会仅应在有关他方同意下进行冲突一方所请求的调查。[⑦] 截至2024年6月15日，共有76个国家发表了此种声明，但委员会还没有进行过任何调查。

此外，联合国的机构在调查严重违反武装冲突法方面也可以发挥一定作用。联合国大会、安理会和人权理事会在许多决议中要求对某个地区的严重违反武装冲突法的局势进行调查。例

---

① 1977年《第一附加议定书》第82条。

② 1977年《第一附加议定书》第80条第2款。

③ 1949年《日内瓦第一公约》第8条、《日内瓦第二公约》第8条、《日内瓦第三公约》第8条、《日内瓦第四公约》第9条。

④ 1977年《第一附加议定书》第5条。

⑤ 1949年《日内瓦第三公约》第126条。

⑥ 1949年《日内瓦第四公约》第143条。

⑦ 1977年《第一附加议定书》第90条。

如，2006年联合国人权理事会的一个国际调查委员会对当年发生在黎巴嫩战争中的严重违反武装冲突法的局势进行了调查。①

四、责任机制

（一）国家责任

违反武装冲突法的国家应当承担国家责任，其中，最主要的责任形式是赔偿。1907年《关于陆战法规和惯例的海牙第四公约》第3条规定，违反本章程规定的交战一方在需要时应负责赔偿。该方应对自己军队的组成人员作出的一切行为负责。1977年《第一附加议定书》第91条同样规定，违反各公约或本议定书规定的冲突一方应按情况所需负赔偿责任。该方应对组成其武装部队的人员所从事的一切行为负责。追究国家责任既可以通过国际法院，也可以通过国际仲裁庭进行。前者包括“尼加拉瓜诉美国案”②、“刚果民主共和国诉乌干达案”③以及“波黑诉塞尔维亚案”④；后者包括厄立特里亚和埃塞俄比亚求偿庭的仲裁裁决⑤等。

（二）个人刑事责任

追究个人实施违反武装冲突法的刑事责任最早始于一战结束之后，而且是通过国际法庭进行的。1919年《凡尔赛和约》第227条规定：“协约国公开指控前德国皇帝霍亨索伦家族的威廉二世破坏国际道义和条约尊严的严重罪行。将设立一个特别法庭来审判被控诉的人，该法庭保证他获得基本的辩护权。它将由五位法官组成，下列每个国家任命一位法官，即：美利坚合众国、大不列颠、法国、意大利和日本……”这是在国际法中第一次尝试通过设立国际法庭来追究个人违反国际法的刑事责任。但是，因为威廉二世得到了荷兰政府的庇护，所以他最终没有受到审判。第二次世界大战结束后，同盟国在德国纽伦堡和日本东京分别设立了国际军事法庭和远东国际军事法庭，对德国和日本战犯进行审判。在这两个国际军事法庭的宪章中均明确规定了战争罪，即“违反战争法规或惯例的行为。此种违反包括，但不限于：谋杀、为奴役或为任何其他目的而虐待或驱逐占领地的或占领地上的平民居民、谋杀或虐待战俘或海上人员、杀害人质、掠夺公私财产、肆意毁灭城市乡镇或村庄或非基于军事必要的破坏行为。”国际军事法庭最后判处包括德国法西斯政权二号人物戈林在内的12人绞刑、3人无期徒刑、4人有期徒刑。远东国际军事法庭最后判处日本陆军大臣和内阁首相东条英机等7人绞刑、16人无期徒刑、2人有期徒刑。

冷战结束后，1993年和1994年，联合国安理会决定分别设立前南刑庭（ICTY）和卢旺达问题国际刑事法庭（ICTR）。这两个国际刑事法庭均有权审理战争罪。根据《前南刑庭规约》的规定，前南刑庭有权审理两类战争罪：一类是严重破坏1949年四个《日内瓦公约》的行为⑥，另一类是违反战争法规或惯例的行为，包括但不限于五种行为。⑦根据《卢旺达问题国

---

① Report of the Commission of Inquiry on Lebanon pursuant to Human Rights Council resolution S-2/1. A/HRC/3/2. 23 November 2006.

② ICJ. Military and Paramilitary Activities in and against Nicaragua (Nicaragua v United States of America). Judgment of 27 June 1986.

③ ICJ. Armed Activities on the Territory of the Congo (Democratic Republic of the Congo v. Uganda). Judgment of 19 December 2005.

④ ICJ. Application of the Convention on the Prevention and Punishment of the Crime of Genocide (Bosnia and Herzegovina v. Serbia and Montenegro). Judgment of 26 February 2007.

⑤ Eritrea Ethiopia Claims Commission. Partial Award. Prisoners of War. Eritrea's Claim 17. 1 July 2003: para. 40.

⑥ 《前南刑庭规约》第2条。

⑦ 《前南刑庭规约》第3条。

际刑事法庭规约》的规定，法庭有权审理一类战争罪，即违反《日内瓦公约》共同第3条和《第二附加议定书》的行为，包括但不限于八种行为。① 特别需要指出的是，这两个法庭有权对非国际性武装冲突中发生的违反武装冲突法的行为行使管辖权，在国际法的发展史上首次大大拓宽了战争罪的范畴。同时，与二战结束后设立的国际军事法庭和远东国际军事法庭相比，这两个法庭的名称不再是军事法庭，而是刑事法庭；它们不是由战胜国设立，而是由联合国安理会设立的；它们都有上诉分庭，允许被告对审判分庭的判决提出上诉；它们的刑罚中都没有死刑。不过，这两个法庭也是特设法庭，只能对特定时期在特定地区发生的违反武装冲突法的行为行使管辖权，而且都是在事后设立的。

1998年，联合国在意大利罗马召开外交大会，决定建立一个常设的国际刑事法院（ICC）。罗马外交大会最后通过了《国际刑事法院罗马规约》，即《罗马规约》。这是一个在国家之间缔结的国际公约，截至2024年5月24日共有124个缔约国，中国不是该公约缔约国，也没有签署该公约。国际刑事法院管辖的罪行之一就是战争罪。根据《罗马规约》第8条，战争罪有两类：一类是国际性武装冲突中的战争罪，包括严重破坏1949年四个《日内瓦公约》的行为和严重违反适用于国际性武装冲突的武装冲突法的其他行为（共26项）；另一类是非国际性武装冲突中的战争罪，包括严重违反1949年四个《日内瓦公约》共同第3条的行为和严重违反适用于非国际性武装冲突的武装冲突法的其他行为（共12项）。由于有些行为在国际性武装冲突中已经被规定为战争罪，但在非国际性武装冲突中却没有，因而在2010年乌干达首都坎帕拉举行的国际刑事法院缔约国首次审查会议上，缔约国对《罗马规约》第8条进行了修正，把非国际性武装冲突使用毒物或有毒武器，使用窒息性、有毒或其他气体以及所有类似的液体、物质或器件，使用在人体内易于膨胀或变扁的子弹，如外壳坚硬而不包裹弹芯或外壳经切穿的子弹的行为也规定为战争罪。2015年在荷兰海牙举行的第14届缔约国大会又通过了一项修正案，删除《罗马规约》第124条。该条为过渡性条款，规定了缔约国对战争罪有7年的豁免期。2017年12月，在纽约举行的第16届缔约国大会上对第8条进行了3处修改，即增加了使用致盲武器罪、使用X光在人体中不易检测的碎片的武器罪和使用细菌和其他生物武器罪。2019年12月6日，缔约国全会通过了在非国际性武装冲突中以饥饿为作战方式故意断绝平民粮食罪。不过，国际刑事法院没有普遍管辖权，除联合国安理会提交情势和非缔约国声明接受管辖外，它只对在缔约国领土上发生的或缔约国国民实施的其管辖范围内的犯罪有管辖权。

此外，2002年，联合国秘书长与塞拉利昂政府签订协定决定设立塞拉利昂特别法庭，该法庭有权审理违反1949年四个《日内瓦公约》共同第3条及其《第二附加议定书》的行为，其内容与《卢旺达问题国际刑事法庭规约》第4条的内容几乎完全相同。该法庭还有权审理其他严重违反国际人道法的行为。② 2003年，联合国与柬埔寨达成协议，批准了柬埔寨2001年颁布的《设立起诉民主柬埔寨时期所实施的罪行的柬埔寨法院特别法庭法》。根据该法第七条的规定，特别法庭有权根据1954年《武装冲突情况下保护文化财产海牙公约》审判对1976年4月17日至1979年1月6日武装冲突期间摧毁文化财产负责的所有嫌疑人。

追究个人从事严重违反武装冲突法行为的刑事责任还可以通过国内法院进行。1949年四个《日内瓦公约》把违反公约的其中几种行为列为严重破坏公约的行为，即：故意杀害；酷刑或不人道待遇，包括生物学实验，故意使身体及健康遭受重大痛苦或严重伤害；无军事上的必

① 《卢旺达问题国际刑事法庭规约》第4条。

② 《塞拉利昂特别法院规约》第3条和第4条。

要而以非法与暴乱的方式对财产的大规模破坏与征收[①]；强迫战俘在敌国部队中服务或故意剥夺战俘依公约规定应享有的公允及合法的审判权[②]；将被保护人非法驱逐出境、移送或非法禁闭；强迫被保护人在敌国军队中服务，或故意剥夺被保护人依公约规定应享有的公允及合法的审讯权；以人为质以及无军事上的必要而以非法与暴乱的方式对财产的大规模破坏与征收。[③]对于上述严重违反公约的行为，四个《日内瓦公约》及其《第一附加议定书》均规定，各缔约国担任制定必要的立法，对于本身犯有或令人犯有严重破坏这些公约以及《第一附加议定书》的行为者，处以有效的刑事制裁。[④] 各缔约国有义务搜捕被控曾犯有或曾令人犯有此种严重破坏公约的行为者，并应将此种人不分国籍送交各该国法庭。该国也可以自愿并依照其法律规定，将此种人送交另一有关缔约国审判，但以该缔约国能指出案情显然者为限。[⑤]

抗日战争胜利后，中国分别在北平、沈阳、南京、广州、上海、济南、汉口、太原、徐州、台北等地设立审判战犯军事法庭，审判在侵华战争中犯有严重罪行的日本乙、丙级战犯。从1945年12月至1947年年底，中国各地的军事法庭共受理战犯案件2 435件，其中死刑案件110件。其中，1947年2月6日南京审判战犯军事法庭审判南京大屠杀主犯之一的日本陆军中将师团长谷寿夫，3月10日其被判犯有《海牙陆战规例》、1929年《关于战俘待遇日内瓦的公约》、《战争罪犯审判条例》、《刑法典》等规定的战争罪，被判处死刑，于4月26日在南京被依法枪决。

中华人民共和国成立后，1956年，中华人民共和国最高人民法院特别军事法庭对关押在太原和抚顺的1 000余名日本战犯进行了审判。中国《刑法》第9条规定，对于中华人民共和国缔结或者参加的国际条约所规定的罪行，中华人民共和国在所承担条约义务的范围内行使刑事管辖权的，适用本法。《刑法》第446条规定，战时在军事行动地区，残害无辜居民或者掠夺无辜居民财物的，处5年以下有期徒刑；情节严重的，处5年以上10年以下有期徒刑；情节特别严重的，处10年以上有期徒刑、无期徒刑或者死刑。《刑法》第448条规定，虐待俘虏，情节恶劣的，处3年以下有期徒刑。

国际法案例

鲁班加案（国际刑事法院）

鲁班加（Thomas Lubanga Dyilo）是第一个被国际刑事法院判决犯有战争罪的罪犯。鲁班加于1960年出生在刚果民主共和国（以下简称"刚果（金）"）东部伊图里地区。他毕业于刚果（金）的基桑贾尼大学，1990年至1994年在刚果（金）塞普罗玛德大学担任助教。1999年，鲁班加开始涉猎政治，后被选为伊图里区议会议员。2000年9月15日，他创建"刚果爱国联盟"，并担任主席，同时担任该联盟的武装集团——"解放刚果爱国力量"总司令。2002年，"刚果爱国联盟"控制了伊图里的布尼亚镇。该联盟一直在积极征募不满15周岁的儿童入伍，并强迫他们进行军事训练。"解放刚果爱国力量"成立后，这种做法变得更加系统化。被征募的不满15周岁的儿童被迫参加敌对行动，尤其是担任武装集团高级军官的贴身保镖。作为"刚果爱国联盟"

---

① 1949年《日内瓦第一公约》第50条、《日内瓦第二公约》第51条。

② 1949年《日内瓦第三公约》第130条。

③ 1949年《日内瓦第四公约》第147条。

④ 1949年《日内瓦第一公约》第49条、《日内瓦第二公约》第50条、《日内瓦第三公约》第129条、《日内瓦第三公约》第146条。1977年《第一附加议定书》第85条第1款。

⑤ 1949年《日内瓦第一公约》第49条第2款、《日内瓦第二公约》第50条第2款、《日内瓦第三公约》第129条第2款、《日内瓦第四公约》第146条第2款。1977年《第一附加议定书》第85条第1款。

和“解放刚果爱国力量”的主席和总司令，鲁班加完全了解这种情况，并且在伊图里发生的武装冲突中积极鼓励儿童兵参战。除了征募不满15周岁的儿童兵参加敌对行动，“解放刚果爱国力量”还犯下了其他严重罪行，包括屠杀、酷刑、强奸等。

2002年4月11日，刚果（金）批准《罗马规约》。2004年3月3日，该国政府将规约2002年7月1日生效以来发生在刚果（金）领土上的情势提交给国际刑事法院；2004年6月21日，国际刑事法院检察官启动对该情势的调查。2005年3月19日，鲁班加被刚果（金）政府军抓获，关押在首都金沙萨附近的一个看守所里。2006年1月13日，检察官向第一预审分庭请求发布针对鲁班加的逮捕令。2月10日，第一预审分庭认为，有合理理由相信鲁班加应当为《罗马规约》第8条第2款第5项第7目规定的征募不满15周岁儿童兵的战争罪承担个人刑事责任，并对他发出了逮捕令。3月17日，刚果（金）政府将鲁班加移交给国际刑事法院，他随后被关押在海牙的国际刑事法院看守所中。2006年11月9日至28日，国际刑事法院预审分庭开始对鲁班加进行确认指控阶段的审理。2007年1月29日，预审分庭作出决定，确认了对他的指控。3月6日，法院院长组建第一审判分庭，把案件移交该审判分庭审理。2009年1月26日，国际刑事法院第一审判分庭开始对鲁班加进行审判。有关证据阶段的审判在2011年5月20日结束。2011年8月25日和26日，诉讼各方和参与方在审判阶段进行了最后陈词。在204天的审判中，审判分庭共作出了275份书面决定和命令、347份口头决定，讯问了检察官请来的36位证人和3位专家、辩护律师请来的24位证人，以及参与诉讼的被害人律师请来的3位证人。审判分庭自己还询问了4位证人。共129名被害人被允许参与审判，他们被允许发表观点并询问证人。检察官共提交了368份证据，被告律师提交了992份证据，被害人律师提交了13份证据。2012年3月14日，国际刑事法院第一审判分庭对鲁班加作出判决，判决他作为共犯应对《罗马规约》第8条第2款第5项第7目规定的征募不满15周岁的儿童兵这种战争罪承担刑事责任。审判分庭指出，鲁班加作为“刚果爱国联盟”的主席和“解放刚果爱国力量”的总司令，对它们的活动进行了总体的协调。事实上，鲁班加长期以来一直知道“解放刚果爱国力量”的各种行动。他策划了军事行动，并在提供后勤支持，包括提供武器、军火、食物、军装和其他物资供应方面发挥了关键作用。鲁班加还积极参与作出关于征募儿童兵政策方面的决定，积极支持征募倡议，如向当地居民发表演讲。鲁班加在一次演讲中鼓励那些未满15周岁的儿童加入他的军队，并在对他们进行军事训练后部署到实地提供安全保护。他的贴身保镖中就有不满15周岁的儿童兵，鲁班加自己也表示，他在“解放刚果爱国力量”中亲眼看到过许多不满15周岁的儿童兵。2012年7月10日，鲁班加被判处14年有期徒刑。2014年12月1日，上诉分庭维持了审判分庭对他的定罪和量刑判决。2015年12月19日，鲁班加被移交到刚果（金）的一个监狱中服刑。

简答题

简要回答下列问题：

1. 武装冲突法与国际人道法的关系是什么？
2. 国际性武装冲突的判断标准是什么？
3. 非国际性武装冲突的判断标准是什么？
4. 受国际人道法保护的人员有哪些类型？
5. 作战手段和方法的基本原则有哪些？
6. 国际人道法的实施机制有哪些内容？
7. 什么是战时禁制品？
8. 中立国和交战国各负有哪些义务？

图书在版编目（CIP）数据

国际法 / 朱利江主编. -- 6 版. -- 北京：中国人民大学出版社，2024.7. --（21 世纪普通高等教育法学系列教材）. -- ISBN 978-7-300-32974-1

Ⅰ.D99

中国国家版本馆 CIP 数据核字第 20248SA835 号

2022 年北京高校“优质本科教材”

21 世纪普通高等教育法学系列教材

国际法（第六版）

主　编　朱利江

副主编　李居迁

Guojifa

出版发行	中国人民大学出版社		
社　　址	北京中关村大街 31 号	**邮政编码**	100080
电　　话	010－62511242（总编室）		010－62511770（质管部）
	010－82501766（邮购部）		010－62514148（门市部）
	010－62511173（发行公司）		010－62515275（盗版举报）
网　　址	http://www.crup.com.cn		
经　　销	新华书店		
印　　刷	北京市鑫霸印务有限公司	**版　　次**	2003 年 9 月第 1 版
开　　本	787 mm×1092 mm　1/16		2024 年 7 月第 6 版
印　　张	22.25 插页 1	**印　　次**	2025 年 6 月第 2 次印刷
字　　数	592 000	**定　　价**	59.00 元

《　　　　　》※任课教师调查问卷

为了能更好地为您提供优秀的教材及良好的服务，也为了进一步提高我社法学教材出版的质量，希望您能协助我们完成本次小问卷，完成后您可以在我社网站中选择与您教学相关的1本教材作为今后的备选教材，我们会及时为您邮寄送达！如果您不方便邮寄，也可以申请加入我社的**法学教师QQ群：436438859（申请时请注明法学教师）**，然后下载本问卷填写，并发往我们指定的邮箱（cruplaw@163.com）。

邮寄地址：北京市海淀区中关村大街59号文化大厦中国人民大学出版社1202室收

邮　　编：100872

再次感谢您在百忙中抽出时间为我们填写这份调查问卷，您的举手之劳，将使我们获益匪浅！

基本信息及联系方式：※

姓名：＿＿＿＿＿＿性别：＿＿＿＿＿＿课程：＿＿＿＿＿＿＿＿＿＿＿＿

任教学校：＿＿＿＿＿＿＿＿＿＿＿＿院系（所）：＿＿＿＿＿＿＿＿＿＿

邮寄地址：＿＿＿＿＿＿＿＿＿＿＿＿邮编：＿＿＿＿＿＿＿＿＿＿＿＿＿

电话（办公）：＿＿＿＿＿＿手机：＿＿＿＿＿＿电子邮件：＿＿＿＿＿＿＿

调查问卷：※

1. 您认为图书的哪类特性对您选用教材最有影响力？（　　）（可多选，按重要性排序）

   A. 各级规划教材、获奖教材　　B. 知名作者教材

   C. 完善的配套资源　　D. 自编教材

   E. 行政命令

2. 在教材配套资源中，您最需要哪些？（　　）（可多选，按重要性排序）

   A. 电子教案　　B. 教学案例

   C. 教学视频　　D. 配套习题、模拟试卷

3. 您对于本书的评价如何？（　　）

   A. 该书目前仍符合教学要求，表现不错将继续采用

   B. 该书的配套资源需要改进，才会继续使用

   C. 该书需要在内容或实例更新再版后才能满足我的教学，才会继续使用

   D. 该书与同类教材差距很大，不准备继续采用了

4. 从您的教学出发，谈谈对本书的改进建议：＿＿＿＿＿＿＿＿＿＿＿＿＿＿

＿＿＿＿＿＿＿＿＿＿＿＿＿＿＿＿＿＿＿＿＿＿＿＿＿＿＿＿＿＿＿＿＿＿

＿＿＿＿＿＿＿＿＿＿＿＿＿＿＿＿＿＿＿＿＿＿＿＿＿＿＿＿＿＿＿＿＿＿

选题征集：如果您有好的选题或出版需求，欢迎您联系我们：

联系人：黄　强　联系电话：010-62515955

索取样书：书名：＿＿＿＿＿＿＿＿＿＿＿＿＿＿＿＿＿＿＿＿＿＿＿＿＿

书号：＿＿＿＿＿＿＿＿＿＿＿＿＿＿＿＿＿＿＿＿＿＿＿＿＿＿＿＿＿＿

备注：※ 为必填项。